2010年船舶防污染学术年会论文集

中国航海学会船舶防污染专业委员会 编

人民交通出版社
China Communications Press

图书在版编目（CIP）数据

2010年船舶防污染学术年会论文集/中国航海学会船舶防污染专业委员会编. —北京：人民交通出版社，2010.7

ISBN 978-7-114-08559-8

Ⅰ.①2… Ⅱ.①中… Ⅲ.①船舶污损-污染防治-文集 Ⅳ.①U698.7-53

中国版本图书馆CIP数据核字(2010)第138743号

书　　名：**2010年船舶防污染学术年会论文集**
著 作 者：中国航海学会船舶防污染专业委员会
责任编辑：钱悦良
出版发行：人民交通出版社
地　　址：(100011) 北京市朝阳区安定门外外馆斜街3号
网　　址：http://www.chinasybook.com
销售电话：(010) 64981400，59757915
总 经 销：北京交实文化发展有限公司
印　　刷：北京鑫正大印刷有限公司
开　　本：787×1092　1/16
印　　张：33.25
字　　数：822千
版　　次：2010年7月　第1版
印　　次：2010年7月　第1次印刷
书　　号：ISBN 978-7-114-08559-8
印　　数：0001－1000册
定　　价：80.00元

《2010 年船舶防污染学术年会论文集》

编　委　会

2010年船舶防污染学术年会

2010年7月30~31日　北京

主办单位：

中国航海学会船舶防污染专业委员会

协办单位：

交通运输部水运科学研究院

青岛华海环保工业有限公司

中国海运集团总公司

深圳市航鹏海洋环保服务有限公司

惠州大亚湾航鹏环保服务有限公司

青岛光明环保技术有限公司

青岛欧森海事技术服务有限公司

目　录

第一篇　总论

第二篇　船舶污染防治国际公约和国内法规贯彻实施

第三篇　海上污染事故防治与应急技术

第四篇　资源节约、环境友好型水路运输发展

第一篇 总　　论

开拓创新　勇攀高峰

——贺第六届船舶防污染专业委员会成立

洪善祥
（中国航海学会　理事长）

船舶防污染专业委员会：

值此你会圆满完成第五届专业委员会各项任务，顺利组织换届工作并隆重成立第六届专业委员会之际，我谨代表中国航海学会对你会所取得的突出成绩表示热烈的祝贺！向辛勤工作在船舶防污染领域各行各业的专业人员和科技工作者们表示亲切的慰问！向为你会发展壮大努力进取、积极开拓、无私奉献的各方面人士表示衷心的感谢！

作为中国航海学会最先成立的专业分支机构，你会长期以来在船舶防污染学科体系的创建以及理论和实践的创新、科技知识普及与传播、专业人才培养、国内外和海峡两岸学术交流与合作、为政府部门建言献策等方面均开展了大量工作，取得了骄人的成就，为国家水运事业又好又快的可持续发展发挥了重要支撑作用，为船舶防污染和相关航海环保领域的学科建设与发展作出了重要贡献。

随着国民经济的持续快速发展，同步加强和谐社会和生态环境建设的任务也越来越严峻地摆在人们的面前。为了人类经济、社会和环境的可持续发展以及子孙后代的长远利益，我们在持续做好传统的船舶污染防治各项工作之外，还要特别注重于研究、规划和建设“资源节约型、环境友好型”可持续发展的绿色航运体系。船舶防污染专业委员会作为中国航海学会在本领域连接政府与广大业务和科技工作者的桥梁和纽带，将能够继续发挥学科引领、专业推进、交流合作、人才培养、咨询服务等优势，在节能降耗、温室气体减排、生态环境保护、环境风险防范、应对气候变化等领域开拓创新，勇攀科技高峰，创造出更新更美好的佳绩。

预祝你会第六届专业委员会各方面的工作顺利圆满。祝中国的航海可持续发展取得辉煌成绩！

肩负历史使命 迎接绿色航运新时代

史世武
（中国航海学会船舶防污染专业委员会 主任委员）

今天，来自全国各地船舶防污染领域的领导、专家和业务骨干代表聚集一堂，共同见证中国航海学会船舶防污染专业委员会的换届和第六届专业委员会的成立。此时此刻，作为新一届专业委员会的成员，我们既由衷的喜悦和荣幸，也倍感肩负的历史使命责任重大，唯有更加满怀信心地努力团结协作，面对水路运输环境保护和船舶污染防治这一全球性环境问题的挑战，去迎接绿色航运发展与创新的新时代。

中国航海学会于1981年7月决定成立其第一个专业分支机构——船舶防污染专业委员会。近三十年来，在中国科协和中国航海学会的指导和帮助下，经过五届专业委员会及其挂靠单位、成员单位和各位委员的共同努力，船舶防污染专业委员会已从最初的十几个单位和委员逐步发展壮大成为由近百个成员单位、百余位委员组成的跨部门、跨学科、在海内外具有一定影响力的专业学术团体，多次成功举办了船舶防污染学术年会、溢油应急培训班、水运环保国际交流、海峡两岸污染防治协作、专业期刊文集编辑出版等活动，为船舶污染防治和航运可持续发展的学科建设与业务发展、人才培养与继续教育、科技管理水平提升、海内外学术交流与合作等均发挥了重要促进作用。

第五届专业委员会自2004年成立以来在各方面开展了卓有成效的工作，于2004、2005、2006、2007、2008年分别在昆明、乌鲁木齐、西宁、北京、延吉主办了“面向小康社会的船舶防污染技术研讨会”、“2005年船舶防污染学术年会”、“2006年船舶防污染学术年会”、“2007年船舶防污染学术年会”、“2008年船舶防污染国际公约实施学术交流研讨会”，就航运环境保护和船舶污染防治领域的热点和难点问题展开学术研讨，编辑出版发行论文集5部，引领和逐步推进了独具专业特点的船舶防污染学科领域的发展与完善。从学术交流研讨成果中，我们欣喜地发现，我国近年来在船舶防污染专业领域取得了长足的进步，其学科体系架构主要体现在如下几个方面：

1 船舶污染防治国际公约和国内法规的完善与贯彻实施

（1）防治船舶污染海洋环境管理条例

（2）防止船舶造成污染国际公约（MARPOL73/78 及其附则 I ~ VI）

（3）船舶压载水及沉积物控制与管理国际公约

（4）油污民事责任公约（CLC 1969、1976、1992）

（5）油污损害赔偿基金公约（FUND 1976、1992、2000、2003）

（6）国际油污防备、反应和合作公约（OPRC 1990、OPRC/HNS 2000）

（7）2001 年国际燃油公约

（8）控制船舶有害防污底系统国际公约等

2　水上污染事故风险防范与应急技术

(1)溢油及化学品事故应急设备配备与运行管理
(2)水上污染事故区域应急协作与支持保障
(3)有毒有害物质运输环境风险防范
(4)水上溢油监视监测与动态监控
(5)水上溢油污染损害预测预警与应急决策
(6)环境敏感资源保护与污染清除技术及装备
(7)油指纹鉴别、油污损害司法仲裁与调查评估
(8)油污损害基金、保险与赔偿保障体系等

3　资源节约、环境友好型水路运输发展

(1)船舶污染防治船用技术及设备研发
(2)船舶污染防治岸上接收处理技术及设备研发
(3)船舶与港口低碳运营模式与气候变化影响减缓对策
(4)港口及航运环境规划、评价与生态环境保护
(5)航运现代物流管理、航线优化及可再生能源利用技术
(6)港口机械动力节能及油改电技术及应用
(7)港口货物装卸储运智能优化技术及应用
(8)靠泊船舶岸电系统规划建设与综合效能评估等

第五届专业委员会所取得的另一项重要成就是,于2005、2006、2007、2008年连续四年分别在杭州、贵阳、厦门、桂林举办了第三期、第四期、第五期和第六期溢油应急培训班,培训学员近200名,为保证国家第十一个国民经济发展五年计划期间水路运输又好又快、可持续的发展,为国家科技支撑重点项目“远洋船舶压载水净化和水上溢油应急处理关键技术研究”等溢油应急重大项目的顺利实施,提供了溢油应急专业技术人才培养支持。通过上述培训活动,船舶防污染专业委员会独创了一套溢油应急培训课程和教学体系,即:

课程一:相关国际公约和国内法规
课程二:溢油应急计划总体架构和功能
课程三:溢油环境影响及其调查、评估、预测技术
课程四:溢油遥感监测和应急通讯
课程五:环境敏感资源识别、分类、优先保护次序、敏感图、环境预警和保护对策
课程六:溢油清污方法、设备、操作指南
课程七:溢油应急设备库规划建设与运行管理
课程八:溢油应急反应与应急决策

第五届船舶防污染专业委员会在海内外学术交流与研讨方面同样取得了骄人的成绩。2006年1月,针对煤炭码头粉尘污染防治问题,由挂靠单位交通部水运科学研究院张华勤副院长带队,率领专业委员会“水运环保”交流考察团前往加拿大和美国煤炭运输港口,学习国外发达国家煤码头粉尘防治最新技术进展。2009年4月,专业委员会派出乔冰秘书长前往法国马赛出席欧洲溢油应急国际会议。2007～2009年分别派员参加在东京和上海由中日韩航

海学会联合举办的亚洲航海会议，以及由交通运输部海事局举办的上海海事论坛。在刚刚发生的美国墨西哥湾海上石油平台重大油污事件中，专业委员会成员单位青岛欧森海事技术服务公司积极联系国内多家应急设备生产厂商赶制加工围油栏、围油索、吸油毡等清污设备，供应量约占到总量的10%，为国际溢油应急行动发挥了重要的物资支持作用。

2009年10月，在中国科协和中国航海学会的指导和帮助下，船舶防污染专业委员会具体承办了“中国科协2009年海峡两岸青年科学家学术活动月——海上污染防治与应急技术研讨会”及交流考察活动，并于2009年11月应邀组团前往金门参加“两岸海洋油污染紧急应变交流研讨会”，为两岸进一步的海上污染防治与溢油应急合作奠定了良好基础。在中国航海学会的领导下，船舶防污染专业委员会在海峡两岸海洋污染防治务实研讨及应急演习培训等活动中正在发挥专业学术团体科技主力军和社团组织桥梁纽带作用，为海峡两岸海洋污染防治与应急合作积极贡献智慧和力量。

面向我国和全球船舶污染防治以及水运生态环境保护、污染事故应急防范、应对全球气候变化等重大环境问题的挑战，船舶防污染专业委员会将进一步着力凝聚全国船舶污染防治领域的智慧和力量，积极开展海内外学术交流、技术培训、科技咨询、刊物出版等活动，活跃学术思想，促进学科发展，普及推广新理论、新技术和新成果，提高广大船舶防污染科技和管理工作者以及环保实业界人士的业务技术水平，为政府决策提供高层次建设性意见和综合信息服务。

回顾过去，船舶防污染专业委员会的每一步成长和提高，都离不开上级学会的指导和帮助，离不开挂靠单位和成员单位的大力支持和积极参与。展望未来，船舶防污染专业委员会的进一步发展壮大更是离不开方方面面的支持帮助和通力协作。在此，请允许我代表中国航海学会船舶防污染专业委员会向中国科学技术协会、交通运输部、中国航海学会、专业委员会各成员单位和各位委员们表示最崇高的敬意和最诚挚的感谢！

谢谢大家！

开拓船舶防污染新局面　共创航运可持续发展

黄　何
（交通运输部海事局　副局长；中国航海学会船舶
防污染专业委员会　名誉主任委员）

各位委员，各位代表，同志们：大家上午好！

第六届中国航海学会船舶防污染专业委员会换届大会暨2010年船舶防污染学术年会今天在这里隆重召开，我谨代表交通运输部海事局对会议的召开表示热烈的祝贺，并向关心、支持专业委员会发展、积极参与相关工作的各位委员、代表和秘书处工作人员致以亲切的问候！

中国航海学会船舶防污染专业委员会从1981年成立以来，在中国科协和中国航海学会的指导下，在交通、海事、救捞、环保、海洋、渔业、科研院校、保险、清污设备厂商、清污公司等会员单位的热情关怀和大力支持下逐步发展壮大，并通过开展学术交流、培训教育、科普宣传、咨询研讨、国际及区域交流与合作等活动，逐步成为我国船舶防污染领域最为重要的学术机构，为我国船舶防污染事业的发展做出了积极的贡献。

当前，我国面临的防污染形势依然严峻。海运业是世界经济发展中重要的基础性和服务性行业，在促进全球经济发展和人类社会进步中发挥着不可替代的作用。随着海上运输的日益繁忙，船舶及有关作业活动对海洋环境造成的污染威胁也不断加大。我国石油进口量已升至世界第二位。据统计，2008年我国通过海运共进口原油约2.01亿吨，沿海石油运输量超过3.32亿吨；矿砂、煤炭、天然气等其他散装有毒有害物质运量也不断增长；重大海上污染事故的发生风险大大提高。这些变化给保护海洋环境带来了新的压力。船舶溢油和有毒有害物质污染事故对自然环境、水产养殖和旅游资源等造成的损害往往是长期的，难以弥补的，海洋环境污染愈来愈引起国际社会的强烈关注。今年发生在墨西哥湾的平台漏油污染事故再次给我们敲响了警钟。

近年来，海事部门从建立完善船舶防污染法规体系、加大应急设备库建设和应急设备储备、加快专业应急队伍建设等方面开展了大量的工作，沿海溢油应急能力得到了明显的提高，溢油应急体系和制度更加完善。特别是去年9月，由我部配合国务院法制办修订的《防治船舶污染海洋环境管理条例》经国务院第79次常务会议审议通过，并已于今年3月1日起正式施行。《防污条例》依据有关法律、行政法规以及相关国际公约，针对我国防治船舶污染的管理现状，借鉴现行国际、国内一些成功的管理模式和管理经验，并在充分考虑现阶段我国经济发展水平、兼顾各方利益的基础上，以促进水运发展和保护海洋环境相协调为原则，从船舶污染源头管理、应急能力建设、事故调查处理、污染损害赔偿等方面制定了一系列新的规定，丰富和充实了防治船舶污染管理工作的内容和手段，提升了一部分现行管理制度的立法层次，使其更加符合相关国际公约的履约要求，体现了我国作为国际海事组织的A类理事国积极履行缔约国义务的良好形象。目前部政法司和我局正在会同有关单位起草相关配套规章，对《防污条例》中的相关制度予以细化，包括《船舶及其有关作业活动污染防治管理规定》、《船舶污染海洋环境应急防备和处置管理规定》、《船舶油污损害民事责任保险实施办法》、《船舶污染事故调查处理办法》等，其中《船舶油污损害民事责任保险实施办法》已在本月部长办公会上原则通过，将于近期出台实施。另外，财政部会同交通运输部已经起草完成《船舶油污损害赔偿基金征收和使用管理办法》，待报国务院批准实施，建立国内基金的相关准备工作也正在同步进行。目前，与实施相关制度配套的行业标准，包括《船舶污染清除单位应急防备能力要求》、《沿海污染危害性货物码头安全装卸能力要求》、《沿海港口、码头、装卸站和船舶修造单位船舶污染物接收能力要求》等也已基本起草完成。随着上述规定和标准的实施，船舶污染防治的管理将更加科学合理，有关作业活动也将进一步规范有序。我相信，随着《防污条例》的出台，一系列新的制度将逐步实施，这将更好地保护海洋环境、保护企业和人民群众的合法权益，促进应急设备生产、应急清污服务、油污保险、拆船等行业的发展，也一定会对我国海上污染防治工作起到巨大的推动作用。

各位委员，船舶污染防治是我部的重要工作之一，同时，也需要政府主管部门、企业、社会的通力合作，和相关学术部门的大力支持。船舶防污染专业委员会作为研究、讨论船舶防污染工作的一个平台，多年来在为政府部门建言献策，为管理机构、企业和学术界交流思想、促进合作提供了很好的支持作用。我衷心希望中国航海学会船舶防污染专业委员会今后在船舶防污染领域进一步发挥建言献策、加强交流、促进合作的重要作用，也希望有关单位在交流中畅所欲言，提出你们宝贵的意见和建议，共同促进海洋环境保护工作，促进航运业及相关产业的健康有序发展。

谢谢大家！

两岸海上污染防治与应急技术交流研讨活动纪实

乔 冰
（中国航海学会船舶防污染专业委员会 秘书长）

1 缘起

2001年1月希腊籍船舶“阿马斯”号在台湾南部海域发生搁浅事故，由于应急反应不利，造成垦丁龙坑自然保护区受到较为严重的油污损害，引发岛内民众不满、台“环保署”高官辞职事件。大陆航海学会船舶防污染专业委员会得知台湾发生溢油污染事件消息后，随即向航海学会提出“应加强与台湾方面溢油应急等海洋污染防治交流合作”的建议，并于2002年4月协助组团应邀前往台湾参加“海峡两岸海洋污染防治应急计划研讨会”，受到台湾方面主办方中华海运研究协会以及协办方船长公会和中华搜救协会的热情接待。

本次研讨会是海峡两岸第一次海洋污染防治应急计划专题学术交流活动，两岸航运学术团体负责人和知名学者分别在研讨会开幕式和引言席中发表了热情洋溢的致辞，两岸专家学者从溢油对海洋生态环境的不利影响、船舶大型化趋势造成油污风险加大、大陆溢油应急示范工程、珠江口区域油污应急协作实例、台湾海峡水域溢油应急合作设想、溢油环境风险控制、台湾海洋污染应急能量、两岸共同保护海洋环境等多个方面进行了学术探讨，加强了沟通和相互了解，大陆参访团还参观访问了阳明海运公司、长荣集团、基隆港、台中港、高雄港、海洋大学和垦丁公园管理处等单位，考察了“阿马斯”溢油污染事故清污现场，与台湾航运界、海洋科技界和自然保护区管理机构等进行了交流，为今后的相关交流与合作奠定了基础[1,2]。大陆参访团在台湾的相关学术交流与考察纪实参见本文图片组之一。

2 中国科协2009年海峡两岸青年科学家学术活动月

由中国科协主办、中国航海学会承办的“中国科协2009年海峡两岸青年科学家学术活动月——海上污染防治及应急技术研讨会”于2009年10月22～23日在北京隆重举行，研讨会的具体承办单位为中国航海学会船舶防污染专业委员会，台湾方面的协办单位为台湾海洋污染防治协会。该研讨会荟萃了海峡两岸“海上污染防治及应急技术”研究领域的中坚力量和知名专家。参加研讨会的台湾专家有11位，分别来自高雄中山大学、海洋大学、工业技术研究院、“环境保护署”、元科科技股份有限公司等7家高校或科研、管理机构，大陆有80多位专家学者与会。两岸青年科学家通过主题报告、专题报告、分组报告、书面交流和会议研讨等形式，围绕感兴趣的话题展开深入的交流研讨。

中国科协学会下属的学术部、交流部及中国航海学会、交通运输部台湾事务办公室、台湾海洋污染防治协会的有关专家出席了开幕式。大陆航海学会刘功臣常务副理事长在研讨会开幕式上发表了“航海科技 沟通无限 合作无限”的致辞，航海学会船舶防污染专业委员会史世武主任委员在开幕上做了“共创两岸海洋污染防治学术交流与合作”的主旨发言，智广路名誉主任委员发表了题为“加强两岸合作 提高溢油应急反应能力”的致辞；台湾海洋污染防治协会陈筱华常务理事做了“台湾海洋污染防治与紧急应变”的主旨发言。

本次会议论文集共收入专题演讲报告4篇、论文92篇，内容涉及船舶污染防治科学技术与管理、海上溢油污染防治与应急技术、船舶压载水及沉积物净化处理技术与管理、渔业环境保护新技术新能源新材料、航运温室气体减排对策措施等五大领域，由中国航海学会船舶防污染专业委员会编辑，大会交流论文40余篇。该论文集集中反映了海峡两岸青年科学家在海上污染防治领域的最新成果，对于船舶防污染工作具有重要的理论和实践指导作用，并具有较高的学术参考与收藏价值。本次研讨会的宣传主题为：科技引领发展、青年开创未来、开拓航海科技、共创和谐发展。

中国科协从1999年开始举办海峡两岸青年科学家学术研讨会，为适应两岸科技交流的深入开展，拓展交流领域，扩大交流规模，从2008年起改为海峡两岸青年科学家学术活动月。通过两岸青年科学家之间的学术研讨，不仅在学术思想、科技成果方面沟通了信息，得到了启迪，更重要的是通过交流增进了相互间的了解，建立了深厚的友谊。本次研讨会不仅同样达到了上述目标，而且还在“船舶污染防治科学技术与管理”和“两岸通航船舶污染防治与协作”等方面进行了深入的研讨，提出了不少具有建设性的意见和建议。比如：

(1)大陆学者提出鉴于两岸全面通航后船舶航行密度的加大，海上污染事故概率明显增加，两岸民间学术团体可联合组织成员单位和专家学者共同开展“海上环境风险评估与风险防范及应急对策措施研究”，实现科学化的海上污染防治。

(2)台湾专家提出，希望两岸在执行国际海事组织环境保护公约方面有一个一致的机制，有关环境规范、公约进展等方面的信息台湾方面了解得比较少，是否通过适当交流平台，能够多沟通相关信息。

(3)两岸专家学者均认为，关于溢油应急协作，两岸应及早达成有关应急人员和应急设备快速进出的应急协作方案，此外，在金门—厦门、马祖—福州之间应尽早达成务实的海上污染防治合作。

(4)台湾“环境保护署”已委托金门技术学院于2009年11月25～27日邀请两岸主管官员、专家、学者共同参与一项“两岸海洋油污染紧急应变交流研讨会”，参加本次研讨会的十余位海峡两岸青年科学家已报名参加该项交流研讨会，拟就相关议题进行学术与务实的双向交流，以作为日后两岸发展相关合作的基础。

2009年10月30日，台湾专家结束了在北京的交流、研讨、参观、访问活动，以及在威海、烟台、深圳、上海、舟山等地的参观访问，两岸同行通过深入的交流研讨增进了彼此的了解，深切体会到了血浓于水的骨肉亲情，建立起了深厚的同胞情谊，同时也为未来海峡两岸在海上污染防治及应急技术领域实质性的合作奠定了坚实基础。两岸青年科学家相关学术交流与考察纪实参见本文图片组之二。

3 金门“两岸海洋油污染紧急应变交流研讨会”及厦门参访活动

中国航海学会船舶防污染专业委员会秘书长乔冰博士一行14人于11月25 ～27日赴金门参加“两岸海洋油污染紧急应变交流研讨会”，就海洋油污染紧急应变方案与台相关单位进行交流，为今后开展相关合作奠定基础。据两岸新闻媒体报道，本次研讨会由台湾“环境保护署”、金门县政府委托金门技术学院举办，为期两天，共有两岸专家学者一百二十多人参加，为

共同维护台湾海峡环境保护集思广益，其中大陆方面参会人员近40人。

中国航海学会宋家慧副理事长莅临会议，并发表了题为“唇齿相依 戳力同心 共同致力海峡两岸海洋环境安全”的主旨演讲。航海学会船舶防污染专业委员会李义副主任委员在开幕式致辞时指出，防治台湾海峡污染是为两岸人民子孙造福，希望共同合作保护美丽海峡。

大陆方面发表的论文有：中国航海学会船舶防污染专业委员会许乐平顾问委员《中国大陆海上溢油应急处置框架》、王耀兵顾问委员《大陆溢油应急设备库配备相关法规和标准研究现状》、朱利工程师《基于预案的溢油应急辅助决策研究》、张一胜委员《船舶油污染紧急应变机制研究》、陈小虎委员《福建海域船舶污染事故典型案例分析》、乔冰秘书长《大陆CWCM溢油模型验证及其预测技术进展》、孙彪船长《两岸携手 共保海洋清洁》、唐燕飞、陈武祥委员《台湾海峡两岸船舶溢油应急协作机制探讨》、陈轩工程师《厦门、泉州船舶溢油应急设备库工程初步设计概况》。台湾方面发表的论文有：台湾“环保署”陈龙珠科长《台湾关于海洋油污染防治的法令机制与政策》、宜兰县“环保局”邹灿阳《宜兰县处理基尼号油污染事件调查报告》、高雄海洋科技大学张国栋教授《台湾海峡地区油污事故的风险与对策》、马祖“环保局”陈秀华先生《马祖地区境外海岸漂流物影响现状及处理》、澎湖县“环保局”方祥权课长《澎湖海域环境品质现状》。两岸环保专家于研讨会后还专程前往厦门，参观访问了厦门海事局和厦门市海洋与渔业局，并实地考察了厦门市垃圾处理与焚烧中心、厦门市水上垃圾回收清理中心、厦门港水路运输状况，金门和厦门相关学术交流与考察纪实参见本文图片组之三。

4　两岸海洋污染防治与应急技术交流与合作展望

从2002年的两岸第一次海洋污染防治应急计划研讨会至今，八年多的时间弹指一挥间。这其间，两岸相关学术团体组织开展了一系列的学术交流与研讨考察活动，显著地推进了两岸在本领域的学科发展和互动合作。

正像2002年中国航海学会代表团梁一如团长在致辞中讲到的“海峡两岸，多一份沟通，就多一份了解，多一份信任”。除此之外，两岸同胞还会从中更真切地感受到那份骨肉亲情，以及衍生出来的更多合作与发展机遇。

2008年11月“海峡两岸关系协会”会长陈云林先生与“台湾海峡交流基金会”董事长江丙坤先生在台北签署了《海峡两岸海运协议》等四项协议，2010年6月，两岸签署了《两岸经济合作架构协议》。我们完全有理由相信，以海峡两岸中国人的智慧和才能，两岸定能逐步建立起全面合作的完整体系，最终实现国家的和平统一。中华民族的前途和未来必将是光明和幸福的。让我们携起手来，共同面对人类生存和发展的环境挑战，共同做好海洋污染防治和船舶防污染领域的各项工作，为创建可持续发展的航运业及区域经济，为两岸人民子孙的共同福祉尽心竭力。

致谢：本文作者向给予两岸海上污染防治与应急技术交流研讨活动以及本文的撰写以帮助的各位人士表示诚挚的感谢！

图片组之一：2002 年台湾学术交流考察活动

2002 年：陈庭辉理事长宴请研讨会代表

2002 年：陈庭辉理事长宴请研讨会代表

2002 年：陈庭辉理事长在研讨会开幕式致辞

2002 年：梁一如团长在研讨会开幕式致辞

2002 年：海洋污染防治应急计划研讨会盛况

2002 年：海洋污染防治应急计划研讨会盛况

2002 年：第一场论文交流引言人知名专家

2002 年：第二场论文交流引言人知名专家

2002 年：乔冰秘书长做大会论文演讲

2002 年：金根福委员做大会论文演讲

2002 年：马喜臣委员做大会论文演讲

2002 年：谭永烈委员做大会论文演讲

2002 年：与会代表聚精会神地聆听论文演讲

2002 年：胡江山委员做大会论文演讲

2002 年：华健先生做大会论文演讲

2002 年：丘其源先生做大会论文演讲

2002年：华健先生演讲题目打动了大家的心

2002年：大会提问专场的主持人妙语连珠

2002年：与会代表积极提出问题

2002年：杨磊老师积极提问

2002年：朱宝柱委员积极解答问题

2002年：智广路委员积极解答问题

2002年：与会代表聚精会神听取大会报告

2002年：与会代表聚精会神听取大会报告

2002 年：代表团参观阳明海运公司总部

2002 年：代表团在阳明海运公司总部合影

2002 年：代表团参观台中港务局

2002 年：代表团认真听取台中港介绍

2002 年：代表团参观高雄港务局

2002 年：代表团乘船游览高雄港

2002 年：代表团参观垦丁自然保护区管委会

2002 年：考察“阿马斯”溢油事故处理现场

图片组之二：2009 年大陆学术交流考察活动

2009 年：海上污染防治研讨会开幕式盛况

2009 年：两岸学会秘书长联袂主持开幕式

2009 年：刘功臣常务副理事长在研讨会致辞

2009 年：史世武主任委员作研讨会主旨发言

2009 年：鄂海亮副主任委员研讨会主旨发言

2009 年：陈筱华常务理事做研讨会主旨发言

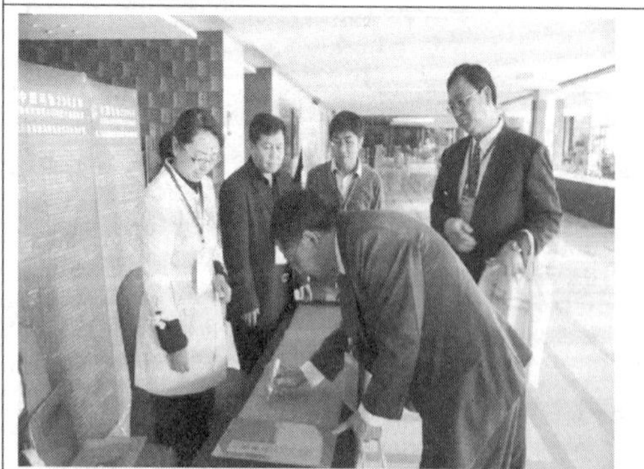

2009 年：陈邦富教授在贵宾签名簿上签名

2009 年：青年科学家活动月研讨会代表合影

2009 年：两岸知名专家学者出席开幕式

2009 年：中国科协交流部李秀亭副部长参会

2009 年：乔冰研究员做大会学术报告

2009 年：赵谱教授级高工做大会学术报告

2009 年：张扬琪副教授做大会学术报告

2009 年：王耀兵研究员做大会学术报告

2009 年：张立鹏博士做大会学术报告

2009 年：沈新强研究员做大会学术报告

2009年：黄何委员和张立鹏秘书长主持会议

2009年：大连海事大学刘瑀教授做大会报告

2009年：张卫委员做大会学术报告

2009年：北京大学石慧同学做大会学术报告

2009年：长江海事局代表做大会学术报告

2009年：陈轩工程师做大会学术报告

2009年：专业委员会秘书处工作人员忙碌着

2009年：赵彦和凌萍工程师认真研讨论文

2009 年：朱利工程师在分组研讨会上发言

2009 年：兰儒工程师在分组研讨会上发言

2009 年：李燕（右）、石云瑛（中）在讨论

2009 年：张辉研究员、傅豫东技正主持会议

2009 年：王耀兵、陈筱华研究员主持分组会

2009 年：许乐平、田文敏教授主持分组会议

2009 年：会议代表分三组进行深入研讨（一）

2009 年：会议代表分三组进行深入研讨（二）

2009年：陈邦富教授与张志伟博士会间交流

2009年：黄何委员与鄂海亮委员会间交流

2009年：大陆青年科技工作者会间愉快交流

2009年：海事科技管理工作者会间愉快交流

2009年：海峡两岸船舶污染防治及应急协作

研讨第一分组由黄何委员和陈邦富监事主持

2009年：海峡两岸船舶污染防治及应急协作

研讨第二组由鄂海亮委员和陈筱华理事主持

2009 年：两岸海洋污染防治专家交流研讨

2009 年：两岸资深和青年科学家互动研讨

2009 年：刘敏燕研究员在分组会上交流研讨

2009 年：科技支撑课题组青年科技工作者

2009 年：两岸青年科学家考察长岛海岸线

2009 年：两岸青年科学家考察压载水基地

2009 年：两岸青年科学家考察烟台应急中心

2009 年：两岸青年科学家考察应急设备库

2009年：烟台溢油应急技术中心座谈交流

2009年：深圳海上应急指挥中心座谈交流

2009年：考察深圳应急指挥中心调度值班室

2009年：参观考察深圳计量质量检测研究院

2009年：参观深圳溢油风化模拟实验现场

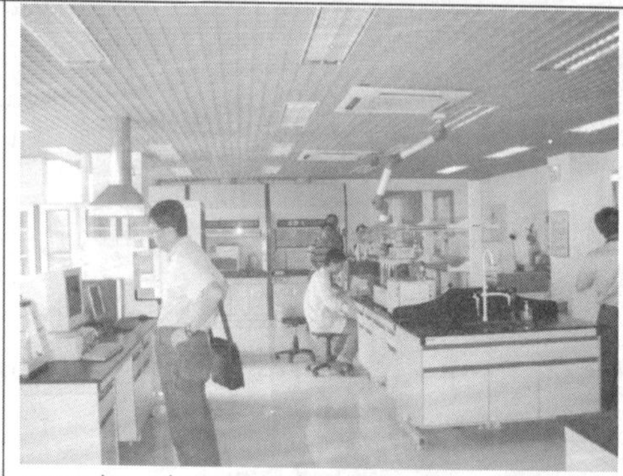
2009年：参观深圳计量质量检测实验室

2009年：参观考察上海国际航运中心集疏运

2009年：洪善祥理事长亲切接见两岸学者

图片组之三：2009年金厦学术交流考察活动

2009 年：大陆航海学会代表团赴金门途中

2009 年：海上远眺金门及附近海域航运状况

2009 年：代表团参观金门县溢油清污设备

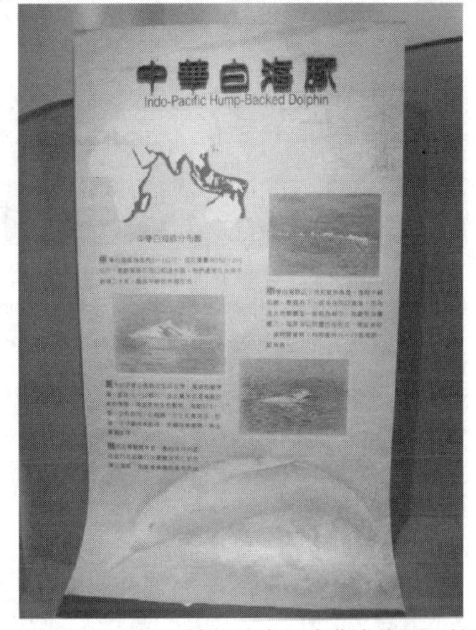

2009 年：金门县博物馆介绍中华白海豚习性

2009 年：两岸青年科学家考察金门海岸线

2009 年：两岸青年科学家与相关领导合影

2009年：两岸油污应变研讨会开幕式嘉宾席

2009年：陈龙珠科长做大会报告

2009年：李颖教授在金门研讨会中即席发言

2009年：刘瑀教授在金门研讨会中主持会议

2009年：台湾学者在金门研讨会中即席发言

2009年：台湾学者在金门研讨会中即席研讨

2009年：王耀兵研究员金门会议做学术报告

2009年：朱利工程师金门会议做学术报告

2009 年：张一胜委员金门会议做学术报告

2009 年：许乐平委员金门会议做学术报告

2009 年：陈小虎委员报告厦门油污应急案例

2009 年：大陆学者报告油井污染调查案例

2009 年：宜兰县“环保局”报告油污案例

2009 年：张国栋教授报告溢油模型应用案例

2009 年：大陆青年学者报告油污保险建议

2009 年：李颖教授报告溢油监测科技成果

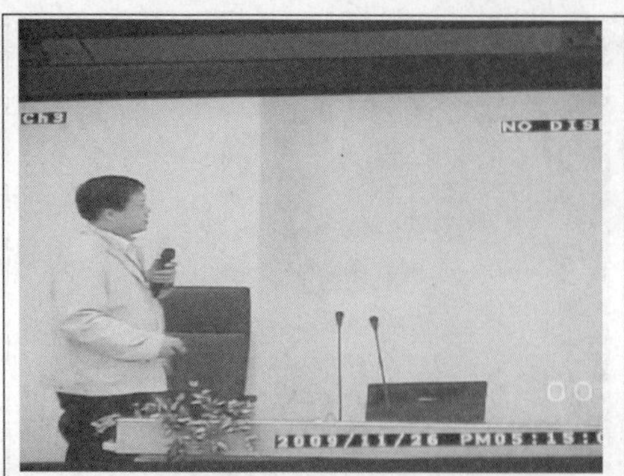
2009年：孙彪船长：两岸携手共保海洋清洁

2009年：陈武祥委员报告两岸应急协作建议

2009年：马祖“环保局”报告漂浮垃圾情况

2010年：澎湖“环保局”报告海域环境状况

2009年：张一胜委员回答浮标研发应用情况

2009年：金门县政府宴请两岸参会嘉宾

2009年：宋家慧副理事长与两岸专家合影

2009年：两岸油污紧急应变专家合影留念

2009 年：两岸与会代表在厦门海事局座谈

2009 年：两岸学者在厦门海洋与渔业局座谈

2009 年：台湾环保专家考察厦门垃圾焚烧

2009 年：台湾环保专家考察厦门垃圾清理

2009 年：台湾环保专家考察厦门海岸线

2009 年：台湾环保专家了解厦门港总体规划

2009 年：两岸环保专家考察厦门港漳州港区

2009 年：两岸环保专家乘船考察厦门港海域

参考文献

[1] 乔冰. 海峡两岸海上污染防治应急计划研讨会情况介绍[J]. 船舶防污染,2002(总第5期)

[2] 史世武. 共创两岸海洋污染防治学术交流与合作[C]. 中国科协海峡两岸青年科学家学术活动月——海上污染防治及应急技术研讨会论文集. 北京:中国环境科学出版社,2009

第二篇　船舶污染防治国际公约和国内法规贯彻实施

《防治船舶污染海洋环境管理条例》与海事监管探讨

刘　坤

（海南东方市解放西路八所海事局，海南东方市，572600）

摘　要：随着国内外环保意识的日益增强和环保要求的不断提高，防治船舶污染受到了政府和航运业的高度关注。新的《防治船舶污染海洋环境管理条例》（以下简称《条例》）已于2010年3月1日起正式施行，本文在对《条例》的主要变化内容简要分析基础上，探讨《条例》实施中可能遇到的各种问题以及海事主管机关在防治船舶污染各方面如何采取应对措施来履行自己的监督管理职责。

关键词：防治船舶污染海洋环境管理条例　船舶　防治污染　赔偿　海事监管

1　引子

为了应对国际海运业快速发展对海洋环境带来的威胁，体现我国在防治船舶污染海洋环境方面做出的努力，同时为了进一步做好防治船舶及其有关作业活动污染海洋环境的工作，加强生态环境的保护，国家有关部门在对《防止船舶污染海域管理条例》全面修改基础上，形成了新的防污染法规——防治船舶污染海洋环境管理条例，对防治船舶污染的各个方面提出了新的要求。

2　新《条例》主要变化内容

《条例》不仅对船舶污染物的排放和接收、有关作业活动的污染防治、污染事故应急处置等方面做出了具体、明确的规定，而且细化了船舶油污损害民事责任保险制度，建立了船舶油污损害赔偿基金制度，并且把政府责任放到了防治船舶污染的主导地位上来了。

2.1　指导思想的改变，对海洋污染损害变“防止”为“防治”

从新老条例的标题来看，对海洋防污染的指导思想发生了根本性转变。我们不仅要全力防止事故发生，我们还必须学会事故发生后的治理，新《条例》明确树立了“预防为主，防治结合”的理念，并围绕“预防”和“治理”两个方面进行了系统的规定，将船岸等相关各方都纳入调整范围。在“预防”方面，旧《条例》详细规定了从事与防治船舶污染相关作业活动的要求，对岸上一些防污染作业规定较少，新《条例》的条款不仅对防治船舶污染相关作业活动进行了规定，还对货物、码头和装卸站提出了要求；在“治理”方面，新《条例》从污染事故开始的应急处置到调查处理和损害赔偿以及法律责任等一系列的行动，充分体现污染“治理”理念。

2.2　明确政府的主导地位，防治污染要求全社会力量共同参与

《条例》明确提出了防治船舶污染中政府部门的主导地位和责任。一是详细规定了国家政府职能部门在防治污染中的权力和责任，如管辖范围、应急能力建设规划、应急预案的编制等；二是规定了政府在各个污染事故级别的应急处置权限，如特别重大、重大、较大和一般污染事故分别由国务院、省（自治区、直辖市）人民政府、市级人民政府组织力量进行应急处置。考

虑到船舶发生污染事故，污染的是整个社会环境，防治船舶污染海洋环境仅靠船舶、船舶公司、港口等企业的力量远远不够，《条例》把政府放到了主导地位，由政府领导集合全社会的力量共同参与，防治船舶污染海洋环境才能取得成功。

2.3 引入专项验收制度，加强岸基支持，提高防污应急能力

《条例》规定了港口、码头、装卸站以及从事船舶修造、打捞、拆解等作业活动的单位，应通过海事管理机构的防污应急设备专项验收。专项验收的内容包括相关单位是否制定有关安全营运和防治污染的管理制度，是否按照国家有关防治船舶及其有关作业活动污染海洋环境的规范和标准，配备相应的防治污染设备和器材。同时船舶所有人、经营人或管理者要编制应急预案报海事管理机构批准；港口、码头、装卸站的经营人要编制应急预案报海事管理机构备案，并定期组织演练。《条例》将专项验收制度和应急预案审批制度适用于所有码头、装卸站和作业单位，从而加强了岸基对船舶污染防治的支持，提高了防污染应急的总体能力。

2.4 落实制度，体现"防治"

针对可能出现污染隐患的各个方面，新《条例》在制度建设方面狠下工夫，用制度的建立来把监管落到实处。一是要求从船舶到码头、装卸站、船舶所有人等相关单位以及政府部门建立防污染应急预案；二是完善船舶污染物的排放与接收制度；三是对船舶有关作业活动要求建立污染清除协议；四是增加了船舶污染事故应急处置和调查处理的规定；五是完善了船舶污染事故损害赔偿制度，提出了船舶油污损害民事责任保险和船舶油污损害赔偿基金制度；六是明确了相应法律责任，加大了处罚的力度。

2.5 损害赔偿和保障赔偿、补偿落实到位

《条例》首先明确了船舶污染损害赔偿的原则以及相关免责条款，同时借鉴了国际一些行之有效的惯例，第一次系统建立了我国的船舶污染事故损害赔偿制度。但是，考虑到船舶发生污染事故后，为了保障污染损害得到合理赔偿，同时也为了防止航运企业因船舶污染事故赔偿导致破产，建立了船舶油污损害民事责任保险制度；并且按照"谁受益，谁付钱"的原则向石油货主摊款设立船舶污油损害基金，为船舶污染事故损害赔偿提供了更多一层的赔偿保障。

3 实施存在问题与监管难点

《条例》的公布实施，对船舶防治海洋污染具有积极深远的影响，对防治船舶及其有关作业活动污染海洋环境、减少污染损害和保护海洋生态方面有极其重要的作用，但在实施过程和海事监管方面，还存在一些实际问题。

3.1 地方人民政府未起到主导作用

当前沿海港口城市政府领导人虽有很强的决心把本地的经济政治抓好，但是由于本身部分港口城市的政府部门对海运相关事务不熟悉，导致政府工作对海上事务的开展缺少关注和投入，国家有关海上相关法律所规定的职责也未能得到充分有效的履行，法律法规规定当地政府做的应当肩负的责任没有落到实处。如当地防治污染的能力建设规划、应急预案的建立以及专业应急队伍和应急设备库的建立等等。

3.2 相关单位的专项验收还不是非常成熟

对于与航运业相关的港口、码头、装卸站以及从事船舶修造、打捞、拆解等作业的单位，由于早期建设时防污染意识不足和一些客观原因，其建设时未能按照标准或低于现有标准建设，一些监视器材和防污染设施没有配备，但因其错综复杂的关系和客观原因，在当时也获得了竣

工验收。新《条例》详细规定了验收的内容和标准，可是部分地方的港口、码头、装卸站以及从事船舶修造、打捞、拆解等作业的单位的防污染建设现状较差、标准较低，特别是经济相对落后的地方，这些单位在日益强烈的竞争环境中要生存下来都比较困难，要想立刻达到专项验收的标准也不是很合理，必须要有一个合理配置、逐渐满足要求的过程。

3.3　如何签订污染清除作业协议还需探索

《条例》规定载运散装液体污染危害性货物的船舶和 1 万总吨以上的其他船舶，其经营人应当与取得污染清除作业资质的单位签订污染清除作业协议后才能作业或者进出港口。但是船舶污染清除协议制度配套的规章未建立，特别是部分港口还没有成立污染清除公司，船舶经营人不知怎样与污染清除作业单位签订协议，所以这项制度也就暂时无法操作。

3.4　船舶油污损害赔偿基金征收问题

《条例》规定在中华人民共和国管辖水域接收海上运输的持久性油类物质货物的货物所有人或者代理人应当缴纳船舶油污损害赔偿基金。可是负责船舶油污损害赔偿基金管理和使用的机构没有设立，船舶油污损害赔偿基金征收、使用和管理的具体办法没有制定，从而导致条例的这项制度暂时无法实施。

4　应对措施

面对《条例》实施过程存在的问题以及海事监管的难点，海事主管机关如何履行法律赋予自己的职责，做好自己的监管工作呢？

4.1　做好《条例》实施的宣传培训工作

为了更好地实施《条例》，让更多的单位部门认识并重视防治船舶污染工作，同时也为了做好监管和服务工作，海事主管机关必须要让各相关单位和个人清楚《条例》的相关内容，做到“知《条例》”。所以，海事部门在实施监管职责时，首先要对每位执法人员进行培训，领会《条例》精神，掌握和理解《条例》的内容，同时学习相关公约、法律、法规以及标准；二是采取多种形式，向《条例》适用的船公司、有关作业单位以及相关单位以进行宣传和培训，使其知道《条例》的相关条款和要求。通过宣传条例内容和信息沟通，达成共识，防止在监管过程中与相关单位和个人产生误解，妨碍正常的工作。

4.2　加强与地方沟通，协助地方政府做好污染应急相关工作

《条例》明确规定地方人民政府要编制防治船舶及其有关作业活动污染海洋环境应急能力建设规划和应急预案，可是由于某些港口所在地政府对海上业务的不熟悉，对海上防污染重视不够，甚至忽视防止船舶污染海洋环境工作。海事主管机关应加强与地方政府的沟通，让政府了解防止船舶污染工作的重要性以及政府在防治船舶污染海洋环境中的扮演的角色和责任，充分体现政府的主导地位，配合和支持地方人民政府做好应急能力建设规划和应急预案的编制，促进地方专业应急队伍和应急设备库的建设，以提高整体船舶污染事故应急防备能力。同时督促政府组织应急成员单位定期进行演练，以保证发生船舶污染事故时，有关单位能够迅速有效地调集人员和设备，开展清污工作。

4.3　督促相关单位逐步配置防污染设施，完成专项验收

针对目前部分（特别是经济欠发达地区）港口、码头、装卸站以及从事船舶修造、打捞、拆解的单位其防污染资源缺乏的这种情况，一次性满足《条例》要求难度很大，海事部门应早介入、早提醒，主动服务，督促、引导各相关单位做好专项验收的准备工作，同时可以考虑本地区

港口、码头、装卸站等相关单位的实际情况,有重点的按次序逐渐配置防污应急设备和器材,在一定时间满足配置要求,从而通过海事主管部门的专项验收。

4.4 加强船舶污染物作业的检查和监管

在日常的检查中,海事主管机关应加强对污染物排放和接收处理的检查,在检查船上对污染物的处理记录时,可对比每月接收单位的接收和处理记录核实,同时还应加强对污染物接收之后的监管,避免造成二次污染;船舶载运污染危害性货物时,要比较船舶载运危险货物的情况进行检查,保证载运污染危害性货物的船舶符合污染危害性货物适载要求,在具有相应能力的码头、装卸站进行装卸作业。

4.5 为污染清除作业协议制度的建立进行有益研究和探索

由于目前还有部分港口还没有成立专门的污染清除公司,所以海事主管机关首先可以对一些有能力想做事的公司给予指导,努力推进、扶持清污公司的成立,并获得污染清除作业资质;其次海事主管机关可以就污染清除作业走访船舶经营人和污染清除单位,就污染清除作业进行调研,为污染清除作业协议制度的建立献言献策。

5 总结

《条例》的实施,为防治船舶污染指明了方向,并且对各船舶防污染提出了更加详细、具体和更高的要求,海事主管机关应根据自己的职责,严格执法,努力做好防治船舶污染海洋环境的各项工作,只要《条例》能够有效的执行,我国的船舶防污染工作一定迈上一个新的台阶,我们的海洋一定会更加清洁。

深入推进《防污条例》，初探大榭辖区油码头安全防污联动机制

顾中磊 黄剑明

（宁波大榭海事处，宁波，315800）

摘 要：随着我国改革开放不断深入，航运事业得到快速发展，包括油船在内的危险品船发展迅速，海洋污染源趋于多样性，给保护海洋环境带来了新的压力，《中华人民共和国防治船舶污染海洋环境管理条例》（以下简称《防污条例》）应运而生。去年席卷全球的金融海啸给航运业带来重大影响，航运业、港口生产等遇到了严重的困难。大榭海事处以推进《防污条例》为契机，从辖区石化码头企业实际困难出发，创新监管服务方式，引导相关石化码头企业实行区域联动安全机制，力保生产作业安全、正常开展。

关键词：《防污条例》 区域联动 创新监管服务 促发展

1 引言

位于大榭海事处辖区的中海石油宁波大榭石化有限公司（以下简称大榭石化）、宁波实华原油码头有限公司（以下简称实华）、宁波大榭开发区恒信燃料油品有限公司（以下简称恒信）是属于三种不同体制的石化和石油仓储企业，各码头相互毗邻，但生产作业自成体系，相互独立。各企业投产以来发展良好，近年来随着我国油品需求的上升，三家企业产量迅猛增长，这时其中两家企业的发展遇到了码头资源短缺的瓶颈。大榭石化由于原油加工量的增大，自备码头吞吐能力不足，成品油出运不及时，易造成滞罐，严重时会导致停产。恒信油库扩建后，由于码头靠泊等级的制约，5000t 以上船舶不能靠泊，无法满足生产需要。实华码头由于进口原油分流和实施管道化运输，码头吞吐能力有盈余。这些现实条件，促成了三家码头进行装卸作业管线互联互通，进行联动作业，解决了企业困难，促进了企业发展。但联动作业后，由于三家码头安全生产制度不同，互相衔接协调容易出现脱节现象，这样给安全生产留下了隐患。

2 区域联动安全现状

大榭海事处在推进《防污条例》过程中，积极开展对辖区危险品码头的调研，在调研大榭石化等三家油码头企业生产经营过程中，认识到码头管线互通，进行优势互补协作生产，是有利于企业发展的良好措施，解决了企业发展过程中的难题，应予以支持，但同时也认识到联动作业存在着一定的安全隐患。三家码头各项管理制度、操作规程依然是按照各自企业的特点制定的，在进行协作生产后没有对管线连通后建立相应的规章制度和协同作业的操作规程，易产生事故。如在装卸作业过程中，如果产生某种故障需要关闭阀门时，如果协调不好一旦阀门关闭而泵未及时停止，就有可能发生爆管泄油事故。所以这些问题如果不及时疏导解决，有可能酿成大祸。

3 解决措施

大榭海事处在掌握了这些情况后十分重视,以认真负责的态度要求三家相关码头公司必须重视并解决问题,同时多次与三家企业研究论证如何做好相互协调衔接,确保作业安全,提高生产效率。

3.1 规范内部工作程序,加大码头现场检查力度

《防污条例》第十三条规定:港口、码头、装卸站以及从事船舶修造、打捞、拆解等作业活动的单位应当制定有关安全营运和防治污染的管理制度,按照国家有关防治船舶及其有关作业活动污染海洋环境的规范和标准,配备相应的防治污染设备和器材,并通过海事管理机构的专项验收。大榭海事处结合三家企业的现状,督促各码头根据自身经营情况以及管线连通后的实际情况,进一步建立健全各项规章制度,不断完善各项工作规范程序,逐级建立安全生产责任制,配备专职安全生产管理人员,制定并完善各个岗位的安全技术操作规程,并在岗位醒目位置悬挂,在管理层面对安全生产和区域联动给予保证和支持。与此同时,为了提高安全防污工作质量,确保危管防污方面不出问题,督促码头内部抓住事故苗头,举一反三,加大码头现场检查力度,积极落实一系列安全措施:一是加大企业安全宣传、警示力度,健全安全生产文化建设;二是严格按照安全生产作业程序增强码头内部检查频率,特别注重对防污器材的检查维修力度,确保防污器材处于正常和即可可用状态;三是积极与海事部门建立联系互通机制,采取现场驻守、巡回盯防相结合的办法,发现问题及时处理,把事故因素控制在萌芽状态。

3.2 加大码头操作人员培训力度,提高安全责任意识

《防污条例》第九条规定:任何单位和个人发现船舶及其有关作业活动造成或者可能造成海洋环境污染的,应当立即就近向海事管理机构报告。在以往辖区发生的每起污染事故原因调查中人为因素往往处于中心的地位,对事故的发生和发展起着至关重要的作用。因此,加强对码头操作人员的培训,是减少操作性事故和控制可能发生的污染事故的一个重要举措。在平时工作中,大榭海事处要求三家企业加强对员工的培训,提高其安全生产意识和操作技能,并结合《防污条例》中规定的污染事故报告制度,特别强调码头工作人员发现污染或污染苗头后,立即向我处报告,做到安全警钟长鸣。大榭海事处也结合管线连通后这一模式,针对性的为企业码头一线操作人员提供技术指导,通过现场讲解和组织培训等方式,使企业员工掌握船岸安全检查过程中应注意的事项和安全要求。

3.3 延伸船岸界面检查,提高现场检查质量

《防污条例》第三条规定:防治船舶及其有关作业活动污染海洋环境,实行预防为主、防治结合的原则。《船/岸安全检查表》是船舶装卸作业安全和预防污染的基础,作业前,码头方、船方对检查表中的船舶系泊情况、应急拖缆情况等36项内容一一进行相互确认,以保障船舶在作业期间的安全和事故发生时的应急脱险。但随着三家企业管线连通后,原有的《船/岸安全检查表》中的36项内容已涵盖不了作业过程中安全保障的要求,原有的检查表只体现了作业时船舶与码头的对照检查,没有包括作业的码头和管线相连企业的检查内容。为切实把好作业的整条安全链,大榭海事处多次召集三家单位,对现有的《船/岸安全检查表》内容进行了延伸,对企业之间连接的管线阀门是否处于良好、应急设备是否处于适用状态、防雷设施是否处于正常状态、通讯联系是否正常等8项内容进行了补充。在对《船/岸安全检查表》补充完

善的基础上，该处强化现场检查，特别对装卸作业设备、防雷设施、应急设备、通讯设备等设施设备进行全面的检查，同时检查码头方对这些设备的维护和保养情况，以确保相关设施设备处于安全技术状态，有效预防污染。

3.4　制定事故应急预案，加强应急演练

《防污条例》第十四条规定：港口、码头、装卸站的经营人应当制定防治船舶及其有关作业活动污染海洋环境的应急预案，并报海事管理机构备案。为及时有效进行事故管理，对可能发生的码头溢油污染等社会影响面大、危害后果严重的事故，大榭海事处严格按照《防污条例》的要求，帮助三家企业有针对性的制定了码头污染事故应急预案，把各方纳入整体事故管理的范畴，不断深化安全管理理念。大榭海事处将三家企业污染事故应急预案的编制、备案、审查、演练等作为安全生产监督工作的重要内容，通过应急预案的备案、审查和演练，提高应急预案的质量，做到相关预案相互衔接，从而增强了应急预案的科学性、针对性、实效性和可操作性。另外，该处进一步加强应急救援预案的动态管理，要求相关企业要依据有关法律、法规和国家标准、行业标准的修改变动情况，生产经营单位生产条件的变化情况、预案演练过程中发现的问题和预案演练的总结等，及时对应急预案予以修订。同时，大榭海事处积极主动协调相关码头，定期组织举行联合演习、演练，通过演练，检验了预案，锻炼了队伍，教育了职工，提高了应急反应的能力。

3.5　完善视频监控系统，强化现场动态监控

《防污条例》第七条规定：海事管理机构应当根据防治船舶及其有关作业活动污染海洋环境的需要，会同海洋主管部门建立健全船舶及其有关作业活动污染海洋环境的检测、监视机制，加强对船舶及其有关作业活动污染海洋环境的监测、监视机制。大榭海事处 CCTV 监控系统于 2003 年 12 月投入运行，并于 2007 年 7 月份重新改造，辖区三家石化企业码头也在我处的监控之中。但在三家企业未合作之前，三家码头的所有监控摄像头都接入各口岸单位的 CCTV 监控系统中，导致各部门都可以对监控点进行控制，然而每个部门监控的重点不一样，造成操作的极不方便。在推进《防污条例》的过程中，我处主动与三家企业沟通协调，将各自码头的其中两个摄像头独立接入我处 CCTV 监控系统，并将控制权交由我处掌握。为切实加强码头作业的安全，我处专门安排人员对危险品码头实施动态监控，目前，在值班室就能够清楚地看到码头输油管和油管阀门的开关静态情况和靠泊船舶的作业以及附近水域的通航动态情况等。

4　展望

在下一阶段，企业又有了新的发展目标，宁波实华原油码头有限公司已在建造国内靠泊等级最高的 45 万吨级原油码头。另外，其他临近企业石化码头即将建成投产，通过大榭海事处的牵线，目前也已有了初步合作意向，为今后深层次合作打下基础。所有这些，既给大榭海事监管提出了新的课题，也为区域联动合作注入了新的活力，相信在《防污条例》的指导下，安全监管将朝健康方向蓬勃发展。但我们也要清醒地认识到，在发展的同时，海事部门要带动企业全面增强责任感，督促企业全面落实安全生产主体责任，用科学发展的眼光推进企业不断发展。我们有理由相信，通过《防污条例》的不断推进，海事监管服务模式的不断创新，企业安全生产主体责任的进一步全面落实，定能够让海洋更加清洁，让社会更加和谐。

Abstract: With the deepening of reform and opening up as well as the rapid development of shipping industry, ships carrying dangerous goods including oil tankers are nowadays on the high rise and bring new pressure upon marine environmental protection by generating more sources of marine pollution, which fosters the emergence of Regulations on Prevention of Marine Environmental Pollution from Ships of P. R. C (hereinafter referred to as Regulations on Prevention of Pollution). The global financial tsunami last year has exerted great influence on shipping industry and brought great difficulties to port production. Daxie Maritime Safety Administration, by taking advantage of the implementation of Regulations on Prevention of Pollution and taking the difficulties of relevant petro chemical terminals into account, innovates the means of inspection and service and promotes relevant petro chemical terminals to carry out regional linkage mechanism, for the safety of production and operation.

Key words: Regulations on Prevention of Marine Environmental Pollution from Ships; Regional Linkage; Inspection and service innovation; Development Promotion

谈新防污条例下各方在船舶防污染应急方面的职责

何世军①
（海南海事局危防处，海口市，570311）

摘　要：《防治船舶污染海洋环境管理条例》已于2010年3月1日生效，该条例的实施对于全面提高我国船舶防污染应急能力建设有重大意义。本文就该条例生效后，政府、企业等各方在船舶防污染应急方面的职责进行讨论，以便帮助读者理清思路，更好的实施该条例。

关键词：船舶　防污染　应急

2010年3月1日，《防治船舶污染海洋环境管理条例》（简称《防污条例》）正式实施，这是对1983年《中华人民共和国防止船舶污染海域管理条例》的全面系统修订。随着船舶对海洋环境造成的污染风险越来越大，旧条例显然已经不能完全满足防治污染工作的需要，制度设计上的理念创新，是《防污条例》与83年《条例》相比最重要的变化。《防污条例》树立了责任共担的理念，和许多行业一样，水运业的发展也伴随着风险和责任，这种风险和责任既不应由港航企业独自承担，也不能全部推向政府。所以，树立责任共担的理念尤其重要，要从预防、治理、赔偿等各个环节共担责任，要提倡政府与行业共担责任，要强调行业内的每个成员共担责任。

《防污条例》对地方政府、港口、码头、装卸站规定了很多责任和义务。《防污条例》对如何来体现出地方政府在船舶污染应急反应方面的作用，如何帮助地方政府来完成和履行这些职责有明确的规定。即要求地方政府建立一个专项规划，并且要注意和其他规划的衔接。对于地方政府来说，海域环境保护是直接有利于地方经济发展的，有利于城市安全和稳定，因此地方政府应当履行这方面的职责。对港口、码头、装卸站而言，《防污条例》在应急能力方面也有相关要求。比如要求港口、码头、装卸站配备相关的污染物接收设施，制定相关的安全与防污染管理制度，对相关防治污染设备和器材予以专项验收。交通主管部门、海事管理机构的职责在《防污条例》都有明确规定，从根本上保证了《防污条例》的有效实施。

《防污条例》立足防治船舶污染工作的系统性和全面性，注重全局规划，注重横向联系，需各相关方面共同努力、齐抓共管、协调合作，在不同阶段、不同方面、不同层级对其予以全面监控。下面，笔者就结合新实施的《防污条例》，谈谈在新《防污条例》的规定下，政府、企业、社会各方在船舶防污染应急在不同阶段、不同方面、不同层级的职责。

1　污染应急规划

第五条　国务院交通运输主管部门应当根据防治船舶及其有关作业活动污染海洋环境的

① 何世军，单位：海南海事局危防处，通信地址：海南省海口市滨海大道137号，邮编：570311，电话：0898－68626028，电子邮箱：msacocotree@126.com。

需要,组织编制防治船舶及其有关作业活动污染海洋环境应急能力建设规划,报国务院批准后公布实施。

沿海设区的市级以上地方人民政府应当按照国务院批准的防治船舶及其有关作业活动污染海洋环境应急能力建设规划,并根据本地区的实际情况,组织编制相应的防治船舶及其有关作业活动污染海洋环境应急能力建设规划。

以上条款明确要求地方政府建立一个专项规划,并且要注意和其他规划的衔接。对于地方政府来说,海域环境保护是直接有利于地方经济发展的,有利于城市安全和稳定,因此地方政府应当履行这方面的职责。

最值得我们高兴的是,《国家水上交通安全监管和救助系统布局规划》于2009年4月经国务院批准。这是新中国成立以来编制的第一个国家级水上交通安全监管和救助系统中长期规划,是全国突发性公共事件应急体系的组成部分。《国家水上交通安全监管和救助系统布局规划》按照国家原油运输网络和敏感资源区分布,在沿海综合基地和基地设置16个国家船舶溢油应急设备库,长江干线综合基地和基地设置13个船舶溢油应急设备库,每个设备库配备溢油回收船1艘。目前,应急设备库建设的前期工作已经开始运作,相信不久的将来,我国溢油应急能力在这些设备库的支撑下将有质的飞跃。

2 应急预案建设

第六条 国务院交通运输主管部门、沿海设区的市级以上地方人民政府应当建立健全防治船舶及其有关作业活动污染海洋环境应急反应机制,并制定防治船舶及其有关作业活动污染海洋环境应急预案。

第十四条 船舶所有人、经营人或者管理人以及有关作业单位应当制定防治船舶及其有关作业活动污染海洋环境的应急预案,并报海事管理机构批准。

港口、码头、装卸站的经营人应当制定防治船舶及其有关作业活动污染海洋环境的应急预案,并报海事管理机构备案。

目前,我国已经初步建立起海上船舶溢油应急反应体系。2000年,交通部和国家环保总局联合颁布了《中国海上船舶溢油应急计划》,以及北方海区、东海海区、南海海区、台湾海峡水域船舶溢油应急计划。2003年,交通部与河北省人民政府联合颁布了《秦皇岛海域船舶溢油应急计划》。同时,交通部积极推进省(市)级和地市级水上溢油应急预案的制定发布工作,其中上海、天津、河北、山东和浙江等8个省级应急反应预案和34个沿海地(市)级应急反应预案已由当地政府发布实施。港口、码头、船舶应急计划已经全部编制完成并实施。

但是,由于交通部和国家环保总局联合颁布实施的《中国海上船舶溢油应急计划》存在覆盖面小,层次低,强制力不够,实施难度大等不足,急需建立统一协调、覆盖全部水域(海上、内河)的国家水上污染应急反应体系,需要做好以下工作:一是完善我国船舶污染防治法规体系,提高溢油应急计划法律地位;二是尽快建立实施省级溢油应急计划。

3 应急队伍建设

第八条 国务院交通运输主管部门、沿海设区的市级以上地方人民政府应当按照防治船舶及其有关作业活动污染海洋环境应急能力建设规划,建立专业应急队伍和应急设备库,配备专用的设施、设备和器材。

以前，由于缺乏法律、法规及相关政策的支持，地方政府对水上污染应急认识不到位，重视程度不够，投入严重不足；企业的应急责任没有完全得到落实；政府主导、社会力量积极参与的应急反应机制尚未完全形成。国家和地方政府投资建设的溢油应急反应中心规模小，社会清污力量势单力薄，上至国家，下到海区、港口，普遍缺乏适合海上作业的专业溢油应急船舶、设备和人员，尤其是海区溢油应急设备更是空白，仅仅能够对抗港区和近岸海域内的溢油污染事故，尚不具备应对我国管辖海域内溢油污染事故特别是重大溢油污染事故的能力。

船舶污染应急队伍的建设应多渠道、多途径筹集资金，国家、交通运输部、海事局和地方各级政府安排专项资金重点建设政府设备库、大型综合清污应急船艇、航标船改造和国家政府专业清污队伍；社会专业清污公司自筹资金建设社会专业清污力量；码头企业、石油公司、航运公司等自筹资金建设社会其他清污力量。

4　污染事故监视与监控

第七条　海事管理机构应当根据防治船舶及其有关作业活动污染海洋环境的需要，会同海洋主管部门建立健全船舶及其有关作业活动污染海洋环境的监测、监视机制，加强对船舶及其有关作业活动污染海洋环境的监测、监视。

第十二条　港口、码头、装卸站以及从事船舶修造的单位应当配备与其装卸货物种类和吞吐能力或者修造船舶能力相适应的污染监视设施和污染物接收设施，并使其处于良好状态。

就目前来说，我国溢油监视监测能力严重滞后。水上溢油随风向、水流飘移，必须随时获取其动态信息，才能快速反应、制定合理的应对方案。由于投入不足，海事部门在监视监测手段上还极其薄弱，各地普遍没有现代化的遥感、监控手段，也没有直升机进行空中监测。溢油事故的发现几乎全部依靠船舶报告，事故跟踪主要依靠巡逻艇目测监视。目前，我国还不具备夜间处置水上溢油的能力，白天清污时，由于监视手段不足，往往需要先花费几个小时寻找飘移的油污，影响了作业效率。新《防污条例》生效后，政府和企业都应该要加大投资，建立起一套全方位的溢油监控系统，以便在溢油最初阶段和清污过程中对溢油情况进行监控，给清污行动提供决策帮助。

5　防污设备和器材配备

第十三条　港口、码头、装卸站以及从事船舶修造、打捞、拆解等作业活动的单位应当制定有关安全营运和防治污染的管理制度，按照国家有关防治船舶及其有关作业活动污染海洋环境的规范和标准，配备相应的防治污染设备和器材，并通过海事管理机构的专项验收。

港口、码头、装卸站以及从事船舶修造、打捞、拆解等作业活动的单位，应当定期检查、维护配备的防治污染设备和器材，确保防治污染设备和器材符合防治船舶及其有关作业活动污染海洋环境的要求。

之前，我国只要求危险品码头应该配备防污设备，但是，随着经济的飞速发展，我国沿海海上运输量持续增加，航行于我国沿海的各类船舶数量不断攀升。船舶在航行、装卸货物、修造过程中的突发事故频发，由此带来的重大溢油风险不断加大。此外，船舶打捞、拆解作业过程中的污染事故也呈持续增加的趋势。为应对这种风险，港口、码头、装卸站以及从事船舶修造、打捞、拆解的单位配备与其污染风险相适应的防污应急设备和器材非常必要。目前配备应该参照如下标准，《码头溢油应急设备配备要求》、《港口、码头、装卸站和从事船舶修造单位防污应急设备和器材配备标准》等等。

6 应急演习

第十四条第三款 船舶、港口、码头、装卸站以及其他有关作业单位应当按照应急预案，定期组织演练，并做好相应记录。

应急演练对检验和保证应急预案的有效性具有重要的意义，通过应急演练可以保证相关责任单位或人员熟悉其职责，可以验证应急程序是否畅通、应急效果是否良好等。海事管理机构可以采取查阅演练记录、询问参与演练人员等方式进行检查，也可以采取要求港口、码头、装卸站、船舶以及有关作业单位进行现场应急演练的方式，以检查应急预案的有效性。

7 应急指挥机构

第三十九条 发生特别重大船舶污染事故，国务院或者国务院授权国务院交通运输主管部门成立事故应急指挥机构。

发生重大船舶污染事故，有关省、自治区、直辖市人民政府应当会同海事管理机构成立事故应急指挥机构。

发生较大船舶污染事故和一般船舶污染事故，有关设区的市级人民政府应当会同海事管理机构成立事故应急指挥机构。

有关部门、单位应当在事故应急指挥机构统一组织和指挥下，按照应急预案的分工，开展相应的应急处置工作。

船舶污染事故发生时，在事故应急指挥机构的统一组织和指挥下，可以保证应急处置工作有序、高效开展。《中华人民共和国突发事件应对法》第四条规定，国家建立统一领导、综合协调、分类管理、分级负责、属地管理为主的应急管理体制。《中华人民共和国海洋环境保护法》第十八条第一款及第五款分别规定，国家根据防止海洋环境污染的需要，制定国家重大海上污染事故应急计划。沿海县级以上地方人民政府及其有关部门在发生重大海上污染事故时，必须按照应急计划解除或者减轻危害。由此可见，重大海上污染事故的应急处置责任在地方政府，这样有利于调动社会应急力量参加应急行动和充分发挥社会应急力量的积极性。但由于海事管理机构是船舶防污染的主管机关，加之船舶污染事故的应急处置具有较强的专业性和特殊性，所以船舶污染事故应急指挥机构由相应的地方人民政府会同海事管理机构成立。

当发生船舶污染事故时，根据不同的事故等级，国务院交通运输主管部门、事故发生地及遭受或可能遭受船舶污染事故影响的设区的市级以上地方人民政府、海事管理机构接到事故报告后，立即启动相应的应急预案，相应的事故应急指挥机构行使应急指挥职能，并按照程序指令现场指挥机构开展应急行动。相应的应急预案启动后，国务院交通运输主管部门、有关省、自治区、直辖市、设区的市级地方人民政府、海事管理机构，以及应急预案中确定的其他成员单位，应按照应急预案中的职责分工，根据应急指挥机构的指令，及时展开船舶污染事故的应急处置工作。

8 事故调查机构

第四十四条 船舶污染事故的调查处理依照下列规定进行：

（一）特别重大船舶污染事故由国务院或者国务院授权国务院交通运输主管部门等部门

组织事故调查处理；

（二）重大船舶污染事故由国家海事管理机构组织事故调查处理；

（三）较大船舶污染事故和一般船舶污染事故由事故发生地的海事管理机构组织事故调查处理。

船舶污染事故的调查依据级别管辖和地域管辖相结合的原则。由于特别重大事故不但造成海洋生态环境灾难性损害和巨大的直接、间接经济损失，给人民群众的生活、生产带来巨大影响，甚至还引起国际社会的广泛关注。因此，特别重大船舶污染事故由国务院或者国务院授权国务院交通运输主管部门等部门组织调查。同时，重大船舶污染事故由国家海事管理机构组织调查，较大船舶污染事故和一般船舶污染事故由事故发生地的海事管理机构组织进行调查。对于事故发生地不明、跨管辖区域或对管辖有争议的船舶污染事故，除依法由国家海事管理机构组织调查的情况外，应由共同的上级海事管理机构确定调查处理机构。

9 应急保障机制

第五十三条 在中华人民共和国管辖海域内航行的船舶，其所有人应当按照国务院交通运输主管部门的规定，投保船舶油污损害民事责任保险或者取得相应的财务担保。但是，1000总吨以下载运非油类物质的船舶除外。

第五十五条 发生船舶油污事故，国家组织有关单位进行应急处置、清除污染所发生的必要费用，应当在船舶油污损害赔偿中优先受偿。

第五十六条 在中华人民共和国管辖水域接收海上运输的持久性油类物质货物的货物所有人或者代理人应当缴纳船舶油污损害赔偿基金。

我国早在1980年就接受了CLC 69公约，又于1999年接受了CLC 92公约，解决了国际航线油轮油污保险和按照CLC公约规定限额下的污染损害赔偿问题，但国内航线油轮的强制保险和赔偿问题至今没有得到解决。虽然新修订的《中华人民共和国海洋环境保护法》对建立实施我国船舶油污损害赔偿机制有明确的规定，但是包括船舶油污强制保险制度、船舶油污基金制度以及船舶污染损害索赔与赔偿机制在内的国内船舶油污赔偿机制至今尚未真正建立实施，国内船舶溢油事故清污费用得不到保障，造成了“谁清污谁吃亏”的局面，导致清污手段、清污能力得不到发展，严重影响到海上溢油应急反应体系的有效运作。严重打击了社会专业清污公司的工作积极性，也给负责船舶溢油应急行动组织指挥的海事部门造成了极大地被动。

然而，新《防污条例》规定了强制保险制度、防污染基金制度和污染清除优先受偿制度，在一定程度上保证了清污费用的来源，可以说，这是一个重要的突破，极大地推动了船舶污染清除的积极性。

新《防污条例》生效后，全国各地均采用不同的方式对《防污条例》进行了宣贯，交通运输部也紧锣密鼓的制定其相配套的规章，各级海事管理机构也开展了不同规模的组织学习。掌握新《防污条例》的相关要求，理清政府、企业各方在船舶防污染应急方面的职责尤其重要，只要这样，才能更好地实施新《防污条例》，才能更好地建设我国船舶防污染应急能力体制，为我国海事事业又好又快发展做出应有的贡献。

Abstract: Regulations on Administration of Prevention and Control of Pollution to the Marine

Environment by Vessels went into force on March 1st 2010. The implementation of the regulation has great significance to improve our prevent pollution emergency capacity to ships. This paper going to discuss the duties of the government, enterprises and other parties for preventing the pollution by ships after this regulation into effect, in order to help readers to implement this regulation better.

Key words: ship; pollution prevention; emergency

防止船舶压载水海洋外来生物入侵的法律发展趋势及应对[①]

李志文　匡　浩

（大连海事大学法学院，大连，116026）

摘　要：船舶压载水的不当排放会导致严重的海洋外来生物入侵，我国也面临同样的问题，目前我国的相关法律规定及相关措施并不完善，需要制定相应的国内法加以规范。本文分析了压载水带来海洋外来生物入侵的特殊性，并总结出了各种防止船舶压载水海洋外来生物入侵的法律发展趋势，然后结合我国的特殊国情，针对如何平衡发展经济和保护生态、是否加入公约等焦点问题提出了我国的应对策略。

关键词：船舶压载水　发展趋势　应对

用于国际航运的船舶排放的压载水带来的海洋外来物种入侵问题越来越严重。随着全球贸易量的增长，接近90%的贸易通过海洋运输，运输船舶每年携带压载水约120亿吨进出各港口，平均每立方米压载水含有浮游动植物1.1亿个[②]，经由港口排放压载水带入海洋外来生物使有害寄生虫和病原体在沿岸海域大面积迅猛传播，破坏近海生态环境，引发赤潮以及危害海洋生态系统，对沿海国环境和经济发展带来触目惊心的灾害。针对此，2004年国际海事组织IMO针对船舶压载水所带来的外来生物入侵问题，制定了《控制和管理国际船舶压载水和沉积物国际公约》（以下简称《压载水公约》），各国也制定了相应的立法。但是我国对于压载水问题关注较晚，欠缺系统、完善、有效的法律规范。因此，我们有必要对压载水立法问题加以研究，完善相应的立法，防止压载水对我国海洋生态环境造成损害。而分析船舶压载水带来海洋外来生物入侵的特殊性，总结防止船舶压载水海洋外来生物入侵的法律的独特的发展趋势，有助于建立我国船舶压载水排放的有效法律机制。

1　船舶压载水带来海洋外来生物入侵的特殊性

船舶压载水带来的海洋外来生物入侵不同于其他途径带来的海洋外来生物入侵，具有一定的特殊性，主要体现在：

（1）入侵的广泛性。到目前，根据船况和航行目的的不同，每条船舶的压载水容量从几百公斤到10万吨不等，全球的远洋船舶每年共需约100亿吨压载水，平均每立方米压载水含有的浮游动植物超过1亿个，全世界每天约有4000种异地海洋生物随船舶压载水被扩散到世界

---

① 本文为国家社科基金“我国港口防治外来生物入侵的法律对策研究”（09BFX091）研究成果之一。

② IMO Ballast Water Update-2002，转引自：Carlton, J. T. 1999a. The scale and ecological consequences of biological invasions in the world's oceans. In Invasive Species and Biodiversity Management. O. T. Sunderland, P. J. Schei and A. Viken, eds. Kluwer Academic Publishers, Dordrecht, Netherlands, 195-212.

各地海域[①]。世界海域的每个角落都被压载水罩上了海洋外来生物入侵的阴霾。而其他途径带来的海洋外来生物入侵往往是单一的,例如以海水养殖为目的的引种,一般都挑选一个或几个最适宜的物种引入,不会一次引入大量物种。

(2)入侵的隐蔽性。从入侵的主观方面看,船舶压载水带来的海洋外来生物入侵属于无意引种,纯粹是航运的副作用,船舶压载水带来的海洋外来生物入侵是人们始料未及的。所以人们的视线往往局限于压载水的航运功能,却忽视船舶压载水带来的海洋外来生物入侵。而其他途径带来的海洋外来生物入侵,不管是以海水养殖为目的的引种还是以改造海洋环境的引种[②],都是在经过反复科学论证,并备受监督的情况下进行引种的,所以,这些海洋外来生物的入侵性往往会被发现,无法隐蔽。从入侵的对象方面看,船舶压载水带来的海洋外来生物种类复杂,既有贝类等海洋动物,又有藻类等海洋植物,还有细菌、病原体等海洋微生物,如果说动植物可以轻易发现,那么海洋微生物就可以轻易遁形,隐蔽起来。而其他途径带来的海洋外来生物,大部分是作为养殖物的动植物,没有隐蔽性。

(3)入侵的巨大危害性。压载水水生生物一旦入侵和落户于当地水域,几乎是无法消除的。它们不像油类污染物,可以被清除或被海洋吸收。在自然环境适宜的情况下,压载水水生生物会在当地水域大量繁殖扩散,破坏当地水域的生态平衡,危害渔业资源,影响公众健康。其危害性已经在全球许多国家和地区日渐显现。统计显示,由异地海洋生物入侵造成的经济损失每年高达近1000亿美元,特别对发展中国家构成严重威胁[③]。而其他途径带来的海洋外来生物入侵,因为其事前往往经过论证,引种过程也备受监督,所以即使发生入侵,其危害性也较小。

(4)入侵的反复性。从时间上来讲,从事国际货物运输的船舶常年在世界各地航行,因此,船舶压载水带来的海洋外来生物入侵也会反复发生。一批又一批的海洋外来生物随着压载水的排放而持续入侵,大大提高了入侵的成功率。从空间上来讲,船舶压载水带来的海洋外来生物入侵一旦发生后,可能马上又会被船舶压载水引入其他海域,形成复杂的“交叉入侵”。而其他途径带来的海洋外来生物入侵,没有缺乏船舶压载水这一个得天独厚的便利条件,不会发生反复入侵。

综合以上船舶压载水带来的海洋外来生物入侵不同于其他途径带来的海洋外来生物入侵的特殊性,我们发现虽然船舶压载水带来的海洋外来生物入侵是海洋外来生物入侵的一种,但是其特殊性相对于海洋外来生物入侵的共性而言更加重要。船舶压载水带来的海洋外来生物入侵在入侵的形式、范围和危害方面的特殊性,要求防止船舶压载水带来的海洋外来生物入侵的法律在法律效力上具有国际性、法律规范上具有科学性、法律调整具有强制性。所以,防止船舶压载水带来的海洋外来生物入侵的法律的特殊发展趋势与防止海洋外来生物入侵的法律的趋势不同,防止船舶压载水海洋外来生物入侵的法律有着其独特的法律发展趋势。

2 防止船舶压载水海洋外来生物入侵的立法及发展趋势

国际社会第一次关注船舶压载水问题是在1973年,IMO大会第十八号决议就指出船舶压

---

① http://www.takungpao.com/news/08/05/30/ZM-912773.html, 2010年4月28日访问。

② 以德国赫姆霍茨传染病研究中心专家为主的科研小组,破译了一种能吞噬石油的单细胞细菌的基因,利用这种细菌可解决海洋石油污染问题。

③ 海洋产业联盟致力消除船舶压载水造成的异地海洋生物入侵威胁.联合国电台网站:http://www.unmultimedia.org/radio/chinese/detail/123315.html 2009年3月9日访问。

载水排放造成危害的潜在可能性[①]。1991 年 7 月，IMO 的海上环境保护委员会（MEPC）在第 31 届会议通过了《关于防止船舶压载水及沉积物排放传播有害水生生物和病原体的国际指南》，2004 年 2 月，IMO 召开了压载水管理国际会议，通过了《压载水公约》。《压载水公约》包含正文 22 条及一个附则——船舶压载水和沉积物控制与管理规则。公约正文内容包括：定义，一般义务，适用范围，控制有害水生生物和病原体通过船舶压载水和沉积物转移，沉积物接收设施，科学技术研究和检测，检验和发证，对违反事件的处理，船舶检查，对违反事件的调查和对船舶的监督，检查并采取行动的通知，避免对船舶的不当延误，技术援助、合作与区域协作，信息交流，争端的解决，与国际法和其他法律文件的关系，签署和批准，生效，修正程序和退出等。附则是公约的技术要求，包括总则（A 部分）、船舶管理和控制要求（B 部分）、某些区域的特殊要求（C 部分）、压载水管理的标准（D 部分）和压载水管理的检验与发证要求（E 部分）等五部分内容。此外，为了使《压载水公约》能统一实施，IMO 通过制定了 14 个技术导则提出具体要求。

一些国家也纷纷针对船舶压载水造成海洋外来生物入侵而在法律上采取了应对措施。

美国于 1990 年 11 月 29 日通过了《外来有害水生生物预防与控制法》，赋予了美国海岸警卫队对压载水管理的管辖权限[②]。"1996 年 10 月 26 日，通过《国家入侵物种法》，规范对船舶压载水的管理，防止外来物种在美国水域的引入和传播，并将压载水的管理范围扩大至美国的所有水域。

澳大利亚的船舶压载水立法一直走在世界前列。1991 年澳大利亚检疫及检查服务处出台了《压载水自愿管理指南》，1998 年对其进行了修订[③]，2001 年出台了强制性的《澳大利亚压载水管理要求》，该《要求》规定了强制性的压载水管理要求，大部分内容借鉴了《压载水公约》，在个别地方做出了比公约更严格的规定。

早在 1992 年新西兰就制订了自愿性的压载水管理指南，1998 年 5 月，新西兰渔业部根据 1993 年的《生态安全法》制订了《外来压载水进口的健康标准》，实施强制性的压载水管理，该《标准》在 2005 年 6 月由农业和林业部进行了修订，并沿用至今[④]。

从国际公约和各国关于船舶压载水的立法进程看，发达的西方国家在快速发展的过程中已经逐步意识到保护生态环境的重要性，并以政策、经济、法律手段着力扭转愈演愈烈的环境与生态问题，船舶压载水的立法相对较为完善，呈现出一定的发展趋势：

2.1　由单边国内立法的方式向国内立法和国际立法相结合的方式转变

20 世纪 90 年代，面对突如其来的压载水海洋外来生物入侵问题，一些国家（地区）开始制定法律，包括国家立法和地方立法，这些国家和地区有澳大利亚，加拿大，智利，以色列，新西兰，美国（包括各州），有些港口也制订了自己的规则，例如阿根廷的布宜诺斯艾利斯，苏格兰的斯卡帕湾港（Scapa Flow）和加拿大的温哥华，还有些国家（地区）也正在立法的过程中。单

① 张硕慧. 防止船舶压载水传播有害水生生物和病原体的立法概况. 世界海运. 1995，2：36。

② 张硕慧，涂娟娟. 美国防止船舶压载水转移外来生物的立法. 国际海事公约研究与动态. 2008，2。

③ 贾真. 澳大利亚新压舱水管理程序出台. 中国远洋航务公告. 1998，10。

④ MAF Biosecurity New Zealand Discussion Paper No：2007/04：MANAGING AND CONTROLLING THE RISK TO THE MARINE ENVIRONMENT FROM BALLAST WATER DISCHARGES：NEW ZEALAND'S RESPONSE TO THE INTERNATIONAL CONVENTION FOR THE CONTROL AND MANAGEMENT OF SHIPS' BALLAST WATER&SEDIMENTS. 2007 年 10 月。

边国内立法的优势显而易见，它的制定和修改快速、执行效率高、效果好，而且能因地制宜的解决本国本地区的压载水管理问题。而IMO国际公约是国际间相互协调的产物，其出台是一个长期过程，需要由委员会讨论并取得一致后，提交理事会，召开外交大会审议、修改和正式通过该公约，公约通过后的生效过程更加旷日持久。“对于一些技术性比较强的公约，能被海事界广泛接受是非常必要的，否则，公约不但不会起到规范航运的作用，反而会使航运规则产生混乱。因此，这类公约的生效要件中通常会规定必须达到全球船舶总吨位的一定比例后方能生效”，而有些公约甚至在通过后无法生效，中途流产①。这些优势使其成为各国（地区）的首选方式。

纵观各国（地区）立法，其中有些是根据世界海事组织现行的《压载水公约》及其导则制定的，但也有些对航运业设置了新的、不同的要求。这种混乱局面会对航运业产生重大消极影响：(1)不同的法域，不同的港口间会对航运业有不同要求，使航运业从业者无所适从；(2)国家间也会因为港口国监督和船旗国监督的标准不同产生矛盾，相互制裁，将对方船队列入黑名单；(3)发达国家可能借此手段，以防止压载水海洋外来生物入侵为由，规定严格的、发展中国家难以达到的各种技术标准和管理标准，来限制和禁止不符合标准的船队进入国际海运市场，形成海运绿色壁垒。

航运业在实体经济方面上可能是最具有国际性的产业，所以最能够有效解决涉及航运的问题的方法就是在国际范围内制定统一标准的规则，这也是国际海事组织成立50多年来的一向做法②。通过多边行动，制定《压载水公约》规制压载水海洋外来生物入侵，能推行出一套世界各国都认可的压载水管理体系，统一混乱局面，促进国家间合作，营造一个各国船队公平竞争的平台。

一部分国内立法作为多边公约的补充也是必要的。在国际公约尚未出台或者出台后尚未生效的情况下，国内立法是唯一可行的手段。而且，在国内压载水管理领域，公约一般都交给缔约国本国政府通过国内法处理。此外，对于条件特殊的特别水域，例如美国加拿大共有的五大湖，公约可能顾及不到，只有国内法才能做到因地制宜。

这种结合在国际和国内两个层面都表现了出来。在国际层面，IMO积极讨论制定多边的公约，却不排斥各国的单边立法，相反规定各缔约国可以以国内法的形式采取更严格的压载水管理标准。在国内层面，各国在积极制定其国内法的同时也在积极推进压载水管理的国际立法，并促使其生效。

2.2 法律效力由非强制性趋向强制性

压载水管理要求，无论是各国单边立法还是国际立法，自其在20世纪90年代初开始颁行以来不到20年的时间里，其强制性不断得到强化。在单边立法方面，1989年美国《控制倾入大湖区压载水的自愿指南》、1991年澳大利亚《压载水自愿管理指南》和1992年新西兰就制订的自愿性的《压载水管理指南》，是世界上第一批关于压载水管理的立法，由于对压载水和水生生物入侵问题缺乏研究，加上船东和船员对压载水管理毫无准备，这一批立法都作为自愿性的规则凭船东和船员的自觉执行。经过了几年的酝酿，各国纷纷开始修改其压载水管理规则，美国在1993年制定了“对进入大湖区船舶的压载水管理”的最终规则、2001年的《澳大利亚压

① 刘文科．论国际海事组织与我国海洋环境制度建设（硕士学位论文）．青岛：中国海洋大学．2004：4-5。

② 国际海事组织网站 http://globallast.imo.org/index.asp? page = bwlegis.htm&menu = true．2010年4月28日访问。

载水管理要求》和1998年新西兰《外来压载水进口的健康标准》都规定了强制性的压载水管理要求。在国际立法方面，IMO1991年制定的《防止船舶压载水及沉积物排放传播有害的水生生物和病原体的国际指南》也被2004年《压载水公约》所取代。

压载水管理规则趋向强制性，一方面是由于自愿性的规则实施效果不理想，船东和船员不买账，另一方面是因为压载水导致的生物入侵问题愈发严重，而且对压载水和水生生物入侵问题的科研也取得了一定的进展，已经具有了具体执行的标准。

虽然关于压载水管理的单边立法和国际立法的强制性都在不同程度上得到了加强，但是其非强制性的规则也同样存在，并没有全部消失。例如美国在非大湖区仍然适用自愿的压载水管理，澳大利亚和新西兰在规定了基本的强制性的压载水管理要求后，又规定了更高标准的非强制性的压载水管理要求。

2.3　综合考虑环境生态保护和发展社会经济

在压载水问题爆发之前，航运业只有油污问题和有毒有害物质问题与环境生态保护相关，换句话说，压载水不涉及环境生态保护的问题。压载水作为维持海上航行安全的一个要素，其唯一目的就是维持船舶平衡，促进航运业的发展，没有其他方面的要求对其进行规制。所以除安全要求外，法律根本没有对压载水做出其他的要求，也就是法律仅仅从社会经济的角度考虑压载水。在压载水问题爆发之后，法律又站在一个新的角度，即环境生态保护的角度审视压载水问题，从而出现了现有的对压载水进行管理的规则，于是环境生态保护和发展社会经济在压载水问题上紧密地联系在一个互为因果的网络之中。

1992年6月在巴西里约热内卢召开的联合国环境和发展大会上通过的《21世纪章程》和《里约环境与发展宣言》，宣布将可持续发展理论作为全球人类共同发展战略。可持续发展"特别关注的是各种经济活动的生态合理性，强调对资源、环境有利的经济活动应给与鼓励。""经济持续发展是根本，资源的永续利用和生态环境的持续良好是基础"①。就目前的经济社会、环境生态现状来看，不单是现在，而且在可以预见到的很长的一段时期，压载水的法律规制必须将环境生态保护和发展社会经济进行协调，在这一点上各国法和国际公约都予以认可。

综合考虑环境生态保护和发展社会经济，在法律规范的内容上主要表现为极力折衷协调的两对矛盾：

第一，全面规制与豁免例外。例如新西兰要求对所有外来携带压载水的船舶进行压载水管理，又规定了对因为安全原因和船舶结构无法更换压载水的船舶给予豁免，但是豁免中又有例外，在澳大利亚的塔斯马尼亚州或澳大利亚维多利亚州的菲利普海湾港海域泵入的压载水不享受豁免。再如，在整个美国水域，压载水报告均要强制提交。但是作为例外，沿海运输的油轮、国防部、USCG的船舶和军舰和只在某一港区范围内运营的船舶可以免除提交压载水报告的义务，根据国际海洋法具有无害通过权的外国船舶，只要不排放压载水或者进行了压载水处理或更换，也可以免除提交压载水报告的义务。

第二，管理的完整准确与管理的快捷高效。例如《压载水公约》第9条规定船舶检查一般都限于形式检查，即仅检查压载水报告是否提交，压载水记录是否完整，是否备有压载水证书和压载水管理计划，进行抽样，而且在检查的过程中要快捷高效，尽量不耽误船期，对于不符合形式检查的船舶才能进行详细的实质检查。

---

①　刘文剑.论海洋环境管理与海洋经济可持续发展：(博士学位论文).青岛：中国海洋大学.2004：13-14。

3 我国针对船舶压载水排放的法律应对

我国是航运大国和国际海事组织A类理事国，拥有庞大的船队，随着我国沿岸各港口货物吞吐量的攀升，压载水排放也不断增加，对此，我国更应当加强对船舶压载水排放的立法。

3.1 在立法中协调社会经济发展与保护生态环境的关系

我国在新的发展阶段必须深入贯彻落实科学发展观，而经济发展与环境相协调是科学发展观的重要要求之一。对船舶压载水进行严格的规制，无疑会有利于防止船舶压载水海洋外来生物入侵，但是要付出巨大的经济成本。例如芬兰 Alfa Laval 公司已推出首批商业用压舱水处理产品"PureBallast"，使用该系统的相关费用大约是50万欧元(66.3万美金)，每处理2万立方米压舱水大约需要1400美金的费用①。这无疑会增加航运企业的经营成本，然后转嫁给我国的外贸企业，增加我国出口产品的成本，降低其国际竞争力。而放任压载水的随意排放，可以消除压载水管理的成本，但是巨大的海洋外来生物入侵灾害将会不可避免地发生，这种灾害会削弱经济发展的成果。据统计，每年我国因外来物种入侵造成的经济损失为145.06亿美元，约占国内生产总值的1.36%②。而海洋外来物种入侵在其中占相当大的比例。要协调社会经济发展与保护生态环境的关系，既要将经济发展稳定在一定速度上，又要防止生态环境的过度恶化，才是唯一出路。所以，在立法中必须平衡社会经济发展与保护生态环境的关系。

3.2 适当参照《压载水公约》

2009年12月10日，韩国向国际海事组织交存了批准书，成为《压载水公约》的缔约国。可以预见，《压载水公约》的生效指日可待③。我国在制定自己的压载水管理法时，有必要适当参照《压载水公约》的规定。一方面，《压载水公约》公约经过各国多年的研究探讨，其准确性和有效性不容置疑，参照《压载水公约》的规定，可以省去不少立法调研工作。另一方面，《压载水公约》是全世界压载水管理的相对统一的规则，美国、澳大利亚和新西兰都在一定程度上参照了《压载水公约》，与《压载水公约》规定一致，也有利于我国规定与国际接轨。

《压载水公约》规定的先进制度，例如船舶压载水记录簿制度和配备并实施压载水管理计划制度，都应该借鉴。配备这些文件费用较低廉，用途广泛，又符合《压载水公约》的规定④。记录簿主要记载各种关于压载水的操作，一方面利于主管机关进行监督，另一方面也可以作为数据资料帮助科研机构进行研究。压载水管理计划详细规定了压载水管理的程序和对之负责的高级船员，直接提高了压载水管理的效率。

3.3 加入《压载水公约》不可操之过急

我国在压载水问题立法上必须平衡加入《压载水公约》与制定单边立法的关系。毫无疑问，以国际公约的形式规制全球的压载水管理是大势所趋，不可违抗。而且，加入公约可以承担更多的国际责任，提高我国国际地位。但是，过早的加入公约或促使公约生效会削弱我国船队的竞争力，"鉴于当前我国船队的技术状况及压载水处理技术不成熟的现状，建议我国对公

---

① 赵春生.应对《国际船舶压载水和沉积物管理与控制公约》的措施.科技经济市场.2009,9:109。

② 国家环保总局.中国履行《生物多样性公约》第三次国家报告.中国环境科学出版社.2005:108。

③ 张硕慧，刘乒，张爽等.《船舶压载水及沉积物控制和管理国际公约》履约面临的问题及对策.水运管理.2009,1:37。

④ 《压载水公约》的附则B1、B2。

约的基本立场应当是避免使公约过早生效或促成一个过渡期，以使我国船队的综合发展不受太大影响"①。同时根据我国特定的国情利用国内立法对压载水管理进行适当的规制②，用来缓冲《压载水公约》对我国航运的发展。所以，在加入《压载水公约》与制定单边立法的关系上，国内法是不可或缺的权宜之计，待时机成熟时再加入公约。

4　结语

我国船舶压载水海洋外来生物入侵的压力越来越大，我国急需出台相应立法。从理论上看，船舶压载水带来海洋外来生物入侵的特殊性决定了防止船舶压载水海洋外来生物入侵的法律具有特殊的发展趋势，世界各国国内法和公约的现实立法更加印证了这种特殊的发展趋势。我国对此应当提前应对，在国内立法上，我们需要以宏观的眼光统筹海洋生态与经济发展，合理的对压载水问题进行法律规制。同时，要注意与国际立法的衔接，基于我国的实际情况客观的分析加入《压载水公约》的利弊，不能一味地强调环境保护而加入《压载水公约》。

Abstract：It will result in serious invasion of oceanic alien species to discharge ships' ballast water inappropriately. China faces the same problem, so we need to legislate properly as our legislations and measures are not so perfect. This thesis analyzes the particularity of the Invasion of Oceanic Alien Species by Ships' Ballast Water, summaries tendency of laws preventing the invasion of oceanic alien species by ships' ballast water, and puts forward countermeasures in relation to how to balance between development of economy and protection of ecology and whether to accede to convention.

Key words：Ships' Ballast Water；Tendency；Countermeasures

---

① 刘伟，史卜坤. 中国加入压载水公约应采取的对策. 世界海运. 2007，12：54。

② 即我国经济、科技方面远远落后于发达国家，对经济发展具有更强烈的需求。

谈船舶《油类记录簿》第Ⅰ部分的检查

梁友民

(钦州海事局,广西钦州)

摘　要:文中系统介绍船舶《油类记录簿》的第Ⅰ部分船舶机器处所记载内容,并结合工作实践探索如何对这部分内容更有效地实施现场监督管理和船舶安全检查,促使船舶遵守公约及满足相关的要求,更好地履行海事监管职责,防治船舶污染海域。

关键词:船舶　油类记录簿　检查

1　序言

目前各港口国、船旗国管理部门对船舶防止油污染的检查越来越细致和严格, 2009 年钦州港实施船舶《油类记录簿》的第Ⅰ部分检查中,31% 的船舶因记录存在缺陷,广西国内 5000 总吨以下船舶的比例更加低,不在安全管理体系上运行的船舶状况就更加严重了。近年来,某些中国籍船舶在美国、澳大利亚被滞留,其他状况都令检查官员满意,就因油类记录簿记载不当而不能通过检查并导致滞留和罚款的情况。

出于保障海上人命和财产安全的目的,但不完全是出于安全的目的,还包括出于保护海域环境免遭船舶污染的目的。同时也是出于作为在任何法律诉讼中记录所述事实的证据。因此,船上正确记录《油类记录簿》以满足公约要求,以便在发生意外、搁浅或事故时,能保证启动相应的应急预案或采取有效防污措施及最低限度减少对环境的污染。根据 MARPOL 73/78 公约第五条对船舶《油类记录簿》的第Ⅰ部分记载监督检查要求,船舶涉及到对违章排放的监督检查规定内容,确保船舶出海不致对海洋环境产生不当的有害威胁,加强监督检查力度,对防治船舶污染海域非常重要。

2　MARPOL 73/78 公约及相关要求

(1)每艘 150 总吨及以上的油船和 400 总吨及以上的其他船舶,应配有《油类记录簿》的第Ⅰ部分,用来记录有关的机器处所作业。对油船还应配有《油类记录簿》的第Ⅱ部分,用来记录有关货油/压载作业。

(2)记录簿的记载应使用船旗国的官方文字,对持有《国际防止油污证书》(IOPP)证书的船舶,还应有英文、法文或西班牙文的一种记录。

(3)记录簿应用黑色笔记载,除地点、方法、数量、时间等用文字写明外,其余应按规定代码书写,写错不可擦拭,应将记错的内容用一横线划掉,然后在其后面或下面重写,并签名。

(4)油类记录簿共有 80 页,应逐行、逐页使用,不得留有空白间隔;所要求的记载细节,应按年、月、日顺序记入空栏内。

(5)对于第Ⅱ部分货油/压载作业应在规定的页面描绘本船货油舱和油水舱柜布置图,并填写各油舱编号及容积。

(6)每项记录应由该项作业的操作负责人签字;每记完一页应由船长签字;每页均应有船名和呼号;记完最后一页应留船保存3年,也有船公司另规定留船保存时间更长。

(7)记载项目及操作代码等填写决不能写错,特别是用英文记载时,如将从污水井驳水到污水柜记成从污油柜驳到污水柜,则必将引起麻烦。

3　检查依据

(1)相关国际公约:ISM、SOLAS 74、MARPOL 73/78、STCW 78/95。

(2)相关国内法律、法规和规章:防治船舶污染海洋环境管理条例、NSM、中华人民共和国航运公司安全与防污染管理规定、关于修改《国内船舶管理业规定》的决定、国内水路运输经营资质管理规定。

(3)相关强制性规定标准。

(4)其他相关规范性文件:广西海事局航运公司安全与防污染监督管理实施办法。

4　检查存在的问题

4.1　船员

(1)迎检心理不足,在检查过程中,通过与高级船员询问交谈内容,不难发现其对主管机关实施对船舶《油类记录簿》记载检查心存畏惧,害怕因记录不正确而在检查时遇到麻烦。可以判断对船员适任和知识储备存在能力和信心不足。

(2)工作责任心不强:责任心是安全运营的重要保证。通过检查记录簿,发现船员对从事的工作岗位缺乏责任心、敷衍了事,轮机人员实际没有操作或凭经验就记录在记录簿上,应付主管机关检查,小公司及没有在安全管理体系上运行船舶的船上人员存在此类问题更加突出,这就会给安全留下隐患,这些未被发现的问题很有可能成为日后引发事故的原因,损害公司利益,危害自己生命财产安全。

(3)船长绝对权力和责任:检查中发现,85%的船公司的船长的权力得不到保障(除国企船公司外),对检查提出的问题,船长回答不是不清楚就是问老板,实际上船公司实行保姆式管理,有事就问老板或业务,船长只管开船,不能全面地履行职责,更不可能熟悉公司的安全管理体系。

(4)对记载理解及重要性:船公司对公司安全管理目标落实不到位,船员获得油类记录簿的新规定及要求的信息不及时,部分船员知识更新培训不能保证,难以达到对正确记载记录簿有充分的理解及重要性。

4.2　船舶

检查中发现,部分船舶油类记录簿不在船,操作性的排放没有相应记录,部分船舶防污设施设备使用不正常,没有进行有效的维护和保养不到位,记录不完整;船公司对船舶进行间隔期的检查流于形式,达不到查找隐患目的。

5　纠正意见

5.1　船员

(1)主管机关在监督检查中,要体现主动服务理念,在检查的同时也要服务,相互交流,帮助船上解决问题,在船员心理树立检查人员是为其服务的,促进尽快纠正缺陷,满足公约要求,同时,反馈船公司。

(2)激发工作责任心,船公司制定满足船员不同需求的激励政策。最大限度地激发船员的工作责任心。

(3)船长在船舶安全营运和安全管理体系中占有十分管理管理重要的地位。船公司抛开保姆式管理,归回船长的责任和权力,以便可靠地履行其职责;对于不在安全管理体系内运行的船舶加强监督。

(4)为正确记载油类记录簿,船舶、公司应加强实施安全管理体系运行,保证相关人员得到培训,提高对正确记载油类记录簿理解。

5.2 船舶

开展船公司内部安全评审,审核防止污染活动是否符合体系要求,定期复查,管理人员对发现缺陷及时采取措施,同时,加强源头管理,主管机关审核部门与现场监督部间互通信息,督促船舶、船公司纠正缺陷。

6 如何开展检查

无论是进行现场监督管理或船舶安全检查,以不致造成船舶的不当延误为前提,因此,需要把握好以下原则:(1)向船长出示相关证件;(2)运用专业知识和等到的信息进行分析判断,当有明显依据应对船舶进行详细检查;(3)对存在的缺陷可采取安全代替安排的,则不应造成船舶的不当延误;(4)如果缺陷在检查港不能纠正的,在适当的条件下,允许航行至下一港,并通知下一港主管机关。(5)防止因滞留条件的争议,发生涉及“不当延误”的诉讼。

6.1 文书的监督检查

根据本文第二部分内容(MARPOL 73/78 公约及相关要求)进行。

6.2 重点检查内容

(1)船舶《油类记录簿》的第Ⅰ部分的记载内容视各船具体情况而定。内容共有九大项(从 A ~ I)。重点检查内容是(C)项,即残油(油泥和其他油渣)的收集和处理。一条船上每天营运产生多少残油?这是很难准确计算的。在实践中通常采用估算法,通常认为船舶产生的残油量约为其燃油消耗量的百分之一,而油渣(纯油泥)量又为残油量的百分之一。如航程中耗油为 448t,就会产生约 4.48t 的残油和 4.48kg 近似固体的油渣。所以,在检查过程中选择一个单航次残油的收集和处理记录进行,并重点分析评估以下几点:①上一港留存的残油量;②本航次产生的残油量;③本轮残油柜的容量及存量;④本轮焚烧炉的最大容量及使用时间。最后得出记载的抵港时残油存量和实际的残油柜存量是否一致。

(2)检查油类记录簿记载项目及操作代码等填写是否写错,特别是用英文记载时,如将从污水井驳水到污水舱记成从污油舱驳到污水舱。这点检查时要特别细心。

6.3 对油类记录簿中各项记载的检查

(1)(A)和(B)项的:是否有装压载海水,如有,对照实船检查此项记录内容是否一致。

(2)(C)项中的 11.1 小项:重点检查是否完整记录每单航次(港口到港口)结束时留存在船上的残油数量,需视船舶而定。

检查实例:例如本次实船检查发现总存量为 $3m^3$。航行日志查到始发港到目的港为 12.5 天,消耗燃油 448t,则产生残油 4.48t 约 $4.89m^3$(百分之一),如焚烧炉在这段时间焚烧了3.39t 约 $3.89m^3$,而以前积存有 $2m^3$,则这次总存量为 $3m^3$。证明船上实际的残油存量和记录基

本符合。

(3)(C)项中的11.2小项：一般根据辖区主管机关检查指南要求实施。

(4)(C)项中的12.1小项：所有残油处理证明是否张贴在油类记录簿内保存，航海日志和油类记录簿是否记录有泵出的残油的数量与时间及留存的残油数量，油类记录簿上有加盖海事检查章；当船上储存的残油量达到总量的80%时，要求排入接收设施。

(5)(C)项中的12.2小项：污油的转驳是否注明油舱编号和总存量。

(6)(C)项中的12.3小项：重点是焚烧的总时间与数量应吻合。

检查实例：如焚烧炉最大容量为35kg/h，它工作的总时间为124h，则最多可焚烧掉的残油数量为：$35\times124\approx4300\text{kg}=4.3\text{t}$。

(7)(C)项中的12.4小项：如通过废油柜加热蒸发掉的水分要有记载。

(8)(D)中的13、14项：重点是排出舱底水的数量与油水分离器的容量和经由油水份离器排出舷外的起止时间是否相符。

(9)(D)项中的15.1小项：记载的船位是否在海洋区域上，这点很重要；实船检查舱底水系统是否有自动停止排放的装置，如果没有，油类记录簿不能有在特殊海域向舷外排放舱底水排放记录。

(10)(D)项中的15.2小项：是否有接收证明。

(11)(D)项中的15.4小项：重点查船上实际舱底水存量与记录应相符。

检查实例：例如本次实船检查一艘船从始发港到目的港为15.5天，假设每天产生的舱底水数量为2m^3，污水泵的最大排量为$2\text{m}^3/\text{h}$，隔天将舱底水由污水井驳入集污舱一次，每星期将集污舱中的舱底水经由油水分离器以15ppm的标准排出舷外，那么15.5天舱底水驳入集污舱共约31m^3，如油水分离器操作两次，每次运行7h，两次共排舱底水入海约27m^3，则这个航次污水会多出4m^3，若以前积存量为5m^3，则现在总存量为9m^3。

(12)(E)项中的各小项：参照(D)项检查。

(13)(F)项：检查记录簿记录，认为存在不可信时，可通过实船查勘是否存在或有过故障事实。

(14)(G)项：重点是否存在有意外事实时，不作记录情况。

(15)(H)项中的各小项：主要对每次各油舱从多少油量加到多少油量。包括添加燃油和散装的润滑油。

(16)(I)项：不同港口的主管机关有不同要求，一般要求记录的内容有：清洁油水分离器；更换滤芯；破损的滤芯送岸接收处理；使用过的清洁用化学药剂存放及接收处理。

7　结束语

船舶《油类记录簿》的第Ⅰ部分是机器处所完成作业所要记载的，是MARPOL 73/78附则Ⅰ所规定，也是现场监督管理和船舶安全检查、PSC检查的必查项目之一。执法人员应严格检查，保证记载正确符合公约要求；船员及岸基人员认真执行船舶安全管理体系文件要求，注意加强船舶防污设施设备维护保养，及时按公约要求更换新部件，以顺利通过各种检查。

参考文献

[1] 吴恒. 船舶动力装置技术管理. 大连：大连海事大学出版社

[2] 中国海事局.危管与防污.人民交通出版社,2000
[3] 许乐平.船舶管理.大连:大连海事大学出版社,2000

Abstract:The paper systematically introduces the ship oil record book Ⅰ parts-the first recorded in ship machine, and connecting with the work practice of this section describes how to conduct on-the-spot supervision and management and the ship security checks, for a better performance, the maritime regulatory responsibilities by convention and ship meet relevant requirements.

Key words:ship; oil record book; inspection

从国际防污染公约,看船用柴油机的排放

傅毅能①
(宁波海事局,宁波昌乐路266号,315042)

摘 要:本文从国际防污染公约(MARPOL 73/78公约附则VI—船舶防止大气污染规则)的角度与要求,对船用柴油机减少氮氧化物(NO_x)排放的技术进行阐述,提出某些个人观点与看法。

关键词:防止大气污染规则 柴油机 排放 氮氧化物(NO_x)

当今,随着全球工业生产的不断发展,特别是石油工业的发展以及石油运输能力的不断提高,世界航运业的突飞猛进。人类在大规模发展生产的同时,不会不同程度地污染海洋环境,损害生物资源,甚至危及人类的健康。近几十年来,这种污染程度变得越来越严重。如果不积极采取有效措施加以控制和防止,必将造成更加严重的后果。国际海事组织(IMO)制定《经1978年议定书修订的1973年国际防止船舶造成污染公约》(MARPOL 73/78防污公约)等。随着MARPOL 73/78公约附则VI的生效,意味着MARPOL 73/78公约防止船舶污染所有附则全部生效。为此,港口国监督将开展相应的履约检查。

1 MARPOL 73/78公约附则VI—船舶防止大气污染规则概述

MARPOL73/78公约附则VI—船舶防止大气污染规则,于1997年9月在《73/78防污公约》缔约国会议上通过,是经修正的《经1978年议定书修订的1973年国际防止船舶造成污染公约》的1997年议定书的附件。按照议定书第6条的规定,该议定书将在不少于15个合计商船总吨位不少于世界商船总吨位50%的国家接受该议定书之日起12个月后生效。

2004年5月18日,萨摩亚群岛批准了MARPOL附则VI。至此,附则VI达到了规定的15个国家,占世界商船总吨位的54.64%,达到了生效条件,因此,附则VI已于2005年5月19日起生效。

凡建造于2005年5月19日或之后、400总吨及以上、并从事国际间航行的船舶,均需参加检验并获得颁发证书(国际防止大气污染证书—IAPP CERT)。证书有效期五年,并应按期进行年度检验和中间检验。

对于2005年5月19日以前所建造船舶的履约时间,规则要求不得晚于其2005年5月19日后的正常坞修日,但无论如何不得迟于2005年5月19日起生效后3年(2008.5.19),船舶必须取得国际防止大气污染证书(IAPP CERT)。

根据附则VI的规定,获得发动机国际防止空气污染(EIAPP)证书的发动机安装到船上后,在确认检验、定期检验和期间检验时,每台在限制范围内的船用柴油机都应在船上进行核实检验以验证发动机是否继续符合附则VI第13条规定的NO_x排放限制。附则VI第5条的

① 傅毅能,电话:0574-87796009,手机:13505881185,通信地址:宁波昌乐路266号,宁波国际航运服务中心五楼宁波海事局船舶安全检查站(5037室);邮编:315042;电子信箱:fuyineng@126.com。

规定,对于一台已获得 EIAPP 证书的发动机,必须按主管机关规定的间隔期进行定期检验,最长不得超过五年,在证书的有效期内至少进行一次期间检验,这种检验应保证设备和布置完全符合本附则的要求并且处于良好工作状态。

2 MARPOL 73/78 公约附则 VI 对控制船舶释放的要求

2.1 消耗臭氧物质(Ozone Depleting Substances)(第 12 条)

2.2 氮氧化物(Nitrogen Oxides)(第 13 条)

(1)氮氧化物释放的控制是附则 VI 的核心部分;

(2)适用范围:

①在 2000 年 1 月 1 日或以后建造的船舶上安装的输出功率大于 130kW 的柴油机;

②在 2000 年 1 月 1 日或之后按第 13(2)条定义的进行过重大改装的输出功率大于 130kW 的柴油机。

(3)柴油机氮氧化物释放的标准:

①17.0g/kW · h　　$n < 130$rpm

②$45.0n^{-0.2}$ g/kW · h　　130rpm $\leqslant n < 2000$rpm

③9.8g/kW · h　　$n \geqslant 2000$rpm

(4)替代措施:通过配备 1 台废气滤清系统或其他等效措施,作为柴油机的一个重要组成部件,来满足第 13(3)条和 NO_x 技术规则的规定。

2.3 硫氧化物(Sulfur Oxides)(第 14 条)

2.4 挥发性有机化合物(VOCS)(第 15 条)

2.5 船上焚烧(第 16 条)

2.6 燃油质量(第 18 条)

3 船用柴油机的改进与发展

随着 MARPOL 73/78 公约附则 VI—船舶防止大气污染规则的实施,随之各国都进行履约的港口国监督检查,对船舶柴油机及其系统提出了更高更严的要求:

3.1 船用柴油机的改进与发展:

当前柴油机技术的发展可以概括为:以节能为中心,充分兼顾排放与可靠性的要求,全面提高柴油机性能;船用柴油机的设计思想是在满足环境保护公约、法规的前提下,追求最大的功率和最低的使用费用。根据此发展目标,今后柴油机的改进与发展趋势如下:

(1)降低柴油机排放的研究:排放是现代柴油机面临的严重挑战,随着对船舶柴油机排放控制的限制,为了满足 MARPOL 73/78 公约附则 VI 的要求,而氮氧化物(NO_x)的降低是以牺牲部分燃油经济性和热效率为代价的,硫氧化合物(SO_x)降低的最有效措施是降低燃油的硫含量,也就是说要提高燃油的质量,增加这方面的成本。因此发动机的设计需要在满足环境保护公约、法规和燃油经济性之间得到充分平衡。这样就使得其经济性的提高更加困难,这也是船舶柴油机发展中必须面对的新课题。

(2)提高经济性的研究,包括燃烧、增压、低磨损等方面的研究。

(3)提高柴油机的整体性、适应性和集成化。

(4)提高可靠性与耐久性的研究。

(5)柴油机的研发采用虚拟技术。

(6)电子控制技术的研究。

(7)代用燃料的研究。

4　柴油机的排放以及减少氮氧化物(NO_x)排放的技术

4.1　柴油机的排放

柴油机排气中含有大量有害成分,主要为一氧化碳(CO)、二氧化碳(CO_2)、各种碳氢化合物(HC)、氮氧化物(NO_x)、硫氧化物(SO_x)以及还有各种烟雾颗粒(Smoke/Particulates),如碳烟、油雾、润滑油和油料添加剂粒子等。从 MARPOL 73/78 公约附则 VI 对控制船舶释放的要求来看,对船舶排放的限制主要集中于氮、硫氧化物以及微粒的排放上,而且对氮氧化物排放的控制是附则 VI 的核心部分。影响柴油机排气污染物生成的几个主要因素如下:

(1)进(扫)气系统;

(2)燃油系统;

(3)曲柄连杆机构;

(4)冷却系统;

(5)燃油品质;

(6)转速与负荷。

4.2　柴油机的排放物及产生的根源(表 1)

表 1

排 放 物	受 IMO 立法约束的	产生的根源
NO_x	√	取决于燃烧的最高温度、燃烧的滞燃期及含氧量
SO_x	√	燃油中含硫分
CO_2	×	燃油的燃烧
CO	×	燃油燃烧时空气量不足及燃烧不完全
HC	×	燃油和滑油不完全燃烧
Smoke/Particulates	×	燃油不完全燃烧及燃油和滑油中含有灰分

4.3　减少氮氧化物(NO_x)排放的技术

从柴油机的排放物及产生的根源来看,减少 NO_x 排放的技术可归纳为三个基本类别,要满足 MARPOL 73/78 公约附则 VI 对船舶释放的要求,减少 NO_x 的排放可从以下二方面着手:

4.3.1　预处理方法(Pre-treatment methods)

(1)燃油脱硝(Denitration of fuel)

目前世界上还没有实用的工业手段来从燃油里脱硝。

(2)用替代的燃料(Using alternative fuels)

如用 Liquid Petroleum Gas(LPG),NO_x 排放可减 50%;用 Liquid Nature Gas(LNG),NO_x 排放可减 60%;用 Methanol(甲醇)NO_x 排放可减 100%。这些燃料含硫量也低(其中甲醇含硫量为 0),可以满足附则 VI 对柴油机排放的要求。但甲醇不易燃烧,且在常温下有腐蚀性,用甲醇为燃料,柴油机的喷射系统必须作出相应的改变;而 LPG、LNG 用作替代燃料在船上的储存是个很大问题。

(3)水加入燃油乳化(Water addition to fuel-water emulsification)

研究及实践证明，燃油中加50%的水，NO_x 的排放可减少50%，但这对柴油机的机件及润滑构成影响，还需增加水油混合设备，柴油机还需要更大的油泵；对小型船舶，淡水及其储存也是个问题，除此之外，还增加燃油消耗，经济性不佳。因此，目前预处理这种方法在船上基本没有被使用。

4.3.2 柴油机本身处理方法(internal measures)

柴油机减少 NO_x 的排放主要是依赖于降低其最高燃烧温度及缩短滞燃期。具体方法有：

(1)改变燃烧(Modification of combustion)

①喷油定时延后(Injection timing retardation)

这种方法可减少 NO_x 的排放约30%，但因喷射延时，导致其爆炸压力降低，燃油消耗率增高，经济性降低；因增加燃油消耗，其他排放物也会增多，从经济角度来讲不可取。

②提高燃油的喷射压力(Increase injection pressure)

该方法本身对 NO_x 的排放没有影响，只是使燃油喷射时雾化更好，改善燃烧，使其排气改善。同时，燃烧改善也促使其燃烧温度增高，反而会增加 NO_x 的排放。因此这种方法只能与别的办法联合共同使用。

③改变柴油机的压缩比(Modification of Compression ratio)

单纯增加柴油机的压缩比，会使其最高爆炸压力及燃烧温度增高，反而会使 NO_x 的排放增加，因此，只能与改变喷油定时或减少增压空气的方法联合采用，以达到在最高爆炸压力不变时，NO_x 的降低与燃油消耗率的增加达到较好的平衡(降低10% ~30%的 NO_x 排放，而燃油消耗率只增加不多)。这种方法也无须增加柴油机的制造成本。

④改变喷油器的规格(Modification of injector specification)

增加喷油器的喷嘴来优化燃油喷射，被证明对 NO_x 排放的减少效果良好(可减少30%)，并且还能减少CO、HC及冒黑烟。目前6孔喷嘴喷油器及滑动式喷油器使用较多。

⑤改变喷油器的数量(Change in number of injectors)

研究表明，增加每个缸的喷油器数量可使燃烧程序得到更好的控制，使燃烧更有效，可减少30% 的 NO_x 排放。该方法会增加喷油器、油管的数量，带来其与相关部件的匹配问题，从而增加日常维护保养费用。

⑥预燃室式燃烧(Pre-chamber type of combustion)及改变燃烧室的型式(Modification of shape of combustion chamber)

(2)改进进气系统(Modification of Air Intake System)

①扫气/进气冷却(Scavenge/Charge Air Cooling)

降低扫气/进气温度，将使燃烧温度下降，也使得 NO_x 的排放降低。试验表明，扫气/进气温度从40℃降到25℃，产生的 NO_x 将减少14%。由于低中速机的扫气/进气温度已达足够低的温度，因此该方法适用于高速机。该方法还受到大气及海水温度的制约与影响。

②增高扫气/进气压力(Increasing the Scavenge/Charge Air Pressure)

单纯采用该法对 NO_x 的排放并无影响，但增高扫气/进气压力，可改善燃烧，使其排气改善，同时可降低燃油消耗率，因此与别的办法联合采用(如延迟喷油定时)，可平衡 NO_x 降低与燃油消耗率增高的矛盾(可降少 NO_x 10% ~40%)。

③喷射淡水进入燃烧室(Water injection)

在燃烧期间，水通过特殊的喷射器直接喷射入气缸，像燃油乳化一样，可降低 NO_x 的产生

高达40%，但比燃油乳化有避免部分负荷时发火延迟的优势。该种方法会使柴油机的造价增加，还可能对机件造成腐蚀。

④废气再循环(Exhaust gas re-circulation)

废气再循环总的来说是通过降低最高燃烧温度，而有效地降低 NO_x 的产生。其缺点是增加了排放微粒及烟度，增加了机器本身的磨损(缸套、活塞及活塞环等)，使用成本增加。但可通过在再循环回路上设置滤器来减轻其负面影响。

⑤空气加湿(Humid Air Motor)

空气加湿是通过空气加湿马达向柴油机热的扫气空气喷含蒸汽的水，其效果类似喷射淡水进入燃烧室(Water injection)这种方式。最高可降低 NO_x 的产生达75%，也适用于旧柴油机的改造。

综上所述，柴油机本身降低 NO_x 的排放与柴油机的燃油消耗率是相矛盾的，也就是与其经济性是相矛盾的。同时，燃油消耗率的增加，也直接导致柴油机其他排放污染物的增加。因此，柴油机采用降低 NO_x 排放的技术并非单独采用某一方法，而是综合采用几种方法，以达到降低 NO_x 排放与其经济性增加的有效平衡。

4.3.3　对柴油机的排气进行后处理方法(after-treatment methods)

(1)选择性催化还原降低(Selective Catalytic Reduction)

该方法是利用氨水、尿素等作催化剂，与废气中的 NO_x 发生化学反应，得以降低 NO_x 的排放。这种方法在目前是去除 NO_x 最有效的办法之一，可去除 NO_x 达95%之多，适用于中、低速柴油机。但随之与生俱来的缺点也是显而易见的，由于要消耗氨水、尿素等催化剂，运行费用大增，氨水的储藏也是个问题。加之这两种催化剂的毒性，对部分负荷时的柴油机排气系统也会造成损害，且增加了维护保养的费用。

(2)等离子体降低系统(Plasma Reduction Systems)

等离子体就是电子、离子和中性粒子构成的混合体，它导电，但宏观上是中性的。电转化为电子能，电子能产生中性粒子，这些中性粒子可以破坏排气中的污染物，而达到降低 NO_x 排放的作用。采用在大气压力下非热等离子体的技术产品已问世好几年，并得到了广泛的使用，它最高可降低 NO_x 的排放达到97%。

4.4　船舶柴油机常采用的减少 NO_x 排放的技术

(1)采用柴油机本身处理方法(internal measures)来减少 NO_x 排放，是船舶的首选，也是最多见的，柴油机采用减少 NO_x 排放的技术并非单独采用某一方法，而是综合采用几种方法，以达到减少 NO_x 排放与其经济性增加的有效平衡。也比采用其他方法更经济有效。现在船用的主流柴油机基本上都采用该法，如 MAN B&W 的 L-MC(E)、S-MC(E)系列船用主机；SULZER 的 RTA 系列船用主机。

(2)采用对柴油机的排气进行后处理方法(after-treatment methods)来减少 NO_x 排放，效果显著，但由于其经济性差，随之的维护保养麻烦，因此是船用柴油机采用的第二选择，有部分船用柴油机在使用，特别是用于一些船用副机上。

5　柴油机 NO_x 排放的检测与港口国监督履约检查的现状

5.1　柴油机 NO_x 排放的检测

柴油机 NO_x 排放的检测一般采用的方法有三种：参数检查法、简化测量法、直接测量和监测法,但一直以来只采用了其中一种方法——参数检查法,也只有该种方法具有真正可实施的操作性。参数检查法是利用影响船用发动机的构件和运行参数来判断 NO_x 排放值是否符合规范规定值,适用于没有或经过微小调整和改装的发动机,对船用柴油机 NO_x 排放的控制还存在一定的局限性。而对于确认检验、定期检验和期间检验采用参数检查法受到了一定的使用限制,当使用参数检查法不足以证明发动机是否符合排放要求时,必须采用实船测试的方法。所有实船测试在进行这三种检验中有着更广泛的应用,适用于经过任何改装或调整的一切发动机,能够定量地反映实船运行的发动机排放水平。但附则 VI 规定的"NO_x 排放的测量程序"对船用柴油机 NO_x 排放的测试进行了详细的规定,对生产可靠、方便、经济的实船测量设备提出了难题,目前船舶工业界正致力于此课题的研究。

5.2 港口国监督履约检查的现状

随着 MARPOL 73/78 公约附则 VI—船舶防止大气污染规则的实施以及对船用柴油机 NO_x 排放的测试技术的发展与现状,目前港口国监督履约检查(PSC):仅限于对船舶(IAPP)、柴油机(EIAPP)证书以及柴油机技术档案的检查,而对船用柴油机 NO_x 的实际排放无法实施有效的监控与检查。

总之,随着 MARPOL 73/78 公约附则 VI—船舶防止大气污染规则的实施,船用柴油机必须充分、合理、有效地采用减少 NO_x 排放的技术以满足公约要求。就排放状况而言,现有船用柴油机废气中的有害气体成分的含量一般来说均较新造船舶柴油机要高很多。如果不对这些污染严重的柴油机进行废气排放控制,那么对新建造的柴油机实施排放控制将变得没有意义,从对环境的影响上来考虑,对现有的船用柴油机实施实船测试也是必然的。但目前由于受船用柴油机 NO_x 排放的测试技术的限制,对营运中船舶柴油机 NO_x 的实际排放难以实施有效的监控与检查。以上部分观点,仅是个人看法只供参考。不足之处,望批评指正,共同探讨。

参考文献

[1] 国际海事组织. 经 1978 年议定书修订的 1973 年国际防止船舶造成污染公约(MARPOL 73/78 防污公约)及修正案. 北京:人民交通出版社

[2] 中国船级社. 船用柴油机氮氧化物排放试验及检验指南. 北京:人民交通出版社

[3] 船舶柴油机. 大连海事大学

[4] 船舶轮机管理. 大连海事大学

[5] MAN B&W: Emission Control Two-Stroke Low-Speed Diesel Engines.

Abstract: This article from the international prevention pollution convention (MARPOL 73/78 Convention Annex VI—vessel to prevent air pollution rules) point of view and requirements of marine diesel engines to reduce Nitrogen Oxides (NO_x) emissions technology explanation and put forward some personal views and opinions .

Key words: Prevention of air pollution rules; diesel engine; emissions; Nitrogen Oxides (NO_x)

压载水更换制度的法律比较研究

孙　婕

（华中科技大学，湖北省武汉市，430074）

摘　要：船舶压载水的不当排放会导致严重的海洋外来生物入侵，目前世界上通用的解决办法是对压载水进行更换。而我国的相关规定处于相对空白阶段，不能满足我国防止船舶压载水海洋外来生物入侵的需要。本文介绍了《压载水公约》和美国、新西兰、澳大利亚对于压载水更换的规定并进行了比较分析，总结出各种压载水更换制度的利弊，然后提出了其他立法对于我国的借鉴意义。

关键词：压载水更换　比较研究　压载水公约

国际航行的船舶所排放的压载水能导致海洋外来生物入侵，带来巨大的环境、经济损害，并可能破坏人体健康。因此各国和国际海事组织（IMO）都出台了立法来进行规制，在各种解决压载水问题的技术中，压载水更换制度是目前最成熟，应用最广泛，并被所有的立法都认可的技术。而我国立法中尚没有确立压载水更换制度，因此，借鉴其他立法中的压载水更换制度来建立我国的压载水更换制度十分必要。

1　压载水公约的压载水更换制度

首先，《压载水公约》对于新船和旧船分别做出了不同的有时限要求的压载水更换要求①。

对于现有船：2009 年以前建造的、压载水容量在 1500～5000m^3 之间的船舶，在 2014 年之前，其压载水管理至少要满足压载水更换标准或压载水性能标准，2014 年以后，应满足压载水性能标准；2009 年以前建造的、压载水容量小于 1500m^3 或大于 5000m^3 的船舶，在 2016 年之前，其压载水管理至少要满足压载水更换标准或压载水性能标准，2016 年以后，应满足压载水性能标准。

对于新船：2009 年及以后建造的、压载水容量小于 5000m^3 的船舶，其压载水管埋应至少满足压载水性能标准；2009 年及以后，但 2012 年以前建造的、压载水容量大于等于 5000m^3 的船舶，从 2017 年开始，其压载水管理至少能满足压载水性能标准；2012 年及以后建造的、压载水容量大于等于 5000m^3 的船舶，其压载水管理至少应满足压载水性能标准。

有一点需要说明一下，压载水更换标准是压载水更换时所应达到的标准，压载水性能标准是压载水处理时所应达到的标准。

其次，《压载水公约》规定了压载水更换的海域要求②。凡可能时，船舶均应在距离最近陆地至少 200n mile 和水深至少为 200m 的地方进行压载水更换。当船舶不能根据以上要求进

---

① 《压载水公约》的附则 B-3。

② 《压载水公约》的附则 B-4。

行压载水更换时，此种压载水更换应尽可能远离最近陆地进行，但在所有情况下，距离最近陆地至少50n mile并至少具有200m水深；当这些要求都不能满足时，港口国可指定区域让船舶进行压载水更换。

再次，《压载水公约》详细规定了压载水更换标准①。压载水更换标准为：船舶进行压载水更换其压载水容积更换率至少为95%。对于通过溢流法更换压载水的船舶，如能溢流压载舱容积3倍的水量，应被视为满足所述的标准。对于溢流少于压载舱容积3倍的水量，如果船舶能证明达到了至少95%容积的更换，则也可被接受。

最后，《压载水公约》还在附则里规定了例外条款：为确保紧急情况下的船舶安全或海上人命救助所进行的必需的压载水和沉积物的加装或排放不适用于前述的压载水更换要求②。

2 美国的压载水更换制度

美国联邦法根据其领水的不同条件将其水域分为两个层次分别立法，根据这两个层次的实际情况的不同提出了不同的压载水更换要求。

第一层立法覆盖美国的全部水域，这一层次立法主要规定在联邦法规第33卷第151章（简写为33 CFR 151）的D部分。对于这一层次的压载水更换主要规定在2035条，该条规定了自愿性的压载水更换要求：在进入美国水域之前，在距岸200n mile的专属经济区之外，水深至少为2000m，应进行压载水更换；在美国水域将压载水保留在船上；使用USCG认可的方法处理压载水；将压载水排入经认可的接收设施；在异常情况下，在USCG同意的地方进行压载水更换。

第二层次立法是对于大湖区和Hudson河（Hudson River）的特别立法。这一部分水域的压载水更换主要规定在联邦法规第33卷第151章（简写为33 CFR 151）的C部分。其中第1510条详细规定了压载水的强制更换要求。对于压载水，船长必须采用以下三种方式之一：（1）在进入纽约州、Massena的Snell Lock或通过Hudson河的George Washington桥以北河段之前，在距岸200n mile的专属经济区之外，水深至少为2000m，应进行压载水更换，经过更换的压载水含盐量应该在30‰以上；（2）如果将压载水保留在船上，该港口的USCG负责人（Captain of the Port，以下简称COTP）有权铅封装载压载水的任何舱室以确保该船在大湖区或Hudson河、George Washington桥以北航行期间不排放压载水；（3）如果采用对环境无害的压载水处理的替代性方法，该方法在船舶航行前应已经提交给USCG司令官或其代表并获得批准。对于沉积物，船长不应从压载舱或装载压载水的任何舱室排放沉积物，除非是遵守地方规定将沉积物排放到岸上。

以上两层立法都规定了船舶安全问题，压载水更换要求并不免除船员确保船舶安全的责任。

美国各州在压载水管理的强制性方面，除马里兰州实施自愿性的压载水更换外，其他各有关州都对此做出了强制性的规定。在压载水更换方面，各州对于压载水更换方面的规定也不尽相同，但是其严格程度均大于等于联邦立法。

---

① 《压载水公约》的附则D-1。

② 《压载水公约》的附则A-3。

3 澳大利亚的压载水更换制度

澳大利亚联邦的压载水更换规则规定在澳大利亚检疫及检查服务处(Australian Quarantine and Inspection Service,以下简称 AQIS)出台的《澳大利亚压载水管理要求》中。该规则是强制性的,如有违反需要承担相应的法律责任。

首先,AQIS 将所有的压载水分为两类区别对待。第一类称为"高风险压载水(High Risk Ballast Water)",这一类压载水的排放被认为具有导致生物入侵的高风险,具体指澳大利亚领域外的港口或沿岸的海水。这一类压载水在澳大利亚禁止排放。第二类称为"低风险压载水(Low Risk Ballast Water)",具体又分为四种:(1)任何来源的淡水(在 1000 百帕的气压,15℃时相对密度小于 1.002);(2)在允许的地点(中洋[①])通过允许的方式进行了压载水更换;(3)至少 95% 的压载水是在中洋泵入;(4)至少 95% 的压载水是在澳大利亚领海内泵入。

其次,对于将进入澳大利亚领海内的装有"高风险压载水"的船舶,AQIS 提供了压载水更换的具体标准供其操作。在海中进行压载水更换的,更换率须不低于 95%,而且必须在澳大利亚领海外进行。同时,AQIS 建议更换地点尽量远离大陆,且深度不少于 200m。对于压载水更换,AQIS 提出了三种方法:逐一更换法,又称排空法(Sequential exchange(empty/refill) method)、溢流法(Flow through method)、稀释法(Dilution method)。逐一更换法可能会对船舶的稳性、压力和晃荡有影响进而威胁船舶航行安全,所以规则提醒船长在使用此法时应当充分考虑自由液面效应(free surface effect)。对于溢流法,规则要求最少泵入 3 倍的最大舱容的水量(a tank's maximum capacity)[②],才能达到更换率须不低于 95% 的要求。在压载水舱不满的情况下,3 倍的最大舱容的水量自开始注水时计算,而不是从开始溢流时计算。对于稀释法,规则也要求最少泵入 3 倍的最大舱容的水量。AQIS 将会检查压载水记录来确认船舶是否适当的进行了压载水更换。以上规则的内容和《压载水公约》一致,除此之外,规则还提出了一些高于《压载水公约》的要求,并用红色字体标出,以便读者阅读。采用逐一更换法时,在排水结束时须测量压载水舱的压载水容量,以便 AQIS 在压载水混合后能确认是否达标。采用溢流法时,可以单个压载舱或者左右舷对应成对的泵水,但是不能将不成对的压载水舱一起泵水,因为不成对的压载水舱一起泵水时两个压载舱泵入的水量可能不一致。泵入的水量可以通过单个泵的单位泵水量乘以操作的时间,但是泵并不一定按照额定泵水率进行工作。某船舶的某泵的实际泵水率取决于以下因素:泵和管道的日常损耗、进水口的水深、压载舱和泵的水平和垂直距离、船舶状态和管线直径。对绝大部分船舶来说,前尖舱(Fore Peak Tank)离泵最远,而且有一部分在水面以上,所以在向前尖舱泵水时泵的泵水率最低。所以,AQIS 建议船员以前尖舱为基准测量泵的泵水率。如果船舶安装了多个泵,则每个泵都必须单独测量。如果多个泵同时工作,则需对多泵同时工作单独进行测量,因为多泵同时工作的泵水率会低于其单个泵泵水率的总和。对于泵水率的测量需要单独记录(规则提供了一份泵水率的测量表作为样本,每年需要重新测量一次),如果没有进行泵水率的测量,AQIS 将推定额定泵水率按照船龄每年减去百分之一为实际泵水率。

---

① 英文原文为 mid-ocean。

② 《压载水公约》的附则,《船舶压载水和沉积物控制与管理规则》(regulations for the control and management of ships' ballast water and sediments)的 D-1 用词为压载水舱容积(the volume of each Ballast Water tank)。

此外,规则作出了关于安全的特别说明:船舶和船员安全是首要的,在进行压载水管理之前,必须首先考虑安全问题。

在维多利亚州,维多利亚州的环境保护部门(Environment Protection Authority of Victorian State Government,以下简称EPA)在《维多利亚州国内压载水管理——环境管理草案》里同样规定了将所有的国内压载水分为两类区别对待,虽然名称相似,但是分类方法与AQIS的分类方法完全不同。第一类称为"国内高风险压载水(High-Risk Domestic Ballast Water)",是指具有导致生物入侵的高风险的压载水。第二类称为"低风险压载水(Low -Risk Domestic Ballast Water)",是指不具有导致生物入侵的高风险的压载水,这类压载水可以不经处理就排放。分类是靠EPA开发的一个软件完成的,该软件名为"风险测试工具(Risk assessment tool)"。"国内高风险压载水"不得排放,但是可以在船舶内部各个压载舱之间进行调节,也可以经处理变为"国内低风险压载水"。更换方法和澳大利亚联邦的规定类似,在此不加赘述。维多利亚州在船舶安全问题上同联邦的规定一致,船舶安全问题优先于压载水的处理,不得因为压载水的处理而危及船舶安全。

4 新西兰的压载水更换制度

新西兰的压载水更换要求主要规定在农业和林业部(Ministry of Agriculture and Forestry,以下简称MAF)制定的《外来压载水进口的健康标准》中,其第一条用黑体字规定了船舶安全问题,压载水更换要求并不免除船员确保船舶安全的责任。

《标准》中共规定了四种压载水更换方法:(1)在远离海岸影响的海域,最好是200n mile以外的至少200m水深处更换压载水,以逐一更换法至少更换95%的水量,或者以溢流法至少泵入3倍舱容的水量,每次最多更换两个压载舱,如果一次更换两个压载舱,则必须更换对称的一对,以确保航行安全;(2)以淡水压载,盐度不超过2.5‰;(3)以MAF允许的方法使用船上设备对压载水处理;(4)以MAF允许的方法将压载水排入岸上的压载水处理设施。

《标准》还规定了两条压载水管理的豁免:(1)因为安全原因在航程中无法更换压载水并且不是在澳大利亚的塔斯马尼亚州(Tasmania of Australia)或澳大利亚维多利亚州的菲利普海湾港(Port Philip Bay of Victoria of Australia)海域泵入的压载水;(2)因为船舶结构无法更换压载水并且不是在澳大利亚的塔斯马尼亚州或澳大利亚维多利亚州的菲利普海湾港海域泵入的压载水。享受豁免的船舶应该尽量少排放压载水并在尽量远离岸边的地方排放。

5 各种压载水更换制度的比较分析

通过澳大利亚、新西兰、美国及澳大利亚维多利亚州、美国个别州和《压载水公约》的压载水更换要求,我们可以发现以下共同的特点:

第一,对船舶安全的特别关注。各国(州)压载水立法和《压载水公约》均有一个"安全性"条款,该条款强调了船舶及人员安全的重要性,尽管语言描述不尽相同,但都表达了不得因为压载水管理而影响船舶及人员安全这个意思。这一点很容易理解,人的生命权是其他权利(如环境权、财产权等)的基础,生命权必然高于其他权利,而且损害船舶安全的危险是现实的,而违反压载水管理造成海洋生物入侵的危险是潜在的。

第二,压载水更换要求趋同。各国(州)压载水管理立法中关于压载水更换方法和标准的规定都基本相同,都借鉴了《压载水公约》规定的方法和标准。例如更换压载水使用的逐一更

换法、溢流法、稀释法，200n mile 以外的至少 200m 水深处更换压载水，至少更换 95% 的水量。尽管《压载水公约》还没有生效，但是其某些规定应经被广泛接受。

虽然各国（州）压载水立法都不同程度地借鉴了《压载水公约》的规定，但是其差异化也同样明显，各国（州）都根据本国（州）的实际情况因地制宜地进行差异性的立法。与借鉴《压载水公约》相比，结合自身实际作出的规定对各国（州）更为重要。美国对本国水域分层立法，严格保护生态系统相对脆弱的大湖区，对其他水域的管理较为宽松。新西兰规定了某海域的压载水导致海洋生物入侵的危险较高，对来源于此的压载水不给予豁免。澳大利亚在差异化立法上走的最远，规定的最为细致全面。首先，澳大利亚联邦将所有的压载水分为两类区别对待。其次，对于稀释法，对《压载水公约》中的容易引起歧义的规定进行了解释；对于逐一更换法，要求船舶记录排水结束时的剩余水量；对于溢流法，规定了不能同时对不对称的压载舱进行更换；对于泵入的水量的计算上，要求船舶测量泵的实际泵水率；对沉积物的处理要求也更严格。最后，维多利亚州对国内压载水更换进行立法，并引入了一个软件来计算压载水的危险程度，这一个“风险测试工具”更加科学的对压载水进行分类，以便分类处理。澳大利亚的差异化立法对《压载水公约》的缺陷做出了有力的补充，使得澳大利亚关于压载水的立法毫无疑问的走在了世界的前列。

需要注意的是，《压载水公约》中使用了浓墨重彩来规定的压载水处理要求，却仅仅将压载水更换要求作为一种过渡性的措施，但是在各国（州）的立法中，压载水处理要求却被雪藏，很少提及，而着重规定了压载水更换要求。出现这种偏差的原因也是显而易见的，压载水更换不需要添置新的船用装置，技术上也已经成熟，但压载水处理装置将耗费大量资金，所以，在《压载水公约》尚未生效的情况下，压载水更换是管理压载水的最实惠的措施。

6　对我国建立压载水更换制度的借鉴意义

在国际上，《压载水公约》规定在 2014 年或 2016 年之前这个过渡阶段可以使用压载水更换进行压载水管理①，并列明了相关标准②。在各国单边立法中，要求压载水管理的国家基本上都规定了压载水更换，而且已经实践了 10 余年之久，在技术上，该方法要求较低且效果较好。因此，我国立法规定压载水更换的时机已经成熟，有必要借鉴其他立法的压载水更换制度。

第一，采取《压载水公约》的压载水更换方法和标准。各国已经率先采取了《压载水公约》设立的压载水更换制度，并且借鉴为主，基本上没有对《压载水公约》的规定加以改变。从各国立法后的实施情况看，《压载水公约》设立的压载水更换制度在防止海洋外来生物入侵上作用明显，而且没有出现其他问题，可以说已经成为全球的共识。我国也应当与国际接轨，顺应潮流，采取《压载水公约》的压载水更换方法和标准。

第二，对国内各海域区分对待，规定不同的更换标准。美国将其海域分为两部分，设定了不同的压载水更换制度，使得压载水更换制度更能符合各地海域的不同条件，我国也值得推广。在对国内各海域进行充分调查、研究后，如果发现某海域很难发生生物入侵，那么可以以较低的标准来进行压载水更换，来减少船舶承担的压载水更换带来的时间和物质损失。

---

① 《压载水公约》的附则 B-3。

② 《压载水公约》的附则 D-1。

第三,对压载水来源海域区分对待。对压载水来源海域区分,可以采取澳大利亚的维多利亚州的做法,通过对世界海域和我国海域的生态研究,研发一个软件来区分来自各海域压载水的危险程度,来进行区别对待,也可以采取新西兰的做法,对于来自某几个特别海域的压载水进行更加严格的规制。根据我国实际情况对压载水来源海域区分对待,一方面可以有效防止压载水带来的海洋外来生物入侵,另一方面可以降低船舶压载水更换的时间和物质损失,这种做法比一刀切式的压载水更换制度更科学,更高效,更环保。

第四,完善我国的压载水报告制度。为了加强对入境船舶的检验检疫监督管理,防止有害生物随压舱水传入我国,国家质检总局设计了《压舱水申报单》,自 2001 年 7 月 1 日启用。并规定国际航行船舶入境时,均应填写《压舱水申报单》,申报压舱水装载和排放情况,检验检疫机构据此确定是否允许排放或采取相应的处理措施①。但是,该规定相对于美国法和澳大利亚法还是过于宽松,主要体现在提交《压舱水申报单》的时间上②。我国规定船舶须在入境时提交《压舱水申报单》,没有给我国检验检疫机构提供充分的决策时间,船舶压载水就可能已经排放了。所以,提交《压舱水申报单》的时间应当适当提前,以便方便主管机关对压载水更换情况进行监督,辅助压载水更换制度发挥作用。

第五,规定违反压载水更换制度的法律责任。我国《海洋环境保护法》规定了违规排放压载水的,处 2 万元以上 10 万元以下的罚款③。这些法律责任有些偏轻,而且没有规定明确的责任主体,应当规定对船东和船员的双罚制才能更有威慑力。

Abstract: The ballast water can bring into severe invasion of oceanic alien species. At the present time, the most used method is exchanging the ballast water. China's laws in this field are of vacancy, failing to prevent the invasion of oceanic alien species. Thesis introduces the provisions of Convention, New Zealand's laws and Australia's laws on ballast water exchange, then analyzes the above provisions comparatively and summaries the advantages and disadvantages of these ballast water exchange systems. In conclusion, thesis brings forward how can we use for reference.

Key word: Ballast water exchange; Comparative study; Convention

---

① 国家质量监督检验检疫总局关于启用《压舱水申报单》的通知。

② 美国法要求压载水报告至少提前 24 小时报告,如果航程短于 24 小时,则须在航程开始时报告,澳大利亚要求到港前的 12 到 96 小时内报告。

③ 《海洋环境保护法》73 条、74 条。

《2009年香港国际安全与无害环境拆船公约》的生效将给我国带来的机遇与挑战

李　楠[①]

（大连海事局和尚岛海事处，辽宁大连，116001）

摘　要：《2009年香港国际安全和无害环境拆船公约》已于2009年5月15日在我国香港召开的IMO拆船公约外交大会上顺利通过。该公约的通过和强制实施必将对我国船舶工业和相关产业产生巨大的影响。本文首先介绍公约中有害材料清单及其相关指标，并在重点分析我国和世界拆船业现状的基础上，结合公约要求，以有害材料清单为主线，详细阐述公约生效后可能给我国船舶工业和相关产业带来的机遇与挑战以及对我国主管机关提出的新要求，最后针对IMO实施的强制审核机制，提出我国履约应采取的几点对策。

关键词：拆船公约　有害材料清单　机遇与挑战　对策

1　引言

船舶拆解是船舶循环再利用与回收再利用最为有效的方式，但拆船作业在创造经济效益的同时，其所带来的安全风险、环境污染风险和作业人员健康风险却暴露无疑。如何使拆船业成为资源再生环保型产业是国际社会迫切需要解决的重要问题。国际海事组织（IMO）、国际劳工组织（ILO）与巴塞尔公约组织（BC）等从各自职能作用出发，先后制定了各自的拆船导则，但由于这些导则为各国自愿实施等原因，其所起作用并不理想。2009年5月11～15日，国际海事组织（IMO）在我国香港特别行政区召开了拆船公约外交大会，会议最终通过了《2009年香港国际安全和无害环境拆船公约》（Hong Kong International Convention for the Safe and Environmentally Sound Recycling of Ships，2009）（以下简称“拆船公约”或“公约”）。拆船公约是第一次解决与船舶拆解有关问题的国际海事公约，填补了长期以来在船舶管理领域存在的真空，对船舶从设计、建造、营运以及拆解的整个生命周期、拆船设施作业的安全和环保操作都制订了国际统一标准，建立了一套检验、发证和报告制度的强制实施机制，实现了安全与环保拆船的要求由倡导走向强制。拆船公约的通过和最终生效必将为我国船舶工业和相关产业的可持续发展发挥积极作用。

2　有害材料清单及相关指标

根据拆船公约的要求，每艘船舶上应配有一份有害材料清单（见表1）。该清单针对每艘船舶的实际状况详细制定，应至少列明安全和环境无害化拆船规则（Regulations for Safe and Environmentally Sound Recycling of Ships）附录1、2中列明的有害材料和船体结构与船舶设备

---

① 李楠，男，汉族，1981年3月24日出生，学历：硕士研究生。大连海事局和尚岛海事处工程师。辽宁省大连市长江路29号，邮编：116001，电话：15941102651．邮箱：linanlnu@sina.com。

中含有的有害材料及其位置与大概数量。安全和环境无害化拆船规则的附录1为对有害材料的控制(见表2),是禁用物质清单,禁止在船舶上使用含有表2中有害材料的产品。安全和环境无害化拆船规则的附录2称为有害材料清单所应列明的最少项目列表(见表3),是限用物质清单,允许在船舶上使用含有表3所列有害材料的产品,但作为单一产品有害材料的含量不应超过一定的限定值,同时应说明使用的地点和有害材料总量。这两份清单都是开放式清单,任何缔约国都可以按照一定的程序对清单提出修正提议。目前已经有3种新物质正在讨论中,全氟辛烷磺酸及其衍生(PFOS)(禁用)、溴化阻燃剂(HBCDD)(限用)和三氯苯(TCB)(限用)。有关附录2限用物质清单的具体物质限定值仍在制订中,根据现在草案有关限定值见表4[1]。

有害材料清单的样本 表1

1 本船舶结构与设备中所含有害材料					
1.1 含有列于导则附录1表A和表B中材料的涂料体系					
序号	涂料的作用	涂料名称	位置	材料	大致量
1	隔音涂料	底漆,××公司,××底漆#300	船体部位	铅	35.00 kg
2	防污	××公司,××底漆#100	水下部位	三丁基锡	120.00 kg
1.2 含有列于导则附录1表A和表B中材料的设备和机械					
序号	设备和机械名	位置	材料	应用部件	大致量
1	配电盘	机舱集控室	镉	外壳涂料	0.02kg
			汞	热压力计	<0.01kg

安全和环境无害化拆船规则的附录1:对有害材料的控制 表2

有害材料	定义	控制措施
石棉	含有石棉的材料	应禁止在所有船上新安装含有石棉的材料
消耗臭氧物质	消耗臭氧物质系指在适用或解释附则时已生效的(1987年消耗臭氧层物质蒙特利尔议定书)第1条第4段所定义,列于该议定书附件A、B、C或E的受控制物质。 在船上可见到的消耗臭氧物质包括(但不限于) 卤化烃(哈龙)1211——溴氯二氟甲烷 卤化烃(哈龙)1301——溴三氟甲烷 卤化烃(哈龙)2402——1,2-二溴-1,1,2,2-四氟乙烷(也称哈龙114B2) CFC-11——三氯氟甲烷 CFC-12——二氯二氟甲烷 CFC-113——1,1,2-三氯-1,2,2-三氟乙烷 CFC-114——1,2-二氯-1,1,2,2-四氟乙烷 CFC-115——氯五氟乙烷	应禁止在所有船上使用含有消耗臭氧物质的新装置,但允许含有氢化氯氟烃(HCFCs)的新装置在2020年1月1日前使用
多氯联苯(PCB)	"多氯联苯"系指有多达10个氯原子置换联苯分子(2个苯基环被1个单一的碳-碳键连接在一起)上的氢原子而形成的一类芳香化合物	应禁止在所有船上使用含多氯联苯的新装置

续上表

有害材料	定　义	控制措施
作为防污漆杀虫剂使用的有机锡化合物[(三丁基锡(TBT),三苯基锡(TPT)、双三丁基锡(TBTO))]	AFS 公约附件 1 所禁止的物质	所有船舶不得施涂或重新施涂此类有机锡化合物 所有船舶:(1)在船壳上或外部构件或表面上不得有此类化合物;或(2)应有一个阻挡底层防止不符合要求防污底系统渗出此类化合物的隔离层

安全和环境无害化拆船规则的附录 2:有害材料清单所应列明的最少项目列表　　表 3

有害材料	
英文名	中文名
Cadmium and Cadmium Compounds	镉和镉化合物
Hexavalent Chromium and Hexavalent Chromium Compounds	六价铬及六价铬化合物
Lead and Lead Compounds	铅和铅化合物
Mercury and Mercury Compounds	汞和汞化合物
Polybrominated Biphenyl(PBBs)	多溴联苯
Polybrominated Diphenyl Ethers(PBDEs)	多溴联苯醚
Polychlorinated naphthalenes(more than 3 chlorine atoms)	多氯化萘(超过 3 个氯原子)
Radioactive Substances	放射性物质
Certain Shortchain Chlorinated Paraffins(Alkanes, $C_{10}-C_{13}$,chloro)	某些短链氯化石蜡(烷烃类,$C_{10}-C_{13}$,氯代)

安全和环境无害化拆船规则附录 2 中有害物质的限量值　　表 4

序　号	有害物质	限量值
B-1	镉和镉化合物	100 mg/kg(0.01%)
B-2	六价铬及六价铬化合物	1 000 mg/kg(0.1%)
B-3	铅和铅化合物	1 000 mg/kg(0.1%)
B-4	汞和汞化合物	1 000 mg/kg(0.1%)
B-5	多氯联苯(PBBs)	1 000 mg/kg(0.1%)
B-6	多氯联苯醚(PBDEs)	1 000 mg/kg(0.1%)
B-7	多氯化萘(超过 3 个氯原子)	无阈限值
B-8	放射性物质	无阈限值
B-9	某些短链氯化石蜡(烷烃类,$C_{10}-C_{13}$,氯代)	1%

3　我国和世界拆船业现状分析

全球船舶拆解业主要集中在中国、欧盟和印、巴、孟等国。而中国、印度、巴基斯坦和孟加拉,这四个亚洲国家年均拆船吨位总量之和相当于世界拆船吨位总量的 85% 。知己知彼百战不殆。研究它国拆船业现状,分析自身优势和不足,明确主管机关权限,对于做大、做强我国拆船业十分重要。

3.1 欧盟和印、巴、孟等国拆船业现状

欧盟国家的环保要求很高,具有高技术装备拆解的优势,但正由于这些优势,导致人工成本高昂,拆船行业反受其累。随着市场的发展,欧盟拆船能力已在过去20年中减至临界水平。目前,有能力拆解较大船舶的设施主要集中在比利时、意大利和荷兰,这些设施仅能够满足军舰和其他政府公务船及一小部分难以送到亚洲拆船厂的中小型报废船舶的需求[2]。但应注意到,拆船公约的通过,标志着环保模式将逐渐走向正规化、法制化。欧盟高环保、高技术的吸引力会有所增强,在一定程度上将提高其市场占有率。印度、巴基斯坦、孟加拉等国政府由于实行经济自由化政策,把拆船作为支柱产业,取消对进口废船的限制,通过抬高废船价格抢占市场,因此,使本国拆船业得到迅猛发展。但随着金融危机的爆发,这些国家的拆船企业很难再从欧美银行得到贷款,同时本国银行开立的信用证又未能得到国外银行认可,这使许多拆船公司面临现金流短缺的巨大压力。并且,由于这些国家的拆解设施简陋,不仅难以达到环保要求,工伤意外也频繁发生,且拆解周期长,不符合行业发展趋势。拆船公约的签署犹如雪上加霜,使得印、巴、孟等国拆船业正陷入史无前例的困境中。

3.2 中国对拆船业的需求

从环境保护角度看,超龄船舶不被迅速拆解不仅会污染海洋环境,而且是对资源的严重浪费。如废钢材回炉生产新产品,只要花费从铁矿石加工到成品三分之一的能源消耗;发电机类的辅助机械,大多可修理维护后用于陆地工业使用;废油可以再生后利用,或用于烧砖;此外,船舶的拆解还可以提供大量就业机会,因此,拆船行业是一项“绿色产业”[3]。国际金融危机的爆发,导致航运市场低迷,运价和租船费下降,船东无法承受成本压力而减少运力,前几年市场繁荣时期坚持航运的高龄船舶纷纷涌入拆船市场。而随着单壳油轮的淘汰加快,据估计,至2015年将有近1300艘单壳油轮退役[2],这使得拆船资源更加充足。此外,我国是钢铁生产原料缺乏的国家,每年要耗费大量外汇进口废钢和铁矿石来满足国内生产需要,而近年由于澳洲铁矿石企业的垄断,我国逐渐失去铁矿石谈判的话语权,没有了铁矿石进口长协机制的优势,这也客观上决定我国存在发展拆船业的必要性。

3.3 中国拆船业现状

中国拆船业经过市场和政策变化的严峻考验,虽然技术上仍低于欧盟国家,但环保拆解水平已与美国相当,并且我国劳动力充足,人工成本低,海岸线长,具有发展拆船业得天独厚的优势,现已发展成一支安全环保意识强、拆解技术较高的拆船队伍。但由于政府对拆船业缺少规范管理,正规的拆船设施并没有成为国内废旧船舶回收拆解的主力军。目前,国内报废船舶回收流向无序,80%最终会流入非法拆船点。这些非法拆解多为滩涂作业,工艺简单,无任何危废物质处理设施,废水废油随意排放,水陆污染严重,且安全生产与职业健康无保障。

4 公约给我国船舶工业和相关产业带来的机遇与挑战

目前,我国正加紧建设节约型社会,各行各业都提倡可持续的发展。拆船业本质上是一个变废为宝的符合可持续发展原则的行业。拆船公约的通过,犹如强心剂一般,必将给我国拆船业及相关产业带来更大的发展机遇。但拆船公约和其他一些公约一样,是一把双刃剑。由于其内容相当广泛,系统地规定了整个船舶供应链的各个环节,且对主管机关提出了新的、更高的要求,我国必须认真研究,分析公约规则,做好履约准备,确保我国造船业—航运业—拆船业这条绿色循环产业链又好又快发展。

4.1　公约对我国船舶工业带来的机遇

作为世界第三大拆船国，中国拆船业近年来不断加大安全、环保设施和职业健康方面的投入力度，实现了向资源环保型产业的转变，环保水平得到了发达国家的认可。但也恰恰因为这一点，我国拆船成本逐年提高，尽管有返还8%税率的优惠政策，仍然不足以抵消成本差价，而印、巴、孟等国采用牺牲环境和工人健康的拆船方式，大量抢购全球报废船舶，对我国拆船业构成威胁。从这个角度讲，拆船公约的实施统一了拆船设施要求，提供了公平的国际竞争环境。此外，公约规定，船舶从建造起，就应建立一份有害材料清单；对于已投入使用的船只要尽快拟定有害材料清单，期限不得超过公约生效之后5年；将在公约生效之后5年内报废的船只，应在报废之前拟定有害材料清单。这些做法将船只及建造船只所需设备中的有害物质含量降到最低，并在船舶投入使用后，最大限度减少维修和安装新设备过程中有害材料的使用，且在拆解过程中不会造成环境污染，拆解后的有害材料更易于处理。我国船舶工业要以此为契机，加速创新先进生产技术，研究清洁替代材料，改进工艺流程，把握先机，提高国产船用产品的上船率。

4.2　公约给我国船舶工业带来的挑战

根据公约规定，新造船时需要拟定有害材料清单，并采用新材料或通过改变设计来代替被禁止和/或限制的材料，这对造船厂修造技术进步提出了严峻的挑战；公约还规定，在船只使用周期内，要保证有害材料清单中的第一部分得到不断更新，及时反映出报废之前安装设备、堆积废物及储藏货物后新产生的有害材料；在拆卸船只前，还应表明《有害材料清单》第二部分中的废物和材料，以及第三部分中的储藏物中的有害材料，这些要求不仅增加了船舶所有人的运营成本，也使船东要承担一定经济利益上的损失，如可能因使用替代材料而提高新造船的造价及因提高拆船标准而降低待拆船舶的售价[4]；此外，公约规定，经官方机构授权的拆船设施须根据船只具体情况制定出明确详细的船只拆解计划，并保证有害材料清单中列出的所有有害材料都由训练有素、配备齐全的工人进行合理分类、贴标签、打包和转移。这就增加了拆船设施的拆船成本，对工人的素质也提出了更高的要求。

4.3　公约给我国涂料行业带来的影响

涂料应用于船体和各种船舶设备上的面漆（色漆），防锈漆，车间底漆等。而表4中的几种重金属化合物是涂料中比较常见的，其在草案中的限量值和欧盟ROHS指令中的有害物质含量的最高限值完全一致，因此在最终的文本中不太可能会降低相关指标。ROHS指令主要是针对电子电气设备（用涂料）的规定，对船舶涂料应用相同的规定难度会更大一些。如果换用环保型的颜料会导致成本的大量上升。这就要求我国涂料企业要搞清自身产品有害物质的确切含量，当船东船厂需要时可以提供相应的材料申明，同时对于有可能超过相关限定值的应分析来源并针对来源采取相应措施[1]，加大研发投入，淘汰有害材料，寻找替代产品。

4.4　公约对主管机关提出的新要求

拆船公约对缔约国的责任提出强制性要求，这为主管部门完善对拆船设施与废钢船的管理提供了重要机遇。目前，我国主要由环保部门和海事部门对拆船业进行安全与环保管理，其中存在着许多权限交叉与管理空白。我国应充分利用拆船公约即将生效这一良机，参考相关国际导则，结合中国造船业、拆船业与航运业现状，划清各主管机关的权限，使得海事主管机关能够实现管理领域的新突破。通过制定拆船设施审核办法，完善废钢船报废制度，跟踪监控废钢船报废动态及提高海事执法人员监管水平、丰富监管手段等措施，为促进海上航行安全和保护海洋环境作出自己应有的贡献。

5 我国应对《拆船公约》的对策建议

拆船公约一经生效,IMO便会对缔约国遵守并实施公约的情况进行监督。我国应该未雨绸缪,高度重视实施拆船公约给我国相关行业带来的影响,深入研究履约策略,进一步推进公约的国内法律化进程,积极探讨并制定国内具体的实施细则,认真做好履约的准备工作,提高我国船舶产业在国际上的竞争力。

5.1 把握导则制定进程,提高在各类国际会议和论坛上的话语权

虽然拆船公约已获得通过,但该公约本身还不够完美,例如它仍允许冲滩的方式拆解船舶,这对作业人员人身安全和环境保护仍存在较大的危害。我国应在国际大会上提出积极建议和意见,使拆船业不断向着对环境无害的方向发展。目前,为配合公约的实施,IMO正在加紧制定6个技术性导则:(1)有害材料清单制定导则;(2)安全和无害环境拆船导则;(3)检验和发证导则;(4)船舶检查导则;(5)拆船设施批准导则;(6)拆船计划制定导则。我国在这些导则的制定过程中,应一如既往的发挥重要作用,对导则涉及的技术问题进行深入研究,并适时将导则部分要求在有条件的拆船厂进行试验,收集数据资料,避免被动接受对我方不利的强制性规定,切实保护国内相关行业的利益,促进国民经济健康、稳定发展。

5.2 完善国内法律法规,加快与《拆船公约》接轨进程

目前,国内涉及拆船的法律法规主要有:《中华人民共和国防止拆船污染环境管理条例》、《拆船业安全生产与环境保护工作暂行规定》、《防止拆船污染环境技术导则》、《绿色拆船通用规范》、《含多氯联苯废物污染控制标准》、《拆船业安全生产与环境保护工作暂行规定》等。这些法律、法规虽然在一定程度上规范了船舶的拆解作业,但缺乏相关技术标准和符合公约要求的执行机制。为加快与拆船公约执行上的衔接,我国首先应结合中国实际,制定实施计划,并根据拆船公约要求,组织有关专家对国内拆船业相关法规和细则进行修改和完善,明确海事、环保等各职能部门的权限和职责;其次,应完善造船业的法律法规,对造船业材料使用等进行整顿和规范,减少有害材料的使用,从源头上减轻拆船设施对环境的影响。

5.3 完善拆船业准入制度,加大企业研发力度

公约要求缔约国通过国内立法确保拆船设施按照符合公约规定的安全和无害环境方式设计、建造和运营。因此,我国应通过确立审批机制,在对公约要求的文件和设施现场进行检查的基础上,对其拆解技术、装备、人员素质和环保方面进行准入评价,并后续开展定期和不定期审核,及时发现和解决拆船企业在日常生产作业中存在的问题。此外,为防止发达国家借《拆船公约》提高技术门槛,通过技术优势排挤技术落后国家的相关产品进入市场,我国应建立国内外拆船技术交流机制,引导企业加大技术和装备投资力度,吸收引进消化国内外相关环保技术和装备,并有针对性地开展拆船领域的技术攻关和装备研发,积极推进拆船企业科技进步[5]。

5.4 提高软件管理能力和工人素质

中国拆船业应对照公约新要求,在不断完善拆船硬件设施的同时,进一步注重提高企业的软件管理能力。依照公约及附则的要求,研究确定适合中国国情的拆船活动科学管理体系,鼓励拆船企业获取环境、职业安全健康、质量管理体系的资格认证,使环境、安全、健康、质量达到全过程、全因素的规范管理,使更多的企业成为符合公约标准的绿色拆船设施。同时,也应对

工人、管理人员实施培训、考试、考核和持证上岗制度，在企业内部开展技术培训，进而提高从业人员素质。

5.5　建立健全全国报废船舶跟踪机制

拆船公约适用于所有500 GT以上的国际航行船舶，并呼吁各国主管当局对于终身在其主权或管辖水域内航行的船舶，应确保采取适当措施，以尽可能合理和可行地保证此类船舶按照公约的规定行事。而在我国由于没有相应的制度明确指出船舶退出运营后，按何种程序或规范进行处置，在与非法拆解点相比正规拆船企业有较大的税费负担，环保拆解的成本也较大的情况下，构成了环保拆解不能占据我国拆船市场主体的根本原因。我国是航运大国，拥有大量500 GT以下的小型船舶，如果能让这部分船舶完全走进我国正规拆船厂，对提高我国拆船能力和环保水平也极其重要。因此，应建立船舶拆解前动态汇报制度，从拆解申报到送达拆船点对拆解船舶实行全程GPS跟踪和动态定时和不定时汇报，防止流向非正规拆船企业和个人；其次，建立船舶拆解现场监督管理制度，制定《船舶拆解现场监督管理规则》，对拆解过程进行全程监控监管，实时掌握拆解物资的数量和动向[5]。

5.6　拓宽下游产业，夯实拆船基础

拆船业能大力促进修造船业、轧钢业、铸造业和小五金等关联产业发展，相反，对被拆解材料稳定的需求和下游产业的规范有序对促进拆船业的安全和良性发展是至关重要的。因此，在不断改进工艺、研发和吸收、引进国内外先进技术和方法，增强拆船企业自主创新能力的同时，国家在政策导向上要帮助拆船衍生行业发展，通过广泛加强拆船业与航运、造船业联系与密切合作，积淀经验，进一步提高废船拆解回收利用技术水平，拓宽生产、加工拆船产品新用途，培育新的市场。

5.7　加强验船师和安检员等专业队伍与执法队伍建设

我国应加大船检专业人员的引入力度，着手制定相关的验船师培训手册和工作指南，强化培训力度，从人员素质上保障船舶和拆船设施准入关，加强对船舶安全检查员的培训。拆船公约生效后，PSC和FSC都将增加对《国际船舶有害材料清单证书》等的检查。为切实提高安检水平，促进该公约实施，对非缔约国船舶严格采取不予更为优惠待遇，并防止检查船舶时对船舶造成不当延误或滞留，我国应将拆船公约相关内容纳入安全检查培训手册，制定检查实施细则，并开展集中培训活动，加强安检员队伍建设。

6　结束语

根据以往经验，IMO公约自通过之日起，一般需要6年左右才能生效，但对于拆船公约，IMO秘书长表示制定3年生效的目标。同时也要注意到，部分国家和地区在公约生效前提前实施公约有关规定的可能性，以及部分船东在自愿的基础上提前实施的可能性。对此，我国应继续积极参与该公约导则的讨论制定，坚持我方立场，研究对策，争取我国利益，督促、指导我国拆船业向着绿色化的目标迈进，让拆船业成为船舶产业新的经济增长点。

参考文献

[1] 龚晅威.《2009年香港国际安全和无害环境拆船公约》及其对涂料行业的影响分析[J].涂料技术与文摘，2009(10)：13-21

[2] 费珊珊,张硕慧.拆船公约进展及其他国家对拆船行业的管理[J].国际海事公约研究与动态,2008(06):14-17

[3] 费珊珊,张硕慧.拆船公约研究进展[J].国际海事公约研究与动态,2006(06):26-28

[4] 崔连德.无害拆船:从倡导走向强制[J].中国船检,2007(5):40-42

[5] 邱奇.《国际安全与环保拆船公约》对我国拆船业的影响与对策[J].中国海事,2009(07):32-35

Abstract: Hong Kong International Convention for the Safe and Environmentally Sound Recycling of Ships,2009 has been adopted by IMO Diplomatic Conference on the Convertion of Recycling of Ships on May 15th 2009 in Hong Kong. The adoption and forcible implementation of the convention will must greatly influence the Ship Industry and related industries in China. This paper firstly introduces the Inventory of Hazardous Materials and related indexes, and then based on selectively analyzing the situation of the world and domestic ship recycling industry, combining with the requirements of the convention, to use the Inventory of Hazardous Materials as the main clue, the paper elaborates that the convention may bring opportunities and challenges in our Ship Industry and related industries after it enters into force and put forward the new requests to our competent authorities, and finally the paper provides some suggestions on the measures to be taken for the Compulsory examination mechanism which IMO will implement.

Key words: Convention for the Safe and Environmentally Sound Recycling of Ships; the Inventory of Hazardous Materials; opportunities and challenges; measures

宁波港海运 HNS 污染风险控制的法律机制研究

赵颖磊[1]①　蔡　瑛[2]

(1. 宁波海事局,浙江宁波,315020;2. 宁波大学海运学院,浙江宁波,315211)

摘　要:随着宁波港海运化工产品特别是有毒有害物质的日益增多,运输中有毒有害物质污染风险日益增强,但与之相应的法律和制度方面研究严重滞后,这使污染防控难以落实和保障。通过分析宁波港海运 HNS 风险的现有问题,探讨了世界海事组织的 HNS 议定书和美国的 HNS 污染防控机制,结合宁波港实际,提出宁波海运 HNS 污染风险控制法律机制的对策,以实现对宁波港海运有毒有害物质污染风险的有效防控。

关键词:有害有毒物质　法律机制　应急　预案　风险控制

海运有害有毒物质(Hazardous and Noxious Substances, 以下简称 HNS)由于行业本身附带的高风险性和货物特殊的高危害性,日益成为国际社会关注的焦点和热点。2008 年宁波港吞吐量位居大陆港口第二位,其中危险品货物吞吐量 9935 万吨,液体散装化学品 1806 万吨,居大陆港口首位,这使宁波港海运 HNS 风险不断放大。相比之下,相关法律制度研究严重滞后,有效的法律制度迟迟不到位,这使宁波港海运 HNS 污染无法实现有效的应急反应及防控。

1　宁波港 HNS 污染风险控制的法律机制不足

1.1　法律框架不完善

我国在海运 HNS 物质的污染应急和控制立法方面尚存在薄弱环节和真空地带。一是尽管《突发事件应对法》和《国家总体应急预案》将突发事件分为自然灾害、事故灾难、公共卫生事件和社会安全事件四大类和特别重大、重大、较大和一般四个级别。但未明确需要制定预案的突发事件的层级和类别。而船舶污染的特别法如《海洋环境保护法》也仅规定"装卸油类的港口、码头、装卸站和船舶必须编制溢油污染应急计划,并配备相应的溢油污染应急设备和器材"。因此,法律对 HNS 污染应急计划的规定处于缺失的状态。二是未制定 HNS 污染损害民事赔偿责任制度。我国《海洋环境保护法》和《防治船舶污染海洋环境管理条例》仅对海洋环境污染损害的责任作了原则性规定,而《第二次全国涉外商事海事审判工作会议纪要》将 HNS 污染损害排除在适用范围以外。此外,鉴于我国尚未建立污染损害赔偿基金,完善 HNS 污染损害责任赔偿机制应成为当务之急。

1.2　预案建设不完备

根据《突发事件应对法》的规定,发生特别重大事件和重大事件,将分别启动国家和省级应急预案。然而,现行国家和省级预案中 HNS 船舶泄漏专项预案的缺失,导致了相应事故无

① 赵颖磊(1975-),男,海岸一体化管理硕士、宁波海事局高级工程师,研究方向:海事管理。电子邮箱:cliff3324@yahoo.com.cn

操作程序可依的尴尬局面。而宁波市《宁波水域船舶污染事故应急预案》也仅包括船舶溢油应急的处置程序,HNS污染只能参照船舶溢油事故执行。显而易见,油类污染与HNS污染存在诸多不同之处,目前船舶污染的5级应急体系框架难以满足应对HNS的要求。

1.3　应急评估未开展

《突发事件应对法》第五条要求国家建立重大突发事件风险评估体系。系统的评估是预案处置能否及时有效得以实施的关键。然而,由于散化的专业性较强,目前宁波港尚未对辖区HNS货物的泄漏风险进行系统评估。

1.4　应急保障不充分

由于资金投入及应急机制等方面问题,宁波港现有应急清污能力明显落后于港口的发展速度,现有清污力量明显滞后于港口HNS泄漏风险的增长。现有预案着重围绕船舶溢油制定相应保障措施。缺乏针对HNS船舶泄漏的具体保障措施。一是针对HNS船舶泄漏应急技术存在缺陷,未掌握高风险HNS货物的应急处理技术,缺乏系统的分类处置方法和监测技术,飘逸模型和相应的信息系统目前尚未开发。二是缺乏人员防护的必要设备设施,应急处置人员、环境监测人员和民众的防化服、面罩等处于严重缺失状态。三是缺乏应急处置物资的储备。宁波港区尚未制定针对各类HNS物质的应急物资储配标准。现多数应急设备和器材的存放分散在各散化码头和化工企业,存储的数量没有精确的统计数据及更新制度,应急物资的整合机制尚未建立。应急预案中也没有明确包括财务保障制度、储备激励制度、征用补偿制度等在内的储备管理制度。四是专用的散化回收船舶缺乏。实践中均以溢油回收船舶代替散化回收,遇到特殊性质的散化品回收则束手无策。五是应急处置财政机制不健全。目前尚无HNS污染的专项资金,应急处置行动后补偿机制也不完善。

1.5　应急队伍不完善

由于散化应急处置与溢油应急处置存在很大差别,宁波港HNS应急处置队伍建设严重不足。首先是没有一支专业的处置队伍,目前的应急力量仅对中小规模的油类污染具备一定的经验,一旦发生中等规模以上的HNS物质泄漏势必束手无策;其次是缺少专家队伍,虽然辖区生产企业、国检机构和危险品码头具有一些专业人员,但尚未组建和形成宁波港HNS专家库;三是专业队伍间缺少交流共享。各种应急力量如消防队伍、防化队伍、港口应急力量、海事应急力量间没有建立沟通和交流机制。对于如何借鉴公路运输HNS事故处置的成功经验,提高水运事故的应急队伍建设至今未作考量;四是应急演练内容过于局限,目前大部分的应急演练限定在陆域,化学品的水溶性特征很少在演习内容中体现。

2　HNS污染防控机制的国际发展现状

2.1　关于危险和有害物质污染事故的防备、反应与合作议定书

2007年6月14日,世界海事组织的关于危险和有害物质污染事故的防备、反应与合作议定书(以下简称HNS议定书)达到生效条件,正式生效。HNS议定书规定了对船舶载运的除油类外的危险和有害物质的泄漏污染事故进行防备、反应和国际合作的框架。HNS议定书与1990年OPRC公约在结构、条文及措辞方面相似,将OPRC公约中关于船舶载运的油类货物造成污染事故的应对原则和体系拓展到HNS物质。为防备HNS在海上运输中的泄漏事故或在事故发生后进行有效的应急处置,HNS议定书分别对船旗国(即船舶方面)和港口国及沿海国提出了履约要求。

2.1.1　HNS 议定书对船旗国的要求

HNS 议定书第 3 条规定:要求悬挂其国旗的船舶配备船上污染事故应急计划,要求船长及其他对船舶负责的人员按报告程序及时报告事故情况等。在 HNS 议定书生效前,现有公约和规则中尚未对载运包装危险货物、散装固体危险货物和液化气体货物的船舶持有关于其载运货物泄漏事故的应急计划。在 HNS 议定书生效后,载运这些货物的船舶都被要求持有相应的应急计划,这几乎包括了所有的货船(除油轮外)和一部分客船(如在国际航线上有些客船可能搭载某些类别的包装危险货物)。[1]

2.1.2　HNS 议定书对港口国和沿海国的要求

毫无疑问,载运 HNS 物质的船舶一旦发生泄漏事故,将给船舶航行经过的沿海国或靠泊作业的港口国带来安全危害和环境污染。为有效应对这种威胁,HNS 议定书第 3 条对港口国提出履约义务:要求其国内装卸 HNS 物质的港口或装卸站编制 HNS 污染事故应急计划。这一要求是针对装卸 HNS 物质的作业码头或装卸站的。如果装卸 HNS 物质的码头或装卸站没有按 HNS 议定书要求编写并实施应急计划,则无法保证其在 HNS 物质泄漏事故发生后及时有效地进行应急处置,从而给其自身和靠泊的船舶带来事故隐患。HNS 议定书第 4 条还要求港口国和沿海国建立 HNS 物质污染事故国家和地区防备和反应体系。[2]

2.2　美国的 HNS 污染防控机制

美国污染事故应急法律体系的制定和实施基本可以分为两个阶段,阶段划分的标志是 1989 年的埃克森·瓦尔迪兹号溢油事故。该起事故以前,美国污染事故的污染框架主要由五部法律组成,即《清洁水法》(1972)、《深水港法》(1974)、《跨阿拉斯加输油管道授权法》(1973)、《外大陆架土地法修正案》(1978)和《国家油类和有害物质污染应急预案》(NCP)。在埃克森·瓦尔迪兹号事故后,许多专家学者认为之前的法律框架极不完整,每部法律均存在自身缺陷,且没有一个单独的立法以规范和调整污染行为。在此背景下,美国国会于 1990 年通过了《油污法》,明确了预防、预案、应急、处置、赔偿等相关事项,同时,全面修订了《清洁水法》、《应急预案》等相关法律法规,使之与油污法配套和适应。这些法律框架为海运 HNS 污染事故应急处置提供了依据和基础。[3]与其他国家相比,美国的海运 HNS 污染风险控制机制突显了以下特点:

2.2.1　明晰统一的指挥体系

美国 HNS 应急反应队伍共由 15 个组织和机构共同组成,为了防止各部门间出现指挥矛盾、行动失调等情况的发生,确保应急处置的协调性和一致性,美国设立了"联邦现场协调员"作为应急处置的总指挥人和协调人。其中,沿海的污染应急由海岸警卫队担任,内陆的污染应急由环境保护署(Environmental Protection Agency, 简称 EPA)担任。

2.2.2　连贯协调的反应程序

美国的污染应急体系分为四级,即国家、区域、当地和特殊应急力量四个层级。然而,由于层级较多,如果上下级信息通报和决策机制存在缺陷,反应程序应会出现重复指挥或指挥真空的问题。为解决这一隐患,美国重新设计了反应程序,形成了多层级、多部门参与,连续协调的反应机制。该程序如图 1 所示。

由图 1 可见,美国的污染应急系统由联邦现场协调员作为信息传递和现场评估的核心,并在此基础上确定国家/州和地方各级的应急力量是否参与反应和处置行动。由于协调员这一独立决策人员的介入,确保了上层指挥的单一性和系统性。[3]

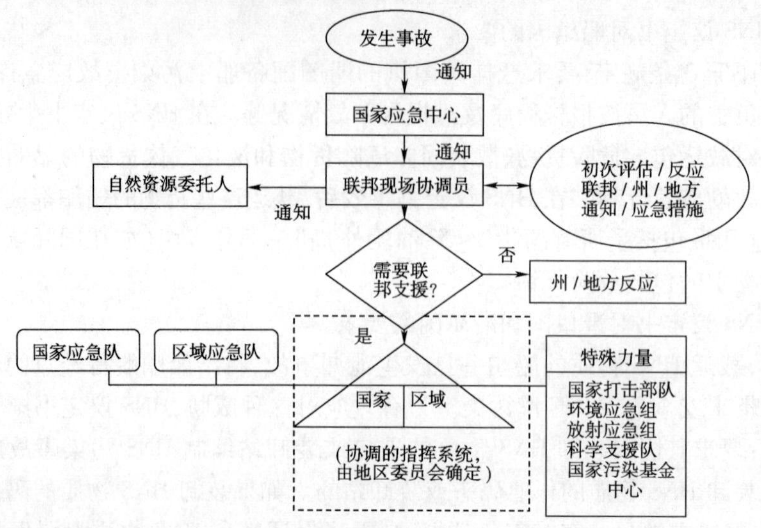

图1 美国的污染应急反应程序

2.2.3 完备齐全的监测和反应设备

美国船载 HNS 污染监测和反应设备可按其功能分为三类:

一是监测监控设备。这些设备分为固定式和便携式两种,其中,固定式监测设备安装于港口、码头、警卫队的船舶和飞机等处,可对大气、水体、土壤、地表以下的污染情况进行监测,便携式设备主要监测污染源及其附近区域的有毒有害物质,如有机物探测仪、特殊化学物质探测仪等。

二是信息化系统和各类污染扩散模型。如化学品数据库、化学品泄漏事故数据库、环境敏感度指数地图、有害气体空间分布模型、总体海洋局操作模型环境等。这些地理信息系统、扩散模型和化学品数据库对于应急反应和计划部署起到了有效的决策辅助作用,是 HNS 反应和处置的得力工具。

三是应急处置设备库。通过对区域化学危险品数据的收集、整理和评估,美国海岸警卫队在全国港区水域及其附近设立了区域应急反应设备库。在设立前,美国相关部门对港口的污染风险进行评估,在此基础上确定该区域设备的总量;在设立时,又充分考虑到该区域现有的设备总量,并确立了一体化管理和相互补充的使用原则,防止出现设备的过度配备和浪费。

2.2.4 标准化的应急反应队伍

美国船载 HNS 污染应急反应队伍主要由四部分组成,一是国家打击部队,该队伍隶属美国海岸警卫队,队员中不仅有专业化学品/放射物质和生化物质的应急处置人员,还有执法人员和其他专业技术人员,其本身就是一支多功能、快速反应型的应急力量。

二是海岸警卫队的反应队伍。该队伍根据资历、培训和考核分为四类人员:必须持有 HAZMAT 技术人员证书的组员;必须经过应急处置专业培训并具有一定的领导能力的专家;必须经过专业培训并持有事故指挥证书的监督官,必须是海岸警卫队高级官员的负责应急处置的长官。应急队伍应于事故发生后立即派遣 2 名人员赶赴事发地点,2 小时应增加到 4 人;6 小时后应增加到携带相关设备的 12 人,这些人员资质和到达时间的规定,有力地规范了美国各区域的应急反应标准,提高了各地的处置能力。

三是一体化的特殊应急队伍。美国海岸警卫队在海运 HNS 事故发生后能得到各部门和

单位的有力援助,这些专业部门力量的存在成为美国海岸警卫队处置海上化学品事故的有力后援和保障。

四是清污承包人。美国在长期的污染反应和应急处置中,摸索出一套独特的污染清理机制,即污染风险船舶必须与专业清污队伍签订清污合同,一旦发生 HNS 污染事故,专业清污队伍将承担清污职责,这一方面减少了政府的运行成本,也提高了社会的参与意识和环保意识。[4]

3　宁波海运 HNS 污染风险控制法律机制对策

3.1　完善法律法规体系,推进应急预案建设

国际上发达国家如美国、澳大利亚等均已将 HNS 物质纳入国家应急反应预案和相应法律中,污染防污和应急体系也进一步得到完善。我国应健全污染防控和应急体系建设,必须进一步修改和完善相应法律法规,形成与国际接轨,全面覆盖海运 HNS 污染预防、应急、处置、赔偿等各方面的污染法律体系。为了加强海运 HNS 污染防控的国际合作,我国还应加快签署和履行公约的步伐。[5]

建议一是充实《海环法》第八章的内容,增加国家、地方政府编制海运 HNS 污染海洋环境应急能力建设规划,建立健全防治船载 HNS 污染海洋环境应急反应机制,并与海事管理机构、港口、码头、船厂、装卸站和船舶分级制定防治船载 HNS 污染海洋环境应急预案、建立专业应急队伍和应急设备库,配备专用的 HNS 污染应急设施、设备和器材的要求;同时,明确污染处置的各级主体、权力和责任,细化污染处置的程序或确定相应的预案依据,确定应急反应的组织体系、层级和横向机构间的关系,规范预案演练的计划、组织和实施,形成统一领导、综合协调、分类管理、分级负责、属地管理为主的应急管理体制。二是调整《海环法》第九章的内容,确定与国际公约相一致的、以"无过错责任"或"严格责任"原则为基础的污染赔偿责任机制,同时,抓紧制定《防治船舶污染海洋环境管理条例》的配套规章和国家标准,明确 HNS 污染赔偿的理赔范围,程序和相关要求,确定海事主管机关污染赔偿的调解职能,构建污染应急基金和赔偿基金,形成范围明确、程序合理、标准清晰的污染赔偿机制。[6]三是加大国际合作的力度,目前,我国除加入《西北太平洋海洋和海岸地区环境保护、管理和开发行动计划》(NOWPAP)和东亚海域环境管理区域合作计划(PEMSEA)外,尚未与周边国家制定污染预备、反应和合作的协议,为有效应对公海或其他海域的 HNS 污染对我国的影响,加大区域 HNS 污染的合作力度,我国应积极主导或参与区域 HNS 预备和反应合作框架的制订和建设,形成应急反应的区域合作大格局。[7]

3.2　进一步完善制度建设

一是提高宁波港口航道锚地规划层次,通过增加宁波港内锚地和待泊锚位,改变目前大港口,小锚地的发展困境,减少锚地事故概率;加快锚泊制度建设,完善定点锚泊管理办法,简化船舶锚位申请程序,便利 HNS 船舶的港内锚泊;二是完善船舶航路规则和制度的建设,通过制定禁航区、分道通航、船舶定线制等航路规则,科学规划宁波港的航道和航路,增加航路信息建设,设置引导牌、警示牌、警示标志等各类标志、标记,推进港口船舶航行和锚泊的规范性;三是建立 HNS 船舶动态监控制度。即充分利用 AIS,VTS,CCTV 等多种手段,对进出宁波港的 HNS 船舶实施全程动态监控和报告制度,明确监控主体、监控重点和监控标准等要求,提供港口气象预警、通航动态、船舶避碰等信息服务,强化 HNS 船舶港内航行、锚泊管理的实时性和有效

性；四是强化港内HNS码头靠泊制度建设，引入宁波港引航、船舶、港口等专家，针对HNS码头靠泊风险开展系统评估，完善码头靠泊方案，提出HNS船舶靠泊限制措施，进一步减少HNS船舶靠泊风险。五是加快HNS船舶检查的制度建设，提出HNS船舶检查选船标准，制定船舶检查导则、船员实操检查导则等监管指导手册，提高检查人员的监管能力和检查的针对性，严格管理、控制和纠正HNS船舶违法行为和各类缺陷，预防和消除因船舶硬件和船员因素导致的事故风险。

3.3 加强应急设备设施的配备

宁波港HNS污染应急设备和设施可由以下几方面入手：一是加快监控设施的配备，如装备各类颗粒物探测和空气取样装置、化学物质探测装置和传感器，实现对空气、土壤和水体的全方位监控布局，提高发现和处置HNS污染事故的能力；二是积极推进宁波港HNS应急设备库的建设，参照美国等发达国家应急设备库的建设标准和相关经验，确保发生HNS事故后设备到位、保障到位、防护到位；三是建立应急人员的通讯装备标准，加快HNS处置人员应急包的配备；四是逐步建立各类信息系统和模型软件，完善海运HNS污染的数据库、资料库和决策辅助工具，构建HNS基础数据和应急处置资料库，设立HNS事故专家咨询机制，研制海域和海岸带的地理信息系统。同时，结合地理信息系统，加快污染源扩散模型和决策工具的构建，确定污染敏感区和限制区域，合理预测污染源的扩散方式、方向和概率，提高应急处置的效率。

3.4 加快应急队伍建设

一是推进专业应急处置队伍的标准化建设，建立应急反应人员任职资质机制，确定各级别应急处置人员的任职资格和标准，完善应急处置人员培训和教育体系，逐步组建一支专业素质强、应急反应快、指挥层级完善的污染应急专业队伍；二是全面梳理各部门、各行业具备应急反应处置职能的专业队伍的处置范围和能力，形成各相关行业和部门的应急反应联系人制度，从而在事故发生后能够联合环保、军队、港口、消防、安全等多个部门，充分发挥各部门的专业优势和处置能力，各负其责、形成合力，真正形成安全网和处置链；三是加快第三方清污承包人建设，借鉴美国的成功管理经验，推进HNS船舶与专业清污队伍签订清污合同，激励民营企业进入专业清污领域，逐步形成政府、企业和社会合力的应急反应队伍，提高全社会的参与意识和环保意识。

4 结束语

宁波港危险品运输活跃，大型化工品船舶进出港口频繁，船舶通航密集度正不断增加，在人-船-环境-管理的综合因素影响下，发生HNS污染事故的风险急剧放大。宁波港至今未建立针对HNS的应急预案、反应程序、应急队伍、组织体系等有效的法律机制，一旦发生重大污染事故，法律机制的缺失势必造成大范围的公共危机事件，给人民生活、港口生产和地方经济造成严重影响。为避免和减少海运HNS事故危害，有必要在充分解析宁波港HNS运输的现状和不足前提下，借鉴国外HNS应急、反应和合作体系，从而优化整合宁波港现有的应急预案、反应程序、应急队伍、设备设施等，并论证和设计符合宁波港经济基础的，切实有效的HNS污染防控法律机制。该法律机制的提出和落实可以起到未雨绸缪、减少和控制污染和损害、提高港口生产效益、降低事故损害成本的作用，从而保证宁波港可持续、环保型发展。

参考文献

[1] Simon Rickaby C. The OPRC-HNS Protocol and its Practical Implications[J]. PAJ Oil Spill Symposium, 2005, (2): 24-25

[2] 黄鹏程. OPRC-HNS2000 议定书生效及我国应采取的对策[J]. 中国海事. 2008(10): 14-17

Huangpengcheng. The Influence of OPRC-HNS 2000 Protocol and Actions to be Taken by China[J]. China Maritime Safety. 2008(10): 14-17

[3] William J. Nichols. An Overview of the USEPA National Oil and Hazardous Substances Pollution Contingency Plans [J]. Spill Science & Technology Bulletin, 2003 (8): 521-527

[4] NRT. Developing a Hazardous Materials Exercise Program: A Handbook for State and Local Officials[R]. Report of the National Response Team, 1990: 9-47

[5] 蔡先凤. 我国海洋生态安全法律保障体系的建构[J]. 三江论坛. 2006(3):40-42

Caixianfeng. On Construction of the China Legal Security System for the Marine Ecological Safety[J]. Sanjiang Forum. 2006(3): 40-42

[6] 任栋, 胡欣宇. 科学发展观视野下的环境法律制度分析[J]. 行政与法. 2006(2): 125-127

Rendong, Huxinyu. Legal System Analysis on Environmental Crisis in the View of Scientific Concept of Development[J]. Public Administration & Law. 2006(2): 125-127

[7] Karen Purnell. Incidents Involving HNS[J]. Implementation of the HNS Convention Workshop. 2006 (5): 25-26

[8] European Maritime Safety Agency. Workshop Report of the 2nd EMSA Workshop on Preparedness and Response to Marine Pollution involving Hazardous and Noxious Substances (HNS)[R]. 2007.11.26

[9] Vladimir M. Trbojevic, Barry J. Carr. Risk Based Methodology for Safety Improvements in Ports[J]. Journal of Hazardous Materials 2000 (71): 467-480

[10] International Maritime Organization. European Maritime Safety Action Plan on Oil Pollution Preparedness and Response and Action Plan for HNS Preparedness and Response [R]. MEPC/OPRC-HNS/TG 6/5/5. 2007. 6.5

Abstract: The risk of hazardous and noxious substances (HNS) pollution is rising dramatically with the increase of seaborne trade of chemical cargos in Ningbo Port. The lack of research on legal framework and institutional arrangement further exacerbate the situation. Based on the analysis of the issues of Ningbo Port HNS pollution risk, discussed OPRC-HNS Protocol and U.S. HNS pollution response regime, legal mechanism countermeasures are suggested in the light of Ningbo Port reality so as to provide an effective control of Ningbo Port HNS pollution risk.

Key words: HNS; Legal Mechanism; Response; Contingency Plan; Risk Control

HNS公约的生效前景分析及对我国海事监管工作的要求

姚　亮①
（江苏镇江海事局，镇江，212002）

摘　要：LEG95会议上一项重要的议程就是提出了一些切实可行的解决妨碍HNS公约生效的办法。本文适时跟踪研究HNS公约最新进展，就HNS公约的产生背景以及制约HNS公约生效的一些问题进行了详细的阐述，并就HNS公约生效前景进行了乐观的分析，最后阐述了HNS公约一旦生效后对我国海事管理机构的一些新要求。

关键词：HNS公约　生效　分析　海事监管

国际海事组织于20世纪70年代末开始着手制订HNS公约。1982年2月，国际海事组织法律委员会第47届会议就曾经审议并通过了HNS公约的草案文本，并于1984年召开外交大会，试图通过此项公约，但由于当时各国代表在一些问题上存在较大的分歧，未能达成共识而搁浅，但仍然认为有必要制定这一公约，于是授权国际海事组织法律委员会作为优先项目之一对公约草案进行重新研究和修改。1984年会议后，法律委员会在其他方面做了很多工作，但HNS公约一直未能得到足够的重视。直到80年代后期，由于有关有害有毒物质污染的重大事故的不断发生，欧洲国家强烈要求建立一个海上运输危险货物损害赔偿的制度，法律委员会才又重新开始了HNS公约的制订工作。

经过几年反复研究，在1995年4月召开的法律委员会第72届议上，审议并通过这次外交大会讨论的公约新的草案文本。1996年4底至5月3日，国际海事组织在其总部伦敦召开了有关有害有毒物质的责任限制国际会议，来自73个国家的代表团和联合国环境规划署的代表、国际海事组织的联系会员、香港以及26个政府间和非政府间国际组织派出的观察员共443名代表参加了会议。会议最终审议并通过了HNS公约。该公约于1996年10月1日至1997年9月30日在伦敦开放并供签字，此后继续开放供加入。

1　HNS公约生效前需要解决的问题

1.1　赔偿制度问题

HNS公约采用了两层赔偿机制的办法。第一层为船舶所有人的责任，通过强制性的要求船舶所有人对承运危险货物的船舶进行保险来提供赔偿；第二层为货主分担责任，通过建立有害有毒物质基金进行赔偿。关于两层赔偿机制，讨论的焦点主要集中在许多国家不同意引入摊款的概念，普遍认为已进行了强制保险的船舶如果再向第二层赔偿机制交纳摊款，会增加船

① 姚亮，1981年3月，内蒙古丰镇人，镇江海事局，助工，主要研究方向：船舶防污染管理，联系地址：江苏省镇江市长江路8号 邮编：212002，电子邮箱：yaoliang0310@163.com，电话：13511696961。

舶所有人的经济负担,这种做法也不符合由船舶所有人和在危险货物交易中获利最大的货方共同承担损害赔偿责任的原则。

1.2 摊款货物的报告

各国在批准公约及此后的每一年度提交摊款货物报告是一项基本的义务,不提交报告则违反公约相关规定。尽管公约目前尚未生效,但涉及缴纳初次摊款的问题,公约在第Ⅴ章作出了过渡规定。第Ⅴ章第43条“摊款货物资料”规定,在向秘书处交存批准、接受、核准或加入的相关文件时及此后在本公约对一当事国生效前的每一年里,该当事国应向秘书处提交关于在上一日历年度中在该国接收或卸下(对于液化天然气)的总账户和每一分账户的摊款货物的有关数量的资料。大多数国家认为,公约第Ⅴ章关于摊款货物报告的过渡规定和第Ⅵ章最终条款第45条批准、接受和核准公约的规定之间缺乏直接联系,使得公约本身就存在缺陷。

1.3 对收货人的定义

根据公约第1条4(a)的规定,收货人系指实际接收卸于一当事国的港口或码头的摊款货物的人,但是,如果在接收时实际接收该货物的人员系受任何缔约国管辖的另一人员的代理人并且该代理人向有毒有害物质基金指明了该委托人,则该委托人应视为收货人。就散装HNS货物而言,公约的定义是清楚的,缔约国能识别收货人。但一些国家提出,包装形式的HNS货物是个复杂的问题,因为货物的实际接收人时常是一个港口或码头的经营人,这样往往不容易确定具体收货人。

1.4 关于“海上运输”的定义问题

HNS1996公约草案中的“海上运输”系指从装货时,危险和有毒货物进入船舶设备的任何部分之时起,到卸货时,货物离开船舶设备的任何部分时止的一段时间。如果没有使用船上的装卸设备,此期间是指危险和有毒货物从越过船舷时起至离开船舷时止。在第65届法律委员会会议上,联合国国际贸易法委员会致函海事组织法律委员会,建议扩大“海上运输”的定义,使其包括从承运人在装货港对货物负责时起,到承运人在卸货港不再对货物负责时止的期间。在第66届法律委员会上,一些国家也提到了应考虑“汉堡规则”生效后的影响重新审议“海上运输”的定义。持上述意见的国家或国际组织认为装卸作业和海上运输是分不开的,许多事故都是发生装卸作业过程中,将危险货物的装卸作业排除在公约的适用范围外,将会导致相当数量的受害人得不到足够的赔偿。另外,还特别提到货物转驳作业时发生事故的风险,并列举统计数据表明25%的HNS事故发生在货物转驳作业过程中。一些国家反对在公约中将涉及第三方责任的海上运输范围扩大到诸如装卸这种非海运操作,因为有关装卸作业通常是由合同规定的,还强调船舶所有人不应对非由他控制的作业产生的损害负责。

2 HNS公约生效前景分析

到目前为止,共有包括安哥拉、塞浦路斯、匈牙利、利比里亚、立陶宛、摩洛哥、俄罗斯、圣克里斯多夫和尼维斯岛、萨摩亚、塞拉利昂、斯洛文尼亚、叙利亚等13个国家签署加入了该公约,并且已有3个国家(塞浦路斯、利比里亚和俄罗斯)的商船总吨位大于200万总吨。但是,到目前为止,只有斯洛文尼亚按照公约第43条的规定提交了参加摊款货物的报告,且提交的HNS货物摊款数量为12万吨,与公约要求的4000万吨的HNS摊款货物数量相差甚远。

但是在IMO法律委员会第95次会议上,通过了一项《1996年国际海上运输有害有毒物质责任和损害赔偿公约》(1996年HNS公约)议定书草案。该议定书就上面涉及到的关键问题进行了详细的解答并给出了适当的解决方案。第一个问题是建立包装货物报告系统存在困难，针对这个问题，草案认为：由于包装货物被排除在的分摊责任款货物定义之外，从而这些货物的接收者将不对HNS基金承担责任。然而，因为事件受害者仍旧有权就损害主张赔偿，那么这将导致运输包装有毒有害物质的船东的有限责任将无限增加。精确的责任提升幅度将在外交峰会上予以提交。第二个是收货人责任问题，草案认为：正如公约第1.4条款中定义的那样，接收者将负责每年向液化天然气分摊责任款中支付一定数额的费用，而所有权人只在有限的情况下支付上述款项，前提是双方需签署一份协议并将签署协议情况通知所在缔约国。第三个是摊款货物的报告问题。草案认为：将从以下三个方面着手处理：(1)为批准这一议定书草案，每个国家将被要求递交摊款货物报告，国际海事组织作为收存方，将对没有伴随此类报告的国家的批准不予接受。而这些国家也必须继续每年递交报告直至议定书生效。(2)如果一个国家没有履行每年递交有关报告的义务，那么在其批准书收存后至议定书生效前，将临时阻止该国成为缔约国。针对那些拖欠有关报告的国家，议定书将不对其生效。(3)一旦议定书对一个国家生效，如果该国存在拖欠有关报告情况的，那么其所缴补偿费用将被临时性或永久性扣缴，但涉及要求人身伤亡赔偿的除外。

通过这次会议的召开，HNS公约的生效前景逐渐明朗了起来。那么该公约一旦生效，对我国海事监管工作将有哪些新要求呢？

3 HNS公约对我国海事监管工作的要求

3.1 对航运公司污染及应急能力的管理

海事管理机构应在总结防治船舶油类污染做法的基础上，加强对航运公司应对HNS物质污染事故的培训和管理力度。对航运公司及其船舶进行管理体系审核时，应该加强公司对履行HNS公约方面的检查，加强对船舶进行载运HNS物质事故应急演练程序和记录规范方面的审核。

3.2 船员应对HNS物质污染事故的实际能力考核

依照《中华人民共和国海船船员适任考试、评估和发证规则》，第三十九规定：在液货船上任职的船长、高级船员、值班水手、值班机工，应完成相应的液货船特殊培训，取得特殊培训合格证，并持有适用于相应的液货船的适任证书。第四十条规定：在液货船上任职的船长和高级船员，应完成精通救生艇筏和救助艇培训、高级消防培训、精通急救培训，并持有相应的专业培训合格证。在载运HNS物质船舶船员实操考核中，应该侧重加强应对HNS物质污染事故的应急能力考核。

3.3 对载运HNS物质船舶HNS财务证书的检查

除了对载运HNS物质船舶船况进行检查之外，还应对船舶证书的配备情况进行检查。HNS公约附录一明确要求了对于适用公约第12条的船舶应该配备《有毒有害物质事故民事责任保险或其他财务担保文书》。证书上应该记载船名、IMO号码、船籍港、船舶所有人及其详细地址、保险类型、保险期限、保险人的详细期限以及签发国家等。对该证书的核查主要是检查适用的船舶是否按规定持有该证书以及该证书是否有效。

3.4 HNS公约的持续跟踪研究

加强对海事相关国际公约的研究是不断提高海事管理工作的前提。对HNS公约而言，目前还有很多问题有待解决，比如“海上运输”概念的修改和“收货人”概念的完善，以及为了促

使公约早日生效 IMO 法律委员会对 HNS 公约相关条款的修改，其中一个比较显著的特点就是，HNS 公约中很多条款是跟其他国际公约相关的，比如 IMDG、BC CODE 和 MARPOL 73/78 公约，其他公约进行了修订，HNS 公约也要进行不断的更新，所以不断提高对 HNS 公约持续研究能力，对提高海事执法人员自身专业素质、提高海事监管效能极有裨益。

3.5　年度摊款货物的报告

HNS 公约一旦生效，那么 HNS 物质年度摊款货物的报告将成为海事监管工作的新内容。LEG95 会议上明确指出了摊款货物的报告要求，但是这一报告要满足什么条件？向谁报告？要报告哪些内容呢？这就涉及到国际公约国内化的过程中需要解决的一些衔接问题诸如需要报告的 HNS 货物种类、数量、适用船舶以及适用水域等等。

Abstract: the most important agenda at LEG95 is to put forward practical solutions in order to take the HNS convention into effect. The paper is to track the latest information about HNS convention. Firstly, we are introduce the historical background of HNS convention and some obstacles in the course of HNS convention enters into force, and then we take the optimistic attitude to analysis the HNS convention enters into force in future. And last we are describing new requirements to the China MSA once HNS convention enters into force.

Key words: HNS convention; enter into force; analysis; maritime supervision

有毒液体物质分类规则的变化及对海事监管的影响

杨照宏

（中山海事局，广东中山市，528437）

摘　要：本文通过对该附则中有毒液体物质新分类方法的分析，结合我国目前的危险品管理的法律法规和履约现状，就海事部门的监管措施提出了参考建议。

1　有毒液体物质的新分类规则解析

1.1　有毒液体物质的新分类原则

2004年10月15日，海上环境保护委员会第118次会议通过了MARPOL73/78附则II的修正案，该附则修正案于2007年1月1日正式生效。该附则修正案对现有的附则II全部进行了改写，其第2章中重新定义了有毒液体物质的分类，并在该附则的附录I中给出了分类指南。有毒液体物质的分类在本次修正案中被划分为四类：X类、Y类、Z类、OS类。从附则II中该四类物质的定义可以看出，这四个类别的划分依据是有毒液体物质入海后对海洋生物、人类健康、海洋环境的危害和影响强度，但定义中只是给出了定性的类别判定。该修正案附录I提供了一个有毒液体物质的分类指南表，依据该表将物质列归于X、Y、Z、OS等各个类别中。

1.2　有毒液体物质分类指南及分类举例（表1）

有毒液体物质的分类指南　　表1

规则	A1 生物积聚	A2 生物退化	B1 急性毒性	B2 慢性毒性	D3 长期健康影响	E2 对海洋野生生物及海底生态环境的影响	污染类别
1			≥5				X
2	≥4		4				
3		NR	4				
4	≥4	NR			CMRTNI		
5			4				Y
6			3				
7			2				
8	≥4	NR		Not 0			
9				≥1			
10							
11					CMRTNI		
12	任何不符合规则1到11以及13的物质						Z
13	以下物质：A1栏中≤2，A2栏中为R，D3栏中为空白；E2栏中为非FP\F\S；YIJI						OS

按照有毒液体物质分类指南表中的判定标准，判断某种危险品属于污染类别的哪一类，要根据其生物富集性、生物退化性、急性毒性、慢性毒性、长期健康影响、对海洋野生生物及海底生态环境的影响等六个因素来判定。任意类物质根据表1中的13条规则被划入四类污染类别中的某一类别。而表1中出现的A1、A2、B1栏中的数字为判断危害程度（危害等级）的标识数字。下面举例说明如何应用表1中的危害等级标识数字来判断所属污染类别，例如草甘膦的理化数据和生态毒理学数据见表2。

草甘膦的理化和生态毒理学数据简表　　表2

理化数据:	辛醇/水分配系数:Log Pow	-3.2(20)
生态毒理学数据:	生物富集系数:BCF	0.5
	鱼类急性毒性:LC50	8.2 mg/L
	鱼类慢性毒性:21天 NOEC	50 mg/L
	水蚤急性毒性:EC50	11 mg/L
	水蚤慢性毒性:21天 NOEC	1.1 mg/L
	海藻急性毒性:EC50	4.4 mg/L
	海藻慢性毒性:96小时 NOEC	2.0
	致敏性	皮肤试验:物致敏性
	致癌性	无证据

根据GESAMP危险品评定程序缩略图例（见图1），草甘膦A1栏危害程度（危害等级）为0（LOG POW为-3.2，按照图一中可知该项指标的等级为0；BCF为0.5按照图一可知该项指标的等级也为0），其A2标识无法判定，其B1栏危害程度（危害等级）为2，B2栏危害程度（危害等级）为0，据此就可以判断出草甘膦属于Y类污染物。

Abbreviated legend to the revised GESAMP Hazard Evaluation Procedure

<table>
<tr><td colspan="6">Columns A and B - Aquatic Environment</td></tr>
<tr><td></td><td colspan="3">A</td><td colspan="2">B</td></tr>
<tr><td></td><td colspan="3">Bioaccumulation and Biodegradation</td><td colspan="2">Aquatic Toxicity</td></tr>
<tr><td rowspan="2">Numerical Rating</td><td colspan="2">A1 *
Bioaccumulation</td><td rowspan="2">A2 *
Biodegradation</td><td>B1 *
Acute Toxicity</td><td>B2 *
Chronic Toxicity</td></tr>
<tr><td>log Pow</td><td>BCF</td><td>LC/EC/IC$_{50}$(mg/l)</td><td>NOEC(mg/l)</td></tr>
<tr><td>0</td><td><1 or >ca.7</td><td>not measurable</td><td rowspan="6">R: readily biodegradable

NR: not readily Biodegradable</td><td>>1000</td><td>>1</td></tr>
<tr><td>1</td><td>≥1 ~ <2</td><td>≥1 ~ <10</td><td>>100 ~ ≤1000</td><td>>0.1 ~ ≤1</td></tr>
<tr><td>2</td><td>≥2 ~ <3</td><td>≥10 ~ <100</td><td>>10 ~ ≤100</td><td>>0.01 ~ ≤0.1</td></tr>
<tr><td>3</td><td>≥3 ~ <4</td><td>≥100 ~ <500</td><td>>1 ~ ≤10</td><td>>0.001 ~ ≤0.01</td></tr>
<tr><td>4</td><td>≥4 ~ <5</td><td>≥500 ~ <4000</td><td>>0.1 ~ ≤1</td><td>≤0.001</td></tr>
<tr><td>5</td><td>≥5</td><td>≥4000</td><td>>0.01 ~ ≤0.1</td><td></td></tr>
<tr><td>6</td><td colspan="3"></td><td>≤0.01</td><td></td></tr>
</table>

图1　GESAMP危险品评定程序缩略图例

由此可以看到，附则II修正后判断某种物质属于哪类污染物的程序是首先需要得出物质的理化和生态毒理性数据，再对照GESAMP危险品评定程序缩略图例得出各栏的危害程度

(危害等级)标识数字,然后根据这些标识数字在表一中对照即可判断出该物质究竟归于何类污染物。

2 新分类准则与旧分类准则的比较

2.1 有毒液体物质旧分类的定义

旧版有毒液体物质的分类准则将有毒液体物质分为五类:A类、B类、C类、D类、III类。由修正前的附则II中旧分类方法的定义可以看出,旧分类方法中也初步展现了定量进行判断污染危害性的趋势,但是该定义中的定量分析判断程序过于简单,不够科学合理。

2.2 新旧分类的异同

2.2.1 新旧分类的相同点

分类主要原则一致,即新旧分类方法遵循的原则都是从物质的污染危害性出发来判定的,均是考虑了物质入海(入水)后对水中生物的影响、对水中环境的影响、对人体健康的影响来评定物质的污染危害性和隶属类别。因此两种分类方法虽然类别数目不相同,但是类别的危害程度和污染性都越来越低。

新旧分类之间没有必然的联系,原来旧分类中的A类在新分类中可能为X类或Y类;原来的B类可能成为新分类中的X类、Y类或Z类。

2.2.2 新旧分类的不同点

(1)类别数目不同,新的分类为四类,旧分类为五类,从主观上讲,分类数目的减少降低了危险货物辨识的复杂度,有利于实际工作中的危险货物申报和危险货物运输操作。

(2)分类具体评估标准不同,新分类的定义比较简单,但是有一个分类指南,该分类指南背后还有一套科学而细致的评估程序,这就是GESAMP危险品评定程序,这是结合了最新的GESAMP/EHS研究成果;而老分类系统除了一个定义外,缺乏科学的评估程序。新分类方法更科学合理更具有说服力。

2.3 新分类准则的优缺点

新分类准则的优点在于确定了一套科学合理的评定程序,同时也减少了类别,这为物质污染危害性的甄别提供了合理和科学的依据;但是该评定程序需要的数据过于缜密和专业,像对于物质的理化特性和生态毒理性数据只能通过专业的人士做实验才可以得出,这就限制了一般人对于物质污染分类的判定。

3 海事部门应对新分类变化的管理措施

3.1 对从业人员的知识更新培训

(1)首先是海事危防工作相关人员,认真按照主管部门的要求,结合国际公约和国内相关更新的法规,加强对有毒液体物质运输监管的学习。关注安全和污染危害工作组(ESPH)的危险品污染类别划分工作进展情况,及时将更新和勘误的货品名列入到有毒液体物质品名表中。同时应该对网上申报系统进行升级更新,原有的污染类别A、B、C、D、III类更改为X、Y、Z、OS类。

(2)对危险货物申报人员进行知识更新培训,通过对国际公约的变化及影响的讲解,强化申报员的安全环保意识,提升其对一般货物的危险类别判定能力。

(3)对化学品船的船员按照STCW公约的要求,完成相应专业资格方面的培训。

3.2　加强对有毒液体物质的监管工作

(1)整个附则Ⅱ的全面修改和有毒液体物质分类的变化首先带给船舶的影响是船舶的防污染证书和文书的换发和更新,海事部门在实际的监管中,自修正案2007年1月1日生效后现场检查应重点关注船舶是否按照新的公约持有化学品适运证书,相关的防污染文书是否按照修正案进行了更新。特别是关注《船上有毒液体物质海洋污染应急计划》是否进行更新,相应的应急器材设备是否齐全。对载有有毒液体物质的船舶在码头进行作业或者在水上进行过驳时必须严格监管,对其申报作业严格审批,要重点关注作业操作章程、人员操作技能、防污应急设备配备等。必要时,对该类作业实施现场跟踪监管。

(2)海事部门除了做好现场监管的工作,还需要对辖区内的危险品申报情况进行统计分析,特别是有毒液体物质的分类变化后,要及时分析出本辖区内常见种类的有毒液体物质,对这些有毒液体物质的数量、运输的频率、来向去向等情况要有一定的了解,从而可以为本辖区的防污应急提供新的参考数据,从而为辖区的水域清洁和运输安全船舶提供保障。

参考文献

[1] 中华人民共和国海事局.散装化学品船舶国际公约和指南汇编.2006.2

[2] The Revisions to MARPOL Annex II—A Practical Guide.2006.11

海事管理领域化学品分类与标记全球协调制度推进之我见

叶 倩①

（宁波海事局，宁波市人民路355号，315020）

摘 要：危险化学品的分类、标志和标签直接关系到之类安全和环境保护。笔者对化学品分类及标记全球协调制度（GHS）的背景、发展过程和基本要素及其功能进行了研究，并结合海事管理领域现状分析了推进制度实施的紧迫性和必要性，尤其是对我国危险品监管领域存在的管理体系不够完整、技术支持缺乏等问题进行了深入剖析，为海事管理领域全面推行GHS体系提供相关对策与建议。

关键词：GHS　危险化学品　分类标记　海事监管

1　引言

化学品分类及标记全球协调制度（Globally Harmonized System of Classification and Labeling of Chemicals，简称GHS），是以世界通用和一致的方法对危险品进行定义、分类并对化学品供应商提供的危险品标签和安全数据进行明确易懂信息交流的制度，是指导各国控制化学品危害和保护人类与环境的规范性文件，旨在最大限度地减少危险化学品对健康和环境造成的危害。

化学品运输作为化学品从生产到消费过程中最重要的一个环节，需要一种既能通用于生产、运输、贮藏、使用各个过程中，又能达成一致理解的国际系统来表述化学品的危害，从而减少检测评估环节，有利于化学品的国际贸易，降低危险化学品运输的风险，并便于采取有效的事故应急措施。我国作为一个化学品生产、销售和使用大国，从1982年开始在国际海运中执行《国际海运危险货物规则》和相关的国际公约、规则，然而，由于不同领域的适用规范纷繁复杂、监管机构的执行标准各有差异，导致在危险化学品生产、运输、销售等各个环节凸现出鉴定分类不统一、包装标记不规范、技术资料不标准等各类问题，直接或间接地影响了危险化学品的有效安全监管。显而易见，全面认识并实施GHS，将对我国化学品的正确分类和在生产、运输、使用各个环节中准确应用化学品标记具有重要作用，将进一步促进我国化学品进出口贸易发展和对外交往，防止和减少化学品对人类的伤害和对环境的破坏。所以，本文旨在通过分析GHS制度发展过程，进一步阐述《国际海运危险货物规则》及国内危险品运输规范的实施状况，从而提出我国实施GHS面临的问题，重点针对海运危险化学品风险阐述海事监管领域推进GHS实施所存在的欠缺并提出相关建议。

① 叶倩，女，1978年10月，硕士研究生，2004年毕业于浙江大学环境工程专业，工程师，宁波海事局，危防管理。

2　GHS 制度要素分析

2.1　背景和概况

化学品在当今社会是人类生产和生活中不可缺少的一部分,从日常用品到娱乐消遣用品,从农业生产到高科技领,无处不有化学品的存在。然而这些危险化学品因其固有的易燃、易爆、有毒、有害等特性,在生产、运输、贮藏、使用过程中易造成安全事故,对人类社会构成较大的威胁。

早在 20 世纪 50 年代初,国际组织就开始了对化学品的分类和标记的协调工作,制定了联合国危险货物运输的建议书(UN RTDG)。随着可持续发展的问题变得越来越重要,化学品对人类或环境存在着潜在的有害影响也变得越来越突出。为了统一全球化学品的分类,协调化学品的标签和安全数据信息,并使之与运输相衔接,1992 年在巴西里约热内卢举行的联合国环境和发展会议上,联合国理事会采纳了制定危险化学品分类和标记全球协调制度的建议,经过多年的工作 GHS 报告于 2002 年 12 月通过,同时,将 TDG(联合国危险货物运输专家委员会)重组为联合国危险货物运输与全球化学品统一分类和标记协调制度专家委员会(TDG-GHS),下设即全球化学品统一分类标签制度(GHS)专家小组委员会和危险货物运输(TDG)专家小组委员会。

GHS 作为实现可持续发展目标和途径之一,已在 2002 年的“联合国可持续发展世界首脑会议(WSSD)”上提出各国于 2008 年全面实施 GHS,朱镕基总理出席会议,并就 2008 年前实施 GHS 投了赞成票。

2.2　GHS 制度的要素及其功能

联合国的 GHS 制度,正是在各国政府为降低化学品产生的危害,保障人民的生命和财产安全而纷纷推出各种管理制度的情况下应运而生的,是各国按全球统一的观点科学地处置化学品的指导性文本。

GHS 的主要技术要素包括:一是按照物质和混合物建立分类物质和混合物的协调准则,包含物质和混合物的物理危害、健康危害和环境危害。其中物理危害 16 类,包括:爆炸物、易燃气体、易燃气溶胶、氧化性气体、高压气体、易燃液体、易燃固体、自反应物质和混合物、发火液体、发火固体、自热物质和混合物、遇水放出易燃气体的物质和混合物、氧化性液体、氧化性固体、有机过氧化物、金属腐蚀剂;健康危害和环境危害 11 类,包括:急性毒性、皮肤腐蚀/刺激、严重眼损伤/眼刺激、呼吸或皮肤敏化作用、生殖细胞致突变性、致癌性、生殖毒性、特定目标器官系统毒性—单次接触、特定目标器官系统毒性—重复接触、吸入危险、危害水生环境。二是建立协调的危险信息表述要素,包括标记和安全数据表(SDS)。GHS 旨在建立一套国际通用的危险信息表述方式,安全数据表内容涉及 16 个大项,牵涉到危险化学品的物理化学特性、健康危害、环境危害以及危害处理等技术信息;二是协调传达危害的系统“如标签和技术说明书”,制定统一的化学品公示制度,包括标签、易懂符号和安全数据卡。标签的种类分为危险性警告申明,危险性符号和标记文字等。安全数据卡包括了化学产品的标识和公司名称、化学品组分信息、危害鉴别、急救和消防措施等 16 项内容。

GHS 的优势在于:提供一种国际通用的系统传达危害,保护人类和环境;为设有相关系统的国家提供参考。GHS 作为实现可持续发展目标的途径之一,已被各国所重视,并要求于 2008 年开始全面实施。根据这份危险化学品的分类、标记和安全数据表三大化学品管理体系基础的运输指导性文本，将使得世界各国的化学品管理、分类和表述更加一致，促进国际贸易，并带来对全球公众和环境更安全的状况。

3 海事管理领域推进制度实施的紧迫性

3.1 化学品安全是海事安全管理的一项重要内容

随着危险化学品生产和使用的普及，危险化学品运输已经成为一项十分重要的经济活动。据估计，95%以上的危险化学品涉及异地运输问题，我国每天危险化学品的运输量超过100万吨，每年总的运输量超过4亿吨。和其他货物相比，这些危险化学品因其固有的易燃、易爆、有毒、有害等特性，在运输过程中，尤其是长距离的大宗货物海运过程中，承担着极大的泄漏、爆炸等潜在风险，而且一旦发生事故，泄漏的化学品将导致生态环境、动植物、人身和财产的伤害，甚至毁灭。这样的事例也比比皆是，据公开数据库查询，从1945年到1993年期间共发生了2781件危险化学品运输事故，其中有1780件是海运事故，而且从海运危险品事故的伤亡人数来看，比其他运输方式的伤亡数高10%～50%。由此可见，海上运输，作为最主要的运输方式，承担着大宗货物和跨地区运输重任的同时，担负着严峻的事故风险。所以，IMO一直致力于完善相关国际公约，来规定和规范危险化学品的运输行为。

3.2 海事现有公约规则与GHS制度存在同步的不足

目前，联合国的组织，如国际海事组织（IMO）、国际民航组织（ICAO）和就如其他在国际上或地方上的运输模式实体（组织或公司）使用GHS来作为在运输目的上化学品的分类和标记基础，用以规范和指导国际间危险化学品的产生和运输。

IMO在涉及危险品的立法内容或管理活动中，一直都以联合国危险货物运输专家委员会的《联合国危险货物运输规章范本》（大橙皮书）和与其配套的《试验和标准手册》（小橙皮书）为依据，用以规范和指导国际间海上危险货物运输。由于联合国橙皮书引入了全球化学品分类和标志协调系统（GHS），所以涉及危险化学品运输安全的IMO有关法规，自然应当以GHS为标准。但是，作为海运危险化学品安全的一项重要标准，IMDG CODE在迎合GHS标准上虽然近些年有所改善，但差距依然存在。IMDG CODE作为国际间危险品海上运输的基本制度的指南，通过SOLAS公约第Ⅶ章要求于2004年1月1日起强制实施。该公约主要包括总则、定义、分类、品名表、包装、托运程序、积载等内容和要求，每两年修订出版一次。自2000年第30版开始，IMO对《国际海运危险货物规则》改版，主要采用橙皮书和GHS推荐的分类和品名表，迈出了统一危规的第一步。此后，第33-06套IMDG CODE按照GHS的规定做了较大调整，例如：给出了所有常见烟花爆竹的产品列表，新增了6.5.3第一构造规定和6.5.4第一试验证书和检查，易燃液体闭杯试验闪点温度由60.5℃修改为60℃等。但是，按照SOLAS公约的修正程序，IMDG Code的修正案要经议定后18个月才能生效，所以要比相应的每两年修订一次的橙皮书修正案晚生效一年，很难和橙皮书保持一致。正是由于其实施与修订存在较长的滞后，不能与GHS制度的更新保持同步。

3.3 国内危险化学品运输迎合GHS制度方面存在较大差距

3.3.1 缺乏科学完整的化学品管理法规体系

我国目前尚没有对危险化学品的分类、标记和安全数据表方面较完整的技术法规，相关规定只是散见于不同层级、不同对象的法律法规中，如水路和公路危险化学品运输方面，国家还制定了《水路危险货物运输规则》、《道路危险货物管理规定》、《汽车运输危险货物品名表》、

国家标准 GB 13392《道路运输危险货物车辆标志》和行业标准 JT 3130《汽车危险货物运输规则》等。据笔者统计,目前我国涉及危险化学品管理的相关法律有中华人民共和国安全生产法等 7 个;涉及危险化学品管理的相关法规有危险化学品安全管理条例(国务院令第 344 号)等 17 个;涉及危险化学品管理的相关标准有化学品安全标签编写规定(GB 15258—1999)等 13 个,总计达 37 个之多,而且,各自之间存在矛盾和不同的地方,可以说我国缺乏科学完整的化学品管理法规体系。

3.3.2 缺乏危险化学品各管理部门间的有效协调

同危险化学品管理规定一样,涉及危险化学品管理的部门较多,单水路运输就有 9 各部门参与安全和防污染管理,各管理部门之间存在职权交叉和管理覆盖空白的地方在所难免,而且各部门之间缺乏必要的沟通协调,对危险化学品的分类运输和事故应急方面各司其职,尚未达成统一认识。

3.3.3 缺乏相关管理规定与 GHS 的同步更新

随着生产工艺和技术的发展,化学品种类层出不穷,日新月异,国际上两年一次修订尚跟不上化工产业的发展步伐,国内立法修订的缓慢进程势必影响化学品的正常安全运输。如《水路危险货物运输规则》自 1996 年生效,当中引用危险化学品分类、编号和品名表都难以覆盖目前的化学品种类,更谈不上和 GHS 的同步一致性。近期就发生一起关于货物运输的国内国际矛盾,一票以维生素为主的动物饲料出口过程中,依据现行分类标准可以按照普通货物运输,但是根据 GHS 最新执行标准必须按照危险化学品的要求进行运输。

3.3.4 缺乏危险品运输管理鉴定的技术支持

联合国就化学品的危险性分类鉴定已经有了相当完善的一套系统,在《建议书》里对危险品分类以及包装等级划分有了具体的规定,在《关于危险货物运输的建议书—标准与试验手册》里对分类需要的数据提供了试验方法。我国近来危险品事故发生多,一些瞒报谎报的危险货物发生自燃、爆炸等情况时有发生,如 2006 年宁波港就发生两起过氧化物自燃爆炸事故,由于缺乏及时有效的货物鉴定,增加了事故调查和应急的难度,延缓了最佳救援时间,也导致了经济的更大损失。另外,在贸易过程中收货方也经常要求做危险品分类鉴定。但是我国当前缺乏系统、全面、及时、有效的鉴定技术和机构,特别是对于危险化学品的包装类鉴定。

3.3.5 缺乏标准危险货物安全技术说明的规范统一

在实施 GHS 中,其中一个重要的要素就是要为危险化学品制作标准化的 SDS 或者 MSDS(物质安全技术说明书)。一些常用的、普通的化学品国内外都已经有了相应的 SDS 可以在互联网上检索得到,制作标准化,数据可靠。但是,一些不常用的、最新发明应用的化学品,国内没有相应的 SDS。甚至我国企业没有意识到要制作 SDS,在宁波海事局备案的 570 家化学品生产经营单位较多都不清楚 SDS 的要求和内容;同时,国内也缺乏为化学品制作 SDS 的机构和单位,这也是我国所面临的一个严重问题。

4 海事管理领域推动 GHS 制度的对策与建议

我国是一个化学品生产和进出口大国,GHS 作为实现可持续发展目标和途径之一,该制度的有效实施将有助于我国对化学品正确分类和标记,这不仅会保护人类和环境,还会促进我国化学品进出口贸易的发展和对外交流。我国化学品的管理又恰好缺少这一技术基础,因此,中国加快实施 GHS 意义重大。

4.1　有效整合法规体系，整体打造危货管理的法律标准

基于前文所述，在现行危货管理的不同领域分别有不同的法律法规，更为严重的是，法规之间相互冲突的问题形成了危货管理的不可逾越的障碍。作为承担危货水上运输安全监管的责任部门，又作为中国政府履行相关国际公约并与各国政府的履约机构保持高度衔接的监管部门，首先应当在深入分析问题的基础上，大力呼吁我国政府在统一整合法规体系的主题上切实采取措施并力争在短期内有所成效。

4.2　尽快建立符合GHS的分类、标记的标准

单纯从海运安全角度看，危险品分为9大类20项，其他监管领域更是有不同于海运的分类方法，而GHS是在此基础上考虑到化学品对人类和自燃环境产生的危害，将危险化学品分类为26类。显见，现行危险品分类与GHS还是有较大的差异。因此我国应该在原有的基础上针对GHS制定一个危险化学品的分类标准。

同时GHS中危险化学品标记共有9个图形，表达了27中危险性，用图形符号加危险性说明来表述危险信息。GHS的危险化学品标记与现行海运图形标签有很大的区别，而且在易燃气体、易燃液体及急性毒性物质的分类量化标准有差距。我国目前采用的标准GB 190《危险货物包装标志》与GHS有很大的不同。为了顺利实施GHS，我国有必要针对GHS制定相应的有关化学品标记的标准，从而实现GHS的目的——化学品分类及标记全球协调，从而有利于我国化学品的国际贸易。

4.3　强化危险品分类鉴定应立足源头管理

鉴于近来危险品事故发生多，人员伤亡也时有发生，目前对于是否属于危险货物往往在出了事故甚至是重大的事故以后才认识到是否需要鉴定乃至如何鉴定，监管显然处于被动局面，也不符合预防为主的安全监管理念。因此，应该加强对危险品分类鉴定的工作，同时投入更多的人力、财力进行相关方面的科研工作，在产品研制、生产的源头进行有效的鉴定，科学评判其可能的危险特性，从而，为后续储存、运输与销售等环节提供第一手可信的管理信息。

4.4　海事监管领域应当率先改进危险化学品安全监管手段

基于海运危险货物在装卸及运输过程中的各类事故教训，结合有效保障危货安全的多年监管经验，有必要采取“危险化学品技术资料库”等安全监管手段来提高危险货物监管手段，将监管界面前移之源头管理、加强开箱查验选择机制、提高船舶适装能力和应急防范水平等均是有效措施。宁波海事局根据多年来港口特有的危货装卸及运输状况，采取了生产企业信息报备制和危险化学品技术资料报备制，并通过与国检等相关监管机构的有效合作，形成了较为完善的危险化学品监管信息网络系统，在管理实践中取得了较好的成效。既延伸了监管的触角，又提升了监管的合力，有效弥补了现行监管法规与监管机制层面下危险化学品的监管盲区与漏洞。

5　结束语

通过上述分析，我们不难发现，GHS制度的形成背景与构成要素对于全面分析我国在危险化学品监管方面的不足有重要的借鉴作用，同时，根据GHS制度的有关要求，尝试探讨改进危险化学品安全监管的对策有较强的实践意义。同时，笔者认为，由于危险化学品安全监管所涉及的面比较广泛，对于充分应用GHS制度强化我国政府对危险化学品的安全监管尚需各界进一步的努力。

Abstract: A new system called GHS addresses classification of chemicals, labeling standards of chemical packs and safety data sheets for communication. The historical background and component elements of GHS system are analyses in this paper. Then the problems of application GHS in maritime safety field are discussed, such as deficiency of legislation, technique support etc. Finally, further researching directions are put out forth according to the current researching state for GHS implementation in China.

Key words: GHS; chemicals; classification and labeling; maritime management

船舶载运污染危害性货物管理研究

葛育英[①] 张春龙 周江宁

（辽宁海事局大连危险货物运输研究中心，辽宁大连，116001）

摘 要：文章在综合考虑国内法规、国际公约规则对污染危害性货物运输要求的基础上，从分析污染危害性货物具体所指入手，探讨了污染危害性货物运输监管中存在的具体问题，提出了系统性的解决方案。

关键词：污染危害性 公约 规则 条例 分类 评估 名录

新修订的《防治船舶污染海洋环境管理条例》（简称《防污条例》）已于2010年3月1日生效。《防污条例》对污染危害性货物的船舶适装条件、名录、申报管理体系以及性质不明货物的管理等均提出了明确的要求。理清国际国内有关公约、规则、法律、法规和规章制度的规定和脉络，制定统一的管理办法，出台指导性的权威名录，是海事管理机构贯彻落实《防污条例》的关键所在。

1 污染危害性货物的定义

在国内法律、法规、规章制度和标准体系中，污染危害性货物的定义需要进一步明确统一。《中华人民共和国海洋环境保护法》（简称《海环法》）和《防污条例》提出了污染危害性货物的概念，但没有给出明确的定义。《中华人民共和国船舶载运危险货物安全监督管理规定》（简称《管理规定》）仅在危险货物定义中提及了污染危害性。国家标准《危险货物分类和品名编号》（GB 6944—2005）则提出了危害环境物质，并定义为“对环境或生态产生危害的物质，包括对水体等环境介质造成污染的物质以及这类物质的混合物”。

在国际公约和规则中，不同名词的管辖范围、名词间的区别和联系需要进一步确认。《经1978年议定书修订的1973年国际防止船舶造成污染公约》（简称《MARPOL 73/78》）第2条提出“有害物质”，并定义为“任何进入海洋后易于危害人类健康、伤害生物资源和海生物，损害休憩环境或妨害对海洋的其他合法利用的物质，并包括应受本公约控制的任何物质”。《MARPOL 73/78》附则Ⅱ提出“有毒液体物质”，定义为“排放入海后，能对海洋资源或人类健康，或对海上休憩环境或其他合法利用造成损害的物质”。《MARPOL 73/78》附则Ⅲ提出“包装有害物质”，并定义为“在《国际海运危险货物规则》（简称《国际危规》）中确定为海洋污染物的物质或满足本附则附录中标准的物质”。《国际危规》提出“海洋污染物”，并定义为“适用于经修正的《MARPOL 73/78》附则Ⅲ规定的物质。并且，海洋污染物需按照第2.9.3章进

① 葛育英，1982年3月2日生，男，汉族，辽宁沈阳人，载运工具运用工程专业，研究生，助理工程师，从事货物运输条件研究，电话：0411－82622206，手机：13478728721，传真：0411－82629044，通信地址：辽宁省大连市中山区长江路25号1012室，辽宁海事局大连危险货物运输研究中心，邮编：116001，电子邮箱：yy_ge@hotmail.com。

行分类”。同时,《国际危规》第2.9.3章对环境有害物质定义为“主要包括对水环境造成污染的液体或固体及此类物质的溶液和混合物(如制剂或废弃物)”。

一般而言,船舶运输的污染危害性货物包括散装和包装两种形式。诚然,散装油类也具有污染危害性。但是由于散装油类的运输受《MARPOL 73/78》附则Ⅰ的约束,其各项运输要求已经自成体系,因此,本文所述的污染危害性货物不涉及散装油类。由于运输方式的不同,对污染危害性货物的定义和界定标准必然存在一定的差异。从国际公约和规则来看,《MARPOL 73/78》第2条的“有害物质”定义涵盖了对水体环境的污染和对人类健康的危害,而附则Ⅱ和附则Ⅲ及与其分别对应的《国际散装运输危险化学品船舶构造与设备规则》(简称《IBC规则》)和《国际危规》则各有侧重。从国内的法规体系来看,现有的有关定义大都局限于对水环境的危害,未考虑物质对人类健康的影响。因此,从全面履行《MARPOL 73/78》要求的角度出发,为最大限度地规范国内污染危害性货物及其运输管理,有必要明确《海环法》和《防污条例》提出的污染危害性货物的具体所指。

2 污染危害性货物的管理

无论污染危害性货物是包装运输还是散装运输,均须遵守危险货物相关公约、规则和法律法规的要求。《中华人民共和国海上交通安全法》(简称《海安法》)、《海环法》、《中华人民共和国港口法》(简称《港口法》)和《防污条例》要求船舶载运污染危害性货物进出港口进行申报。《海环法》和《防污条例》要求污染危害性不明的货物运输前进行评估。在此基础上,《防污条例》明确要求国家海事管理机构公布污染危害性货物名录。这为我国船舶运输污染危害性货物的规范管理提供了法律依据和执法基础。但是,由于公约、规则、法律法规和规章制度中对污染危害性货物的定义不明确、范围不统一,又为执法和监管带来了具体问题,尤其是编制污染危害性货物名录存在一定困难。

2.1 污染危害性不明货物的评估标准缺乏

在《MARPOL 73/78》的大原则下,附则II和附则III所对应的《IBC规则》和《国际危规》都有相应的污染危害性货物分类要求和基本方法。但在国内法规方面,虽然《海环法》和《防污条例》都要求对污染危害性不明的货物进行评估,但无论散装还是包装,都没有配套的评估标准。虽然,国家标准GB 20602—2006提出了化学品对水环境的危害分类、警示标签和警示性说明的安全规范。但内容基本与《全球化学品分类和协调制度》(简称《GHS》)一致,与海运监管所需的评估标准存在差距。

2.2 与污染危害性货物运输相关的国内、国际管理规定间存在矛盾

《国际危规》执行的是《MARPOL 73/78》附则III的要求。我国在申请加入《MARPOL 73/78》时并未声明保留国内航行船舶的管理。因此,国内航行船舶载运污染危害性货物也需要遵守《MARPOL 73/78》的规定,进而载运包装污染危害性货物要遵守《国际危规》的要求。但是,我国2003年发布的《中华人民共和国船舶载运危险货物安全监督管理规定》第二十一条第二款规定:国际航行的载运危险货物船舶应遵守《国际危规》,国内航行的载运危险货物船舶应遵守《水路危险货物运输规则》(简称《水路危规》)。但是,《水路危规》根本未提及污染危害性货物,即使国家标准《危险货物品名表》(GB 12268—2005)也没有任何关于污染危害性货物的描述。由此造成我国船舶内贸运输包装污染危害性货物的管理空白。

2.3 污染危害性分类试验执行困难

按照《GHS》提供的全球化学品统一分类要求，对污染危害性货物进行分类涉及的试验项目包括生物积聚、生物降解、急性毒性、慢性毒性、长期健康影响和对海洋野生物及对深海生物栖息地的影响等6个方面。虽然，联合国经济合作与发展组织提供了一系列的OECD试验准则，但由于试验周期长和费用高等实际情况，造成了监管过程中执行难的现实问题。

3 污染危害性货物的分类

污染危害性货物的分类，从不同的角度有不同的分类结果，不同的分类结果所依据的试验项目也不完全相同。从化学品属性的角度，《GHS》将其分为急毒1、急毒2、急毒3和慢毒1、慢毒2、慢毒3、慢毒4两大类7个小类。从散装运输的角度，《MARPOL 73/78》附则II将其分类为X、Y、Z和OS四大类。从包装运输的角度，执行《MARPOL 73/78》附则III的《国际危规》将其分类为急毒1和慢毒1、慢毒2三大类。从这些分类结果来分析，包装运输时的分类与《GHS》的分类基本一致，仅在考虑污染危害性的大小上有一定的差异，而散装运输时的分类结果则完全不同。在试验项目上，《GHS》和《国际危规》分类所依据的试验包括水生急性毒性、水生慢性毒性、生物积聚性和生物降解性，而《MARPOL 73/78》附则II分类所依据的试验还包括了货物的长期健康影响及对生物栖息地的影响。但是，这些不同的分类要求在相同的实验项目上所依据的数据标准则保持了一致。因此，这就为国内海事管理机构编制适用于船舶运输的统一数据标准提供了可能。

4 建议

4.1 明确污染危害性货物的具体所指

综合考虑国内法规、国际公约规则和运输监管实际，污染危害性货物有必要从包装和散装两种形式分别定义。对于散装污染危害性货物，可以直接引述《MARPOL 73/78》附则II的定义；对于包装污染危害性货物，可以综合考虑《GHS》、《国际危规》和国内运输特点进行划定。

4.2 建立健全污染危害性货物的评估标准

在明确污染危害性货物定义的基础上，从包装和散装两方面分别制定污染危害性货物的评估标准，为进一步规范运输实践提供制度保证。对污染危害性货物评估标准所涉及的具体试验标准进行梳理，逐步完善试验标准体系。

4.3 建立污染危害性货物名录

货物污染危害性评估试验周期长、费用高，考虑到船舶运输的特点，污染危害性不明货物进入船舶运输环节后再进行基于试验数据的分类评估对企业影响较大。因此，有必要前移管理关口。在加强执法监督的基础上，加快标准、评估程序和方法的制定，加强与管理相对人的沟通协调，尽快建立污染危害性货物名录，最大限度地服务相对人，提高履约能力。

4.4 适当修改部分与污染危害性货物运输相关的管理规定

从履行《MARPOL 73/78》和配套《海环法》及《防污条例》的角度而言，国内管理规定在污染危害性货物管理问题上还存在一些瑕疵。因此，有必要综合考虑履约问题和国际、国内运输实际对以《中华人民共和国船舶载运危险货物安全监督管理规定》为代表的部分管理规定进行调整。进一步明确包装、散装两种运输形式的污染危害性货物的管理要求。逐步形成以《海环法》、《防污条例》为主导，部门规章、规范性文件和国家、行业标准相配合的污染危害性

货物运输法规体系。

5　结语

《防污条例》是污染危害性货物海运管理方面重要的法规,其修订势必会对现有管理实际产生一定影响。目前,首要工作是在新条例生效前抓紧完成相关法规的配套工作,为污染危害性货物的安全运输提供制度保障。

参考文献

[1] 中国船级社. 经1978年议定书修订的1973年国际防止船舶造成污染公约. 北京:人民交通出版社,2007

[2] 全球化学品分类和协调制度

[3] 中华人民共和国海上交通安全法

[4] 中华人民共和国海洋环境保护法

[5] 中华人民共和国港口法

[6] 防治船舶污染海洋环境管理条例

[7] 中华人民共和国船舶载运危险货物安全监督管理规定

[8] 中华人民共和国海事局. 国际海运危险货物规则(33-06)

Abstract: Basis on the analysis of domestic law and international convention about pollution harmful goods, this paper discusses the definition of pollution harmful goods and the supervision problems, provides some systemic suggestions.

Key words: Pollution harmful; Convention; Regulation; Statute; Categorization; Evaluation; List

《2001年国际燃油污染损害民事责任公约》生效后的思考

周笑怡[①] 廖志伟[②]
（惠州海事局）

摘 要：本文针对《2001年国际燃油污染损害民事责任公约》实施后的若干问题进行了探讨，表明了作者对油船在不同装载情况下对不同公约的适用问题和船舶污染损害责任认定原则问题的认识，并对船舶污染损害责任限额问题进行了分析，呼吁制定逐步提高船舶污染损害责任限额的新政策。

《2001年国际燃油污染损害民事责任公约》自2009年3月9日起正式对我国生效。自此，我国成为《1992年国际油污损害民事责任公约》（以下简称《CLC 92公约》）和《2001年国际燃油污染损害民事责任公约》（以下简称《燃油公约》）的双缔约国，初步建立起了较为完整的船舶油类污染损害赔偿法律体系。

《燃油公约》实施后，由于对公约的理解和掌握需要一个过程，再加之国内相关立法相对滞后的现状，在实际执行过程中出现了若干背离公约和法律原意的理解，也对《燃油公约》的执行效果产生了一定影响，本文拟结合自身的理解和思考，对一些相关问题进行初步探讨。

1 油船在不同装载情况下对不同公约的适用

虽然同为适用于因船舶泄漏或排放油类造成污染而遭受到的损害的国际公约，《CLC 92公约》和《燃油公约》互为补充，适用范围并不重叠。油船在不同的装载情况下可能适用不同的公约。

适用《CLC 92公约》的船舶为"载运作为货物的散装油类而建造或改建的任何类型的海船和海上运输工具。但是，一艘能够运输油类和其他货物的船舶，仅在其实际载运作为货物的散装油类时，以及在进行这种运输之后的任何航次，方能被视为一艘船舶，但能证明船上已不再装有散装油类的残余物者除外。"也就是说，只有载有货油或其残余物的油船造成的油类污染损害才能适用CLC 92公约。那货油船上什么种类的油造成的污染损害才适用CLC 92公约呢？根据公约，任何持久性烃类矿物油，例如原油、燃油、重柴油和润滑油，不论作为货物装运于船上，或是作为这类船舶的燃料，均是公约的适用油类。

换言之，如果一艘油船上载有作为货物的持久性烃类矿物油，那么其泄漏或排放的任何油类（包括货油和燃油）造成的污染损害，只要不属于免责范围，均可以根据CLC 92公约的要求获得赔偿。但是如果是一条空载油船，且船上没有货油残余物，则该油船由于船上燃油或润滑

① 周笑怡（1980-），上海交通大学环境工程专业硕士研究生，惠州海事局监管处副主任科员，xyzhou_msa@ yahoo. cn。
② 廖志伟（1972-），大连海事大学航标管理专业学士，惠州海事局监管处处长，hzwfk@ gdmsa. gov. cn。

油等油类物质污染造成的污染事故不适用《CLC 92 公约》,而应适用《燃油公约》。

因此,对于一条载运持久性烃类矿物油油船而言,根据船上货油的装载情况不同,它既可能适用《CLC 92 公约》,也有可能适用《燃油公约》。对于满足载重吨大于2000 和大于1000 总吨的油船,为了保证在任何装载情况下造成的船上油类物质污染损害都能得到合理的赔偿,它应该同时持有根据《CLC 92 公约》签发的《油污损害民事责任保险或其他财务保证证书》和根据《燃油公约》签发的《燃油污染损害民事责任保险或其他财务保证证书》。

2　污染损害责任认定原则

海洋环境污染损害的产生有两种情况:一是由于当事人一方或双方责任造成的;二是完全由于第三者的故意或者过失造成的。我国《海洋环境保护法》第九十条和《防治船舶污染海洋环境管理条例》第五十条均规定:“造成海洋环境污染损害的责任者,应当排除危害,并赔偿损失;完全由于第三者的故意或者过失,造成海洋环境污染损害的,由第三者排除危害,并承担赔偿责任。”也就是说,我国对于海洋环境污染损害赔偿普遍实行的是过错责任。

但是,《燃油公约》规定,除公约规定的免责情况和由受害人故意或疏忽引起的污染事故外,“事故发生时的船舶所有人应对由船上或源自船舶的任何燃油造成的污染损害负责”,这里的船舶所有人包括船舶的登记所有人、光船承租人、管理人和经营人在内。也就是说,燃油公约对海洋环境污染损害赔偿实行的是严格责任。

同时,《海洋环境保护法》第九十七条也规定:“中华人民共和国缔结或者参加的与海洋环境保护有关的国际条约与本法有不同规定的,适用国际条约的规定;但是,中华人民共和国声明保留的条款除外。”

我国在加入《燃油公约》时的声明中并未涉及沿海环境损害赔偿责任认定原则问题。因此,我国对于沿海船舶燃油造成的海洋环境污染损害赔偿实行的是严格责任。

3　责任限额问题

和《CLC 92 公约》不同,《燃油公约》没有设立独立的责任限制,公约将这一问题交由各缔约国自行解决。但是实际上,《燃油公约》在设计上的初衷是和 1976 年海事索赔责任限制公约(以下简称《LLMC 76 公约》)配合作用的,这从公约对船舶所有人的定义、赔偿责任限制等多个方面都能得到体现。

《LLMC 76 公约》历经多次修订,其责任限制一再提高,其最近的 1996 年议定书于 2004 年 5 月 13 日生效。根据 1996 年 LLMC 议定书,对于不超过 2000 总吨的船舶提出的财产索赔,责任限制为 100 万特别提款权(SDR),对 2000 总吨以上的船舶提出的财产索赔,在 2001 总吨至 30000 总吨范围内,每增加 1 总吨,增加 400 SDR;在 30001 总吨至 70000 总吨范围内,每增加 1 总吨,增加 300 SDR;超过 70000 总吨,每增加 1 总吨,增加 200 SDR。公约认为,如果能依照《LLMC 76 公约》的最新议定书的责任限额,能够较为妥善地解决船舶燃油污染赔偿问题。

我国没有加入《LLMC 76 公约》(香港地区除外)。根据交通运输部海事局的相关通知要求,我国国际航线运输船舶的燃油污染损害民事赔偿责任限制适用于《海商法》,国内沿海航线运输船舶和作业船舶的燃油污染损害民事赔偿责任限制适用于《关于不满 300 总吨船舶及沿海运输、沿海作业船舶海事赔偿限额的规定》(交通部 1993 年第 5 号令)。我国《海商法》关于海事赔偿责任限制的规定是参照《LLMC 76公约》制订的，其对责任人、责任限额及责任原则等与该公约的规定完全相同。《关于不满300总吨船舶及沿海运输、沿海作业船舶海事赔偿限额的规定》则规定沿海运输、沿海作业船舶海事赔偿限额按《海商法》中相关责任限额的50%计算。

相比1996年LLMC议定书，我国对于船舶燃油污染损害民事赔偿责任限制明显过低（图1）。特别是对于可能造成严重燃油污染损害后果的大型船舶，我国对其限定的污染损害赔偿责任明显不能覆盖其可能造成的损害后果。

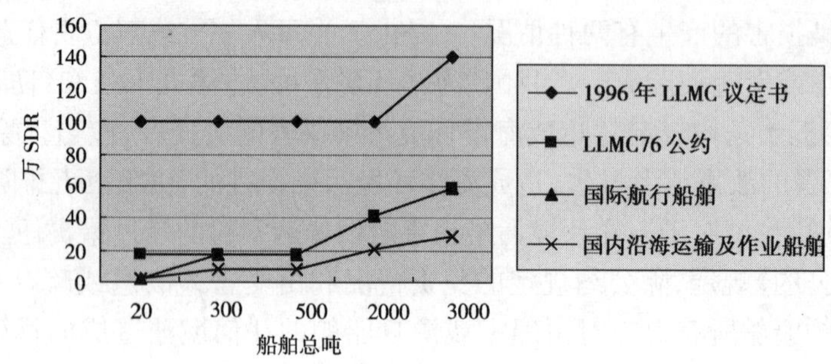

图1　船舶燃油污染损害民事责任赔偿限制比较

举例来说，对于一条我国沿海常见的3000总吨的运输船，依据其燃油携带量等于船舶总吨×10%×实载率的估算公式，其燃油携带量约为200吨，假设发生事故时燃油溢出50%，也就是泄漏100吨燃油。根据《关于不满300总吨船舶及沿海运输、沿海作业船舶海事赔偿限额的规定》，以目前的汇率计算，其赔偿限额约为300万人民币。而这个赔偿限额很可能连赔偿事故应急和清污费用都不够。如果事故船舶吨位更大，则赔偿限额与实际索赔金额之间的差距将会更大。

20世纪90年代制定《海商法》和《关于不满300总吨船舶及沿海运输、沿海作业船舶海事赔偿限额的规定》等相关法律法规的时候，我国海上运输行业整体发展较为落后，需要政府的帮助和扶持，对船舶所有人和航运企业给予一定的保护是合理的也是必要的。但是经过近20年的发展，中国航运业取得的举世瞩目的成就，中国船队运力规模已跃升至全球第4位，我国港口货物吞吐量和集装箱吞吐量连续6年位居世界第一，世界航运中心逐步向中国转移。另一方面，维持较低海事赔偿责任限额导致污染受害人常常得不到应有的赔付，特别是事故应急、清污费用得不到补偿，致使海洋环境和污染受害人的利益受到损害，而且严重挫伤了事故应急、清污单位的应急积极性。在这样的背景下，我们有必要逐步提高海事赔偿责任限额，让我国航运企业逐步承担起与其收益相对称的海上安全和防污染责任、维护污染受害人的合法利益、维持事故应急机制的健康运行。

4　总结

《燃油公约》在我国的生效实施填补了我国船舶燃油海洋污染事故损害赔偿问题上的法律空白，为保护我国海洋经济的持续发展、保障污染受害人的合理利益提供了合法途径。面对一个新的公约，在执行过程中出现一些认识上的不统一和偏差是在所难免的，笔者在此提出自己对公约某些方面的理解，旨在抛砖引玉，引发相关的讨论和学习。

由于船舶事故在责任主体的认定、责任基础、责任限额以及免责事由等方面具有其特殊性，国内法律在适用船舶海洋污染事故处理方面还存在一些矛盾和漏洞，特别是污染损害责任限额对于船舶污染造成的损失额相差甚远。建议我国顺应航运业发展的新形势、充分考虑我国海洋环境的可持续发展，对原有的相关法律体系进行修订，或制定逐步、适当提高船舶污染损害责任限额的新政策。

浅析“燃油公约”在我国实施的相关问题

王能亮　方　逵

（江苏海事局，江苏南京，210008）

摘　要：对《2001 年国际燃油污染损害民事责任公约》的适用范围进行详细探讨，并就海事局在办理“燃油污染损害民事责任保险或其他财务保证证书”时所涉及的相关事项进行解析，最后就证书信息化平台的建设提出合理化建议。

关键词：燃油　公约　证书

《2001 年燃油污染损害民事责任国际公约》（简称“燃油公约”）已于 2008 年 11 月 21 日生效，该公约旨在调整有关船载燃油舱燃油泄露事故所造成的损害赔偿责任，从此国际公约中关于船舶油污损害赔偿的最后一个明显缺漏将得到弥补。我国政府也于 2008 几年 11 月 17 日加入该公约，并于 2009 年 3 月 9 日正式对我国生效。

燃油公约为船舶燃油污染的受害者尽快获得赔偿而规定了相应的责任、赔偿和强制保险制度。公约中第七条规定对于 1000 总吨以上的船舶在进入缔约国水域时需持有任一缔约国签署的符合公约保险要求的证书，且该证书必须随船备有。为此我国海事主管机构按照公约要求符合条件的船舶在取得相关财务保证之后，须到主管机构办理此证书（简称“燃油证书”）。

本文将对办理燃油证书过程中遇到的问题、船方办理燃油证书须提交的资料、公约中的相关细节问题进行探讨，同时对证书的检查、证书资料的信息化建设提出合理化建议。

1　公约适用[1-5]

1.1　适用范围与强制保险

燃油公约中对“船舶”定义为：无论何种类型的任何海船和海上航行器；对“燃油“定义为用于或拟用于船舶运行或推进的包括润滑油在内的任何烃类矿物油，以及此类油的任何残余物。公约第四条规定本公约不应适用于《1992 年国际油污损害民事责任公约》（简称“CLC”）规定的污染损害，而 CLC 公约适用于载运持久性油类的油船。可以推断出燃油公约的适用范围为非载运持久性油类的载有燃油的海船和海上航行器，如果此类船舶发生燃油造成的污染，都应该适用于燃油公约的条款要求。

公约第七条规定，登记总吨大于 1000 总吨的登记所有人需要强制保险或经济担保，而且需要当事国有关当局对已办理保险或经济担保的船舶办理燃油证书。从本条规定中可以知道：公约中对 1000 总吨以上的船舶是要求强制保险，并且当事国有关当局向此类船舶颁发燃油证书。但是不满足 1000 总吨的船舶同样也是适用此公约，也可以办理保险，只是不强制保险，当事国有关当局也不强制办理燃油证书。如果本着保证海域污染能够及时得到治理，并且最大限度减少受害方得到补偿的原则，任何符合燃油公约的船舶都应办理相关的保险或经济

担保，且适用于燃油公约。

1.2　国内沿海航行油船的适用

根据海船舶2008[623]号的通知要求，1000总吨中国籍国际航行船舶必须在2009年3月9日以前持有直属海事局签发的燃油证书，1000总吨的沿海运输船舶须在7月1日前持有直属海事局签发的燃油证书，适用CLC的船舶（即载有持久性油类的船舶）不需要持有燃油证书。CLC公约适用的船舶为2000载重吨以上的载运持久性油类的船舶，所以此类船舶是不需要持有燃油证书的。但是CLC公约在我国实施并没有对沿海油船做出要求，也并不需要沿海载重2000总吨以上持久性油类的船舶办理CLC证书，所以对沿海载重2000总吨以上持久性油类的船舶存在一定的空白，如果此类船舶发生燃油或货油的污染事故，由于缺少相关的强制保险条例，对受害方和出事方都会造成相当大的损失。所以建议出台相关规定要求沿海载重2000总吨以上油船（载有持久性油类的船舶）办理相关保险。同时注意如果船舶载运非持久性油类的也应该办理燃油证书。

1.3　驳船、工程船、渔船的适用

根据公约要求，如果船上用于或拟用于船舶运行或推进的包括润滑油在内的任何烃类矿物油，以及此类油的任何残余物，都适用于燃油公约。所以对于1000总吨以上的驳船、工程船、渔船如果船上装有任何用于运行的烃类矿物油都须持有证书。

1.4　两用船的适用

在CLC公约中对油船的规定为载有持久性油类的船舶，如果两用船舶在实际装载超过2000t持久性油类的时候是适用CLC公约的，而装载其他货物时就不受CLC公约的调整，将属于燃油公约的调整范围。所以如果是两用船舶，尤其是国际航行船舶，建议同时办理CLC证书和燃油证书。

2　燃油证书办理事项

2.1　保险额度与赔偿金单位

燃油保险的责任限额按国际航行和国内航行船舶区分。国际航行船舶的保险责任限额根据所经营的航线和所到达缔约国的法律规定投保相应的保险，但最低不得低于《海商法》规定的有关船舶民事责任限额，相映额度按照《中华人民共和国海商法》第二百一十条第一款计算。而沿海运输船舶，根据《关于不满300总吨船舶及沿海运输、沿海作业船舶海事赔偿限额的规定》，其海事赔偿限额依照《中华人民共和国海商法》第二百一十条第一款规定的赔偿限额的50%计算。由于《海商法》与燃油公约规定的船舶民事责任限额以“特别提款权（SDR）”为单位，而特别提款权与人民币之间的换算汇率是浮动的。所以在船方出具的保险文书中所标明的责任限额应该用特别提款权为单位[6]。

2.2　提供资料

在船方取得相关保险或财务保证后，到主管机关办理燃油证书时，应提交的资料有船舶国籍证书、委托证明、委托人身份证明、保险机构证明（蓝卡）、适装证书（油船）、保险条款、保单、发票。其中保险机构证明为船舶办理相关保险业务时，保险机构向主管机关出具的一份证明（这份证明就是国际上船东互保协会大都将燃油污染损害民事责任险归属到“保赔险”（P&I Indemnity）范畴，并根据发证机关的要求，出具证明文件（即所谓的“蓝卡”（BLUE CARD）），具体要求包括：证明此船舶已按照公约的要求办理保险或财务保证，参保船舶的船名、呼号、船籍港、经营人及地址，保险有效期限等。同时为了防止有关保险人和船方互相包庇制作假证明，在提交的材料中应包括保险文书、保险费用发票以备主管机关查验。同时在外国保险机构办理保险的，由于许多外文翻译上的误区，建议保险人出具的蓝卡必须附有中文翻译。在船东互保协会投保的，要提供船舶的入会证明。对于油船办理燃油证书还应提供适装证书，要确定其载运的货物是否为持久性油类来决定其是否应该办理证书。

各保险人为部海事局公布的具有资格的公司，但是各公司对于燃油公约的认识程度不够，而且很多船东也不会仔细研究燃油公约，导致船东投保的许多保险条款不符合燃油公约的要求，同时许多保险人为规避自己的责任，在许多条款的中有违背或不能覆盖燃油公约的内容，因此为保护船东的利益，在主管机关办理燃油证书时，对于各保险公司提供的条款应该备案。

3 证书注销

有的船舶由于各种原因如保险人变化、保险合同取消、船舶性质发生变化等，导致燃油证书需要被注销。注销燃油证书时，建议船舶需提交一份注销证明说明注销原因，将须注销的燃油证书原件交回主管机关。同时主管机关需要收到原保险人的证明，证明此船舶的保险合同已经取消，以及注销原因，方可同意注销原证书。主管机关将在公共信息平台上及时发布公告，列明注销证书的相关信息，并对相关船舶予以备案。

4 信息化建设

船东为获得燃油证书可能会伪造保单、发票和保险证明，有的船东还可能直接伪造燃油证书，这都为证书的检查造成困难。为此可构建数据库，建立一信息化平台可供网上查询。此信息化平台的结构如图1所示。

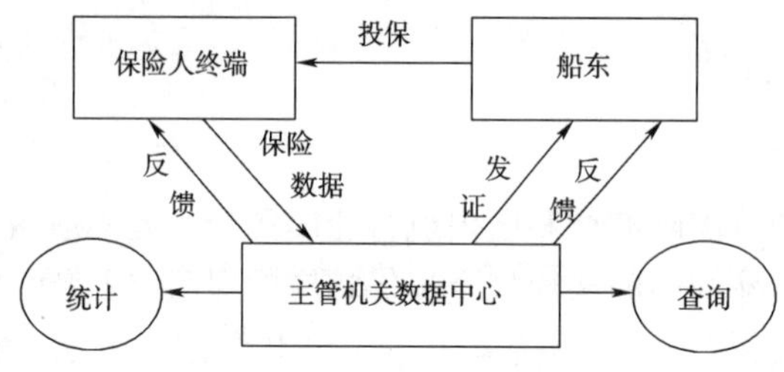

图1 燃油证书信息化系统建设

此平台包含保险人终端、主管机关数据中心、船东三个部分，船东可以通过网上终端直接向保险人投保，同时提供船舶资料。保险人与船东完成交易后，保险人将船东的保险数据及船舶资料传送到主管机关数据中心，主管机关可以通过数据中心审核相关资料，如果审核通过将给船东发证，同时将数据在网上发布可供查询。如果不通过审核，将把数据反馈给船东及保险人重新办理保险。

此系统的保险人终端为部海事局公布的具有资格的保险人，同时每个保险人将自己保险条款备案后可获得一授权码登陆此系统，方可将数据传送给主管机关。同时只允许使用备案的保险条款，可以防止保险人为维护个人利益欺诈船东的行为，保障了船东的利益，也防止部分船东伪造纸质文件获得证书。由于平台可实现网上数据的交换，使船东不必到主管机关或保险机构办理业务，可以实现网上操作。审核发证的船舶，将数据在网上公布，可实现网上查询，也方便了对燃油证书的检查，有利于辨别真伪，防止部分船东制造假证书。同时对于此数

据库可以纳入将要应用的“海事通”中,实现数据共享[7]。

综上所论,主管机关在审核、签发燃油证书的过程中,要仔细核查相关船舶证书及财务保证证书。保险人和申请人也要仔细理解燃油公约的相关内容,以便顺利的办理燃油证书。同时要推进信息化系统的开发,实现燃油证书数据网络化。相信,燃油公约在我国的实施将对保护海域清洁,降低燃油污染的危害起到积极作用。

参考文献

[1] 韩立新. 船舶污染案件中国际损失赔偿的法律问题[J]. 海洋环境科学,2004(23):45-49

[2] 吕忠梅. 环境资源法学[M]. 北京:中国法制出版社,2001

[3] 秦天宝. 论船舶污染的国际法律控制[J]. 世界海运,1999(06):23-25

[4] 吴晓敏. 船舶油污损害的赔偿范围[J]. 武汉理工大学学报(社会科学版),2004(03):45-48

[5] 刘振涛. 浅议《2001 年燃油污染损害民事责任国际公约》及生效对策[A]. 2004 年船舶防污染学术年会论文集,2004 年

[6] 王江凌. 浅论海上船舶油污损害赔偿的范围和责任限额制度[J]. 福建政法管理干部学院学报,2003(02):23-27

[7] 杨俊敏. 浅析 1976 年责任限制公约下船东责任限制管辖权和安全问题[A]. 中国航海学会内河船舶驾驶专业委员会学术年会论文集,2004 年

Abstract: The paper discusses the scope of Convention on Civil Liability for Bunker Oil Pollution damage ,2001 detailedly, and analyses some related questions in transactting “Certificate of Insurance or other Financial Security in respect of Civil Liability for Bunke、r Oil Pollution Damage by MSA, finally, advances many reasonable proposals regarding the building of the information platform.

Key words: Bunker Oil; Convention; Certificate

燃油污染责任限制问题研究

郭　萍①

（大连海事大学法学院教授，博士生导师，法学博士）

摘　要：《燃油公约》自2009年对我国生效后，由于公约本身没有明确规定责任限额，如何确定燃油污染责任限制，国内也存在分歧。本文仅从燃油公约涉及的燃油污染损害的角度，结合有关的责任限制国内外立法，对公约适用范围及燃油污染责任赔偿责任限制问题进行论证和分析。

关键词：燃油污染　责任限制　责任保险　污染损害

1　引言

《2001年国际燃油污染损害民事责任公约》（以下简称《燃油公约》）于2008年11月21日正式生效，并于2009年3月9日对我国生效。与1969年《国际油污损害民事责任公约》及其1992年议定书（以下简称CLC公约）、1996年《国际海上运输有害有毒物质责任和赔偿公约》（以下简称HNS公约）一起，分别在燃油、货物油、有毒有害物质三个方面，共同构筑了因为船载货物导致污染损害赔偿的国际立法框架。广义上讲，上述三个涉及船舶污染的国际公约都调整一部分燃油污染损害，而我国已经加入1992年CLC公约以及2001年的《燃油公约》。因此上述公约对我国生效后，如何根据不同国际公约的适用范围对于燃油污染损害予以区分适用，国内存在不同理解。特别是上述不同公约涉及的赔偿责任限制数额的规定不同，而《燃油公约》本身没有明确规定责任限额，如何确定燃油污染责任限制，国内也存在分歧。本文仅从燃油公约涉及的燃油污染损害的角度，针对上述内容进行分析，力图对正确理解公约适用范围以及在我国解决燃油污染责任赔偿责任限制问题的研究有所裨益。

2　燃油污染损害及燃油公约适用范围

2.1　燃油污染损害的界定

目前涉及船舶污染损害民事责任的国际公约有三个，分别是CLC公约、《燃油公约》以及HNS公约。上述公约在不同程度上，在各自调整范围内涉及部分燃油污染损害赔偿问题。详见下文有关燃油公约与其他民事责任公约关系的分析。但是本文基于《燃油公约》的相关规定，探讨燃油污染损害及其责任限制问题，因此本文界定的燃油污染损害是相对狭义的。

根据《燃油公约》第1条第9项关于“污染损害”的界定，燃油污染损害包括如下方面的内容：（1）在任何地点发生的船舶燃油逸出或排放引起的污染，而在该船之外造成的损失或损害。但是对环境损害的赔偿，应当限于实际采取或将要采取的合理恢复措施的费用，不包括此

①　郭萍，通信地址：大连海事大学法学院 大连市甘井子区凌海路1号，邮编：116026，电子邮箱：guoping@ dl. cn，联系电话：13514243447。

种损害的利润损失在内;(2)采取预防措施的费用;(3)由于该预防措施所造成的进一步损失或损害。从污染损害的范围和类型看,《燃油公约》与1992年CLC公约[①]或者HNS公约[②]的规定并无本质区别。

《燃油公约》规定的污染损害仅在公约适用范围内发生效力。

2.2 燃油公约适用范围

《燃油公约》的适用范围可以从地域范围、适用船舶及适用燃油三个方面予以确定。

2.2.1 地域适用范围

根据公约第2条,燃油公约适用于在缔约国领土(包括领海)以及专属经济区内发生的污染损害以及不论在何处采取的用于防止或减少此种损害的预防措施。因此根据国际法准则,在领海基线200n mile范围内,不论是内海、领海、毗连区还是专属经济区,只要公约规定范围内的船舶在上述海域发生的燃油污染损害,都适用公约。但是公约规定"适用于缔约国领土",本身并没有将地域范围仅仅限于我国管辖的海域,因此即使发生在与海相通的其他可航水域,包括江、河及其他水域,如果因一艘海船而发生公约规定的燃油污染,《燃油公约》依然适用。但是如果一艘内河船在江、河、湖泊上因燃油舱溢油发生的燃油污染,《燃油公约》不予以适用。

2.2.2 适用的船舶

公约适用的船舶是指任何类型的海船和其他海上船艇,因此不论是沿海运输船舶,还是从事国际航行的船舶,只要是海船,都适用《燃油公约》。而在内水上航行的内河船舶以及军舰、海军辅助船或其他为国家所有或经营的,在当时仅用于政府非商业性服务的船舶都被明确排除。[③] 当然公约允许缔约国在参加或加入公约时保留,将公约内容适用于军舰或从事非商业性服务的政府公务船舶。至于属于国家所有或经营的,并且用于商业目的的其他海船,任何情况下都应适用公约[④]。

值得注意的是,公约关于海船的适用并没有最小吨位的限制[⑤],而我国《海商法》第3条关于船舶的界定排除了20总吨以下船舶的适用[⑥],根据《海商法》第268条的规定,当我国参加的国际公约与海商法有不同规定的,国际公约优先适用。因此在我国,《燃油公约》是明确可以适用于20总吨以下小型海上船艇发生的燃油污染损害。此外,《燃油公约》明确了与1992年CLC适用方面的界限,因此除了1992年CLC公约规定的油轮或多用途船舶以外,任何其他类型的海船,例如散货船、集装箱船、客船、化学品船等均适用《燃油公约》。显然,该公约适用的船舶范围是相当广泛的。

2.2.3 适用的油类

根据公约第1条的规定,燃油(bunker)是指用于或打算用于操作或推进船舶的任何碳氢矿物油及此类油的任何残余物,包括润滑油。因此可以推知,公约适用的燃油一般是指船舶燃

---

① 参见1992年CLC公约第1条第6款的规定。

② 参见1996年HNS公约第1条第6款的规定。

③ 参见《燃油公约》第1条第1项和第4条的规定。

④ 由于我国政府在加入《燃油公约》时未对此保留适用,因此在我国,因为军舰和政府公务船艇发生的燃油污染,《燃油公约》依然不适用。

⑤ 但是公约第7条规定,1000总吨以上的船舶需要投保燃油强制责任保险或提供相应的财务担保。对于1000总吨以下的船舶则未作强制性规定。

⑥ 根据我国《海商法》第3条的规定,船舶是指任何海船或海上移动式装置,但是用于军事的、政府公务船艇以及20总吨以下的小型船艇除外。

油舱中载运或携带的能够提供船舶动力的燃油，不包括作为货物装载在船舱中的燃油，不论这种货物燃油是散装的还是带有包装形式的。一般来说，在海运领域，燃油包括轻柴油(gas oil)、燃料油(fuel oil)、柴油(diesel oil)、润滑油(lubricating oil)等。但是1992年CLC公约规定的油轮，即使是其燃油舱溢出燃油导致的污染损害，也不在《燃油公约》调整的范围。详见下文分析。

2.3 从适用范围的视角看燃油公约与CLC及HNS公约的关系

由于HNS公约尚未生效，因此目前还不会涉及HNS公约与其他公约之间适用方面直接冲突的问题。HNS公约涉及的污染损害，目前仍然由各国国内法解决。但是对于已经生效的CLC公约和燃油公约的成员国而言，会涉及两个公约如何适用的冲突问题。

2.3.1 《燃油公约》与1992年CLC公约

根据《燃油公约》第4条的规定，只要是1992年CLC公约规定的污染损害[①]，不论是否能够根据CLC公约获得赔偿，《燃油公约》均不适用。按照1992年CLC公约第1条第1款和第5款关于船舶和油类的界定，1992年CLC公约适用于专门为运输油类货物而建造或改造的船舶以及实际装载油类货物之后的航次，只要能够确保在该航次中，船上留有油类货物的残余物。因此通常情况下，认为专门用于油类货物运输的油轮、多用途船或者兼用船等船舶以及处于空载航次的这些船舶，依然属于1992年CLC公约调整的范围。

由于1992年CLC公约规定的油类货物包括燃油，并且不论该燃油是作为货物装运还是在燃油舱中，因此导致的燃油污染损害，一律适用CLC公约。而对于1992年CLC公约调整的船舶以外的其他任何类型的船舶，为船舶提供动力的燃油舱中的燃油泄漏导致的污染损害，则适用《燃油公约》。对于载运少量燃油货物的非油轮，因为燃油货物污染导致的损害，既不适用于1992年CLC公约，也不适用《燃油公约》，而应当适用HNS公约[②]。

2.3.2 《燃油公约》与1969年CLC公约

由于《燃油公约》仅仅明确了其与1992年CLC公约之间的关系，而未明确与1969年CLC公约之间如何协调，因此对于这两个公约的缔约国之间，也会发生法律如何适用甚至燃油污染法律适用空白的漏洞[③]。两个公约之间的关系可以从如下方面论述：

第一，某国仅仅是燃油公约成员国，而非任何CLC公约成员国的情况下，不论是油轮，还是非油轮，作为提供动力的燃油舱燃油造成的污染，一概适用燃油公约。但是对于作为货物装载在船舶上的燃油而言，不论是实际载运散装的燃油还是带有包装形式的燃油，因此造成的污染，只能根据该国国内法解决，无法适用任何国际公约。

第二，某国不是燃油公约成员国，而仅仅是1969年CLC公约的成员国，则根据1969CLC公约的规定[④]，实际载运散装燃油的船舶发生燃油污染，不论是作为货物的燃油污染，还是在

① 燃油公约原文用词为“民事责任公约”，但是根据第1条第6项可知，该用语仅指1992年CLC公约，不包括1969年CLC公约或其1976年或者1984年议定书。根据IMO官方网站公布内容，截止2010年6月28日，1969年CLC公约的成员国为37个，1992年CLC公约的成员国为126个，《燃油公约》成员国为52个。

② 根据HNS公约第1条第5款关于有毒有害物质的界定以及第4条适用范围的规定，显然CLC公约规定的油污损害不在HNS公约调整范围内，不论油污损害是否根据CLC公约获得赔偿。

③ 侯旭可，《2001年国际燃油污染损害民事责任公约》及履约对策刍议，刊载《水运科学研究》2009年第3期，第46页。

④ 参见1969年CLC公约第1条第5款关于“油类”的界定，油类是指任何持久性油类，例如原油、燃料油、重柴油、润滑油以及鲸油，不论是作为货物装运于船上，或作为这类船舶的燃料。

载运的油轮燃油舱中燃油导致污染，均适用1969年CLC公约的规定。但是对于空载的油轮、其他类型的船舶以及带有包装形式的货物燃油而产生的燃油污染损害，则只能依据该国国内法确定，没有任何国际公约可以适用。

第三，某国同时为燃油公约及1969年CLC公约成员国时，由于1969年CLC公约本身对于实际载运散装油类货物的油轮的燃油舱溢油仍然适用，而《燃油公约》也适用于燃油舱溢出燃油的污染损害，并且又没有排除1969年CLC公约，因此对于这类燃油污染，会涉及同时适用两个国际公约的情形。由于1969年CLC公约单独对污染损害赔偿责任规定了责任限额，《燃油公约》本身没有独立的污染损害赔偿责任限额，而是采取与1976年海事赔偿责任限制公约或相关国内法挂钩的方式，因此对于燃油污染受害人而言，可以在《燃油公约》和1969年CLC公约中选择主张对其更为有利的公约适用。而对于空载航行的油轮以及非油轮的其他类型船舶，因为燃油舱溢出燃油造成的污染，则依然适用《燃油公约》。载有非散装的作为货物的燃油所产生的污染损害，仍然只能依据该国国内法确定。

2.3.3　《燃油公约》与HNS公约（表1）

1996年HNS通过至今，只有14个国家批准，距离公约生效条件还有很大差距。为了敦促该公约能够尽快生效，并促进有毒有害物质管理国际规则和制度的统一和有效实施，国际海事组织（IMO）于2010年4月26~30日在伦敦召开的外交大会上通过了修订该公约的2010年议定书。该议定书将在12个国家加入，并且其中4个国家的商船船队总吨位数不少于200万总吨的条件满足18个月后生效[①]。因此可以预计不远的将来，一旦HNS公约生效，也会涉及如何协调《燃油公约》与HNS公约关系的问题。因此以下内容的讨论是建立在某个国家同时为《燃油公约》和HNS公约成员国的假定条件下。

燃油公约、CLC公约、HNS公约的关系　　表1

不同情形 \ 公约名称		燃油公约	92CLC公约	69CLC公约	96HNS公约
燃油（散装货物）	实际载运	不适用	适用	适用	不适用
	空载	不适用	适用	不适用	不适用
燃油（燃油舱中提供动力）		适用	适用（仅限公约规定类型船舶的燃油舱）		不适用
燃油（非散装货物）		不适用	不适用	不适用	适用

HNS公约第4条规定，经修订的1969年CLC公约规定的污染损害，不适用HNS公约，也就是说，HNS公约明确了其与CLC公约适用范围的界限，但是没有明文规定其与《燃油公约》之间的关系。根据HNS公约第1条有关有毒有害物质的界定，明确包括1973/78MARPOL公约附则I附录I中所列散装运输的油类，其中列明的柴油、轻柴油、润滑油、燃料油等，也都属于《燃油公约》规定的燃油（bunker）范围。但是由于HNS公约在对有毒有害物质的界定中明确是在船上作为货物载运的[②]，而《燃油公约》调整的是在燃油舱中提供动力的燃油，所以二者之间的界限还是非常分明。一般来说，《燃油公约》与HNS公约在各自调整的领域内并行，不会存在交集和直接法律冲突。但是如果一艘化学品船载运部分非散装的燃油货物遗漏，而提供动力的燃油舱也发生燃油遗漏，并且无法区分遗漏的燃油来自于货舱还是燃油舱，则会存在

① 参见上海海事局网站：http://www.shmsa.gov.cn/news/20100510523145696l.html，2010年6月30日访问。

② 参见1996年HNS公约第1条(5)(a)的规定。

到底应该适用哪一个公约的冲突问题。

3 燃油污染损害赔偿责任限制

鉴于本文对燃油污染的界定限于狭义范围,因此以下主要针对《燃油公约》涉及的污染损害赔偿责任限制问题进行探讨。

3.1 燃油污染责任限制数额:独立限额制还是共用限额制

根据《燃油公约》第6条的规定,燃油公约不得影响船舶所有人和提供保险或其他财务担保者根据可适用的国内或国际制度,如经修正的《1976年国际海事索赔责任限制公约》(以下简称1976年LLMC公约),限制其赔偿责任的权利。显然《燃油公约》没有像CLC公约或者HNS公约[①]那样单独规定一个污染损害责任限制数额,而是需要根据有关海事赔偿责任限制方面的国内法或国际公约的规定予以确定。

但是对于如何确定《燃油公约》责任限额问题上,国内学者存在截然相反的两种观点:独立限额制和并用限额制。所谓独立限额制,是指燃油污染损害赔偿责任限额的计算,根据有关责任限制的国内外立法予以确定,但是燃油污染损害赔偿请求本身独立地享有这一责任限额,不与其他可限制的海事请求发生关联。而并用限额制的观点则恰恰相反,认为燃油污染损害赔偿请求应当与其他可限制性海事请求一起共同在海事赔偿责任限制数额内按比例受偿,因此燃油污染损害赔偿请求本身不能独立享有一个责任限额。

持独立限额制观点的学者认为,《燃油公约》有关责任限制的规定并不明确,但是:(1)《燃油公约》在起草过程中,各国达成共识,即燃油污染损害赔偿应该包括在1976年LLMC规定的限制性债权范围内。如果《燃油公约》采用并用制,即燃油污染损害赔偿责任限额应当与其他限制性债权一起享受LLMC规定的责任限额,则《燃油公约》第6条的规定完全没有必要;(2)《燃油公约》规定船舶所有人提供的保险或财务担保数额与LLMC或相关国内法规定的责任限额一致,该保险或财务担保是专门针对燃油污染损害的,如果该责任限额也适用于其他限制性债权,就使得LLMC也变相实行强制保险,明显违反立法初衷[②]。因此认为,《燃油公约》确立的责任限额是独立限额制。

根据并用限额制的观点,虽然都明确燃油污染损害与其他限制性债权一起共用海事赔偿责任限制限额,但是都指出这种做法可能存在的种种缺陷和不足。有学者认为,《燃油公约》未设立独立的责任限制,由于共用一个海事赔偿责任限额,而责任限额总额未相应增加,相关受害人得到的赔偿将相应减少,致使损害难以得到有效赔偿。尤其是在我国沿海运输船舶责任限额过低的情况下,更是如此[③]。另有观点认为,公约采用并用限额制,也许是因为考虑到燃油导致的污染通常不会太严重,但是考虑到并用一个限额,可能导致燃油污染受害人不能得到足额赔偿的情形,因此建议提高责任限制数额。因为在《燃油公约》文本通过时,也同时通过了有关责任限制的外交大会决议,就是希望各国尽快接受LLMC公约的1996年议定书,从而确定较高的责任限额[④]。甚至有学者明确提出,由于燃油公约采取共用一个责任限额的做

① 有关CLC公约或者HNS公约责任限制的规定,分别参见CLC公约第5条、HNS公约第9条的规定。这两个国际公约规定的责任限额都远远高于1976年LLMC公约规定的责任限额。

② 司玉琢.海商法(第二版)(普通高等教育十一五国家级规划教材).法律出版社.2007年.第358~359页。

③ 侯旭可.《2001年国际燃油污染损害民事责任公约》及履约对策刍议.水运科学研究,2009年第3期,第45~46页。

④ 宫锡谦.2001年燃油污染损害民事责任公约评介.水运管理,2008年12月第12期,第7页。

法,对于燃油污染损害强制保险金额的具体计算将无法进行,只能由各国国内法解决①。

笔者支持并用限额制,理由如下。第一,事实上 IMO 法律委员会在 1998 年召开的第 77 届会议上就明确了这样的共识:燃油污染损害不能没有责任限制,但是《燃油公约》本身不单独设立责任限制,而是考虑应当与目前多数适用的国际规则相适应,这样不会与现行国际规则造成太大的冲突。当时考虑比较多的就是通过参考 1976 年 LLMC 公约的 1996 年议定书规定的责任限额解决燃油污染损害赔偿责任限制问题。但是如何将《燃油公约》与责任限制公约进行"关联"存在两种不同意见。一种意见是仅仅在燃油公约中提及责任限额依据 1996 年议定书,第二种意见就是直接将 1996 年议定书中规定的责任限额体现在《燃油公约》中。鉴于会议讨论期间,没有人支持第二种意见,经过各方协商,形成公约现有的条文。显然从上述背景材料看,《燃油公约》从起草到通过、生效,都是一致贯彻"共用限额制"②。

第二,从 1976 年 LLMC 公约第 2 条、第 3 条关于可限制责任的索赔和不可限制责任的索赔的内容,可以看出 LLMC 公约明确规定不适用 1969 年 CLC 公约或其修正案规定的污染损害赔偿,但是并没有排除对燃油污染损害赔偿以及有毒有害物质损害赔偿的适用。但是应当引起注意的是,1976 年 LLMC 的 1996 年议定书第 7 条明确规定,允许成员国保留对于 1996 年 HNS 公约或其任何修正案规定的损害赔偿的排除,也就是说,如果某个国家对此予以保留声明的话,有毒有害物质损害索赔不能再依据 1996 年议定书的规定予以限制责任。同样该 1996 年议定书依然没有排除对燃油污染损害予以责任限制的适用。因此 LLMC 公约机制之下,责任人面对燃油污染损害赔偿,可以依据第 2 条第 1 款(a)项"有关在船上发生或与船舶营运或救助作业直接相关的人身伤亡或财产的灭失或损害,以及由此引起的损失的索赔"以及第 1 款(e)项"有关船上货物的清除、拆毁或使之无害的索赔"的规定予以责任限制。

综上,尽管独立限额制更加有利于保护燃油污染受害方,使其能够获得更加充分的赔偿,但是毕竟美好的愿望应当服从于公约的现实规定。因此根据《燃油公约》和 1976 年 LLMC 公约现有条文规定看,《燃油公约》在责任限制问题上,采用的是共用限额制。

3.2　燃油污染责任限制制度的类型

正如上文所述,《燃油公约》没有独立的责任限额,而是采取与现行责任限制有关的国内外法律相"关联"的方式。那么如何确定与之关联的责任限制呢?

《燃油公约》第 6 条有关燃油污染责任限制的用词为"可适用的国内或国际制度,如经修正的 1976 年 LLMC 公约(any applicable national or international regime, such as the Convention on Limitation of Liability for Maritime Claims, 1976)…",也就是说《燃油公约》的责任限制并没有与 1976 年 LLMC 或者其 1996 年议定书必然联系在一起。

目前有关海事赔偿责任限制制度可以包括如下几种类型:(1)1924 年关于统一海上船舶所有人责任限制公约(以下简称 1924 年责任限制公约);(2)1957 年船舶所有人责任限制公约(以下简称 1957 年责任限制公约);(3)1976 年 LLMC;(4)1976 年 LLMC 的 1996 年议定书;(5)未参加任何国际公约,但是国内法存在关于海事赔偿责任限制的规定,例如中国、美国等;(6)未参加任何国际公约,国内法也没有关于责任限制的规定。

---

① 尹磊,吕安勤,段贵军. 国际燃油污染损害民事责任公约释义及我国履约对策. 中国水运,2009 年第 3 期,第 85 页。

② Nickolas Gaskell, The BunkerPollution Convention 2001 and Limitation of Liability, 第七届海商法国际研讨会论文集(2009 年上海) 第 42-43 页。

1924年责任限制公约因为存在一些不足而未被大多数海运国家接受,至今没有生效。而1957年责任限制公约、1976年LLMC公约及其1996年议定书均已生效,截止到2009年4月,三个生效的国际公约的参加国或地区分别是49个、52个和32个[①]。中国目前没有加入任何一个责任限制公约,但是中国《海商法》第十一章"海事赔偿责任限制"参照1976年LLMC公约的规定制订。因此从上述情况看,目前与《燃油公约》责任限制关联度比较密切的责任限制公约主要集中在1957年责任限制公约、1976年LLMC及其1996年议定书。这三个国际公约关于不同吨位船舶的责任限额存在很大差异,也使得这三个公约的成员国,根据《燃油公约》承担污染责任限制数额完全不同。

三个公约责任限额区分具体参见表2。

三个公约责任限额比较　　表2

船舶吨级	1957年责任限制公约	1976年LLMC	LLMC的1996年议定书	备　注
300总吨	62001 SDR(包含人身伤亡+财产索赔,以下同)			1957年公约规定300总吨为最低起算吨
500总吨	103335 SDR	333000 SDR(限人身) 167000 SDR(限财产)		1976年LLMC公约规定,500总吨为最低起算吨,但允许成员国对300总吨以下另行规定
1000总吨	206670 SDR	583000 SDR(限人身) 250500 SDR(限财产)		鉴于燃油公约强制保险船舶为1000总吨以上,因此列出这一段位
2000总吨	413400 SDR	1083000 SDR(限人身) 417500 SDR(限财产)	2000000 SDR(限人身) 1000000 SDR(限财产)	1996年议定书规定2000总吨为最低起算吨

需要引起注意的是,(1)由于1976年LLMC公约第15条第5款规定,不适用于气垫船以及为勘探或开发海底自然资源或其底土而建造的浮动平台,因此对于这些类型的船舶而言,没有任何责任限制的问题。进而导致这些类型的船舶或海上移动式装置造成的燃油污染损害也是没有任何责任限制。(2)1976年LLMC公约第15条第2款,允许成员国对于在内陆水域航行的船舶以及小于300总吨的船舶予以保留,通过国内法解决其责任限额问题。由于《燃油公约》适用于海船,所以1976年LLMC公约对于内陆水域航行船舶的责任限制予以保留的规定,不影响《燃油公约》适用。但是对于300总吨以下的船舶而言,则要进一步看该成员国在批准LLMC公约时是否作保留;如果保留的话,则只能根据该国国内法确定300总吨以下船舶的燃油污染损害赔偿责任限制问题。

3.3　我国燃油污染损害赔偿责任限制类型

我国《海商法》第210条有关海事赔偿责任限制数额的规定,基本参照了1976年LLMC公约。但是根据第210条第2款的规定,不满300总吨的船舶以及从事我国港口之间运输的以及沿海作业的船舶的赔偿限额依据交通部的规定确定。据此,交通部制订《关于不满300总

① 以上数据参见初北平《新编海商海事法规精要》. 大连海事大学出版社2009年6月出版. 第800页、第812页、825页。

吨船舶及沿海运输、沿海作业船舶海事赔偿责任限额的规定》(以下简称“交通部责任限制规定”),一个基本原则就是:沿海运输、沿海作业船舶的海事赔偿责任限额为相应的国际航行船舶责任限额的一半。

由于我国《海商法》排除了20总吨以下小型船艇的适用,因此对于这类船舶而言,没有海事赔偿责任限制问题。鉴于我国已经加入《燃油公约》,而《燃油公约》是适用于20总吨以下的小型海船的,因此20总吨以下船舶造成的燃油污染一定条件下应该适用《燃油公约》[①]。此外由于我国未加入1976年LLMC公约,因此公约除外适用的气垫船以及用于勘探开发的浮动平台,只要满足《海商法》第3条所指的船舶,依然可以享受海事赔偿责任限制,因此产生的燃油污染损害,也可以据此确定责任限额。

我国《海商法》以及交通部责任限额规定的责任限额可以通过表3体现。

《海商法》以及交通部责任限额规定的责任限额　　表3

船舶吨级	海商法第210条	1994年交通部责任限额规定	
		国际航行船舶(A)	沿海运输、沿海作业船舶(B)
20～21总吨		54000 SDR(限人身) 27500 SDR(限财产)	为A限额的一半
21～300总吨		334000 SDR(限人身) 167500(限财产)	为A限额的一半
300～500总吨	333000 SDR(限人身) 167000 SDR(限财产)		为A限额的一半
500总吨以上	同1976年LLMC		为A限额的一半

《燃油公约》对我国生效后,我国海事局于2008年12月23日发布“关于实施《2001年国际燃油污染损害民事责任公约》的通知”,其中第2条规定,1000总吨以上的中国籍国际航行和沿海运输船舶必须进行保险或取得其他财务保证。沿海运输船舶的保险金额不得低于《海商法》规定的有关船舶民事责任限额,国际航行船舶的保险金额根据所经营的航线和所到达缔约国的法律规定投保相应的保险,……但最低不得低于《海商法》规定的有关船舶民事责任限额……。海事局在颁发燃油污染强制保险证书的实际工作中,对该通知的规定存在不同理解:观点一,沿海运输船舶的燃油保险金额根据《海商法》第210条授权交通运输颁布的责任限制规定执行,即应当为国际航行船舶责任限额的50%;观点二,该通知仅仅提及《海商法》而没有提及海商法具体那个条文或者提及交通部责任限制规定,因此只能根据《海商法》规定的责任限额确定保险责任限额并颁发相应证书。笔者认为,交通部颁布的有关责任限制规定,是依据《海商法》第210条授权规定作出的,是对海商法条文的补充。因此对于海事局下发的通知中提及的《海商法》,不能仅仅狭义理解为《海商法》第210条,还应当包括1994年交通部责任限制规定的内容。因此对于沿海运输和沿海作业船舶而言,其燃油责任保险金额,应当根据交通部的规定予以投保。

① 本文之所以提及一定条件下适用《燃油公约》,是因为根据我国《海商法》第268条的规定,只有处理涉外海事关系的法律适用时,如果存在我国参加的国际公约与国内法存在冲突的,我国采取国际公约优先适用原则。如果没有涉外因素,因为立法上没有相应的依据,因此司法实践中是否可以直接适用公约是存在争论的。

4 燃油污染损害强制责任保险金额与责任限制数额

《燃油公约》第7条关于强制保险或经济担保的规定中,明确1000总吨以上的船舶应当根据公约有关责任限制的数额投保,并由公约成员国有关主管部门根据上述强制保险情况,颁发船舶证书,否则无相应证书的船舶不能从事营运。由于责任人通常是向保险公司或者船东互保协会投保燃油污染责任保险,然后再根据该保险合同,向有关主管部门,例如我国的海事局,申请燃油污染强制保险证书,那么主管部门该如何确定燃油污染责任保险的金额?

如上分析,燃油公约没有规定独立的责任限额,而是根据有关海事赔偿责任限制的国内外制度予以确定。由于《燃油公约》采用的是共用限额制,意味着燃油污染损害赔偿与其他可以限制的海事赔偿请求共同在总的责任限额内予以分配。如果一艘船舶仅仅发生燃油溢油污染损害,不涉及其他财产损失或人身伤亡,则燃油污染损害赔偿可以在完全享有一个责任限额的范围内得以清偿;但是如果在燃油溢油污染损害赔偿之外,还有其他的财产损失或人身伤亡,例如船舶发生碰撞、搁浅等意外事故,则燃油污染损害赔偿的受害人获得的赔偿只能是小于或远远低于海事赔偿责任限制金额。显然在第二种情形下,燃油污染受害方实际获得赔偿是低于海事赔偿责任限制总额的。如果对于第一种情形,责任人投保的燃油污染责任险的金额等同于海事赔偿责任限制总额尚可以理解,那么对于第二种情形,是应当根据污染受害方可能实际获得赔偿的数额投保责任险,还是应当根据海事赔偿责任限制总额投保责任险?

对于第二种情形提及的实际承担的燃油污染损害赔偿责任可能远低于海事赔偿责任限额的情形,只有在实际发生了重大的海难事故,涉及多个海事请求权人在一个责任限制基金限额内进行分配的时候,才能知晓。因此责任人在投保责任险时并没有办法确定其将来实际可能支付的污染损害赔偿数额是多少。尽管要求责任人对于可能超出其实际承担污染损害赔偿的全部责任保险投保,可能会存在多交保费、“超额”责任保险的问题,但是笔者认为《燃油公约》的规定依然是合理的,具有可操作性的。事实上,《燃油公约》对于燃油污染损害赔偿责任保险金额是确定了上下限范围的①,下限就是保险或财务担保的数额等于适用的国家或国际限制机制规定的责任限制,上限就是不得超出LLMC公约的1996年议定书规定的责任限额。

因此作为《燃油公约》的责任人应当根据相应的国内外机制确定的海事赔偿责任限制全额投保责任保险,海事局也应该根据该海事赔偿责任总额审核并相应签发强制保险证书。

但是应当强调的一点,尽管责任保险金额或担保数额是根据相应海事赔偿责任限制总额确定的,但是燃油污染损害赔偿责任的实际承担,未必都是该限制总额。燃油污染损害索赔人应当与其他限制性海事请求一起共同受偿海事赔偿责任限制基金。即使燃油污染受害人向责任保险人直接提起诉讼的情况下②,也是如此。

5 结语

《燃油公约》在我国生效时间不长,公约本身没有规定独立的责任限制,而是采取与其他法律相关联的做法;特别是根据《燃油公约》第7条第9款的规定,任何缔约国签发的保险证书,都应当在其他缔约国认可,并具有同样的证书效力。使得如何正确理解和适用《燃油公

---

① 参见《燃油公约》第7条的规定。

② 参见《燃油公约》第7条第10款的规定。

约》,成为我国有关主管部门及航运企业面临的实际、紧迫问题。加上我国有关责任限制法律规定本身具有复杂性和多样性,使得如何确定燃油污染损害赔偿责任限制问题的研究更有现实和理论意义。限于篇幅,本文没有对有关责任限制的其他实体性或程序性问题进行研究,仅希望本文所做的一些研究及观点对于正确贯彻和实施《燃油公约》有所裨益。

参考文献

[1] 侯旭可.《2001 年国际燃油污染损害民事责任公约》及履约对策刍议. 水运科学研究, 2009 年第 3 期

[2] 司玉琢. 海商法(第二版)(普通高等教育十一五国家级规划教材). 北京:法律出版社. 2007 年

[3] 宫锡谦. 2001 年燃油污染损害民事责任公约评介. 水运管理,2008 年 12 月第 12 期

[4] 尹磊,吕安勤,段贵军. 国际燃油污染损害民事责任公约释义及我国履约对策. 中国水运,2009 年第 3 期

[5] Nickolas Gaskell,The Bunker Pollution Convention 2001 and Limitation of Liability. 第七届海商法国际研讨会论文集,2009 年上海

[6] 初北平. 新编海商海事法规精要. 大连:大连海事大学出版社,2009 年 6 月出版

[7] 国际海事条约汇编(第六卷). 大连:大连海事大学出版社,1994 年

[8] 国际海事条约汇编(第九卷). 大连:大连海事大学出版社,1998 年

[9] 国际海事条约汇编(第十卷). 大连:大连海事大学出版社,2005 年

[10] 2001 年国际燃油污染损害民事责任公约

[11] 国际油污损害民事责任公约(1969、1992)

[12] 国际海上运输有害有毒物质责任和赔偿公约(1996)

[13] 1924 年关于统一海上船舶所有人责任限制公约

[14] 1957 年船舶所有人责任限制公约

[15] 1976 年海事赔偿责任限制公约

[16] 1976 年海事赔偿责任限制公约的 1996 年议定书

Abstract: Bunker Convention came into force for China from 9th March, 2009. Because there is no definite and clear provision on the limitation of liability for fuel oil pollution in this Convention, it is arguable in China. Since the meaning of liability of bunker pollution is wide thereof, and this paper only focuses on the liability of bunker pollution within the scope of this Convention. Further, this paper analyses and demonstrates the scope of application as well as limitation of liability for bunker pollution on the basis of national and international regimes on the limitation of liability for maritime claims.

Key words: Bunker pollution; limitation of liability; liability insurance; pollution damage

我国对生效《燃油公约》有关问题的探讨

郑明强　林春光

（汕头海事局，广东汕头，515041）

摘　要：《燃油公约》已于2009年3月9日对我国生效，本文简要介绍《2001年燃油污染损害民事责任国际公约》内容，通过分析公约实施过程中可能遇到的一些问题，给出了相应的解决对策与建议。

关键词：公约　污染　履行

我国目前已实施《油污损害民事责任公约》（简称CLC公约）由于只适用于油轮，而不适应于占航运市场绝大多数的其他类型船舶。与货油相比，船舶发生燃油溢油事故次数多、频率大，区域影响较小但全球覆盖范围广，且由于燃油粘度大、水域清污难而使平均费用高，导致索赔难度增加。譬如2004年12月7日发生在我国珠江口的两艘外国籍集装箱船舶碰撞溢油事故，导致了燃油大量泄漏，严重污染了附近海域，造成海洋渔业资源等大量受损。该事故因涉及的赔偿金额较大，经过多方多次协商和谈判，历时两年多最终才达成赔偿协议。

1　主要内容

为有效地解决船舶燃油污染赔偿问题，保护我国海洋环境和保障受害方的正当权益，我国政府已于2008年11月17日批准加入《2001年燃油污染损害民事责任国际公约》（以下简称《燃油公约》）并于2009年3月9日对我国生效。按照中华人民共和国海事局《关于实施〈2001年国际燃油污染损害民事责任公约〉的通知》要求，1000总吨以上的中国籍国际航行船舶须在2009年3月9日之前持有直属海事局签发的《燃油污染损害民事责任保险或其他财务保证证书》（以下简称《证书》）；1000总吨以上的沿海运输船舶必须在2009年7月1日之前持有直属海事局签发的《证书》。

2　主要特点

（1）适用范围扩大。《燃油公约》适用于1000总吨以上所有船舶，船舶适用范围扩大、油污保险责任增加。

（2）责任归属严格。与HNS和CLC公约都将污染损害责任限定在船舶登记所有人不同，燃油公约将船舶登记所有人、光船租船人、船舶管理人、经营人等都作为船舶所有人对待，规定他们承担连带责任，但船舶所有人之间可以相互追偿，对油污受害者的索赔不再免责，保护了受害人的合法权益。

（3）最低责任限制。中国籍沿海运输船舶保险金额不得低于《海商法》规定的有关船舶民事责任限额，国际航行船舶的保险金额根据所经营的航线和所到达缔约国的法律规定投保相应的保险，以保障不会因违反缔约国的法律规定而被拒绝进港或滞留，但最低不得低于《海商

法》规定的有关船舶民事责任限额。

3　问题探讨

3.1　在《证书》签发方面

3.1.1　最低保险赔偿限额确定

《海商法》规定了如下非人身伤亡赔偿请求的责任计算赔偿限额:300 总吨至 500 总吨的船舶,赔偿限额为 167000 计算单位;500 总吨以上的部分,应当增加下列数额:501 总吨至 3000 总吨的部分,每吨增加 167 计算单位;30001 总吨至 70000 总吨的部分,每吨增加 125 计算单位;超过 70000 总吨的部分,每吨增加 83 计算单位。其中计算单位是指国际货币基金组织规定的特别提款权,缩写 SDR。

但《海商法》有关船舶民事责任限额规定是依据《1976 年国际海事赔偿责任限制公约》制定的,而该公约 1996 年议定书已于 2004 年 5 月 13 日生效,按如下非人身伤亡赔偿请求的责任计算赔偿限额:对于吨位不超过 2000 总吨的船舶为 100 万计算单位;2001 ~ 30000 总吨的部分每吨增加 400 计算单位;30001 ~ 70000 总吨的部分每吨增加 300 计算单位;超过 70000 总吨的部分每吨增加 200 计算单位。

两者比较,区别主要是赔偿金额和吨位计算起点不同,那么海事机构在签发《证书》时应遵照那个公约来认定国际航行船舶的最低保险赔偿限额问题。

但我国目前还没有加入 LLMC 1996 议定书,从 1993 年 7 月 1 日起开始施行的《中华人民共和国海商法》至今也未做过任何修改。如果航行于已经加入《1976 年国际海事赔偿责任限制公约》1996 年议定书和《燃油公约》缔约国船舶,则有可能会因保险金额不足而因违反缔约国的法律规定而被拒绝进港或滞留。

3.1.2　保险或其他财务担保保持

《燃油公约》第 7 条规定:"在一个当事国登记的 1000 总吨以上的船舶的登记所有人,必须要求其保持(maintain)保险或其他财务担保……"。即船舶在保险期限内,无论发生多少次燃油污染事故,保单内每次赔偿金额必须确保在有最低的赔偿限额。如果船舶在发生一次或几次油污事故并赔偿后,保单内余下的保额不足,就必须及时增加保险费,确保船在保险期限内"下一次"污染事故的赔偿不低于最低限额。有的海事机构因船方提供的保单没有注明"每次"油污事故保持有最低的赔偿限额,因而不同意为 A 轮颁发《证书》。

另外,有的学者把英文版《燃油公约》采用的单词 maintain 翻译为"持有",即船舶只要持有保险公司出具符合最低赔偿限额要求的《船舶污染责任保险单》,就可以向主管机关申请签发《证书》。

3.1.3　保险公司资质认可

海事机构在签发《证书》时,应认真审核有关船舶及船公司是否取得部海事局公布的中国籍船舶油污损害民事责任保险人出具的船舶燃油污染保险或其他财务保证后,如果是不属于部海事局公布的中国籍船舶油污损害民事责任保险人,不能为船舶签发《证书》,这样才能保证对船舶燃料油泄漏造成的污染损害及时得到合理的赔偿。

3.1.4　适用船舶范围界定

部海事局《关于实施〈2001 年国际燃油污染损害民事责任公约〉有关事项的通知》(海船舶〔2009〕131 号)第四款要求 1000 总吨以上的沿海运输船舶必须在 2009 年 7 月 1 日之前持

有直属海事局签发的《证书》,并明确了其中所述"沿海运输船舶"包括沿海货物运输船舶、旅客运输船舶、港作船、工程船等从事商业服务船舶,不包括公务船、军舰、海军辅助船和救助船舶等仅用于政府非商业服务的船舶,若属于无动力的驳船(船上无燃油舱柜)应不适用该公约。

3.2 口岸检查方面

3.2.1 最低保险额度确认

口岸检查中,如果发现保险公司出具的保单中记载了"以往损失情况",那么保单有可能存在船舶最低赔偿限额不足的问题,海事部门应认真核对确保保单保额不低于最低赔偿限额后才能办理进出港口岸手续。

3.2.2 保险机构资质认定

海事管理机构在船舶口岸检查中,要注意核对保险人名单是否为部海事局公布的年度最新中国籍船舶油污损害民事责任保险人,有重点的检查船舶所持有的《证书》的真实有效性。发现假证或所持《证书》为未经我局公布的中国籍船舶油污损害民事责任保险人承保的,应按相关规定进行处理。

3.2.3 保险时间期限签认

按规定,《证书》的有效期不得超过船舶燃油污染保险合同或其他财务保证证明的有效期,一般为一年。如果船方有特殊情况,申请少于一年的短期保险合同证书签发也是符合相关规定的。

3.2.4 油污责任主体理解

《燃油公约》没有明确船舶在加装燃油过程中产生的溢油污染损害赔偿的适用性,那么因供、受双方船舶设备或操作原因造成燃油溢漏引起污染损害赔偿的责任主体如何认定？按公约对"燃油"和"污染事故"定义理解,供油船载运的燃油应属于货油,如果从加油船漏油出现油污事故,应不适应公约界定的赔偿责任范围;如果燃油从受油船加油系统溢出则应属于公约界定的赔偿责任范围。

4 相关建议

4.1 建立信息反馈制度

海事机构要建立和保险公司的信息反馈制度,确保一旦被保险的船舶发生保险责任范围内的油污染事故时,保险公司和负责船舶污染事故调查及赔偿处理的海事部门应通报船舶《证书》签发海事机构。通过增加保险费,确保每次油污保险金额保持或高于公约或《海商法》最低赔偿限额规定,避免从而在船舶办理口岸查验或进出口签证手续时产生延误。

4.2 完善相关管理规定

一方面应按照《燃油公约》要求尽快出台《中华人民共和国船舶防污染条例》等国内法规和《中华人民共和国船舶油污损害民事责任保险实施办法》相关管理规定;另一方面对《海商法》规定的船舶民事责任限额以"特别提款权(SDR)"为单位的要求,如果保险人出具的保单以人民币或其他货币单位标明额度,则应同时标明特别提款权额度,这样为更好地实施《燃油公约》提供国内法规保证。

4.3 逐步推进保险范围

《燃油公约》规定1000总吨以上船舶实行强制保险,但目前国内航运市场上1000总吨以

下船舶很多，这些船舶的经营状况不好、安全技术条件相对较差，特别容易引起燃油污染事故。如果这些小吨位船舶没有参加保险，则在事故发生后不能及时充分给予受害人赔偿。因此我国主管部门应当通过国内立法逐步将沿海航区 1000 总吨以下船舶、内河船舶、移动式钻井平台水上设施等纳入强制油污责任保险范畴，从根本上消除我国所有水域船舶燃油污染隐患。

5　结束语

《燃油公约》、CLC 公约、《1971 年国际油污损害民事赔偿基金公约》（ FUND 1971）、HNS 1996 等构成一个较为完善的船舶污染损害民事责任与赔偿的国际法律制度体系。随着《燃油公约》实施生效，进一步推动我国船舶污染赔偿相关法规和管理制度的完善，如果能选择适当实际加入 FUND1971 公约，保障国际公约有效实施，必将在世界航运界提升我国海事管理机构的履约能力，为实现"让海洋更清洁"最终目标发挥举足轻重作用。

Abstract: the bunker convention have been effective to China since March 9th 2009, this article firstly provides a detailed interpretation of the bunker convention, then analyzes some problems which may be encountered implementation and finally puts forward some corresponding countermeasure and suggestions.

Key word: convention; pollution; implementation

我国船舶油污责任限制法律适用研究

陈远达

(交通运输部广州打捞局法律事务室,广州,510260)

摘　要:目前,调整船舶油污赔偿责任限制的国际公约有《1969 年国际船舶油污损害民事责任公约》(CLC1969)、《1992 年国际船舶油污损害民事责任公约》(CLC1992)。我国虽然已经先后加入了这两个公约,但至今仍未对船舶油污赔偿责任限制进行立法,我国对于国际公约在国内的适用方式没有规定,实践做法也不一致。当遇到船舶油污案件时,法院对于船舶油污赔偿责任限制的法律适用问题,往往因为缺乏法律依据而导致判案成例引起学界的争议。本文采用比较和案例分析的研究方法,通过阐述我国船舶油污责任限制的法律适用状况,对船舶油污责任限制法律适用的问题及其原因进行分析,然后对我国船舶油污责任限制法律适用的理论基础进行研究,探讨解决法律适用问题的途径,最后对我国船舶油污责任限制的法律适用提出立法建议。

关键词:船舶油污　责任限制　法律适用

1　我国船舶油污责任限制法律适用存在的问题

在未加入《CLC1969》前,我国船舶油污赔偿责任限制的法律适用只有国内的法律;但在加入公约之后,法律适用就有了国内法和国际公约两种模式的选择,但对于什么情况下适用国内法,什么情况下适用国际公约,怎样适用公约等问题,我国在实践中的案例可谓五花八门、各不相同,理论界和实务界对这些问题的争议很大,观点虽多,但都没有非常有力的理据。总的来说,我国船舶油污责任限制的法律适用在立法、司法和理论方面都存在一定问题:

1.1　立法上的问题

1.1.1　对《民法通则》第 142 条的理解不同

该条规定:涉外民事关系的法律适用,“中华人民共和国缔结或者参加的国际条约同中华人民共和国的民事法律有不同规定的,适用国际条约的规定,但中华人民共和国声明保留的条款除外”。

对此规定,一种理解是由于国内案件不具有涉外因素,因此不能适用 CLC 公约的规定;另一理解是涉外因素只是我国优先适用国际公约的条件,而并非表示国内案件不能适用 CLC 公约。

1.1.2　对《海洋环境保护法》第 97 条的理解不同

该条规定:“中华人民共和国缔结或者参加的与海洋环境保护有关的国际条约与本法有不同规定的,适用国际条约的规定”。

与《民法通则》和《海商法》不同,《海环法》第 97 条并不规定在涉外法律关系中。对此规定,有两种不同的理解:一种理解是 CLC 公约是与海洋环境保护有关的国际公约,在这种意见

中,对于涉外因素对我国适用国际公约的影响又有不同理解:其一认为根据《民法通则》和《海商法》的有关规定,只有存在涉外因素时才适用我国“缔结或者参加的与海洋环境保护有关的国际条约”;其二认为无论是否存在涉外因素都应适用我国“缔结或者参加的与海洋环境保护有关的国际条约”。另一种理解认为 CLC 公约不是与海洋环境保护有关的国际公约,理由是 CLC 公约的目的并不是保护海洋环境,而只是规定在发生油污时应如何进行赔偿,因此不应适用公约的责任限制,而应当适用国内法关于责任限制的规定。

1.1.3　《海商法》有关条文的规定不够严谨

(1)该法第 208 条第 2 款规定:本章规定(指海事赔偿责任限制的规定,笔者注)不适用于“中华人民共和国参加的国际油污损害民事责任公约规定的油污损害的赔偿请求”,第 268 条规定:在调整涉外法律关系中,“中华人民共和国缔结或者参加的国际条约同本法有不同规定的,适用国际条约的规定”。

对上述两条规定,一种理解认为由于第 268 条将适用国际条约的规定放在具有涉外因素的法律关系中,因此国内油轮油污损害的赔偿责任限制应适用《海商法》第 207 条的规定。另一种理解则认为,由于《海商法》第 208 条第 2 款已经明确将船舶油污的责任限制排除在《海商法》第 9 章的适用范围外,第 268 条的规定只能证明涉外因素是优先适用国际公约的前提,而不能证明它是必须适用国际公约的条件,因此国内油轮油污损害的赔偿责任限制应适用 CLC 公约。

(2)该法第 210 条第 5 款规定:“总吨位不满 300 总吨船舶,从事中华人民共和国港口之间的运输的船舶,以及从事沿海作业的船舶,其赔偿限额由国务院主管部门制定,报国务院批准后施行”。

对于该款规定,一种理解认为,结合《海商法》第 210 条第 5 款对沿海运输油轮的特别规定和第 268 条对涉外法律关系法律适用的规定,表明没有涉外因素的船舶油污责任限制是由法律另行作出规定的,沿海运输的油轮没有涉外因素,因此其造成油污损害的责任限制应适用《交通部关于不满 300 总吨及沿海运输、沿海作业船舶海事赔偿限额的规定》。另一种理解认为,《海商法》第 210 条第 5 款只是对沿海运输油轮的海事赔偿责任限制作出的特别规定,但并不表示沿海运输油轮的船舶油污责任限制也同样适用该款规定;而且第 208 条第 2 款已经明确规定我国加入的 CLC 公约规定的船舶油污责任限制不适用《海商法》第 11 章的规定,当然也包括不适用第 210 条第 5 款的“另外立法”的规定。

1.1.4　《海商法》第 265 条的规定与《海事诉讼特别程序法》第 112 条的规定不一致

《海商法》第 265 条规定,“有关船舶发生油污损害的请求权,时效期间为三年,自损害发生之日起计算;但是,在任何情况下时效期间不得超过从造成损害的事故发生之日起六年”。《海事诉讼特别程序法》第 112 条规定,“海事法院受理设立海事赔偿责任限制基金的公告发布后,债权人应当在公告期间就与特定场合发生的海事事故有关的债权申请登记。公告期间届满不登记的,视为放弃债权”。通过比较可以看出,船舶油污赔偿的诉讼时效为 3 年,而在船舶油污责任限制程序中,债权人在公告期间不登记视为放弃债权,可见该公告期间是一种除斥期间,与债权人可以行使诉权期间的规定不一致。

1.1.5　其他规范性文件的法律效力问题

最高人民法院于 2005 年 12 月 26 日印发了《第二次全国涉外商事海事审判工作会议纪要》作为法院系统内部实施的审判规范,通知各级法院在船舶油污赔偿纠纷案件中按会议纪要的规定进行规范审理。① 该纪要第141条规定："我国加入的《1992年国际油污损害民事责任公约》(以下简称1992年油污公约)适用于具有涉外因素的缔约国船舶油污损害赔偿纠纷，包括航行于国际航线的我国船舶在我国海域造成的油污损害赔偿纠纷。非航行于国际航线的我国船舶在我国海域造成的油污损害赔偿纠纷不适用该公约的规定"，第142条规定："对于不受1992年油污公约调整的船舶油污损害赔偿纠纷，适用《中华人民共和国海商法》、《中华人民共和国海洋环境保护法》以及相关行政法规的规定确定当事人的责任。油污责任人亦可以依据《中华人民共和国海商法》第十一章的规定享有海事赔偿责任限制"。

从法理上讲，这种会议纪要既不是立法也不是司法解释，而更像是一种行业规范，但它却能起到直接影响法院审理案件时适用法律的作用，笔者在此只能称之为规范性文件，其法律地位如何有待进一步研究，但至少现阶段还不能把它作为判决的法律依据。本文把它一并列为立法问题，目的是想说明在我国的司法领域的确存在这样一种独特的做法：在法律没有明确规定时，最高人民法院以内部指导性文件的形式来规范法院系统适用法律的行为。

1.2 司法实践的问题

司法实践中，我国法院对于船舶油污责任限制案件的法律适用存在不同的判决，具体有以下三种不同的情况：

1.2.1 适用《民法通则》的情况

山东省高级人民法院(1997)鲁高经终字第32号民事判决书中认为《防止船舶污染条例》第13条规定："航行国际航线、载运2000吨以上的散装货油的船舶，除执行本条例规定外，并适用于我国参加的《CLC1969》的规定"。该规定未明确国内沿海运输船舶也适用该公约，因此沿海运输的船舶不能按《CLC1969》申请责任限制，判决被告按《民法通则》的规定承担责任②。

1.2.2 适用《民法通则》和《海洋环境保护法》的情况

在1994年8月成山头发生的"烟救油2"号事故中，青岛海事法院在山东省荣成市龙须岛渔业公司诉交通部烟台海上救助打捞局油污损害案一审审理未准许被告提出的依据《CLC1969》设立船舶油污责任限制的申请，而依据我国《民法通则》和《海洋环境保护法》判令被告赔偿损失③。

1.2.3 适用《CLC1969》的情况

广州海事法院在1999年审理从事沿海运输的"闽燃供2"号轮污染一案中认为，《CLC1969》第一条规定：船舶是指装运散装油类货物的任何类型的海上船舶和海上船艇。没有对船舶吨位大小予以区别，因此应认为该公约适用于所有从事海洋运输，装运散装油类货物的船舶。而且该公约第二条规定：本公约适用于在缔约国领土和领海上发生的污染损害和为防止或减轻这种损害而采取的预防措施。我国在加入该公约时，没有对任何条款作出保留。同时，我国《海商法》第208条明确指出：中华人民共和国参加的国际油污损害民事责任公约规定的船舶油污损害的赔偿请求不适用于本章的海事赔偿责任限制规定。因此裁定责任方可

① 万鄂湘. 涉外商事海事审判指导. 人民法院出版社，2005年第2辑，第44-46页。

② 参见山东省高级法院民事判决书(1997)鲁高经终字第32号。

③ 万鄂湘. 中国涉外商事海事审判指导与研究. 人民法院出版社，2002年第2卷，第307页。

以按照《CLC1969》规定申请油污赔偿责任限制并设立船舶油污损害赔偿责任限制基金①。

1.3　理论上的问题

在学术界,学者们对船舶油污责任限制法律适用的观点也不一致,主要有以下三种不同意见:

1.3.1　适用《民法通则》的观点

有学者认为:船舶油污损害不是一般的海事损害赔偿,《海商法》只是针对一般海损事故,所以我国《海商法》第208条规定船舶油污损害的赔偿请求不适用《海商法》第11章规定的海事赔偿的法律制度。同样,交通部根据《海商法》制定的《关于不满300总吨船舶及沿海运输、沿海作业船舶海事赔偿限额的规定》也不适用于船舶油污损害赔偿。因此,只有《民法通则》中关于侵权民事责任的规定和民法中的公平责任原则才是处理这类案件的法律依据②。

1.3.2　适用《海商法》的观点

有学者认为,对于具备涉外因素的案件,只要国家没有保留规定,国际公约优先于国内法适用。但是对于没有涉外因素的案件,国内法应优先于国际公约适用。根据这一主张,中国当事人之间在中国沿海发生的船舶油污损害的索赔,属于一般的海事请求,应适用《海商法》第207条第1款"在船上发生的或者与船舶营运、救助作业直接相关的人身伤亡或财产的损失、损坏等"的规定,责任人应按照《海商法》第11章的规定,申请设立海事赔偿责任限制基金③。

1.3.3　适用《交通部关于不满300总吨船舶及沿海运输、沿海作业船舶海事赔偿限额的规定》的观点

有学者认为,我国不满300总吨船舶及沿海运输、沿海作业船舶不具有涉外因素不能适用CLC公约的规定,由于《海商法》该法第210条规定:"总吨位不满300吨的船舶,从事中华人民共和国港口之间的运输的船舶,以及从事沿海作业的船舶,其赔偿限额由国务院交通主管部门制定,报国务院批准后施行",因此对于此类船舶的油污责任限制应适用上述交通部的规定④。

1.4　产生问题的原因

1.4.1　国内法律的不完善

我国现行的国内法并未对船舶油污赔偿责任限制作出直接规定,有关船舶油污的责任限制在司法实践中缺乏可供直接援引的法律条文,导致法院适用法律上的困惑,审理案件时显得无可适从,有的是套用《民法通则》等一般法,有的是套用《海洋环境保护法》等行政性法律。而且,从国内的相关法律法规来看,与船舶油污责任限制有关联的法律条文要么仅仅是一些抽象的原则性规定,实践中可操作性很差;要么就是规定的十分含糊,用来作为定纷止争的法律依据就显得过于牵强,缺乏足够的说服力。

1.4.2　对国际公约在国内的适用方式认识不一致

条约必须遵守(Pacta Sunt Servanda)是一项古老的、公认的国际法原则。如果不遵守这一原则,那么缔结条约的意义就会荡然无存。然而事实上,各国在处理国际条约与国内法的关系

---

① 万鄂湘. 涉外商事海事审判指导. 人民法院出版社,2004年,第122页。

② 刘正江:"论载重2000吨以下航行在国内航线上的油船造成污染损害赔偿时的法律适用",载《中国海商法协会通讯》,1997年第12期,第16页。

③ 徐庆岳. 关于海事赔偿责任限额规定之评述. 中国海商法年刊(1994),大连海事大学出版社,第339页。

④ 司玉琢. 沿海运输船舶油污损害赔偿法律适用问题研究. 大连海事大学学报(社会科学版),2002年6月第1~2期。

问题时,存在着"一元论"和"二元论"的不同学说与做法。按照"一元论"的观点,一国参加的国际条约自然成为国内法,组成国内法律体系的一部分,约束国家与个人。按照"二元论"的观点,国际条约与国内法是截然不同的两种法律秩序,必须经过二次立法,否则不能直接适用①。

我国法律对国际公约在国内的适用方式尚未作明确规定,既不属于"二元立法模式"也不属于"一元立法模式"。在审判实践中,对于发生在我国境内的无涉外因素船舶碰撞造成的油污损害的责任限制大多数是适用《民法通则》、《海商法》、《海洋环境保护法》等国内法律的规定,但也有适用我国已加入的CLC公约的案例。

2 我国船舶油污责任限制法律适用问题的解决途径

2.1 建立船舶油污损害赔偿法可以解决我国船舶油污责任限制法律适用问题

船舶油污损害赔偿是一种比较复杂的、特殊的海事纠纷,世界上主要的海运国家如美国、加拿大、英国、日本等都以专门的法律来规范船舶油污损害的赔偿问题。在CLC公约的成员国当中,英国、挪威、芬兰、希腊是将公约转化为国内立法,加拿大则是同时运行国内法和公约两套机制。鉴于我国法律对国际公约在国内的适用方式没有规定,以及司法界和学术界对CLC公约的认可程度不一致的特殊国情,笔者认为我国可以参照加拿大的立法模式,在目前国内清污和索赔水平较低,又无法律依据,赔偿不规范的情形下,先建立国内机制,取得经验,再逐步与国际接轨是一个比较切实可行的办法。笔者认为国家应根据CLC公约所确立的规则和精神,在公约的框架内进行船舶油污损害赔偿的立法,对船舶油污责任限制的法律适用进行统一规定,这样不但有助于解决长期困扰我国司法界和学术界的船舶油污责任限制法律适用问题,而且对其他诸如船舶油污赔偿责任原则等问题也可以得到很好的解决。

2.2 建立船舶油污损害赔偿法的理论和实践分析

2.2.1 法理上国际公约和国内立法可以共存,理由是:

(1)从国际法层面来看,按照条约法理论,公约内容转化为国内立法是缔约国执行公约义务的一种方式,因此我国通过建立船舶油污损害赔偿法来执行CLC公约是可行的。

(2)从国内法层面来看,首先,我国现有的法律没有对船舶油污损害赔偿作出规定,新建立的船舶油污损害赔偿法不会与现行法律发生冲突;其次,立法者在制定《海商法》第208条第2款时已经为将来对船舶油污责任限制另行立法预留了空间;再次,《海洋环境保护法》第66条的规定为建立我国船舶油污损害赔偿法奠定了法理基础;最后,《海事诉讼特别程序法》对船舶油污责任限制程序的规定不明确,我国可以通过建立船舶油污损害赔偿法弥补程序法的不足。

2.2.2 我国石油运输业的现状需要建立船舶油污损害赔偿法

我国自加入CLC 1969以来,目前中国籍载运2000吨以上散装货油的国际航行船舶,已全部按照公约要求,进行了强制保险。但与国际航线船舶相比,我国沿海运输船舶的技术和管理水平还较低,特点是小船多,老旧船舶多,事故率高,发生事故后由于赔偿能力差,清污部门的积极性难以提高,进而影响到环境污染的状况越来越恶化。因此,通过建立船舶油污损害赔偿法,采取公约规定的责任限制和强制保险等措施,将有助于促使这类船舶的经营人努力改善船

---

① 司玉琢.有关海事国际公约与国内法关系的立法建议.中国海商法年刊,大连海事大学出版社,1999年,第3页。

舶状况，减少油污事故的发生，这也符合加强环境保护的国际和国内立法趋势。

2.2.3　国际先进经验对我国立法产生良好的示范作用

国际油污赔偿机制运行30多年来，已被实践证明是科学和行之有效的，并得到了世界上越来越多国家的认可。我国船舶油污损害赔偿机制从起步开始，就不断加强了与国际海事组织、国际油污基金组织等国际组织的交流与合作，并且早在1980年就加入了CLC 1969。国际油污损害赔偿机制的成功经验和成熟做法，对我国船舶油污损害赔偿法的建立实施起到了积极的推动作用。

2.2.4　有关部门对建立船舶油污损害赔偿机制的调查研究为立法部门提供了决策依据

根据《海洋环境保护法》第66条规定："国家完善并实施船舶油污损害民事赔偿责任制度；按照船舶油污损害赔偿责任由船东和货主共同承担风险的原则，建立船舶油污保险、油污损害赔偿基金制度。实施船舶油污保险、油污损害赔偿基金制度的具体办法由国务院规定"。为实施该法的规定，从1997年开始，我国有关部门已经对如何实施船舶油污损害民事赔偿责任制度进行研究并取得了一定的成果。

(1)交通部对建立油污损害赔偿机制的可行性研究

根据国际油污赔偿的实践和交通部对我国建立油污赔偿机制的可行性研究，可以说在我国建立一个符合我国国情的赔偿机制是切实可行的。由交通部科学研究院主持的《建立我国船舶油污损害赔偿机制实施办法的研究》项目，课题组已在北京、武汉、南京、大连、深圳、广州、上海、杭州、宁波等地进行了调研，召开座谈会11次，有93个单位参加了会议。单独走访了24个相关单位出口部门，收集统计了176家航运公司1091艘油轮（尚不包括广东、上海、浙江的补充资料）和232家石油货主的资料，收回征求意见表96份。目前，有关"船舶油污强制保险"和"设立油污基金"制度的有关管理办法或条例，已由交通部及有关部委联合起草，正报国务院批准。

(2)政协代表的提案和有关部门的支持意见

2001年，9位全国政协委员联名提交了题为"关于加速建立我国油污损害赔偿机制案"的第2528号提案。在交通部征询各相关部委的意见的联合答复中，国家环保总局、农业部、财政部等部门均认为建立该机制是海洋环保所必需的，并表示积极支持此项工作。其一，国家环保总局提函[2001]16号文，主要意见为："建立船舶油污损害赔偿机制……是海洋环境保护工作的一个重要组成部分，十分必要。船舶油污损害赔偿机制的建立，……涉及政府部门、法律、保险、石油公司等方面……有关部门应积极支持，尽快推动此项工作的开展"。其二，农业部办公厅农办渔[2001]39号文，主要意见为："我部支持尽快起草建立我国油污损害赔偿机制的实施办法，并将尽力协助有关部门做好相关工作"。

2.3　我国船舶油污损害赔偿法的立法建议

2.3.1　实体方面

(1)无论船舶油污是否具有涉外因素，凡国际油污损害民事责任公约缔约国的船舶在我国领域发生油污损害的，其责任限制适用该缔约国已经加入并在该国生效的国际油污损害民事责任公约的规定。

(2)不同船旗的船舶发生油污，且漏油船舶的船旗国不属于国际油污损害民事责任公约缔约国，但船舶油污损害发生在我国领域的，其责任限制适用我国已加入的国际油污损害民事责任公约的规定。

(3)同一船旗的船舶发生油污,且船旗国不属于国际油污损害民事责任公约缔约国的,其责任限制适用船旗国法。

2.3.2 程序方面

(1)海事法院受理设立船舶油污赔偿责任限制基金的公告期间为3个月。公告发布后,债权人应当在公告期间就与特定场合发生的油污事故有关的债权申请登记。公告期间届满不登记的,视为放弃对船舶油污赔偿责任限制基金提出异议的权利,债权人仅可就基金分配后的余款进行分配。

(2)债权人向海事法院申请登记债权的,应当提交书面申请,并提供有关债权证据。债权证据,包括证明债权的具有法律效力的判决书、裁定书、调解书、仲裁裁决书和公证债权文书,以及其他证明具有海事请求的证据材料。

(3)在进行债权登记时,海事法院应当对债权人的申请进行表面合法性审查,实质性审查在开庭后进行。对提供债权证据的,裁定准予登记;对不提供债权证据的,裁定驳回申请,债权人可以另行提起诉讼。

(4)其他程序规定适用《海事诉讼特别程序法》第九章的规定。

2.3.3 制定船舶油污损害赔偿法后需要对现行法律作出的修订或补充

(1)《海商法》第208条第2款补充:本章规定不适用于下列各项"(二)中华人民共和国参加的国际油污损害民事责任公约规定的油污损害的赔偿请求;有关油污损害的赔偿请求适用'船舶油污损害赔偿法'的规定"。

(2)《海商法》第210条第5款修改为:"总吨位不满300总吨船舶,从事中华人民共和国港口之间的运输的船舶,以及从事沿海作业的船舶,其海事赔偿责任限额由国务院主管部门制定,报国务院批准后施行;其油污赔偿责任限额适用'船舶油污损害赔偿法'的规定"。

(3)《海事诉讼特别程序法》第101条第2款修改为:"船舶造成油污损害的,船舶所有人及其责任保险人或者提供财务保证的其他人为取得法律规定的责任限制的权利,应当向海事法院设立油污损害的船舶油污赔偿责任限制基金。船舶油污赔偿责任限制程序适用'船舶油污损害赔偿法'的规定"。

Abstract: By now, two international conventions, named "1969 International Convention on Civil Liability for Oil Pollution Damage" (CLC1969), "1992 International Convention on Civil Liability for Oil Pollution Damage" (CLC1992) adjust the limitation of liability for marine oil pollution. Whereas being a member of the two conventions above, China has no civil laws to adjust the limitation of liability for marine oil pollution. And there is no uniform method for application of international conventions in China, the matters of application of laws on limitation of liability for marine oil pollution have caused dispute among the scholars, for lack of laws. This article uses the contrast study method and the positivism study method. By way of describing the status of application of laws on limitation of liability for marine oil pollution in China, analyzing the reasons and the problem related with application of laws on limitation of liability for marine oil pollution, and studying the theoretical base, so as to find the resolving methods and provide legal advices for application of laws on limitation of liability for marine oil pollution in China.

Key words: Marine oil pollution; Limitation of liability; Application of laws

船舶碰撞造成油污损害民事赔偿的相关主体问题

柴智超①

(大连庄河海事处,大连庄河,116400)

摘　要:本文总结了我国目前司法实践中在处理船舶碰撞油污损害赔偿方面存在的主要问题,讨论了责任主体与诉讼主体这两个关键性问题,并根据法理和有关法律规定对这些问题进行了较详细的分析,最后在分析的基础上得出结论。

关键词:船舶碰撞　油污损害　相关主体

1　我国有关船舶碰撞造成油污损害赔偿的现状和存在的问题

在单船发生事故造成我国海域污染时,油污损害赔偿的法律适用、责任主体及责任承担等的确定相对简单,但因船舶碰撞造成油污时面对的法律问题要复杂得多。从目前船舶碰撞造成我国管辖海域污染案件来看,大致分为以下类型:①国内运输船之间(包括沿海和内河船)碰撞造成海域污染;②国内运输船与从事国际航线的、悬挂中国国旗的船舶碰撞造成的海域污染;③外国船与中国船(包括从事国际航线和国内航线的船舶)碰撞造成的海洋污染。

在处理这些案件时,司法实践中经常遇到的问题是:①船舶碰撞和碰撞造成的油污损害是一个法律关系还是两个法律关系的问题;②法律适用问题,如何时适用CLC、何时适用国内法;③责任主体问题,如是漏油船为责任主体还是两船均为责任主体;④诉讼主体问题,即谁有权利代表国家提出请求;⑤赔偿范围问题,等。

2　从法理和有关法律规定对上述问题的研究

2.1　船舶碰撞与油污损害是否是一个法律关系问题

民事法律关系是民事法律规范所调整的平等民事主体之间的民事权利义务关系。民事法律关系的种类不同,其所适用的法律规范和法律基本原则以及当事人的权利义务内容及其行使、实现和保护的方式等也就各自有所不同,因此实践中的一个重要问题就是要正确认定民事法律关系的种类或性质。

从分类上说,尽管船舶碰撞法律关系和油污法律关系都属于债权法律关系,但是,我国司法机关在处理船舶碰撞油污案件时,首先应确定碰撞造成油污损害的法律关系和船舶碰撞本身的法律关系是两个不同的法律关系,不能将两者混淆,因为两种法律关系的要素:主体、客体、内容的表现有所不同,在法律适用,归责原则、责任主体、免责事项等方面的结果都会有所不同,如船舶碰撞法律关系的主体主要是双方船舶所有人及船上货物所有人、人员、有时包括遭受财产损失或人身伤亡的第三人,客体为发生损害的船舶、货物、人身,内容为双方的索赔权

---

①　柴智超;单位:中华人民共和国大连庄河海事处;通信地址:庄河市城关街道财政委新华路南段248号;联系电话:89722165;电子邮箱:haida2002115@ sina. com. cn;邮编:116400。

利与赔偿义务，而船舶碰撞造成油污时，油污损害赔偿法律关系的主体是漏油船舶所有人与油污受害人，客体是遭受污染损害的财产如海水养殖物、自然资源、海水浴场的损失等，内容是油污受害人的索赔权利与责任人的赔偿义务。在法律适用上，船舶碰撞受《海商法》第 8 章调整，而船舶油污可能受“CLC”、《民法通则》、《海商法》、《海洋环境保护法》等不同法律的调整；在归责上，船舶碰撞采用过错责任制，而船舶油污损害赔偿则采用严格责任制，等等。

需要强调的是，主张船舶碰撞和由此造成的油污损害赔偿是两个法律关系，并不否认两者之间存在着内在的联系；毕竟油污是因船舶碰撞引起的，从广义上说，油污损害应当属于我国《海商法》第 169 条第 2 款规定的碰撞造成的“第三人财产损失”，因此，在互有过失碰撞时，漏油方承担油污赔偿责任后可以向非漏油方追偿超过其过失比例的部分。而且，这样处理也可以是两种法律关系达到内在的统一；即使两船都漏油，一方承担连带责任后，仍可按《海商法》有关船舶碰撞责任的规定向对方追偿。

2.2　法律适用问题

在研究船舶碰撞油污案件法律适用是，应根据案件的不同性质、不同种类的船舶碰撞油污分别确定应适用的法律。

(1)有涉外因素的油污案件。根据最高人民法院《关于贯彻执行〈民法通则〉若干问题的意见(试行)》第 178 条规定：“凡民事关系……，均为涉外民事关系。”简单地说，即是主体、客体和内容之一与外国有联系，该民事关系即为有涉外因素的案件。

①具有涉外因素的船舶污染民事赔偿案件应优先应用我国已经缔结或参加的国际公约。因为《民法通则》第 142 条、《海商法》第 268 条均规定，中华人民共和国缔结或者参加的国际条约同中华人民共和国民事法律有不同规定的，适用国际条约的规定，但中华人民共和国声明保留的条款除外，此条规定表明，我国在处理涉外民事法律关系是采取信守国际条约的原则，我国加入的 CLC 公约是目前在处理涉外船舶油污案件时应当优先考虑的法律依据。

但是，值得注意的是，首先，这里的“有涉外因素”是指油污法律关系，而不是指船舶碰撞法律关系，例如，一艘外国杂货船与一艘中国沿海油船在我国海域碰撞，外轮未漏油，而沿海油船漏油并造成严重污染，则不应认为此油污法律关系是涉外法律关系从而适用我国参加的“CLC 公约”。由于发生油污的海域在我国管辖范围内，油污受害人也是我国当事人，因此，只有当漏油船为外国籍船舶时，该油污法律关系才能构成涉外油污案件。其次，即使油污案件有涉外因素，还应注意此案件是否属于“CLC 公约”的适用范围，只有“CLC 公约”规定的“船舶”、“油类”造成的污染才能适用公约，1992 年 CLC 将“油类”修订为：“任何持久性烃类矿物油……”。因此非持久性油类、燃油等造成的污染均不能适用公约。

②对于不能适用公约的其他涉外油污案件，应当适用国内法解决，具体分析同不具有涉外因素的油污案件。

(2)无涉外因素的油污案件，对于不具有涉外因素的油污案件，应应用国内法。在国内法中，《民法通则》确立的“实际损失赔偿”原则，不应适用于船舶油污损害赔偿，因为第一，《海商法》是调整海上运输关系和船舶关系的特别法，而船舶油污产生的法律关系恰是在海运过程中产生的侵权关系，《海商法》应优先《民法通则》适用；第二，油污损害应属于《海商法》第 207 条第一项的一般海事赔偿请求，因而应适用《海商法》第 11 章的规定享受责任限制。《海洋环境保护法》虽然存在为数不多的关于油污民事损害赔偿责任条款，但均属原则性规定，并不能解决油污损害赔偿问题，特别是没有责任限制的规定，因此，《海洋环境保护法》只能解决油污

损害赔偿的原则，油污损害赔偿的数额不应适用该法。根据《海商法》第208条规定，对于符合"1992CLC"的，依据该公约的规定确定，而对于不属于"1992CLC"调整范围的海事债权，仍然依据《海商法》第207条、第210条以及交通部有关规定享受海事责任限制。

2.3　船舶碰撞造成油污损害民事赔偿的责任主体问题

船舶发生碰撞，大多数情况都是由于双方互有过失所致，根据我国参加的《1972年国际海上避碰规则》及我国《海上法》第8章规定，双方对财产碰撞责任按照过失比例承担，对于由此造成的油污损害这种财产损害碰撞双方是否承担连带责任呢？

(1)我国对船舶油污损害赔偿承担"连带责任"的实践做法，在单船造成油污损害时，其赔偿问题比较简单，除可以免责外，又该船舶所有人承担赔偿责任，不涉及连带责任问题。但是，因船舶碰撞造成海洋环境油污损害时，发生碰撞的各船之间如何对油污损害承担责任，在我国司法实践中认识不一，主要有3种做法：一是漏油船舶先予赔偿原则。二是连带责任赔偿原则。三是按碰撞责任比例赔偿原则。

(2)"CLC公约"的有关规定。"1969CLC"第4条规定，"两艘或多艘船舶溢出或排放油类造成损害，所有有关船舶的所有人，除可免责外，应对不能合理区分的损害负连带责任。"

"1992CLC"第5条定义："在发生涉及两艘或更多船舶的事故并造成油污损害时，所有有关船舶的所有人，除可免责外，应对所有无法合理分开的此种损害负连带责任，同"1969CLC"相比，尽管措辞有些差别，但对于涉及两船的事故，如只有一船漏油造成损害而另一船未漏油，此种损害明显属于可以合理分开的损害，两船所有人并不应负连带责任，只有两船都漏油时，才存在可能无法合理分开的情况，因此，从实质上看，"1969CLC"与"1992CLC"规定的有关船舶所有人承担连带责任的条件并没有改变。

(3)船舶碰撞造成油污时连带责任承担的探讨。针对我国在不同时期，对船舶碰撞导致油污的案件存在多个不同的判决，而且对责任人承担的赔偿责任认定差异较大的现状，我国急需在将来立法上对连带责任的承担条件做出明确规定，为避免歧义，应采用"1969CLC"第4条的规定。根据这一规定，船舶碰撞造成油污损害，各船是否负连带责任，应视情况而定，不能一概而论。

①两船碰撞，不论单方过失还是双方互有过失，如果两船都漏油，只要符合CLC规定的承担连带责任的条件，如油污损害无法合理分开则两船应对此损害负连带责任，单方过失情况下，承担连带责任的一方可以就其承担的全部油污赔偿责任向过失方追偿；双方互有过失情况下，承担连带责任的一方仅可以就其承担的超过其过失比例部分向对方追偿，如果两船都漏油，但对漏油造成的油污损害能够合理分开，则两船不应对此损害负连带责任。

②两船碰撞，不论单方过失还是双方互有过失，如果只有其中一艘船舶漏油并造成污染，另一船没有漏油，因为此时的油污损害是由漏油船造成的，明显属于能够合理分开的损害，则不符合两船承担连带责任的条件，应坚持谁漏油谁赔偿的原则。同样，漏油船对油污损害负责赔偿后，有权对超过其碰撞过失比例部分向过失方追偿。

在实践中，存在这样的情况：两船碰撞后，一船漏油，而漏油船又沉没或漏油船没有清偿能力，此时虽不符合非漏油方承担连带责任的条件，但如果坚持谁漏油谁赔偿的原则可能会给受害人带来不公，在此情况下，为保护油污受害人的合法权益，可以考虑允许受害人向非漏油船所有人索赔，但只能向非漏油方索赔该船的过失比例部分。然而，不能认为非漏油船承担的是连带责任，因为，假设漏油船没有沉没或有其他财产，漏油方赔偿油污损害后也只能按照过失比例向非漏油方追偿,即非漏油方最终仍是按照自己的过失比例承担责任,问题是,我国司法实践的发展趋势是把船舶碰撞和油污损害看作两个法律关系,此种情况下油污受害人如何向碰撞的另一方(非漏油方)索赔该方应承担的碰撞过失比例部分?这种情形可以通过漏油方将其向非漏油方追偿的诉权转让给油污受害人的途径解决,也可以在将来立法中通过法定代为的方式得到更佳的解决。

③如果两船都漏油,其中一船对漏油事故的发生可以免责,如果能够证明该船漏油所造成的油污损害部分,该船可以对此部分免责,但如果不能证明这一点,两船仍应对油污受害人负连带责任,以保护受害人的合法权益。

2.4 船舶碰撞造成油污损害民事赔偿的诉讼主体问题

我国《海洋环境保护法》第5条规定了环保、海洋、海事、渔政和军事等部门"九龙治水"的原则,但事实上,由于是部门立法,各个部门职责划分不清,造成"有时九龙治海,有时海里无龙"的局面,特别是在发生船舶油污事故时,往往会有不同或者多个部门同时声称有权代表国家清偿。在这些部门声称保护国家利益的同时,却可能因滥用职权而严重地损害了国家的形象。由于这些政府部门和机关都同时执掌和行使着一定的行政权力,因此,其代表国家所提出的请偿往往会给船东带来很大的压力,在请偿存有错误时还会给船东造成很大的损失,那么,根据我国有关法律规定,到底谁有权代表国家进行请偿呢?

依照《海洋环境保护法》第90条第二款的规定:"对破坏海洋生态、海洋水产资源、海洋保护区,给国家造成重大损失的,由依照本法规定行使海洋环境监督管理权的部门代表国家队责任者提出损害赔偿要求。"那么,到底哪个部门才是"依照本法规定行使海洋环境监督管理权的部门"呢?结合《海洋环境保护法》第5条的规定,可以得出:

(1)有权"代表国家对责任者提出损害赔偿要求"的部门,一定是"依照本法规定行使海洋环境监督管理权的部门",而非依照任何其他法规行使海洋环境监督管理权的部门。因此,有的法院援引《渔业法实施细则》等规定来证明某政府部门有权代表国家请偿,是对《海洋环境保护法》第90条第二款的这一规定的违反。

(2)《海洋环境保护法》第5条的规定,认定国家有关行政主管部门应依照事故所发生的水域和性质来确定其行使的监督管理权。由此可见,环境保护部门对陆源污染物和海岸工程建设项目海洋污染损害行使监督管理权;海洋部门对海洋工程建设项目和海洋倾倒废弃物造成的海洋污染损害行使监督管理权;海事部门对所辖港区水域内非军事船舶和港区水域外非渔业、非军事船舶污染海洋环境行使监督管理权;渔业部门对渔港水域内非军事船舶和渔港水域外渔业船舶污染海洋环境行使监督管理权;军队环境保护部门对军事船舶污染海洋环境行使监督管理权。

(3)在任何情况下都只有一个部门有权行使监督管理权,也因此只有一个部门有权代表国家请偿。水产部门不是行使监督管理权的行政主管部门之一,因此在任何情况下均无权代表国家请偿。然而,就普通油船因碰撞、触礁或搁浅发生漏油污染而言,船东和保赔协会所面临的最大困难是渔政部门代表国家所提出的索赔。如上所述,《海洋环境保护法》第5条第四款所规定的是,"国家渔业行政主管部门负责渔港水域内非军事船舶和渔港水域外渔业船舶污染海洋环境的监督管理",即国家渔业行政主管部门对于渔业水域中的所有污染海洋环境的事故并不必然具有监督管理权,而仅对渔业水域中渔业船舶所造成的污染海洋环境的事故具有监督管理权;对其他情况下的船舶污染均没有监督管理权,因而也就无权代表国家向任何

人请偿。

(4)就渔业行政主管部门而言,其所行使的监督管理权,目的在于对渔业水域生态环境进行保护,包括向渔民发放捕鱼证,监督渔船是否按照捕鱼证的规定进行捕鱼,以及在禁渔期内是否进行了非法捕鱼,等等。在渔业资源恶化(例如:遭受油污)时,渔业行政主管部门仅仅有责任从上述这些方面采取相应的行政措施,没有责任对海洋环境采取诸如改善水质、补充鱼苗等生态措施,因此,其所行使的监督管理权与《海洋环境保护法》第90条第二款所规定的"给国家造成重大损失"的经济责任无关,因此也就不能依其所具有的行政监督管理权,而必然地享有《海洋环境保护法》第90条第二款的授权来代表国家对责任者提出民事损害赔偿请求。

(5)《海洋环境保护法》第5条第二款规定:"国家海洋行政主管部门负责海洋环境的监督管理,组织海洋环境的调查、监测、监视、评价和科学研究,负责全国防治海洋工程建设项目和海洋倾倒废弃物对海洋污染损害的环境保护工作。"明确了无论是谁,只要是在海上(而不是从陆源,否则适用第一款的规定)倾倒或泄漏污染物或废弃物,对海洋造成污染损害,那么,环境保护工作(而非仅仅是行政处罚)都由国家海洋行政主管部门负责。与《海洋环境保护法》第5条第三至第五款相比,第一款和第二款所规定的国务院环境保护行政主管部门和国家海洋行政主管部门,是负责对海洋环境所遭受的污染损害采取诸如改善水质、补充鱼苗和设置鱼礁等方面的经济、技术和生态措施的主管部门。因此,也只有这两个主管部门(即国务院环境保护行政主管部门和国家海洋行政主管部门)才符合《海洋环境保护法》第90条第二款所规定的要件,对于"给国家造成重大损失"的责任者,享有法定代表权,代表国家提出民事损害赔偿请求。

2.5 赔偿范围

这里主要讨论海洋自然资源损失的赔偿问题,因为这是实践中争议较大的问题。

海洋自然资源损失。这里涉及的自然资源尤其是渔业资源经济损失是否在赔偿范围之内的问题,在司法实践中,法院认为渔业的中、长期损失应当获得赔偿。但学者对此问题一直争论不休,有人认为应当赔付此种损失,有人认为不应赔偿,理由是,赔偿此种损失将影响实际损失以及预防费用的补偿;而且,自然渔业资源经济损失没有实际发生,难以量化,可信度差,总之,"污染损害"的赔偿范围不易包括自然渔业资源的中、长期损失。

自然资源经济损失应当获得赔偿,理由是,自然资源经济损失属于生态环境损害,而1989年《救助公约》和CLC1992均承认了环境损害的赔偿,当代法学以及各学科愈加重视生态环境的保护,因此,我国赔偿生态环境损害是必要的,符合当代法学和当代环境思想,但考虑到在我国沿海发生的污染损害赔偿水平低下,责任人实际偿付能力有限,在计算自然资源经济损失时可以采用"恢复"原则,即只赔偿可恢复的环境损害,不包括不可恢复的环境损害,因为,首先我国《民法通则》和各国侵权法中对侵权损害赔偿普遍采用恢复原状原则;其次,只赔偿恢复费用不会导致赔偿数量过大,从而影响其他债权的实现,而且,清污费和环境损害赔偿实际上有着一定的交叉,许多"恢复"工作实际上已通过清污完成,因此采用"恢复"原则赔偿自然资源经济损失费用不会很高。

3 结论

本文探讨了船舶碰撞造成油污损害民事赔偿的相关主体问题,并得出如下结论:(1)并不是所有的相关政府机构都有权代表国家提出油污损害赔偿请求,通常只有海洋主管部门才有此权利。(2)不论是否对碰撞负有责任,除非是100%的责任,非漏油一方没有责任对污染损害进行赔偿。

Abstract: This article summarized the major questions what exist in the damage civil compensate of oil pollution of the deal with the ship collision in justice practice in china now, discuss the two key questions of the subject of liability and litigation, analyse these two questions approximately what base the jurisprudence and the related law regulation, educe the conclusion what bases the analyse at last.

Key words: Ship collision; Oil pollution damage; Relation principal questions

全球化对中国海运有毒有害物质污染责任立法的影响

李　桢
（大连海事大学国际海事公约研究中心，大连，116026）

摘　要：在海运有毒有害物质污染损害赔偿方面，我国尚无相关的专门性立法，而 HNS 公约及其 2010 年议定书的出台则为各国立法提供了有益的指导。与国际立法接轨无疑会加快我国在海洋污染防治方面的立法进程，但如何既融入到全球化的立法进程中，又做到符合我国的国情则具有更加重大的现实意义。本文将介绍国际海运有毒有害物质污染责任立法的最新发展，在此基础上探讨全球化对我国海运 HNS 物质污染责任立法的影响。

关键词：全球化　有毒有害物质　污染责任立法

1　前言

2001 年 4 月 17 日，韩国籍“大勇”轮在我国长江口附近海域与香港籍“大望”轮发生碰撞，导致“大勇”轮船载剧毒物质苯乙烯泄漏达 701 吨，是目前世界上最大一起海上苯乙烯泄漏事件。有害有毒物质污染事故的发生，不仅会造成人身和财产的重大损失，还会给海洋生态环境造成巨大的破坏，需要长时间才能恢复。在国际上，防止这类事故的发生有两种途径，一是事前的预防，这主要通过国际海事组织制定的一系列强制性标准提高船舶安全和防污染标准，加强船公司的管理，进行国际合作来达成，这一类公约包括 SOLAS、MARPOL、OPRC 等，另一种途径是事后处理，通过使污染致害人承担赔偿责任来达到震慑的效果。对于后一种途径而言，我国没有专门立法，而国际上已有 1996 年国际海上运输有害有毒物质责任和损害赔偿公约（HNS 公约），该公约虽暂未生效，但由于各国的高度关注，国际海事组织（IMO）已于今年通过了 HNS 公约议定书。该议定书的通过平衡了各利益集团的意见，解决了阻碍 HNS 公约生效的诸多问题，将加速国际 HNS 物质污染损害赔偿制度的建立，在全球化背景下对我国国内 HNS 物质污染立法有重要的借鉴意义。

2　国际海运有毒有害物质污染责任立法的最新发展

2.1　HNS 公约未能生效的原因

尽管 HNS 公约 1996 年就获得通过，但迄今为止仅有 14 个国家批准公约，距公约生效条件甚远。如何推动 HNS 公约的生效是近几年 IMO 法委会关注的重要议题。各国意见集中体现在公约未能生效应归咎于其自身条文规定上的问题。主要有以下几点：

2.1.1　液化天然气（LNG）账户摊款问题

公约第 19 条是分帐户的年度摊款问题，1（b）是专门针对 LNG 摊款的规定。对 LNG 账户承担支付义务的是在上一日历年度或大会决定的其他年度中在卸船之刻前对在该国港口或码头中卸下的 LNG 货物具有所有权的所有人，这意味着非缔约国的货物所有权人不受公约成员国的管辖，不会向 LNG 账户缴纳摊款。

LNG是公约下唯一收货人无需承担基金摊款的货物,这与公约下的其他HNS货物的规定不同,也与其他IOPC基金和IMO公约不同,这些公约都将收货人作为摊款义务人而不是货物最后的所有权人。工业界和部分国家指出取决于使用的合同种类的不同,有些LNG出口商(卖家)在卸货时会成为货物所有权人。据估算该部分占LNG合同的63%。对于部分国家,19条1(b)的规定是不公平的①。

2.1.2　包装HNS物质收货人的识别问题

根据公约第1条4(a)的规定,收货人系指实际接收卸于一当事国的港口或码头的摊款货物的人,但是,如果在接收时实际接收该货物的人员系受任何缔约国管辖的另一人员的代理人并且该代理人向有害有毒物质基金指明了该委托人,则该委托人应视为收货人。HNS物质分为散装货物和包装货物,散装货物的收货人易于识别。但包装货物的收货人识别比较复杂,如果货物实际接收人是港口或码头经营人,包装HNS货物通过港口即刻用公路或铁路运输等其他方式进行转运,则无法识别当事人。对通过港口或码头的每一票包装HNS物质进行报告不仅会给缔约国和LNG业界增加沉重的行政负担,也将导致缔约国无法向IMO准确地报告HNS的数量。这是公约在具体操作中难以解决的一个问题。

2.1.3　缔约国不提交摊款货物的报告问题

各国在批准公约及此后的每一年度提交摊款货物报告是一项基本的条约义务,不提交报告构成对公约第43条规定的违反。尽管公约目前尚未生效,但涉及到缴纳初次摊款的问题,公约在第Ⅴ章作出了过渡规定。第Ⅴ章第43条"摊款货物资料"规定,在向秘书处交存批准、接受、核准或加入的相关文件时及此后在本公约对一当事国生效前的每一年里,该当事国应向秘书处提交关于在上一日历年度中在该国接收或,对于液化天然气,卸下的总帐户和每一分帐户的摊款货物的有关数量的资料。大多数国家认为公约第Ⅴ章关于摊款货物报告的过渡规定和第Ⅵ章最终条款第45条批准、接受和核准公约的规定之间缺乏直接联系,使得公约本身就存在缺陷。根据公约现行条款的规定,如果批准了公约的某个国家在批准后没有履行报告义务,并不会使其丧失公约缔约国的地位。这会给其他批准公约后履行了报告义务的国家带来负面影响,其国内缴纳摊款的人会承担下所有的经济负担。出于经济上的顾虑,一些国家将不愿意批准公约。

2.2　2010年议定书对公约的改进

由于各国的高度关注,国际海事组织(IMO)在今年4月召开的外交大会上通过了对公约的修订,由于公约尚未满足生效条件,对未生效的公约无法采取修正案的方式进行修改,故采用了议定书的方式。归纳起来,本次修订HNS公约的2010年议定书主要有三大突破。

2.2.1　将LNG收货人作为摊款人

议定书修改了公约原有规定,改为由LNG接收人向LNG账户摊款,同时允许LNG接收人与所有权人协商摊款安排,但如果LNG所有权人不履行摊款义务,则仍由LNG接收人承担摊款责任。

2.2.2　取消包装HNS物质接收人的摊款义务

议定书取消了包装HNS物质接收人向HNS基金缴纳摊款的义务,但包装HNS物质事故受害人仍有权从HNS基金获得赔偿。包装HNS物质接收人无须向基金摊款从而使得缔约国

---

①　李桢,张仁平.HNS公约的修订及其影响.大连海事大学学报(社科版),2008年第6期。

无须向IMO报告接收这部分物质的数量,减少了缔约国政府的行政负担,无疑是最简单可行的解决办法。

但该办法也带来一个新的问题,即不符合“责任分担”的原则。在包装形式的HNS货物发生事故造成的损失未超过船舶所有人责任限制时,对散装HNS货物接收人而言不存在任何影响。但如果有重大事故发生,损失超过船舶所有人责任限制,则不得不从第二层基金中求偿,而这一层基金的摊款人安排为只有散装HNS物质接收人无疑会加重散装HNS货物接收人的经济负担,最终还是会反应在货物价格上。为解决该问题,议定书修改了公约第9条责任限制的规定,分别设置了运送包装HNS物质和散装HNS物质的船舶所有人赔偿责任限额。运送散装HNS的责任限制仍按照原来的规定,运送包装HNS船舶所有人的赔偿责任限额提高15%。

如果损失是由散装HNS和包装HNS物质共同造成的,或者无法判断损失是由船上载运的散装HNS造成还是包装HNS造成的情况下,都适用提高后的责任限额。

2.2.3 对不提交摊款货物报告的缔约国的处理

议定书规定如缔约国不提交摊款货物报告,将暂时取消该缔约国受害人从HNS基金获得赔偿的权利。如果被暂时取消获得赔偿权利的缔约国在HNS基金干事通知了该国未报告的事实后一年内,仍未履行报告义务,则将被永久取消对此次事件的求偿权。但需要注意的是,为了体现对人命安全的关注,即使成员国未履行报告义务,对于有毒有害物质相关事故造成的人身伤害或死亡仍然可以从基金求偿。正如IMO秘书长Mitropoulos先生所说:“我们致力于达成一种健全、有效、可行和公平的有毒有害物质损害民事责任制度,一旦HNS公约生效,当海员或其家属在与有毒有害物质相关的事故中遭受人身伤害或死亡的,他们将得到有效的法律保护”。①

针对未在批准公约与公约生效这一期间每年提交摊款货物报告的国家,议定书规定将拒绝或暂停其缔约国资格。

2.3 议定书将加速公约生效进程

在议定书通过之前,有14个国家加入HNS公约,商船总吨位占全球商船总吨位的13.61%,但是只有塞浦路斯和斯洛文尼亚按照公约43条的规定提交了参加摊款货物的报告,报告的HNS物质数量距公约要求的4000万吨HNS摊款货物数量还有很大差距。议定书的出台是各国利益的妥协,它从公约自身规定上进行了完善,平衡了出口商和进口商的利益,提交报告国家与不履行该义务的国家间的利益,不同形式HNS物质收货人间的利益,使公约更富可操作性,将打消部分国家和利益集团的顾虑,基本扫清阻碍公约生效的障碍,无疑将加速公约生效的进程。

3 全球化对我国海运有毒有害物质污染责任立法的影响

随着科技的发展、通信技术的进步,经济的全球化得以形成发展并将触角延伸至人们生活的各个方面。航运由于其构成要素,如海员(国际化的职业)、船舶(从事国际航运的载体)、货物(货物在国际间的自由流动构成国际航运的原动力)等的跨界流动而受到全球化趋势影响更深,为使该行业实现与环境和谐的可持续发展而制定的法律,如防止污染海洋的环境保护立

① 朱明杰.海员遭有毒有害物质事故损害将受法律保护.中国交通报,2010年5月18日。

法亦受到全球化影响。

防止有毒有害物质污染立法的公约可分为两类，一是技术性公约，一是非技术性公约。前者在船舶方面，涉及船舶的结构、设备、性能等要求；在船员方面，涉及船员的值班、发证和培训国际标准；在货物方面，涉及有毒有害物质的装卸、保管、照料等。通过提高有毒有害物质运输的载体的安全性、考虑从事实际业务操作的人员的人的因素的影响来降低有毒有害物质事故发生的几率。对于这一类公约，由于其技术性和专业性，公约凝聚了各国技术专家的智慧，代表了航运业的现状和发展方向，我国的立法多采用并入的方式，直接予以引用。IMO 作为联合国下属的负责船舶和海运事务的最高技术机构，迄今为止制定了 61 个公约及议定书，我国加入了其中的 34 个，对于技术性公约我国全部予以加入。

对于非技术性公约，由于涉及国内经济和社会发展状况，则情况比较复杂。既要考虑借鉴世界法学理论的先进立法技术，从中得到充实和发展，又要考虑我国国情，避免出现水土不服的现象。既要有利于我国的环境保护和可持续发展，又要做到相关当事人能符合公约要求，切实承担起我国履约的国际义务。

国际上在处理船舶污染防治的各个方面，已形成了比较完整的体系，并仍在不断完善中。而从我国以往的立法实践来看，责任与赔偿类公约中我国加入了 1992 年国际油污损害民事责任公约、2001 年燃油公约，未加入基金公约。在加入各公约之前均作了长期的可行性论证，即便未加入基金公约，为了与国际接轨，我们也仿照基金公约的模式即将设立国内的油污赔偿基金。

4 对我国是否应加入 HNS 公约的利弊权衡

4.1 国内现有立法与公约规定存在巨大差距

HNS 公约是继民事责任公约、基金公约之后又一采用严格责任制的责任赔偿公约，而且其比先前的油污公约在丧失责任限额方面的规定也更加严格，它体现了国际海事立法的进步。公约未对强制保险适用的船舶最小吨位做出限制，即便是 200 总吨以下的小船如果未做出保留也需要进行强制保险。

反观国内立法，规范有毒有害物质运输和赔偿的相关法律法规散见于《危险化学品安全管理条例》和《中华人民共和国船舶载运危险货物安全监督管理规定》。但他们一个是国务院颁布的行政法规，一个是为了交通部颁布的部门规章，法律位阶不高，且有些条文并未落到实处。以 2004 年 1 月 1 日起生效的《船舶载运危险货物安全监督管理规定》为例，其中第 20 条规定“载运危险货物的船舶应当按照国家有关船舶安全、防污染的强制保险规定，参加相应的保险，并取得规定的保险文书或者财务担保证明。载运危险货物的国际航行船舶，按照有关国际公约的规定，凭相应的保险文书或者财务担保证明，由海事管理机构出具表明其业已办理符合国际公约规定的船舶保险的证明文件。”该规定中的“危险货物”，系指具有爆炸、易燃、毒害、腐蚀、放射性、污染危害性等特性，在船舶载运过程中，容易造成人身伤害、财产损失或者环境污染而需要特别防护的物品。但实际上，我国国内还未出台有关船舶安全、防污染方面的强制保险规定，仅在我国加入的 CLC92 公约中对载运 2000 吨以上散装货油的国际航行船舶有进行强制保险的要求。

HNS 公约与 CLC 公约和基金公约相比，结构更复杂，设置了双层赔偿机制，而我国虽然加入了 CLC92 公约，但一直没有加入基金公约。在 2010 年 3 月 1 日《中华人民共和国防治船舶

污染海洋环境管理条例》开始实施后，国内的《船舶油污损害赔偿基金征收和使用管理办法》历经三次征求意见也将要出台，但回顾起来这是一个长期的过程。对于HNS公约下要求设立的基金采用政府性基金模式还是采用信托基金模式还是遵从船舶油污损害赔偿基金的征收和管理模式，以及摊款标准等都是需要考量的问题，且国内的船舶油污损害赔偿基金还未开征，尚无经验可循。

4.2　对主管机关提出了履约要求

公约确立了对HNS物质海上运输所致损害由船舶所有人和货主共担风险的原则。在第一层赔偿机制中，在一当事国登记并实际运输HNS物质的船舶的所有人需进行强制保险或取得其他经济担保，当事国主管机关要进行核查确定保险有效性且符合颁发强制保险证书的要求。在第二层赔偿机制中，当事国主管机关应承担提交摊款货物报告的义务，报告内容包括摊款人的姓名地址及该人在上一日历年度应对其支付摊款的摊款货物的有关数量和资料。一旦公约生效就需要明确当事国提交报告的义务主体是谁，在我国一般应由海事主管机关承担报告义务，这就对主管机关的履约能力提出了要求。

4.3　国内HNS物质接收人有支付摊款义务

石油和化工行业是我国国民经济的基础性和支柱性产业。我国的石油和化工市场具有广阔的发展前景，并逐渐成为国内外投资者投资的重点行业。近年来，石油和化学工业总产值一直呈上升态势，2008年全行业总产值实现6.63万亿元。我国石化业已发展成为世界第二生产大国和消费大国。详见图1。[①]

如果加入公约，国内的石化企业作为HNS物质的接收人将承担支付摊款的义务。作为石化资源进口大国，我国势必承担较重的摊款义务，增加石化企业的经营成本。

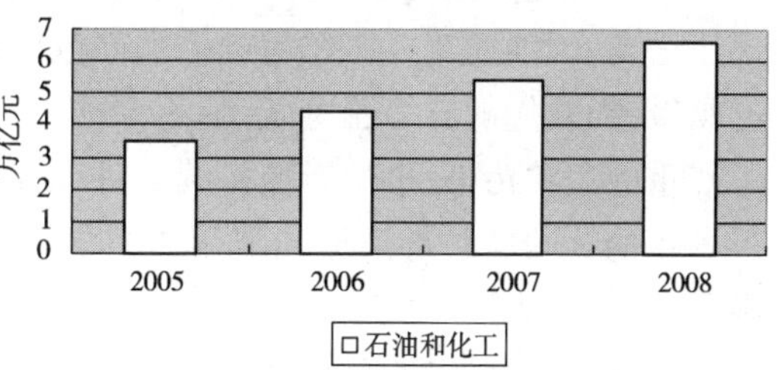

图1　2005～2008年我国石油和化工总产值

5　总结

在全球化背景下，既要使我国立法与国际接轨，借鉴其合理成分，又要坚持我国的立法自主性，从国情出发考虑是否加入国际公约。根据上述分析，无论是国内立法还是现有的实践都不能满足公约的要求，目前加入HNS公约和议定书的时机尚不成熟。但从长远来看，我国是一个海洋大国，海洋经济已逐渐成为国民经济的新增长点，为了保护海洋环境和海洋资源，必须切实降低各种污染源对海洋的污染。同时，我国也是一个资源进口大国，我国经济飞速发展导致对化工品需求的增大，这也加大了化学品污染海洋概率。近年来发生的多起化学品船事故都造成了巨大的损失，受害人的利益得不到充分的赔偿，而加入公约正可以设立起双层赔偿机制，完善强制保险制度和建立损害赔偿基金，充分保护受害人利益。所以我们应持续关注公约议定书出台后各国对公约态度的变化及批准公约的最新进展，并根据国内经济发展的情况决定加入公约的适当时机。即使现阶段不加入，也可采纳公约下"船舶所有人和货主共担风险原则"，按照公约的模式在国内先行建立双层赔偿机制，具体的适用范围、赔偿限额、摊款标准等可按照我国国情在充分调研，听取船东、货主、保险人和潜在的污染受害人的意见基础上做出。

① 2009年中国行业年度报告系列之石油化工，中经网，4-5页。

浅谈防治北部湾油类污染的措施

朱 立① 叶 荪②

(北海海事局)

摘 要:随着海洋经济的迅猛发展,北部湾海域遭到越来越严重的污染威胁,海域环境质量的下降,将使生态环境日趋恶化,并对生物资源和人体健康产生危害。本文对北部湾海洋环境油类污染的情况进行了分析,就如何防治海洋油类污染进行了探讨,并提出一些防治海洋油类污染的措施。

关键词:北部湾 油类污染 防治 措施

1 引言

随着石油资源的不断开发利用,北部湾海上石油开采量不断增加,船舶和陆源排放污油量逐年增大,因油类造成海洋污染的事件也接踵而来。2008 年 8 月,旅游胜地涠洲岛,油污形成的黑带,如长蛇般缠绕着海岛,油污渗透到沙子下面数厘米,这个"中国最年轻的火山岛"受到了严重的溢油污染,事件影响持续数月,对涠洲岛旅游和海产品养殖产业以沉重打击。对比最近发生的美国墨西哥湾原油泄漏事件,我们更要意识到防治北部湾海域油类污染紧迫而又艰巨。

北部湾地区还拥有天然的海滨浴场、国家红树林保护区、国家儒艮保护区和大面积的海洋养殖基地。这些区域对油类污染都十分敏感。海洋污染不仅损害海滨环境,伤害海洋生物生态,还危害人类健康,妨碍渔业的发展以及人类对海洋其他的合法利用,且影响持久。因此,无论从保护海洋环境,提高清污能力的角度,还是从减少能源经济损失角度考虑,研究海洋油类污染的控制及探讨溢油处理技术,具有其必要性和重要的现实意义。

2 北部湾水域油类污染的途径

北部湾是一个半封闭的大海湾,海洋油类污染的主要来源有:海上钻井及生产平台、自然排放入海、船舶交通事故、船舶操作性排放、原油提炼加工、陆地油品的装卸等。

2.1 船舶溢油事故

随着北部湾经济的开发,海上运输队伍不断庞大,发生船舶污染事故的概率也随之增大。船舶造成海洋油污染主要有操作性排放和事故性排放两种。操作性排放主要是指油舱的压载水、洗舱水以及船舶动力装置运转产生滴漏的油品所形成的含油舱底水的排放。事故性排放

① 朱立,北海海事局,助理工程师,联系电话:18977959977,电子邮箱:realzhuli@163.com,地址:北海市北部湾西路 23 号,邮编:536000。

② 叶荪,北海海事局,助理工程师,联系电话:18977959970,电子邮箱:yesun0403@163.com,地址:北海市北部湾西路 23 号,邮编:536000。

主要是指船舶发生碰撞、搁浅、触礁、严重横倾等海损事故时货油舱或燃油舱的溢油。尤其是油船发生严重海损事故时引起泄露，造成油料大量涌入海洋造成的污染危害最为严重。重大恶性航行事故会导致局部海域发生严重污染，甚至造成生态灾难且影响持久。2008 年 8 月，巴拿马籍“DA CANG SHAN”轮在北海港石步岭码头港池水域排放带油压载水时造成过失操作性污染事故，事故共造成约 0.45t120 号重质燃料油泄漏，港池水域发生大面积油污染。

2.2　海洋石油钻探

我国目前对海洋的开发和利用很大程度上存在重效益轻保护的现象，有的项目甚至以牺牲海洋环境为代价，忽视了对资源的合理开发与保护。随着我国海洋工业的不断发展，越来越多的钻井平台在北部湾水域运作起来，在带来可观的收入同时，也带来了油类污染的风险。海上油井发生井喷、管道泄漏、勘探开发过程中使用过的残油、废油、废油直接排放入海都威胁着北部湾海域的海洋生态环境。2008 年涠洲溢油事件已经为开采石油而忽视保护海洋环境的政府和企业敲响了警钟。

2.3　陆源污染

过去，在陆地国土观念的影响下，人们认为海洋容纳污染物质的能力也即其环境容量是无限的，可以容纳净化外界排入的所有污染物。因此，沿海地区大量的工业污油、生活污油、码头装卸的油类被排入海洋，在许多地方大大超出了海洋的自然净化能力，导致近岸海域环境污染日趋严重，海洋生物资源衰竭，影响到人们对海洋功能的开发和利用，陆源含油污水的违规排放已成为北部湾油类污染的重要原因。

3　北部湾区域存在的防治污染问题

3.1　对防治油类污染认识不足

目前，在北部湾地区，地方政府对防治油类污染不够重视，民众的防污染意识淡薄。部分地方政府对防治污染的认识仍然停留在“谁污染，谁治理”、“先发展，后治理”的思路上，管理理念和工作指导思想僵化。钦州和防城港当地政府还未编制和发布港口码头的溢油应急预案，尚未建立溢油污染事故应急反应体系，这就增加了北部湾防治油类污染的风险。而有些航运企业更是心存侥幸，对海洋环境不闻不顾，为了降低企业营运成本，随意缩减防治油污方面的经费，如在防污设施、人员培训等方面投入不足，安全与防污染管理体系存在“两张皮”现象等，造成防治污染的计划、应急措施有名无实。

3.2　执法部门的界限模糊

海洋环境保护工作涉及到海洋局、海事局、渔业局、交通局、环保局、军事部门以及各级人民政府等。环保部门、海洋部门、海事部门、渔业部门等各部门按照法律分工，为防治海洋环境污染，遏制环境恶化势头，作了大量的工作。但是我国现在行政机关管理职能的划分没有十分明确，不同的行政机关可能从不同的角度对一个管理对象进行管理，这样不免会出现有些方面职能交叉，有些方面有互相推诿无人管辖的局面，这样简单的问题也可能会复杂化。比如现行的法律法规对浮式储油装置、从事渔家乐的渔业船舶的排污并没有明确的管理部门和管理依据，一旦这些行为出现污染情况，极有可能出现无人监管的局面。

3.3　防污队伍、设施设备投入不足

北部湾地区防治油污事故应急队伍主要由部分油类码头和船舶污染物接收单位组成（表 1）。由于缺少经费投入，不仅数量少，而且人员缺乏必要的专业培训，在一定程度上制约了污

染事故应急水平和能力的提高。

表1

港口	防城港	钦州	北海
清污队伍数量	3	2	1

防污设备投入大,回收成本效益低,基本上属于社会公益性事业,防污设备的充足性与先进性取决于国家与政府的投入。在北部湾区域,从事清污工作的主要是船舶污染物接收、清舱作业单位。由于资金缺乏,所配备的防污设备设施不足,清污工作只能停留在原始阶段,主要还是依靠人工清污,只有少量机械设备补充,不具备对付海上大中型溢油的能力,难以应对重大油污事故。而部分码头的防污染设施、设备达不到国家规定的标准要求,防污能力低下,防污现状堪忧。

3.4 赔偿机制不完善

到目前为止,我国仍未加入《1971年设立国际油污损害赔偿基金公约》,也未建立规范化的油污损害赔偿体制。按照现有国内法律,我国现行的海上清污实行的是清污费由肇事船东承担的办法;依据我国加入的《国际油污损害民事责任公约》的规定,对于油污损害的赔偿,遵循的则是船东和石油货主共同承担的原则。但对达不到要求购买保险的船舶则没有相应的赔偿机制,对陆源油污的排放和渔业船舶油污的排放更是没有相应的机制,存在相当大的隐患。

对于海上清污,由于缺乏强制措施,因船东破产或污染损失巨大超过船东赔偿能力、找不到肇事者等原因,清污费用赔付率很低;而重大船舶溢油事故危害范围极其广泛,因此,这种损失仅靠政府或某一船东与石油货主共同负责是无力承担的。当突发事故情况紧急、必须立即采取措施清除危害时,并且造成的损害远远超过责任人员的经济能力时,现行赔偿做法显然无能为力。

4 应对措施

4.1 提高全民环保意识,建立防治油污应急体系

政府要加大宣传力度,努力增强全民水上环境保护意识,大力提高人民群众对防治水域油类污染工作参与的积极性,当发现有向海洋非法排污或水域被污染现象时,能及时主动向当地政府和海事、环保、海洋等相关职能部门举报,为相关职能部门及时有效查处污染案件创造有利条件,最大限度地遏止非法排污行为。

同时,各地方政府还应制定相应的管理规定、管理条例等,认真制定和落实溢油应急反应预案,加大防油污队伍建设,并通过法律、法规的建立来限制各种废水、废渣在未经处理前的故意排放。针对北部湾各地油类污染的防治特点,借鉴国内外先进经验,形成北部湾地区的应急体系。

4.2 整合资源,形成合力,加强海洋环境综合治理

如何充分发挥各部门的优势,明确其职责,是一项紧迫而又艰巨的任务。只有充分整合各部门的资源,做到信息通畅、技术资源共享,齐抓共管,才能做到我国海洋环境综合治理工程的和谐发展。

海洋局、海事局、渔业局、交通局、环保局、军事部门等部门可以联合执法,建立海上执法监察队伍,共同对加大监控力度。充分利用海上搜救中心的协调作用,使海上搜救中心成为海上油污事故应急反应中枢。建立油类污染物非法排放的跟踪和监管体系,加强对海洋污染调查、

监测和管理，不留死角，形成“溢油必查，有污必治”的新局面。同时不断完善污染监测网，健全卫星、船舶、岸站立体监视和执法体系，建立由 CCTV、巡视船舶、飞机、卫星组成的全方位、全天候的“水、陆、空”三位一体的水上监视网络，确保防污工作的持续有效。

4.3　加大投入，提高防污处理能力和应急设施设备性能

北部湾地区污染物接受处理能力，应急船艇、设备、器材的数量和性能都落后于经济发展的需要，加大防污处理和应急设施设备投入势在必行。根据北部湾油类污染处理的现状和今后应急反应的要求，建议政府拨出专款开展应急物资储备的建设，通过逐年增加经费的方法，满足应急需求。同时，加快生活污水治理厂、人工湿地系统等各种环保项目的建设、基础设施的投入，完善居民生活污水，工厂、企业等的工业废水、废渣的接收措施，防治陆源污染。

通过政策引导和打造平台，争取企业等社会力量投入，推进“国家、地方政府、企业”三方联合投资的机制。这需要政府及各相关单位通过政策、税收等优惠来引导企业等社会力量参与北部湾的溢油防污染应急建设。以珠江口（含大亚湾海域）为例，通过政策引导和吸引社会力量投资，该区域目前围油栏数量已达到 6 万多米，专业的防污船、收油机、消油剂等应急资源的数量均有较大幅度增加。中海壳牌公司和中海油公司先后建造多功能专业清污船“碧海 1 号”和我国第一艘配置有内置式收油机的多功能专业清污船。

4.4　合理利用科研成果，加强防污染队伍建设

督促生产性码头、油类作业单位等明确防污染责任，补全防污染设备和器材，规范防污染操作和污染物质处理，做好发生污染紧急情况下的应急行动计划和措施。对安全管理人员和操作人员进行防污染专业培训，定期组织相关应急人员进行防污染应急救援对策和应急反应计划的演练，建立稳定而训练有素的专业应急队伍，从人员素质上确保安全防污染。同时，联合科研机构，建立和完善油类鉴定体系，为污染违章查处提供技术支持，威慑非法排污肇事者。

4.5　加快油污损害基金建设，促进油污“防治赔”体系的建立

《1969 年国际油污损害民事责任公约》与《1971 年设立国际油污损害赔偿基金公约》组成的油污损害赔偿体系，实现了航运业与石油业共同承担油污责任，并最终由消费者分摊，这实现了损害的社会化和风险的充分分散，使油污受害者尽可能尽快地获得了赔偿。经多年运作，已日趋成熟，并将世界上绝大多数石油进口国纳入其内。我国是世界上唯一未加入《1971 年设立国际油污损害赔偿基金公约》又未采纳外国成熟的油污损害赔偿体系设立国内基金的石油进口大国。若我国采取国际国内双基金体系，则在获得一个较好机制保障的同时，可利用多年国内基金研究的成果，建立一个国内基金以弥补国际基金之不足。这样，在没有放弃国内基金研究的成果情况下，设立了一个具有前瞻性的油污损害赔偿体系，而后逐步加入国际《基金公约》，当属大胆却可以实现的构想。

5　结束语

严格控制油类对海洋的污染，保护海洋环境清洁是社会各界共同的责任。加强防污染管理，需要各方共同努力，高度重视。应把保护海洋环境当成关乎人类生存的万年大计，提高有关各方的防污安全意识，明确自身在涉及防污染操作、管理、监督等方面的责任，采取科学有效的措施，齐抓共管，最大限度地减少污染物的排放，以使北部湾拥有一片更清洁的海洋。

参考文献

[1] 刘功臣. 建立我国船舶油污损害赔偿机制的研究. 大连海事大学学报,2005年
[2] 李立. 构建广东省危险品和船舶防污应急体系初探. 中国海事,2007年第10期
[3] 张璐璐. 船舶对海洋的污染. 海运实务,2008年10月
[4] 郑海滨. 浅谈防城港船舶溢油污染风险预测和防范对策. 十年之路——我与广西海事
[5] 赵爽,随旭东. 对建立我国船舶污染损害赔偿机制的探讨. 天津航海,2009年第1期
[6] 乔冰. 我国船舶防污染应急工作进展概述. 水运科学研究,2008年3月第1期
[7] 石世云. VTS在水上防污染中的职责. 世界海运,2008年2月第1期
[8] 周成. 湘江船舶防污染现状及对策. 湖南交通科技,2010年3月第1期
[9] 段贵军,吕安勤,贺召强. 浅析中国水上船舶污染问题. 海运实务,2009年4月

Abstract: Along with the rapid development of Marine economy, pollution threaten the beibu bay. The ecological environment and biological resources deteriorate ,and human health harm. In this article, oil pollution environment of beibu bay is analyzed, and how to control oil pollution is discussed, and some prevention measures of Marine oil pollution is put forward.

Key word: Beibu bay; Oil pollution; Prevention; Measures

第三篇　海上污染事故防治与应急技术

马来西亚油轮 Bunga Kelana 3 油污染应变纪要

马来西亚油轮Bunga Kelana 3
油污染应变纪要

报告人：傅豫东[1]　柳大雄[2]

1、台湾“环境保护署”

2、台湾海洋污染防治协会

事故缘起(1/2)

- 2010年5月25日马来西亚油轮Bunga Kelana 3与一艘圣文森籍货轮，在新加坡海峡樟宜以东13公里处海域相撞，其中马来西亚油轮左船身10米长裂痕，事故造成2,500吨轻原油泄漏，无人员伤亡。
- 新加坡「国家环境局」(National Environmental Agency，NEA)关闭东部海滩潮间带游憩区，包含海滩、石堤与著名之帆船区在内，新加坡东岸7.2公里的海岸线遭浮油污染。

事故缘起(2/2)

- ✓新加坡「海事与港务管理局」(Maritime and Port Authority of Singapore，MPA)主政除油事宜、NEA督导。
- ✓英国Seacor公司受船东委托担任油污清理顾问作业，于5月27日邀请「台湾海洋污染防治协会」柳大雄顾问率员驰援，至ITOPF Mr.Mark于5月31日确认清污作业完毕为止。

东海岸污染状况

报载岸际污染7.2公里，实际约13公里以上，全段风景区内不能开车，仅能以步行或脚踏车代步。

沙滩污染实景

原本美丽的新加坡海滩遭受油污

油污涨潮时向西、向岸漂流，退潮时向东、向海漂离，海水交换率高，所有海岸线实心人造堤涨潮期间成天然拦油系统，惟未充分利用以回收油污。

仅一道拦油索，退潮时油会向东流走

涨潮期间无设置任何防止油污回流海面之作为

海上油膜带

沙滩污染实景

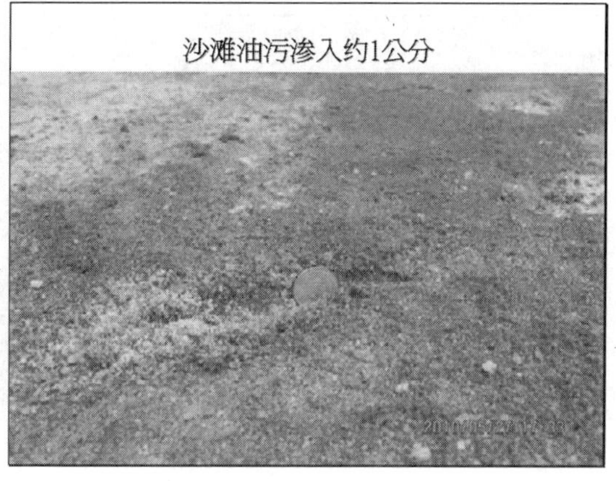

针对勘察状况提出之建议

- ✓ 涨潮期间油污聚积于各堤湾西侧，以拦油索圈围，防阻油污于退潮时回流海上。
- ✓ 抽油系统、除污路径应铺设吸油棉，以防二次污染。
- ✓ 印度工人效率不佳、增加人力应急。
- ✓ 工人自集合点走至工作区有时需一小时，浪费工时，载运车如可进入可增加日清除量。
- ✓ 优先清除砂粒较大海滩，已渗入较深海滩增加人力清理滩面。
- ✓ 各滩的带队者需要会说英文以沟通。

二次污染防范

塑料袋换成较不易破的

现场督导工作

油污少了很多

这种看起来一小滩油，其实沙下已被渗透一大片
加派人力清除，以免下次潮水再将油带出滩面

生物还活着，证明油污未深层渗深

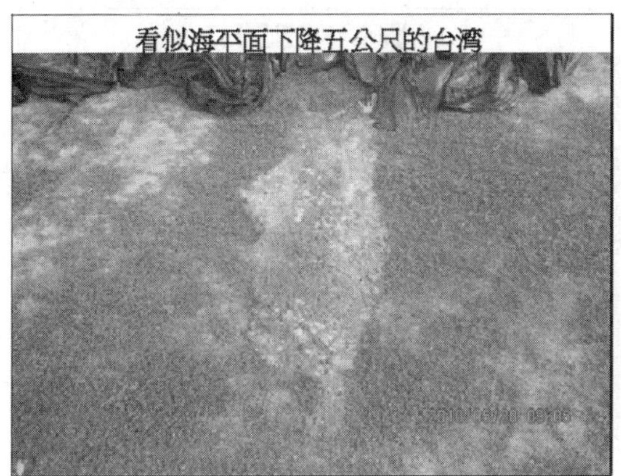

舆情部份

✓经询问当地人得知，新加坡政府对油污染反应作业能力均盛赞有加。

✓所有报纸、电台新闻每日均大幅报道政府与船东油污染应变作为与进度。

✓当地商家怕影响观光人潮致减少收益，电视访问期间均表示滩岸污染不严重，并对政府处理油污染事件极具信心。

舆情
~0531

结论

- ✓ 该国东海岸均为细沙，油污渗透性低，清除容易。
- ✓ 厂商使用180桶（200公升/桶）油分散剂化油，因水深水流等环境因素影响，造成部份小油粒上岸（且沉降在水中的油滴后续上岸后还是要清理）。
- ✓ 较粗颗粒的沙滩虽渗透较深，惟经列为优先清理对象，紧急调用人力集中清除，未造成二次污染。
- ✓ 印度工效率极低，原仅需200人/天，用400人/天来完成进度亦可行。
- ✓ 事故期间，新加坡EARL大部份能量支持墨西哥湾事故，海上油污回收能量与岸际除污设备明显下降。

报告完毕
谢谢聆听

从美国墨西哥 Deepwater Horizon 钻油平台油污事件，看台湾相关应变机制及能量

从美国墨西哥湾Deepwater Horizon 钻油平台油污事件，看台湾相关应变机制及能量

报告人：傅豫东、张志伟

台湾“环境保护署”

报告大纲

2

壹、前言

- Deepwater Horizon 钻油平台是由Transocean公司拥有及操作，韩国现代重工制造，英国石油公司(BP)承租的浮动式钻油平台。平台位置在墨西哥湾离岸约82公里，钻采深度9,144公尺，操作水深1,524公尺，日产约3,500公吨原油。
- 2010年4月20日该平台在墨西哥湾发生火灾，随后于4月22日沉没，并造成126名操作人员中11死21伤。
- 沉没前平台上尚有2400公吨2号燃油，沉没后造成钻油管及地表钻油阀等三处破裂，国家海洋暨大气总署(NOAA) 估计每日溢油量约为1700至2700吨，是美国有史以来最严重的海上溢油案。
- 台湾近海虽然没有海上钻油平台，但仍有超级油轮暨大陆海上油田的威胁。本报告将藉Deepwater Horizon钻油平台油污事件，看台湾相关应变机制及能量。

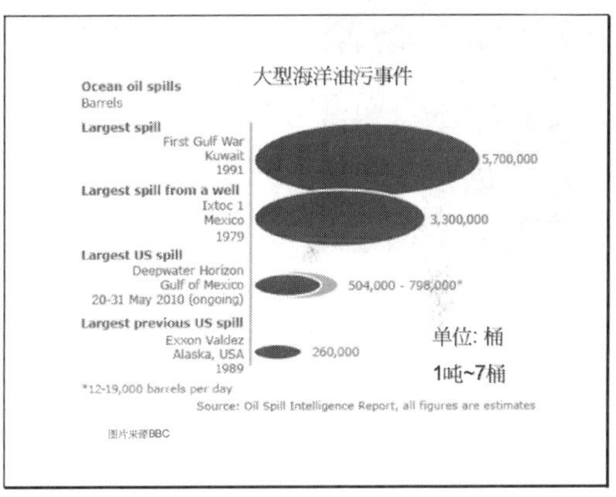

贰、美国墨西哥湾Deepwater Horizon 钻油平台溢油案大事纪

- **2010年4月20日Deepwater Horizon 钻油平台发生火灾，于2日后沉没，沉没前平台上有2400公吨2号燃油，沉没后输油管及油阀共有三处破裂，每日原油外泄量约1700至2700公吨。**
- **4月29日油污抵达路易西安纳(Louisiana)海岸。**
- **4月29日美国总统宣布该事件为国家重大溢油事件 。**
- **NOAA于5月4日起下达禁渔令，关闭26%墨西哥湾的渔场。**
- **5月23日美国总统宣布成立独立特别调查委员会，并宣布本事件为美国有史以来最严重的海上溢油案。**
- **5月23日EPA要求BP改用其他15种EPA许可毒性较轻的散油剂。**
- **5月28日美国总统再次视察，宣布增加3倍应变人力，并质疑BP蓄意引导美国低估溢油量。**

贰、美国墨西哥湾Deepwater Horizon 钻油平台溢油案

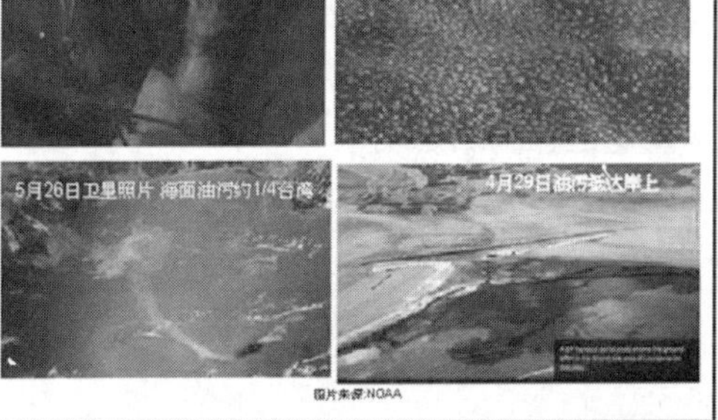

贰、美国墨西哥湾Deepwater Horizon 钻油平台溢油案
海上及陆上应变

- 应变单位：国土安全部(DHS)、国防部(DOD)、环保署(EPA)、NOAA、海岸巡防队(USCG)、州政府及BP
- 共计5州宣布进入紧急状态并部署了22,000名应变人员。
- 海军、海岸巡防队及其他单位的应变船只超过1,300艘。
- 空军2架C-130撒散油剂，1架C-17载拦油索，NOAA 6架观测机。
- NOAA进行油污轨迹模拟(GNOME及CDOG)。
- NOAA及USCG约每小时海上燃烧20公吨油水。
- 至5月30日
  - ✓已布放拦油索960公里(350公里拦油索备变)。
  - ✓施放散油剂2,700公吨。
  - ✓已回收4万公吨油水。

数据源:美国石油公司
http://www.bp.com/extendedsectiongenericarticle.do?categoryId=40&contentId=7061813

贰、美国墨西哥湾Deepwater Horizon 钻油平台溢油案
海下应变

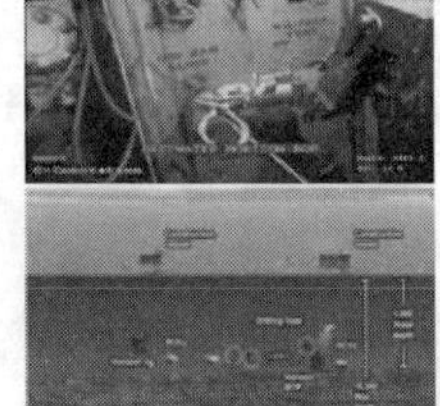

1.用水下机器人(ROV)关闭油阀

BP于第一时间派遣4台ROV 试图关闭油阀(BOP)，惟此一方法已宣告失败，阀门可能已被破坏，且现场的巨量油污使得ROV在操作上显得非常困难。

图片来源 BBC news and NOAA

贰、美国墨西哥湾Deepwater Horizon 钻油平台溢油案
海下应变

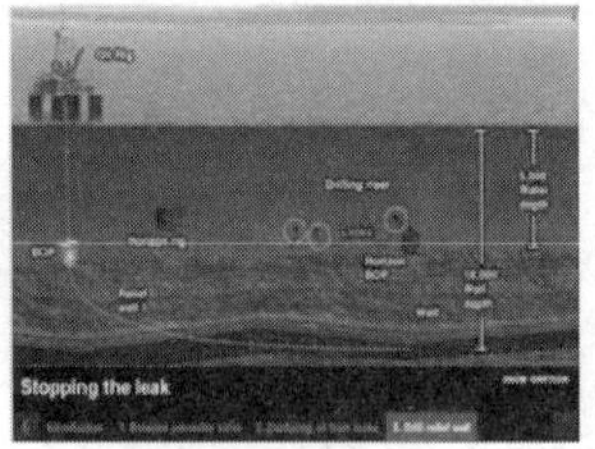

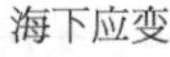

2. 另钻宣泄井

Transocean's Development Driller III已于5月2日开始钻探，预备拦截钻油井口所产生的溢油，惟约需时3 - 7个月完成。

图片来源 BBC news and NOAA

贰、美国墨西哥湾Deepwater Horizon 钻油平台溢油案
海下应变

3.放置溢油罩

BP于5月6日投放溢油罩，预计可回收18,000公吨原油。5月8日宣布失败，原因是海下1,500公尺处的强大水压，将同时溢出的天然气固化成甲烷冰，并将抽油管堵塞。

图片来源 BBC news

贰、美国墨西哥湾Deepwater Horizon 钻油平台溢油案
海下应变

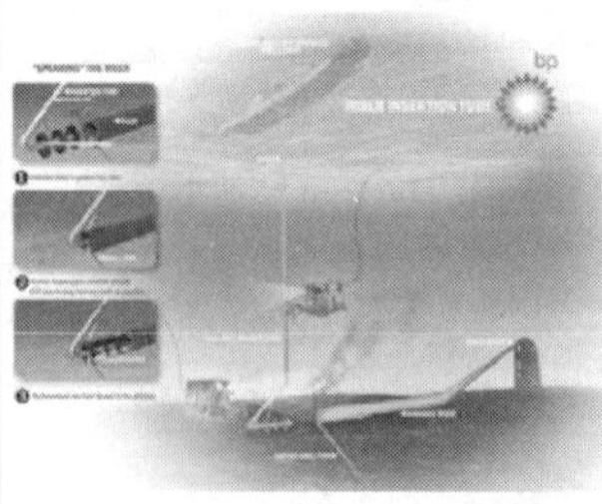

4.放置小型虹吸管

BP于5月16日运用小型虹吸管(15cm)将溢油从破裂的输油管(55cm)中虹吸至海面，同时为了预防油气形成甲烷冰，同时也从虹吸管中注入乙醇。此方法的缺点是吸油量非常小，但可减少油管内的压力以降低溢油速率。

图片来源 BP

贰、美国墨西哥湾Deepwater Horizon 钻油平台溢油案

海下应变

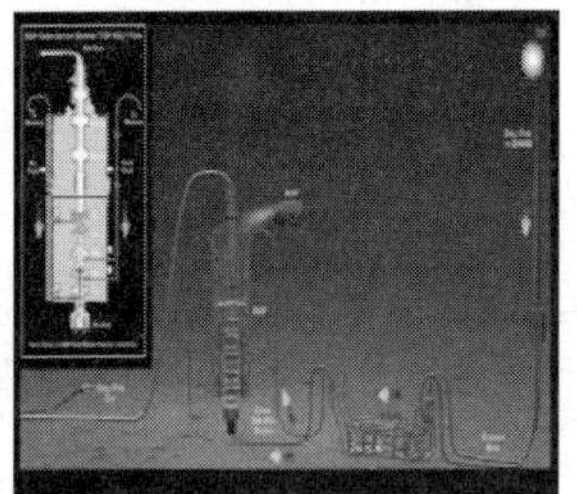

5.置入重浆及水泥封油管(Top Killer)

BP于5月27日计划用钻油重浆及水泥将油管塞住。5月27日至5月29日共灌入6,000公吨重浆。BP于5月30日宣告因油井内压力过强而失败。

(油层位于地底1万公尺)

图片来源:BP

贰、美国墨西哥湾Deepwater Horizon 钻油平台溢油案

海下应变

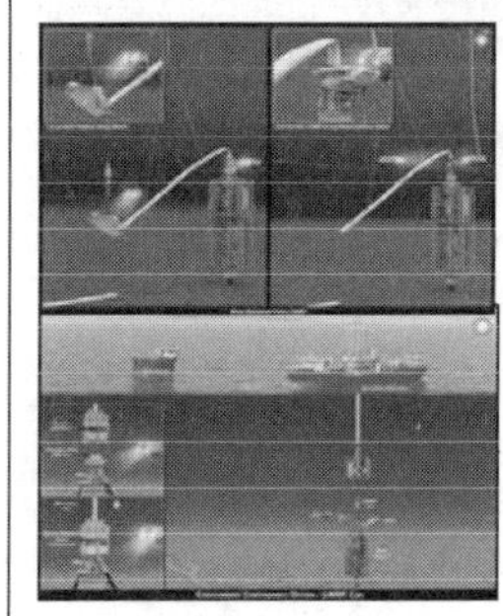

6.深海油管截油盖帽(LMRP Cap)

BP于5月31日透过ROV，将漏油处油管剪断、盖上防堵装置并与油管相连，将漏出的石油和天然气吸至油管内，再送至海面上的钻油船。

安装这项防堵装置约需四到七天，若成功只能抑制大部分漏油，并且不论成功与否，溢油速率将增加20%。

图片来源:BP

贰、美国墨西哥湾Deepwater Horizon 钻油平台溢油案

赔偿、应变费用

- 赔偿及应变费用至少250亿美金，BP市值迄今已减少950亿美金。
- 墨西哥湾渔业及观光业的损失尚未估算，BP已先付沿岸4州7,000万美金的「观光促销费」。
- BP 已承诺负担全部清理及应变费用，并成立民众求助专线。
- 超过320万墨西哥湾沿岸居民受到禁渔令直接及间接影响，并将向BP提出集体诉讼。

图片来源:NOAA

贰、美国墨西哥湾Deepwater Horizon 钻油平台溢油案

后续影响

- 和20年前阿拉斯加Exxon溢油案的岩岸地形不同，墨西哥湾沿岸为美国最重要的湿地保护区。
- 油污已进入Florida 海峡，预计将会随着湾流(Gulf current)污染美国大西洋沿岸主要城市。
- 美国政府将大幅增加应变相关部门的经费及人力。
- 美国已暂停所有海上钻采的申请。
- 白宫将调整气候改变法案(climate change bill)的内容。

图片来源:NOAA

贰、美国墨西哥湾Deepwater Horizon 钻油平台溢油案

综合媒体报导

The New York Times

5/29：墨西哥湾渔民对未来生计陷入恐慌

BBC WORLD

5/4：BP CEO 表示受到美国政府非常强大的压力，但仍会为在美国继续做生意而努力

5/26：溢油案后BP遭受美国政界的蓄意责难(blame game)

5/5：漏油案成为Obama的卡翠那考验?

The Washington Post

5/5：美国内政部发现BP在去年环境影响分析报告中表示【绝无可能发生大规模漏油】

联合新闻 经济日报

5/5：BP漏油 美陷二次经济衰退疑虑

叁、台湾可能受到的大型海上油污威胁

- 台湾近海虽然没有海上钻油平台，但仍有超级油轮(20万吨以上)暨大陆海上油田的威胁。
- 麦寮港平均每月有8-10艘超级油轮进港。
- 大陆在南海地区现有19处油气田，渤海地区现有9处油气田。

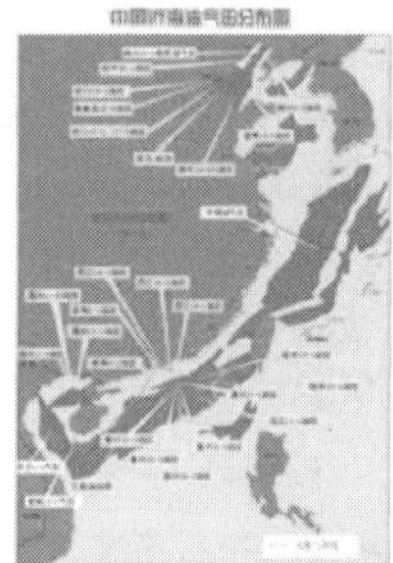

叁、台湾可能受到的大型海上油污威胁
电脑模拟

环保署依据台湾"中央气象局"提供之风场及平均洋流数据进行计算机仿真(BMT)，大陆的**南海油田在夏季约7天**便会对台湾本岛发生威胁，且潜在溢油到岸区涵盖台湾西侧全境，而大陆的**渤海油田在冬季是有对台湾本岛北侧**发生威胁的可能，但机率较南海油田为低

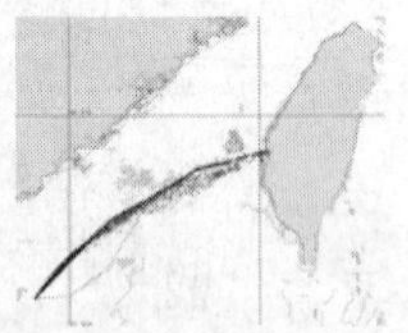

模拟夏季南海油田的原油外溢

模拟冬季渤海油田的原油外溢

叁、台湾可能受到的大型海上油污威胁
台湾应变能量简介

- 各式拦油索共长54公里
- 各式散油剂共147公吨
- 总汲油能量于3级浪时可达每日6,800吨、5级浪时则降至每日1,100吨
- 油污回收工作船：4艘(载重吨：30吨)
- 高压喷枪清洗器：总数94台
- 足量之各式吸油棉(索)等耗材。

叁、台湾可能受到的大型海上油污威胁
海上现场燃烧

- 「海洋环境污染清除处理办法第6条」规定：于非乱流水域之海洋环境发生大量油污染，无法实时有效回收时，得先行围堵油污染之范围，并符合空污法及相关规定，以现场燃烧法处理之。
- **潜在问题**：空气污染严重、处理量太小、燃烧式拦油索量不足及缺少实做经验
- **墨西哥湾案例**：BP主要是以散油剂为主，因为海面浮油大都已经乳化不易燃烧，其海上现场燃烧仅占除油的0.3%。

叁、台湾可能受到的大型海上油污威胁
海上现场燃烧

依据计算机仿真结果，在5级风浪下进行海上燃烧，会产生高约350公尺长约6公里的烟柱

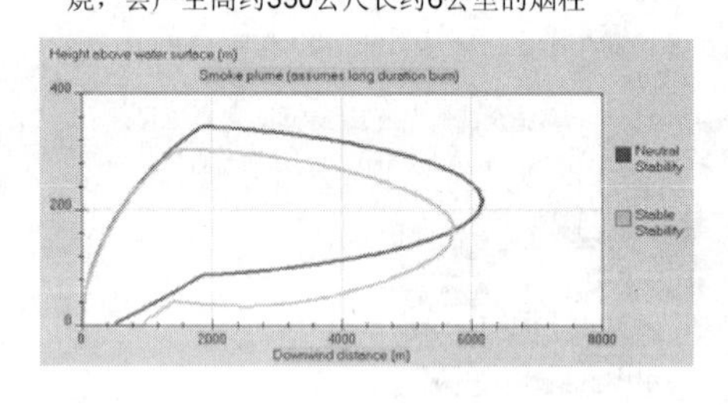

叁、台湾可能受到的大型海上油污威胁
结论

- 依据计算机仿真，大陆渤海油田若在冬季发生意外，有机会对台湾北部造成威胁。大陆南海油田若在夏季发生意外，油污将于1周内登陆台湾西岸。
- 按照大陆惯例，我方得到信息应在意外发生的48小时后，因此我方只有不到5天的时间，进行应变及资源调度。
- 依据现行资料及应变能量，在面对大量油污染外溢事件时(大于3,000吨)，台湾并无足够的应变资源。

报告完毕
谢谢聆听

由墨西哥湾原油泄漏事故看惠州港溢油应急对策

高方圆　卓曲星

（惠州海事局，广东省惠州市，516082）

摘　要：备受关注的墨西哥湾原油泄漏事故令世人震惊，处理事故时间之长，技术之局限，效果之缓慢，原油泄漏事故给墨西哥湾海洋生态环境造成了无法估量的破坏，但这一事件也为探索未来石油净化方法提供了试验场。如果墨西哥湾漏油事故发生在惠州港辖区，那么作为海事部门，又该如何应对？我们又在从墨西哥湾原油泄漏事故中学到了什么？

关键词：溢油　惠州港　应对

1　由墨西哥湾原油泄漏事故中得经验

1.1　直击墨西哥湾原油泄漏事故

2010年4月20日，英国石油公司租赁的位于美国墨西哥湾的一座半潜式钻井平台爆炸起火。36小时后，平台沉没，11名工作人员遇难。钻井平台底部油井自24日起漏油不止并引发了大规模原油污染，每天泄漏大约1000桶原油。5月5日，英国石油公司启用钢筋水泥罩封堵漏油，5月10日，该方法宣告失败；5月26日，英国石油公司启动“灭顶法”堵漏油，“灭顶法”是通过泵将大量高密度液体注入输油管，抑制原油上涌，再用水泥封死漏油点；5月30日，该方案失败。6月4日，设置一漏斗状装置在水下工作。据德国《世界报》6月10日报道，控漏罩也没能堵住墨西哥湾原油泄露。英国石油公司向网友征集解决办法，俄罗斯的专家甚至提议用原子弹炸平井区。一些专家建议采用类似橡胶的材料，做成一个大安全阀，堵住漏油。英国石油公司首席执行官建议把高密度的水泥或者泥浆灌入油井中，封死井口。最后，英国石油公司决定打一口与泄漏油井平行的减压井通过这口减压井可以把涌出的原油转移并导入油船，达到控制漏油的目的。但是这个方法成本很高，而且需要两个月的时间才能完成。直至6月20日，该减压井终于竣工完成。

据2010年5月6日消息，自从墨西哥湾发生石油泄露事故以来，大量海龟、鱼类和海鸟死亡。它们的尸体被冲到密西西比州的海滩上。漏油事故已经持续了两个月，这是迄今为止，美国历史上最严重的漏油事故。美国政府估计，有1800～4000万加仑的原油泄入墨西哥湾，给当地环境和生态系统带来严重危害。

1.2　总结先进经验与效果

那么现在我们来看看，作为发达国家科技先进的美国应对如此大的溢油事故处置办法有哪些？

（1）机械回收

机械回收是指在不改变溢油形态的情况下利用围油栏将溢油进行水面围控并利用收油机将油从水面分离出来，以清除水面的溢油。其优点是将溢油影响区域化以减少污染，可使溢油逐渐集中，增加油层的厚度以简化溢油回收，将溢油从海面上回收以便进一步的处理、提炼或倾倒。

(2)喷洒消油剂

化学消油剂可以分解表面的浮油,使其沉浮在水面下。当消油剂均匀地喷洒在海面上与溢油混合,表面活性剂的分子排列在油、水界面上,降低了油水界面的表面张力,使油膜分散成小油滴。被分散的小油滴的表面积远远大于油膜原来的表面积,他们随着海水的流动而不断扩散。

(3)物理消散

浮油表面有自然分解和损耗的趋势。这种分解的可能性和速率取决于以下几点:油的类型(轻油、低蜡油分解的更快);海况(运动剧烈的海况会帮助分解);风(大风有助于分解);如果发生的溢油对重要海区、浅海或近岸海环境不发生威胁,这种选择是可行的。

(4)现场焚烧

现场焚烧是一种考虑用于开阔海域的反应对策,主要用于美国和加拿大。所产生的巨大的油烟会影响到人员、设施、船舶和飞机的安全。现场焚烧技术的受制条件很多,既要有一定的油膜厚度、油膜面积,还要有与燃烧速率相适应的集油速度以及适宜的现场气候、海况和溢油的乳化程度等,同时还应有相应的设备。

(5)生化补救

生化补救包括向溢油增加肥料助长和激活嗜油细菌和真菌。这种对策还指使用人工合成,培养或移植的微生物,把他们放置在浮油和浸油的海岸线上。虽然有一些在浸油海岸线上施用成功的报道,但在海上浮油上使用的例子还未被证实。使用移植或利用基因工程培养的微生物,还应引起个人与政府的关注。

(6)海岸线清理(表1)

岸线清除方法　　表1

序号	清除方法	适用岸线类型	何时采用
1	人工清除	所有类型的岸线	中、轻度污染
2	吸附清除	所有类型的岸线特别是防冲乱石	在大量油污清除后:流动的易被吸附的油其粘度和厚度应能被吸附材料吸收
3	清除沾油垃圾和漂浮物	能安全进人的任何类型的岸线	不断释放油污的沾油垃圾和漂浮物(潜在污染源)
4	挖沟	细沙滩;中、粗粒沙滩;砾石滩	表面冲洗无法清除时;液态油
5	清除沉积物	有表面沉积物的岸线	清除有限的油污染岸线
6	用附近水冲刷	缓坡岩质岸线	油污仍能流动
7	热水/中、高冲洗	严重污染的砾石滩、防冲乱石和海墙	油被风化、附近水低压冲洗无效时
8	热水/高压冲洗	严重污染的砾石滩、防冲乱石和海墙	油被风化、附近水高压冲洗无效时
9	砂浆冲刷	防冲乱石和海墙	重质残油、热水冲洗无效时
10	真空回收	能进入的任何类型的岸线	流动的液态油
11	沉淀物重新改造利用	暴露于海浪频繁凶猛的滩涂	滩涂表层下有大量的油污
12	沉淀物清除、净化和复位	沙质滩、砾石滩	滩涂表层下有大量的油污

续上表

序号	清除方法	适用岸线类型	何时采用
13	剪除植被	长有草本植物的沼泽地、海草地、不包括红树林	油污植被污染野生植物的风险大于剪除植被的价值
14	化学处理	用弹性胶固化油 化学制品保护海滩 化学制品清洗海滩	
15	现场焚烧		
16	增加营养素		
17	使用微生物		

总体来说，这些已经是当今社会对于溢油危害的所有清除方法，最普遍的还是使用物理方法围油栏围控，再通过机械回收；化学方法喷洒消油剂，消油剂的使用有一定的规范性；生物方法使用嗜油细菌，其方法还在实验室阶段；以及焚烧法，其难度之高，二次污染之大也不适宜使用。对比发达国家的溢油处置能力，我们再来看看惠州港的处置能力与世界还有哪些差距。

2　惠州港油品吞吐现状及溢油危害

2.1　惠州港近3年油品吞吐情况

由表2可见，惠州港近几年来，随着中海油炼油项目等大型临港企业的相继投产运营，成品油吞吐量成直线上升趋势，原油吞吐量则成平稳上升趋势，试想如此频繁的船舶运输和码头装卸行为，如有一次疏忽，造成油品泄漏，其后果都不堪设想。

惠州港近3年油品吞吐情况　　表2

油种	运量	2008年	2009年	2010年(上半年)
成品油	数量(艘次)	2550	4679	2781
	吞吐量(万吨)	534.96	1236.07	809.93
原油	数量(艘次)	271	320	149
	吞吐量(万吨)	1324.37	1502.33	890.33

2.2　惠州港自然状况

惠州港地属大亚湾海域，旅游资源独具特色，拥有海岸线长223km，海滨沙滩10多处，岛屿、礁岩星罗棋布，海域自然形态和自然生态保存完好，海水污染轻，平均透明度4.5m，海洋生物非常丰富，素有“海上小桂林”之誉。该港三面环山，一面出海，湾口有89座岛屿组成天然挡风屏障，刮6级大风时，湾内浪高不超过0.5m，12级台风时不超过1.2m，具有“回淤少、水域宽、风浪小、航道短、深水岸线长”等突出特点。海水自净作用取决于海域的环境动力条件，诸如风力、环流、水交换能力等的稀释扩散和输移的物理过程。由于该港属于封闭海域，无河流出海，海水流动性差，置换能力相对较弱，自净能力基本没有，一旦发生溢油事故，后果不堪设想(表3)。

敏感区类型和受油污染影响的情况 表3

敏感区域	对油污染的敏感度
生态区	容易被油污侵害造成灭绝
水产养殖区1km区域	水产养殖物容易被油污侵害致死、造成经济损失,渔民可能提出赔偿
工业取水口	可能使工厂停产,造成经济损失
旅游疗养区	公众的娱乐可能受影响,时间长短取决于溢油的规模
岸线与码头	可能影响我们的生活或船舶靠离或码头的作业
惠东港口海龟自然保护区	自然保护区将不复存在,海龟将不会在此处上岸繁殖

2.3 如果发生溢油事故的危害

(1)对健康危害。惠州港沿岸有霞涌、澳头、平海、港口四个较大的镇,其中的村民不计其数,再加上近年来大企业的相继落户,职工大多数都居住在沿岸,一旦有油品挥发随风飘到生活区,那么沿岸居民的身体健康将受到极大的威胁。

(2)对安全危害。由于油具有易燃易爆危险性,当其溢出后,易燃气体遇到明火就会燃烧而导致火灾;作业时的铁具撞击会产生火花,也能引起火灾;非防爆通信工具的启用也会产生火星,还有摄录像、拍照、区域内人员穿带有铁钉的鞋、穿着化纤服装以及吸烟等等,都可能引起火灾。在作业区内的船舶,如果其烟囱不加防火帽或火星熄灭器、在不关闭门窗的船舱内使用电器以及使用无线电发报设备等也会引起火灾。恶劣天气,如雷雨对溢油应急作业也存在安全威胁。如果溢油区域离岸近,岸边又有遮蔽物,那么,适宜的风向能将油气吹至遮蔽区,当油气浓度积累到一定程度时,有可能引发火灾。惠州港附近有成品油码头11座,油库、LPG储罐、化学品储罐数不胜数,如果因油气浓度累积造成火灾,后果不堪设想。

(3)对环境危害。惠州港虽然是以商港为主,渔业为副的港口,海洋渔业经济也占了地方经济社会的重要部分。大量渔业捕捞船、海上养殖业等产业也较多,如果发生重大溢油危害,鱼虾、贝类等海洋生物将会全面死亡,那么渔民赖以生存的环境将被破坏。另外,溢油对岸线沙滩的污染威胁,直接影响到旅游业。码头和游艇停泊区也将受到污染,而这种被污染的游艇和船舶采取清洁措施,费用是较高的。

3 目前惠州港应对溢油事故发生处置办法

3.1 溢油事故发生源

(1)码头或仓储设施溢油。这种溢油可能是设备出故障或人为出错引起。

(2)管系和油舱溢漏。这种溢漏可能是由于操作性失误造成船舶管系泄漏或油舱满溢。

(3)海底输油管线溢油。主要指广石化油库、中海壳牌项目原料码头(马鞭洲岛)及中海油原油码头通过海底管线输送原油。发生溢油的原因主要为管线的突然爆裂或过往船舶的破坏。

(4)由于油船碰撞、搁浅、触礁等事故造成泄漏。

3.2 目前惠州港溢油应急能力

(1)溢油应急预案。目前惠州港已有惠州市2000年编写的《惠州港口水域溢油应急计划》(一下简称《预案》),其内容已经远远不能适应目前惠州港的发展现状,实际上,惠州海事

局2004年已经针对辖区情况的变化向惠州市提出了该《预案》的各项修改意见,但未通过审核。而目前该《预案》中的内容也大多只说目前辖区应急设备、人力、材料短缺,并未提出任何实际性的应急措施,不足以遵照实行。

(2)清污力量。目前惠州港有中海壳牌、中海石油环保服务有限公司、航鹏环保公司、增城市珠江口船舶工程有限公司,4个较大的溢油应急设备库和应急力量,旗下有先进的"海洋石油251"和"碧海一号" 清污船。具体见表4~表6。

航鹏环保公司防污应急设备清单　　表4

设　备	型　号	数量	主要技术规格
清污船	碧海一号	1	最大回收油速率:$100m^3/h$;溢油分散剂喷洒速率:$7.2m^3/h$;载货量:回收浮油舱容$250m^3$,固体垃圾$10m^3$,溢油分散剂$3m^3$,燃油10t。可用于扑救海面原油、柴油、汽油和其他化学品等引起的火灾,回收和临时存储海面上的浮油及固体垃圾,喷洒溢油分散剂,拖带和布设围油栏拦截浮油、控制浮油污染等。其上有复合式吸油机2台,盘式吸油机1台
布缆船		3	
喷洒器	PS40	2	$2.4m^3/h$
浮动油囊	FN3	1	10t,适用于回收燃油、轻柴油、凝析油
吸油拖缆		300	吸附睡眠浮油、清理水面油层,拦截溢油
吸油毡	PP-1/-2	38	强烈吸油性能
消油剂	GW2	17	
聚氨酯围油栏	WGJ1400/1100	1200	
防火围油栏	Fw90	300	
橡胶围油栏	ZW900	2300	
PVC围油栏	GW900	2500	受力状态好,整体强度高,使用寿命长;水中姿态好,稳定,滞油能力强;乘波性好。布放方便;易清洗、维修
吸油粉	SKL0	8	适用于回收苯已烯单体

增城市珠江口船舶工程有限公司大亚湾分公司防污应急设备清单　　表5

设　备	型　号	数　量	技术参数	储存地点
吸油材料	80cm×20m 80cm×30m	11000m	聚丙烯化纤制,80cm×20m,80cm×30m	广石化码头(马鞭州)
围油栏	QW500	400m	橡胶充气式,集装箱存储	广石化码头(马鞭州)
	浮子式	4000m	单长20m,水上高度360mm,水下高度560mm	惠州港区各码头
消油剂	MH型	2t	——	广石化码头(马鞭州)
喷洒装置	PS—AO型	2台	射程10m,效率$3m^3/h$	广石化码头(马鞭州)
收油机	ZS—ZO型	2套	转盘式,效率$3m^3/h$	广石化码头(马鞭州)

中海石油环保服务有限公司惠州基地防污应急设备清单 表6

设 备	品 牌	型 号	数 量	参 数
清污船		海洋石油251	1	最大溢油回收能力 $100m^3/h$；溢油回收舱容 $350m^3$；适用溢油厚度≥0.1mm；回收效率（回收油水混合物中的含油率）保持86%～98%；适应船舶航速或流速度0.5～4.0kn；适应海况0～3.0m浪高；喷洒消油剂效率每小时15t；可用于港区及沿海近岸开阔水域进行溢油围控及清除作业；回收海面上的浮油及固体垃圾，喷洒浮油分散剂；布设和拖带围油栏拦截浮油，控制浮油污染；具有一定的扑救海面浮油和其他化学品引起的火灾的能力
吸油材料	吸油毛毡	PP	10t	
围油栏	PVC围油栏	PLGW-1000	2700m	
	充气式围油栏		400m	
消油剂	溢油分散剂	CS-Y17	8t	
收油网	拖油网		1套	
喷洒装置	轻便型		5套	80L/min
	船用喷洒		1套	$15m^3/h$
收油机	堰式	YSJ-30	1台	$30m^3/h$
	齿型转盘式	ZSC50	1套	$50m^3/h$
	多功能	LMS	1套	$60m^3/h$
	涮式	MM12	2套	$12m^3/h$
	船用收油机		1套	

由表4～表6可以看出，惠州港目前的清污方式只有物理回收和使用消油剂两种常规方法，而且处理溢油舱容也只有 $700m^3$，总体处理溢油能力有限；2009年1月一艘巴拿马籍超大型原油船“自由轮”号在进入惠州港时发生了搁浅事故，如果当时在处置搁浅事故稍有不当，有一舱破损的话，将有数以万吨计的原油溢出海面，惠州港海域将发生一起严重灾难性事故，按照目前惠州港的清污力量是不能满足大型溢油事故处置。

（3）监控设施

目前各油码头只有中海油码头、泽华成品油码头、马鞭洲岛的4个原油泊位只配有CCTV监控设备，并没有专业的溢油的监测、监视机制，并且未在海事部门设立终端，其远在岛上，超过海事系统日常监控范围内，如没有报告，溢油将不会被第一时间发现。

4 对比二者溢油处置能力得到的启示

（1）严格按照《防治船舶污染海洋环境管理条例》（2009）的有关要求配备足够的专业应急队伍、监测、监视机制、有实际指导意义的港口溢油应急预案，而不是形同虚设。

（2）建立溢油污染事故应急专家决策机制。充分利用环保、航运、海事、救助、科研院校和石化企业等机构在人才资源上的优势，组建溢油污染事故应急专家组，不断提高国家、地方各级政府和海事机关的溢油应急反应决策能力，避免发生溢油事故应急处置行动的决策失误以备事故发生时研讨对策。且看墨西哥湾漏油事故，事故发生的原因总是会多种多样，人是无法完全预料得到的，建立专家库，及时研讨制止事故危害扩大（堵漏）的对策，而不是有病乱投

医，更好、更快的制止事故继续发生。

(3)建立超额研究基金，尽快研究出溢油清污的新方法。因为目前的清污方法还是很基础，效果差强人意，需要研究出可以投入使用的生物方法或者其他多种有效的方法，才能解决未来的溢油问题。重赏之下，必有勇夫，有超额的研究基金，是推进科学前进并得到实践的不二法门。另外，同国外保护海洋环境的事业对溢油治理技术的需求相比，目前我国在这方面的研究力量仍相当薄弱，也没有专门的研究队伍。因此国家应在不同的海区的一些有关研究单位中设立这方面的研究机构，开展专门的科学与技术研究。海上溢油的治理与应急反应工作，尽管有明显的社会与环境效益，但难以产生显而易见的经济效益，因此，国家对这些承担公益性研究任务的研究单位应在科研经费上给予保障。一些经济实力较强的，与海上作业有关的工业公司，应拨一些专款，建立研究与开发基金，资助这方面的研究工作。

(4)进一步完善海洋环保及监管的法规体系。我国已加入《联合国海洋法公约》、《MARPOL 73/78 公约》等近 20 个有关海洋污染防治的国际公约，国内也制定了多部海洋环保的行政法律法规，如《海环法》、《防治船舶污染海洋环境管理条例》等，可以说，我国在海洋环保的立法上已经给予足够的重视，但由于这些法律法规失于笼统，缺乏与之相配套的实施细则，在处理案件时往往使行政执法人员感到无所适从。虽然上述法规针对海洋环境污染事故设置了刑事责任条款，但却没有制订配套的案件运行程序，各个行政执法部门之间及其与刑事司法部门之间在案件的移送与交接上仍存在许多障碍，导致实体法形同虚设。因此应建立科学、合理、体系完整的防治海洋污染法律体系。理顺相关各立法机关之间的关系，尽快研究并制订诸如《中华人民共和国海洋环境保护法实施细则》之类的法律法规，各部门及地方也应针对自己的工作范围或地方特色制订相应的补充规定。增加可操作性条款，使环境执法更具刚性。

(5)建立溢油应急响应志愿者队伍。溢油应急不仅仅是政府的计划和行动，同时也是一项社会性的公益行动。因此，在突发性溢油事故应急响应体系的参与主体方面，强调海陆统筹，广泛参与。要取得全民的支持和参与，建立全民参与机制，提高社会整体的应急能力。要动用一切传播手段和教育途径，向民众宣传溢油对海洋生态环境等造成的灾害，唤起民众对溢油灾害的危机感和减灾的使命感。要充分调动民间组织参与到溢油应急的积极性，广泛普及溢油应急知识和基本技能，以减轻政府压力，提高政府溢油应急应变能力。国外非常重视民间组织在防灾减灾中的重要作用，提倡参与主体多元化，危机应对网络化，合作协调区域化。日本提倡“自救、共救、公救”的理念，由包括居民、企业等在内的社区和政府共同组成，建立了市民自主应急组织和企业自身应急体系。美国建立了联邦、州整体联动机制，并通过公民团的组织形式，提高公民的志愿者服务水平和危机防范意识。我国在处理突发性溢油事故时，主要是从政府管理的角度，尚未建立起稳定的由民众、企事业单位、政府等联合应对的网络，居民的自发、自主防控组织力量薄弱，对油品的识别能力有待于进一步提高。

(6)另外，此次事件暴露出美国海洋管理机制存在的问题，对我国也有警示意义。我国的海洋管理机制从横向看，目前海洋管理呈现“九龙治水”局面，涉及海洋、渔业、环境保护、交通海事、海关、边防等多个部门。从纵向看，各省对海洋管理“条块分割”，各自管理本省的邻近海域。这一体制的存在弱化了海洋综合管理职能，统一、高效、科学的协调管理机制难以形成。对于油企来说，海上油气开采作为高危行业，堪称世界一流水准的美、英石油公司也难以预防此类事故，缺少应对海上油气泄漏事故的有效手段。而中国油企在技术、管理水平等方面相对落后，更易引发事故。因此，更应完善安全保障，在生产的各环节杜绝危险情况发生。

参考文献

[1] 王淑美. 溢油应急培训教程. 北京：人民交通出版社.

[2] 郭志平. 我国近海面临的石油污染及其防治[J]. 浙江海洋学院学报(自然科学版)，2004,23f3)：269~272

[3] 吴玉萍，胡涛，赵毅红. 我国环境污染突发事件应急管理亟待完善[J]. 中国发展观察，2006(1)31~34

[4] 林建，朱跃姿，蔡俊青，等. 海上溢油的回收及处理[J]. 福建能源开发与节约，2001,1：6-8.

[5] 杨良华，海上溢油的应急计划. 中国海洋平台第12卷，第3期

[6] 杨昊炜，柴田，浅谈溢油污染对海洋环境的危害，维普咨讯 http://www.cpvip.com

[7] 王志霞，刘敏燕，溢油对海洋生态系统的损害研究进展，水道港口第29卷第5期

[8] 赵蓓，唐伟，提高突发性海洋溢油事故应急水平对策浅析，维普咨讯 http://www.cpvip.com

[9] 李言涛，海上溢油的处理与回收，海洋湖沼通报，1996年

[10] 杨庆霄，国外海洋溢油应急计划简介，海洋环境科学，第9卷，第8期，1990年9月

[11] 闫季惠，海上溢油与治理，海洋技术，第15卷，第1期，1996年3月

Abstract: The accident in the Gulf of Mexico oil spill shocked all over the world. The long time to deal with the accident, the limited technology, the slow effect gave the Gulf of Mexico damage to the Environment. But the accident provide a future testing ground for oil purification, if the oil spill occurred in Huizhou Port, how do we deal with the disaster and what do we learn from the Gulf of Mexico oil spill.

Key words: Oil spill; Huizhou Port; Emergency response

墨西哥湾漏油事件的反思与建议

陈济丁　耿　红　陈　轩　田　鑫　孙建伟
（交通运输部科学研究院，北京市朝阳区惠新里240号）

摘　要：介绍了墨西哥湾漏油事件的详细过程及所采取的各项清污措施，总结了事件值得借鉴的经验与存在的问题，并针对我国的情况提出了具体建议。

关键词：墨西哥湾　漏油　建议

1　墨西哥湾漏油事件简介

2010年4月20日，英国石油公司租赁的位于美国墨西哥湾的半潜式钻井平台“深水地平线”爆炸起火。36小时后，平台沉没，11名工作人员遇难。钻井平台底部油井自24日起漏油不止并引发了大规模原油污染。

据美国专家6月10日公布的初步调查结果显示，6月3日之前，钻井平台爆炸导致每天约有2万至4万桶原油溢出；6月3日实施“切管盖帽法”之后，日溢油量增加了4%到5%。目前美国官方机构没有公布此次事件的累计漏油量，若按平均每天泄漏3万桶来计算，自4月24日开始漏油起，截止到7月8日，估计泄露210万桶（约30万吨）原油。7月15日，英国石油公司宣布，最新安装的“控制盖”成功将发生泄漏的水下油井“完全扣住”，从而让喷涌了85天的墨西哥湾油井终于不再漏油。

初步调查结果显示，该事故已造成近千公里海岸线被污染，污染海域面积超过2万平方公里（图1）。美国国家公园管理局（NPS）称，全美有八座国家公园可能面临污染威胁，包括海龟国家公园、巨杉国家自然保护区、大沼泽国家公园、海湾岛国家海滨公园等。漏油给墨西哥湾

图　1

海域生态环境带来了一场严重的生态灾难。此次事故引起的漏油量截止目前已达到1989年“埃克森－瓦尔迪兹”号油轮漏油事故的10倍。在1989年的事故中，共造成约24万桶（3.4万吨）原油泄露，导致28万只海鸟、2800只海獭、300只斑海豹、250只白头海雕以及22只虎鲸死亡，投入34亿多美元，用于赔偿、清理、善后及处罚等事宜。

此次墨西哥湾溢油事故产生的经济和生态损失将会更加巨大，美国政府已要求英国石油公司建立高达200亿的溢油污染损害赔偿基金，并表示此金额并不是赔偿的上限。而英国石油公司的实际花费有可能高达370亿美金。

2 针对事故所采取的应急措施

2.1 污染源封堵措施

为了使污染源不再漏油，英国石油公司提出了多种封堵备选方案，包括“垃圾法”、“原子弹爆炸法”等，并先后采取了6种措施((图2～图7))对污染源进行封堵，但效果并不理想，有的甚至以失败而告终。这6种措施是打减压井法、阀门封堵油管漏油点、钢筋水泥罩封堵、导管法、灭顶法、切管盖帽法。

图2 采取措施汇总图

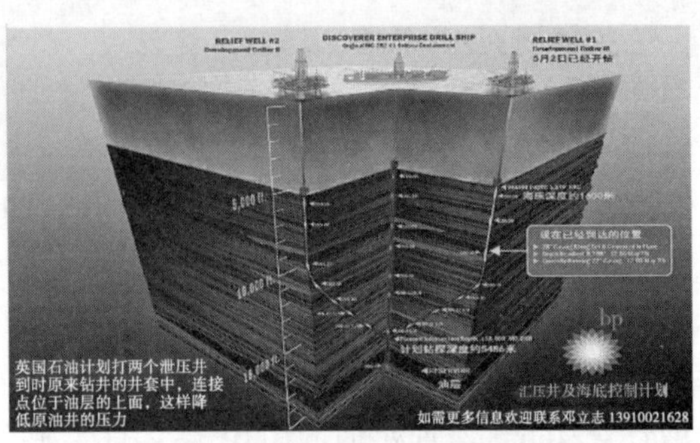

图3 措施1：打减压井

图4 措施3：钢筋水泥罩封堵

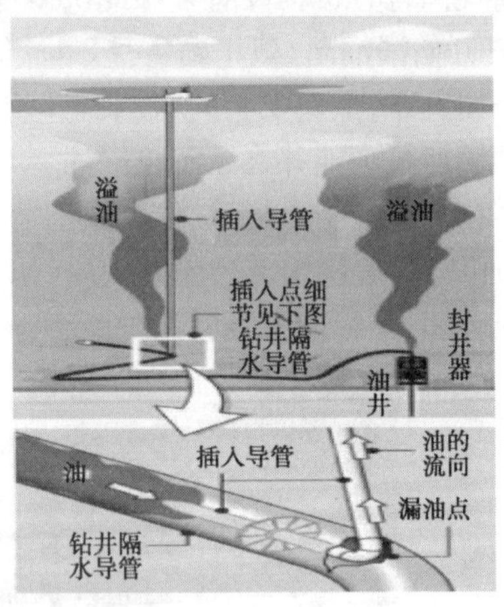

图5 措施4：导管法

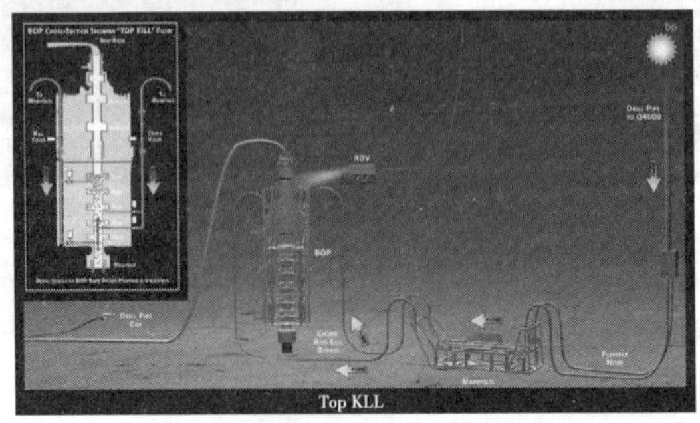

图6 措施5：灭顶法

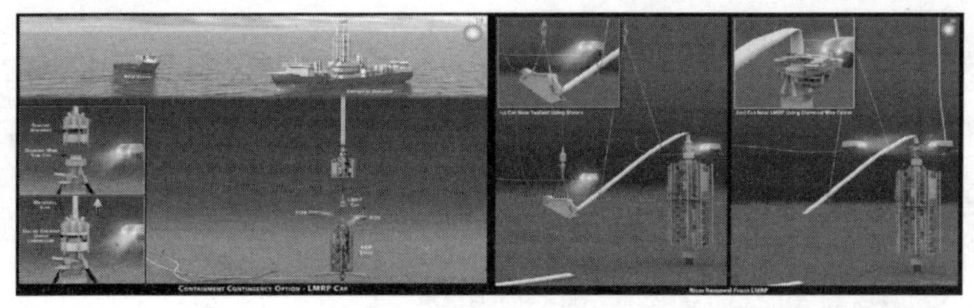

图7　措施6:切管盖帽法

2.2　清污行动

美国政府面对此次前所未有的环境灾难投入了大量人力物力,组织开展清污行动,对已经溢出水面的溢油进行围控、回收和清除。根据美国官方数据统计,截止到7月6日:

(1)围油栏使用量:1173km;

(2)消油剂使用量:6473m^3,其中水面使用约4013m^3,水下使用约2460m^3。

(3)参与船舶总数6920艘次、收油机550台,应急人员45000人;

(4)参与应急飞机平均每天100艘次

(5)累计收油污水109398m^3,焚烧溢油37816m^3。

采取的清污措施主要包括岸线防污、水面清污和水下清污。

具体采取的清污措施主要包括岸线的防污、水面清污和水下清污。为了防治溢油上岸,采用了各种措施保护岸线,包括一些传统的围油栏围控,也包括一些很有效的土办法,即用稻草吸收和拦截溢油,此外还有设置防护堤坝。所采取的水上清污措施包括:水面和水下喷洒消油剂、布设围油栏及吸油拖栏、使用收油机回收、燃烧水面溢油等方法(图8)。

3　墨西哥湾漏油事件的经验和教训

3.1　应急行动值得借鉴的经验

3.1.1　高度重视应急人员安全

相比我国在应急行动中的"赤膊上阵",美国高度重视应急人员的安全和后勤保障。所有应急人员必须身穿防护服,海上作业人员要穿救生衣。因为天气炎热,为应急工作人员专门搭建了临时休息场所。

6月16日,路易斯安那州的16艘溢油收集船,由于缺乏消防设施并且作业人员在操作中没有穿救生衣,被美国海岸警卫队阻止开展应急工作。

3.1.2　现场监测评估与溢油扩散模拟预测相结合

自4月22日漏油起,美国国家海洋和大气管理局(NOAA)每天进行溢油扩散模拟,预测漂移轨迹,为海岸警备队提供决策参考。同时通过卫星获得溢油污染海域的准确范围,及时纠正预测结果。此外,还派专家前往现场,随时就现场应急效果进行评估,及时调整应急方案(图9)。

3.1.3　应急信息公开透明

美国墨西哥湾溢油应急指挥部建立了一个专门的网站公开各种信息,包括每天采取了什么措施,投入了多少人力物力,出动多少飞机船舶,同时还在水下放置了摄像头,公众可以通过网络随时看到水下1500m处漏油点的情况,网址为:

http://www.deepwaterhorizonresponse.com/go/site/2931/

图8 清污措施

应急信息的公开透明有助于公众监督应急行动,有助于缓解媒体对政府的舆论压力,有助于及时总结经验教训。

3.1.4 环境敏感资源基本得到保护

为了保护环境敏感资源,防止溢油上岸,美国政府向全世界的厂家购买围油栏,基本是生产多少要多少,厂家的生产订单已排到了明年。现场铺设了1000多公里的各种围油栏,有的小岛全部被围油栏围住,环境敏感资源基本得到有效保护。

3.1.5 焚烧法处理溢油效果良好

溢油焚烧法是墨西哥湾石油钻井平台溢油应急预案中首选的溢油应急处置方法,且不需要经过海岸警备队批准,就可以实施。当大量原油不断溢出,若只采用收油机等收油方式收油往往是杯水车薪,而且收集到的油污水需要进行后续处理,受到时间与场地的制约。该法虽然会产生黑烟,但是可以处理95%~99%的油污,对于大型溢油事故尤为有效。截止7月6日,采用该法处理油污3.8万吨,约占处理油污总量的1/3。

3.2 应急行动需要改进的问题

3.2.1 美国政府对墨西哥湾事件反应迟缓

5月19日,在英国石油公司的钻井平台爆炸近一个月后,白宫盘点了墨西哥湾应急行动。而就在当天,当油污向路易斯安那州墨西哥湾沿岸地区靠近时,却有数千英尺长的围油栏仍堆

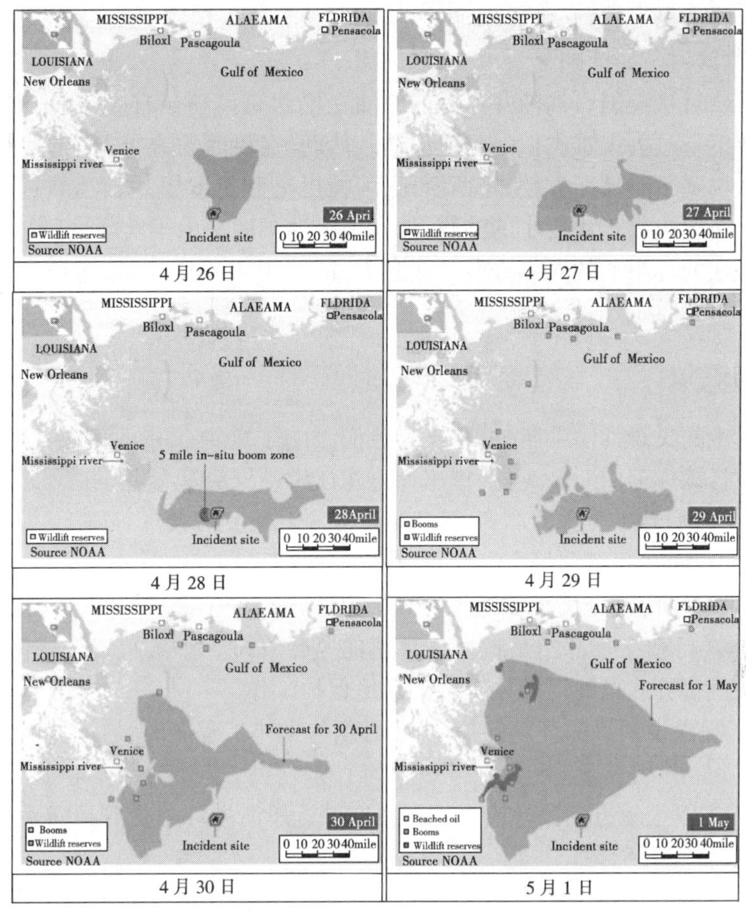

图9　溢油扩散图(NOAA 制作)

放在特利勃区的一处码头,等待英国石油公司的承包商去安设它们,两天之后这些围油栏才被放置到海上。

目前美国公众对墨西哥湾事件应急反应表示了极大不满,一致认为爆炸事故发生在20日,而漏油始于24日,政府本来有足够的时间进行应急准备,但美国政府却没有做出任何准备。

3.2.2　应急预案不够完备

根据联邦法律,从事海上石油开采的公司,必须提交应对大规模漏油事故的预案。海岸警卫队代表国家负责监督地方政府制定此类应急计划。当发生漏油事故时,石油公司有责任在联邦政府监督下实施自己的应急计划,并承担清除油污的费用。如果漏油事故足够严重,联邦政府将负起责任,全面指导救灾应对工作。

美国海岸警卫队和英国石油公司都曾按照法律规定制定应对墨西哥湾原油大规模泄漏的应急预案。但事先制定的计划都未能预料到这一次漏油灾害会同时威胁到墨西哥湾沿岸如此广阔的地区。

3.2.3　应急防污设备储备不足

尽管仅新奥尔良地区的海岸警卫队就拥有上万米长的岸线围油栏,但面对如此大规模的溢油,设备的储备仍显不足。同时用于开阔海域的围油栏比用于平静且有遮拦水面的围油栏更大、更结实,价格也昂贵,更是供应不足。

3.2.4 应急演习与演练缺乏

联邦政府承认对从英国石油油井泄漏的原油在墨西哥湾蔓延准备不足,因为演练时假定所有事故都会产生与过去灾难类似的整块浮油。然而,在目前的这次灾难中,大风已将漏油割裂、分散开来,影响到了路易斯安娜、密西西比、阿拉巴马和佛罗里达长达数百公里的海岸线。浮油已在海面上断裂成数千块更小的油膜,加大了控油难度。由于实际情况与演习情景不同,使得海岸警卫队在处理溢油的时候分散了注意力,同时很多工作人员,边培训边应急,也延误了应急时间。

4 反思与建议

墨西哥湾发生的灾难性溢油事件,再次为我们敲响了警钟。一旦我国发生大规模溢油事故,是否能够应对,该如何应对?为此,提出如下建议供领导决策参考。

4.1 进一步明确溢油应急的职责,提高地方政府的重视程度

4.1.1 关于石油钻井平台等海洋工程突发事件应急

《中华人民共和国海洋环境保护法》(1999)规定:

(1)"国家海洋行政主管部门负责海洋环境的监督管理,……,负责全国防治海洋工程建设项目和海洋倾倒废弃物对海洋污染损害的环境保护工作。"

(2)"海洋工程建设项目的环境保护设施,必须与主体工程同时设计、同时施工、同时投产使用";

(3)"沿海县级以上地方人民政府在本行政区域近岸海域环境受到严重污染时,必须采取有效措施,解除或者减轻危害"。

所以一旦发生石油钻井平台等海洋工程的溢油事故,国家海洋行政主管部门应负有关责任,平台拥有者与使用者应该首先进行应急,对于海域环境受到严重污染时,地方政府应该组织采取应急行动。一旦发生应急事故,地方政府应当成立以主要领导为应急总指挥的临时机构,负责组织海上突发事件的应急反应行动,海上搜救中心应协助地方政府进行溢油应急的组织、指挥等相关工作。

4.1.2 船舶突发事件应急

《防治船舶污染海洋环境管理条例》(2009)规定:"国务院交通运输主管部门、沿海设区的市级以上地方人民政府应当按照防治船舶及其有关作业活动污染海洋环境应急能力建设规划,建立专业应急队伍和应急设备库,配备专用的设施、设备和器材。"

同时还规定:"发生特别重大船舶污染事故,国务院或者国务院授权国务院交通运输主管部门成立事故应急指挥机构。发生重大船舶污染事故,有关省、自治区、直辖市人民政府应当会同海事管理机构成立事故应急指挥机构。发生较大船舶污染事故和一般船舶污染事故,有关设区的市级人民政府应当会同海事管理机构成立事故应急指挥机构。有关部门、单位应当在事故应急指挥机构统一组织和指挥下,按照应急预案的分工,开展相应的应急处置工作。"

因此交通运输主管部门和地方政府应该分级别进行船舶污染应急工作。

建议尽快出台海上搜救与污染应急相关法律法规,明确交通运输部门在溢油应急指挥中的权威性与地方政府在溢油应急处理中的法律责任。

4.2　加强溢油应急能力建设

对于船舶的溢油应急能力建设，交通运输主管部门通过《全国水上交通安全监管与救助系统布局规划》的实施，正在全国沿海与长江建设大约20个溢油应急设备库并配备相应的应急船舶。一旦建成，能够实现“重点水域一次溢油综合清除控制能力达到1000吨”的目标。交通应急能力从无到有实现了零的突破。

目前，我国30万吨级油码头已经有14座，30万吨级油轮几乎每天都会在我国港口进行靠泊与作业。全球范围内，平均每10年就会发生一次“威望号”、“瓦尔迪兹号”这样的灾难性溢油事故，每次漏油量达几万吨。因此，我国原定的船舶溢油应急能力目标，远远不能满足灾难性溢油事故的应急需要，应尽快调整，至少按照万吨的最大可信事故进行设置。

根据《条例》，地方政府也应该配备应急设备，但各地方政府尚未在这方面有资金的投入，也没有开展相关工作。因此应该督促地方政府尽快编写应急能力建设规划，并配备相应的设备。

我国石油行业的三大集团公司已经逐步开展溢油应急能力建设工作。如中海油以天津为总部，还在广东惠州、广西涠洲岛等地建设了7个应急基地；中石油在山东、河北、天津等地建设3个应急基地；中石化准备在武汉、茂名等地建设四个应急基地。据石油行业的统计数据，全国海上油田共计90多个，其中渤海水域13个，最深为3800m；黄海水域17个，最深为3900m；东海水域35个，最深为5000m；南海水域53个，最深为9238m。这些应急力量能否满足石油行业的应急需求，需要进行重新评估。

综上所述，交通运输部门作为我国船舶溢油应急的国家队，应该进一步加大溢油应急设备配备的规划与投入；港口码头、地方政府也应该按照相关规定进行相应的溢油应急设备配备。

4.3　促进社会应急力量的健康发展

清污单位等社会应急力量是溢油应急清污的重要力量，已参加了多起溢油应急事故的处置。由于参加清污行动往往得不到足够的赔偿，清污单位一般依靠从事港口污染物回收业务的盈利来维持应急能力。而《港口法》出台后，港口污染物回收作业资质由港口管理部门批准，因为市场准入门槛很低，大量公司进入该市场。2006年第一次全国交通环保调查统计数据表明全国沿海共有431家港口污染物回收公司，平均每个主要港口有几十个公司，导致恶性竞争，使得一些正规的清污单位无法生存，影响到应急清污的积极性。

为此，建议：一方面，加快建立污染损害赔偿基金，使得应急清污行动能够得到足够的赔偿；另一方面，应出台相关优惠政策，并成立应急清污公司企业协会，使清污单位与政府有良好的沟通渠道，得到真正的实惠。

4.4　进一步完善应急预案，加强演习

尽管美国有很完备的溢油应急预案，真正出了事故还是手忙脚乱。我国海上船舶溢油应急计划于2000年由环保局和交通部联合发布，随后又进行了修订。2004年，“非典”之后，国家对应急工作也高度重视。全国范围内各行业应急预案已经从无到有，积累了大量事故应急的经验教训，应该及时总结经验，全面更新预案，使应急预案具有科学性、可操作性、有效性。

根据墨西哥湾的经验教训，可以从以下几方面完善应急预案：

(1)通过区域性风险评估，对有可能产生溢油事故的高发地点、溢油品种与溢油量等情况进行预测，并尽可能多地设置虚拟场景，提出相关应对方案。

(2)研究提出潜在的大规模溢油事故的预防措施，并制订应对方案。

(3)及时更新环境敏感资源分布情况,制订敏感资源保护方案。

(4)提出应急人员培训及安全方面的要求。

同时开展有针对性的溢油应急演习,根据演习情况,进一步调整预案,并使应急人员得到培训和锻炼。

4.5 进一步加强大规模溢油应急技术的研究与储备

焚烧技术在墨西哥湾溢油应急中发挥了重要作用,但目前我国尚未对该项技术开展过任何研究,也缺乏相关法律的支持。此外,从墨西哥湾溢油应急来看,现有的应急技术远不能满足灾难性事故的应急需要。因此,针对大规模溢油应急技术,加强研究与技术储备非常必要。

4.6 加强溢油监视与漂移轨迹预测技术的应用

美国国家海洋和大气管理局(NOAA)在这次溢油应急行动中为海岸警备队提供了溢油轨迹预测与现场评估等技术服务,对溢油应急决策提供了很好的技术支持。

在我国也有一些溢油漂移轨迹预测模型,但质量良莠不齐,在溢油事故应急中应用后,有时精度不够高,有时发现预测与实际的走向完全相反,不能指导溢油应急行动。建议学习墨西哥湾在溢油监测预测方面的经验,选用信誉良好的、有过模拟预测经验的成熟模型进行溢油的漂移轨迹预测,结合现场溢油监测与评估,以更好地辅助应急决策,指导应急行动。

4.7 为可能出台的新国际法做好准备

国际法和国际公约大多是由于重大事件的发生而产生并通过的,比如:

(1)1967年3月18日在英吉利海峡触礁沉没的利比里亚的"托雷·卡尼翁"号油轮(TORREY CANYON)溢出原油11.9万吨,促使国际海事组织(IMO)于1969年组织制订了CLC69。

(2)在"埃里卡"油轮和"威望"号油轮大规模溢油事故后,IMO于2003年5月16日通过了《建立国际油污赔偿补充基金的议定书》(FUND 2003),建立了对油轮油污染事故的第三层赔偿机制,大大提高了赔偿限额。

(3)美国在1989年"瓦尔迪兹"号油轮溢油污染事故发生后,于1990年制订了《1990年油污法》(OPA90),建立了国内船舶油污损害赔偿机制。

此次墨西哥湾石油钻井平台事故后,有可能会促使新的国际法出台,对海上石油钻井平台等设施提出更严格的要求。我国的国际政治地位正在逐步提高,在国际会议上的观点举足轻重,海洋及交通运输主管部门应提前进行相关研究,做好准备。

Abstract: This paper describes the detailed process of the Gulf of Mexico oil spill and the clean-up measures taken, sums up the experience and problems learned from the event, and gives the specific recommendations in connection with the situation in our country.

Key words: Gulf of Mexico; Oil spill response; Suggestions

关于墨西哥湾漏油事故的思考

周华锋
（烟台打捞局航运处，烟台，264000）

4月20日美国墨西哥湾“深水地平线”深海钻井平台发生爆炸沉没以来，将近两个月了。开发商英国的BP公司使用了灌顶、虹吸等各种方法仍不能有效制止原油泄漏，造成了巨大的经济损失和深重的生态灾难。作为一个为海上石油平台服务多年的工作船船长，我对我国沿海的海上石油开发现状及其对海洋环境的影响有一些浅层次的了解。非常希望通过这一个交流平台，与系统内外的专家沟通交流，学习一些船舶防污的经验和做法以后能应用到实践工作中，尽量减少对海洋环境的不利影响，在海洋突发事件中能采取适当做法尽量减轻对海洋环境的影响程度。

1　我国沿海目前海上开发现状

我国沿海大规模开发的有北部油田，主要指渤海湾和黄海北部；东部油田，主要指东海春晓油田；南海油田，南海及北部湾。渤海湾是我国的内海，海水自净化能力较弱，海水污染对其影响格外大。狭小的渤海湾内主要有中海油天津分公司、中石油和胜利油田三大开发商，有30多个油区、2000多口油井、100多个采油平台、20多条移动钻井船、100多条为之服务的工作船以及10多条大型工程浮吊船和储油轮。中海油天津公司自己就提出了年产3000万方的开采目标，他们正在为这一目标扩大生产大干快上。姑且不谈那些恶性的突发事件，光是这么多船舶、设施的日常排放对海洋环境的影响也是非常巨大的。渤海湾内平台的作业水深最大也不过30米多一点，与墨西哥湾1600米的作业水深不在一个层级上。如果发生类似的恶性事故处理的难度要小很多，但是我们的生产技术和管理水平比国外大石油公司也落后不少。美国第一口浅水平台19世纪中期便投产了，我国20世纪80年代才开始海上作业，差了100多年。动力定位技术国外20世纪70年代就比较成熟了，我们近几年才有涉猎。相对于美国，我们的海洋管理机制更加分散。目前我们的海洋管理涉及到海洋、渔业、环境保护、交通海事、海关边防等多个部门。另一方面各省对海洋管理“条块分割”，各自管理本省邻近海域，这一体制的存在弱化了海洋的综合管理职能。就我们作业现场而言，我们工作船的防污主管机关是海域所属的国家海事行政主管部门。由他来负责船舶污染海洋环境的监督管理，并负责污染事故的调查处理。海上采油平台和钻井平台的主管机关是国家海洋行政主管部门。海洋局负责平台污染海洋环境的监督管理，并负责污染事故的调查处理。

2　海上作业区的主要污染源

2.1　由工作船造成的污染

（1）油污污染：

①工作船和平台之间外输油水作业过程中可能发生的溢漏。

②工作船作业频繁，主推进器和侧推进器长时间高负荷运转及渔网绞缠造成的推进器损伤而形成的滑油冒漏。

③船舶甲板或机舱机械故障导致的溢漏。

④工作船机舱舱底油污水的溢漏。正常应是零排放，全部封存打铅封，由主管机关批准的专业公司回收处理并发证明。

(2)生活污水的污染。

(3)船舶燃油不完全燃烧造成的污染。

(4)船底防污油漆对海洋的影响。

(5)工作船生活垃圾，运输货物的包装材料的管理不善。正常应该全部回收，零排放。

2.2 由钻井平台造成的污染

(1)油污污染：

①平台与工作船外输或储油轮(FPSO)与外输船舶作业过程中的溢漏。

②平台机械作业及机器处所形成的油类残渣和油污水。

③钻井或采油过程中油管中的残油。

④钻井或采油过程中发生的突发事件和事故如井喷等。

(2)泥浆作业中所用的散料如水泥、重晶石、土粉、石灰石、泥浆等对海洋的影响。

(3)平台泥浆作业过程中使用的大量化学制剂对海洋的污染。

(4)平台增产作业中使用的酸性液体和盐水对海洋的影响。

(5)平台作业过程中产生的废料如岩屑等。

(6)平台的生活垃圾及运输物品的包装材料等。正常应该全部回收，零排放。

(7)储油轮类似一个中等规模的化工厂，作业过程中对环境的影响。

3 海上形成的污染的处理

(1)对于工作船与平台外输油水过程中所发生的溢油比较好处理.只要值班人员到位，及时关停泵阀，堵住甲板泄水口，按照油污应急部署程序，用吸油毡和木屑来处理。必要时，放艇回收处理油污。

(2)如果是由于船舶推进器受损漏油，大多是轴系轴封漏油，漏的一般是滑油，比较难处理。溢漏的滑油由水下泛到海面散开，形成比较亮的油带。如果漏的比较轻，泛到水面会是由一个点扩成比较大的油圈。船舶如果发现上述状况应立即和平台沟通中止作业，及时返港修理。视现场状况报告主管机关，决定是否释放消油剂，尽量避免形成二次污染。

(3)减少船舶燃油不充分燃烧对环境的污染。船舶应加大对主副机维护保养力度，使其保持良好工况，燃油充分燃烧，减少对海洋的污染.船舶的操纵应尽量规范操作，充分利用船舶操纵特性，避免大负荷频繁用车。

(4)突发事件导致的大面积漏油.(类似这次墨西哥湾漏油)，我们应及时报告主管机关，撤离平台的作业人员。关于现场油污的清理，我们所能采取的方法主要有围油栏围堵、容器采集和抛撒消油剂等传统方法。我曾经遇到过小面积原油泄漏事件，原油密度粘度非常大，用尼龙网做成的网兜进行收集比较好用。如果我们遇到类似这次墨西哥湾的漏油状况，我们所能做得几乎是微不足道。

总而言之，在发生油污的现场，我们所能采取的方法和手段是非常传统的，原始的。希望业内的专家能提供科学的方法或技术手段，有效地进行油污处理。

墨西哥漏油事故的原因最近公布出来．事故的原因是英国石油公司过于追求开发进度，降低检测成本，导致检测不到位，未能及时发现水泥固井不合格，发生原油压力过大导致爆炸。这次事故的后果如此之严重足以对深海石油开采行业产生巨大的冲击。英国石油公司200亿的赔偿金远不足以支付所造成的损失，所产生的生态灾难未来数年内都消除不了。虽然成本与收益、效率与安全会有一定的冲突，但是只有安全才能保证最终的收益。老子有句话“为之于未有，治之于未乱”。因此石油企业应完善海上钻井平台的安全保障，加大安全投入，在生产的各个环节杜绝危险情况的发生。我们应从此次事件中吸取教训，查漏补缺，防患于未然。

Abstract: An explosion on the offshore oil rig “deeper horizon” in the Gulf of Mexico triggered a massive spill via an open oil well on April 20th, threatening wildlife and the ecosystem of the gulf and livelihood and health of citizens in the region . As a senior captain of AHTS served for oilfield offshore , I' ve been thinking about how to deal with the accident by all means on the scene and minimize the damage to environment since the disaster occurred . I do know something about oil exploitation and their influence to our environment . I hope to make full use the opportunity to keep close touch with the experts in all fields , gain and extend my knowledge & experience and enhance ability to take proper action for environment protection if abnormal found.

Key words: AHTS (Anchor handling and towing and supplying boat) ; FPSO (Floating productive store offshore)

浅谈海事对海上钻井平台的监管

陈才顺
（广东省清澜海事局）

1 我国油气田分布及发展前景

中国近海海域发育了一系列沉积盆地，总面积达近百万平方千米，其中面积大于200km^2的，沉积岩厚度大于1000m的中、新生代盆地有424个。这些盆地自北向南包括：渤海盆地、北黄海盆地、南黄海盆地、东海盆地、冲绳海槽盆地、台西盆地、台西南盆地、台东南盆地、珠江口盆地、北部湾盆地、莺歌海—琼东南盆地、南海南部诸盆地等，预测石油资源量为275.3亿吨，天然气为106000亿立方米。

目前我国近海油气田开发主要集中在渤海、珠江口、琼东南、莺歌海、北部湾和东海6个含油气盆地，已形成了4个油气开发区：渤海开发区、珠江口开发区、南海西部油气开发区和东海油气开发区。但是目前原油的发现率仅为18.5%，天然气发现率仅为9.2%，极具勘探开发前景。

随着科技的进步和对外合作领域的拓宽，我国海洋石油工业有了长足的发展，至2005年，中国海上石油年产量达到4000万吨。据悉，未来中国的石油增长主要来自海上油田，可以这么说，海上石油是推动我国社会经济可持续发展的能源基础。

2 海洋油气田开发对海洋的影响

我国海洋石油勘探开发是在20世纪60年代末发展起来的新兴海洋工业。随着勘探开发生产的规模越来越大，海洋石油工业对海洋环境的影响日益明显，污染也日趋严重，使局部海域环境发生了很大变化，并有继续扩展的趋势。与陆地石油勘探开发一样，海洋石油生产也需要经过物探、钻井、测井、井下作业、采油、集输等环节。所不同的是，海上油气的开发要借助特殊的设施，也就是常说的海上钻井平台。目前海洋油气田生产设施基本上可分为三大类，及海上固定式生产设施、浮式生产系统和水下生产系统。海洋石油开采中，在不同的作业环节均会产生一定的污染，其中采油和集输是整个海洋石油生产的重要环节，更是海上油田生产的一个重要部门，但也是污染大户，主要其污染源主要是固定污染源和流动污染源。固定污染源值得是海上作业平台及其附属设施，流动设施指的是往返于陆海之间实施作业的各类船舶所排放的污油水。所有的这些污染源在生产过程中一并排出一些废水、废气及固体废弃物，这些污染物质进入海洋环境后将构成水体污染，其主要成分是石油类、COD、BOD、悬浮物、硫化物、有机毒害物及各种细菌等，其中石油类污染物对海洋环境的影响最为直接，具有污染源广、持续性强、扩散范围广、防治难、危害大等特点。石油类污染物主要来源于生产性排水和事故性溢油。生产性排水是指在海洋石油勘探、开发和集输过程中正常排放的含油污水。事故性溢油指的是发生于海洋石油生产、集输过程中的各类事故，如管线破裂、油轮泄油、井喷等。虽然生产性

排水不像事故性溢油那样带来剧烈性、灾难性的损坏，但是，由于生产性排水具有不间断性和污染的隐蔽性，日积月累，其对海洋环境的影响可谓不小，甚至是主要的海洋环境污染源。据不完全统计，每年因海洋石油勘探开发及其事故而流入海洋的石油多达150万余吨。因此，研究如何加强对海上油气田开采利用的监管，努力从源头上遏制污染物的排放，减少事故的发生，减少海洋石油开采利用对海洋环境的破坏，已成为十分紧迫的课题。

3　我国对海洋环境保护的法律体系和海事局在海洋环境保护中的法律地位

3.1　法律体系

为了保护海洋生态及环境，我国以立法的形式确立海洋环境保护制度，已经形成可以《中华人民共和国宪法》为基础，以《中华人民共和国环境保护法》为主体的环境法律体系。为更好实施环境保护法律，我国还针对不同环境保护对象制定颁布了多项环境保护专门法和保护相关资源法。针对海洋环境，专门制定了《中华人民共和国海洋环境保护法》。为配合海洋环境法的有效实施，国务院还颁布了《中华人民共和国海洋石油勘探开发环境管理条例》和《中华人民共和国防止船舶污染海域管理条例》。

从《海洋环境保护法》在海洋环境保护分工上看，我国现在是海洋局、海事局、渔政、军队和地方政府五个部门分工协助，共同保护海洋环境。

3.2　海事法律地位

根据《中华人民共和国海洋环境保护法》第五条的相关规定，"……国家海事行政主管部门负责所辖港区水域内非军事船舶和港区水域外非渔业、非军事船舶污染海洋环境的监督管理，并负责污染事故的调查处理；对在中华人民共和国管辖海域航行、停泊和作业的外国籍船舶造成的污染事故登轮检查处理。船舶污染事故给渔业造成损害的，应当吸收渔业行政主管部门参与调查处理……"。海事对海上钻井平台负有监管的职责和义务。虽然《海洋环境保护法》中未对船舶给出定义，也未对钻井平台给予特别定义，根据《中华人民共和国海上交通安全法》附则中对船舶、设施及作业的定义中，已经把各种平台列为船舶。因此，海事部门对海上钻井平台在勘探开采海洋油气作业过程中是否对海洋环境造成污染负有监管职责。

4　海事监管的难点

海事部门一致都致力于海洋环境的保护，尤其是在保护海洋环境免受海上油气勘探开采的影响上，更为努力，也取得一定的效果。但是，目前海事对海上钻井平台防止污染监管工作还存在一定难度，主要如下：

(1)现场监管设备存在不足，无法实现有效监管。

海洋石油的勘探和开采虽然都处于近海水域，但是距离岸边海事有一定的距离，水深、风浪都比较大，许多海事执法船艇难以到达作业点，造成无法登钻井平台检查。同时，由于距离较远，造成执法成本增加，但监管效果不理想；

(2)海上钻井平台内部结构十分复杂，作业环境恶劣，极具危险性，登钻井平台人员需要经过专门的训练，短期内海事部门还不具备这样的人员条件。

5　海事部门如何对海上钻井平台监管的一些想法

(1)明确企业是防止污染的责任主体。

在整个海洋石油勘探和开采过程中，收益的是企业，其理所当然对防止开采作业行为造成海洋环境的污染。因此，研究防止海洋环境污染制度、提高开采工艺、对开采设施更新换代是企业责无旁贷的义务。

(2)加强海事建设，努力提高监管装备，引进先进的监控设备；

(3)加强与其他海洋环境保护部门联合监管，实现全方位监管。

浅析"栀子"号轮防污清污应急处置案例

林振芳[①]　李晓春[②]

(深圳市航鹏海洋环保服务有限公司,深圳,518067)

摘　要:2010 年 5 月 11 日,因和香港一货轮发生碰撞,存有 900t 左右燃油的"栀子"号集装箱轮,其 4、5、6、7 号油舱处严重受损,海水涌进舱室。而"栀子"轮需要在深圳某港口卸载 6900 个满载货物的集装箱,一场造成海域大量溢油的事故随时可能发生。深圳市航鹏海洋环保服务有限公司立即组织专家和技术人员对受损严重的"栀子"号轮进行分析和研究,并制定出一套科学、周密、有效的防污清污应急处置方案。

关键词:海事　集装箱轮　防污清污　应急处置

1　"栀子"轮受损概况

基本情况:"栀子"号是一艘远洋巨型集装箱轮,船舶型长 332m,船舶型宽 43m,船舶型深 24.5m,夏季满载吃水 14.5m,最大航速 25kn,最大载重吨 10.8 万吨,满载集装箱数为 8400 标箱。

海事概况:2010 年 5 月 11 日,载着 6900 个集装箱的"栀子"号轮突然和一艘香港杂货轮相撞,"栀子"号船艏右侧 4、5、6、7 号油舱被撞,创口最大长度约 47.5m,最大高度约 7.5m,海水从创口倒灌进 4、5、6、7 号舱,7 号油舱和 4、5、6 号舱通过隔离钢板的中间的圆洞(直径约 40cm)相连,油舱中 900t 燃油随时都有从创口溢出污染海域的风险。

2　溢油污染的风险

"栀子"号轮 7 号油舱加满油后的液面距舱底约 18m,油舱容积约 180 万升,由于海水倒灌,强大的压力将燃油顶在舱顶部。6900 个集装箱卸下后,船的载重量就减少了 96600t,船体会随着载重量的减少而上浮,油舱创口就露出水面,油舱的压力一降低,燃油就可能泄出。如果油舱中 900t 燃油流入海域,东南方向的香港、东面候鸟赖以生存的红树林、西南方向著名的内伶仃岛、西北方向的珠江口、航道、CCT、SCT、大铲湾码头,以及附近妈湾海产养殖场等都要受到污染,经济损失、国际社会影响将不可估量(图 1)。

3　"栀子"轮防污清污应急方案

根据所掌握的船舶和海事情况,深圳市航鹏海洋环保服务有限公司立即召集技术人员对

---

① 林振芳:1960 年 11 月生,深圳市航鹏海洋环保服务有限公司,总经理。

② 李晓春:1957 年 3 月生,深圳市航鹏海洋环保服务有限公司,副总经理。专业领域:海洋环保。通信地址:深圳市南山区文心五路滨海之窗写字楼 18A,邮编:518054 办公电话:0755 - 86220238 传真:0755 - 86220266,电子邮箱:ciqking66@163.com。

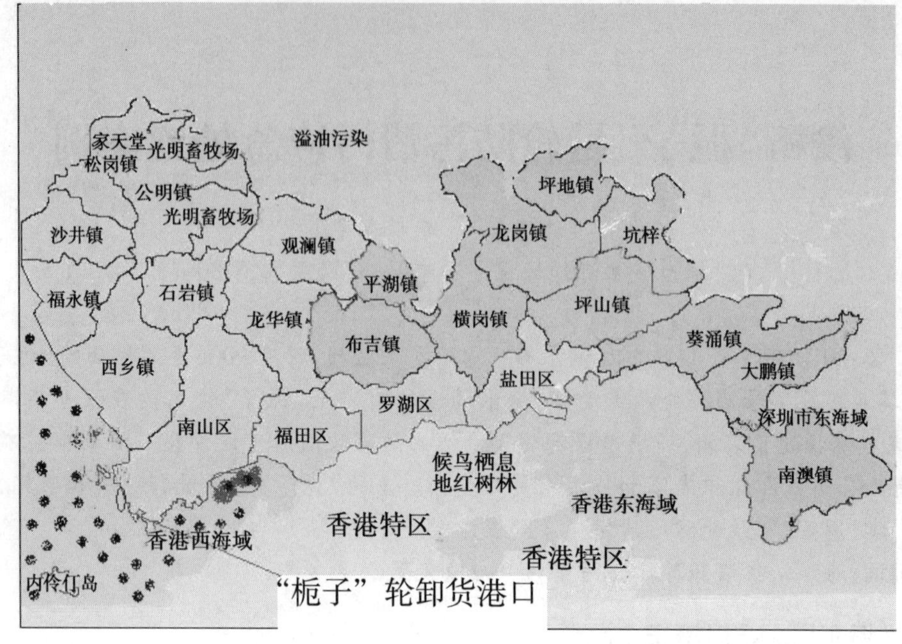

图1 “栀子”号溢油污染风险示意图

受损轮船进行分析,并拟定了一份详尽的处置方案。

(1)立即成立“栀子”轮溢油防污清污应急小组。总指挥由曾担任30多次的海上溢油防污清污应急指挥人员担任,确定联络员和现场翻译。

(2)派出4艘清污应急船和2艘应急快艇到现场负责防污清污。

(3)由一名副总指挥带领20名应急清污人员,带好防毒面具和测量仪将7号油舱的燃油用空气泵打到其他油舱或过驳到驳船。

(4)在“栀子”号轮外侧布放4道防线,防止溢油扩散。

①第一道:采用280m围油栏,将受损创口处围住,围油栏两端根据“栀子”吃水高度布放,一旦有溢油第一道围油栏可以拦截。

②两艘快艇、“01号”应急船带着撇油器,“05号”应急船准备消油剂和吸油毡在第一道防线外密切监视溢油情况。

③第二道:呈半圆形布防一道1200m吸油索,将“栀子”号围住。

④“07号”应急船在第二道防线外密切监视溢油情况,并做好随时接应第一道防线的准备。

⑤第三道:再在第二道吸油索20m开外,布防长2000m的吸油索,防止溢油量大时,越过第二道防线。

⑥第四道:在离第三道防线约30m开外,布防第四道围油栏2000m,以彻底拦截溢油向港口外逃逸,而污染附近水域。

⑦“18号”应急船在第四道防线外密切监视溢油情况,并防止其他船只进入溢油应急区。

⑧在“栀子”轮卸货时,对风向、水流以及“栀子”轮吃水等情况,及时调整相关措施。

⑨清污材料采取环保型吸油毡和消油剂。

⑩污油水和含油垃圾按照环保措施处理。

(5)派技术人员与船方对受损创口进行勘察和测量,确定油舱破损口的准确位置。

(6)卸载货物时,由船方配合加压载水,使船舶吃水位始终在油舱破损口以上,让海水的压力迫使燃油不能溢出船体。

(7)要求船方和码头必须积极配合防污清污应急总指挥的指令,当发现有较多溢油泄出时,应立即停止卸货(图2)。

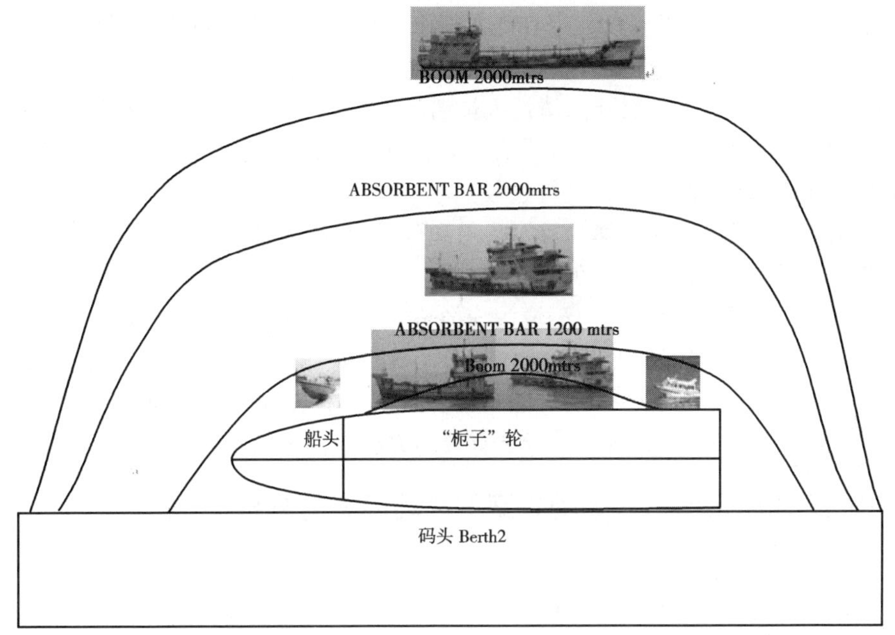

图2　“栀子”轮防污清污布控示意图

4　“栀子”轮防污清污应急方案的报批、确认及可行性分析

4.1　方案的报批和确认

4.1.1　为了保证“栀子”轮溢出的燃油不污染海域,方案经海事部门批准和船方确认后,就立即实施方案中4.1、4.2和4.4项目,四道防线的布控将“栀子”轮围了个严严实实(图3)。

图3　技术专家在勘测受损创口情况

4.2　勘测、计算和可行性分析

4.2.1　实施方案中4.5项目后的结果,还是让我们非常紧张和谨慎。因为勘察的数据非

常让人担心。

受损创口勘测结果为:上创口处于吃水线处,长为30m,高度为0.8m。

吃水线下的创口长47.2m,高6.7m。

4.2.2 经测算,6900个集装箱卸完后,船体将上升6.3m,也就是说吃水线下被撞漏油舱的创口将浮出水面,溢油也会随着海水压力的减小而从创口溢出。如将压载水舱加满,船体上升为3.2m,就意味着还有3.5m的创口在吃水线下。但是露出水面的创口其溢油风险还是非常大,哪怕是油舱裂了一条缝,溢油就会喷泄而出。

4.2.3 实施方案中4.3项目时,清污人员遇到了很多困难,经过不懈的努力,终于开泵过驳。过驳完500m^{3}燃油后,发现液面并没有下降,说明过驳时,海水一直往里灌(这时,小组申请停止过驳,经和船方沟通后,不再进行过驳)。

4.2.4 在与海事、船方对方案的反复推敲和分析后,认为方案具有科学性和可行性。

4.3 “栀子”轮防污清污方案的实施的结果

在船方和码头的积极配合下,防污清污应急人员谨慎作业和高度警惕的监视下,6900个集装箱顺利卸载到码头。货物卸完后,船体上升了3.2m。随着船体上升,溢出的极少量燃油都由清污人员及时清除干净了。一场可能出现的溢油大事故,被深圳市航鹏海洋环保服务有限公司的防污清污应急人员采用科学、行之有效的方法堵住了。

5 “栀子”轮防污清污应急处置案例成功因素的分析

5.1 多方重视是成功防污的根本

“栀子”轮受损后,海事部门十分重视,防污和清污能否成功,派出一支最强的队伍进行防污应急是重中之重。海事部门明确表示,深圳航鹏公司是海事部门的海上溢油应急单元单位,为深圳海域防污清污作出了巨大贡献。航鹏公司的溢油清污应急队伍是一支过得硬的队伍,只有过得硬的队伍才能胜任这样艰巨的任务。同时,“栀子”轮所属船公司总部也指定委托深圳航鹏公司,这样一拍即合,深圳市航鹏海洋环保服务有限公司临危受命,担起了此重任。“栀子”轮船公司总部派来的技术总监在“栀子”轮防污清污应急联席会上说,在中国和深圳航鹏公司有着多年的合作,是最信任的朋友。“栀子”轮的防污清污应急交给航鹏公司,他们100个放心。

深圳市航鹏海洋环保服务有限公司接受指定委托后,感觉身上的担子非同一般。公司董事长亲自登轮勘察和了解“栀子”受损情况,并和海事部门、船公司总部的技术总监、船长轮机长共商防污应对措施。

5.2 多方配合是成功防污的基础

要做好“栀子”轮防污清污应急工作,海事部门、船方、码头和应急队伍之间的密切配合非常重要。尤其是卸载集装箱时,当船体重量减轻、浮力加大、油舱中压力减小、燃油有可能外溢时,船方、码头与应急队伍的配合必须天衣无缝。什么时候加压舱水,加多少压舱水,都需要经过精确的计算和现场24小时不间断的监视,任何闪失都会带来严重后果。

5.3 科学可行的防污应急方案是成功防污的保证

深圳市航鹏海洋环保服务有限公司成立于1995年,10多年来,公司培养出一支训练有素的海上防污清污应急队伍,参加海上溢油应急行动30多次。特别是2000年11月14日,珠江口发生的“德航298”轮被撞溢油200t的应急行动,以及2004年12月7日,同样发生在珠江口

的"ILONA"轮被撞溢油1200t的应急行动。在这两次应急行动中，深圳航鹏公司都担任着重要清污任务，为清污应急作出了巨大贡献，受到交通部、国家海事局、广东海事局和深圳海事局的嘉奖。通过参加30多次海上溢油应急行动，加上平时培训和演习，深圳航鹏公司锻炼了队伍，也获得了丰富的防污清污应急经验。

高度的社会责任感和强烈的海洋环保意识，使得深圳航鹏公司对待任何一次海上应急行动都是严肃认真、一丝不苟。接受"栀子"轮防污清污应急指定委托后，深圳航鹏公司立即召集公司技术骨干以上干部会议，会上对"栀子"受损情况作了详细分析和研究。技术人员每个细节、每个数据都反复推敲、反复计算和核实，确保万无一失。经过缜密分析和研究，依据应急预案制定了科学、周密、系统和有效的"栀子"轮防污清污应急方案。

Abstract: On 11, May 2010, the container vessel M/V Zhizi suffered a collision with one Hongkong freight vessel causing damaged to oil tanks No. 4,5,6,7 . 6900 cargo containers on "Zhizi" would be discharged at a port of Shenzhen. A pollution accident of oil spilling maybe happen. Experts and technicians of Shenzhen Hangpeng Marine Environmental Service Co. Ltd. carried through research and analysis of damaged "Zhizi", and made a scientific , thorough, and effective project on emergency response.

Key words: Maritime; Container Vessel Anti-pollution and cleaning; Emergency response

东安公司构建"三位一体"世博水域应急保障体系

叶军明

（上海东安海上溢油应急中心有限公司，上海，200086）

举世瞩目的中国2010年上海世界博览会将于2010年5月1日至10月31日在上海市中心黄浦江两岸的南浦大桥和卢浦大桥之间的滨江地区举行。本届世博会的主题是"城市，让生活更美好"。

中国2010年上海世博会作为2008年奥运会后中国的又一国际性重大盛会，如何办好一届成功、精彩、难忘的世界博览会，已成为上海乃至全国最重要的工作之一。上海世博会的展示区域跨越上海的母亲河——黄浦江，浦江水的洁净靓丽体现的不仅是上海的形象，而且也是中国经济发展水平和社会文明程度的集中体现。

上海是一个三面环水的城市，岸线总长度597km，其中世博岸线长度8.3km。上海东安海上溢油应急中心有限公司（以下简称东安公司）作为世博会赞助商（上海市城市建设投资开发总公司）和世博会指定环境卫生服务商（上海环境实业有限公司）下属的国有控股企业，以保障世博期间水域环境的目标出发，应对可能发生的危险品码头、船厂和其他船舶事故污染，在原有覆盖整个上海港的应急网络体系的基础上，构建全新的以世博保障为核心的"三位一体"应急保障体系，对环境污染突发事件做好充分的应急准备。

1　东安公司发展情况简介

上海东安海上溢油应急中心有限公司隶属于上海市城市建设投资开发总公司所属上海环境实业有限公司，是在中华人民共和国交通部上海海事局、上海交通港口管理局、环保局、绿化市容局等主管机关的大力支持、指导和培育下，与芬兰国劳模公司（LAMOR）合资，于2002年5月28日正式成立的国内沿海港口城市首家具有专业从事水域污染应急抢险清污、危险品码头过驳防污染预控、油污水收集清运处置等业务资质的中外合资企业。公司是上海市治安安全合格免检单位和上海港口诚信企业，已通过ISO 9001质量管理体系、OHSMS 18001职业安全健康管理体系和ISO 14001环境管理体系认证。

公司拥有沿海、长江、内河航区各类船舶28艘，停泊基地15处，应急物资储备库8处，建立了黄浦江上下游、长江上海段、杭州湾北岸以及洋山深水港区域应急反应处置系统，应急网络覆盖整个上海港各水域范围。公司以构建区域防污染核心地位为目标，以上海国际大都市为中心，辐射长江三角洲及东海海域，成为一支积极响应海事主管机关指令的专业应急救援力量，成立至今已成功处置大小溢油应急事故240余起。是上海港水域溢油污染防治领域的龙头骨干企业，是上海港船舶污染应急反应体系的中坚力量。目前已具备对一次性溢油500t及以下的污染事故进行有效围控和清除的能力。

公司作为交通部上海海事局、上海交通港口管理局等主管机关长期指挥下的一支应急抢

险主力军，始终视保护上海港水域环境为己任，以防污监督部门、委托方及上海市民满意为目标，倾情追求以优良的作业质量、诚信的服务态度取信于客户，奉献于环保，造福于社会。为建立现代化、大规模、高效率的海上溢油应急中心而努力。

2 为做好世博水域保障，东安公司搭建全新的“三位一体”的应急保障体系

东安公司在主管机关的统一指挥下，利用完善的应急网络与指挥平台，分别在世博核心区域、世博核心外围和周边沿海区域建立三层次的溢油应急体系，各层次之间相互协作，相互配合，成立世博保障指挥工作组，由公司总经理担任总指挥，常务副总经理为副总指挥，直接领导和调配应急力量。在接到主管机关的指令要求后，立即启动预案，充分调动应急力量，以最快捷的反应、最全面的装备、最娴熟的技术、最专业的队伍，第一时间全力投入防污染应急作业。

2.1 世博核心区域

(1)水域范围：黄浦江的南浦大桥至川杨河口下游100m水域。

(2)溢油应急反应时间：10分钟左右赶到溢油应急救援现场。

(3)投入力量：7艘专业应急船舶，40余名专业防污染作业人员。

(4)情况说明：世博核心区域岸线长度8.3km，是世博会的景观水域，也是公司世博保障工作的重中之重，公司抽调7艘设施设备最新最优的船舶，选派精兵强将进驻该区域，倾力保障世博核心区域的水域洁净与安全。

世博水域的保障工作不仅关系到世博水域的景观效果，而且是上海港的准水源保护地，是上海市民生活饮用水的重要取水口，在非必需的情况下，尽量不使用具有一定化学危害性的消油剂，以铺设环保的围油索、吸油毡，使用溢油回收设备等清污手段为主，竭力保护生态环境。

2.2 世博核心外围

(1)水域范围：黄浦江上下游、长江上海段(包括崇明三岛)。

(2)溢油应急反应时间：30分钟左右赶到溢油应急救援现场。

(3)投入力量：14艘专业应急船舶、近百名专业防污染作业人员。

(4)情况说明：世博会期间，世博相关水域将限制油品、危险品船舶的运输与装卸，上述船舶势必将作业任务转移至外港、新港和洋山港区的相关码头，将加重世博核心外围码头的靠泊和作业量，量的提升可能会加大发生溢油事故的隐患，尤其是黄浦江上游的吴泾鳗鲡嘴水域、下游的吴淞口、宝山以及崇明三岛水域。因此，上述水域的应急保障也绝不能忽视，公司投入了充足的应急力量，加强溢油应急防范。

上海水域具有流动性和潮汐性的特点，在确保世博核心区域水域环境的基础上，要加强核心外围水域的保护，防止发生溢油后油污随着潮汐扩散至世博核心区域。黄浦江与长江交汇处是船舶碰撞事故多发地点，溢油情况发生概率较大。同时，崇明三岛地理位置特殊，又濒临青草沙水源地及湿地生态保护区，该辖区有数十家大型的修、造、拆船厂在长江边一直排开，单位多、岸线长，环境保护形势严峻，需要投入一支具备较高综合实力的专业应急队伍才能保障辖区水域安全。

2.3 上海沿海防区

(1)水域范围：杭州湾北岸、洋山深水港区、绿华山锚地等沿海水域。

(2)溢油应急反应时间：3小时左右赶到溢油应急救援现场。

(3)投入力量：7艘沿海三类专业应急船舶、60余名专业防污染作业人员。

(4)情况说明:金山、洋山深水港区繁忙的国内、国际水路航线,在上海国际航运中心的建设中发挥着举足轻重的作用,金山化工区、金山石化、洋山申港、洋山 LNG 等重要的油品、化工品码头,以及来往密集的众多航运船舶,对上海沿海防区的水域防污染工作有着重要的影响。

3 东安公司世博水域保障工作亮点。

3.1 世博水域保障力量配备的特点。

(1)船舶:应急保障船舶外观颜色统一,一目了然,保持适航状态,24 小时待命。

(2)人员:分成清污专家、现场指挥和作业人员三类。分别穿着三种色彩的工作服装,分工明确,职责清晰。统一着装,精神抖擞。清污专家,现场指挥和作业人员,均通过中国交通部和上海主管机关的相关培训后持证上岗。世博期间邀请国外专家常驻指导。

(3)每船由专人负责,专人联系,定职定岗,分工明确。

(4)每船配备充足数量的围油栏、围油索、吸油毡、消油剂及防护服,经上海海事局备案。

(5)每船配备溢油取样瓶,便于溢油事故后取样分析、取证与记录。

(6)每船配备照相设备,便于溢油事故的过程取证与记录,并统一应急抢险记录本,记录详细。

(7)每船配备高频、手机等通讯器材,便于统一指挥与调度。

(8)每船配备专业设备,如 AIS,GPRS 智能导航仪,电子海图,高频对讲机。

(9)公司专为世博保障采购 10 台侧挂式收油机,高压冷、热水清洗机,船舶配备红外线夜视仪,24 小时昼夜巡查。

(10)公司本部设立指挥中心,利用大屏幕显示实况,统一指挥与调配公司应急力量。在世博核心水域设立世博指挥分中心,由 24 小时昼夜在此区域巡视的“世纪之春”号应急抢险指挥艇担任,接受公司指挥中心及海事主管机关指令,指挥与调配公司世博核心水域应急保障力量。

3.2 公司溢油应急保障的坚强后盾

公司各类大小船舶、设备一应俱全。小至 0.5t 应急快艇,大至 500t 级应急海船。溢油清除装备:开阔水域、狭小水域、滩涂、岸基、码头夹档、岩石缝隙等特殊位置的溢油污染清污设备都有配备。公司目前应急物资储备达到处置 500t 级溢油事故的储备量,并争取在防污染条例出台后,与各签约码头建立协作联防体系,将各码头的物资储备联网登记,综合管理,形成更大规模溢油处置能力的综合储备管理系统。

东安公司在做好溢油应急准备工作的同时,各应急船舶可以兼具世博水域信息收集、人员救助、灭火救灾、后勤保障、反恐等多种支援功能,竭尽全力投入世博保障工作,充分承担作为国企的社会责任。东安公司其他各辖区的作业队伍及水域公司各作业单位,也已形成世博后援网络,在公司世博保障指挥小组的统一指挥下,当上述保障队伍无法满足需要时,立即组织调派投入世博区域,采取进一步的支援行动。当突发事件扩大,东安公司无法满足应急要求时,公司应急指挥部可以请示上级公司(上海水域环境发展有限公司),拥有百余艘各类作业船舶前往支援。再则,上报上海环境实业公司,具备从垃圾收集、运输、处置、焚烧、填埋等一条龙服务的世博会指定环境卫生服务商,由上海环境实业公司派遣更大数量的船舶及作业人员前来支援。甚至可以请示城投总公司及芬兰劳模公司紧急投入资金、人力、物资等各方面的大力支援,在紧要时刻投入救援工作。

4　展望与期望

中国2010年上海世博会的成功举办和国务院《防治船舶污染海洋环境管理条例》的出台落实，新的形势，新的任务，为东安公司的发展壮大注入了新的活力，带来了前所未有的历史机遇，公司力争在主管机关的领导下，在各航运、码头客户企业的支持下，借世博会的东风，乘风破浪，努力提升水域应急救援能力建设，提高上海港的水域应急能力和效率，在全国范围内抢占水域环保的行业制高点，探索先进的应急机制和管理模式，成为行业的领先者，推动我国水域应急救援的发展与进步，更好地服务于社会公益服务事业，为水域环境保护发挥东安公司最大的能量。

船舶溢油应急设备库初步设计要点研究

刘晓峰　乔　冰　刘春玲

（交通运输部水运科学研究所，北京，100088）

摘　要：根据《国家水上交通安全监管和救助系统布局规划》，近年我国将建设一批船舶溢油应急设备库，以提高我国溢油应急能力。本文以开展广东海事局珠海船舶溢油应急设备库初步设计为基础，总结船舶溢油应急设备库初步设计中的要点，研究提出各要点的设计思路和具体要求，以供参考。

关键词：溢油　应急　设备库　初步设计

1　引言

2007年4月，由国家发展和改革委员会与交通部编制的《国家水上交通安全监管和救助系统布局规划》经国务院批准实施。该规划按照国家原油运输网络和敏感资源区分布，在沿海设置16个国家船舶溢油应急设备库，其中在大连、宁波和珠江口建设3个大型（可对抗1000t船舶溢油）溢油应急设备库，在上海、烟台、秦皇岛、青岛、泉州、湛江建设6个中型设备库（可对抗500t船舶溢油），在连云港、舟山、厦门、汕头、茂名、海口和钦州建设7个小型设备库（可对抗200t船舶溢油）。在长江干线设置13个船舶溢油应急设备库，其中中型船舶溢油应急设备库1个，小型船舶溢油应急设备库7个，设备点（可对抗50t船舶溢油）5个。这意味着在今后一段时期，船舶溢油应急设备库建设项目将显著增多，而如何科学地进行溢油应急设备库的初步设计将是一个重要的研究题目。

2006年，交通部海事局吸收和借鉴美国等发达国家的成功经验，申请了专项国家投资，专款用于广东海事局辖区航标船、海测船的兼用改造和相应的溢油清污设备配备工作，并且在此基础上建立珠海船舶溢油应急设备库，以提高珠江口海域以及周边海域的溢油应急清污能力。交通运输部水运科学研究所受广东海事局委托，承担广东海事局珠海船舶溢油应急设备库项目的初步设计工作。该项目于2007年通过交通部海事局组织的审查。现在，该设备库已经投入使用，并在2009年9月15日的外轮“圣狄”溢油事故应急处理中发挥了巨大的作用。

本文以广东海事局珠海船舶溢油应急设备库初步设计为基础，总结船舶溢油应急设备库初步设计的要点，并提出各要点设计思路和具体要求，以供参考。

2　船舶溢油应急设备库初步设计的总体框架

船舶溢油应急设备库初步设计的范围主要是：为设备库制定溢油应急设备配备方案，并对设备型号、性能、装卸工艺、存储维护等提出具体要求。另可根据具体建设条件决定是否包含库房具体土建施工方案。

船舶溢油应急设备库初步设计的内容主要包括：自然条件分析、溢油风险分析、清污能力

设计、总平面布置设计、应急设备配备、装卸工艺和日常维护设计、辅助配套设备设施及工程设计、施工条件方法和进度设计、组织机构与运行管理设计、环境保护设计、劳动安全卫生设计、投资概算及经济效益分析等。

结合广东海事局珠海船舶溢油应急设备库初步设计工作经验,认为船舶溢油应急设备库初步设计的要点是设备库地理位置选择、清污能力设计、总平面布置方案设计、应急设备配备和装卸工艺设计。

3 初步设计要点

3.1 地理位置选择

船舶溢油应急设备库的地理位置选择主要考虑以下四方面:

(1)交通条件:应选择在方便溢油应急设备运输的地理位置。具体来说,一是要保证水路运输方便,尽量设置在靠近码头的位置;二是要保证陆上运输方便,尽量设置在靠近公路的位置,且以路面车流量小、路面平整为宜。

(2)自然条件:一是应关注地质条件,选择在地震烈度事宜的区域,不能选择在地质灾害隐患较大的区域。二是关注极端天气,应选择大雾、雷暴、风暴潮等频度小的区域,因为这些天气情况可能影响到溢油应急设备的装卸和运输。

(3)区域风险特点:应分析本区域的船舶溢油风险的特点,归纳溢油事故多发位置,并结合该应急设备库的清污覆盖范围,选择设备库的地理位置。

(4)依托条件:船舶溢油应急设备库建设项目的投资往往主要用于溢油应急设备的购置,因此应尽量依托建有合适码头、公路和堆场的已建项目。

以广东海事局珠海船舶溢油应急设备库初步设计为例,选择建设地点为珠海高栏港区内的广东海事局高栏海巡基地。该地自然条件良好,水路和陆路交通方便。依托广东海事局高栏海巡基地建设,既节省了建设成本又共享了交通资源。珠江口水域是广东海事局辖区溢油事故风险较大的区域,在高栏海巡基地建设应急设备库可以大大提升珠江口溢油应急能力,符合区域溢油应急需求。广东海事局珠海船舶溢油应急设备库地理位置见图1。

3.2 清污能力设计

对于船舶溢油应急设备库清污能力的设计应建立在区域溢油风险预测的基础上。可以通过统计历史事故溢油量,计算单起重大溢油事故溢油量,再结合区域船舶通行密度变化特点,来设计船舶溢油应急设备库清污能力。

以广东海事局珠海船舶溢油应急设备库初步设计为例,据统计,自1976~2004年的近30年间,广东海域发生溢油量在50t以上的重大溢油事故共计14起,最大溢油量为8000t,最小溢油量200t,平均每两年发生1起重大溢油事故,每起重大溢油事故的溢油量平均为1019t。随着珠江口附近港口的快速发展和船舶大型化的趋势,该海域一旦发生溢油事故,泄漏量将可能超过现在水平,预计可能出现较大规模溢油事故溢油量超过1000t。因此,设计设备库清污设备设施每小时可以处理700~1200t溢油(理论收油效率)。

3.3 总平面布置方案设计

船舶溢油应急设备库的总平面布置设计一般遵循如下原则:

(1)设备库总平面布置与依托工程的用地情况保持基本一致。

(2)设备库总平面布置需确保溢油应急反应行动的快捷、方便。

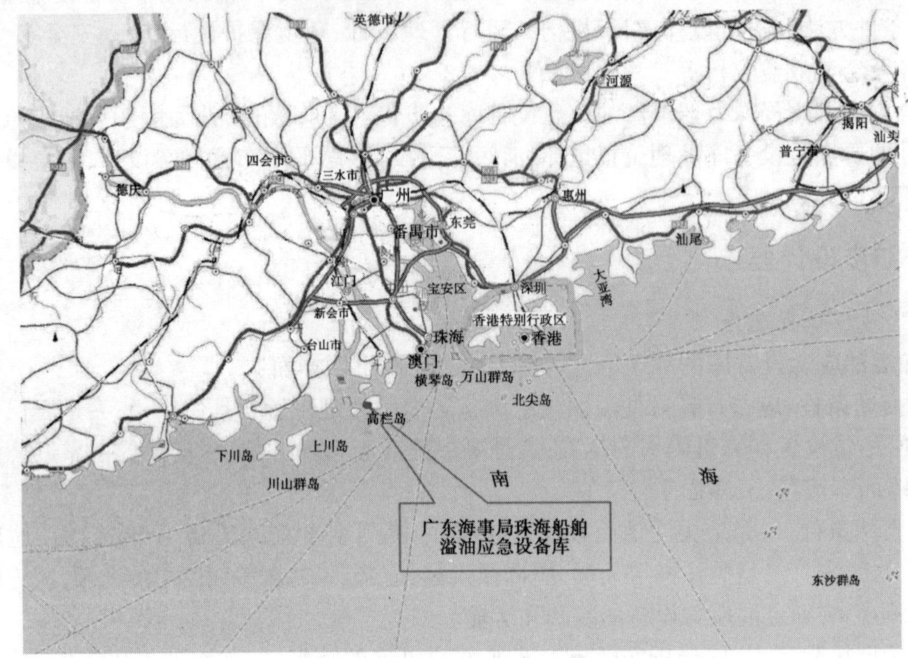

图1　广东海事局珠海船舶溢油应急设备库位置图

(3)尽可能使存储清污设备的库房靠近码头,便于实现快速反应。

(4)设备库库房周边应留有一定的场地空间,便于设备的管理和维护。

(5)设备库总平面布置既要注重布置的可操作性和节约投资,又要考虑未来发展,应尽量为远期建设留有余地。

以广东海事局珠海船舶溢油应急设备库初步设计为例,推荐的总平面布置方案是将设备库位置选择在广东海事局高栏海巡基地外北侧偏西位置,与海巡基地一路之隔,库房设置2个大门,分别朝向西南和东南。为了保证应急行动的快速和方便,在海巡基地西侧围墙处开设一个应急大门,与基地内的西侧道路形成应急通道。该方案的优点是有利于清污基地的后期发展,并且不破坏依托工程建筑美观和原有布局方案;缺点是施工内容相对较多,增加了应急大门施工。

3.4　应急设备配备

溢油清污设备主要用于水上溢油的拦截、围聚、抽吸、油水分离、废油回收、浮油吸附、化学分散等,配备的设备考虑以下因素:

(1)便于船舶携带。

(2)适于外海开阔水域的海况和气象条件,具备外海作业的能力。

(3)回收能力强,并满足不同性质油类回收、处理的需要。

(4)配套完善、应急功能完整。

基于以上考虑,在广东海事局珠海船舶溢油应急设备库初步设计中主要考虑了收油机、围油栏、吸油毡、化学分散剂、废油储存装置的配备。

3.4.1　收油机

收油机的选择首要考虑的因素就是其回收速率和回收效率,确保其在最短时间内回收更

多的溢油,其次还要考虑:适用作业条件、适用油品种类、对杂质的敏感程度、操作简易度、便捷性、使用寿命等。一般根据设备库设计的清污能力来确定配备收油机的回收能力,根据依托船舶的特点确定收油机的挂靠形式和工作原理。

收油机平时可储存在集装箱内,集装箱存放于设备库里,应急时被运输及吊装至船舶上,在到达事故地点后进行安装使用。

3.4.2 围油栏

为了应对外海开阔水域污染事故,围油栏的选择主要考虑以下因素:

(1)围油栏的抗拉强度:所选择的围油栏必须能够承受风、浪和潮流组合带来的各种外力。

(2)容易布放:所选择的围油栏应能够非常方便的从船舶上布放到水面,并形成理想的围控形状,为此要求围油栏轻便、结构合理。

(3)存放空间:围油栏的存储面积应满足在甲板上携带、操作的需要,因此要求围油栏的存储面积尽量小。

(4)浮力重量比:经验表明,布放在开阔水域的围油栏的浮重比应在8:1以上。

(5)干舷和吃水:干舷和吃水的尺寸由使用水域的波高和潮流情况而定。

此外,还可考虑配备围油栏的配套设备,一般包括围油栏集装箱、围油栏动力站、围油栏充气机、围油栏拖头等。

3.4.3 吸油材料

吸油材料一般包括吸油毡、吸油拖栏、化学品吸收材料等。它们特点不同,在配备时应根据具体需要按一定比例配备,这样可增强设备库吸油材料的适用范围。

吸油毡是一种具有强烈的亲油疏水性的材料,要求其吸油量大,吸水量小,且对多种油脂类均可使用,油被吸附后不易脱落。吸油拖栏是溢油应急理想的具有拦截、回收双重功能的清污产品,要求其柔性好、重量轻,操作方便,可重复使用,经济价值高。化学品吸收材料是一种对多种化学品有明显吸收效果的天然材料,要求其无毒无害,性能稳定,对油类和有机化学物质吸收效果显著,且清污后处置方便,可焚烧也可填埋。

3.4.4 分散剂

收油机、吸油材料是用于回收漂浮在海面、具有一定油膜厚度的溢油,对于海面很薄的油膜,这些设备的效率很低,使用化学分散剂会获得较好的处理效果。由于目前市场上常见的分散剂大都具有一定的毒性,使用时会对敏感水域造成污染。因此,设计配备分散剂时应尽量选择无毒(或低毒)高效的。另外,分散剂一般有保质期要求,不宜大量配备。

3.4.5 废油储存装置

在溢油清除作业中最理想的是将收集的油和沾油废弃物直接送至处理和处置地点,但是由于溢油现场离处置地点较远以及收集物的量较大,不可能立即将全部收集物直接送至处置地点,必须在溢油现场或受污染地区附近提供临时的储存、以确保回收作业能够连续进行和从回收到收集物处理之间存在一段缓冲时间。因此需要配备便携式的储油设备,用于废油的临时储存。配备时一般要求随波性好、可在水中拖带、储存体积小,易于运输。配备浮动油囊时还应满足以下条件:(1)易布放、回收和操作;(2)高强度、使用寿命长;(3)耐油、耐候、防腐蚀;(4)易于清洗。

广东海事局珠海船舶溢油应急设备库初步设计中配备的应急设备见表1。

广东海事局珠海船舶溢油应急设备库应急设备配备一览表　表1

序　号	设备名称	单　位	数　量
1	收油机	套	1
	侧挂式收油机	个	1
	抽油泵	台	1
2	围油栏	m	
	充气式围油栏	m	600
	栅栏式围油栏	m	400
	轻便型快速应急围油栏	m	600
	充气式围油栏储存箱	套	3
	收油机储存箱	套	1
	围油栏卷绕架	套	5
	充吸气机	套	3
	围油栏拖头	套	10
3	吸油材料及其回收设备		
	吸油毡	t	4
	吸油毡回收设备	套	1
	吸油拖栏	m	.400
	化学品吸收材料	t	2
	分散剂	t	1
4	分散剂喷洒装置		
	分散剂喷洒系统	套	1
5	储油装置		
	充气式浮动储油囊	个	2

3.5　装卸工艺设计

船舶溢油应急设备库的装卸工艺设计原则是快速高效，这就要求应急设备尽量能够整存整取，工艺过程尽量简单。

以广东海事局珠海船舶溢油应急设备库为例，各类清污设备设施日常储存于库房中，应急设备的堆放形式分为散装和整装两类。整装设备是指工作人员按照清污工作经验，提前搭配好清污设备，并装于储存箱或拖车内，便于清污行动时直接使用。散装设备指工作人员分类分散存放的清污设备，清污行动时根据事故规模和应急需要选择使用。库房内部布局见图2。当应急设备库接到清污命令后，工作人员迅速根据事故规模选择清污设备，装有整装设备的拖车直接由拖车头托运至码头前沿，通过航标船上的吊机进行装船作业，工作人员同时为航标船安装清污设施；散装清污设备在库房内通过叉车装上拖车，并由拖车头运至码头前沿，通过航标船上的吊机进行装船作业。最后，由航标船将清污设备设施运送至事故现场，进行清污作业。装卸流程图见图3。

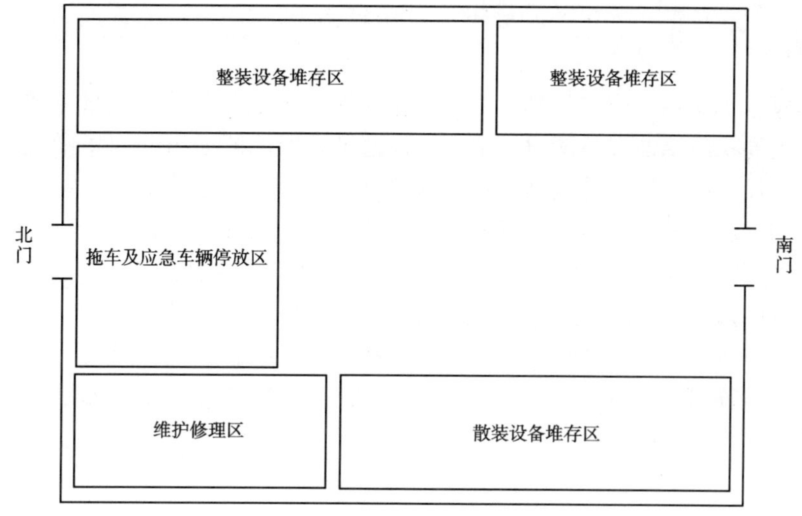

图2　库房内部布局示意图

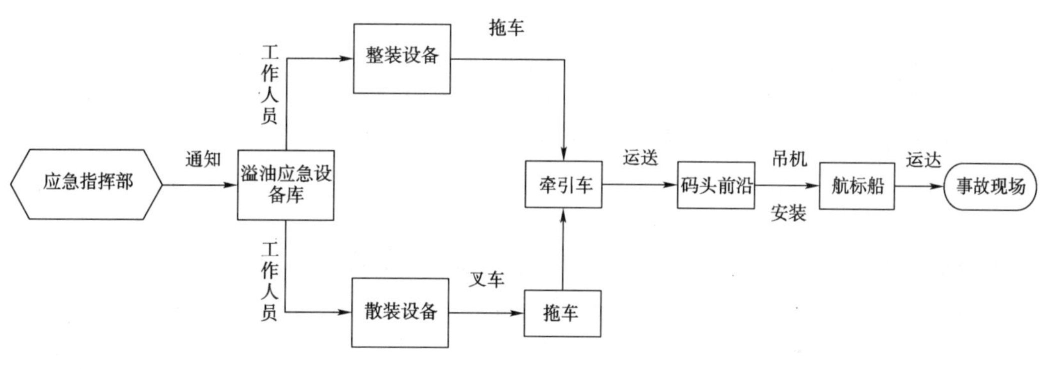

图3　装卸流程图见图

4　其他需注意的问题

4.1　环境保护

船舶溢油应急设备库在运行过程中将产生污染物一般为:应急反应时回收的废油、污水和含油吸油毡等含油固废;设备清理、维护产生的含油污水。含油污水和含油固废如果处理不当,将会引起二次环境污染,因此在编制初步设计时,应对环境保护提出具体要求。

为节约项目建设用地、投资,简化运行维护环节,污水处理可委托具有资质的环保公司完成,并与受委托单位签订协议,应急设备清洗维护和污染物的处理费用由造成污染的责任人承担。含油固废处理可委托有资质的油污水处理公司进行处理,应与受委托单位签订协议。

4.2　劳动安全卫生

由于设备库的工作人员直接或间接与原油、成品油、化工品等货种接触,而这些货种往往具有易燃、易爆、有毒等特性,因此必须注意对工作人员的职业安全卫生的防护。在设备库初步设计中应要求设备库制定相应的安全操作规程和管理制度,并有针对性的为工作人员配备防护面具、防护服、防护手套和防护眼镜等劳动保护用品,设备库还应做好防火防爆等安全消防工作。

5 结语

根据《国家水上交通安全监管和救助系统布局规划》，近年将建设一批船舶溢油应急设备库项目，以期提高我国溢油应急能力。本文结合已经开展的船舶溢油应急设备库初步设计实践，总结出初步设计中的要点是地理位置选择、清污能力设计、总平面布置方案设计、应急设备配备和装卸工艺设计，并研究提出了各要点的设计思路和具体要求，供有关单位和个人参考。2008年，交通部综合规划司制定了《国家船舶溢油应急设备库设备配置管理规定（试行）》，该规定以船舶溢油应急设备类型选择和数量配置为重点，以提高溢油应急设备库清污能力为核心，制定了符合2020年发展需要的溢油应急设备库分类、性能、数量配置标准。下一步在开展船舶溢油应急设备库初步设计工作时，应按照《国家船舶溢油应急设备库设备配置管理规定（试行）》进行设计。

参考文献

[1] 国家发展和改革委员会，交通部. 国家水上交通安全监管和救助系统布局规划. 2007年4月

[2] 交通部规划司. 国家船舶溢油应急设备库设备配置管理规定（试行）. 2008年

[3] 交通运输部水运科学研究所. 广东海事局珠海船舶溢油应急设备库初步设计. 2006年8月

Abstract: According to planning of the Safety Supervision and saving systematic layout of state water transportation, In recent years, China will build a lot of storerooms of Oil spill response equipment to improve our oil spill response ability. this text based on preliminary design of Guangdong Maritime Safety Administration storeroom of Oil spill response equipment in Zhuhai, sum up the gist of preliminary design of storeroom of Oil spill response equipment, put forward requirement details and thinking about the gist for somebody's reference.

Key words: Oil spill; response; storeroom of equipment; preliminary design

港口溢油应急设备的科学配置

高清军 毛天宇

（交通运输部天津水运工程科学研究所，水路交通环境保护技术实验室，天津，300456）

摘 要：文章针对我国港口溢油应急设备配置中存在的问题，提出港口溢油应急设备科学配备的要求，从船舶溢油风险技术评估和应急资源的分组和量化分析两方面阐述了科学配置的基本内涵，并为具体的工作实施构建了切实可行的方法，力求切实提高我国港口溢油应急能力。

关键字：风险评估 应急资源 区域联动

1 国内港口溢油应急能力现状及存在问题[1]

首先，我国港口溢油应急设备总量不足，储存分散，整合困难，应急能力低下。大部分港口溢油应急反应力量非常薄弱，一旦发生重大船舶溢油事故，难以及时提供足够的清除油污的有效设备。根据港口自测，青岛、烟台港溢油应急能力不足以应对100t溢油事故，上海港的应急能力约为50t，秦皇岛为30t，上述港口甚至不能应对中型集装箱船舶一个燃油舱的溢油。

其次，港口溢油应急设备性质偏低，低水平重复配置现象严重，缺乏能应对重大溢油事故的专业船舶。目前各港的码头防污染设备总量看似庞大，但实际应急能力不高。全国近30万米的围油栏中，几乎95%是移动不便、仅适于码头作业防护的固体浮子式围油栏，95%高度低于1100mm，无法应对海上轻微波浪；近300台收油机中，95%以上属于收油速率低于30m^3/h的小型收油机，87%仅适用于港池和内河水域；国际上公认的处理水上大规模溢油事故必不可少的关键设备和重要保障的专业溢油应急船舶，各港很少配备。目前全国沿海和长江干线港口近300艘船舶可以参与应急清污行动，但是近85%是用于港口作业的污油水回收船，83.6%是排水量300t以下的小型船舶，仅有不到10%的船舶自身拥有溢油回收能力。

第三，港口应急服务市场尚未形成。由于应急清污收益没有保障，社会力量成长机制不完善，港口环保服务企业普遍没有能力配备先进和较大型专业应急设备，形不成较强的溢油应急处置能力。

2 国内港口溢油应急能力建设过程中存在的问题

我国《海洋环境保护法》《防治海岸工程建设项目污染损害海洋管理条例》和《防治船舶污染海洋环境管理条例》等有关法律法规均规定："新建、改建、扩建海岸工程建设项目，必须遵守国家有关建设项目环境保护管理的规定，并把防治污染所需资金纳入建设项目投资计划"。"港口、码头、装卸站以及从事船舶修造、打捞、拆解等作业活动的单位应当制定有关安全营运和防治污染的管理制度，按照国家有关防治船舶及其有关作业活动污染海洋环境的规范和标准，配备相应的防治污染设备和器材，并通过海事管理机构的专项验收。"各项法律法规根据港口、码头建设和营运所带来的水域污染风险，在"谁受益，谁负责"原则下，明确规定港口码头必须配备防治污染应急设备的要求。

《港口码头溢油应急设备配备要求》(JT/451—2009)(以下简称"配备标准")作为推荐行业性标准,对溢油应急能力建设的主体定义为港口码头的业主,建设形式确定为以码头(泊位)为单位。据此,该配备标准分别针对海港与河港包括油码头、散杂货、集装箱的码头(泊位)以及从事船舶修造、拆解的单位,按照码头(泊位)等级制订了一系列码头(泊位)溢油应急设备的配备原则、配备数量和种类、配备的基本要求和管理要求。该标准规定的设备配备数量是码头溢油事故处理所需要的最低配备数量。

大部分石化码头根据该标准配备的应急设施,主要用于码头作业的防护,其能力仅能应付装卸作业过程中的跑冒滴漏等操作性事故溢油,不足以应对港区水域内的大规模的溢油事故,尤其对于环境敏感区域众多、通航环境复杂、船舶交通事故风险较高区域,该标准所要求的设备配备更无论数量还是技术标准都更为薄弱。

然而对于大部分散杂货、集装箱等非危险品码头(泊位),该标准的要求则是非常充分。首先,散杂货、集装箱码头(泊位)船舶溢油风险较低,尤其是码头前沿装卸过程中发生船舶溢油事故的概率更小。即使发生船舶交通事故,该类船舶发生溢油事故的几率相对较小,溢油量也较小。配备标准则要求此类码头配备了充分的围油栏、收油机等应急设备,但在码头日常作业过程中使用较少,应急设备往往为橡胶等材质制作,维护保养设备更新费用较高,使用效率却相当低下。

3 港口溢油应急设备配备的要求

3.1 开展船舶溢油风险技术评估工作

分析船舶交通事故和污染事故,识别潜在船舶污染风险;确定最大可信事故及其溢油量;确定船舶污染"危害程度"以及可接受水平。

3.2 确定应急力量建设思路

充分考虑与港口的风险相匹配,以风险水平来确定港口应急设备配备的级别;从应急行动实际考虑,确定应急设备作业条件、应急响应时间和应急作业时间;结合港口应急计划确定的职责,与区域、地方乃至国家设备库的应急能力衔接,按照港口的船舶污染风险水平与应急设备配备级别确定港口的应急能力及其设备要求,根据配备设备的性能和数量确定配套设施设备的类型和数量要求。最后,按照市场价格测算不同级别的港口的应急设备配备建设投入,再测算港口各单位风险水平对应的建设投入,即港内企业按其自身的风险值计算其在港口应急能力建设时应承担的资金额度,形成于港口风险水平成线性变化的应急能力建设要求,为形成区域应急力量联动打下基础。

4 港口溢油应急设备配备的工作内容

4.1 船舶溢油风险技术评估

针对船舶运输的特点,刘红[2],张硕慧[3]等人依据相关技术导则、规范并结合工作实践,提出了船舶污染环境风险评估流程(图1)。

利用类比、各类数学模型预测计算,并结合大量的事故统计数据,确定船舶溢油事故发生的概率和污染量,并预测油污在水体中的扩散范围和对环境保护目标的影响,计算溢油的危害程度。针对航运业的特点,通过风险矩阵确定风险水平(图2)。

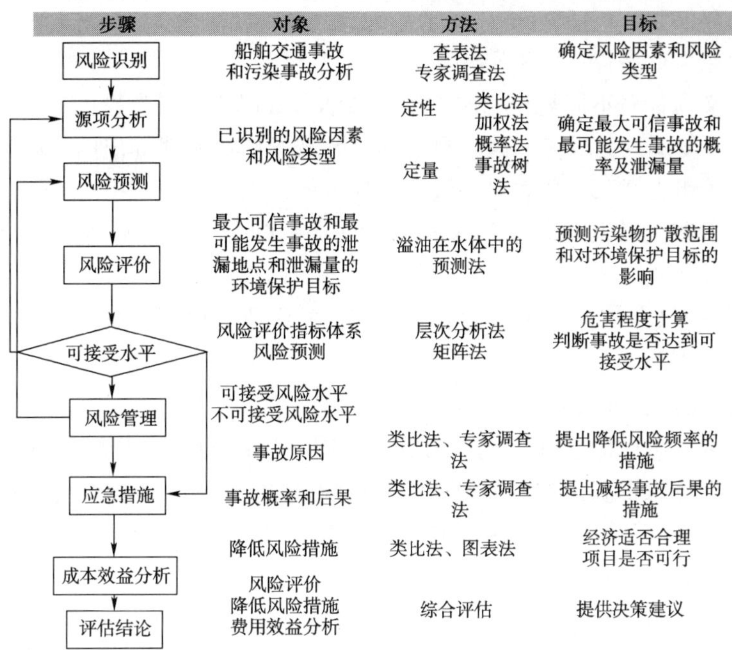

图1　船舶溢油环境风险评估流程图

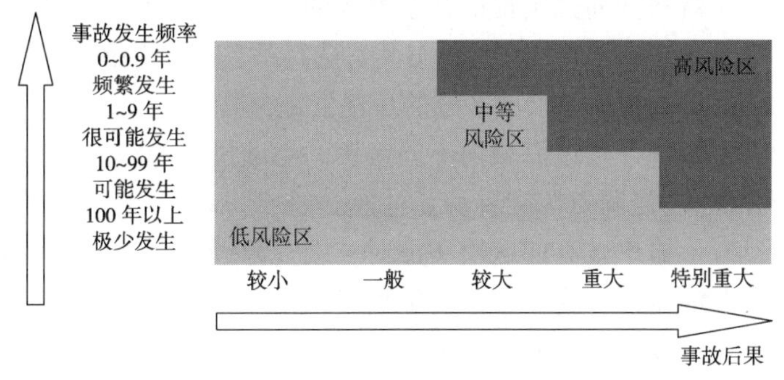

图2　风险评估矩阵图

4.2　应急资源的分组和量化

理论上应急资源的配置是以其以功能而言，主要是以所有收油机收油能力相加为量化的。实际的收油能力还应加上人力资源、设备、培训水平、应急计划、支持系统、通讯和协调系统等因素。通常收油能力用下式表述：

收油能力 = 收油能力集合 × 工时 × 机械效率 × 操作效率 × 动员效率

其中，收油能力集合为所有收油机收油能力的相加，式中的机械效率是客户配置各式收油机中回收效率最低者。回收效率指收油机在单位时间内回收的纯油量与油水混合物总量的百分比。通常回收效率仅为厂家说明的回收效率的 20% ~30%。操作效率表述为：

应急设备的适用性（20%）；

应急设备的维护状态（20%）；

应急设备操作人员培训水准（15%）；

应急设备的动员准备状态（20%）；

应急设备的存储状态(15%);

不同区域应急作业条件(10%)。

动员效率定义为针对不同规模不同类型的溢油事故以3小时考虑的应急设备运送距离和3天的损坏资源修复周期为参考，这是根据渤海海域的作业实践提出的。国际上各国设置的标准不同，美国联邦法例154条款对一级资源配置的运送距离以一小时到达现场为准。

通过演习可以测试通讯渠道是否畅通、各种资源的配合是否协调、应急设备是否适用，是否需要增添设备及物资。

应急资源配置不是一成不变的，随着客户项目的作业变化而更新。项目的任何变化都会导致风险等级的差别。

4.3 区域性优化资源配置

区域资源配置须考虑横向和纵向两方面，即同一层级的资源共享和不同层级的资源安排。单独码头自有应急资源是按照项目风险等级配置的，因此有必要对码头资源配置进行评估。这包括评估资源配置的适用性和规模，保养情况和存储情况，以及应急资源距离项目的距离[4];同时还应对区域整体船舶风险水平进行评估，包括港口以外水域污染风险等级。按照评估结果，确定区域资源的配置要求，已达到应急资源区域联动的效果。

在区域应急资源数据库建立起之后，存储起各个码头的可调用应急资源并实际考察这些资源的可用性。通过交流和沟通强调提高共享资源的实际操作能力而非纸面上的协议。在纵的方面，统筹方法用于对区域内风险目标的分析，选择适当的资源配备模式来描述区域的各区块之间以及与相邻区域的关系，求出区域的最优资源配置。

根据溢出量和发生概率评估该海域内不同区块的溢油风险等级。较高风险等级的区块通过增添设备优先资源配置，强调资源配置的互补性。

较低风险等级但发生概率较高的区块增加对一级资源针对性和适用性评估。资源配置上对固定点源和动态点源的溢油行为有策略的区别。

考虑不同级别的资源联合作业时，在配置上要有对接口，运输设备要匹配。二级应急资源的配置位置除考虑水深和出海通道是否方便外，应与该海域较高风险等级的区块距离最近。

资源配置立足于同一海域不同地点两起二级规模溢油事故同一时间发生。制约动用区域应急资源配置的还有许多因素，不单是仅从技术方面考虑。如果比较综合风险与溢油风险之后，说明不作为更好，那就不需应急行动，也就不必消耗这些资源。

5 小结

应急资源以项目风险等级而配置。项目风险等级包括发生概率，事故源强和事故的严重程度。在量化应急资源能力需求后，应考虑适用性和效率。

对区域性各区块风险程度加以测算，在资源配置上有所区别和侧重，以追求成本、风险平衡中的最佳资源配置和最大效益。

最后强调对现有资源配置的不断评估，特别是在实际演习中的评估至关重要，可以发现很多需要充实和改进的方面，无论对客户的项目还是区域的溢油应急综合实力的提高都是有益的。

参考文献

[1] 苏醒,高春元. 我国港口溢油应急能力标准化建设[J]. 中国海事,2008.12:41-44

[2] 刘红,船舶溢油风险评估方法的探讨[J]. 中国海事,2010.1:44-46

[3] 张硕慧,船舶溢油应急计划中的风险评估方法,第四届亚太可持续发展交通与环境技术大会论文集,2005,11:732-736

[4] 肖井坤,殷佩海,林建国,邵秘华. 船舶溢油响应设备优化布置决策模型,船舶防污染高新技术与区域合作研讨会暨第一届"港口杯"船舶防污染优秀论文奖获奖论文专集,2003.9:159-163

Abstract: This paper discusses the current weak points in deployment of oil-spill response resources in the ports of China, and puts forward demand for the reasonable scientific deployment of oil-spill response resources in the ports. The author expatiates on the meaning of Ship-source oil spill risk assessment and the quantization of the response resources and provides the suggestion on the feasible operating mode with a view to improving the capability of the ports in dealing with oil spills.

Key words: risk assessment; response resources; district cooperation

海上溢油浮标跟踪定位及动态监控技术研究

赵 平① 鲍金玲② 李 涛③ 俞 沅④

摘 要：通过对国内外溢油应急技术的分析研究，开发出了我国海上浮标溢油跟踪定位技术，研制出溢油跟踪浮标及溢油监控软件组成的溢油跟踪浮标系统。浮标终端直接投放到水上后，接收GPS微型的定位信号，并将解析过的实时位置信息（位置、速度、时间等）通过无线通讯系统（卫星网络或GSM网络）传送至监控平台。监控软件可以在电子海图上直观地显示浮标，可对受控浮标实时的发送定位、更新、改变传输时间间隔等指令，并可设置敏感资源、应急资源分布等内容。系统具有全天候实时动态海上溢油跟踪定位功能，能够监控溢油的扩散范围和动态漂移的实时情况，及时、准确掌握溢油事故发生的时间和地点，为有关部门迅速采取应急和救援措施提供可靠依据，提高了我国溢油应急能力水平。

关键词：溢油跟踪定位浮标　海事卫星　GPS定位　实时动态跟踪监控

1　概述

海上溢油属突发性海洋污染事故，需要人们进行快速应急反应，调用方方面面的应急技术装备及资源，尽可能对事故予以控制、减少所造成的环境污染等各种损害和不良影响。

国内外支持溢油应急快速反应行动的相关技术主要用于以下方面：对海上溢油漂移的动态进行空中监视、浮标跟踪和模拟预测；对受威胁敏感资源发出污染预警，并采取必要措施加以保护；通过应急决策支持系统和溢油清污系统对海上溢油实施有效控制，采用适宜的回收设备进行清污。

2　国内外技术研究现状分析

我国海上溢油事故快速反应能力呈现相对不足的态势，尤其是在溢油跟踪等方面的软硬件设备落后，整体技术水平与发达国家有较大差距。本研究对溢油跟踪浮标的国内外技术研究现状进行分析和比较。

2004年4月，国家863项目成果“小型多参数海洋环境监测浮标”在青岛近海海域进行海上布放和试验，该浮标在海上成功布放两小时后，数据中心收到了浮标经卫星发回的第一批数

① 赵平，男，1958年3月，交通运输部水运科学研究所，副研究员，电信专业。通信地址：北京海淀区西土城路8号，100088，办公电话：010-62079453，传真：010-62364733 电子邮箱：zhaoping@ wti. ac. cn。

② 鲍金玲，女，1983年2月，交通运输部水运科学研究所，实习研究员，安全工程专业。通信地址：北京海淀区西土城路8号，100088，办公电话：010-62079493，传真：010-62364733 电子邮箱：baojl@ wti. ac. cn。

③ 李涛，男，1981年5月，交通运输部水运科学研究所，助理研究员，环境科学专业。通信地址：北京海淀区西土城路8号，100088，办公电话：010-62079252，传真：010-62364733 电子邮箱：litao@ wti. ac. cn。

④ 俞沅，男，1951年5月，交通运输部水运科学研究所，副研究员，环境检测专业。通信地址：北京海淀区西土城路8号，100088，办公电话：010-62079829，传真：010-62364733 电子邮箱：yuyuan@ wti. ac. cn。

据，标志着浮标的性能通过了考验，试验取得圆满成功。但该浮标属于锚定类浮标，体积很大，主要用于海洋环境参数的定点监测，不适用于海上溢油的跟踪。

我国海事系统，如广东海事局、深圳海事局以及中石化集团等港口企业都提出了有关这方面的需求，同时也引起了一些有关学者的注意，并陆续发表了两篇有探索性的论文（如《溢油追踪报警器可行性研究》）。有关学者认为目前中国对海面溢油的实时追踪和监测手段十分缺乏，现场肉眼观察由于受到距离和天气条件的限制，卫星遥感虽可以用于探测海面溢油，但受到卫星经过时间和天气的制约比较大、反应滞后、实时性不强，同时雷达探测和航空遥感等也容易受到气候因素的影响，相关仪器也十分昂贵，因此急需一种准确、实时，并能对海面溢油进行全天候和全程监测的手段，供溢油指挥决策使用。

目前国外浮标[1][2]产品技术种类较多，尤其集中于加拿大和美国，如目前技术比较先进的 ARGO 剖面浮标，是用于建立全球海洋实时观测网的一种专用测量设备，是一项新的海洋高新观测技术。PALACE、APEX、PROVOR 和 SOLO 型的剖面浮标是各国在实施 ARGO 计划中应用较为广泛的 4 种颇具代表性的 ARGO 浮标，以 APEX 和 PROVOR 型浮标投放数量最多，并被国际 ARGO 科学组推荐各国使用。这种浮标投放在海洋中的某个区域后，它会潜入 2000m 深处的等密度层上，随深层海流保持中性漂浮，到达预定时间（约 10 天）后，它又会根据需要上浮，并在上升过程中利用自身携带的各种传感器进行连续剖面测量。当浮标到达海面后，通过卫星定位与数据传输系统将测量数据传送到指定的卫星地面接收站，经信号转换处理后发送给浮标投放者。

尽管国外海上浮标的技术产品种类较多，但只有少数几个国家（美国、法国和加拿大）有能力生产 ARGO 浮标，并且，国外浮标产品主要集中在加拿大和美国用于建立全球海洋实时观测网的一种专用测量设备[3][4]，用于溢油跟踪的浮标也很少。

直接与溢油有关的浮标技术产品以加拿大为例，曾有用于夜间对水上溢油跟踪的实验浮标，当溢油事故发生时，在白天一般可用可见光观测，但到夜间事故发生时可借助此种浮标来进行辅助观测。原理是将此浮标投放在溢油的水域，通过浮标上的无线电发送装置，将信号传送回控制中心，其作用距离在 7 英里以内，此种装置是早期对跟踪溢油轨迹研究实验辅助设备[5][6]，其跟踪溢油的准确性和信号传输的可靠性较低，处于研究实验阶段，也没有正式产品。经对比国外文献，未见关于海事卫星、铱星等卫星通信技术在溢油跟踪浮标系统上的应用研究等文献报道。

3　系统开发

3.1　系统组成

整个系统主要由监控平台、数据链、浮标终端三大部分组成，每个部分又可分别作为一个子系统，系统构成如图 1 所示。

（1）水上终端部分

浮标终端是直接投放到水上的设备，它主要包括内置的卫星定位模块、通讯模块、检测模块、控制模块、传感设备和配套的附件系统组成[7]。

在终端控制单元的控制下，溢油检测信息、GPS 卫星定位信息等相关数据，将通过通讯模块传输至浮标外。定位接收模块采用 GPS，因为该系统是全免费的实时定位系统，精度较高、稳定性好，商业化程度高、技术较为成熟，可以选择的组件范围广。

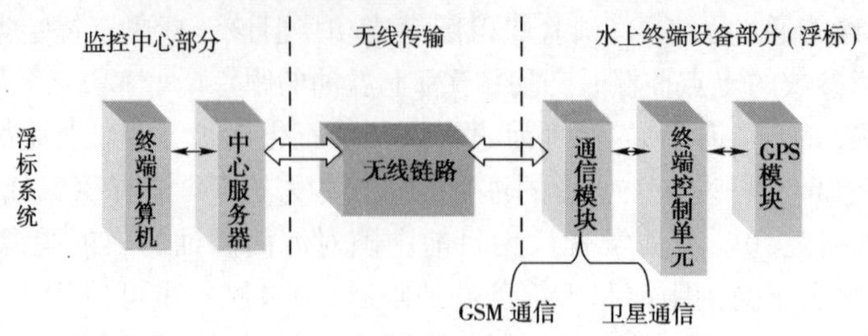

图1　浮标系统组成

(2)无线传输部分(通信系统)

采用卫星和GPRS网络[8]两种通讯模式。两种无线传输模式各有优劣,互为补充。浮标终端接收GPS微型的定位信号,并将解析过的实时位置信息(位置、速度、时间等)通过无线通讯系统(卫星网络或GSM网络[9])传送至监控平台。

(3)监控中心部分

监控中心设置相应的协议,通过无线通讯系统(卫星网络或GSM网络)接受浮标信息。监控中心建立强大的数据处理及网络服务器功能,对数据进行处理,并将处理后的数据通过互联网传输到终端用户[10]。

浮标终端和服务器之间的信号传输是双向的。终端用户可以在计算机上对浮标的响应时间进行设置,并对浮标进行定位跟踪,还可以在计算机上对历史数据进行调用和分析。

监控软件可以在电子海图上直观地显示浮标。可分析浮标速度、方位并回放漂移轨迹。监控终端软件可对受控浮标实时的发送定位、更新、改变传输时间间隔等指令。监控终端软件可修改电子海图,并可设置敏感资源、超范围报警区域、应急资源分布等内容。

监控终端包括终端计算机,计算机上显示的监控软件界面友好,全部采用图标、按钮及下拉菜单选择,操作方便。整个界面分为五个窗口:浮标管理窗口、鹰眼窗口、通讯信息窗口、浮标信息窗口、监控窗口(制图窗口可以单独调出),见图2。

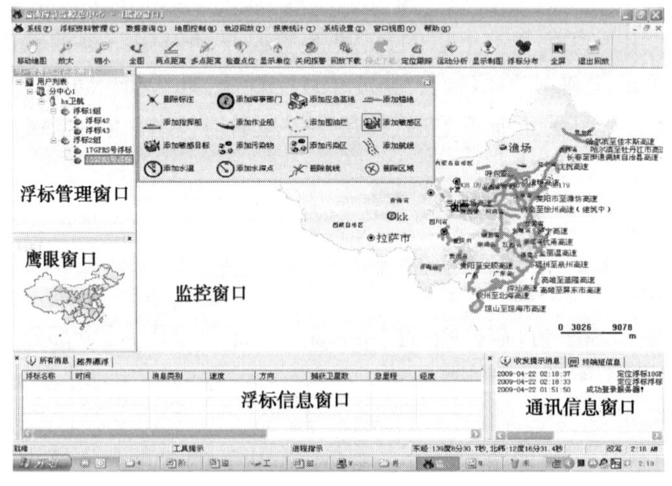

图2　终端软件

整个系统作业时,浮标终端接收GPS卫星定位信号、溢油检测数据信号,通过无线通讯系统(卫星网络或GSM网络)传送至监控平台。监控中心建立数据处理及网络服务器功能,对数据进行处理,并将处理后的数据通过互联网传输到终端用户的计算机。

3.2　水上终端部分

水上终端部分主要指浮标体(即浮标终端),本文中浮标体为溢油跟踪浮标,溢油跟踪浮标子系统由监控平台、数据链、浮标终端三大部分组成。

溢油跟踪浮标终端是直接投放至水面上的溢油跟踪定位设备——溢油跟踪浮标,它主要由内置的卫星定位模块、通讯模块、终端控制模块和配套辅助系统(包括壳体和供电设备等)组成,溢油跟踪浮标外观见图3。

图3　溢油跟踪浮标外观图

溢油跟踪浮标内部由设备组件和磁控开关组成;该设备组件由通信控制定位装置、集成板、电源、通讯天线、定位天线组成,见图4。

当溢油跟踪浮标需要工作时,将浮标上的磁控开关打开,并投放到水中,系统开始自检,浮标内部的通信控制定位装置开始工作,通过通信控制定位装置内的 GPS 定位模块计算出浮标所在位置的经纬度,并通过通信控制定位装置的通信模块(海事卫星通讯)发送到数据处理和监控中心,同时数据处理和监控中心可通过通信设备发送指令到浮标,如:控制浮标发送信息的时间间隔等,浮标内的通信模块接收该指令,以改变浮标定位等信号发送的频率。

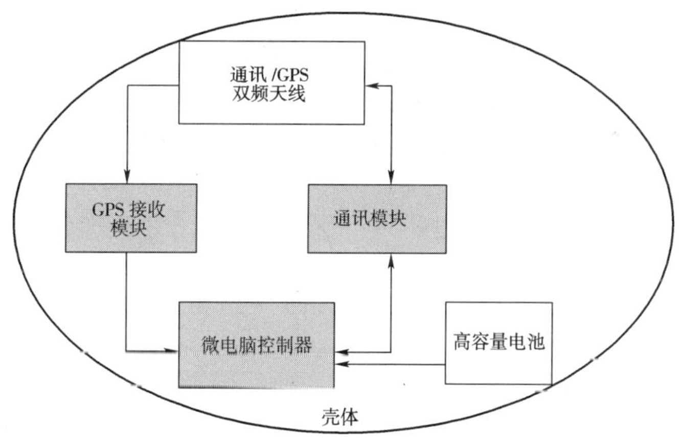

图4　浮标构架

当浮标被投放在水面上后,系统开始自检,地面控制中心启动信号控制命令,通信模块和定位模块开始工作,内置浮标中的 GPS 定位模块接受卫星定位信号,并通过接口将定位数据发送给中央控制器的数据存储区存储,并接收和转发从中央控制器发送来的数据;其中通讯单元采用海事卫星模块,它与中央控制器连接,它既接收中央控制器发送来的数据信息,也接受地面数据处理和监控中心发来的命令并相互转发,完成双向通讯的任务;控制单元中的控制模块采用集中控制模式,一个高性能的中央控制器作为设备的控制中心,完成数据读取,发送,人机交互等控制功能。

浮标 GPS 定位精度为 10m,系统运行过程中,在终端控制单元(微电脑控制器)的控制下,

GPS 模块接受 GPS 卫星信号并计算浮标位置,再将信息通过通讯模块传输至浮标外。

3.3 通信系统

通信系统属于浮标终端的重要组成部分,负责浮标系统的监测数据、定位数据、控制指令等信号的发送与接收。

通讯系统负责浮标终端和服务器之间的双向信号传输。终端用户可以在计算机上对浮标的响应时间进行设置,并对浮标进行定位跟踪,还可以在计算机上对历史数据进行调用和分析。

浮标运行过程中,在终端控制单元(微电脑控制器)的控制下,GPS 模块接受 GPS 卫星定位信号和溢油检测信号,都要通过通讯模块传输至浮标外;同时通讯模块接收控制中心信息并传送至终端控制单元,由其作出响应。

本研究拟采用卫星通讯(海事卫星或铱星)和 GSM 网络(GPRS 通讯)两种通讯模式作为无线传输数据的模式[11][12]。两种无线传输模式各有优劣,互为补充。

通过调研内容分析来看,主要通讯系统[13]可以分为两大类,卫星通信类和 GSM 网络(包括 CDMA 及 3G 网络)等无线公共运营通讯类。对这两类的对比、选取依据主要集中在使用费用和稳定性上。

(1)卫星通信类和 GSM 网络的通讯费用相比较,一般卫星通讯类的使用费远远大于 GSM 网络传输的费用。GSM 网络传输的费用相对较为低廉。不过应急行动为非常规性行动,使用周期相对集中,并且时间较短,卫星通信产生的费用在应急行动中并不突出,同时跟踪浮标运动范围广,海域辽阔,故跟踪浮标使用卫星通信较为合适。

(2)在通讯信号的稳定性上,两类有所区别在于,GSM 网络依靠基站传输数据,在大多是陆域和近海区域信号较好,但在外海信号质量下降较快;卫星信号(以海事卫星为例)由于是通过卫星传输通信信息,信号覆盖范围广,能实现全球覆盖,但抗干扰性较差,适合于海洋和沙漠等开阔区域,在港区内的信号强度较弱。

故综合比较,见图 5,本研究中的溢油跟踪浮标采用海事卫星通信模块。

3.4 监控软件

系统的软件由主控程序调用各功能模块,完成包括浮标定位处理、地图显示、地图维护、指令信息与报位信息处理、超范围自动报警、历史轨迹管理与回放等功能。

软件系统的组成模块如图 6 所示。

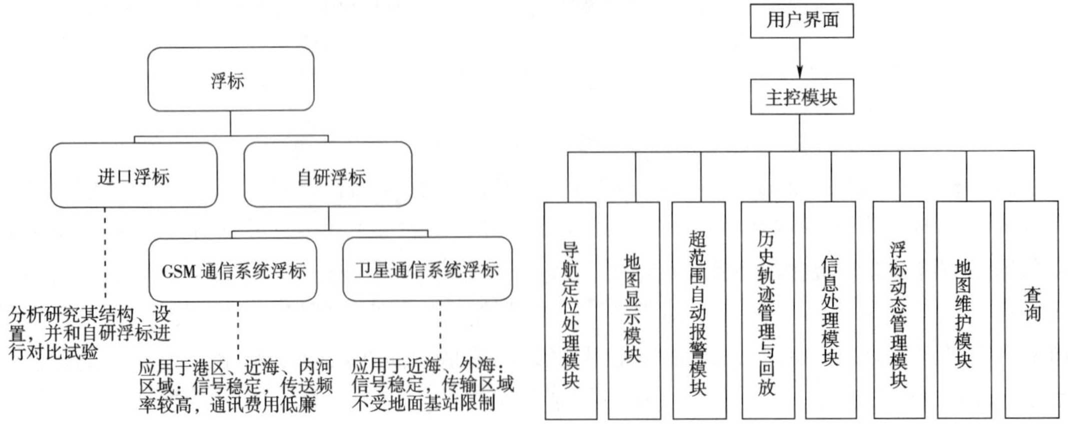

图5 通信系统分析

图6 软件系统的组成模块

(1)主控功能

主控功能是对接收用户从鼠标、键盘输入的命令,按照不同的命令要求调度各个功能模块完成相应的功能。

(2)导航定位处理模块

①对定位单元进行控制,包括对定位单元进行初始化,接收定位数据等。

②定位数据和其他信息的处理。

③实时记录 GPS 定位数据,保存轨迹。

(3)地图显示功能模块

根据定位数据或用户的要求,显示相应地区的数字地图,并做到对数字地图进行放大、缩小、漫游显示。当浮标移动位置发生变化时,相映的地图显示也能够自动切换或漫游。地图漫游功能、地图分层显示、地图的放大缩小、鹰眼功能、量算功能、超范围报警和溢油探测报警模块。

跟踪浮标:可以在地图上设置报警范围,对于报警区域及性质进行控制,通过在地图上显示报警区域的形状,对报警进行直观的监视和控制。当浮标移除该范围监控终端软件即报警。

(4)历史轨迹管理与回放模块

支持对多条轨迹的存储、管理和回放功能,方便地作为事后分析之用。

①轨迹存储,将浮标漂移过程中接收到的 GPS 信号转变为软件系统可以识别的文件格式进行存储。

②轨迹管理,通过友好的菜单界面对轨迹进行分析处理。

③轨迹仿真,轨迹仿真即为轨迹重放,将存储的轨迹数据进行仿真处理,将以前的轨迹,进行重新播放。

(5)信息处理模块

信息处理模块使用户能够对浮标进行实时监控和管理。配合通讯网路可以进行浮标定位、浮标跟踪和轨迹显示。在主控制窗口的底部,有一状态栏,该栏可以标识浮标的各种常用的状态。可以标识日标浮标的经度、纬度、速度和方向等参数,可以精确地了解浮标的基本漂移状态。

①浮标定位:由监控中心向浮标发出定位要求,在收到中心的定位要求后,浮标通过通讯网路向中心报位一次。

②连续报位:由监控中心向浮标发出跟踪浮标要求,在收到中心的报位要求后,通过通讯网路向中心报位,每隔一定的时间报位一次。

③发送信息:浮标与中心之间可以利用发送信息来进行交互。

(6)浮标动态管理

该模块主要完成对浮标的跟踪和管理,对已经储存的轨迹数据进行分析。可分析浮标速度、方位并回放漂移轨迹,对浮标未来走向进行大致判断:

(7)地图维护模块

地图维护模块的主要功能是针对地图进行诸如添加、删除、设置报警显示等操作,并将操作修改的结果予以保存。由于这些操作均涉及到对“层”中“对象”的进行修改。如果要修改必须调出相应的层。应此地图维护模块还涉及到地图“层”的维护。

4　系统实验测试

2010年3月22～23日,广东海事局对我国自行研发的海上溢油浮标产品进行了海上投放及回收试验。

4.1　测试条件

时间:2010年3月23日上午～24日下午

地点:珠江口高栏岛附近海域

气象条件:晴朗、风力1.8～3.6m/s,风向S

投放当时气象条件:水温:22.1℃,气温25℃,湿度85%

试验浮标:T008号浮标,跟踪测试浮标,进口浮标

浮标对照物:泡沫漂流板

试验设备设施:海巡船、激光测距望远镜、风速仪、气温计、湿度计、笔记本、无线网卡、摄像机

4.2　测试过程

2010年3月23日上午10:30时。使用海事巡逻艇运送人员及试验设备设施,从高栏岛海事应急基地出发。向珠江口海域ES方向行驶。到达高栏东侧海域的试验地点(东经113°16′9.0″,北纬21°51′41.0″海域)。船关闭发动机,抛锚等待实验进行。上午11:15试验开始。将浮标和泡沫浮板同时从甲板抛出入海中。共投放了2个自研溢油跟踪浮标和1个进口浮标。投放完成后,试验人员通过无线网络及溢油浮标系统技术中的监控软件平台,在计算机上对投放的自研浮标(由于进口浮标的当日信息只能第二天才能收到,因此进口浮标信息处于失效状态)进行运动轨迹的实时跟踪监视、调整软件设置使浮标定时反馈采集的数据信息。设置自研浮标数据反馈频率为3分钟/次。

试验开始后的1小时间,自研浮标、进口浮标依次投入海面间隔在20m左右,均向EES方向漂移,速度为4～6km/h。12:20海巡船返航,并调整浮标数据反馈频率为15分钟/次。

测试试验开始后第二日(2010年3月24日)下午进行浮标打捞作业。定位浮标在上川岛附近海域。在上川岛附近租船进行回收作业。24日16:59,于东经112°53′41″、北纬21°47′23.6″海域将浮标打捞上船。关闭浮标电源,乘船返航,试验结束。试验照片和浮标轨迹见图7所示。

4.3　测试结果

在28小时44分钟的试验时间内,浮标完成了漂移距离49.1km,平均漂移速率为1.7km/h。在珠江海域,自研制浮标的网络通讯效果良好,定位准确,软件使用正常,能准确方便地进行浮标回收作业。

浮标结构合理,防水性能、通讯控制性能等软硬件基础性能良好。浮标电池电力充足,维持时间能够满足海事应急要求。

经过约30个小时,40km的浮标漂移实验,浮标打捞时,进口浮标与自研浮标间隔20～30m,说明进口浮标与自研浮标的方向、漂移速度等完全相同,但自研浮标得信息监控功能远远高于进口浮标。整体来看,跟踪浮标在准确性、稳定性和可操作性等方面达到了系统设计的要求。

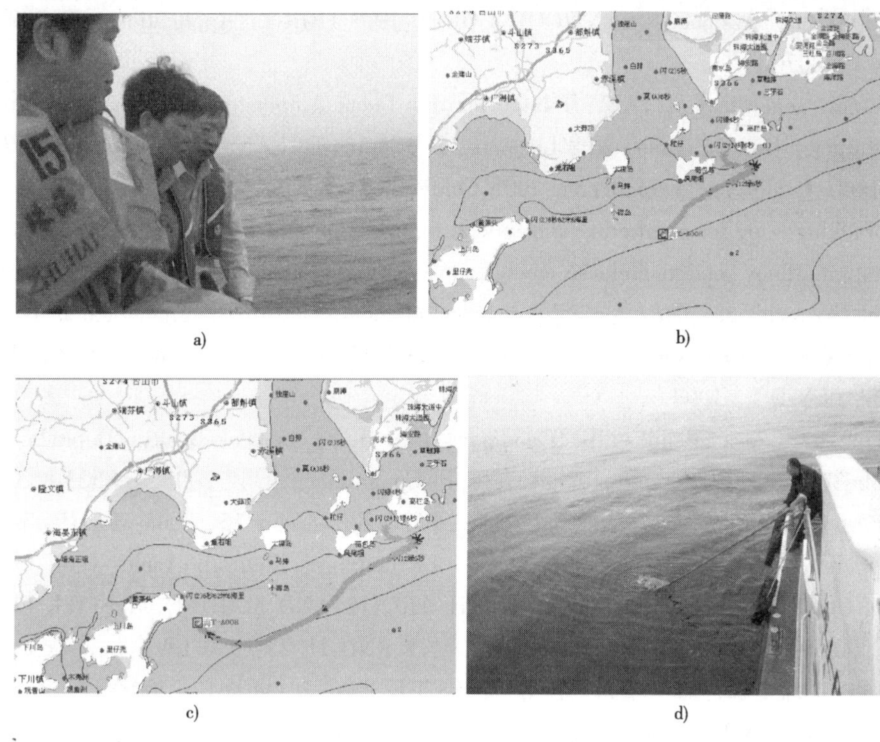

a)　b)　c)　d)

图　7

a）浮标投放；b）浮标向西南海域移动（23 日 21:45）；c）试验结束时的浮标轨迹；d）打捞浮标

5　结论

本文通过对国内外溢油应急技术的分析研究，开发出了我国海上溢油浮标跟踪定位技术，研制出溢油跟踪浮标及溢油监控软件组成的溢油浮标系统。浮标系统具有全天候实时动态海上溢油跟踪定位功能，能够监控溢油的扩散范围和动态漂移的实时情况，及时、准确掌握溢油事故发生的时间和地点，为有关部门迅速采取应急和救援措施提供可靠依据，提高了我国溢油应急能力水平。

在我国国内首次创新性的研究开发出了“溢油浮标监控系统软件”，具有浮标定位及动态管理等功能，首次将海图和沿海陆域地图转换成同一格式，应用于同一软件系统中。该浮标技术及设备的研发与应用对促进我国海上溢油事故预测预警及应急能力的提升起到了积极的推动作用，为《防治船舶污染海洋环境管理条例》的实施及防治船舶污染海洋环境的国际公约的履行提供了有力的技术支持。

参考文献

[1] DRIFT BUOY . Inventor: MIYAZAKI YASUYOSHI; YAMAGISHI MITSUYOSH. Applicant: TOYO COMMUN EQUIP CO LTD. Application No. : 10-208606 [JP 98208606]. Filed: July 08, 1998 (19980708)

[2] Drift buoy. Publication No. JP 4183803 B2 (Update 200902 E). Publication Date:

20081119. Assignee: KENWOOD CORP; JP (TRIR). Application: JP 1998208606 A 19980708

[3] A new generation of TABS II buoy for the Texas Automated Buoy System. Author(s) Walpert, JN; Guinasso, NL; Lamonte, K. Source OCEANS 2005, VOLS 1-32716-2721 2005. Conference Title Oceans 2005 Conference, Washington, DC, SEP 17-23, 2005

[4] Tracking buoy for monitoring and indicating direction and speed of water contaminants has tracking buoy retainer/release mechanism operatively disposed to its selectively retain and release . with elongated vertically disposed element contg first retainer. Patent Number(s) US5654692-A. Assignee(s) BAILEY D F; BAXTER J F. Inventor(s) BAXTER J F; BAILEY D F. 1997

[5] Tracking buoys for oil spills. Goodman, Ron H. 1; Simecek-Beatty, Debra2; Hodgins, Don3 Source: 2005 International Oil Spill Conference, IOSC 2005, p 8523-8534, 2005. 2005 International Oil Spill Conference, IOSC 2005, May 15, 2005-May 19, 2005

[6] Operational use of ocean surface drifters for tracking spilled oil. Aamo, OM; Jensen, H. PROCEEDINGS OF THE TWENTIETH ARCTIC AND MARINE OILSPILL PROGRAM (AMOP) TECHNICAL SEMINAR, VOLS 1 AND 21023-1030 1997

[7] 溢油跟踪定位浮标装置. 申请号: 200820123906.2. 申请日: 2008.11.25. 申请(专利权)人: 赵平. 发明(设计)人: 赵平,俞沅, 乔冰, 李涛, 肖峰

[8] 汪渝,熊德琪. 基于 GPRS/GPS 的海上溢油远程无线监测系统. 大连海事大学环境科学与工程学院. 信息与电子工程. 2007,5(2). -81-8

[9] 金永福, 熊德琪, 严世强. GPS/GSM/GIS 海上溢油跟踪监测系统的研究. 交通环保. 2003,24(6):6-8

[10] Spilled oil detection apparatus and system using buoy for transmitting alarm message in various ways when spilled oil is detected. Patent Number(s) KR756926-B1. Assignee (s) KOREA OCEAN RES & DEV INST. Inventor(s) LEE M J; LEE H J; KANG C G. 2008

[11] 李连健. 导师:张芝涛. 珠江口水域溢油信息系统的研究. 硕士论文. 大连海事大学. 2002

[12] 廖国祥. 导师:熊德琪. 基于的海上溢油应急信息系统研究. 硕士论文. 大连海事大学. 2005

[13] 姜独祎. 导师:穆斌,袁时金. 海洋溢油应急信息系统的设计与实现. 硕士论文. 同济大学软件学院. 2007

Abstract: Through to the domestic oil spill response technical analysis, developed in offshore oil spill buoy tracking technology, develop oil spill tracking buoys and oil spill surveillance software component of the oil spill tracking buoy system. To buoy terminal directly after water, GPS positioning signal, and micro will be parsed real-time location information (position, speed, time, etc.) through wireless communication system (satellite networks or GSM network) to monitor the platform. Monitoring software can in electronic chart intuitive to display buoy, send the real-time controlled

buoy position, updating, and change the transmission time interval, such instructions can be modified and set of electronic chart sensitive resources, emergency resource distribution, etc.

All-weather real-time dynamic system has the function of offshore oil spill tracking, the spread of oil spill surveillance and the real-time dynamic drift, timely, accurately grasp the oil spill accident happened at the time and place for relevant departments, quickly take emergency and rescue measures to provide reliable basis, promote the oil spill response ability level.

Key words: Oil spill tracking buoys; Maritime satellite; GPS positioning; Real-time dynamic tracking control

利用VTS雷达探测船舶溢油之研究

陈文河[1]　吕共欣[2]

(1. 海南海事局,海南海口,570311;2. 深圳市置辰海信科技有限公司,深圳,518052)

摘　要: 基于国外的成功经验,结合我国VTS的广泛应用,分析利用VTS X-波段雷达搜寻、探测、定位和跟踪船舶溢油的必要性和可能性,最后根据X-波段雷达溢油探测原理提出相应的技术解决方案。

关键词: VTS;X-波段雷达;溢油探测;解决方案

1　概述

除了利用飞机和卫星遥感技术搜寻和探测海上溢油外,早在2000年,一些欧洲国家就已开始利用船载X-波段雷达进行溢油探测和跟踪方面的研究与实验,并已成功地开发出相应的应用系统,如Miros OSD。Miros OSD系统所根据的Bragg反射原理是,从带油的海面反射回的电磁波的能量会大大降低,即使很薄的油层在海面也是如此。

截至2009年底,中国海事局已建成覆盖全国主要航道、港口的VTS中心28个,雷达站91个,且普遍配有X-波段雷达。以雷达和信息技术为核心的VTS系统在海事监管中得到了广泛应用且成效很大,初步形成了以岸基雷达、海巡船、飞机为主要力量的水上交通立体监管体系。但是,如何开发VTS系统的增值应用、充分发挥这些高价值信息系统的作用在我国似乎还没受到应有的重视。

2　必要性

2010年4月20日,位于美国南部墨西哥湾的"深水地平线"钻井平台发生爆炸,两天后沉入墨西哥湾,事故造成11人死亡,油井以每天20000~40000桶的速度外泄原油。这起溢油事故给美国海岸线带来了重大生态灾难。在过去50年发生在海上的溢油事故数不胜数,这些海难除了其直接导致的生命和财产损失外,其给环境造成的巨大破坏是不可估量的。

我国VTS所覆盖的地方都是船舶航行活动最密集和对水上环境最敏感的重点水域,如琼州海峡、烟大轮渡水域、长江黄金水道等,这些水域绝对经受不起溢油的污染。如果能够利用VTS雷达对水上溢油进行及早的发现和定位,探测其溢油范围,预测其漂移的速度和方向并对其进行有效的监视,则对于溢油污染的清除和取证非常有用,也十分必要。由此可见,利用现有VTS雷达在跟踪VTS目标的同时实时监测其覆盖海域的船舶溢油情况具有显著的社会意义和生态效益。

3　技术可行性

如何发现和跟踪船舶和海上设施溢油是清除溢油污染的第一步。随着雷达应用技术的不断优化,雷达小目标的探测和跟踪能力有了很大提高。基于雷达技术的小目标探测,要求技术上能够处理信噪比小于1的原始数据(也称为混乱信号)。为了能够探测该种情况下的目标

物,需要具有模式识别功能的大型数据库来支持对于海洋混乱信号的分析。因此,在数据采集的前端,以高抽样率提取雷达收到的原始数据并将其数字化,可为后面不同的应用提供原始的雷达视频数据。通过这种技术,我们能够用同一雷达实现不同的技术应用,可以在 VTS 进行目标跟踪的同时,对雷达监视的海域进行溢油搜寻,并对探测到的溢油在海图上进行展现和报警,以实现 VTS 雷达系统的应用增值。

3.1 VTS 雷达工作原理

目前船舶交通管理(VTS)雷达主要采用的是脉冲法测距、最大值振幅法测角、显示平面位置的主动雷达。整个雷达子系统通常由发射机、接收机、天线、显示器和射频切换开关等组成。通常各雷达厂家出于生产结构上的需要把发射机和接收机组成一个整体,称为雷达收发机。单独设立的显示器一般称为维护 PC。为实现雷达子系统的工作可靠性,雷达收发机常采用双机备份方式(1 +1 热备用),控制单元控制射频开关的切换操作。射频开关一般称为波导切换开关。一般来说,其结构如图 1 所示。

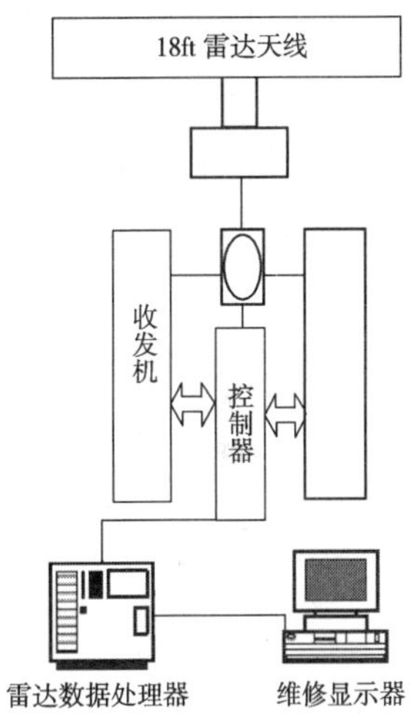

图 1 VTS 雷达结构

在 VTS 系统中,显示器通常与数据处理组成一个整体,称之为 VTS 工作站,显示的图像不仅仅是雷达的原始视频图像,还有在电子海图背景下的数字视频以及各种数字,运动矢量线,警戒符号等。

VTS 雷达系统的工作原理是:发射机在定时脉冲触发下,产生大功率的射频脉冲,经过高增益的天线向空间定向辐射,随着天线的旋转,波束作空间方位扫描。波束扫到目标时,反向散射的电磁波返回到雷达天线,被收集送回到接收机。回波信号在接收机中经过低噪声放大器、混频、中放、检波等处理送到显示器及数据处理单元。数据处理单元在定时脉冲的作用下,将送入的回波信号和方位信号进行量化加工和数据处理,然后利用组播协议发送到 IP 网络上。

3.2 小目标探测原理

由于对小目标或特定反射特性(X 波段)的物体的探测都面临着其信号探测问题,这些目标的反射信号都表现为噪声(S/N 小于等于 1),因此需要对雷达反射的杂波进行特殊处理方能分别出这些微弱信号。

海面监控雷达的杂波主要有四种:噪声、雨雪杂波、海杂波和同频干扰。其中,噪声主要来自于接收机内部电路的热噪声。噪声幅度随机起伏变化的速度快,频谱分布较均匀,幅度统计一般表现为瑞利分布。

雨雪杂波来自雨雪颗粒的后向散射回波,幅度统计一般表现也为瑞利分布。但是噪声幅度随机起伏变化的速度比噪声慢。

海杂波来自水面的后向散射回波,幅度起伏变化更慢。相关性更强。幅度统计分布特性复杂。受到很多因素的影响,如风、水流、潮汐,工作的频率等等。

同频干扰是一种特殊的有源杂波干扰。来自同频段的雷达非同步辐射的电磁波。干扰的强度很大。杂波出现的位置、时刻随机变化但是强度确定。

雷达杂波处理的方法主要有:

(1)敏度时间控制(STC);

(2)分处理(FTC);

(3)恒虚警率(C-FAR);

(4)相关处理;

(5)扫描整合处理。

通过利用连续几次的扫描回波信号进行脉冲滤波或卷积运算等得到一个较高电平的视频信号,以提高检出能力,从而提高识别微小目标的能力。尤其在杂波较大的环境下,效果更明显。其处理示意图如图2和图3所示。

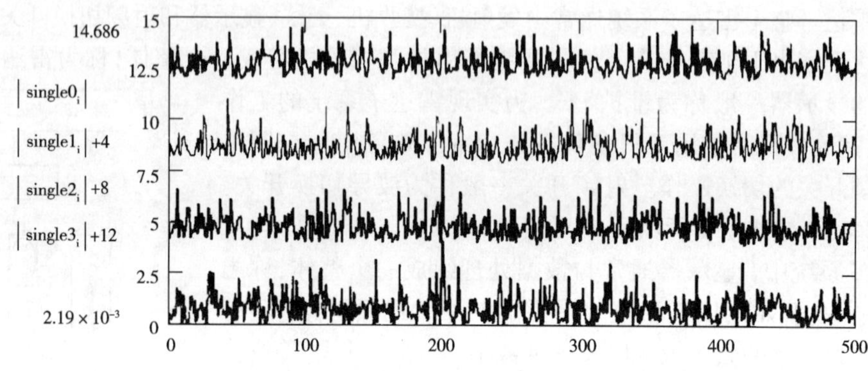

图2 普通雷达视频信号(图中可见,单次扫描信号基本淹没在噪声中)

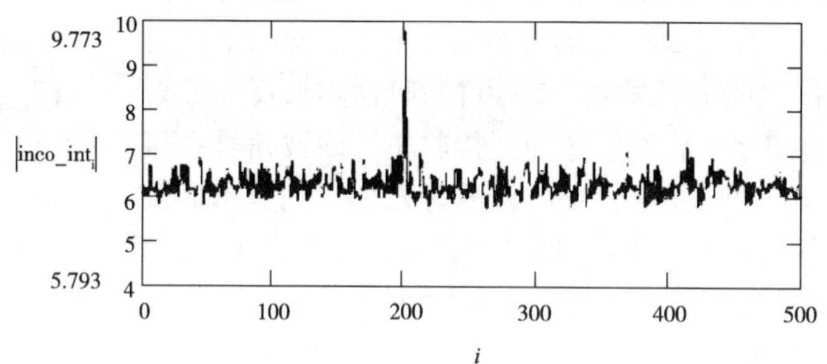

图3 经脉冲滤波处理后的雷达视频信号

3.3 溢油探测的实现方法

由于溢油油膜对厘米波的反射特性表现为暗信号,根据X波段小信号探测原理,溢油探测的实现原理图如图4所示。

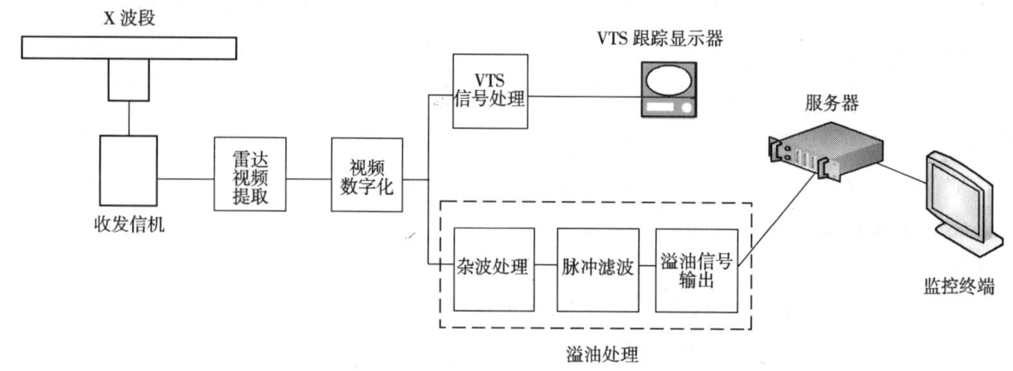

图4 X波段溢油探测原理图

由图4中可以看出，雷达的原始视频信号提取后被分成两路输出，一路用于海事管理的VTS信号提取和跟踪，另一路经过杂波处理、脉冲滤波等处理后，得出溢油信号输出。

当溢油被探测到时，系统会把相关数据（位置、形状和大小）传递到服务器上。经过IP网络，这些信息与其他信息以及S57电子海图信息在监控终端中显示出来。

其滤波算法如下：

$$\bar{i}(x,y) = I(x,y)\omega(x,y) + \bar{I}(x,y)(1-\omega(x,y))$$

式中：

$$\omega(x,y) = 1 - \frac{C_{si}^2}{C_i^2(x,y)}$$

$$C(x,y) = 1 - \frac{\sigma(x,y)}{\bar{I}(x,y)}$$

ω——像素权重；

σ——标准方差。

4　技术解决方案

4.1　系统目标

VTS X波段岸基雷达的条件：垂直极化，发射功率为25kW

雷达天线高度为60m，旋转率 = 48RPM；

海洋环境：风速小于10kn，浪高小于2.5m；

溢油探测距离：6n mile；

探测精度：溢油量小于60L。

4.2　系统范围

以一台岸基X波段雷达为基础，增加部分专用设备，在电子海图上显示溢油数据，并报告溢油位置。

4.3　系统功能

(1)实现海面溢油的全自动、全天候搜索；

(2)对海面溢油进行探测与定位；

(3)实现对溢油状态的实时跟踪；

(4)在海图上对溢油实现综合显示与告警；

(5)溢油专题数据的储存与分析。

4.4　系统结构

利用岸基VTS雷达实现对溢油的自动探测与定位，需要对该基站的雷达信号进行专门的处理，其溢油处理系统包括一个溢油处理单元、一台服务器以及一台监控终端，系统组成如图5所示。

其中，溢油处理单元包含能够处理雷达实时图像的高速、大容量图像处理卡。

4.5　系统效果

溢油检测雷达视频处理效果如图6和图7所示。

对上述视频进行杂波处理、脉冲滤波处理后其输出视频图像如图7所示。

我们将在此研究的基础上，以琼州海峡VTS雷达为例开发相应的软件和硬件，尽快研发

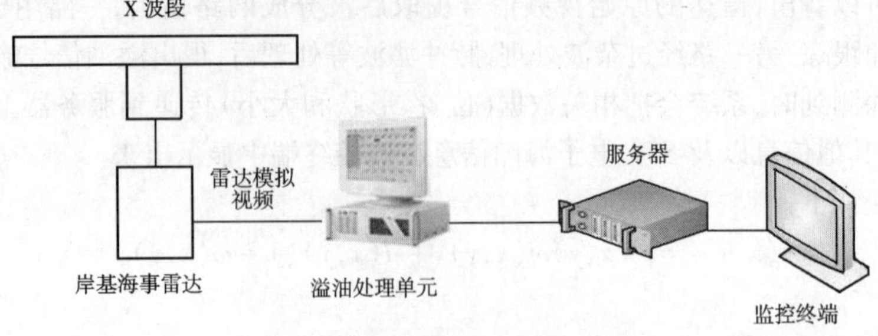

图5　溢油处理系统结构图

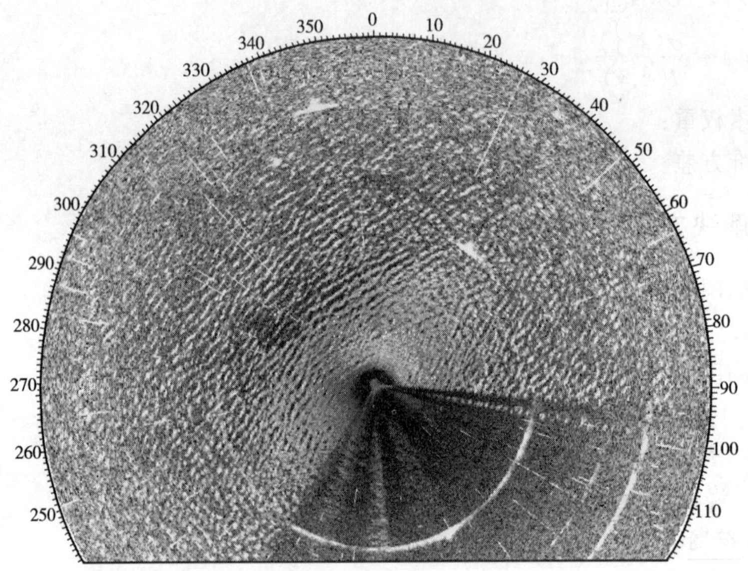

图6　原始雷达视频

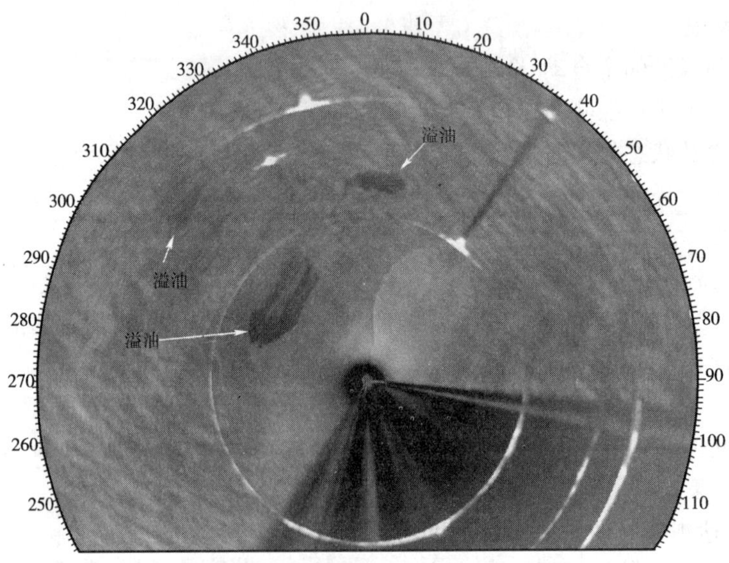

图7　处理后的雷达视频

出我国自己的溢油探测系统。

参考文献

[1] Cathrine N. Egset, Oil Spill Detection System Based On Marine X-band Radar, in Sea Technology, April 2007

[2] Miros OSD- Oil Spill Detection System

Abstract: Based on foreign successful experience, taking into account the extensive application of our VTS, this paper analyzes necessity and possibility of using X-band radar to search, detect, locate and track oil spills from ships. The correspondingly technical solution is put forward based on the principle of X-band radar oil spill detecting.

基于未确知测度模型的港区船舶溢油风险评价

张利强　罗加碉　徐昌元

（台州三门海事处，浙江台州，317109）

摘　要：船舶溢油是最严重的海洋污染之一，对船舶溢油风险进行科学有效评价，揭示其发生的复杂规律，采取相应的预防及应急措施，使船舶溢油污染降到最低程度，已成为当今世界的一个热点。本文按照未确知数学的理论和方法，通过建立未确知测度模型、置信度识别准则并分析评价指标因素，确定指标因素的可靠程度，从而对港区船舶作业系统中的风险因素、发生溢油事故的危险程度进行评估，为制定有效的船舶溢油事故应急措施提供科学依据。

关键词：船舶溢油　风险评价　未确知测度　风险因素

1　引言

船舶溢油风险是潜在的，甚至是未知的，面对这样一个现实情况，我们应采取怎样的措施呢？有的人对其熟视无睹，有的人则认为科技的发展在很大程度上规避了风险。根据墨菲法则可知：风险是由系统本身的复杂性、关联性和不确定性所决定的，不管常规的技术安全措施多么有效，该发生的事故依然会发生，不过，我们在风险面前也不是无能为力、无所作为，我们要在科学的分析和评估基础上，给出风险预报，力求在风险和收益中取得最佳平衡，这就是我们研究船舶溢油风险最简单、最直接的原因。

目前，用于船舶溢油风险评价的方法很多[1]，如模糊综合评判法、灰色系统理论法、物元分析法等。这些方法可解决所获信息中的不确定性问题，但不能解决评价中的未确知性。而未确知数学中[2]“未确知测度”主要研究未确知性问题，能克服上述分析方法的不足。因此，运用未确知测度理论评价船舶溢油的风险，使船舶溢油风险的定量分析进一步完善。

2　港区船舶溢油风险评价指标体系

2.1　港区船舶溢油风险评价指标体系的建立

港区船舶溢油风险评价，既要考虑到船舶本身的情况，还要考虑到港口的气象及水域环境、油品自身的性质方面，因而港区船舶溢油风险评价指标体系是一个多因素、多层次的复杂体系[3]，构成该体系的因素（或指标）众多，因素与因素之间又有关联。我们对船舶在港区的溢油风险进行分析，表明溢油风险的背后是各种风险因素的组合作用，为了满足以上几点要求，本文在确定港区船舶溢油评价各指标时，主要从以下方面入手：

（1）港区船舶可以考虑以下方面：船龄日常保养状态、船舶吨位、船舶技术状态和可操作性。

（2）根据港区环境进行分析：港区的环境包括气象、海况条件；还包括航道条件、码头吞吐量、导航助航设备、船舶交通密度、船舶通信状况等。

（3）现有港区船舶溢油事故的统计分析资料：对港区船舶溢油事故进行调查是开发评价指标的一个重要手段，可以通过事故统计，了解事故的构成与各个相关因素的关系，分析各因

素对事故的影响规律。

(4)根据专家、主管机关官员、从业人员的意见。

在确定评价指标时,采用定性分析并借助于专家调查。因为专家、从业人员、海事机构官员有一定的理论水平和丰富的实践经验,他们认为港区船舶溢油影响大的一些因素对确定评价指标具有极大的参考价值,有时甚至起着决定性的作用。这也是开发评价指标的一个捷径。

根据上述分析的原则,系统分析与层次分析相结合,必须对每一个大类的指标进行细化,对所有定性指标和定量指标进行描述,并适应后续评价模型所需的信息和数据处理的要求。根据这一原则,我们将港区船舶溢油风险因素分为四层:第一层为目标层,第二层为评价准则层,第三、四层为评价因素层,得到如图1所示的港区船舶溢油风险评价指标体系。

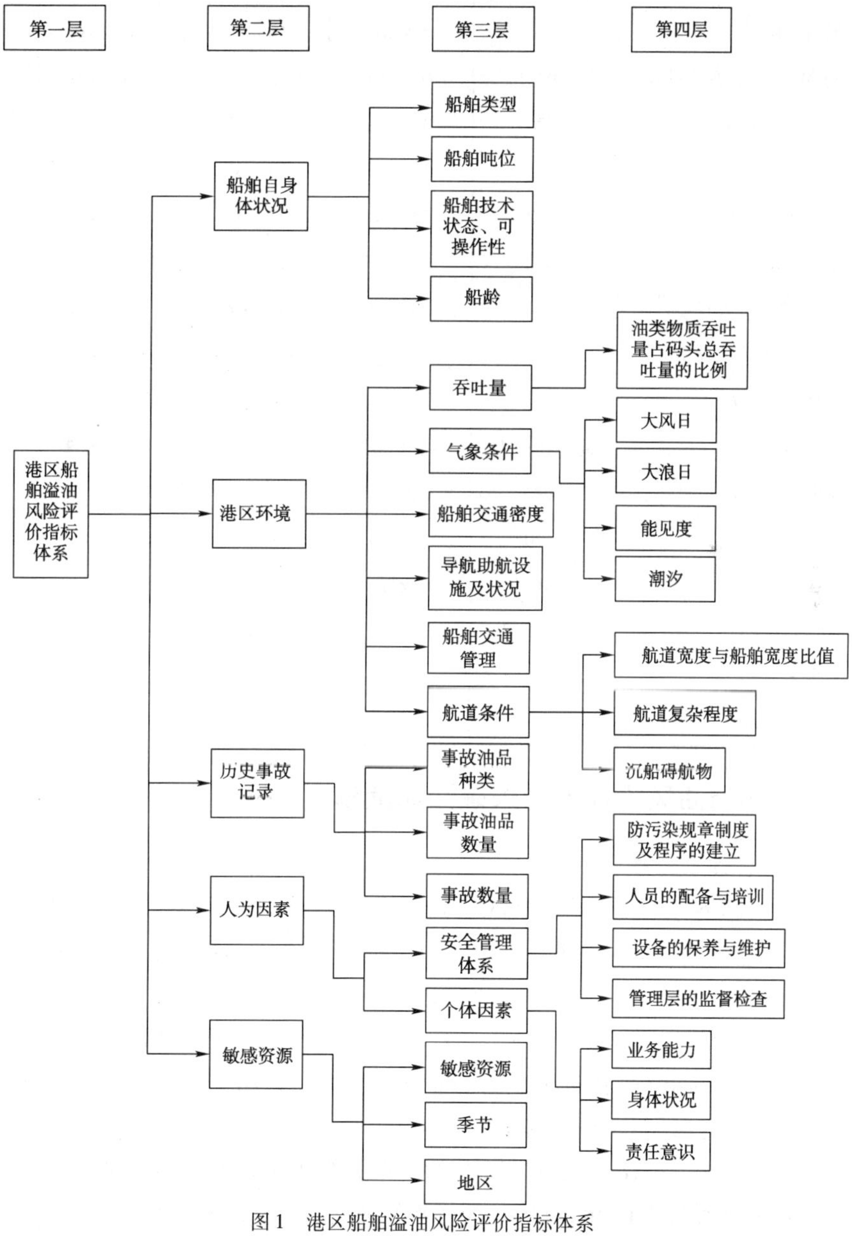

图1　港区船舶溢油风险评价指标体系

2.2 评价指标危险等级的确立

通过参考有关文献[3]和本文的调查分析为依据将评价指标划分5个等级(表1),即危险度很低、危险度较低、危险度一般、危险度较高、危险度很高。

港区船舶溢油风险评价指标分级标准　　表1

评价等级	危险度很低	危险度较低	危险度一般	危险度较高	危险度很高
评价指标值	C_1	C_2	C_3	C_4	C_5
船舶类型 I_1	客船	旅游船	散货船	散化船	油船
船舶吨位(GT) I_2	~100	100~500	500~3000	3000~20000	20000~
技术状态、可操作性 I_3	好	较好	一般	差	较差
船龄(年) I_4	~5	5~10	10~14	15~20	20~
油类物质吞吐量/码头总吞吐量 I_5	~0.01	0.01~0.02	0.02~0.03	0.03~0.04	0.04~
大风日(天/年) I_6	~30	30~45	45~75	75~120	150~
大浪日(天/年) I_7	~25	25~35	35~65	65~100	130~
能见度不良(天/年) I_8	~12	12~22	22~32	32~40	40~
潮汐(米) I_9	~0.25	0.25~0.75	0.75~1.25	1.25~2.0	3.0~
平均交通密度(艘/天) I_{10}	~20	20~50	50~100	100~150	180~
船舶宽度与航道宽度之比 I_{11}	~1/7	1/7~1/6	1/6~1/5	1/5~1/4	1/3~
航道复杂程度 I_{12}	简单	较简单	一般	较复杂	很复杂
沉船碍航物 I_{13}	碍航物很少	碍航物较少	一般	碍航物较多	碍航物很多
导航助航条件 I_{14}	好	较好	一般	差	较差
历史事故记录数(件/年) I_{15}	~10	10~20	20~30	30~40	50~
身体状况 I_{16}	好	较好	一般	差	较差
责任意识 I_{17}	好	较好	一般	差	较差
业务素质 I_{18}	好	较好	一般	差	较差
安全管理体系 I_{19}	好	较好	一般	差	较差

3 港区船舶溢油风险评价的未确知测度模型

3.1 建立分类标准矩阵

设评价样本空间为 $X = \{x_1, x_2, \cdots, x_n\}$,x_i 表示第 i 个评价样本;每个评价样本有 m 个评价指标,评价指标空间为 $I = \{I_1, I_2, \cdots, I_m\}$,I_j 表示第 j 个评价指标;样本的每个评价指标值有 k 个评价等级,构成评价样本 X 的评价空间 $U = \{c_1, c_2, \cdots, c_k\}$ 。

若在评价样本空间 X 上有 n 个区域 $x_1, x_2, \cdots, x_n$,对于每个区域都有 m 个评价指标值 I_1, $I_2, \cdots, I_m$,第 i 个样本的第 j 个指标 I_j 的评价值为 x_{ij} 。那么,第 i 个样本 x_i 可以表示为一个向量 $x_i = \{x_{i1}, x_{i2}, \cdots, x_{im}\}$,$(1 \leqslant i \leqslant n)$ 。

评价等级向量 $c_1, c_2, \cdots, c_k$ 是有序的,并约定第 p 级优于第 $p+1$ 级,则有 $c_1 > c_2 > \cdots > c_k$ 由于每个指标的分类标准已知,可将分类标准矩阵记为:

$$
\begin{array}{c} \\ I_1 \\ I_2 \\ \vdots \\ I_m \end{array}
\begin{array}{c} \begin{array}{cccc} c_1 & c_2 & \cdots & c_k \end{array} \\
\begin{bmatrix} a_{11} & a_{12} & \cdots & a_{1k} \\ a_{21} & a_{22} & \cdots & a_{2k} \\ \vdots & \cdots & \cdots & \vdots \\ a_{m1} & a_{m2} & \cdots & a_{mk} \end{bmatrix} \end{array}
$$

其中 a_{jk} 满足 $a_{j1} < a_{j2} < \cdots < a_{jk}$ 或 $a_{j1} > a_{j2} > \cdots > a_{jk}$。

3.2　构造单指标未确知测度

计算第 i 个评价样本的第 j 个指标值 x_{ij} 属于 c_p 类的未确知测度 $u_{ijp} = u(x_{ij} \in c_p)$，则 u 满足：

$$0 \leqslant u(x_{ij} \in c_p) \leqslant 1, u(x_{ij} \in U) = 1$$

$$u \left| x_{ij} \in \bigcup_{l=1}^{p} c_l \right| = \sum_{l=1}^{p} u(x_i \in c_l)$$

$$i = 1,2,\cdots,n; j = 1,2,\cdots,m; p = 1,2,\cdots,k$$

u 对评价空间 U 满足“归一性”和“可加性”，则称满足上式的 u 为未确知测度，简称测度[4]。

设 $a_{j1} < a_{j2} < \cdots < a_{jk}$，有

$$
\begin{cases}
u_{ij1} = 1, u_{ij2} = \cdots = u_{ijk} = 0, & (x_{ij} \leqslant a_{j1}) \\
u_{ijk} = 1, u_{ij2} = \cdots = u_{ijk-1} = 0, & (x_{ij} \geqslant a_{jk}) \\
u_{ijl} = \dfrac{a_{jl+1} - x_{ij}}{a_{jl+1} - a_{jl}}, u_{ijl+1} = \dfrac{x_{ij} - a_{jl}}{a_{jl+1} - a_{jl}}, & (a_{jl} \leqslant x_{ij} \leqslant a_{jl+1}) \\
u_{ijk} = 0, & (k < l \,||\, k > l+1)
\end{cases}
\tag{1}
$$

3.3　确定各指标权重

当指标值 x_{ij} 及评价标准确定后，该指标权重已相应确定，隐藏在指标测值的未确知测度中。即单指标测度确定后，该指标权重就相应确定了，一般不宜再人为规定，应该根据各指标实测值的大小来确定各个指标的权重[5]。借用信息熵概念定义指标 I_j 的峰值：

$$V_{ij} = 1 + \frac{1}{\log_2 K} \sum_{K=1}^{K} \mu_{ijk} \log_2 \mu_{ijk} \tag{2}$$

式中：K 为评价级别数目，μ_{ijk} 为单指标未确知测度，则 V_{ij} 的大小反映指标 I_j 的重要性程度。由此可以定义属性 I_j 的权重为：

$$w_{ij} = \frac{V_{ij}}{\sum_{j=1}^{m} V_{ij}}, j = 1,2,\cdots m; i = 1,2,\cdots n \tag{3}$$

式中：m 为评价指标的数目。

3.4　计算多指标综合未确知测度

若 $u_{ip} = u(x_i \in c_p)$ 表示被评价样本 x_i 属于第 p 等级的程度，则由单指标未确知测度和指标权重，可以求出多指标综合未确知测度。

$$u_{ip} = u(x_i \in c_p) = \sum_{j=1}^{m} w_j u_{ijp}, 1 \leqslant i \leqslant n, 1 \leqslant p \leqslant k \tag{4}$$

显然 $0 \leqslant u_{ip} \leqslant 1, \sum_{p=1}^{k} u_{ip} = 1$

3.5 样本的识别与排序

由于评价等级 $\{c_1,c_2,\cdots,c_k\}$ 的有序性,不能采用最大测度识别准则判定 x_i 的等级。因此,有必要采用置信度识别准则。若 $\{c_1,c_2,\cdots,c_k\}$ 满足 $c_i > c_{i+1}$,$(i=1,2,\cdots,k-1)$,对置信度 $\lambda\{0.5 < \lambda \leqslant 1\}$ 计算。

$$k_i = \min\{k:\sum_{l=1}^{p} u_{il}(c_l) \geqslant \lambda, 1 \leqslant p \leqslant k\} \tag{5}$$

从而可认为评价样本 x_i 属于 c_{k_i} 类。

对属于同一级别的评价样本的排序,应用以下评分准则计算:

$$q_{x_i} = \sum_{p=1}^{k} n_p u_{x_i}\{c_p\} \tag{6}$$

当 $c_1 > c_2 > \cdots > c_k$ 时,可按公差为1的等加数列取值;根据分值 q_{x_i} 的大小进行排序。

4 应用实例

运用所建立的未确知测度模型,对国内某港口A的四个港区(x_1,x_2,x_3,x_4)的溢油风险进行评价,表2为各港区船舶溢油风险指标值。

A港各港区溢油风险评价指标值 表2

	评价样本	x_1	x_2	x_3	x_4
评价指标	I_1	油船	油船	化学品船	客船
	I_2	450	1000	2500	150
	I_3	较好	好	一般	好
	I_4	8	10	13	15
	I_5	0.03	0.02	0.005	0.003
	I_6	89	103	96	111
	I_7	68	57	67	75
	I_8	33	41	35	38
	I_9	1.30	1.67	2.30	2.56
	I_{10}	48	52	67	99
	I_{11}	1/5	2/11	2/13	2/9
	I_{12}	较复杂	较复杂	很复杂	很复杂
	I_{13}	一般	一般	碍航物较多	碍航物较多
	I_{14}	较好	好	一般	一般
	I_{15}	13	11	16	21
	I_{16}	好	好	一般	一般
	I_{17}	好	好	好	好
	I_{18}	较好	一般	较好	一般
	I_{19}	一般	较好	好	一般

4.1 计算单指标未确知测度

根据表1和表2,利用式(1)得到各评价样本的单指标未确知测度矩阵:

$$x_1:(u_{1jp})_{19\times5}=\begin{bmatrix}0&0&0&0&1\\0.1250&0.8750&0&0&0\\0&1&0&0&0\\0.4000&0.6000&0&0&0\\0&0&0.5000&0.5000&0\\0&0&0.4133&0.5867&0\\0&0&0.4923&0.5077&0\\0&0&0.3889&0.6111&0\\0&0&0.5600&0.4400&0\\0&0.6500&0.3500&0&0\\0&0&0.6000&0.4000&0\\0&0&0&1&0\\0&0&1&0&0\\0&1&0&0&0\\0.7000&0.3000&0&0&0\\1&0&0&0&0\\1&0&0&0&0\\0&1&0&0&0\\0&0&1&0&0\end{bmatrix}\quad x_2:(u_{2jp})_{19\times5}=\begin{bmatrix}0&0&0&0&1\\0&0.6897&0.3103&0&0\\1&0&0&0&0\\0&0.4444&0.5556&0&0\\0&0.5000&0.5000&0&0\\0&0&0.2267&0.7733&0\\0&0.2000&0.8000&0&0\\0&0&0&0&1\\0&0&0.2640&0.7360&0\\0&0.6000&0.4000&0&0\\0&0.3182&0.6818&0&0\\0&0&0&1&0\\0&0&1&0&0\\1&0&0&0&0\\0.9000&0.1000&0&0&0\\1&0&0&0&0\\1&0&0&0&0\\0&0&1&0&0\\0&1&0&0&0\end{bmatrix}$$

$$x_3:(u_{3jp})_{19\times5}=\begin{bmatrix}0&0&0&1&0\\0&0.1724&0.8276&0&0\\0&0&1&0&0\\0&0.1111&0.8889&0&0\\1&0&0&0&0\\0&0&0.3200&0.6800&0\\0&0&0.5077&0.4923&0\\0&0&0.2778&0.7222&0\\0&0&0&0.4000&0.6000\\0&0.4125&0.5875&0&0\\0.5385&0.4615&0&0&0\\0&0&0&0&1\\0&0&0&1&0\\0&0&1&0&0\\0.4000&0.6000&0&0&0\\0&0&1&0&0\\1&0&0&0&0\\0&1&0&0&0\\1&0&0&0&0\end{bmatrix}\quad x_4:(u_{4jp})_{19\times5}=\begin{bmatrix}1&0&0&0&0\\0.8750&0.1250&0&0&0\\1&0&0&0&0\\0&0&0.5000&0.5000&0\\1&0&0&0&0\\0&0&0.1200&0.8800&0\\0&0&0.3846&0.6154&0\\0&0&0.1111&0.8889&0\\0&0&0&0.2514&0.7486\\0&0.0125&0.9875&0&0\\0&0&0.3333&0.6667&0\\0&0&0&0&1\\0&0&0&1&0\\0&0&1&0&0\\0&0.4500&0.5500&0&0\\0&0&1&0&0\\1&0&0&0&0\\0&0&1&0&0\\0&0&1&0&0\end{bmatrix}$$

4.2　确定各指标权重

根据式(2)、(3)求得评价样本 $x_i(i=1,2,3,4)$ 各指标权重向量矩阵：

$$w=\begin{bmatrix}0.0562&0.0522&0.0562&0.0491&0.0489&0.0490&0.0489&0.0491&0.0490&0.0494&0.0491&0.0562&0.0562&0.0562&0.0498&0.0562&0.0562&0.0562&0.0562\\0.0555&0.0491&0.0555&0.0484&0.0483&0.0499&0.0503&0.0555&0.0495&0.0485&0.0490&0.0555&0.0555&0.0555&0.0521&0.0555&0.0555&0.0555&0.0555\\0.0556&0.0508&0.0556&0.0520&0.0556&0.0491&0.0484&0.0495&0.0486&0.0486&0.0484&0.0556&0.0556&0.0556&0.0486&0.0556&0.0556&0.0556&0.0556\\0.0550&0.0511&0.0550&0.0479&0.0550&0.0512&0.0482&0.0514&0.0492&0.0543&0.0485&0.0550&0.0550&0.0550&0.0479&0.0550&0.0550&0.0550&0.0550\end{bmatrix}$$

4.3 计算多指标综合未确知测度

由式(4)计算可得各评价样本的多指标综合未确知测度见表3。

多指标综合未确知测度 表3

评价等级	危险度很低	危险度较低	危险度一般	危险度较高	危险度很高
危险度值	C_1	C_2	C_3	C_4	C_5
x_1	0.1734	0.1008	0.2745	0.2054	0.0562
x_2	0.2689	0.1950	0.2947	0.1305	0.1110
x_3	0.2123	0.1417	0.3377	0.2236	0.0848
x_4	0.2647	0.1648	0.3706	0.2441	0.0918

表3确定了各评价样本针对于各种危险度的多指标综合测度评价向量,通过置信度识别即可确定A港各港区船舶溢油相对的风险程度。

取置信度$\lambda = 0.8$,则各评价样本的危险度如表4所示。

各评价样本的危险等级 表4

序　号	危险度	评价样本
1	危险度很高	x_1
2 3	危险度较高	x_2 x_3
4	危险度一般	x_4

虽然有部分评价样本属于同一级别,例如x_2,x_3都属于危险度较高,但同级别评价样本的风险也是不一样的,现就各评价样本按风险大小进行排序。即:

由式(6)得到风险度由高到低分布为:$x_1 > x_3 > x_2 > x_4$。

5 结论

目前,在船舶溢油风险评价领域,模糊综合评判法和灰色关联度分析方法应用较为广泛。由于两者都是依据评价样本对于各级评价标准从属度大小,来确定样本所属级别的,当样本对各级别的从属度数值相差不大时,可能无法做出正确的抉择。而未确知测度模型充分考虑了评价空间的"有序性"和"信息不确定性",给出了合理的置信度准则和排序的评分准则,因此克服了采用从属度的"不精确化"问题,从而使评价的结果更合理、分辨率更高,同时该方法还可以对样本进行优劣排序。实例表明,未确知测度模型涵义明确,计算过程较为简单,具有一定的推广和实用价值。

参考文献

[1] 孙永明,郑光平,何汉斌等.船舶溢油事故风险评估方法研究[J].中国水运,2007,5(8):15-18

[2] 王光远.未确知信息及其数学处理[J].哈尔滨建筑工程学院学报,1990,23(4):10-13

[3] 肖景坤.船舶溢油风险评价模型与应用研究:[学位论文].大连:大连海事大学,2001

[4] 王光远.未确知信息及其数学处理[J].哈尔滨建筑工程学院报,1990,23(4):10-13

[5] 郭奇. 未确知测度模型及在环境质量评价中的应用[J]. 上海环境科学,2002,21(1):53-55

Abstract: The ships' oil spill are one of the most serious marine pollutions, carries out scientific and effective assessment of ships' oil spill, promulgates complex rule which it occurs, adopts the corresponding prevention and urgent measures, makes the ships' oil spill pollution to fall to the lowest degree, has become now a world hot spot. In this paper, according to the theory and method of unascertained measure, the unascertained measure model and credible identification rule are established and every criteria is analyzed, then the risk factors in the harbor ships working system, the risk degree of happening oil spill accident can be evaluated. By this way, it can provide scientific basis for formulating effective urgent measures.

Key words: Ships' oil spill; Risk assessment; Unascertained measure; Risk factors

基于GIS的海运液化气泄漏事故应急信息系统

庄学强 李品芳

(集美大学轮机工程学院,福建厦门,361021)

摘 要:为了有效地减少海运液体气泄漏事故导致了人身伤亡与环境污染,我们将地理信息系统GIS组件COM技术应用在海运液体气泄漏事故上,开发研究了海运液体气泄漏事故应急信息系统。文章重点介绍了系统的总体设计、系统所能实现的功能和系统的开发工具及其集成技术。希望能为国内外同行研究的提供参考。

关键词:海运 液体气 泄漏 GIS 应急

1 前言

液化气船及气库储罐内的液化气都是高压、低温的液体,它们的沸点低,蒸汽压高,非常易于蒸发,具有极大的爆炸及泄漏危险。而且绝大多数液化气的可燃蒸汽比空气重,不易于扩散,一旦发生泄漏事故,达到爆炸极限,遇到火源就将发生严重的燃烧爆炸事故,进一步还有可能导致更大范围的火灾。尤其是在液化气船运输码头装卸、储存等过程中,稍有不慎即在瞬间爆炸,对人员、船舶及周围环境造成巨大的破坏。1980 年发生的巴生港大火,大火持续了 4 天,把 4 座化学品仓库夷为平地,港内几乎每幢建筑物都受到伤害。火灾中 3 人死亡,财产损失达 1200 多万美元。2002 年 5 月 4 日珠海九源船务公司“长威 2 号”轮在天津新港南疆 3 号泊位爆炸起火,重伤一人,轻伤两人,船舶电机舱严重受损。

加强对海上液化气运输的监管,强化对水域秩序和船舶安全、防污染管理已刻不容缓。为了能在海上液化气泄漏事故发生前后,及时发出预防预警、疏散人群、救助伤员以及迅速做出应急反应,使事故的危害降低到最低程度,本研究在校基金的资助下,尝试性地进行海运液化气泄漏事故应急信息系统的研讨。该系统是 Visual Basic 6.0 为系统用户界面开发工具和泄漏模型编程工具,Access2000 为系统数据库管理软件,将地理信息系统 GIS 组件 COM 技术应用在海运液体气泄漏事故上开发而成的。

2 系统的总体设计

海运液化气泄漏事故应急信息系统是一个多功能、多模块集成的系统,它是由人机交互层、系统功能层、数据管理层、系统支持层、系统驱动层和硬件驱动层 6 个层面及信息采集和更新、信息检索与查询、泄漏爆炸事故影响模拟、数据分析统计和数据图表输出五个功能模块组成。其总体结构如图 1 所示。

3 系统的计算机实现功能

3.1 数据采集和更新功能

包括空间数据录入功能和属性数据录入功能。通过数据化仪、扫描仪录入或转化其他格

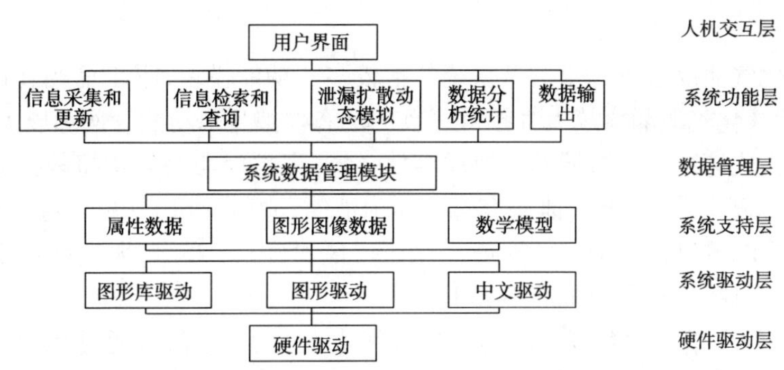

图1 海运液化气恶性事故应急信息系统总体结构图

式的图形文件把系统的基础地图(港口海区图、港口城市地形图、城市街区图、交通图、经纬度图)、敏感专题图、应急设备分布图、主管部门和应急人员部署图录入系统;通过键盘输入和文件导入把船运液体气属性数据、敏感海区敏感单位信息数据、数学模型参数数据、主管部门信息、应急设备信息数据、救援信息数据录入系统。

同时当某些实际数据发生变化,如敏感区域和地理位置发生变化、应急设备的增加和损坏,可以直接通过 VB 提供的用户窗口来更改系统的数据。

3.2 信息查询功能

包括敏感区、应急设备、主管部门、应急人员的图形查询功能和敏感区、应急设备、主管部门、溢漏液化气属性查询功能。图形查询功能指在打开的地图上,通过在查询对话框输入或在下拉列表框中选择要查询的专题内容,按确定后即在地图上高亮显示其分布位置、简单信息和标志。而通过属性查询功能,用户可以了解到:(1)海上常运液化气的理化性质、燃烧爆炸危险特性、发生泄漏事故后急救措施;(2)应急设备数量、种类、性能以及应急队伍的编制、各成员的职能;(3)敏感海区敏感单位的基本情况、联系方式。

3.3 泄漏扩散过程的动态模拟显示功能

启动动态模拟功能模块后,输入必要的环境参数(风速、风向、气温、潮流)、预测时间、时间步长、计算网格、发生溢漏的地理位置、溢漏化学品的数量后,系统就会调动数学模型库中相应的数学模型进行计算,在计算机屏幕上动态模拟化学品在海上或大气中扩散过程,并且以不同的颜色表示不同的污染范围(重度污染范围、中度污染范围和轻度污染范围)。该功能是本系统最重要的功能,也是本系统有别于其他同类产品关键之处。它有助于主管部门和应急人员及时、迅速做出科学决策。

3.4 受影响区域和人数统计功能

在图上画出污染物扩散范围后,即可利用系统的统计功能来统计出将受影响敏感海区、敏感单位(陆地)、人口密集区及可能受到影响的人数(根据平均人口密度来估算)。为提前通知受害单位、及时疏散人群赢得宝贵的时间。

3.5 数据输出功能

用户可根据需要输出图形信息和属性信息,包括模拟出来的污染物危害范围地图、敏感海区敏感单位的属性信息、受影响范围的面积及受影响的人数。有些属性信息不仅可以以表格形式输出还可以以饼图、散点图、直方图等统计图的形式输出。

4 举例

由于海运液化气泄漏事故应急信息系统包括较多的功能模块，限于篇幅在此不能一一演示，下面仅以海运液化气泄漏事故大气扩散过程的动态模拟显示功能为例加以说明。

假设某船在大连湾附近的海域发生泄漏事故，经海事部门考察发生事故的具体地点是经度 $X = 121.77°$，纬度 $Y = 38.91°$；泄漏有毒气体为液氨，泄漏量6t，泄漏时间为10分钟；泄漏有效高度为0m；当时的风速为1m/s，风向为“东南”风，气温为25℃，大气稳定度为D级。泄漏事故蒸汽云扩散过程的动态模拟简述如下：

(1)首先加载发生事故的海域。因为该事故发生在大连海域，故通过用户界面加载大连湾电子海图。如图2所示。

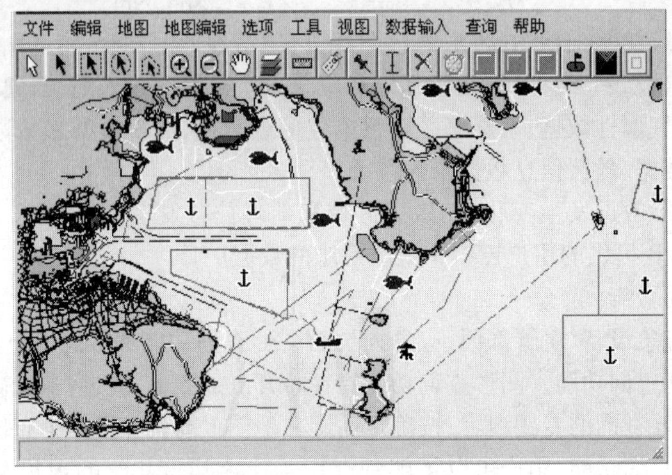

图2　加载大连弯电子海图后用户界面

(2)输入模拟参数。选择主界面菜单“数据输入”>“模拟参数”，在“模拟参数设定”对话框(图3)中输入必要的模拟参数，如发生事故的地点(经/纬度)、泄漏量、泄漏品名、环境参数等。

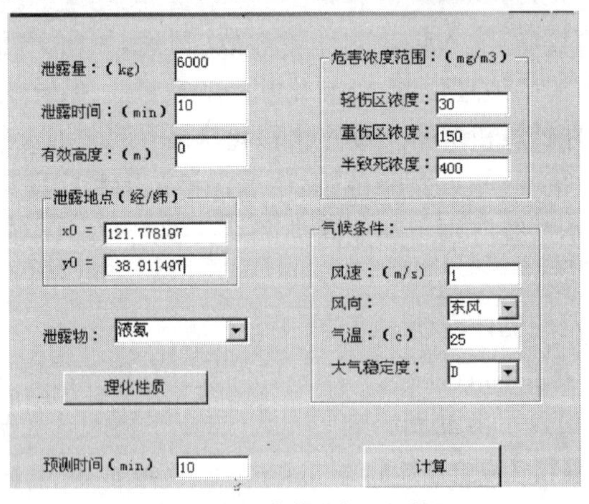

图3　“模拟参数设定”对话框

(3)选择“数据输入”>“模拟运行”，或者工具栏上“模拟运行”▶，系统就开始进行动态模拟演示，在地图上动态显示三种不同浓度危害范围随着时间变化过程。图4和图5分别为上述事故在10分钟时、20分钟时模拟显示结果。图6为用户提供模拟进行的时间、三种不同

浓度危害范围的覆盖面积大小、中心点以及受影响单位等基本信息。

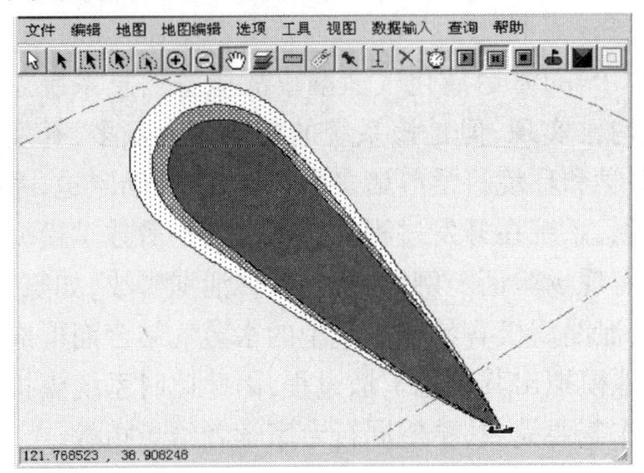

图4　系统模拟10分钟时三种不同浓度危害范围

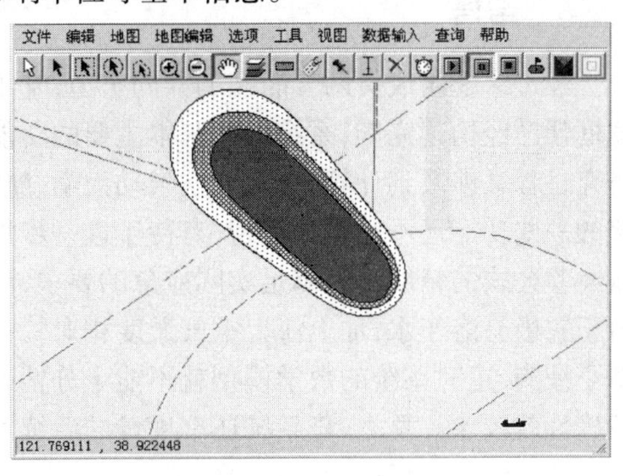

图5　系统模拟20分钟时三种不同浓度危害范围

不同扩散危害范围基本情况

总预测时间：30分钟　实际预测时间：10分钟

	半致死区	重中毒区	轻中毒区
面积大小(km2	.1855	.2259	.2896
中心点(经度)	121.769785	121.769564	121.769252
中心点(纬度)	38.911575	38.91174	38.911975
轴向距离(km)	1.055	1.094	1.153
受影响的单位			大连湾货轮锚地

不同扩散危害范围基本情况

总预测时间：30分钟　实际预测时间：20分钟

	半致死区	重中毒区	轻中毒区
面积大小(km2	.3431	.4906	.7118
中心点(经度)	121.762292	121.761952	121.761523
中心点(纬度)	38.917209	38.917462	38.917781
轴向距离(km)	1.103	1.23	1.381
受影响的单位	大连湾货轮锚地	大连湾货轮锚地	大连湾货轮锚地

图6　系统模拟基本危害情况

5　系统的开发工具及其交互集成技术

Visual Basic 6.0：程序开发的主要环境，容纳 MapX 4.5 的容器。进行流程管理、数学模型调用和计算等，并负责和后台数据库通信，从中提取数据和进行数据处理。利用 Visual Basic 6.0 做前台开发工具，大大简化了程序调用和数据交换的难度。

MapX 4.5：提供了 GIS 数据的处理以及专题地图的制作和表现，主要有：操纵地图图层、地图对象的编辑、地图属性查询和专题地图的制作。在运行中将根据 Visual Basic 的控制流程进行地理图形的显示和处理。MapX 4.5 是一个 ActiveX 地图控件，可以通过 VB 的标准 OLE 接口直接和 VB 链接。

MS-Access 2000：主要负责海运液化气的理化性质、毒性浓度范围划分标准以及应急设备信息等有关属性数据的输入、储存、管理。VB 通过 DAO 技术实现对 Access 数据库的访问。

Mapinfo Profession 6.0：电子地图的制作和管理程序。主要负责电子地图的生成(扫描、数字化地图或转换其他格式的地图)、电子地图的编辑与保存、空间数据库生成与管理等等。它是辅助程序开发的工具，与最终的开发结果无关。

系统各软件工具的作用及交互集成技术图解如图7所示。

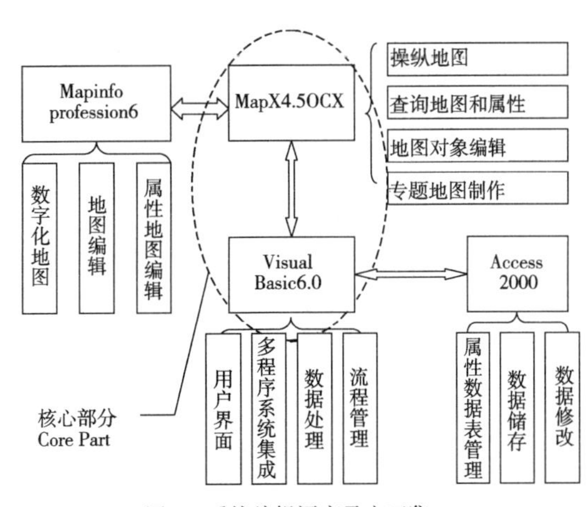

图7　系统编辑语言及交互集

6 结语

经过课题组成员两年时间的共同努力，基于GIS的海运液化气泄漏事故应急信息系统总体框架已经构建完毕，系统一些基本主要的功能均已实现，但是该系统的功能强大众多，开发研究过程又涉及到计算机科学、空气动力学、航海学和环境科学等诸多学科，加以时间紧迫，系统的一些功能还不是十分完善，有待于进一步加强，系统在开发过程中选用泄漏扩散数学模型或经验公式的精度是否满足实际应急的要求，尚需现场验证。例如：有些气体泄漏事故，如氨，由于它极易溶于水，加上海上空气湿度相对较大，泄漏后极容易和空气中的水蒸气结合而形成微小液滴，这时系统的数学模型就不能十分精确地模拟出其动态扩散过程，因此此时系统模拟精确性就较差。总之，该系统还有大量的后续工作需要完成，希望同行专家学者给予指教。

参考文献

[1] 林孝松．基于GIS的重庆市地质灾害信息管理系统[J]，中国地质灾害与防治报，2001，12(3)，74-80

[2] 齐超，何新华．基于MapX控件的电子地图控制[J]．计算机应用，2000，20(12)，69-72

[3] 王洪丽，刘晓宇，等．LNG接收站泄漏事故最大风险预测[J]．环境科学研究，2006，19(2)，107-110

Abstracy: In order to effectually decrease injury and pollution caused by the spilling accidents of marine liquefied gas, the COM technology of GIS is applied to develop Emergency Information System for the spilling accidents of marine liquefied gas. In the paper, the overall design for system, main functions of system and programming tools technology are introduced.

Key word: Marine; Liquefied Gas; Spill; GIS; Emergency

借鉴国外管理经验发展我国船舶应急清污行业

邱春霞[1①]　高　洁[2]　刘广强[1]　田　鑫[1]
（1.交通运输部科学研究院，北京，100029；2.交通运输部环境保护中心，北京，100013）

摘　要：借鉴和学习国外发达国家对于应急清污公司的先进管理经验，规范化管理我国社会应急清污力量，是保障国家应急体系总体建设的重要内容之一。

关键词：应急清污　管理经验

随着国际海洋石油开发业和航运业的迅猛发展，海上船舶溢油事故也在不断地发生。为了保护海洋环境，各国日益重视国家溢油应急体系的建设，制订国家溢油应急计划，建立溢油应急防备系统和应急力量，研究开发溢油应急技术，更新改进溢油应急设备，培训溢油应急人员。在应急体系架构中，溢油应急清污企业发挥着不可或缺的作用，鼓励社会力量参与油污应急是各个国家的普遍做法。

我国是参加国际公约A类理事国，国家对船舶防污染的日益重视，船舶污染接收处理及应急清污公司也如雨后春笋般涌现。从体制上分，这些应急公司（或机构）分为三类，即政府设立的专业应急机构，如深圳市船舶污染应急中心、海事局烟台溢油应急技术中心、海事局秦皇岛溢油应急中心等；大型国营企业设立的机构，如广州珠江清污公司、上海东安环保公司等；社会股份制或民营应急企业等。这些公司（机构）已经成为我国船舶防污染应急体系中重要的组成部分，其中，非政府设立的应急企业，以其数量众多、分布广泛、规模参差不齐、经营管理多样化等原因成为目前急需国家重视和规范管理的社会应急清污力量。

在我国的社会应急清污力量中不乏拥有一定规模的较大型应急公司，他们拥有应急响应必须的条件，如应急设备、清污器材、多艘船舶、自用码头、处理设施、办公场所等；有素质高的人员队伍，职工人数多，有应急行动实践经验等等条件，可以在发生溢油事故时成为可以信赖和依靠的应急力量。但是由于这些公司发展起步较晚，目前仍处于行业经验累积阶段，运作模式还很不规范。而我国在对这部分应急力量的管理方式仍然处于探索和研究阶段，所以借鉴和学习国外发达国家对于应急清污公司的先进管理经验，探索将其纳入本国溢油应急体系的管理模式，已成为目前急需解决的问题。

1　国外溢油应急体系以及应急清污公司

1.1　美国溢油应急体系以及应急清污公司

美国的污染应急体系于20世纪70年代开始初建成形，其溢油应急体系主要构成是：国家溢油应急反应指挥中心和相关的州政府、地区建立的溢油应急反应系统。国家溢油应急反应

①　邱春霞，交通部科学研究院环境保护与安全研究中心，助理研究员，水运环保专业，地址：北京市朝阳区惠新里240号，邮编：100029，电话：010-58278204，传真：010-58278345，e-mail：qiucx@126.com。

指挥中心主要负责制订全国海上溢油防治工作的规划、指挥协调各州政府、地方溢油应急反应行动；各州政府主要负责行政区域内溢油防治工作规划和协调有关部门的应急配合和支援工作；地区应急反应组主要承担具体的溢油应急行动的指挥、清污等工作。

美国是一个比较注重自由竞争和市场化经营的国家，在溢油反应清除和防污管理工作中，由国家主管机关制订一个入市的准则，面向所有社会群体开放，通过市场化、商业化的动作决定公司的生存问题和经营。主管机关对溢油清除公司的设备、人员等进行登记备案，对公司清污能力进行评估，按能力将其划分不同级别。同时，美国建立溢油清除协会会员制度，保证溢油清洁公司机构正常运转和快速的反应。

在溢油事故发生后，首先由发生溢油的公司及其保险公司对溢油事件负责，相关人员须按照法律规定启动溢油应急预案，向相关部门汇报有关内容如溢油时间、位置、责任船只的相关资料、溢油情况、相关海况、进行自救情况和打算进一步的行动、计划雇佣相应级别的溢油清除法人进行溢油清除作业等。上报后，各相关部门根据有关法律分别履行各自不同的责任，并在应急反应过程中，按照国家反应体系的具体规定承担指挥监控和管理，同时给予专业清污公司技术、设备和人员上支持与辅助，以保证即使在环境恶劣，清污公司无法工作的情况下，也可以进行快速有效的溢油回收工作。

美国实施油污基金制度以及对肇事者实行溢油污染责任追究，保证了清污公司在应急行动中产生的费用能够得到补偿，从而确保清污公司参与溢油应急行动的积极性，使其迅速采取措施进行清除，将溢油的污染损害控制在一定的范围。

1.2 日本溢油应急体系以及应急清污公司

日本溢油应急力量主要由海上保安厅和海上防灾中心组成。海上保安厅主要负责在海域进行监视、监督工作。海上防灾中心是民间海上防灾核心机构，接受海上保安厅的指挥，海上溢油事故发生时，负责清除海上溢油和其他有毒液体物质，日本海上防灾中心和国内159家灾难防治机构签订了合同，建立了全国的防治体系，相应清污费用由肇事者承担。

日本海上防灾中心在国内各地为油轮船东提供溢油应急反应设备和器材。据有关资料统计，截止至2004年4月，日本海上防灾中心在全国33个主要港口设置了溢油清除设备和材料储备基地，共计54360m围油栏、218KL消油剂和106T吸油材料。10个港口布置了清污船和撇油器。

在2007年7月实施了《海洋基本法》中，除明确规定海洋产业相关企业的相应责任和义务，还规定国家机构应向企业提供有关数据，促进企业发展，采取措施鼓励企业推进与海洋产业相关的尖端研究开发、提高技术水平、确保人才培养、创造竞争条件。《海洋法》实施5年后将进行全面评估，并根据评估结果进行必要的增补修改。

1.3 英国溢油应急体系以及应急清污公司

英国海上溢油应急反应主要由英国海上污染控制中心负责，英国支持系统的相关部门按各自职责向海上污染控制中心提供支持，与其他国家略有不同的是国防部在有偿情况下对海上污染控制中心提供相关知识、设备及人员的援助。英国大不列颠溢油控制协会是英国溢油应急反应的一个重要支持组织，它是一个代表各公司利益的商业协会，为所有英国和海外的工业和海运污染提供设备和服务，拥有的红色报警体系能24小时快速为各成员公司提供各种应急反应设备和器材。

1.4　韩国溢油应急体系以及应急清污公司

韩国国内的清污公司原先全是民营企业，主要由各种船舶服务公司构成，如污油回收公司、围油栏布设公司、拖轮公司等。如果发生溢油污染事故，这些公司在当地海岸警卫队调配下进行应急清污行动。这些应急清污公司处理溢油能力参差不齐，缺乏专业资质。更由于此类公司均有日常业务，所以经常发生应急清污工作与日常作业发生冲突，加上多数溢油抢险工作带有公益性质，使得抢险费用难以得到落实。此外，民营企业管理较混乱，处理溢油设备、技术等较落后，应急时缺乏统一性和协调性，有时在应急工作中相互推诿，从而严重影响了实际清污效果。

韩国政府经过长时间调研，不断考察评估此类企业的清污能力，最终将一些信誉高、能力强、作业较规范的民营企业收归国有，进行统筹整合，最终成立了一家专业的溢油清污公司，统一归韩国海岸警卫队管理指挥。韩国政府在各个港口码头设立溢油清污物资储备仓库，由清污公司统一管理使用。以这种模式对各类突发溢油事件进行处置时，成效显著。

1.5　加拿大溢油应急体系以及应急清污公司

加拿大建立了一套完善有效的溢油防备与反应机制。1993 年，加拿大一个私营企业的研究报告提出，要针对溢油应急反应建立一个政府——企业合作机制：企业或行业组织提供溢油基金并负责具体操作，政府部门负责立法、规范政策与技术标准并进行执法、监督与全局控制，该机制通过政府与企业之间的合作不断被完善与提高。加拿大运输部、海岸警卫队与环保部等各部门在履行其职责的同时还必须以高度合作的精神与其他联邦政府部门、省级和地方部门以及企业应急反应组织一起工作，以实现一个有效与协作的溢油防备与反应体制。

加拿大溢油应急组织由国家级溢油应急组织和地区级应急反应组织构成。地区级应急反应计划负责有序完成地区层次的溢油应急反应行动。地区级应急反应组织的领导机构为海岸警卫队，应急队伍为企业溢油应急反应队伍，专家组为地区级海运顾问理事会。企业应急反应队伍共有 4 支，负责各指定范围内的溢油反应工作。企业应急反应队伍必须是依法成立的法人组织，并通过加拿大运输部认证，必须提交能体现各自反应等级的应急反应计划，而且必须满足国家标准中对溢油反应时间的要求，比如按相应标准，溢油量在 150 t 以下为 1 级溢油应急，应急反应的最大时限要求反应队伍在 6 h 内必须抵达现场并铺设好清污设备。若溢油量增加，对应急反应的要求也会有所变化。企业应急反应队伍也被要求对自己的应急反应计划进行阐述和解释说明，如对员工或志愿者提供培训、应急物资的清单、对敏感区（比如鸟类保护区）的保护措施等。

自 1995 年起，加拿大通过《加拿大航运法》开始建立收费体制，为企业溢油应急反应队伍提供基金。在 2002 ~ 2004 年 3 年间，企业应急反应队伍每年大约处理 40 起溢油事故。在 2007 年底，加拿大运输部更新了 4 个应急反应企业的证书。

2　国外先进的管理经验对我国的借鉴和启示

污染应急防备系统的建设模式在美、英、日等海洋大国是相同的，即实行政府、企业与民间合作的模式。政府负责组织并投资应对重大污染事故的预防和应急处理，同时通过法律及国家污染应急政策来规范涉污企业对自身活动产生的污染事故的应急责任，明确对污染应急反应有支持作用的所有组织及民间团体应承担的义务，按照国家计划来构建一套符合国情、有效的污染防备和应急系统。

污染应急防备作为全社会共同承担的责任与义务，政府、企业及民间组织进行广泛的合作，是这些国家为我们提供的经验。各国溢油应急体系以及对应急清污公司的管理对我国有重要的借鉴意义。

2.1 有效的分工与合作机制

我国社会应急公司在国家应急体系中的地位很明确，是水上船舶污染应急体系的组成部分，这一点与国外类同，发生溢油事故时要在政府部门的指挥下参加应急行动，投入应急人员和应急船舶，承担回收油污水和污油垃圾的接收、转运、处理等任务，在船舶污染事故应急体系中，社会化应急清污公司是不可缺少的一个重要组成。如何有效管理和充分利用这部分应急清污力量，使其能够在发生溢油事故时发挥最大的效能，我国目前仍处于研究和探索的阶段。

美、英、日等海洋大国的溢油应急机制是建立在政府与企业之间强有力的合作基础之上。合作的前提首先是明确分工，政府负责立法，制定技术规范标准，制定基本原则和流程，支持科研与技术攻关，进行指导，进行全局控制与监督；企业负责具体操作，包括现场救援、清污等。明确的分工可以使政府专注于对政策的研究、对企业的监管和控制，能够加强政府指导和服务，提高行业监督管理水平，鼓励技术进步，进一步明确规定产业发展方向，营造竞争条件，促进企业能力提升；企业则可增强反应能力和积累经验，从而大大提高应急反应效率。

2.2 利益与义务的合理平衡

我国船舶应急清污公司在国家应急体系中的定位属执行国际履约、进行污染防治和危险品废弃物接收等业务的环境保护机构，其日常服务对象是船舶公司，开展业务是以船舶污染物接收、船舶洗舱、修造船厂清污等，污染事故应急服务对象为肇事船舶或企业，间接为社会服务。是参与清污行动，履行环保义务的特殊行业。

根据2010年3月实施的《防治船舶污染海洋环境管理条例》规定："与船舶经营人签订污染清除作业协议的污染清除作业单位应当在发生船舶污染事故后，按照污染清除作业协议及时进行污染清除作业。"明确了双方在发生船舶污染事故后污染清除的权利和义务，签约的应急公司应当在发生船舶污染事故后，承担污染清污作业，体现日常经营与应急义务对等的原则。保障了应急清污公司的经营利益，很大程度上解决了无应急能力的小型公司的不良竞争问题。另外，当水域发生大规模溢油事故时，社会应急清污公司也有义务参与应急行动，也是作为环境保护机构应该承担的社会义务。但在行动中及行动之后如何保障这部分自负盈亏的企业的利益，成为急需解决的问题。

在国外，如加拿大，通过《加拿大航运债务条例》，建立了SOPF，执行"谁污染、谁赔偿"原则。《加拿大航运法》界定了潜在污染者的概念，要求有潜在污染可能的业主提供油污防备基金，为溢油防备工作和合理的应急反应提供资金支持，保证了清污企业的利益，同时也能更大程度的提高清污企业的积极性。

2.3 行业协会的约束与管理

社会化应急清污公司除了应该接受国家政府的监督管理，也应该在行业内部建立自身的约束和管理制度，行业协会作为政府对企业管理的补充，在国外有较好的先例。美国建立了溢油清除协会会员制度，用以保证溢油清洁公司机构正常运转和快速的反应；英国建立了英国大不列颠溢油控制协会，它是英国溢油应急反应的一个重要支持组织，是代表各公司利益的商业协会。在我国，船舶污染物接收和处理、洗舱及应急行业尚无专业行业协会。行业经营自律行为，以企业自觉实践诚信诺言为前提，是企业的道德行为；政府法规政策及监督指导为基础，是

企业守法行为；行业协会的行纪行规及相互监督约束为准绳，是企业受到社会和同行在经营伦理和经营行为的双重约束，更具约束力。

2.4　良好的发展环境

社会化的船舶应急清污公司属于参与水域船舶清污行动、履行环保义务的特殊行业。在我国社会化船舶应急清污公司大多是自负盈亏的团体或个体经营行为，有些国家对于这一行业的发展给予了更多的支持，如日本，在 2007 年 7 月实施的《海洋基本法》中，除明确规定海洋产业相关企业的相应责任和义务，还规定国家机构应向企业提供有关数据，促进企业发展，采取措施鼓励企业推进与海洋产业相关的尖端研究开发、提高技术水平、确保人才培养、创造竞争条件。除在政策上扶持以外，还在物质上给予支持，日本海上防灾中心在国内各地为油轮船东提供溢油应急反应设备和器材。

作为国家船舶应急体系中的重要部分，船舶应急清污公司的发展与壮大直接关系到国家船舶应急能力的提高与完善，对这一行业进行政策及资金方面的支持，创造一个良好的发展环境，也是建立和完善国家船舶应急体系的重要促进因素之一。

3　结束语

中国海事局常务副局长刘功臣指出："应急能力的建设，企业是不可缺少的重要方面。政府要积极扶持引导市场化运作的清污单位。要研究扶持引导的政策，使他们逐步强大起来，成为溢油应急的生力军。"由此可见，充分利用社会应急清污力量，是现阶段完善我国国家溢油应急体系的需要，应急公司在我国沿海船舶污染事故应急中起到了重要的作用，功不可没。而且，目前国家投资的溢油应急设备库在建成后的维护管理乃至使用等方面也需要依赖这部分社会力量。根据国家大规模溢油应急需要，规范化管理及充分利用这些应急清污公司，是保障国家应急体系总体建设的重要内容。

Abstract: To review and learn the advanced management experience of foreign country to emergency treatment and waste clearance, and regulate the management of emergency waste clearance in China, is the important part of guarantee the establishment of national emergency system.

Key words: Emergency Treatment and Waste Clearance; Management Experience

法国Polmar计划溢油应急系统概述及借鉴

王广禄①

(交通运输部天津水运工程科学研究所,水路交通环境保护技术实验室)

摘　要:本文系统地介绍了法国polmar计划的框架,并分析总结其溢油应急系统的特点。根据国内溢油应急现状的不足,以期达到借鉴之用。

关键词: Polmar计划　溢油　应急系统

Polmar计划(Pollution Maritime)是法国制定的海上溢油应急计划,由法国总理领导,海上发生油污事故时实施,启动溢油应急系统。Polmar计划明确指出,本海域内海事最高官员负责其辖区发生的污染事故。Polmar计划由两个部分组成,Polmar沿岸计划(The Polmar Land Plan)和Polmar海上计划(The Polmar Sea Plan)。The Polmar Land Plan (marine pollution on coast)界定范畴即(海洋污染对沿岸),The Polmar Sea Plan(marine pollution at sea)界定范畴即海上污染。法国溢油应急组织(The French oil spill response organization),负责启动The Polmar Plans(简称"Polmar计划")。

1　法国Polmar计划的框架

1.1　计划的目的与范围

Polmar计划用于宗主国和海外省份,它涉及对海洋环境污染的救援。这种污染指由引起或可能引起碳氢化合物或其他任何物质注入大海的海陆空事故或故障造成的。另在海外领土和海外地方行政区域的,根据特定的指令救援海洋环境的意外污染。

在发生重大航海事故的情况下,关于公共机构介入的指令从规定的组织原则出发,确定如下事项:参与该项救援、准备和支持的不同政府部门和机构的责任;负责准备、指导和协调救援行动当局的职权。

在有关紧急计划的法令许可范围内和实施与公民安全组织、森林防火保护和如下主要风险之预防相关法律的前提下,本指令应该通过专业救援计划进行局部的补充:在每个沿海省份POLMAR计划的地面部分;在宗主国海军长官或海外省份政府代表的每个责任区域POLMAR计划的海洋部分。

1.2　组织与管理

1.2.1　责任范围

对于溢油污染的救援Polmar计划划分为两个范围:海上救援计划和陆地救援计划。计划认为在出事领域必须采用最合适的海空手段进行救援,但是由于天气条件和污染源性质的原因,这种救援不足以处理全部溢出的污染源,那么必须也要采用地面手段在沿海地带进行救

① 王广禄,专业环境科学;电子邮箱:wglas4@163.com,手机:13920783545。

援。这两种救援需要不同的方法和手段，通常需要同时进行，需要相互协调。

1978 年 3 月 9 日，在法国国家组织海上行动的法令中划定了负责指导地面行动的省长的活动范围和负责指导海上行动的海军长官的活动范围之间的界线。认为从陆地出发的海岸救援部署都将归省长执行，而海上的救援部署则由海军长官或海外政府代表执行。这些特别的界线将标示在图纸上。

1.2.2 计划执行

为了防备随时可能发生的污染威胁而采取迅速反应和高效的救援，救援海洋环境和沿海地带意外污染的责任人首先落在海军长官和省长身上。而所有中央部门都为地方当局的行动提供支持，特别是在后勤、鉴定和通讯领域以及在实施国际协定方面。当海上的污染具有威胁性或污染被证实具有严重性或复杂性时，尤其是当仅仅使用政府部门普通手段无法应付时，海军长官、宗主国或海外政府代表需起动并实施 POLMAR 海洋计划。当污染威胁或污染表现在沿海地带并带有被证实的严重性或复杂性时，尤其是当仅仅使用政府部门普通手段无法应付时，省长需起动并实施 POLMAR 陆地计划。POLMAR 计划的海洋部分或陆地部分的起动都是根据不同的法令来进行。POLMAR 计划的海洋部分或陆地部分的终止也都是根据不同的法令来进行。

1.2.3 救援部署的协调

POLMAR 海洋计划和一个或多个 POLMAR 陆地计划一起行动时，防御区域的省长就要确保整个部署的协调性。在仅起动 POLMAR 海洋计划的情况下，由海洋部长确保部际之间的协调。为此，需依靠海洋总秘书处。后者掌握在巴黎海军操作中心运行的信息、协调和协助决定中心(CICADMER)。如果同时实施 POLMAR 陆地和 POLMAR 海洋计划，则由民事安全部长在与海洋总秘书处和 CICADMER 保持沟通的情况下，确保部际之间的协调。

1.2.4 国际合作

为了补充国家部署，可以在关于海洋环境污染之国际合作公约和协定框架内呼叫欧盟和外国的设施。海洋总秘书处和外交部要及时跟踪必要的法律安排。

1.2.5 资格鉴定

环境部长在与科技部长、卫生部长以及所有相关部门协调下，由科研团队、实验室和专业机构组成一个专家委员会。不管这种事故是国家层面还是地方层面的，该委员会的结论完全由事故调查组支配。卫生部长通过卫生警戒协会对如下内容构进行鉴定：为受威胁居民评估卫生风险、确定保护命令、卫生跟踪、污染后滞留的卫生风险评估、民众心理影响跟踪等。

1.2.6 污染物和污染源的储存和处理

在 Polmar 计划中，必须彻底开展海上和沿海地带回收污染物的储存和处理。储存有三种类型：临时储存，用于立即存放回收物的紧急平台，以期运输到一个过渡储存站；过渡储存，用于集中多个收集堆栈存储的存放地点；终结储存：用于集中来自过渡存储的回收物，以便准备对它们进行处理和消除。

在实施救援行动时，根据如下标准来确定这些储存场地：收集物的种类；可接近的便利性；最低的环境影响。任何情况下，场地利用完毕，就必须进行恢复工作。过渡和终结储存还要有相关法律来界定。

1.2.7 公众参与

在地方层面，由海事和地面当局或防御区域省长与公众媒体和新闻进行沟通。在国家层面信息隶属于负责部际之间协调危机的部长。在发生大灾难之际，总理指定一个部长来确保管理一个特殊的问题时，则由该部长保证信息的公开化。

1.3 海上救援

1.3.1 救援准备

每个海军长官或每个海外政府的代表安排人员根据与发生重大海上事故时公共权力的介入相关的指令规定的起草原则和设计方案制订一个（或多个）POLMAR 海洋计划。计划尤其包含一份可以用来应付污染威胁或救援污染的民事和军事设施清单以及在相关环境进行抽样的设备。国防部长（海军参谋部）在接收到上交计划后，要提供救援支持包括：物资器材的供应、海空设施的传送。

1.3.2 救援部署

在宗主国的海军长官或海外省份政府代表的职权下的海区司令在自己的责任区域负责组织和指挥海上所有救援行动。

起动 POLMAR 海洋计划之后，海军长官或海外政府代表立即通知总理、海洋部长、国防部长、财政部长、经济、财政和工业部长、环境部长、卫生部长、农业和渔业部长、外交部长以及相关或可能相关省份和防御区域的省长等。同时海军长官或海外海区司令还要通知法国气象局（CEDRE）和法国海洋开发研究院（IFREMER）对水域污染进行资料收集、研究和试验，并组织其专家、调度设施。

为了便于现场指导行动，海军长官可以授权给处于最佳位置的海军司令负责救援，也可以派遣一支前卫指挥梯队驻扎在最有利的地方；政府部门和地方行政区域有责任为该前卫梯队的驻扎和行动给予最大的便利。当沿海地带出现威胁情况时，海事权力机构需将该威胁的进展情况通知相关省份和防御区域的省长，以便能够为地面救援做好准备。如果需要地面救援，则由海军长官与起协调作用的地方省长进行沟通。

1.4 陆上救援

1.4.1 救援准备

在每个沿海省份，省长的职权范围内，都要准备一份与地方当选者、海洋环境和沿海地带的协会和使用者保持沟通的 POLMAR 陆地救援计划。以发生重大海上事故时公共机构的介入相关的指令确定这些计划的起草方法和设计方案。每个 POLMAR 陆地计划都对应一个 POLMAR 海洋计划。两者共同构成该省的 POLMAR 计划。

在整个救援区域，各省长要参与起草自己管辖区域的计划。他们要保证地面计划的一致性、协调性和联合操作性以及陆-海界面的管理。

为了便利救援负责人的工作和协调陆-海救援，民事防护和安全总部（COGIC）保留一份由如下要素组成的档案：POLMAR 陆地和 POLMAR 海洋计划、公民安全的国家设施清单和跨省的 POLMAR 陆地储存中心的救援设施清单。这些计划集中在民事防护和安全总部。

1.4.2 救援部署

省长负责协调自己省内范围的地面救援行动。并从海军长官或海外海区司令那里接收关于海洋环境污染的信息，根据污染的范围和严重性以及形势的演变，组织救援。

对于中小型污染，则无需启动 POLMAR 陆地计划。由市长在地方行政区域通过法典条款规定的一般性治理职权，进行救援行动。市长可以向胜任的省级部门、分散于地方的国家部门、CEDRE 部门或其他任何相关机构请求建议或技术援助。市长实施市镇计划或市镇间的计

划。如果污染比较严重但只触及一个市镇,那么救援的责任就落在该市镇市长的身上。当多个市镇都受到中型污染影响时,由省长指挥救援行动并给予增援。市镇可以向所在省的省长请求跨省的陆地救援设备。

当发生特大污染时,则需立刻启动陆地计划,省长应第一时间通知高层领导指挥 Polmar 计划,并形成一个救援梯队。省级救援梯队由省长作第一负责人,由地方行政机构组成救援团队,指挥救援行动,包括:人员调度、设备支持、污染评估及赔偿等。区域救援梯队由主要省份的省长负责由邻省作为支援队伍,确保跟踪地面、海上和海空的救援的一致性和增援设施的配置。中央级梯队由公民安全部长作为指挥,保证部际间的和海陆计划的协调。

1.5 财政与法律

在征得环境部长同意之后,海军长官或省长或海外政府代表可以启动救援基金,为预防或救援污染的例外开支提供资金。该基金可以为国家直接投入的额外开支或其他公共机构、地方行政区域及其公共机构(尤其是市镇间共同合作的公共机构,缩写为 EPCI)或协会投入的例外开支提供资金。

介入法律手段是损失得到赔偿有效保障。当权者根据环境法规组织救援,并论证评估污染所造成的危害,对海洋意外污染的法律和争讼方面采取措施。在整个救援过程中持续汇报损失情况存档备案。负责救援行动的当局和经济、财政和工业部属下的国库司法官员共同商讨海洋意外污染的法律和争讼事项。

2 Polmar 计划给我国的借鉴

法国 Polmar 计划非常全面的从组织管理上形成一套溢油应急系统。应急系统对突发事件能够以最短时间发挥作用,并能全面的处理溢油污染在时间和空间上的扩延。分析 Polmar 计划有如下特点:

(1)救援海陆协调

本计划分作海上救援和陆上救援。通常溢油污染以海空救援为第一部署,这样通过海上救援计划迅速组成一个职权明确的救援队伍,以期在最短的时间内对突发事件得到反映。同时,在有必要的情况下再启动陆地计划,是得到更充分准备的陆地救援发挥更有效的救援效果。

(2)负责人就近原则

突发事件时,海军长官和出事省份的省长成为救援团队的第一负责人,并有中央部门为其提供为地方当局提供辅助救援,包括后勤、鉴定和通讯领域以及在实施国际协定方面。

(3)国际救援

根据与海洋环境污染相关的国际公约和协定,宗主国可以向国际请求设备、技术和人员等,来补充救援计划。

(4)信息公开

Polmar 计划确定由救援负责人作为新闻发布人,保证救援行动和污染事件的公开化。

(5)救援多面性

Polmar 救援计划的参与部门多达 12 个,涉及内容包括环境、海洋、军队、科研、农业渔业、经济财政等,几乎是全民参与,并且在事发省份不足以完成救援情况下还要邻省介入。

中国海事局作为我国船舶防污染与应急反应的主管部门,十分重视溢油事故的预防和应急体系建设，不断提升溢油应急能力。但，我国当前的海上溢油应急体系尚不健全，应急预案层次较低，防污设备、设施落后，应急力量的布局和结构不尽合理，应急队伍的人员素质和业务水平参差不齐，缺乏处置重大船舶污染事故的应急反应能力。我国现有船舶溢油应急能力存在的问题主要体现如下：

(1)应急准备不足

由于溢油事故离陆地较远，不能引起政府和民众的重视，所有溢油应急都是被动型的，在特大溢油事故发生后造成损失也较大。

(2)应急准备层次低

我国既没有相关的溢油污染应急法规，也没有把国际公约国内化，更没有从国家层面上建设溢油应急系统。而对省市级在溢油应急事故中的责任也没有明确。

(3)溢油处置能力差

我国在溢油污染后对污染物的处置以及对污染索赔方面都很欠缺。大部分污染物的清理都靠海洋自然清洁。

(4)缺少应急救援梯队

我国在溢油应急的"防、治、赔"体系不完善，缺少或没有常态的预防组织，清污手段和能力长期得不到发展，而船舶油污强制保险制度、船舶油污基金制度以及船舶污染损害索赔与赔偿机制在内的国内船舶油污赔偿机制至今尚未，真正建立实施，国内船舶溢油事故清污费用得不到保障。

3 结语

船舶防污染及事故污染应急工作作为一项与国际接轨的、复杂的系统工程，对保护环境、保证航运和社会经济的可持续发展至关重要，需要政府管理部门、造船业、航运企业、港口企业、海事法院、保险、规划设计部门、科研机构及学术团体、大专院校、污染治理企业及设备厂商等多方面的介入。而我国目前溢油应急处置能力建设严重滞后，难以应对大规模的溢油事故。

法国 Polmar 计划作为应急系统，相对于我国是比较成熟的，并且在 1999 年 12 月"Erika"号溢油处理中发挥了重要作用。本文通过对该计划的概述和分析，以期对我国海上溢油的"防、治、赔"体系的建设起到借鉴之用。

参考文献

[1] 国家海洋局. 海洋生态损害研究[R],2010

[2] 杨省世. 我国水上船舶溢油应急能力现状及建设规划研究[J],海事研究,2009

[3] 乔冰. 我国船舶防污染应急工作进展概述[J], 水运科学研究,2008

[4] 杨全杰. 防止船舶污染海洋环境新策略[J],大连海事大学学报,2008

船舶机舱防污染监督

——防污染检查中如何发现机舱违章排污

邱和平[①]　贾晓东　王真茂
（大连新港海事处）

摘　要：本文分析了各种法律和国际公约对船舶油类污染的相关规定，阐述了船舶舱底污油水的产生，然后根据机舱污水系统、污水处理系统等污水排出途径，分析防污染检查中如何发现船舶机舱违章排污的事实，从而监督船舶机舱防污染。

关键词：防污染　燃油泄放系统　污油水处理系统　综合舱底水处理系统

1　前言

随着船舶海洋油污染事故的频发，人们越来越认识到船舶防污染的重要性。船舶油类污染主要有两类：一是由于各类事故造成的溢油，如搁浅、碰撞、爆炸及火灾等，这类污染事故由于具有较大的突发性和偶然性，不易预防，可控性低。

二是正常的营运操作性排油，主要有船舶舱底污水、油船货舱压载水和洗舱水、油渣和废油等，其中又以舱底水污染最为严重。这类污染事故一般由于每次污染规模小而没有引起人们足够重视，但又由于这类事故具有多发性，逐渐成为海洋油污染的主要原因，而我国国内存在大量低标准船舶，因此船舶舱底水污染监督控制显得尤为重要。

防止船舶污染的主管机关是中华人民共和国海事局，在防污染监督检查中应依据有关国内法律、法规和相关国际公约，防治船舶及其有关作业活动污染海洋环境。

2　船舶防污染相关公约、规则以及法律、法规

2.1　船舶防污染相关法律、法规

《中华人民共和国海洋环境保护法》是中国第一部综合性的保护海洋环境的法律，适用于中华人民共和国内水、临海、毗连区、专属经济区、大陆架以及中华人民共和国管辖的其他海域内从事航行、勘探、开发、生产、旅游、科学研究及其他活动，或者在沿海陆域内从事影响海洋环境活动的任何单位和个人，以及在中华人民共和国管辖海域以外造成中华人民共和国管辖海域污染的行为。其中第八章对船舶及相关作业活动对海洋环境造成的污染损害做了详细的规定，此外还对违反本法律的行为追究行政责任、赔偿责任和刑事责任制度。

《海洋环境保护法》的公布和实施，标志着我国海洋环境立法工作进入了一个新的历史时期。是一项促进中国海洋事业发展、保护海洋环境的重大措施。

---

① 邱和平，大连海事大学2000年毕业，轮机工程专业，硕士研究生学历，曾工作于中海大连海运（集团）公司、中国船级社大连海安公司、中船重工船舶研究设计中心，现在大连新港海事处从事监督工作。

《防治船舶污染海洋环境管理条例》是为实施《中华人民共和国海洋环境保护法》、防止船舶污染海域、维护海域生态环境而制定的，适用于防治船舶及其他有关作业活动污染中华人民共和国管辖海域。《防污条例》在预防为主、防治结合的原则下，规定了国务院交通运输主管部门主管所辖港区水域内非军事船舶和港区水域外非渔业、非军事船舶污染海洋环境的防治工作，海事管理机构具体负责监督管理，并根据需要会同海洋主管部门建立健全船舶及其有关作业活动污染海洋环境的检测和监视。

2.2 船舶防污染的相关公约

《经1978年议定书修订的1973年国际防止船舶造成污染公约》（MARPOL 73/78）是防止由于船舶操作性和事故性排放而造成海洋环境污染的主要国际公约，是《73防污公约》和《1978年议定书》的组合条约。公约有六个主要附则，分别是防止油污染规则、控制散装有毒液体物质规则、防止包装有害物质污染规则、防止船舶生活污水污染规则、防止船舶垃圾污染规则和防止船舶造成大气污染规则。

《1990年国际油污防备、反应和合作公约》（OPRC 1990）是国际海事组织考虑油污预防措施和防止工作以及发生油污时迅速有效的行动，建立的双边和多边协议，目的是在发生重大油污染事故时加强区域性或国际性合作，采取快速有效的行动减少油污造成的损害。

《国际油污损害民事责任公约》（CLC 1969）建立了船东对海运油船原油溢出或排放造成污染损害的严格赔偿责任，规定了最高赔偿责任限额。

《2001年国际燃油污染损害民事责任公约》（BUNKERS CONVENTION 2001）是国际社会专门用于非油船造成海上油污染事故损害责任赔偿的公约和规则，填补了船舶油类污染损害赔偿法律的最后一个缺口，与CLC 1992、FUND 1992和HNS 1996一起形成了一套完整的规范船舶污染损害民事责任与赔偿的国际海事法律体系。

3 船舶舱底污油水

船舶舱底污油水是机舱污油、油渣与海水、淡水混合在一起的污油水。主要有两方面：一方面是机舱设备（主机、辅机、舵机等）及管路在船舶营运中泄露的燃料油、润滑油、淡水、海水等混合在一起的油污水。据统计，一艘船舶每年排放的机舱舱底污水量约是其总吨的10%，而污水中含油量可高达50000mg/L。全世界每年随机舱舱底水排入海洋的油类，多达几十万吨。

另一方面是净油机排渣、油柜放残和油水分离器排污产生的油水混合物。据统计，每天消耗50～70t重柴油的船舶，每天要分离出0.8～1.4t的含油垃圾，占总耗油量的1.5%～2%。燃用劣质燃料油的船舶，油渣产生量高达总耗油量的1%～3%。

3.1 燃油泄放系统

燃油泄放系统是船舶机舱残油回收系统，用于收集船舶主机、发电机、燃油柜、供油单元、机舱油泵及滤器等机舱设备正常泄放和渗漏产生的废油，如图1所示。

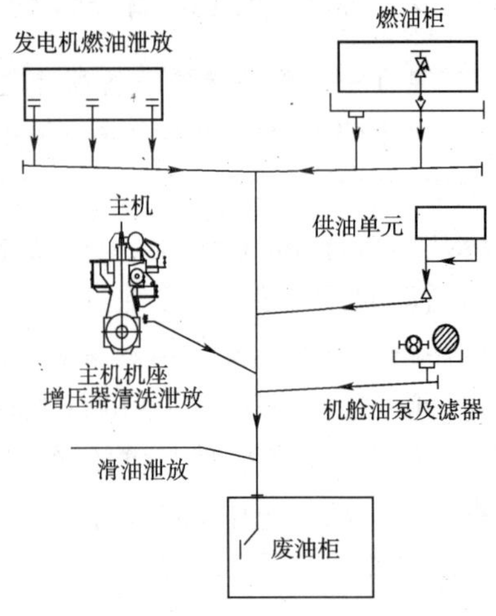

图1 机舱燃油泄放系统示意图

主机产生的废油主要有：主机扫气箱放残产生的废油；机体、燃油管系和滑油管系渗漏而产生的废油；清洗废

气涡轮增压器产生的废油。

发电机产生的废油主要是机体、燃油管系和滑油管系渗漏而产生的废油；清洗废气涡轮增压器产生的废油。

机舱油柜包括燃油沉淀柜、燃油日用柜、滑油沉淀柜，油柜产生的废油主要是放残水而引起，燃油和滑油中含有少量的水分，会在油柜中通过重力作用分离，水分沉淀到油柜的底部，通过放残口泄放出去，在放残水的同时会携带少量的燃油或滑油。

供油单元、油泵和滤器产生的废油主要是设备和管系的渗漏引起，还有在清洗滤器和维修时产生的废油。

除了以上主要燃油和滑油设备产生的废油外，还有空压机和空气瓶放残产生的废油、主机尾轴润滑油渗漏、锅炉和焚烧炉燃烧器燃油渗漏、机舱滤器清洗所用的柴油，以及其他日常维修保养工作产生的废油。

通过燃油泄放系统收集的废油集中储存在废油柜中，机舱废油如果不由燃油泄放系统集中收集，则废油会到处流淌，造成机舱本身的污染，进而与机舱污水混合，形成污油含量较高的含油污水，会大大提高污水处理难度。

一般入级船舶正常都设计安装燃油泄放系统，使机舱的残油得到合理的收集，即保持了机舱的整洁，又防止了船舶污染。国内很多低标准船舶，机舱从上到下，污油随处可见，污水处理更是很难达标，主要原因就是在设计和建造时，没有配备燃油泄放系统。

3.2 分离设备污油水收集

船舶机舱分离设备主要是净油机和油水分离器，净油机有燃油净油机和滑油净油机。吨位较大的船舶一般使用 F380、F180 等劣质燃料油，这类燃料油含有较多大颗粒油渣物质，使用前需要净油机进行油渣和水的分离，一般产生的油渣量也较大，吨位较小的船舶使用轻质柴油或船用燃料油，产生的油渣量也较小。根据耗油量计算油渣产生量，F380 一般油渣产生量是耗油量的 3% 左右；F180 一般是 1% 左右；船用燃料油(DMC)一般是 0.5%；轻质柴油一般无需分离，可以直接使用。船舶主机和辅机的润滑油由于在使用过程中会产生一些残渣，需要净油机净化以保持润滑质量。

燃油净油机排渣一般排至净油机排渣柜，或直接排至废油柜；滑油净油机排渣一般排至滑油废油柜；油水分离器用于分离机舱的含油污水，分离出的污油直接排放到废油柜中。

3.3 舱底污油水的正常处理途径

通过燃油泄放系统收集的污油水一般直接储存在废油柜中。机舱其他管系渗漏产生的污水通过机舱落水孔流到机舱底层污水井中，再由污水泵驳运至污水储存柜中，然后通过油水分离器分离处理，分离合格的污水直接排出舷外，污油则排至废油柜。

净油机排渣柜中的油水混合物通过重力作用得到初步的油水分离，分离的污水先泄放到污水储藏柜中，通过油水分离器处理。污油则排至废油柜中。

废油柜中的油水混合物一般通过重力作用，油水会得到初步分离，废油柜底层的污水可以通过油水分离器净化排海，废油一般通过船用焚烧炉集中焚烧，或者通过国际通岸接头排至码头接收设备接收处理。

海事管理部门关于舱底水控制的主要职责就是监督船方按照正常的途径收集舱底水，通过正常途径加以处理，并保证船方污水达标排放；监督船方合法处理废油；杜绝其他非法排污途径，查找船舶违法排污事实。

4 防污染检查中如何发现机舱违章排污

机舱污油水主要通过污水处理系统、污水系统等途径排出舷外，船舶防污染检查中应根据这些排出途径，发现船舶违章排污的事实。

4.1 通过舱底水处理系统违章排污

4.1.1 油水分离方法

船舶舱底水油水分离的方法较多，有物理分离法、化学分离法、电浮分离法等。物理分离法是利用油水的密度差和过滤吸附等物理现象使油水分离的方法，特点是不改变油的化学性质而将油水分离，主要包括重力分离法、过滤分离法、聚结分离法、气浮分离法、超滤膜分离法及反渗透法等，化学分离法是向含油污水中投放絮凝剂或聚集剂，其中絮凝剂可使油凝聚成胶凝体而沉淀，而聚集剂则使油凝聚成胶体使其上浮，从而达到油水分离的目的。电浮分离法是把含油污水引进装有电极的舱柜中，利用电解产生的气泡在上浮过程中附着油滴而加以分离，从而实现油水分离，实际上是一种物理化学分离法。此外，乳化法可用活性污泥法(生物化学法)分离。就目前船用油水分离器而言，主要还是采用物理分离的方法。

4.1.2 油水分离器

为达到油水分离排放标准15ppm(油分浓度小于15mg/L)，油水分离器大多为重力式分离器配以过滤、吸附等组合方式，即由粗分离和细分离两部分组成。常见的如：TURBULO(特勃罗)MPB型油水分离器、CYF-B型舱底水分离器、ZYF型舱底水分离器、CYSC系列船用舱底水分离器。

粗分离部分都是用于第一级，主要采用重力分离法，处理容易上浮的分散油滴。机械重力分离法结构形式有多层斜板式、多层隔板式、细管式及多层波纹式等。

细分离部分用于第二级和第三级，多采用聚结法、过滤法、吸附法等，用以除去油污水中的微细分散油滴和乳化油滴。细分离部分结构形式有圆筒式和填充式，采用最多的是以纤维材料构成的圆筒式分离元件，其特点是结构紧凑、元件容易更换。填充式是在油水分离器中充填油性纤维等过滤吸附材料，截留和吸附微小油滴。在其吸饱油后，可进行反冲洗，但当压力降达到一定值时，就必须更换过滤吸附材料。

4.1.3 违章排污途径

舱底水处理系统用于处理储存在污水柜中的含油污水，如图2所示，正常处理机舱污水有两种途径：

一是通过舱底泵排至舷外的国际通岸接头，由港口统一回收处理。防污染检查中，主要检查舱底泵和管系的功能是否正常。

二是通过油水分离器处理排放机舱污水，如图2所示，油水分离器从污水柜中吸入含油污水，经过油水分离器分离处理，清洁水通过三通阀排出舷外，排出舷外的清洁水通过15ppm检测装置检测，如果处理后水中含油量大于15ppm，则三通阀出海口自动关闭，不达标的水重新回流到污水柜中以便重新处理，油水分离器分离出的污油则通过图中电磁阀排至油渣柜中。

防污染检查中，油水分离器的检查是重点，首先是功能性检查，检查油水分离器是否能正常工作，根据设备型号检查系统压力是否达到要求，检查15ppm是否能正常工作，警报系统是否能发出声光报警，电磁阀和三通阀是否能正常工作。

检查油水分离器分离的污水是否超标排放或直接使用油水分离器排放机舱污油，则只需

检查图2中三通阀和舷外阀之间的管系是否附有污油，如有则可以认定该轮的违章排放污事实成立。在实际检查中拆开管系需要慎重，有些老旧船舶管系锈蚀老化，舷外阀关闭不严，如果拆开管系以后不能恢复，则容易造成机舱进水。因此需要根据设备的实际情况判断检查方法，如果这段管系有压力表测量孔，则只需打开测量孔检查即可。

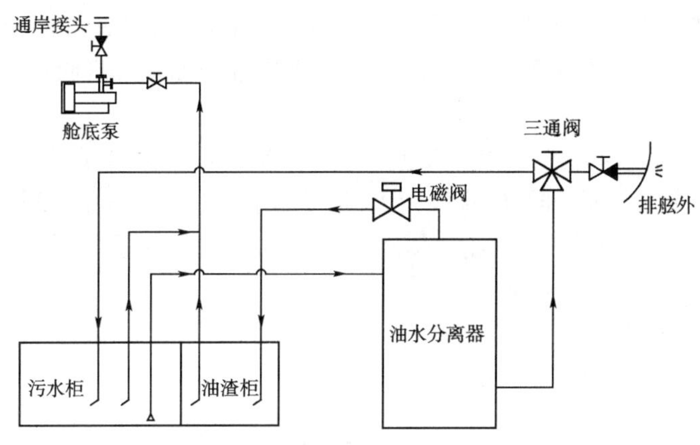

图2　机舱污油水处理系统示意图

4.2　通过污水系统违章排污

除了油水分离器处理舱底水外，机舱污水系统同样可以用于处理机舱的污水，现在最新设计建造的船舶消防、污水和压载系统的管系直接相通，部分管系共用，有通用的总用泵。

如图3所示，图中所示意的主要是机舱污水的排放，机舱污水系统可以直接从机舱污水井、污油柜、污水柜中直接排放未经处理的含油污水，通过消防总用泵或者消防舱底泵排出舷外。

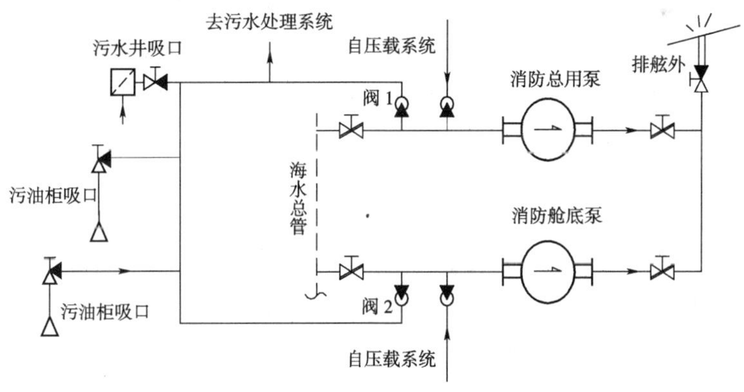

图3　机舱污水系统示意图

防污染检查中，可以根据图3中的机舱污水系统示意图，查找机舱违章排污的途径，需要检查两个关键点：一是污水井、污油柜和污水柜吸口，看管路系统中是否有污油，如果吸口附有污油，则说明该轮有违章排污的嫌疑，实际检查中比较方便的是打开污水井吸口滤器，操作起来方便快捷；二是检查阀1和阀2的管路中是否有污油，如果该段管路中有污油，则可以确认该轮违章排放含油污水的事实成立，在实际检查中可以打开该段管系的压力表测量口观察，如果没有测量口则需要直接拆开管系检查。

设计规范合理的船舶,日常污水处理过程中,不需要使用机舱污水系统处,只有在机舱出现大量漏水的情况下,才会使用机舱污水系统以加快排水速度。现在一些状况较好的船舶,直接要求船检机构将系统中的阀1和阀2铅封,从而避开了违章排污的嫌疑。

4.3 机舱其他可能违章排污口

除了以上排污途径外,还有一些非正常途径。如有些船舶机舱应急海底吸口设置的比较低(一般造船规范要求应急海底吸口离机舱底层地板300mm),或者直接安装在污水井中,则该论就有通过机舱应急吸口违章排污的嫌疑,防污染检查中如果发现吸口有污油,则可以认定该轮违章排污;

有的船舶还有更低级的做法,直接通过潜水泵排放污水,现场检查中如果发现机舱内有潜水泵和软管,则说明该轮违章排污的嫌疑较大,但不能就此认定该轮违章排污,需要找到其他污油出海口,如机舱海底门排气口、锅炉水泄放口等,如果这些管系存在污油,并有与软管连接的痕迹,则可以认定该轮违章排污。

机舱违章排放污的方法很多,现场检查中需要仔细观察,客观求证,方能确认船舶违章排污的事实。

5 国际海事组织对舱底水污染控制要求发展趋势

国际海事组织(IMO)防污公约的制定和修订动向是国际海事界对未来船舶环保标准的指示器,决定着船舶防污染技术的发展方向。我国既是航运大国又是造船大国,船舶防污染各方面要求都会影响到我国的造船和航运,既是挑战也是机遇,打造绿色船舶是我国造船业和航运业的必然趋势。

尽管滤油设备的性能标准已经很大提高,但是传统的机舱和舱底水系统布置仍难使船舶始终符合IMO公约要求。因此,IMO提出新的设计概念,即“综合舱底水处理系统”(IBTS),从源头上控制含油污水的产生,将油类的残余物和清洁水的泄放分开收集,避免油类和清洁水的混合,以减少含油污水的排放量。同时,为避免过多的含油污水进入过滤设备,减轻滤油设备的工作负荷,机舱污水井的含油污水首先被驳入预处理柜,部分油水在此得到分离,降低了驳入舱底水储藏柜和滤油设备含油污水的浓度。

6 小结

保护海洋环境,控制船舶污染,杜绝违章排污,是海事部门应尽的管理职责,更需要船舶建造水平的进一步提高,但最重要的是提高广大船员的基本素质,增强环境保护意识,积极参与,变被动为主动,只有这样才能真正使海洋远离污染。

参考文献

[1] 船舶防污染技术.大连:大连海事大学出版社,2010.02

[2] 船舶辅机.大连:大连海事大学出版社,1996.12

[3] MEPC.1/Circ.511-Revised Guidelines for Systems for Handling Oily Wastes in Machinery Spaces of Ships Incorporating Guidance Notes for An Integrated Bilge Water Treatment Systems(IBTS), IMO 2006.4

Abstract: This article from various laws and international conventions, analyse the relevant provisions of marine oil pollution. Explain the source of bilge water. According bilge water discharge ways about the bilge water system, the bilge water treatment system etc. Analyse how to find the illegal discharge ways, thus supervise the oil pollution control in engine room.

Key words: Pollution prevention; Fuel oil drain system; Bilge water treatment system; Integrated bilge water treatment system (IBTS)

关于加强船舶防污染检查工作的思考

石　俊
（八所海事局，海南东方市解放西路，572600）

摘　要：该文介绍了船舶防污证书、文书与设备检查的要点，并分析了几种典型的船舶违法排污行为，提出加强船舶防污染工作的对策和建议。

关键词：船舶　防污设备　违法排放　检查

1　引言

随着世界经济的发展和经济全球化进程的推进，航运业也快速发展起来。一些船公司为了追求高额利润，不愿意对船舶防污染方面进行投入，甚至通过各种途径将部分老龄船舶或者低标准船舶投入到海上运输当中，支持或纵容船舶违法排污行为，加上有些船员对海洋环境保护意识的淡薄，造成船舶对海洋环境的污染加重，从而严重影响人类的健康。作为保护海洋环境执法者之一，海事部门应切实采取措施做好船舶的防污染工作，保护海洋环境。

2　船舶防污染的相关检查

2.1　对防污证书及文书的检查

船舶上常见的防污证书与文书有：《防止油污证书》、《船上油污应急计划》、《垃圾管理计划》、《油类记录簿》、《垃圾记录簿》、《油污损害民事责任保险或其他财务保证书》等，主要检查证书是否齐全有效。重点检查的内容有：《防止油污证书》是否按规定进行相应的检验以保持有效；《油类记录簿》的记载是否规范，记录的污油舱柜名称是否与《防止油污证书》附件中的一致，每项操作记录是否有操作人员的签名，每记完一页是否有船长的签名，记载的油污水处理量是否超出油水分离器的额定处理能力；是否持有《残油接受处理证明》，无此证明而残油量与实际严重不符的，应认定其残油去向不明。

2.2　对常用船舶防污染设备的检查

2.2.1　油水分离器

一是查看油水分离器附近是否张贴“操作说明”，油水分离器本体保养是否良好，各种管路是否按说明书正确连接，有无漏水、漏气现象。二是不能有违法的旁通管路。通过视觉检查机舱管系，不允许有旁通管路绕过油水分离设备，直接排放机舱污水。三是检查设备能否正常工作，检查油水分离效果。必要时，可取样进行分析，确认是否满足 15ppm 排放标准。四是对适用的船舶，还应检查 15ppm 报警和自动停止装置能否正常工作。

2.2.2　标准排放接头

为了使船上机舱底残余物或油污水的排放管路能与岸上接收设备相连接，船舶应配有标准排放接头。所有船舶都应该配备，应检查其尺寸是否符合规定要求，备件是否齐全，法兰保养是否到位，是否有盲板，不用时是否用盲板封死。另外，标准排放接头应该永久装设在排放

管路上。

2.2.3　残油舱、污油水舱以及管路

一是400总吨及以上船舶应设有残油舱,150总吨及以上油船应设有污油水舱。使用燃料油的船舶其产生的油泥按1.0% ~1.5%估算;使用重柴油的船舶其产生的油泥按0.5%估算。根据船舶航行时间和上述经验数据,推算船舶残油数量,并与残油舱内的残油数量比较,如果明显少于估算的数量,则应深入调查以查明原因。若船舶残油舱或污油水舱剩余容积不能满足下一航次需要,则在船舶离港之前,应要求船上的残油或污油水通过港口接收。

二是残油舱不能与直接通往船舷外的管路连接。残油舱出口管路应直接通往上甲板标准接头处,不能直接连通舷外。这些可以通过检查机舱残油管路图来确认。如果管路图还不能确认,可以现场查看管路。

三是对其他通往舷外的舱底管路系统的检查。如果在《油类记录簿》的检查中发现有大量的残油去向不明,可拆卸油水分离器通往残油舱的管路,检查管路是否干燥或是否有残油沉积物,检查油水分离器是否长期不使用;同时可拆卸其他通往舷外的舱底管路系统的管路,检查管路是否有油迹和沉积物,如果管路有污油水或油迹和沉积物,而船舶没有紧急情况使用舱底管路系统排放舱底污油水的记录,则有足够理由相信舱底污油水通过通往舷外的舱底管路直接违法排放入海。

2.3　操作性检查

2.3.1　对油水分离器的操作检查

可用内循环的方法启动运行油水分离器,检查进出压力表指示是否正常。对于正压式的油水分离器,其一、二级压差不能太大或太小,一般为0.3 ~0.5kg,压差太大说明滤芯太脏,需要清洗,而压差太小说明滤芯破损或无滤芯。对于真空式油水分离器,如不能建立足够的真空度(一般为 -0.1 ~ -0.6kg),可判断分离器工作失效。对于1万总吨以上的船舶,让船员对排油监控装置进行模拟试验,查看声光报警的同时检查自动停止排放装置有否动作。对于400 ~10000总吨的船舶,由于没有强制要求安装15ppm报警和自动停止装置,如条件允许,可在其运转半小时后从油水分离器出口取样化验,检查排放物中含油浓度是否在15ppm以下。检查排油电磁阀功能:让船员手动控制排油电磁阀的开关,安检人员用手捂住电磁阀感觉阀芯是否有震动。对于真空式油水分离装置还需测试气动反冲洗水进口阀和出口阀的功能。

2.3.2　对焚烧炉的操作检查

对于《油类记录簿》存在使用焚烧炉进行焚烧污油的记录的船舶,安检人员可对焚烧炉的操作进行检查。首先检查炉膛内的情况,看是否有焚烧过污油的痕迹。经常焚烧污油的炉膛,一般在喷油嘴下方的内壁上会附着一层不能完全燃烧的油渣,而喷油嘴对面的炉膛壁上也会附着一层坚硬的炭渣,整个炉膛壁都有烧红过的痕迹。如果炉膛内壁比较光洁,而《油类记录簿》中又有多次使用焚烧炉进行焚烧污油的记录,就说明存在造假嫌疑。另外,应测试有关报警功能是否正常工作:燃烧器未安装到位不能点火、炉膛人孔盖开启会熄火报警和无法启动点火、光敏电阻没有探测到火焰而熄火报警等。如果主管轮机员对以上设备的操作不熟练,而《油类记录簿》中又有污油焚烧处理和正常的油污水排放记录,则说明该船有可能直接排放油污水,应进一步调查取证。

2.3.3　对溢油应急演习的检查

海事执法人员在对船舶防污染工作进行检查时,除了检查适用船舶是否持有《船上油污应急计划》,是否按规定每半年进行一次溢油演习,船舶实际配备溢油应急器材、设备与计划要求是否相符等等外,还可要求船舶进行溢油应急演习,以检查是否所有船员应熟悉该计划内容,检查船员是否熟悉相关应急反应程序及其自身应急反应职责,检查相关防污染器材实际存放位置是否与《船上油污应急计划》列明的一致等。

3 几种典型的违法排污行为

通过调查、收集和分析有关资料,笔者将船舶常见的几种典型的违法排污行为归纳如下:

(1)利用喷射泵排放机舱污水。船上喷射泵主要用来在排放货舱污水或者压载舱中留存的少量压载水,但在货舱污水或压载水管路上往往有一分支管路,可以通过一个腰接阀来抽吸机舱油污水。对于这种情况,在检查时我们可以拆开腰接阀,查看腰接阀及其后的管路中是否有油污水存在,就可判断是否排放舱底油污水。

(2)利用货舱污水泵将放机舱污水。这种情况与第一种情况相似,吸入管路中也存在一个腰接阀,检查时可以拆开货舱污水泵和腰接阀,查看是否有油污存在。

(3)通过旁通油水分离器排放油污水。这种排放方式通常是拆开油水分离器出口管路,另外加接一段特制的管路或软管,将污水泵或污油泵出口和油水分离器的舷外阀相连接,从而实现违法排污。对于这种情况,检查人员可以查看管路上法兰上的连接螺栓是否有拆除痕迹,或者连接法兰和螺栓上是否被打上新油漆,如存在拆除痕迹或新油漆,应进一步查实。

(4)利用标准排放接头排放。直接在标准排放接头法兰上接上一根软管,放到海面以下,通过污油泵或污水泵排放。检查时可以拆开标准排放接头法兰闷板,打开阀门检查管内是否存有油污水,同时检查油类记录簿中最近一次残油接收记录。如果最近一次残油接收已经过了较长时间,那么管内应该是比较干燥的,或者残存管内的污油的气味略微发臭,从而判断是否存在违法排放。最有力的证据就是能找到软管。

(5)利用污油泵出口管路与其他舷外阀相连排放油污水。这种排放方法比较隐蔽,难以发现,最有力的证据也是能找到连接的软管。

对于利用潜水泵或软管进行违法排放油污水的情形,执法人员想通过对机舱进行搜查是很难找到证据的,而且时间上也不一定允许。因此,执法人员应该从操作人员入手,对其进行引导,讲明法律责任和利害关系,从而赢得时间,并获得证据。

4 加强船舶防污染管理的对策和建议

“路漫漫其修远兮”,船舶防污染是一项十分重要而艰巨的任务,要长期持续地进行下去,才能逐步改变船舶污染海洋的现状。笔者提出如下几点建议:

4.1 组织有关部门加强对船舶防污染设备的研制

从笔者的实际工作经验和调查了解的情况来看,目前的油水分离器的使用和维护管理是一项令人头疼的工作,滤芯特别容易脏,清洗更换也不方便。因此有必要加强技术攻关,推进油水分离器的升级换代,研制更加易于操作、易于维护的新型油水分离器,让船员用得更方便,也愿意使用。另外,加快研制“油污水表”,安装在油水分离器进出水管路上,对船舶处理污水量及是否直接排放污油水进行监管,从而有效遏制船舶直接排放污油水、伪造记录等违法现象的发生。

4.2 加强船员的教育，提高其防污染意识

广大船员工作在船舶防污染的第一线，要想从根本上有效遏制违法排污行为，就必须加强船员的管理，提高其防污染意识。有关部门应举办一些针对性强的理论、操作和法律法规的培训，通过剖析海洋污染对生态环境和人类健康的危害，列举一些现实典型案例，提高船员防污染意识和防污染管理技能。

4.3 船公司、船舶应加强对机舱污水的管理

船舶的油污水主要来自设备的使用和部分设备的跑、冒、滴、漏，特别是老龄船舶，机械设备陈旧老化，跑、冒、滴、漏现象尤为突出，所以船公司、船舶应增加投入，并采取相应措施加强对防污染工作的管理。一是增强船员的责任意识，要求其加强对各种泵和机器设备的维护保养，尽量减少机器设备跑、冒、滴、漏现象，从根源上减少污水的产生量。二是船公司、船舶应对船员进行必要的培训，使船员熟悉油水分离设备等防污染设备的使用方法，确保相关设备能够正常有效运转。三是增加老龄船舶的油污水回收次数。由于老龄船设备性能恶化，处理能力下降，船上的油水分离器和焚烧炉常常来不及处理机舱油污水，船舶应多向公司申请安排油污水的接收次数，以减少油污水的存量。

4.4 加强船舶安检力度，完善长效监管机制

一是进一步提高海事执法人员的专业知识和检查水平。海事执法人员是船舶防污染检查的主力军，应注重对有关公约、法律法规的研究，加强学习，不断提高船舶防污染方面的检查水平。同时，要加强执法装备建设，为执法人员配备必要的仪器和设备，增强现场检查的技术力量。二是要将船舶防污染检查作为船舶安检工作的一项重要内容，逢检必查。这样会形成一种威慑力，使船舶、船员不敢违法排污。同时，建议在《油类记录簿》、《垃圾记录簿》、《货物记录簿》上增设附加专项检查记录栏，用以记录缺陷项目、整改要求及违法处理等情况，供海事执法人员备查。三是海事部门应在沿海增加空中巡航力量，以便及时发现船舶在航时的违法排污行为。

4.5 加大对违法排污行为的处罚力度

海事执法人员在违法排污事实清楚、证据确凿的情况下，应严格根据《海洋环境保护法》《防治船舶污染海洋环境管理条例》等有关法律法规的规定对违法船舶和相关责任人进行严厉处罚，不要自认为罚款额度过高而手下留情。违法排污本身就是经济利益驱使，我们也必须“以牙还牙”，从行政处罚方面给予当事船舶和当事人一个深刻的教训，唯有如此，才能有效遏制违法排污行为。

为了人类社会的可持续发展，必须严格控制船舶对海域的污染。因此，作为防止船舶污染的主管机关，海事管理机构应当严格依据有关国际公约及国内法律法规，认真开展船舶防污染监督检查，和社会各界一起努力，实现“让航行更安全，让海洋更清洁”的目标。

Abstract: This paper describes check points of the ship's certificates and documents, facilities and equipment for pollution prevention, analyzes the typical behavior of the ship's illegal discharges of bilge, and proposes measures and suggestions to strengthen the work for the prevention of pollution from ships.

Key words: Ships; Pollution prevention facilities and equipment; Illegal discharge; Inspection

浅谈舟山港小型船舶防污染监管问题与对策

马甲益　徐屯金　方海平
(舟山海事局,浙江舟山,316000)

摘　要:舟山属于群岛城市,海运业是舟山的传统产业。随着临港经济的迅猛发展,舟山港进出船舶数量不断增加,多种成分的船舶随之加入到航运业中来,大至30万吨、小至3t,尤其以500总吨以下小型船舶数量众多。这些船舶在推动舟山航运经济全面协调发展的同时,也因其固有的不足之处,给舟山港防污染管理带来较大的风险压力。本文将着重分析舟山港小型船舶防污染管理的各个方面,并为有效预防该港小型船舶污染海域提出参考建议。

1　前言

舟山位于长江口东南、杭州湾东方,地处我国南北沿海航线与长江水道交通枢纽交汇处,背依经济发达的长江三角洲,又处江、浙、沪沿岸与长江流域对外开放的通海门户和通道,与日本、韩国、东南亚诸多城市呈扇形辐射之势,海上交通十分便利和繁忙。舟山群岛由500m^2以上岛屿1390个岛屿组成,有人居住的岛屿共98个,是我国沿海最大的群岛。舟山海域辽阔,南北长70n mile,东西至领海基线宽85n mile,总面积达22216km^2,海域总面积达20959.06km^2。群岛呈东西成行、南北成列、面上成群的分布格局,造就了众多大小不等、海况各异的海区和水道。舟山海域东深西浅,水深20m以上的天然港区众多,并主要进出石油、金属矿石、煤炭等大宗货物,年吞吐量已超过亿吨,远洋运输航线遍布全球。舟山海域是我国港口最密集的区域,到2006年底,舟山辖区有货(客)运泊位514个,其中500吨级以上泊位341个;3000吨级以上泊位48个;万吨级以上泊位27个;10万吨级以上泊位8个;25万吨级以上泊位4个。

从上述舟山港的基本情况中可以知道,舟山港作为群岛城市,同时也在持续的开发过程中,本港船舶中的工程船舶、客运船舶、岛际间小型货船以及残油或油污水接收船等等均为小型船舶,据统计,2008年进出舟山沈家门港的所有船舶中近85%的为小型船舶;尽管舟山港是天然深水港,但目前仍在开发过程中,500吨级以下的码头泊位占总量的65%以上,靠离泊十分频繁;舟山境内直至目前有150多家大小修造船厂,修造行业发展迅速,随之而来的就是大型船舶的清舱等涉污类作业的增多,舟山的油污水接收船多在100总吨左右,综合情况较为复杂,存在较大的污染风险。

由此看来,舟山港虽然是物流大港,大型船舶不断增多,尤其是大型油轮进出港逐步频繁,但是由于大型船舶在船员素质、公司和船舶管理、船况等方面具有较高的水平,风险虽大几率则较小,所以占据份额80%左右的小型船舶反而因潜在的不利因素对该港的防污染管理工作带来极大的压力,具有不小的风险。因此,主管机关应及时调整思路,抓住两端强化管理——大型船舶的源头管理和小型船舶的全面管理。

2　油污染损害特点及小型船舶外在污染风险因素

2.1　油污损害特点

水中油类污染物主要来源于含油污水的排放和石油及其制品的污染。据统计，每年通过各种渠道排放入海的油类物质约占全世界石油总产量的0.5%，倾注到海洋的石油量达200～1000万吨，由于航运而排放入海的油类污染物达160～200万吨。我国每年约发生海上各种溢油事故500起，沿海地区海水含油量已超过国家规定的海水水质标准2～8倍，局部海域污染严重，如赤潮发生频率的增加。海水中的油类污染物，不仅影响海洋生物的生长，降低海洋的自净能力。石油污染不仅损害了海洋环境生态系统，而且影响海滨环境。

2.2　小型船舶外在污染风险因素

2.2.1　通航环境风险

舟山海区属典型的岛礁区，多礁石、浅滩、急流，岛礁区流向紊乱，航线交叉多变，舟山作为国家能源战略储备基地，近两年来，尤其是近几年，随着港口资源的不断开发与利用，进出舟山的油轮与化学品船数量激增，船舶航行密度逐年增加，加之舟山渔场渔船众多，小型船舶数量较大，航道状况更为复杂，在一定条件下船舶航行安全受到限制，这些船舶对航道及助航设施要求较高，由于其所载货物的特殊性，一旦发生碰撞、触礁、搁浅等事故，造成船体破损，油类等外泄，很有可能造成大面积海域污染，严重破坏当地的生态环境，严重影响居民的日常生活与生产。除大型船舶操作性溢油外，小型船舶造成船舶碰撞、搁浅、触礁后船体破损等事故性溢油风险也很大。

对于事故性溢油，往往是会造成大面积的污染，其危害性远远大于操作性溢油，但岸基和船舶的应急处置能力非常有限，也是其较大风险的一个原因。

2.2.2　施工作业船舶风险

舟山海区岛屿众多，水道复杂，大风或浓雾等恶劣天气对施工作业的影响比较明显，尤其是辖区海上施工作业一般都处于遮蔽水域，且绝大多数施工船舶为小型船舶，所以对施工船舶与辅助船舶的维护保养相对不会引起足够重视，且海上水工行业竞争日趋激烈，施工企业普遍存在重施工进度及经济效益，轻安全投入，安全意识淡薄。施工单位在租用船舶时，为贪图便宜，租用的船舶船况相对较差，事故隐患较大。

近年来，辖区承担架设桥梁、建造大型码头等工程项目的施工单位均为外地的大中型企业，虽然建立了安全生产管理体系和规章制度，但有些工程实行承包形式，安全管理责任不明确。按理说，船舶被租用后，施工单位应承担船舶经营人的责任，施工单位为逃避责任，在签订租用合同时，将安全管理责任由船方管理。甚至有的临时租用辅助船舶，不签订租船合同。在施工作业期间，承租人（施工单位）没有对所租用的船舶实施安全管理，以致该类船舶往往会出现各类违法航行现象，由于安全责任制没落实到位的事故苗头不断显现。

2.2.3　修造船风险

舟山大力发展临港产业，修造船基地是技术门槛相对较低，劳动力较为密集的行业，所以近年来舟山修造船基地增加速度很快。除修造船本身的污染风险外，一般修理船舶都需要辖区内小型接收船进行油污水清除作业，对辖区的安全防污染形势增加很大的压力。

3 小型船舶自身的污染风险因素及其原因

3.1 小型船舶内在污染风险因素

3.1.1 船舶防污文书配备不齐，防污设备保养不善

根据防污公约及国内相关防污法规，相关船舶应按规定配备要求的防污文书，如油类记录簿、油污应急计划、垃圾记录簿、垃圾管理计划等，但现场检查中发现，小型船舶在文书配备方面存在不齐全的情况；防污设备方面的问题主要有：标准排放接头无配件；配备的防污设备与相关证书中记载不符；有的沿海航行小型船舶的油水分离器不可用；无垃圾回收容器或垃圾回收过程违规，且记载不实；油污应急计划中未列出防污器材或船上根本没有防污器材；船员对船上防污设备未及时保养造成潜在风险等等。

3.1.2 管理公司和船员的防污意识淡薄

2007 年，《舟山日报》登文《沈家门港海水油迹斑斑　油污水回收船竟是污染源》，闻之令人痛心。利益驱动和肤浅的环境保护意识，使船舶的相关管理者对向海洋排放或倾倒污染物质习以为常，甚至错误地认为海洋的自洁能力没有限制，因此，在日常管理和经营活动中，并不对船舶的安全与防污染进行关注，对主管机关的检查付以应付的态度，无视公约及国家法律法规的要求。另外，小型船舶的船员对船舶管理意识更为薄弱，没有行使船员对船舶的实际管理职责，进一步加大了船舶防污工作的难度。

3.1.3 不按规定向海洋排放污染物

检查中发现许多小型船舶的船员对船舶产生的污染物质不按规定进行处理，其根源在于传播对公约、法规等要求不甚了解，对排放污染物质的限制条件不明确，而直接将污染物质任意的通过油水分离器排放入海，另外，有的船员利用潜污泵接软管将机舱内的污水排放入海，造成水域污染。有的船员不按要求将残油收集到船舶的残油舱内，而是存放在临时设备中，造成污染物去向不明等。

3.1.4 船上船员防污实操能力差，缺乏演练

在现场检查中发现，小型船舶的船员对船上防污设备和器材的使用存在很大缺陷，部分船员根本不能有效使用防污设备，对污染物的处置方式极其随意；从船上的相关记录的检查情况看，船员不重视防污演习工作，有的直接伪造演习记录，实际上，船员对基本的防污应急知识都不了解。船员职责不清，能力不足，油污应急计划无法起到应有的作用。

3.1.5 船上相关记录不符合规定

现场检查发现，小型船舶不重视防污文书包括油类记录簿和垃圾记录簿的记录工作，从侧面反映出其防污意识的不足。高级船员不能按要求对船上防污作业作出正确、合规的记录，记录差错率很高，有的甚至长时间未做记录，由此造成的行政处罚案件也较多，但行政处罚并没有从根本上解决这一问题。

3.2 小型船舶内在污染风险因素的原因

造成上述内在污染风险的原因是多方面的，船舶管理公司重效益轻管理、重安全轻防污的思维模式，造成对船舶防污工作制度上的形式化，意识上的薄弱化，加之多数小型船舶的船员个人素质不高，更加重了这一特点；主管机关尽管不断加大对船舶防污管理力度，但因自身力量不足，工作量过大，使得防污管理力不从心，另外，防污检查仅限于船员实操检查和防污设备操作能力的检查，从某种程度上说，这些还不能满足船舶防污监管的要求；船检部门对船舶防

污设备的检验存在一定的问题，也在一定程度上增加了监管难度，助长船员违规排污行为；目前舟山港港口污染物接收处理能力仍不能满足要求，岸基的污染物处理能力相对较低，相关建设进程缓慢，对于没有“附加价值”的污染物质的接收处理能力更是低下，这些也进一步加剧了海事主管机关的管理难度。

4　小型船舶防污染监管建议

4.1　加强宣传，提升船员的防污染意识

船舶防污要依法管理，关键是需要全民自觉遵守有关环保法律、法规，共同担负起保护水资源责任。目前，我国环境保护工作问题多，难度大，关键是人的因素。环境保护过程，也是人员素质提高的过程，要多渠道，多形式开展环保宣传教育活动，如宣传画册、标语、广播、电视节目等，在社会营造良好的环保氛围，通过有针对性的广泛宣传教育，使航运单位及相关人员了解船舶防污和水环境保护的重要性及重要意义，正确处理经济效益与环境保护的关系，眼前利益与长远利益的关系，并通过社会道德的约束以及社会舆论的导向和监督，逐步增强全民的环境保护意识。

国际海事组织越来越强调海上污染事故中人为因素的作用，对海员的综合素质的要求越来越高。为防止船舶造成污染，船舶所有人必须为船舶配备合格的船员。船员必须学习并严格遵守国际、国内及港口的防污染的法规及管理条例，在船舶实际操作过程中严格遵循禁止污水排放的规定和条件，确保船上的防污染设备和设施随时处于良好的技术状态。严格遵守各种操作规程，加强船舶设备的维护和管理，使船舶处于良好的技术状态；正确操纵船舶安全航行、靠离码头，避免船舶发生海损事故造成油污染。

只要船员具有保护环境的高度自觉性，一切公约和法规才可能得以严格执行，船用先进的防污染硬件设备才能得到有效的利用，防污染体系才不至于形同虚设。

4.2　加强船舶安全检查，确保船舶适航

主管机关进行安全检查时，对涉及船舶及人命安全的相关主要安全设施严格检查的同时，对影响水域环境安全的有关船舶防污设备、文书、防污管理等检查处理也要到位，以进一步提高船公司和船员对船舶防污意识，督促船舶公司加大对船舶防污管理和投入，提高船员对船舶防污责任心，熟悉防污设备的操作，有效对防污设备进行维修和保养，规范防污文书的配备和记录，定期开展演习。对船舶防污存在的缺陷项目要认真对待处理意见，可以在船员证书上有所反映，甚至反馈至船员证书发证部门予以通报。通过船舶安全检查工作，使船舶防污管理工作逐步走上规范化轨道。

4.3　加强船舶管理公司的源头管理

通过加强对公司上层的管理，促使公司自身加强对所属船舶的防污管理工作的力度，以《2001 年国际燃油污染损害民事责任公约》于 2009 年 3 月 9 日正式对我国生效为契机，提高公司对船舶防污管理工作的重视程度，参照体系管理原则，实现规范化管理。

4.4　加强船舶检验管理

加强与船检部门的合作，对检查中发现的问题及时反馈船检机构，督促其对船舶防污结构和防污设备从船舶建造或修船时就严格把关，严把船舶检验的每个环节，只有防污结构和设备满足相关规范才可签发《防止油污证书》，有效防止船舶防污结构和设备带病航行。

4.5 改变防污检查方式,有效预防船舶污染

目前,主管机关防污监管力量薄弱,手段有限,因此,海事主管机关应逐步改善管理方式,加大防污监管力度。除船舶安检、专项检查等措施外,加强现场检查,从制度建立开始,规范和强化船舶防污检查,将防污现场检查在人力、制度等方面独立出来,以突出海事"使海洋更清洁"的监管职能,提高主管机关的重视程度。另外,可对存在防污管理缺陷的船舶建立档案,跟踪管理,并采取相应的严厉措施,以起到威慑作用。

4.6 加快港口岸基处理能力建设,增强港口服务功能

针对目前舟山港的现状,组织相关专业力量,推动防污技术的研究,形成氛围,为提高港口的实际应急处理能力提供强大依托,力促政府相关部门加快岸基污染物接收处理能力建设及相关制度建设,这不仅能够满足舟山港口的国际化形象,而且也能从根本上提高舟山港的履约能力,解除该港多种类船舶靠泊能力的限制。

具体地说,防止船舶污染安全管理工作,要严堵污染物入水口外,另一个重要环节就是将船舶污染物有效回收,船舶污染物得不到有效处置,也就对水环境构成了威胁。目前,该港口船舶污染物接收设施还不很完善,与当前船舶防污要求极不配套。含油舱底水和污油处置难,回收含油舱底水和污油的设施缺乏,使小型船舶舱底水或油水分离器不能正常使用的船舶需要处置含油舱底水的船舶无法处置,大量船舶污油也得不到有效回收,存在处置难的问题。由于港口环境保护功能不全,港口防污设施与船舶防污不相配套,使船舶防污管理更为困难,船舶污染工作需要当地政府、港口部门、环保部门等的大力支持和配合,多渠道筹集水环境保护资金,在政策上予以支持和扶持,工作上加强协调,使港口环保配套设施满足船舶防污染的需要。三是增强港口应急反应能力,有效控制或减轻船舶污染事故。

4.7 推进沿海巡航救助一体化建设

推进舟山沿海巡航救助一体化建设,实施沿海巡航救助一体化工作,以实现"立体监控、及时发现、就近出动、有效救助",是适应舟山水运经济发展,更是维护海上安全形势稳定的迫切需要。随着中央实施扩大内需政策,要充分抓住加快交通等基础设施建设的这一契机,加快舟山海事安全保障能力建设,在不久前的"2009 年国家海上搜救桌面演习暨东海搜救演习"中已有展示。具体仍应做好以下几项工作:

第一,加快装备建设。要加强巡航救助新船型开发建设力度,加强配置 80m 级巡视船、60m 级巡逻船、中型溢油应急回收船等,在舟山辖区配置海事巡航飞机,满足监管救助需要。

第二,加快海事监管基础设施建设。推进建设舟山海事监管基地,建设舟山溢油应急中型设备库,满足预警、监管、通信、搜救、防污和后勤保障为一体的多功能、综合性需求;以基层海事处为基点,满足巡航救助就近泊位的码头设施;以就近泊位为落脚点,满足巡航救助后勤供给站房设施;以溢油应急设备库为中心,扩展南北两翼的应急点,满足防、控油污需求。

第三,加快海事通讯保障建设。建设覆盖舟山整个辖区的安全通信(VHF 通信系统)网络和覆盖舟山辖区的船舶交通管理网络,实现全方位监管保障。建立健全船舶溢油防污预警和应急机制,提高舟山辖区内应对重大船舶溢油事故的能力。

第四,完善海上安全救助联动机制。近日,舟山海事局与海洋与渔业局签署双方"共建海上安全救助联动机制备忘录",建立海上救助和涉渔船舶碰撞事故处置快速联动机制、海上安全救助会商制度和海船船员安全知识互教制度,以实现资源共享,形成合力,实现快速、高效的海上人命救助。推进军地合作,着手建立合作机制,在海上搜救工作中发挥部队的突击队作

用，共同有效预防、控制舟山海域发生的突发性重大事故。

第五，实施网格化管理，实现巡航搜救力量的科学配置和整体联动。网格化管理被大量用于城市管理和行业管理中，并被实践证明是一种科学有效的管理模式。目前舟山海事局正在将辖区水域科学地进行网格划分，单元格之间无缝对接，网格化管理突出客运航线、重点航路、桥区水域、交通密集区、事故多发水域等重点水域的巡航搜救力量调集，是巡航救助一体化的重要内容。

第六，积极争取地方配套项目。随着中央实施扩大内需政策，在交通系统加大基建投入情况下，要坚持业主安全主体责任，严格落实"三同时"制度，落实《交通运输部浙江省人民政府共同推进平安海区建设合作意见》，积极争取舟山地方配套项目，加强安全生产设施设备建设。

5 结语

舟山港小型船舶防污染工作任务还很艰巨，污染物处理技术仍有待于研究，监管力量和手段都有待于持续改进，船舶状况和船员素质仍需通过各种渠道获得提高，防污管理制度有待完善等。船舶防污染还有大量工作需要研究和探讨。伴随着新的《防治船舶污染海洋环境管理条例》施行，相信随着舟山港航运业的不断发展，科技的不断进步，管理水平不断提高，船舶防污染工作最终会有新的突破。

参考文献

[1] 俞文胜. 防止船舶油污染的控制对策. 科技资讯,2007 年 4 期

[2] 刘欣伟. 防止船舶污染水域监督管理工作的思考. 中国航海学会内河港航监督专业委员会 2000 年度学术交流会优秀论文集,2000 年

[3] 李言涛. 海上溢油的处理与回收. 海洋湖沼通报,1996 年 01 期

[4] 舟山海事局. 舟山海区事故规律与对策研究报告,2006 年

[5] 徐屯金. 实现"三个转变"应对金融危机. 中国海事,2009 年 01 期

浅淡洋浦液货船的现场监督管理

雷超灯
（海南洋浦海事局）

摘　要：随着洋浦的建设发展，海南炼化的建成投产，散装液货船舶进出港数量呈逐年上升趋势，且洋浦港商用储备油项目开工在即，散装液货船的现场监管在洋浦有着举足轻重的地位，本文结合此类船舶现场监督管理中的体会，针对常见的安全隐患提出管理建议。

关键词：洋浦　散装液货船舶　现场监督管理

1　引言

随着世界经济和工业的发展，国际贸易和运输业也在快速发展。尤其第二次世界大战以来，世界海运业发展更加迅猛，其中对人类和海洋环境能造成危害的货物约占海运量的一半。

油船、化学品船、液化气船等散装液货船舶，由于其所载货物具有的特殊理化性质，在货物装卸作业、燃油加载、洗舱、驱气等现场作业过程中，常常会因船方或岸方操作人员的疏忽或误操作引发货物溢出、泵舱泄漏、管系破裂甚至火灾和爆炸等严重事故，给人员安全和海洋环境造成严重危害。建立船、岸、货和海事部门四方相互制衡的长效管理机制，充分利用有关各方的优势，共同做好液货船作业的现场安全管理工作意义重大。本文针对洋浦港辖区特点对液货船舶现场作业的安全监督管理进行了有益探索。

2　洋浦港辖区散装液货船基本情况、发展趋势

目前洋浦港共有从事各类散装液态危险品作业的专用或兼用泊位7个，如表1所示。

洋浦港危险品作业码头泊位一览表　　表1

序号	泊位名称	建成年月	货物种类	靠泊等级
1	炼化1#	2006年6月	原油	30万吨
2	炼化2#	2006年6月	成品油	10万吨
3	炼化3#	2006年6月	成品油	5000吨
4	炼化4#	2006年6月	成品油	5000吨
5	炼化5#	2006年6月	液化气	5000吨
6	洋浦港3#	2004年1月	化学品	30000吨
7	洋浦港1#	1990年5月	化学品	25000吨

计划建设项目：

（1）1000万吨商业石油储备基地

2个30万吨级、2个10万吨级、2个5万吨级泊位的公用原油及成品油码头。

（2）海南炼化下游产业链

100 万吨乙烯、10 万吨苯乙烯 、60 万吨 PX。

洋浦辖区危险货物主要原油和成品油类，运输量基本保持不变，年吞吐量平均约 1600 万吨，船舶在运危险货物进出港 1800 多艘次。经过 5 余年的发展，洋浦港散装液态危险货物运输已初具规模，未来 5 年类液货船数量将进一步大幅增加，对海事监管提出考验。图 1 ~ 图 3 是 2009 年洋浦港散装液态危险货物运输情况统计。

危险品	艘数
液化气	474
0 柴	376
93 汽油	305
97 汽油	122
燃料油	97
航空煤油	92
原油	51
石脑油	49
基础油	45
苯乙烯	30
甲醇	26
盐酸	23
白油	16
硫酸	11
92 汽油	10
H2O2	10
液碱	8
苯	6
95 汽油	3
甲基叔丁基醚	2
甲苯二异氰酸酯	1

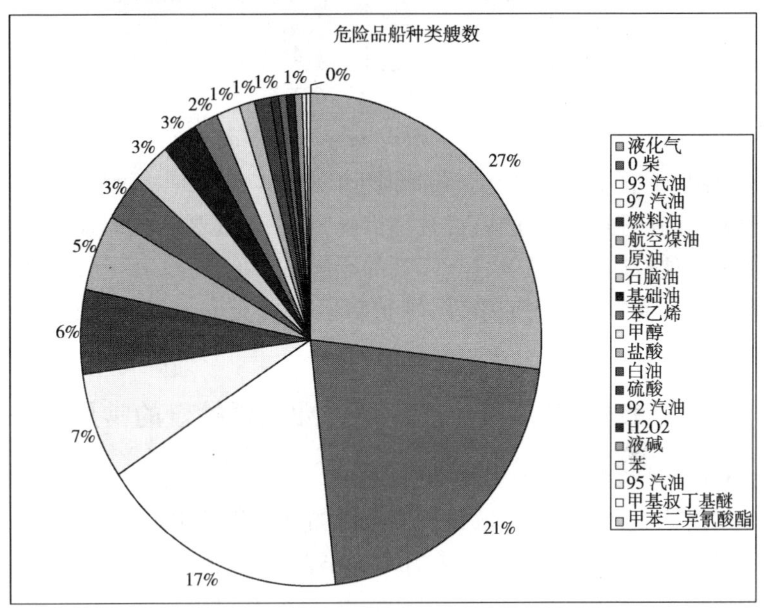

图 1　2009 危险品船舶种类艘次

危险品	数量 (t)
原油	8327274
0 柴	3134818
93 汽油	1907482
97 汽油	565320
液化气	457312
航空煤油	355400
92 汽油	301338
燃料油	200847
石脑油	155696
苯乙烯	58480
基础油	51511
甲醇	45800
95 汽油	30500
盐酸	20790
白油	19680
液碱	16282
苯	10400
硫酸	10258
H2O2	5906
甲基叔丁基醚	2000
甲苯二异氰酸酯	50

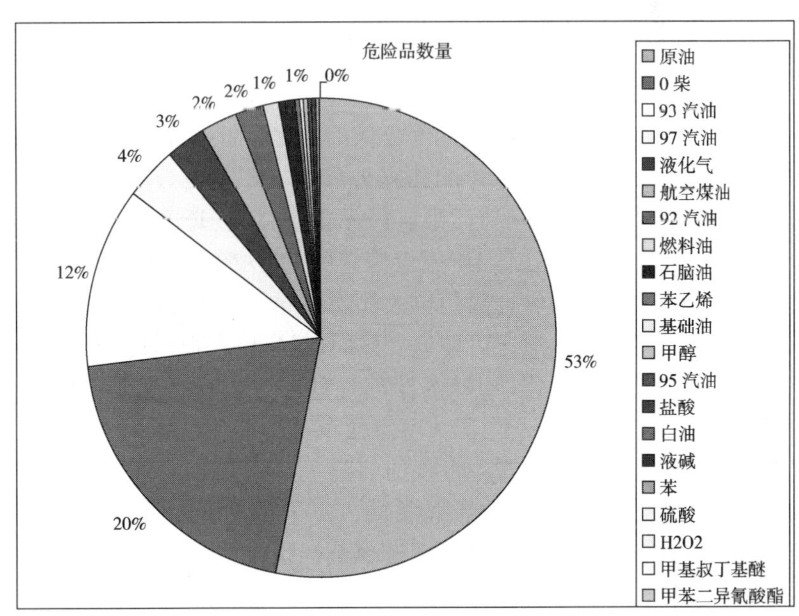

图 2　2009 年度危险品数量

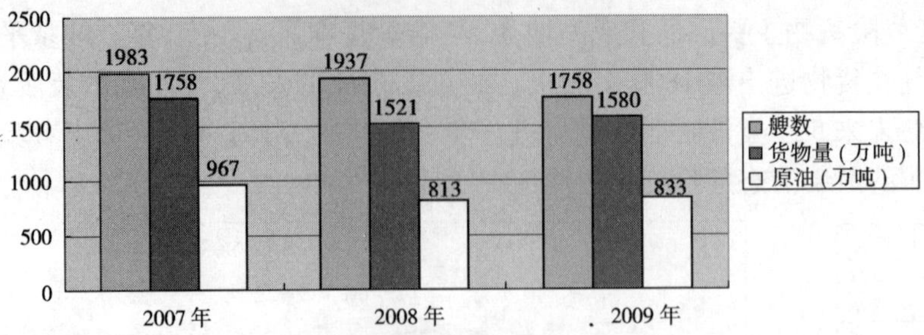

图3　2007～2009年危险品年度对比图

由图1～图3分析得出，洋浦港近年来散装危险货物运输量基本稳定，并且占来港船舶比例较大。因此强化有效的监督管理措施，进一步提高辖区船舶载运散装液体危险货物安全与防污染的预控能力，建立快速、高效的船舶污染应急反应机制，提高应急反应和处置能力，迅速有效应对可能发生的污染事件，维护辖区水域安全与清洁，是海事部门必须着手解决的重要问题。

3　洋浦对散装液货船舶现场作业监督检查的常用做法

3.1　制定现场检查表格

根据油船、化学品船、液化气船各自的特点我们制定了三种《中华人民共和国洋浦海事局液货船危防现场检查表》。主要针对文书及资料、人员保护设备、船/岸安全检查表、船舶设施和操作等进行检查，突出重点，抓住难点，达到检查的目的。

3.2　开发现场检查电脑系统

为提升液货船监管水平，累积液货船长效管理机制基础数据。洋浦局将检查的数据录入电脑，在船舶靠港后及时查询其以往检查缺陷，对船舶有针对性的进行检查(图4)。

4　散装液货船舶现场作业监督检查中的常见问题

4.1　《船岸安全检查表》制度没有得到有效落实

《船岸安全检查表》制度是国际公认的行之有效的安全管理办法之一，是危险品船舶安全作业的保障。其意图是通过船舶和码头双方的相互检查，共同督促和维护好货物作业安全。《船舶载运散装油类安全与防污染监督管理办法》第15条明确规定，船岸双方应建立《船岸安全检查表》制度，并严格按《船岸安全检查表》的内容要求进行检查和填写，同时应接受主管机关的监督检查。各港口管理部门也大都要求危险品货物作业船岸双方按照检查表所列项目逐一检查并共同签字确认后方可作业。然而，船岸检查表制度实施的现状却不尽如人意，表现在双方只是简单地走一下程序，根本没有对对方的落实情况进行详细检查，有时为节省靠泊时间，检查表由岸方打钩后交由船方签字便草草了事，给危险货物作业留下了重大安全隐患。我局对辖区液货船的现场检查中发现的问题主要集中在以下几个方面：(1)甲板泄水孔未堵塞；(2)作业期间相应舱室入口未保持关闭；(3)作业期间应急通讯未保持有效；(4)应急拖缆未及时调整高度；(5)责任船员不熟悉测氧测爆仪使用。

4.2　对作业设备及其操作的检查力度较小

长期以来，无论是PSC检查还是FSC检查，其重点都是船舶的适航性，即主要对船舶航行

中华人民共和国洋浦海事局
船舶信息管理系统

船舶现场检查信息输入

迈贸船检查信息输入

船舶现场检查信息查询

迈贸船检查信息查询

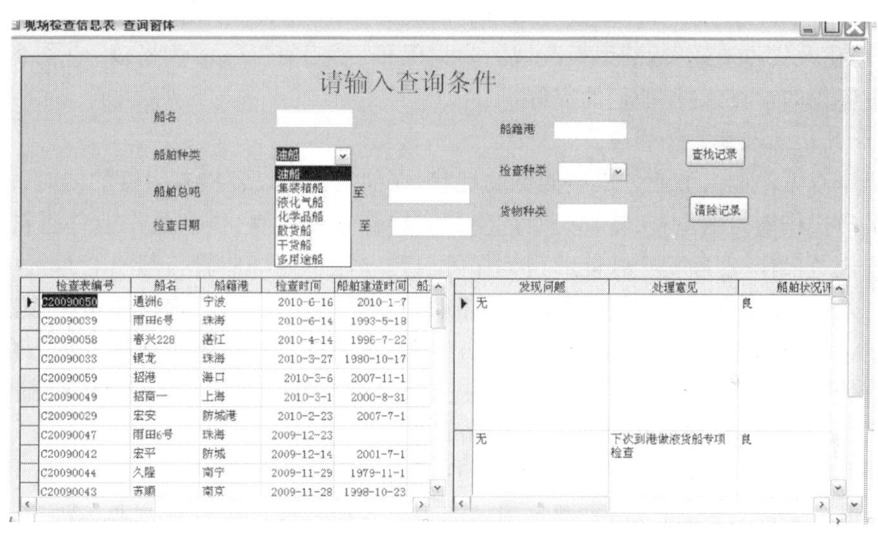

图4　洋浦海事局船舶信息管理系统

设备、机械设备、消防救生等有关航行安全的设备及其操作进行检查,很少涉及船舶货物作业的设备、管系、仪器等。随着航运业和石油化工业的高速发展,特别是大型油船、化学品船和LNG船舶的兴起,船舶货物作业设备日趋复杂,且一旦出现事故对船舶及港口的安全威胁也更为严重。这就要求作为水上交通安全和防止船舶污染主管机构的海事部门,必须提高船舶安全检查的质量和水平,加强船舶货物作业设备的检查力度,形成长效工作机制,维护船舶作业的安全。

4.3　船员和岸方人员无法满足现场作业的要求

据统计,货物作业过程中发生的安全和污染事故,85%是作业人员疏忽或误操作等人为因素造成的,船员和作业人员责任心不强,业务素质偏低,应急能力不足已成为液货船现场作业的最大隐患。近几年油运和化学品运输的高速发展使得一大批船员甚至船长只经过基础性培训便从普通船舶转到液货船上任职,严重缺乏实际操作液货船的经验。而岸方作业人员由码头方管理,人员素质参差不齐,责任心不强,无法与船方进行有效的沟通协作,不能满足现场作业的要求。

5 现场作业监督管理几点建议

5.1 加强现场作业的监督检查力度

危险品现场作业涉及人员、船舶和港口安全,关乎港口水域的清洁及社会稳定。因此应当将现场作业检查作为危险品监督管理的重点,日常检查与专项整治相结合,形成长效工作机制,提高现场监督管理的质量。

(1)加强对船舶落实《船岸安全检查表》及防污染措施的检查力度。《船岸安全检查表》根据液货船现场作业的特点和危险货物的性质,详细列出了货物作业前应落实的各项措施,对于船员有效落实各项安全及防污染措施具有指导性意义。在日常防污染检查过程中,可以将《船岸安全检查表》的落实情况作为作业现场检查的突破口,常抓不懈,使辖区船岸双方形成规范作业的良好氛围,从程序上保证船舶作业安全。

(2)对危险品船舶进行安全检查时,除加大对船舶应急设备、消防设备、防污染设备的检查力度外,根据危险品船特点,应重点突出对货油装卸操作、惰性气体系统、泵房及泵房通风系统、通风和净化及气体流通、货油甲板区域的防火保护、手提氧气气体测量仪、应急拖带设施、卸油监控设备等的检查,确保他们的完好。

5.2 加强从业人员监督管理

针对船岸双方作业人员业务素质偏低的现状,在加大船舶设备检查力度的同时,加强对船员等从业人员操作能力的检查,特别是对危险品实操作业的检查,重点是作业是否符合规范,只有船员的规范操作,船舶安全才能够得到保障。建立海事现场监管与船员管理部门信息沟通机制,针对现场监管发现的问题,优化特殊船舶专业培训课程设计,增加船员实操在专业培训中的比重,切实提高船员的实际操作水平。洋浦港区海事处每年组织指导辖区各危险品码头公司进行船岸消防演习、溢油应急演习,组织人员对岸方作业人员进行安全作业和规范操作知识培训,得到了船岸双方的欢迎,取得了良好的监管效果。

5.3 加强散装液体货物监管人才队伍建设

加强散装液货船监管队伍建设,要在目前海事监管模式改革中打破按业务种类设置内设机构的情况下,保证危防专业人员编制,保持危防队伍的相对稳定,以适应辖区危防监管工作的需要。重点培养危防专业人才,增加危防人员对外学习和交流的机会,鼓励危防人员深入研究新出台的公约、法规,并结合辖区危防工作的难点、热点问题进行专题研究。重视对实际操作能力的培养,积累危防人员的船上工作经验,提高他们对船载危险货物和船舶造成污染的认知度。加大散装液体货物监管资金投入,配备先进的危险货物检测技术设备和人员防护设备,提高监控水平。

5.4 建立与港航单位和货主的互动协作机制

加强与港口单位的沟通与协作,利用各自优势,形成互动有利的安全监督管理格局:一是利用危险品码头的监控设备,实现对作业现场的24小时全时段监控;二是对码头作业人员进行进一步培训,督促船方落实安全措施,并为海事监督管理部门提供有效的现场管理监控信息。

(1)加强与船公司的沟通与联系,定期向船公司反馈其所属船舶的安全状况和人员素质,有利于船公司制定针对性的检查、维修和人员培训计划,有利于船公司最大限度地提高船舶安

全状况和人员素质,同时也从根源上保障了船舶作业安全。

(2)加强与货主单位的合作与交流。海事部门可以从化工企业特别是世界一流跨国化工企业身上学习先进的危险品管理经验,同时向危险品货主提供辖区船舶现场安检、防污染检查方面的参考数据,并将这些数据作为货主选择具有良好安全记录的船舶和船东的依据,在降低危险货物运输风险的同时,间接提高了危险货物运输的准入门槛,迫使船公司自觉提高船舶管理水平,最终实现对液货船现场作业安全的有效监管。

5.5　加强港口、码头安全和防污染条件的源头管理,引入安全管理责任"倒查"机制

对危险货物码头的源头管理,是危险货物监管链条中较复杂的环节。海事管理部门充分履行法律法规赋予的职责,建立实施危险货物码头安全和防污染作业条件备案管理制度,围绕港口、码头安全和防污染作业条件,加强对危险货物码头建设的前期审核管理,实施危险货物码头安全与防污染条件评估备案制度。同时对现场检查中发现的问题积极进行"倒查",从码头、公司的安全管理责任、安全管理体系中查找问题发生的根源,并根除问题。

6　结束语

液货船的安全关乎船舶、码头、货主的利益,关乎人命安全、海洋环境和社会稳定,必须增强各方对安全生产运输重要性的认识,激发各方积极参与安全管理工作的热情,最终形成相互制约、互相促进的安全管理模式,从而建立散装液货船现场监督管理的长效机制。

完善八所辖区船舶污染事故应急协作的探讨

田小雷

(海南东方市解放西路八所海事局,海南东方市,572600)

摘　要:本文通过对八所辖区船舶污染事故应急协作的现状进行分析,结合个人工作经验和八所辖区船舶污染事故应急协作方面的特点,指出八所辖区船舶污染事故应急协作方面存在的问题,提出相应的对策以进一步完善船舶防止污染事故应急协作的水平。

关键词:船舶污染　应急　协作

1　八所辖区气象特点以及船舶污染事故对八所辖区的影响

1.1　八所港的水文、气象特点

(1)风:八所是海南岛风速较大的地方。年平均风速为4.4m/s,常风向为NE,次常风向为S和NNE,本区季风气候明显,9月至翌年3月盛行NE风,4~8月盛行偏SE和SW向风。冬半年多偏北风,夏半年多偏南风。5~11月为台风季节,最大风力达12级,持续2至3天。台风入侵时东北风转西南风,破坏性极强,对船舶的安全造成极大安全威胁,八所港未具备防台抗台条件。

(2)雾:年平均雾日为4天,雾多出现在冬春季,5~10月无雾出现。雾况:每年1~3月早上或傍晚有雾,一般持续1~2个小时,雾薄,能见度尚可。

(3)潮汐:为不规则日潮型,潮流为往复流。平均高潮为2.7m,平均低潮为1.25m,最大潮差3.67m,最小潮差0.03m,近岸带受地形影响较为明显。涨潮流向为偏北向,落潮流向为偏南向,与等深线基本一致,涨潮流速0.79kn,落潮流速1.2kn,最大流速出现在高潮以后3~5小时。

八所港区水域开阔,四周无遮蔽物,在风、潮、流的作用下形成的浪较大,自然条件比较恶劣,海面污染物会在恶劣的海况的影响下,快速的飘散,给东方市应对船舶防止污染以及清理海面污染带来一定的困难。

1.2　船舶污染事故对八所辖区的影响

1.2.1　对东方市水产资源的影响

重要渔业保护区一个:为东方近海蓝圆参、金色小沙丁鱼保护区,渔港和渔业设施基地建设区四个:墩头渔港区、八所渔港区、感恩渔港区、南港渔港区;海水养殖区八个:英潮港滩涂养殖区、四更—墩头滩涂养殖区、通天港滩涂养殖区、感恩港滩涂养殖区、南港滩涂养殖区、英潮—四更浅海养殖区、通天港—感恩港浅海养殖区、南港外海浅海养殖区,这些水产资源区一旦出现船舶污染事故后,将会造成严重的后果,造成持续的海域污染,破坏了八所辖区水产资源。

1.2.2　对东方市近海捕捞区的影响

海洋渔业是东方市海洋经济的传统产业,区域海水质量好,是各种经济水产资源的集中分

布区，是重要的海水养殖区。这些区域一旦出现船舶污染事故后，不仅难以恢复，使渔业产量和产品质量大幅度下降，大大影响当地的经济发展，而且会影响到与之相关的滨海旅游和渔民生活。

1.2.3　对海滨旅游的影响

东方市的滨海旅游开发相对落后，只有富岛海湾度假酒店和八所滨海公园二个旅游区，但是东方市岸线曲折，沙滩长度延绵，是优质的沿岸沙滩，为滨海休闲度假和沙滩运动的开展提供了优越的基础条件。一旦受到污染，不但仅有的海滨旅游区受到损害，也将影响东方市居民的生活质量，同时还有损于东方市的形象，为东方市的发展带来不必要的负面影响。

1.2.4　对东方市盐田的影响

东方市境内有万亩盐田，主要分布于感城港、通天港、八所港、墩头港、面前海湾和大洛湾等港湾滩涂地区，盐田附近海域发生污染事故后，受污染的海水若涌入盐田，不仅污染盐田内的盐，而且被污染的盐池也难以清理，将长期影响晒盐作业，影响居民生活。

1.2.5　对东方市工业用水取水口的影响

东方市系海南的工业城市，毗邻海域有众多大型企业，如中国海洋石油股份有限公司、华能海南东方电厂岸边火力发电机组冷却水取水水源区均来自八所辖区海域。一旦附近海上发生船舶污染事故使海水污染，发电厂将不能正常运行。因而发电厂的取水水源区需予以保护。

2　八所辖区船舶污染事故应急协作的现状

2.1　具备一定数量的船舶污染事故应急反应器材。

八所辖区局有围油栏、吸油毡等防止船舶污染海域的器材，其中围油栏长800m，适用于港区水域，吸油毡1000kg，这些防污应急器材储存在八所港化工危险品码头，可以在第一时间用于辖区船舶污染事故的应急反应。

2.2　具备船舶污染事故应急反应队伍

目前八所辖区的船舶污染事故应急反应队伍成员单位有：中海油化学有限公司有船舶火灾控制、化学品管理方面专家若干名；八所海事局有航海、轮机、防污染、法规等专业人员若干名；东方市海洋与渔业局有海况预报、海洋捕捞和海洋环境监测方面专家各2名；东方市公安消防有船舶火灾控制、化学品管理方面专家各2名；东方市交通局：船舶检验方面专家3名（船/机/电各1名）；市信息办、海南电信八所分公司：无线、有线、网络通信方面专家各1名；环保局有环境监测方面专家2名；市气象局有气象预报方面专家2名；市卫生局：医疗咨询指导方面专家2名；其他行业专家若干。这些人才储备在一定的程度上使得应对船舶污染事故在各个领域都存在一些专业人员，为八所辖区船舶污染事故应急反应储备了一支过硬的队伍。

2.3　制定了相应的船舶污染事故应急反应预案

2008年八所海事局组织编写了《东方市水域污染应急预案》对船舶污染的种类，以及各种污染的危害做出了详细的说明，落实了有关单位的职责，但由于没有一定的经费保证，船舶防污染应急反应基本上没有进行实际的演练，只停留在理论阶段，而且相关责任部门对计划的执行情况所知甚少，由于没有制度保障，预案中所涉单位的相互关系和工作职责无法明确，应急预案没有达到预期的效果，缺乏实用性和可操作性。

3　八所辖区船舶污染事故应急协作存在的问题

近年来八所海事管理机构在船舶污染事故应急协作方面的工作做了大量的工作，取得了一定的效果，但当前仍存在一些值得高度重视和迫切需要解决的问题。

（1）防污染应急器材不足。目前八所辖区仅八所港务公司有为数不多的已有应急器材，而八所海事局在八所没有海事基地，这就导致海事本身的防污应急器材的库存受到限制，降低海面清污的效能；此外，海事主管机关进行海上清污时没有专业的船艇，均是通过自身的海事巡逻艇或是协调其他的船只前往事故海域，而前往事故海域的船艇上的人员不具备专业的清污能力，各种工作的开展需要海事部门的实施指导，降低了清理污染的效能，各海域针对船舶污染的管理主要着重在防止上，即加强船舶各种技术指标的检查，把船舶污染事故降低到最小化，但是一旦出现了船舶污染事件，不能在第一时间调用相应的防污染应急器材。

（2）人才队伍不能满足需要。目前八所辖区的船舶防止污染应急反应队伍均是针对船舶溢油事故的，对其他的诸如化学品、有毒有害物质的污染处理停留在比较差的技术水平状态，随着船舶的多样化的发展，尤其是八所化工危险品码头营运后，更是对船舶防止污染提出了新的要求。

（3）应急协作机制不顺畅。船舶污染应急反应涉及部门多，工作难度大，需要协调各方面力量共同参与。仅仅靠海事部门单独采取行动去完成是远远不够的，但由于各涉海单位的工作理念和职责不尽相同，和海事部门不存在隶属关系，受自身利益等因素的影响，海事部门在组织协调社会力量进行船舶污染应急反应的工作中受到较大的限制，海事部门在把海上污染的情况通报给诸如海警、边防、海洋与渔业局等具备一定应对船舶污染事故的相关单位后，相关单位往往不是立即去协调组织行动，而是要经过诸如请示上级领导、推脱等各种周折，往往会错过最佳的处理船舶污染的时机影响清理污染整体的效果，这就使得海上清理污染工作大打折扣。

（4）没有清污专项的基金。众所周知，船舶污染物会在风、流、潮的影响下迅速向四周海面扩展，部分水深较浅的海域受到污染后，需要调用一些小型船舶私人业主的所属的渔业船舶等吃水小的船舶前往事故海域进行布放围油栏、吸油毡等清污设备，但是清污完毕后参与清污的船舶没有专项的基金对其进行补助，在消耗了人力、物力和财力而没有任何补助的情况下，他们认为参与清污对他们而言只是浪费自身的资源和财力，参与清污也是摄于主管机关对它们的管制权力的被动行为，部分船舶会找借口对进行推脱。

4 完善八所船舶污染事故区域应急协作的对策

（1）加大各辖区的船舶防污染应急器材装备的投入。在应对船舶污染海域的险情中，海事主管机关作为第一时间了解险情概况的单位，防止污染应急器材、装备是否齐全，直接影响到是否能及时有效地开展海面清污工作，直接关系到清理污染的效果。针对我国财政困难的实际情况，在短时间内完成船舶防止污染应急器材存在很大的困难的情况，可以向属地政府反映海上搜救装备面临的问题，建议地方政府出资建造船艇、海事部门负责维护保养的联合方式，极大地推进船舶防止污染应急器材的装备建设。

（2）加强培养，把好海上防止船舶污染人才保障关。通过开展理论讲解、海上船舶防止污染应急模拟演习、加强对人员的技能培训，逐步提高相关人员的船舶污染应急反应能力和防止船舶污染的业务知识，使之熟悉船舶污染的处置程序形成“一专多能”、快速反应、专业的有素养的船舶污染应急反应队伍，同时应尽量避免海事机构内部岗位交流，以免始终难以形成一个专门的船舶防止污染应急反应专业的队伍，导致应对海上船舶污染时往往只是仓促应战，指挥

无序，增加了工作的难度，耽误了展开清污的最佳时机。

(3)完善协作机制，推进海上船舶防止污染应急协调工作的顺利开展。海事主管机关要加强与地方政府之间的沟通和配合，可以通过协调当地政府牵头，召集如边防、海警、海洋与渔业部门等有一定海上力量应对船舶污染的企事业单位，建立完善海上船舶防止污染应急协调，不断健全完善各成员单位间的联动机制，从接收船舶污染信息，到协调各单位组织海上清污治理，到清污完成后的后续工作，都按照制定的预案有序的进行，形成船舶防止污染应急的快速化、整体化，整合社会各界的搜救资源和力量，从而为海上船舶防止污染应急行动争取了更多的时间，提高了船舶防止污染应急反应的工作效率和成功率。

根据实际情况，统筹研究建立调用社会力量参与应急处置的补偿机制，寻找合理的方式方法建立属地海上船舶防止污染应急的专项基金，海面清污行动完毕后，对各参与搜救的单位或个人给予适当补助，对在重大船舶防止污染应急行动中作出突出贡献的集体和个人予以物质奖励和精神表彰，同时通过报纸、网络、新闻媒体宣传报道海上船舶防止污染应急的重大意义，以激发社会各方参与船舶防止污染应急反应的积极性。

Abstract: On base of the status quo of emergency cooperation to deal with ship pollution in Basuo area, this paper, combined with personal experience and characteristics of emergency cooperation to deal with ship pollution in BASUO area, points out existing problems as well as puts forward corresponding measures to enhance the emergency cooperation to deal with ship pollution in Basuo area.

Key words: Ship pollution; Emergency; Cooperation

浅析船舶污染事故区域应急协作与保障支持

谢吉刚①

(钦州海事局执法支队,广西钦州市,535000)

摘　要:船舶污染物由于其物理、化学特性会对生态环境造成了不同程度的损害。本文首先简要介绍了不同的应急反应措施和通常的应急反应的策略。然后从船舶污染事故应急预案编制方面浅析了船舶污染事故区域协作与保障支持的现状,从而提出相关建议。

关键词:船舶污染　应急预案

1　船舶污染危害、常见应急处置方法和应急策略

1.1　污染物泄漏的危害

污染物由于其物理、化学性质的不同对海鸟、海洋哺乳动物、海洋爬行动物、海床、珊瑚礁、海岸、沙滩、渔业和红树林等生物和生态环境造成了不同程度的损害。它主要表现在:物理窒息作用引起生物行动减慢、喂养减弱、呼吸不畅、生物热力控制失调和繁殖功能也相应受到影响;其化学毒性会引起生物细胞功能损伤,甚至是致命的或仅次于致命的危害;它还可能造成物种发生变异和新物种取代旧物种;动物的栖息地成分受到损坏或栖息地丧失等恶劣影响。以对海鸟的影响为例,海鸟羽毛粘有油类通常会使浮力和体温降低;也引起这些鸟类行动不便且更易受到水下和海面其他群体的攻击;大量泄漏也易使其栖息地耗尽加速了它们的死亡。

1.2　常见船舶污染应急处置方法

不同种类的油泄漏到海水中的变化也不尽相同,它们的变化主要有扩散、蒸发、乳化、沉淀、漂流、分散、溶解和生物降解等。因此对油类泄漏事故的清除技术也不尽相同。比如在一些小规模的事故里因为自然界风浪和海洋的能量加速了油的降解,代替我们清除了污油。但大多数油类泄漏污染事故还是要靠人为处置的。常见的船舶污染应急处置方法主要有:使用分散剂、围控和回收、使用吸附剂等等。

1.2.1　使用分散剂

分散剂减少了油水分界面表面张力,利用浪作用改进微小油滴的形成,使在上面几米的油类快速变淡降低了有害物浓度 。使用分散剂的优点是:可用于大风浪下的污染且不能回收的场所;可以通过飞机喷洒快速散布到宽阔水域;它们使油类自然分解转为生物降解;有效的分散剂应用减少了对海岸的影响并且减少了含油废料数量,同时减少了大规模的清除行动。分散剂的不足之处:在平静的海面应用效果差;不易对高粘度油和乳化油分散;污油的厚度和粘度对它的使用效果影响较大;通常只有很少的机会来喷洒分散剂;在浅水近岸水域由于对水产业可能有危险很少使用分散剂。

---

① 谢吉刚,单位:钦州海事局执法支队,通信地址:广西钦州市城东七里桥口岸新村钦州海事局执法支队,联系电话:18907876662,电子邮箱:xjg710726@ yahoo. com. cn,邮编:535000。

1.2.2 围控和回收

围油栏围控是阻止油污扩散的物理屏障,对敏感区进行了保护,便于集中油污再通过撇油器回收。其不足之处表现在:价格比较昂贵;布置时间长;系泊和锚泊问题较突出;在强水流和强风中不行;容易损坏;需要较大的后勤支持;封闭了水域,阻碍船舶移动;需要定期的保养。

1.2.3 使用吸附剂

吸附剂用于吸收液体污油,有的可以吸收超过20倍自重的污油。同样吸附剂的使用也有些缺点。比如:吸油毡不能用于吸收重质油或重质燃油;在开敞水域回收油效果不佳;吸油索能用来控制海岸线上的残油的缓慢释放,但对薄油膜效果不佳,且结构强度受限制;颗粒状吸附剂用于吸液体污油,但容易被风吹走,因此在岸线上禁止使用因为控制和回收困难。

1.3 应急反应的策略

一次有效的清除依赖于取得良好信息,从接到报告时起,最初的信息收集就开始了,比如污染物数量、地点;当时的天气、水流等等。对于较大的事故,应急响应开始时就在收集信息,如:天气、水流、船舶交通流、海岸类型和通道等等。通过信息收集后就有专家组对各种收集的信息进行分析评估最后得出控制或清除方案,紧接着是方案的执行。在执行过程中收集新的信息、进行分析评估、制定新方案、最后执行,只有达到终止条件,响应才可以终止。

在整个应急反应策略中,关键在于组织。要特别重视的主要有人力分配、交通控制、排除污染、垃圾管理及关注达到目标情况等这几个方面环节。

2 目前编制应急预案现状分析

目前的船舶污染应急预案主要包括在港口污染应急预案里,这个预案主要由政府应急办公室负责,但编辑工作大多落在应急预案涉及的其中一个成员单位。它最大的好处在于应急响应时政府出面协调,工作容易得到开展。但编辑工作落在应急预案涉及的其中一个成员单位时,站的高度不够,很多时候他们得向各平级单位发函征求意见,然而得到的意见往往不尽如人意,很多单位都规避自己的职责,将很多自己单位完全应该挑起的工作,改为协助工作。这样的应急预案到应急响应时很可能执行力不够。就其现象,我认为主要在于四个方面的原因:

2.1 日常工作资金没有落实到位

值班工作如何开展?从应急反应策略里我们可以看出,接报告的值班工作是最开始收到信息的一环,然而这项工作产生的费用应出自何处?如果说该项事故完全是由于船舶产生,应急值班工作责无旁贷的应由海事局负责,然而港口防污染预案中涉及的范畴远超出船舶污染这一项目,再说发现海上的污染还很难说是船舶污染还是其他的污染。比如,2008年北部湾的一次污染发生在“顺强1”轮沉没之后不久,而且污染位置也比较接近,可事后调查发现并不是船舶沉没引起的。所以该项应急值班工作到底应该由谁做、经费怎样出是一个值得关注的问题。

培训演练资金来源如何落实?通常这些工作是安排在应急指挥中心下设的一个办公室完成,但是这个办公室虽然其表面上也有其他单位成员但很大程度上讲是其中一个应急反应成员单位中的一个下设部门。就这个办公室来讲首先是缺乏应有的资金,比如开展应急培训和演练资金总不能只向其上级要资金,毕竟这是整个政府级别的工作范畴。因此培训演练即使写在预案里也很难落实。再则这种培训演练的组织,从形式上讲是各成员单位间的联合行动,然而很大程度上讲他们之间也只是流于形式,并不看重结果,因为是同级别单位组织的。

2.2 各级单位之间职责不清楚,互相推诿等待上级指示

在编制预案时,由于是涉及平级单位的协作,编制方一则不是很清楚其他成员单位的具体职责,再则是为了尊重对方都会向对方发出征求意见稿。可是有的成员单位就会以为这些工作主要就是编制单位的事,在很多建议里都体现出其应协助做好某些工作。然而事实上这些成员单位就自己职权范围内和职责范围内就应当主动做好这些工作。鉴于这种现象的出现,编制方有可能按建议编制出操作性不强的应急预案。也有可能编制方就按自己对各成员单位职责的理解将某些职责强加到对方再由应急办定夺,这样应急办能否做好这种编制的善后工作还值得关注,这样的应急预案操作性同样值得关注。

2.3 当地的配备本就达不到标准,真到应急时,场面很难应付得下去,谁是头谁就可能受责

就目前各港口的配备来说,几乎没有港口能配备足够的应急设备和材料来处理当地响应级别的泄露事故。要真是有事故发生,负责人很大可能就被问责。当然如果与其他区域协作顺利,应急处置还是有可能处理好。但这种想法也只是在较理想的情况下才会有的。一般大型的溢油事故本身就是发生在恶劣天气下的,在这种恶劣天气里污油扩散是相当的快,影响的面积也是相当的广,区域性的协作也主要就是各自负责自己的管辖范围。只有在能完全控制自己的范围后才可能会考虑协作另一方。因此,谁应该是当之无愧的指挥也值得关注。

2.4 发展观念没有理清

我国是发展中国家,发展是首要的问题。安全和环保问题虽然叫得很响,但在很多大型的发展中,安全和环保还是求其次的。就是主管安全和环保的部门也不得不为发展这个政治压力让步。原因很简单,大家都存在一种侥幸的心理。根据事故分析机理,很多违规的操作并不会产生事故,产生小事故的几率占一定的比例,然而产生大的事故比率就很低了,产出特大事故的比率那就更低了。因此部分人存在侥幸心理也是很正常的现象。这种心理如果在港口防油污方面存在,那么港口防油污的配备就很难得到保证,应急演练等方面质量也很难得到保障。如果我们要在惨败中得到教训总结经验,那还不如先去看看别的惨痛的教训吧,千万不要等待自己惨败的到来。

3 对如何实现船舶污染事故区域协作与保障支持的建议

3.1 应急办公室首先就要担起重任

政府的应急办公室代表的是当地政府,它的统一协调能力远超于任何其他应急反应成员单位。但这也要求应急办公室对各成员单位应有深入的理解。如何才能深入了解各成员单位,就应当从编辑应急预案入手。在应急预案编制时,应急办公室应当将各成员单位召集一起开会讨论,了解各单位的职能,从而以全面的眼光着手编制应急预案,在编制预案时以应急办公室的名义征求各成员单位的意见,在此基础上修改预案。这样各成员单位的职责会更清楚一些。同样在应急培训、演练、值班等各方面的资金来源由应急办公室统一协调相关部门解决,这样的应急预案的可操作性才会更强。

3.2 对于应急配备方面政府要高度重视

应急配备物资是需要相当大资金的。政府一定要高度重视应急配备方面的问题。这些物资也许多年不用,然而也只有到用时才发挥至关重要的作用。具体配备这些物资是专业的问

题,它需要多方面专家的研究讨论。然而这一系列的问题也只有政府层面的操作才能得以解决,其他单位要解决这样的问题总会存在多重阻碍。

3.3 走经济与环境相协调的可持续发展之路

发展是硬道理,怎样才能找出发展这条路呢? 我们一定要解放思想,不能片面理解发展。以牺牲安全和破坏生态环境为基础的发展必将在发展道路上留下障碍。我们在解决发展问题上要走经济与环境相协调的可持续发展之路,避免走弯路。在大型船舶污染事故应急处置方面因经济问题需要多方面配合,特别是区域协作和保障支持。

4 总结

船舶污染事故处理是一个技术性强的专业领域,他需要了解污染物的性质和清除污染物的方法;同时船舶污染事故一旦发生就很可能是大事故,这就需要处理事故的区域协作和保障支持。要做好区域协作和保障支持首先需要各区域内政府部门会同相关专家成功编制应急预案。只有各区域建立好可操作性的应急预案,才会有政府更上一层次的成功的区域统一协作和后勤保障。

Abstract: marine pollutants damaged environment to some extent because of its physical and chemical characteristics. This dissertation firstly introduces different marine pollution emergency measures and generic emergency strategy. Then analyzes on the territorial emergency cooperation and indemnificatory support actuality for marine pollution accident in aspect of working out emergency plan and table some proposal.

Key word: Marine pollution; Emergency plan

浅谈海上船舶溢油污染事故区域应急协作与保障支持

任小强

（交通运输部东海救助局宁波基地，宁波市，315809）

摘　要：一旦船舶在海上发生溢油污染事故，怎样协调各方力量尽快应急清除海上溢油，本文对船舶溢油污染事故区域应急协作与保障支持进行了简要介绍，并简要分析了专业救助船在处置船舶溢油污染事故中的作用。

关键词：船舶　溢油污染　区域协作　保障支持

为了保持我国经济健康、快速、可持续发展，环保问题已成为当今社会的主要议题，已引起我国各行各业的高度重视。发展低碳经济，节能减排，建设环境友好型社会是我国经济发展的必然选择。海洋是人类生存与发展的重要空间，保护海洋环境是人类共同的责任。海上船舶溢油污染事故的发生必然伴随着海洋污染，救助局作为我国专业海上应急救助力量，处理海上船舶溢油污染事故是我们义不容辞的责任。

我国是海洋大国，陆海岸线18000多公里，管辖海域面积300多万平方公里。2009年我国原油进口已超2亿吨，百分之九十的原油进口是靠海路运输的，大型及超大型油轮越来越多，一旦发生海难溢油事故，将对海洋生物、植物、动物造成毁灭性损害，对沿岸居民的生活、生产造成严重影响。另外，我国沿海每天有数以万计、大大小小、各种类型的船舶在海上航行，由于各种原因，每年不可避免会发生碰撞、触礁、搁浅、失火、爆炸、翻沉等海难事故，有时伴随着船舶燃油泄漏。如何清除海上溢油，保护海洋环境，防止船舶溢油事故的污染损害，维护生态平衡，保障人体健康和社会公众利益，现对海上船舶溢油污染事故区域应急协作与保障支持进行浅要分析。

1　海上船舶溢油污染事故综述

根据《中国海上船舶溢油应急计划》的规定，发现海面溢油或溢油危险，任何单位和个人都有义务向海事部门或沿海地方政府有关部门报告，在溢油应急指挥部的统一指挥下，参与海上溢油应急处置。海上溢油污染防治采取的行动有防止、控制、清除、监视、检测等手段。根据海上溢油污染的程度，涉及的部门有海事、环保、救捞、航运、海洋、气象、渔业、保险、法律等部门。因此，处置严重船舶溢油污染事故不是某个部门可以解决的，需要多个部门采取区域应急协作行动。我国海上船舶溢油应急协作区域划分为北方海区、东海海区和南海海区，台湾海峡水域和秦皇岛海域为特殊区域。

海上严重船舶溢油污染事故一般为紧急突发性事件，为避免事态进一步发展，造成更严重的海洋污染，在处置海上船舶溢油污染事故时，一般按照“先处理、再调查、后赔偿”的原则，在控制了事态进一步发展后，再对事故进行调查、取证、评估，最后由事故责任方对处置船舶溢油污染事故所发生的人力物力费用及造成的海洋环境污染损失进行赔偿。

2　海上船舶溢油清除设施

根据2007年4月经国务院批准的《国家水上交通安全监管和救助系统布局规划》的要求，在我国沿海建设16个国家船舶溢油应急设备库，其中在大连、宁波和珠江口建设3个大型溢油应急设备库（可对抗1000t船舶溢油），在上海（视情况是否建成大型库）、烟台（改造）、秦皇岛（改造）、青岛、泉州、湛江建设6个中型溢油应急设备库（可对抗500t船舶溢油），在连云港、舟山、厦门、汕头、茂名、海口和钦州建设7个小型溢油应急设备库（可对抗200t船舶溢油），建造沿海中、小型溢油回收船4艘，完善船舶溢油监视检测系统。其中溢油应急设备库包括有快速布放围油栏、充气围油栏、固体浮子围油栏、岸滩围油栏、高压热水清洁装置、高压冷水清洁装置、轻便储油囊、岸线清除工具、手持喷洒装置、船用喷洒装置、吸油拖栏、吸油毡、消油剂、转盘式收油机、齿型转盘式收油机、转驳泵、小型转盘式收油机、中型堰式收油机、动态斜面收油机、卸载泵、叉车、运输车、吊装等设备。船舶溢油监视系统包括有水下监视、水面监视、航空监视、岸边监视、卫星监视等，船舶溢油检测系统可使用溢油取样浮标自动检测和人工取样检测等。

3　救助船与打捞船在处置海上船舶溢油污染事故中的作用

海上船舶发生了遇险险情，一般就有可能发生船舶溢油污染事故，正确处理不同的遇险险情，就可避免可能发生的船舶溢油污染事故。目前，救助船配备的少量消油剂、吸油毡、围油栏等防溢油材料，只能处置自身及难船少量燃油泄漏污染事故。在发生海上油轮大量溢油污染事故后，海上溢油应急指挥部的统一指挥，协调海上、岸上、空中的各方人力物力，调动辖区或海区各部门拥有的防溢油应急资源，实现优势互补、信息共享、快速联动的应急反应协作机制，共同处置重、特大船舶溢油污染突发事件的发生。

在海上溢油应急指挥部的指挥下，在处置海上船舶溢油污染事故中，救助局、打捞局的船舶将发挥不可或缺的重要作用，救助船可进行海上消防、海上拖带、海上清污作业、海面监视等海面作业，打捞船可进行水下探摸、水下堵漏、水下抽油、沉船打捞等水下作业。

4　海上船舶溢油污染事故区域应急协作

海洋环境保护涉及国家公共利益，海上船舶溢油污染事故的发生，必将造成海洋环境污染；发生重、特大海上船舶溢油污染事故，将会造成大范围的海洋环境污染；处置重、特大海上船舶溢油污染事故，将涉及到众多部门海陆空立体的应急协作行动。

海上搜救中心收到船舶遇险信息后，会迅速与船公司、遇险船取得联系，详细了解遇险情况、船上人员情况、船舶损害情况及救助要求，对船舶遇险及海上溢油污染程度等级进行评估后，将启动相应等级的《海上搜救应急预案》和《海上船舶溢油应急预案》，同时，迅速发布航行警告，对事发水域实施交通管制。

在海上溢油应急指挥部的指挥下，处置海上船舶溢油污染事故，将涉及到救助现场指挥、交通管制、海上搜救、海上消防、难船险情处置、难船水下作业，难船抽油过驳、海上清污作业、海上监视监测、空中监视、渔业捕捞、海产养殖等众多方面，就需要海巡船、救助船、打捞船、专业清污船、海监船、渔政船及海上直升机的相互应急协作，还需要与国家海洋环境预报中心协作，及时跟踪事发海域气象、海况情况，预测海上溢油漂流方向和范围。

如果海上船舶溢油污染事故发生在港口、沿岸水域或溢油污染影响到港口、沿岸海域，地方政府将视溢油污染程度，启动相应等级的《海上船舶溢油应急预案》，及时协调地方有关政府部门、企事业单位、燃油企业甚至军队防溢油应急资源，共同处置海上船舶溢油污染事故，并发动沿岸社会志愿者参加岸滩清污行动。

5 海上船舶溢油污染应急保障支持

建立完善的海上船舶溢油污染应急保障支持体系，是处置海上船舶溢油污染事故的前提，在发生海上船舶溢油污染事故时，才能有备无患，调动一切资源，尽可能降低海洋污染的程度和范围。

海上船舶溢油污染应急保障支持体系的首要任务是防溢油应急物资的储备，需按照国家储备为主，社会储备为辅的原则，鼓励环保、航运、港口、石油等相关企事业单位建设行业溢油应急设备库，逐步完善我国沿海溢油应急设备库建设。另外，随着我国原油进口量的不断增长，有必要建造在大风浪海况条件下的大型溢油回收船和溢油回收处理设施。二是加强防溢油应急物资的管理、使用、演练，培养一批处置海上船舶溢油污染事故的专业指挥人员和操作人员。三是有必要建立防溢油应急物资的储备、调拨、运输程序，在处置重、特大海上船舶溢油污染事故时，可以资源共享，调动众多社会船舶共同参与。四是建立完善的通信指挥系统，在海上溢油应急指挥部的统一指挥下，指挥协调各方力量共同行动。

由于救助船负有海上溢油应急清除的职责，要积极参与海上船舶防溢油演习，熟悉海上船舶防溢油应急反应处置程序，加强海上船舶防溢油知识的培训，增加防溢油应急物资的储备，在海上溢油应急指挥部的指挥下，能独自承担一般性海上船舶溢油污染事故。

6 结束语

处置海上船舶溢油污染事故，需要海上溢油应急指挥部的统一指挥；需要水下、海上、空中、岸上多部门的应急协作；需要防溢油船舶、物资、设施、技术的保障支持；需要各级领导、专家、作业人员及社会志愿者的协同行动，并逐步完善我国海上船舶溢油应急保障支持体系，为维护我国的海洋环境安全而共同努力。

Abstract: Once a ship occured oil spill pollution incidents at sea, How to coordinate all forces to remove oil spills as soon as possible emergency response, This paper gives a brief introduction of oil spill pollution incidents to protect the regional emergency coordination and support ,Also a brief analysis of the rescue ships in the role of the disposal oil spill pollution incidents.

Key word: Ship; Oil spill pollution; Regional cooperation; Security support

就地燃烧法在深海地平线溢油清理中的应用

王辉东
（张家港海事局，张家港，215633）

摘　要：2010 年 4 月 20 日，美国墨西哥湾的深海地平线钻井平台发生事故沉没，造成了美国历史上最严重的一次污染事故，3 个泄漏点每天泄漏超过 1 万桶的原油，在应急反应中，美国政府出动了大量的人力物力，其中就地燃烧法作为一种快速、高效、低成本的溢油清理方法，被广泛的使用，并取得了巨大的成功。本文追溯了就地燃烧法的发展历程，比较了就地燃烧法的优势，列举了影响就地燃烧法的要素，并分析了美国在此次响应中应用就地燃烧法暴露的问题。

关键词：就地燃烧法　溢油　深海地平线　墨西哥湾　防火型围油栏　应急响应

“深海地平线”是一座位于美国路易斯安那州海岸约 80km 的近海钻井油田。2010 年 4 月 20 日发生爆炸并沉没，导致大规模的墨西哥湾原油污染。此次漏油是迄今为止美国历史上最严重的一次，污染了 225km 的海岸线。

在溢油清理过程中美国政府投入了大量的人力财力物力，就地燃烧法（in situ burning）清除溢油在此次应急反应中被大量的使用，且获得了较好的效果。根据深海地平线应急处置官方机构公布的数据，截止至 2010 年 6 月 26 日，美国政府共开展了 275 次就地燃烧，根据官方预计这些就地燃烧共处理掉超过 1000 万加仑（约 4.5 万立方米）的原油（图 1）。

图 1　美国在深海地平线溢油事故中使用就地燃烧法清除溢油

1　就地燃烧的概念

就地燃烧法是在泄漏地点将从船舶或设施中泄漏出的油类进行可控燃烧的方法。通常将溢油用围油栏进行围堵并使用手持点火装置或悬挂在直升机上的点火装置引燃。如果油膜的厚度足够厚——通常在大于2～3mm时,燃烧将一直持续。如果处置得当,就地燃烧法大幅度降低水中的残存油类数量以及油类对环境的不利影响。

2 就地燃烧法清除溢油的发展

1967年3月18日,载有12万吨原油的“Torrey Canyon”轮在英吉利海峡“七石礁”触礁,引发了世界第一例大规模海上溢油事故。为控制溢油进一步扩散,由于采用除油和围油的措施未能奏效,英国政府用飞机轰炸的办法引爆了留在船体内的4万吨原油。作为首次采用燃烧法处理溢油事故,由于溢油风化速度快、恶劣的海况和天气条件、剧烈的点燃方式以及缺少围控设施等方面的因素,并没有取得成功。到80年代中期随着围控设施的到位和引燃方式的逐渐成熟,美国和加拿大等国家进行了大量的实验,在实验和实际溢油清理处置中就地燃烧技术被证明是快速而安全地消除大量溢油的有效方法。例如在1989年3月24日发生的美国油轮“埃克森·瓦尔迪兹”泄漏事故中就地燃烧法在不到1小时就燃烧了超过3万加仑($114m^3$)的原油,除油的效率达到了98%。

3 就地燃烧法清除溢油的优势

相比传统处置方法和岸线清理,就地燃烧法可以减少需要清理岸线人员的数量并降低从事这种有害工作的相关伤害。通过在泄漏源头清理掉溢油,将大幅减少被海鸟和哺乳动物接触的油类数量。燃烧溢油将减少对岸线的影响,同时减少传统清理岸线产生的废弃物,而燃烧仅产生碳氧化合物、水和颗粒物质,就地燃烧法可以降低溢油中挥发性有机过氧化物(VOCs)的蒸发。通过比较,就地燃烧法具有控制溢油的有害影响,且在大多数状况下是可以接受的。

通过围油栏收集、点燃,据实际溢油事故和试验,就地燃烧法清理燃油的清除率通常都在90%以上,部分情况下甚至达到98%以上,作为一种应对大规模的溢油,防止溢油规模继续扩大,快速、低成本的清除溢油方法,就地燃烧法具有巨大的优势。

4 影响就地燃烧法清除溢油的因素

4.1 油膜的厚度

要支持水中燃烧,油膜厚度必须高于1～2mm,在燃烧过程中不是溢油液体本身燃烧而是溢油的蒸汽被引燃并燃烧,燃烧产生的热量中大约有2%～3%要传递给油膜来产生进一步燃烧所需要的蒸汽。当油膜厚度小于1～2mm时,燃烧的热量将过快的传递给水面,从而不能产生足够的蒸汽来支持燃烧。

4.2 海浪和风的影响

实验表明就地燃烧法仅在相对稳定的状况下有效。当风力增强到接近20kn、浪高超过0.9m时,由于围油栏不能有效的围堵溢油并且由于海浪的撞击,溢油快速的乳化,燃烧逐渐变得困难。

4.3 油乳化的影响

当原油泄漏到水中混入微小的水滴就形成了乳化。通常乳化需要海浪的撞击来混合。当油品乳化时,粘度大幅增加,油组分的体积增大,点燃、燃烧溢油变得困难。乳化物中水的含量超过50%时即使是轻质燃油或者精炼产品也很难进行就地燃烧。

4.4　防火型围油栏

采用就地燃烧技术需要配备防火型围油栏。这种防火型围油栏需要抵御超过2000℉(约2093℃)的高温、海浪的撞击以及适合拖带。美国海岸警卫队曾在1999年5月受美国政府的委托,对市面上的多种防火型围油栏进行了对比实验,结果发现采用陶瓷防火纤维材料和不锈钢材料等防火材料制造的防火围油栏在燃烧一个小时后都被烧坏,不适合多次使用;

这次墨西哥湾的溢油事故使用的防火型围油栏为Elastec公司生产的防火型围油栏Hydro-Fire Boom,该围油栏采用了水冷却的方式进行防火,且可以放置在卷栏机上,使用时采用两条船拖拉,可以将收集到的浮油引导到安全的地方进行焚烧。该防火型围油栏可以反复使用,而且存储运输方便。不像金属制成的围油栏,难以拖拉而且只能使用一次。在本次处置中美国政府实际使用该产品超过60天,经受住了实际的考验。

5　美国就地燃烧法处置中暴露的问题

5.1　就地燃烧法没有得到最快的实施,错过了就地燃烧的最佳时机。

根据美国政府联邦机构制定的1994年溢油应急响应计划,当发生大型溢油时,需要首先考虑使用就地燃烧法对付溢油,当墨西哥湾发生溢油时,政府官员已经预先授权可以使用就地燃烧法来处理溢油。而在这次溢油中由于各种原因第一次测试燃烧直到4月28日才进行,那时离钻井平台爆炸事故已经8天了,大量的油已经泄漏,且已经扩散开来并流向陆地,相当大数量的原油经过了较长时间的风化、同时在海浪作用下已经开始乳化,燃烧效率大大降低。2000年6月挪威工业和科学研究基金会(SINEF)在离挪威海岸78n mile的区域从事了一次深海合资化项目实验,模拟从深海中释放氮气、柴油、原油、天然气,并对其进行研究,在实验中深海中泄漏的原油到达水面半小时后就形成了含水50%的乳化物,5小时后形成含水75%的乳化物。实验表明在泄漏物达到水面的半小时内,油类的乳化程度相对较低,是采用就地燃烧法的最佳时机。如果就地燃烧法被快速的实施,那么这次的原油泄漏扩散可能已得到控制,溢油将远离陆地。

5.2　防火性围油栏的配备不足

防火型围油栏生产厂Elastec提供的数据表明两条船舶拖拉的防火围油栏最多一个小时可以燃烧超过1800桶(约208m^3)的原油,在每个泄漏点配备两套围油栏可以交替进行不间断的作业,本次溢油事故中共有三个泄漏点,如果配备6套围油栏交替作业,理论上最多可以每天处理超过12万桶原油,而预计的泄漏量在每天1~3万桶,如果操作得当,6套防火围油栏交替作业可以将溢油扩散的风险降到最低。

按照美国1994年溢油应急响应计划的要求,美国需要在墨西哥湾配备防火型的围油栏,但是美国政府却没有按计划配备这些防火型围油栏,为了进行测试燃烧,临时从厂家购买这种防火型围油栏,但是由于该围油栏造价过于昂贵,厂家只有一套库存,美国政府临时从厂家的客户租借这种围油栏进行使用。由于没有配备防火型围油栏造成了就地燃烧清除溢油的进程进一步被延误。

6　思考

2004年12月7日珠江口"HVUNDAIADVANCE"轮与"MSCILONA"轮发生的碰撞导致1200t燃油泄漏事故是我国历史上最大的溢油事故,该事故相对国际上几次重大的溢油事故,泄漏量较少，但同时也意味着我国应对较大规模溢油处置能力缺少实际的操作经验，假设本次溢油事故发生在我国境内，我国的处置能力和技术是否能够胜任值得深思。

就地燃烧法经过了长期试验和国际上较大溢油事故实践的检验，被证明是一种清除大规模溢油的有效方法。具有处置速度快、产生污染物少等明显优点，我国海岸线狭长，跨度大，如果一旦发生大规模溢油，就地燃烧法作为一种较好的大规模消除溢油的方法，可以为溢油事故提供高效、快速的处理溢油。我国应加大在该领域的研究与投入，合理配备相关器材，出台相关的技术指南和政策，以提升我国在该领域的溢油处置能力。

参考文献

[1] 赵如箱.溢油应急反应中的现场燃烧技术

[2] Alan A Allen，等.溢油就地焚烧的优点和缺点

[3] Guidance on Buring Spilled Oil in Situ. National Response Team Science & Technology Committee

[4] Health and Safety Aspects of In-situ Burning of Oil. Nir Barnea National Oceanic and Atmospheric Administration

[5] http://www.deepwaterhorizonresponse.com（深海地平线泄漏处置官方网站）

[6] http://response.restoration.noaa.gov/index.php（美国国家海洋和大气管理局应急反应网站）

Abstract: April 20, 2010, Deepwater Horizon platform in Gulf of Mexico of the U.S. have an accident and sank, causing the worst oil pollution accident in U.S. history, three point leak more than 1 million barrels per day of crude oil, in the emergency response, the U.S. government dispatched a large number of human and material resources. As a fast, efficient, low-cost oil spill clean-up methods, in situ burning are widely used and have achieved great success. This article traces the development of in situ burning, compared the advantages of in situ burning, lists the elements affect the in situ burning, and analyzes the problem of in situ burning in this response.

Key words: In situ burning ; Oil spill ; Deepwater horizon ; Gulf of Mexico ; Fireproof boom; Response

浅谈广西沿海溢油风险源及防治对策

曾俊备
（中华人民共和国钦州海事局，钦州，535000）

摘　要：通过分析广西沿海现在和未来的油类运输形势，分析可能的溢油风险源，论述防止溢油的对策。

关键词：溢油　风险源　防治对策

1　引言

2008年初，国家批准实施《广西北部湾经济区发展规划》，标志着广西沿海发展进入一个新的时期。广西沿海有大陆海岸线1595公里，岛屿海岸线325公里，规划港口岸线217.2公里。广西沿海有国家海运一类口岸3个：北海港、钦州港、防城港，以及其他海运口岸：企沙港、江山港、铁山港。近年来随着广西沿海经济的快速发展，对石油产品的需求日益增大，石油产品进出口的数量快速增长，广西沿海的溢油风险也随之增大。2008年涠洲岛油污事故给广西沿海的溢油防治敲响了警钟。

2　广西沿海油类运输情况

2009年广西沿海散装油类进出港586.2万吨，1015艘次（其中原油316.3万吨，411艘次），共接受含油污水359艘次、7147吨。钦州港中国石油广西石化1000万吨炼油厂已于2009年投产，钦州保税区2000万方原油储库工程正在建设当中，根据规划，中石油钦州炼油厂将很快开工建设二期1000万吨扩建工程。另外，中石化北海炼油异地改造石化工程项目总投资200多亿元，分两期建设，一期建设内容包括北海炼油异地改选石油化工（20万吨/年聚丙烯）项目、涠洲岛30万吨原油码头及配套工程、北海320万立方米原油商业储备基地工程、北海至南宁成品油管道工程等4个项目，合计总投资126.36亿元；二期将建设千万吨级炼化项目。到2020年，广西沿海石油化工将有可能成为年销售收入超1000亿元的产业，北部湾经济区将成为我国西南地区新兴的石油化工基地。

3　广西沿海的溢油风险源

3.1　船舶可能造成的溢油事故

3.1.1　船舶发生海损事故可能造成的溢油

船舶发生碰撞、搁浅、火灾、爆炸等事故，造成船舶燃油舱或者油船的货舱破损或沉没造成溢油事故。特别是油轮发生事故后货油舱的泄漏溢油，它造成大量的石油泄漏到水域或陆地，对环境造成很大的污染，危害极大。

3.1.2　船舶装卸作业可能造成的溢油事故

船舶在加装燃料油和油船油舱装货期间的溢油。日常装卸储运中石油产品的零星跑冒滴漏,对水、陆地、作业机械容器均造成轻微污染;船岸双方驳油速度不协调和联系不及时,或封闭式装货标示不准确而造成溢油;货油驳运时,输油软管在高压下工作,软管的残旧、老化及伸缩接头、阀门的松动等也会造成油渗漏。

3.1.3 船舶油污水

含油污水的排放,油船的机舱油污水、压载水、洗抢水,这些废水中均含有大量石油,浓度可达15000mg/L,如直排即对水体造成油污染,另外,当油船改装油品时,也必须先清洗货油舱,这些也成为水域的一个污染源。[1]

3.2 钻井平台

2010年4月22日,英国石油公司在墨西哥湾一座石油钻井平台爆炸起火,随后沉入墨西哥湾,造成大量原油泄露,截止至6月21日仍不能完全控制污染源。溢油引起墨西哥湾的巨大生态灾难,引起各方对石油平台安全性能的强烈关注。广西沿海在涠洲岛附近海域有几座钻井平台进行生产作业,还有很多的钻井平台进行勘探作业,这些钻井平台都存在一定的风险。钻井平台存在的溢油风险主要有三种情况:一是船舶与钻井平台相互撞击造成溢油;二是海上石油开采过程中钻塔或者油井因爆炸或其他原因沉入海底,造成大量石油泄漏。如1977年挪威北海油田突发爆炸,导致油井保险设施沉入海底,而此次墨西哥湾的"深水地平线"石油平台爆炸事故也属于此类事件。三是自然因素造成的海上石油溢油事故。如1974年密西西比河口附近的两座石油钻塔颠覆事故造成的石油溢油事故,起因是由于飓风导致的海底滑坡,进而导致钻塔颠覆,石油外溢。

3.3 海底管线

大部分海上设施的大规模泄漏是由管线引起的,且大部分是由外部损害、管线系统的老化引起的。2008年8月16日,北海涠洲岛首次发现油污,随后的一段时间里又陆续发现了油污。被媒体评为"中国最美丽十大海岛"之一涠洲岛,洁白的海滩布着油污形成的黑带,如长蛇般缠绕着海岛,这个"中国最年轻的火山岛"受到了严重的溢油污染。经过多个部门的排查,并对溢油进行油指纹比对,最后认为最有可能造成本次污染事故的原因是涠洲岛连接其附近海域的钻井平台的海底石油管线破损造成的原油泄漏。

3.4 水上供受油作业

随着广西沿海的快速发展,船舶运输量快速增长,沿海施工船舶众多,水上供受油作业越来越频繁,溢油风险也日益增大。广西沿海有部分没有取得船舶油料供受作业资质的船舶非法从事水上供受油作业,这些船舶配置低,没有配备合格的防污染设备和船员,没有制定规范的作业程序,存在很大的溢油风险。

3.5 将来可能要进行的过驳作业

钦州港中国石油广西石化公司1000万吨级炼油项目已经投产,但受限于钦州港的航道仅为10万吨级散杂货航道,不能进靠大型油船,如果用小型的油轮运输又会较大的增加运输成本,而钦州港30万吨级码头和航道正在施工建设中,距离投产还需一定时日,因此,各方正在探讨进行海上油船过驳的方案,以解燃眉之急。进行水上油轮过驳存在较大的溢油风险,需加强监管。

4 防治对策

4.1 完善广西沿海防治溢油的监督管理体制,加强各部门之间的沟通合作

要做好广西沿海的溢油防治工作,重要的问题在于理顺有关部门之间的关系。为此应进

一步明确各部门管理责任,建立环保、海事和海洋与渔业部门的协调合作制度,避免部门之间职责不清的现象,充分发挥各部门的积极性,共同搞好广西沿海的溢油防治工作。

4.2　加强溢油源控制,从源头上防止发生溢油事故[2]

本着“预防为主”的原则,防治溢油的重点应放在污染源的控制上。一是加强油船特别是大型油船的进出港审批管理,从源头上杜绝低标准船舶进入港口,按规定对港内作业油船进行围油栏作业,积极做好船舶溢油预防控制措施。二是加强对海上钻井平台、海底石油管线及沉船的管理,制定相关的操作规程并严格执行。钻井平台和管线的设计、检查、监控是预防溢油事故的重要措施,包括应用先进的检验、检测、维修、泄漏探测及控制技术,提高监控能力,预防泄漏事故的发生。三是加强现场监督管理和日常巡查工作,及时发现并制止违章行为,依法查处违反法律法规油污事件。四是定期组织开展港口、码头、船舶溢油应急演练,提高溢油应急反应的实战能力。

4.3　建立港口应急机制和保障机制

建议在政府的统一领导下,制定区域溢油应急预案,组建由环境保护、海事、海洋与渔业、公安等有关部门组成海上重大油污事故应急组织,统一指挥油污事故应急响应行动。依托将在钦州建设的中型防污染的溢油设备库,政府加大防污染设备的投入,提高区域溢油事故应急处置能力。

4.4　健全港口溢油监测监视系统

为建立健全港口溢油监测、监视系统,各涉海管理部门应该配备必要的监视、通讯、巡逻、交通等设备,设置报警装置,加强夜间和能见度不良条件下的监视手段,组织群众性的监视网络,建立举报和奖励制度,不断提高监视能力,及时发现港区水域的溢油事故,及时监测、处理。

4.5　加强海洋环保宣传教育,形成海洋环境保护的良好社会氛围

环境是经济发展的物质基础。因此,必须加强海洋环保的宣传教育,使全社会认识和理解保护海洋环境的意义,尤其要加强对港口、航运企业的管理人员和一线操作人员的安全、环保意识教育和技术培训。要通过教育和宣传等途径,使他们认识到溢油污染的危害,自觉树立环保理念,推进技术进步,减少油污的排放,促进经济的可持续发展。

5　结束语

北部湾,被称为中国最后一片净海,一场以重化工业为龙头的工业化革命正在这里兴起。国家在钦州、北海这两个相距不远的港口城市分别布局中石油 1000 万吨炼油厂和中石化 800 万吨炼油项目,一定程度上会给当地陆地、海洋环境增加压力[3]。两个项目所造成的船舶油类运输量的大量增加也极大的增加了溢油风险。北部湾石化产业能否成为环保标杆,实现重化工业从高污染向环境友好型“华丽转身”,守住中国最后一片净海的“清白之身”,关键在于规划、设计的科学,以及各环节的严格监管。

参考文献

[1] 柳婷婷,田珊珊.海上溢油事故处理及未来发展趋势.中国水运[J],2006,(11):27-29

[2] 周斌,梁刚,赵益栋.我国沿海港口船舶溢油事故分析及对策研究[J],海洋技术,2009,(9):87-89

[3] 陈泽伟.沿海重化工挑战环保专家建议公众参与环评[J],瞭望,2010,(11)

三峡库区船舶流动污染源的现状及对策

万　毅
(重庆万州海事处)

随着水运事业的发展,长江沿岸区域经济增长较快,但环境治理却相对滞后,长江水域污染仍令人担忧。特别是三峡库区的环境问题越来越引起国内外人士的关注。有效的解决船舶流动的污染问题也显得更加迫切。现就船舶流动污染源的现状及存在的问题进行分析,试提出一些加强管理和解决船舶流动污染的对策及建议,使母亲河更加靓丽。

1　概况

三峡库区位于长江上游下段,全长600余公里,涉及19个县市,面积5.5万平方公里。据2009年不完全统计,在库区航行的客船、涉外旅游船、客货船、拖轮,油船、货船、货驳、工程船等3万多艘,船舶向水域排放的污染物,加剧了库区环境的污染。作为流动污染源,具有随机性、点多、线长、面广流动性大等特点。加之三峡工程的兴建,部分航道及水文情况的变化,船舶等坝和翻坝等待航时增加,库区水质污染随之加重。大坝建成后,坝高175m,控制流域面积100万平方公里,占长江流域面积100万平方公里,占长江流域面积55%,水流速由目前3m/s左右降至约10倍的0.3m/s左右,水体自身净化能力明显减弱,长江水质和沿江生态环境面临巨大威胁。

2　船舶流动污染源的现状及存在的主要问题

2.1　船舶油污水

船舶油污水的排放是污染长江水域的主要污染源之一。含油污水主要是机舱水、洗舱水,据初步统计,大小船舶近30000艘,每年向库区排油污水量近10万吨,其次船舶在装卸油作业过程中的跑、冒、滴、漏也是造成污染水体的一种途径。在船舶防污管理上尽管国家采取了一系列措施,但目前仍然存在以下问题:

2.1.1　船舶油水分离器使用情况令人担忧

根据《内河船安全检查》及船检有关规定,主机总功率大于22kW的船舶,至少配置一套额定处理量不少于0.04t/h的油水分离器,船舶主机总功率大于或等于440kW(600马力)建造时至少装设一套额定处理量为1t/h的油水分离设备,船舶主机功率大于或等于220kW(300马力)但小于440kW(600马力)的新船应当在船舶建造一套额定处理量为0.1t/h至0.25t/h的油水分离设备。据2009年三峡环境监测站对804艘有代表性的船舶对油水分离器的安装和使用情况调查表明,其中抽查了小于100kW的船舶316艘,配置了油水分离器的只有105艘,安装率32.9%,使用合格率18%,在安装了油水分离器的105艘中有85条排放量大于15ppm而未达标。在100至440kW的货船中抽查了125条,只有100条安装了油水分离器,使用合格率仅20%,有80条货船排放大于15ppm。据万州海事处2009年9月至10月对100余

艘各类船舶的检查中发现,多数自航机驳船油水分离器不是严重损坏就是根本未使用过,形同摆设,甚至检查到有的机驳船工把油水分离器放到厨房里,有的船舶的油水分离器配备的型号额定处理量也达不到要求,或根本没安装。更有甚者,有的轮机长,轮机员根本就不会使用油水分离器,油水分离器放在那里睡大觉。可见机舱里的污油水直接或超标排入长江,造成的水域污染不可忽视。

2.1.2 油污水接收处理设施欠缺

造成油污水排入长江的另一个原因是库区油污水接收处理设施欠缺,在检查中许多船舶单位及船员反映,长江下游许多地方都有专门的废油接收设施,并收购废油污水。库区内除重庆、万州设有"长净3"号,"长净4"号、"重阳"号油污水回收处理船外,而巫山、涪陵等地均未具备这样的条件。客观上使船舶不得已向江里排放油污水,加重了对江水的污染。

2.2 船舶垃圾污染喜忧参半

船舶垃圾分为生产垃圾和生活垃圾,主要是生活垃圾。具有关资料显示,库区年排垃圾量2000多吨,这些垃圾直接排入江中,造成了水体的污染,不仅影响环境卫生和三峡的美景,且垃圾长期浸泡水中,破坏了水质,恶化生态环境。自交通部、建设部、国家环保局1997年11月17日联合发布了《防止船舶垃圾和沿岸固体废物污染长江水域管理规定》以来,400总吨及以上的船舶和经核定载客15人及以上的船舶,均需备有港航监督部门批准的《船舶垃圾管理计划》和签发的《船舶垃圾记录簿》,船舶还张贴了告示牌,配备了有盖,不渗漏,不外溢的垃圾储存容器,或袋装到港后由垃圾回收船回收,致使船舶垃圾污染水域的情况有所好转,但由于管理上的诸多不变,至今仍有船舶在夜晚或港外甚至趁港监人员不在现场时偷偷将垃圾倒入长江的现象时有发生。如1999年3月2日16:00神龙溪12号在云阳港内停泊期间,该船服务员打扫清洁后,认为港监人员不在现场,将垃圾倒入长江。被正在巡逻的监督50号发现,对当事人进行处罚。另外一些旅客环保意识差,随意向长江抛弃废弃物的现象时有发生。

重庆、万州、巫山、宜昌等地虽然设立了垃圾回收船,但由于垃圾回收费用问题一直未很好的解决,焦点访谈中记者采访宜昌港务局一回收船船长时,该船船长说,每年垃圾回收费不能支付发放船员工资及船舶维修费用等,垃圾接收船还要严重亏损,装备将"鸣锣收兵"。这样一来对长江的污染又将加剧。

2.3 事故污染

船舶发生海损事故,造成的污染是不可忽视的一个方面。近年来,长江船舶因造成的染时有发生,1995年6月19日万县港附马油库发生了1028.43吨航空煤油汇入江水的特大事故。1996年12月19日09:00长寿县扇沱乡属渝东201轮拖四驳在云阳同德梁(宜昌上游269km)发生水上交通事故,所载硫磺550t,三氯甲烷100t,氯化碳100t全部沉入江中。1997年10月8日18:50,赣抚州油料0005轮在云阳小庙基(宜上游320.5km)因驾驶人员操作不当,致使该船触损,造成纯苯149.336t泄漏流入长江的重大污染事故,使奉节、巫山等地发生饮用水困难,引起了江泽民总书记的关注,不胜枚举的这些应急污染事故也是造成库区水域污染的重要途径。

2.4 生活污水

船舶向库区排放生活污水每年约100多万吨,生活污水中会有大量有机质,细菌,病毒,化学洗涤剂,油污和有机残渣。长江上现阶段大部分船舶生活污水都未采取生活污水的处理而直接排入江中,由于我国船舶设施和条件还相对落后,国家经济实力和科技技术与发达国家有一定差距,达不到国际标准。在国际海事组织中议定的《73/78 防污公约》实际上只是附则 I 防止油污规则,附则 II 控制散装有毒液体物质污染规则,附则 V 防止船舶垃圾污染规则在我国生效。附则 IV 防止船舶生活污水污染规则在我国尚未生效。但随着社会的发展,经济的增长,库区的生活污水污染问题将日益严重,也应引起重视。

3 关于加强船舶流动污染源管理的对策和建议

3.1 加强宣传,提高船员环保意识

随着航运事业的不断发展,船舶数量的增多,船舶流动污染源对长江水资源环境造成的影响应进一步加以有效控制,长江沿线各级政府和航运等单位要不断加强环境保护宣传教育工作,增强全民环保意识,深入开展环境保护法律、法规的宣传工作。大力宣传《中华人民共和国水污染防治法》,贯彻落实交通部、建设部、国家环保总联合发布的《防止船舶垃圾和沿岸固废物污染长江水域管理规定》等防污法规。督促船舶随时向广大旅客广播宣传防污染法规,设立告示牌,在客船,客货船和渡船的船公司还应配备专(兼)职环保员负责船上环境卫生的管理工作,禁止船员和旅客随意向长江抛弃垃圾。在发展长江航运的同时,保护好长江环境。

3.2 开展船员培训,提高船员素质

首先海事机关应对技术船员进行"防污管理规则"和其他 安全法规的集中培训。在船员考试和发证工作中,建议在理论考试中把油水分离器的工作原理作为必考题,在实际操作考试中把油水分离器的使用也作为必考内容。其次针对船舶污染事故多,主要是个体散化船的运输安全问题严重,由于从业主到船员文化素质较低,缺乏相关专业技术知识,又没有经过散化特殊培训,散化船的装卸作业和运输安全得不到保障,极容易引发重大恶性的污染事故,应加速开展对散化专业培训和考试发证。

3.3 加强库区污染源回收处理设施建设

建立健全船舶垃圾及船舶油污水回收处理设施,对船舶垃圾的回收,运输实现 服务收费制度,希望国家有关部门制定出针对各类船舶统一可行的计费方法和标准,同时依靠科技推进垃圾处理产业化。油污水通过油水分离器后形成的废油用途比较大,可在库区多建几个废油回收处理厂,这样可从经济的角度加强船舶节能和环保意识,不直接把油污水排入长江。同样收废油的船舶也应具备海事机关颁发的接收作业许可证,船舶卖了废油的也应有回收证明随时供港监部门检查。

3.4 加强对船舶流动污染源的监测

环境管理必须依靠环境监测,监测必须为环境管理服务。最近江泽 民同志指出"监测是环境管理重要手段之一,连续监测,定时监测和严格管理相结合,才能准确反映环境质量状况,才能有针对性加强监督管理"。船舶流动污染源排污监测是污染源管理和船舶防污监督管理一种手段,特别是在市场经济的形势下,政府对船舶营运企业行政制约能力减弱,制度行为船舶进行监督,同时对船舶进行定期和不定期监测,显得越来越重要。依靠监测工作,运用监测数据的权威性。对各种船舶防污设备进行检查才有科学依据,才有针对性。

希交通部尽快加强对长江海事局的监测站,重庆、万州监测站,宜昌监测站的经费及配套设施的投入,顺利开展三峡库区船舶流动污染源的监测工作,从而使监测工作全面深入的开展,特别是在库区形成后,为船舶防污管理,提供科学依据。

3.5 开展长江三峡库区船舶突发性污染事故的监测及处理

事故污染也是流动污染源最严重的污染,从1995年6月万县附马油库发生1028.43吨航空煤油泄漏入江。1996年12月长寿渝东201轮所载550t硫磺,100t三氯甲烷,100t氯化碳沉入江中。1997年10月赣抚州油0005轮因触礁,造成149.336t纯苯漏入江中。1998年7月30日屈原7号因海损事故,5t柴油入江,等事故可以看出,我们没有建立快速的应急监测体系,缺少快速有效的污染事故处理对策,极不利于污染的控制,限制污染扩大,消除污染物,减轻污染危害。

现阶段来说就是要加强吸油,围油设备的使用,强制铺设围油栏,对防止溢油事故和污染事故处理将起重要作用,对从事油码头散作业的码头,修造船厂,水上储油处等各意境一定要提高对水域环境保护重要性的认识,铺设围油栏及配合其他有效防污器材和设备。事故肇事者还应承担因水域污染而引起的索赔和有关清除污染,控制污染所产生的费用。

3.6 加强船舶管理,加大对船舶防污监督和执法力度

加强船舶管理和执法力度是促进环境工作开展的重要手段,主管船舶防治污染的港监部门,对经整治未达到船舶排放标准的船舶及其他污染江水的行为应给予人重处罚。认真贯彻各种防污法规,实际24小时全天候现场监控,开展现场检查巡逻开展对船舶防污设备和船舶垃圾专项整治检查等,努力控制船舶污染,为三峡库区生态环境保护作出贡献。

环境保护是一项长期的工作,特别是对长江环境污染的治理,更具有特殊性,艰巨性。笔者认为:作为海事人员,首先从我们所管辖的船舶流动污染做起,坚决控制和减少船舶对长江的污染,同时在各职能部门的共同努力下,在全民环保意识提高和主动参与下,一定会让我们的母亲河更加洁净!

船舶散装有毒液体物质污染事故应急管理研究

华柏忠

（张家港海事局，江苏张家港，215633）

摘　要：本文以应急管理理论为主线，从事前预防、应急准备、应急反应、事后恢复等方面对船舶散装有毒液体物质污染事故应急管理的现状进行了分析，找出了船舶船员、隐患排查、应急预案、应急机制、应急资源、信息发布等方面存在的不足，提出了注重预防、健全法制、完善机制、保障资源等针对性对策和建议，以实现对污染突发事件应急管理的科学应对和依法应对，预防和减少污染突发事件的发生，控制、减轻和消除突发事件引起的危害。

关键词：船舶　有毒液体物质　污染　应急管理

随着我国经济的快速发展，船舶散装运输液体化学品的数量迅速增长，其中大部分液体化学品属于 MARPOL 73/78 公约附则Ⅱ《控制散装有毒液体物质污染规则》中定义的有毒液体物质，伴随的船舶散装有毒液体物质的污染事故也时有发生，造成严重的环境污染，给生态环境、人类健康、工农业生产带来重大影响，甚至危及社会的和谐稳定。加强船舶散装有毒液体物质污染事故应急管理，预防和减少污染事故的发生，控制、减轻和消除污染事故引起的危害，是摆在我们面前的一个重要课题。

1　应急管理概述

应急管理理论首先在西方的国际政治和外交领域得到突破，与国外相比，我国应急管理的研究起步较晚，近年来国内外突发事件频繁发生，特别是 SARS 危机的爆发后，我国更加重视应急管理，2007 年 11 月 1 日，《突发事件应对法》的施行为有效实施应急管理提供了法制保障。

1.1　应急管理的定义

应急管理的客体主要是突发事件，但学术界对应急管理有不同的定义形式，如：学术界认同“应急管理”也可称为“公共危机管理”，关于应急管理的概念比较有代表性的有：

罗伯特·希斯认为①，危机管理包含对危机事前、事中、事后所有方面的管理。有效的危机管理包括：转移或缩减危机的来源、范围和影响；提高危机初始管理的地位；完善修复管理，以能迅速有效地减轻危机造成的损害。

1.2　应急管理的生命周期

人们对应急管理的生命周期过程的理解也各有不同，如两阶段分类法（包括危机日常管理和危机事件管理阶段）、三阶段模型（包括事前、事中、事后阶段）、4R 模型（包括减少、预备、反应、恢复阶段）、五阶段模型、六阶段模型等。

---

①　罗伯特·希斯著. 王成，宋炳辉，金瑛，译. 危机管理. 北京：中信出版社，2001。

1.3　应急管理体系

一般而言,应急管理体系包括应急体制、应急机制、应急法制和应急预案。一个完善的应急管理体系,首先应设计应急体制和机制,建立应急管理法制体系,然后在这些制度建设的基础上,运行应急管理总体预案,并根据实际发生的突发事件,有针对性地使用专业性的应急预案,完成实战场景下的应急管理。

(1)应急预案。应急预案是针对可能发生的突发事件,为保证迅速、有序、有效地开展应急与救援行动、降低损失而预先制定的有关计划或方案。

(2)应急体制。应急体制是建立应急响应机制和应急预案体系的依托和载体,体制的形成不仅需要成立实体机构,更要有对实体机构的责任界定和不同实体机构之间的关系规定。

(3)应急机制。应急机制规定了应急管理体制运行中需要遵循的规则和规律。

(4)应急法制。应急法制是从法律层面上对突发事件进行预防和应急,是应急体系的基础和保障,也是开展应急活动的依据。

2　涉及船舶散装有毒液体物质污染事故应急管理的相关规定

(1)《MARPOL 73/78》附则Ⅱ第17条规定,每艘准予载运散装有毒液体物质的150总吨及以上的船舶,应备有主管机关认可的《船舶海上有毒液体物质污染应急计划》。

(2)《2000年有毒有害物质污染事故防备、反应与合作议定书》对有毒有害物质的国家应急体系的建立、船舶污染应急计划、污染事故的报告、国际合作等作了具体规定。

(3)《海洋环境保护法》规定,因发生突发性事件,造成或者可能造成海洋环境污染事故的单位和个人,必须立即采取有效措施,及时向可能受到危害者通报,按规定报告,接受调查处理;沿海县级以上地方人民政府必须采取有效措施,解除或者减轻危害。

(4)《水污染防治法》规定,应当依照《中华人民共和国突发事件应对法》的规定,做好突发水污染事故的应急准备、应急处置和事后恢复等工作。

(5)《防治船舶污染海洋环境管理条例》对防治船舶污染海洋环境应急能力建设规划、建立应急反应、监测监视机制、制定海洋环境应急预案、建立专业应急队伍和应急设备库、配备专用的设施设备和器材、应急处置等作了规定。

(6)《防治船舶污染内河水域环境管理规定》对地方政府及相关经营人制定船舶污染事故应急计划、船舶配备《船上有毒液体物质污染应急计划》、应急演练、配备防污染应急设备和器材、应急处置等作了原则规定。

总的来说,我国已初步建立了关于散装有毒液体物质污染事故应急管理的法律体系,但有的法律、法规的相关规定还较原则,操作性不强。

3　船舶散装有毒液体物质污染事故现状

近年来,我国船舶散装有毒液体物质运输量较大。据统计,2002年至2006年,船舶散装液体化学品运输量达到2.296亿吨①,其中大部分液体化学品为有毒液体物质;2001年全国各

① 吴红兵,王星星.我国加入《2000年有毒有害物质污染事故防备、反应与合作议定书》的利弊.水运管理,2008(08)。

港口进出载运散装有毒液体物质船舶约2万艘次[①]。

船舶散装有毒液体物质污染事故也时有发生，如：2001年4月17日，韩国籍“大勇”轮装载苯乙烯2290.281t在长江口与中国香港“大望”轮相撞，造成约700t苯乙烯泄漏；2003年6月“东风6号”在长江长寿水域触礁沉没，造成300t硫酸入江，严重污染水域环境。据统计，1991年至2004年我国发生船舶载运有毒液体物质污染事故达57起，其中造成严重污染物泄露的事故为14起，虽然污染事故件数自2001年以来持续下降，但污染物泄露量不降反升[②]。

4 船舶散装有毒液体物质污染事故应急管理存在的问题

4.1 事前预防方面

4.1.1 船舶发生污染事故风险较大

(1)载运散装有毒液体物质的船舶技术状况不容乐观，特别是其中的老龄船、方便旗船舶、内河小型船舶的技术状况更是堪忧。

(2)小型液体化学品船的船员素质较差。主要表现在：船员的船舶操纵能力和安全意识普遍不强，对有毒液体物质的理化特性和应急处置要求不熟悉等。

(3)码头管理不规范。部分码头未建立和实施船舶安全营运和防污染管理体系，部分码头装卸操作人员的安全与防污染意识不强，执行力不高，甚至违法规定进行相关作业，给码头和船舶的安全生产埋下隐患。

4.1.2 事故隐患排查不到位

对事故隐患排查还存在认识不到位、排查不深入、整改不彻底的现象。主要表现在：部分地方对事故隐患排查工作存在应付现象，排查工作要求不明确，重点不突出；排查时浮于表面，缺乏深度和广度，存在死角和盲区；对排查出的事故隐患，有的没有及时跟踪整改情况，隐患整改不彻底。

4.2 应急准备方面

4.2.1 应急预案不完善

主要表现在：预案的内容不完备，如：对污染事故的考虑不周全，对污染事故发生后的后果估计不全面等；预案未及时进行修订和完善；预案的可操作性不强；预案缺乏演练，难以事前评估预案的实施效果等。

4.2.2 应急救援力量不足

主要表现在：

(1)缺少专业清污队伍。大部分地方没有建立有毒液体物质专业清污队伍，发生污染事故后承担清污的人员通常缺乏有毒液体物质相关专业技术知识和清污实际操作能力，难以有效应对有毒液体物质污染事故。

(2)市场和社会力量参与度低。许多地方未建立市场化运作的清污队伍，地方政府也缺乏相应的扶持、引导，没有充分利用市场来建设和壮大清污队伍；调动社会力量参与应急救援的相关机制还不健全，社会力量参与度还较低。

---

① 韦之杰，宋儒卿. 长三角区域船舶运输有毒液体物质污染事故风险分析与对策研究. 2004年船舶防污染学术年会论文集，2004。

② 吴红兵，王星星. 我国加入《2000年有毒有害物质污染事故防备、反应与合作议定书》的利弊. 水运管理，2008(08)。

4.2.3 应急设备缺乏。主要表现在：

(1)缺少专门的应急设备库。目前，有毒液体物质防污应急设备库的建设还处在起步阶段，一些地方虽建立了溢油应急设备库，但不能满足可溶、沉淀等有毒液体物质污染事故的应急处置。

(2)码头防污应急设备配备不全。大部分有毒液体物质装卸码头的防污应急设备是按《港口溢油应急设备配备要求》配备的，不能满足有毒液体物质污染事故的应急处置；另外，部分码头由于内部管理、安全意识、经营状况等原因，缺乏对现有防污染应急设备的维护保养，未能使其处于随时可用的良好状态。

4.2.4 信息支持系统滞后

由于部分地方对应急反应信息建设不够重视、建设资金不足等原因，缺少有毒液体物质资料库、决策支持等信息系统，还不能通过信息系统对船舶数据、泄露情况、水文气象数据、环境敏感区等信息进行全面、实时、准确的采集，还不能通过模拟软件对污染物漂移扩散进行有效预测，为决策者应急反应决策提供的信息和技术支持还比较有限，应急反应信息支持系统建设总体上还比较滞后。

4.3 应急反应方面

4.3.1 应急联动不协调

总体上，各部门之间的上下联动比较强，左右联动比较薄弱，出现内外部联络沟通不畅、信息不对称、各应急队伍处置不协调等情况，在应急决策指挥、信息通报、资源调配、联合行动等各个环节没有达到无缝连接、有效整合的要求，降低了应急反应的效能。

4.3.2 动态应急物资管理不力

可靠的动态应急物资管理是应急反应持续进行的基本条件。目前，在应急物资筹措、应急物资运输等方面还存在一些薄弱环节，如：未建立动态应急物资管理工作机制，缺乏应急物资信息等，致使应急物资不能充足、及时、有效地投入到应急处置中，影响了应急处置工作的顺利进行。

4.3.3 信息发布和舆情引导不及时

发生水运有毒液体物质污染事故，在给人们带来生命财产和环境危害的同时，也会直接影响到公众的心理。由于部分政府及相关部门忽视网络舆情、对负面舆情缺乏监测预警及控制等情况，从而使小道消息、流言快速传播，引发公众的焦虑和恐慌，产生政府信任危机，并可能诱发衍生突发事件，导致事件的转化和蔓延，加剧危害的发生。

4.4 事后恢复方面

4.4.1 事后评估考核不全面

在事后评估中，经常存在评估不全面、避重就轻的现象，忽视相关内容的评估，如：(1)忽视对应急反应的人力、设备、器材是否能满足应急反应需要的评估；(2)忽视对应急预案存在不足的评估；对存在的问题和不足分析不透彻，提出的改进意见笼统、空泛，缺少可操作性，难以通过事后评估，改进应急管理，提高应急效率。

4.4.2 污染损害赔偿机制尚未建立

国际海事组织于1996年通过了《国际海上运输有害有毒物质损害责任和赔偿公约》，以解决包括有毒有害物质的污染损害赔偿问题，我国尚未加入。目前，我国还没有建立关于有毒有害物质污染损害赔偿方面的相关制度，也没有建立污染损害赔偿基金，致使污染损害得不到赔偿,也影响突发事件发生后的恢复建设。

5 相关对策和建议

5.1 提高认识,强化责任

各级政府和相关部门要不断提高对应急管理的重要性和规律性的认识,树立服务理念,强化责任意识,提高应急能力。

5.1.1 提高对应急管理重要性的认识

(1)加强应急管理是建设服务型政府的必然要求,加强污染事故应急管理,预防和减少危害的发生,保障公共利益和公共安全,是服务型政府建设的迫切任务。

(2)加强应急管理是贯彻落实科学发展观的必然要求,船舶有毒液体物质运输在促进经济建设的同时,也潜在着巨大的风险,一旦发生污染事故将严重影响科学发展的质量。要以科学发展观为指导,做好应急管理工作,实现科学发展。

5.1.2 提高对应急管理规律性的认识

(1)要坚持预防为主、预防与应对相结合。事先预防和事中应对是应急管理的重要组成部分,不能把应急管理理解为只是对事故发生后的处置。要高度重视应急预防,强化突发事件的预防预控,排除安全隐患,防患于未然。

(2)要坚持依法、科学应对。要建立健全应对突发事件的应急预案、应急体制、应急机制和应急法制建设,使突发事件应对工作做到有章可循、有法可依。有效应对突发事件,积极把握突发事件发生的机理和应对的方法;要以先进的技术和设备为保障,提高应对水平。

5.2 注重预防,防患未然

事前预防是突发事件应急管理的重要组成部分,要把应急管理寓于日常管理之中,强化风险隐患的排查治理,未雨绸缪,最大限度地控制和消除突发事件发生的风险和隐患,防患于未然。

5.2.1 规范港口码头管理

(1)建立实施安全与防污染管理体系。通过体系管理,明确岗位职责,规范操作流程,完善管理制度,实现管理的制度化、程序化、科学化。

(2)加强安全与防污染设备的配备和维护。根据码头作业品种的特性和规模配备必需的设备设施,因各码头作业品种的理化特性和处置要求各有不同,要针对不同的要求配备足够数量的相关设备设施,以满足不同的需求。加强对码头安全和防污染设施的维护保养,确保处于良好的技术状态。

(3) 规范码头装卸作业。作业中应严格执行作业操作规范和标准,遵章守纪,落实船岸安全检查制度等各项安全措施,防止安全和污染事件的发生,保障船岸双方的作业安全。

5.2.2 加强船舶船员管理

(1)保持船舶处于良好的技术状况。要严格执行国际公约和国内规范关于船舶技术状况的各项要求,确保船舶的船型、舱型符合规范要求,船舶的安全和防污染设备配备齐全、维护保养到位,特别要加强老龄船、试航船舶的维护管理,防止船舶失控等重大险情的发生;要严格实施安全管理规则,认真运行安全管理体系,防止出现"两张皮"现象,推动船舶管理的制度化、程序化,确保船舶处于适航、适装状态。

(2)提高船员的综合素质。要通过培训和教育,提高船员的安全意识、责任意识,提升船

员的文化素质和专业技能，熟悉有毒液体物质的理化特性和应急处置要求；要强化对船员实际操作能力的培养，提高船员安全操作、应急操作的能力和水平，有效应对突发事件。

5.2.3　提升海事监管能力

（1）加快海事信息监管平台建设。利用地理编码技术，实现海事管理对象在管理区域中的有序、精确定位；利用GPS技术，实现海事管理对象及海事管理人员的精确定位；利用VTS、AIS、GPS、CCTV、VHF等多种技术手段实现海事管理对象的动、静态信息的及时采集；利用数据库技术，实现各子系统数据库之间的数据交换及信息融合。

（2）强化船舶安全检查。要加强对重点船舶的检查，将老龄船、方便旗船、内河小型液体化学品船及有“明显依据”的船舶应作为优先受检对象，严格检查；要加强对重点项目的检查，做到深入检查，不流于形式，不断提高安检的质量。

5.3　健全法制，依法应对

应急法制是应急管理体系中的重要组成部分，是开展应急活动的依据和保障。要进一步完善有关水上运输有毒液体物质污染事故应对方面的法律、法规、规章和国家标准，建立全面、系统、具体的应急管理法制。

5.3.1　完善现行应急法律规范

要清理现行的水上运输有毒液体物质污染事故应急法律规范，消除立法矛盾和冲突，破除部门利益和地方利益的局限，实现应急法律规范体系的协调统一。在内容方面要从应急管理的过程出发，涵盖应急预防、准备、反应和恢复等方面，作出系统和详尽的要求，避免重原则轻规定，明确具体的职责、程序和要求，如：修改完善《船舶载运危险货物安全监督管理规定》中的相关应急条款，使其更具有实用性和可操作性。

5.3.2　加快新法规制定

（1）建议制定散装有毒液体物质码头安全与防污染设备的配备标准，针对码头的装卸能力和作业的品种配备相匹配的安全与防污染设备，为码头的设备配备提供指导，以增加码头的应急防备能力。

（2）建议制定有毒液体物质水上运输污染损害赔偿制度。尽快建立载运有毒液体物质船舶的强制污染保险制度和相应的基金制度，明确赔偿原则、赔偿范围、优先赔偿秩序、基金管理办法等内容。通过完善污染损害赔偿制度，保护污染受害人的权益，促进社会和谐。

5.4　完善机制，规范应对

应急机制在预防和控制突发事件中发挥着重要的作用，要进一步完善应急机制，形成协调有效的应急管理工作机制，实现应急管理的快速反应、高效运转。

5.4.1　完善应急联动机制

要进一步理顺应急管理领导机构、日常办事机构、现场指挥、成员单位、水上应急救助力量之间的关系，明确各自在各个环节中的职责，完善各项工作制度，如：联络制度、信息通报制度、联席会议制度等，加强左右联动，以保障沟通顺畅、信息对称、资源共享、处置高效。

5.4.2　健全社会动员机制

要不断完善社会动员机制，建立组织网络、动员程序、社会资源数据库，制定相关政策引导措施吸引社会资源主动参与，要建立政府部门与社会力量之间的信息互动机制，要与相关社会资源签订合作协议，组织参加应急培训和演习，提高其应急能力。通过建立有效的社会动员机制，确保社会力量参与应急行动的有序、高效，发挥其在应急反应中的作用。

5.4.3 建立动态应急物资管理机制

有效的动态应急物资管理机制是应急处置及时、持续、高效开展的重要前提。要建立动态应急物资管理工作机制，明确应急资源调配的组织体系、工作职责、工作原则、工作程序和相关标准，对动用平时储备、临时征用应急物资、组织捐赠、应急物资采购、运输等环节进行具体的规定，对应急资源进行过程、动态的管理，以确保有充足、有效的应急资源投入到应急处置中。

5.4.4 完善信息发布和舆论引导机制

及时发布信息和强化舆论引导是遏制流言、谣言传播的最有效的手段。要坚持快速反应、主动引导和正面宣传为主的原则，完善应急管理信息发布制度，强化舆情管理，对网络舆情特别是负面舆情进行监测、预警和控制，密切关注网络舆情的内容、走向及价值观，对可能产生影响的舆论进行筛选，并做好各种应对准备，当网络舆情变为现实后，应采取行为积极化解、消除不良影响。

5.4.5 健全评估机制

评估机制既要对突发事件的发生、发展、演化情况进行评估，又要对应急管理的效率、效果、效益进行评价。

在污染突发事件初期，要进行初始评估，确定应采取的应急行动方案。必要时，在应急处置中组织中期评估，以确定采取进一步应急行动方案。应急行动结束后，应组织召开后期评估，对应急反应进行整体评估，以确定存在的不足、改进的方向和事故危害结论。在后期评估中要重点对应急反应的人力、设备、器材是否能满足应急反应需要，对应急预案存在不足的评估进行评估，提出具体、有针对性、操作性强的建议和意见。

5.5 保障资源，夯实基础

应急资源是应急管理不可或缺的重要组成部分，通过加大应急队伍、应急设备和信息支持系统等应急资源建设，为应急反应提供有力的保障。

5.5.1 强化应急队伍建设

政府和相关部门要积极培育和整合社会应急力量，强化政策引导，积极鼓励社会投资应急能力建设，按照“政府主导、海事协调、社会参与、市场化运作”的原则，重点扶植专业清污单位；对现有船舶污染接收等船舶污染物作业单位进行整合，对作业人员进行专业培训，培养成兼职的清污队伍。

海事管理机构对专兼职应急队伍要实施统一管理和调派，并加强有毒液体物质突发事件应急处置的专业培训，强化应急演练，提高其应急处置的能力和水平。

5.5.2 加大应急设备建设

政府要加大对应急设备建设的公共财政投入，针对有毒液体物质的特点和要求，合理布设有毒液体物质污染事故应急反应基地，配备专门的应急设备库、多功能应急船舶，为应急处置提供物质支持。

5.5.3 加强信息支持系统建设

建立有毒液体物质应急信息管理系统。要建立有毒液体物质数据库，结合水上的特点提供完备的技术资料和应急措施；建立应急救援力量和应急设备信息管理系统；建立互联互通的应急联动信息平台。通过信息管理系统的支持，实现对信息的实时采集、快速查询、评估预测，为决策者提供充足的信息和技术支持，提高应急反应的能力。

Abstract: Based on the theory of emergency management, this paper analyzes the current situation of emergency management of pollution accidents by noxious liquid substances in bulk ship from the perspectives of emergency precautions, preparations, emergency response, restoration, etc, points out deficiencies in ship, seafarer, hazard hunt, emergency response plan, emergency response system、emergency response facilities, publicity of information, etc, and presents related advice, such as emphasizing precautions, perfecting systems, ensuring resources etc, aiming to realize scientific response and legal response of emergency management, reduce and prevent the occurrence of emergency, control, relieve and remove the harm caused by emergency.

Key words: Ship; Noxious liquid substances; Pollution; Emergency management

散装化学品船舶事故应急处置对策研究

黄开韦[①]

(海南海事局危防处,海南海口市,570311)

摘　要:近年来,随着我国经济和对外贸易的迅速发展,新的化工产品大量涌现,散装化学品的运输量不断增长。一般来说,有毒有害液体物质都是以专用船舶散装运输。随着运量增大,这些船舶发生安全和污染事故的概率也在逐步增加。而这些船舶一旦发生事故造成有毒有害物质的溢漏,将对水域环境和人民群众的生命财产安全构成巨大的威胁。本文将从有效减小事故造成的安全和污染损害角度,研究散装化学品船舶的事故应急处置对策。

关键词:散装化学品　事故　应急处置　对策

有毒有害液体物质是指任何非油类物质,如果进入水体环境可能造成危及人体健康,损害生物资源及水生物,损害舒适度或妨碍其他水资源合理利用的物质。MARPOL 73/78 附则Ⅱ《控制散装有毒液体物质污染规则》(2004 年修正案)对有毒液体物质按对海洋环境的危害程度大小分为 X、Y、Z 三类。有毒有害化学品具有不同的理化特性,通常有易燃性、易爆性、腐蚀性、毒性、污染性和反应性等。因此,散装化学品运输船舶一旦发生事故就有可能对大气、水域环境和沿岸造成污染,对周边人民群众的健康造成危害,同时还存在着火灾危险性和反应危险性等。

1　基本原则

在散化船进出港口及装卸作业过程中,各种因素导致的安全和污染事故屡有发生,由于散装化学品船舶事故的多样性和复杂性,在发生事故后所采取的应急处置措施通常难以有效控制事故所造成的损害,或者造成不必要的损失,究其原因,往往是由于应急处置策略失当造成的。笔者认为,在处理散装化学品船舶发生的事故时,无论事故的种类和大小,都应遵循一个基本的原则,即:安全、合理、效率、统一。

1.1　安全原则

(1)应急处置行动必须坚持安全第一,并服从人命救助的需要。

(2)需要疏散时,要设定适当的疏散距离,保证公众与现场人员安全。

(3)参与应急救援行动的人员须经过专项培训,配备相应的劳动防护装备。

(4)原则上不允许非专业或未经培训的志愿者组织参加危险货物事故的应急救援行动。

1.2　合理原则

(1)正确评估事故性质、规模,制定相应的应急处置决策方案,调用相应的应急救援力量

---

① 黄开韦,男,1980 年 10 月,硕士,2006 年 4 月毕业于世界海事大学海上安全和环境管理硕士班,工程师,现任职于海南海事局危防处,从事危防管理工作。联系方式:海南省海口市滨海大道 137 号海南海事局危防处,邮编:570311,电话:0898-68626028,电子邮箱:hkw-win@163.com。

与资源，采取相应的应急救援行动。

(2)确定应急处置的次序，应急救援的优先次序是：人命救护与人员疏散；控制危险源，避免或减轻进一步的损害威胁；避免或减轻对环境的损害，特别是对环境敏感资源的损害威胁。

1.3　效率原则

(1)事故初期，积极协调指导船舶采取自救行动。

(2)应与各有关部门协调共同进行救援行动。

(3)应急救援力量的调动要先专业后非专业、先近后远，后备救援力量要一直处于待命状态。

1.4　统一原则

现场指挥只能由一人担任，对事故现场的应急救援有绝对的控制指挥权，所有现场应急救援力量或资源都必须听从现场指挥的调动。对现场应急救援的任何决策或行动命令都应通过现场指挥来发布和组织实施。任何部门的任何行动应经过现场指挥统一协调进行。

在遵循大原则的基础上，在一般情况下，散装液体化学品船舶发生事故造成有毒有害物质泄漏时，应根据物质的性质，确定其发生火灾爆炸的可能性、对人体健康的危害性、对周围环境造成污染的可能性及可能发生化学反应的可能性等，采取有效的安全防护措施。如果泄漏的有毒有害物质易挥发、对人体健康具有危害性或者有发生剧烈化学反应的可能性，则应划定警戒区、实行交通管制，疏散附近人员和船舶。如果事故船舶在码头或者近岸等人类生活密集区，则应将其拖离至远离人群的安全区域。如果泄漏的有毒有害物质属于不溶于水的类油物质，则应采取围控、回收等清除措施。

2　存在问题

近年来，在我国沿海港口水域发生的几起散装化学品船舶事故都得到比较好的处置，避免了重大的人民生命财产损失和严重的环境污染，然而在这其中也暴露出一些问题：

2.1　人为因素导致事故应急处置工作不能有效开展

人为因素是一个复杂的概念，它包含多方面的因素。在这里指的人为因素主要涉及船员、码头作业人员、岸基管理人员、应急指挥人员、应急操作人员等。人为因素中任何一个环节出现问题都可能导致整个事故应急处置不能有效开展。

对于船员来说，主要是对应急设备操作规程的理解和实操能力不能满足要求。实操能力的欠缺直接导致在紧急情况下不能做出适当反应和采取合理的措施避免或者减少事故的发生和扩大。

对于码头作业人员，由于技术素质参差不齐，安全意识差，不能有效参与到事故的应急处置当中。

对于公司岸基管理人员而言，主要面临的是对种类繁多的散装化学品危险特性不熟悉，对安全管理体系中的分工和应急体系的职责不明确，安全责任意识不强等问题。这就使得公司管理层在事故应急处置中不能给予船上有力的支持。

应急指挥人员面临的问题主要是职责不明确，使决策和命令不能统一和通畅，影响应急行动的效率。

应急操作人员则缺乏必要的知识和训练，使应急行动不能有效开展。

2.2 软硬件设备和技术不能满足事故应急处置的要求

硬件方面主要涉及应急设施和设备的配备种类、数量、和维护保养。对于目前国内沿海散化码头普遍存在的问题是:码头配套的消防泵站、污水回收处理站等设施不能满足散化船作业安全与防污染的需要。根据不同的货物种类,所应配备的码头应急设施和设备各不相同,已配备的安全与防污染设备、设施数量不足,或是种类不相匹配,起不到应有的作用,也不利于对事故的应急处置。目前大多数的散化码头对防污应急设备的配备基本上是参照溢油应急设备的配备标准,适用于油类的设施未必能满足散装化学品的防污要求,比如对于溶于水的化学品来说,使用围油栏则起不到应有的围控作用。此外,对设备的维护和保养欠缺影响到设施和设备的可用状态。

软件方面主要是指对泄漏化学品进行处置的技术手段。由于散装化学品种类繁多,目前国内对其进行污染控制和清除的技术尚不成熟,在应急行动中进行处置的效果往往不太理想。对于漂浮于水面的污染物,缺乏高效的围控和吸附材料,对于混溶于水或比水重的物质则难以进行清除和回收。

2.3 管理制度的欠缺或不完善制约了事故应急处置的效率和效果

管理制度包括船公司的安全管理制度、船上的应急计划、码头的事故应急反应制度和地方政府的应急预案。

根据ISM规则和NSM规则的要求,虽然国内的船公司都建立了安全管理体系,来保障公司运营的船舶符合安全和防污染要求。而且散化船上都配备了海洋污染应急计划来应对泄漏事故的发生。但是在实际的事故应急处置中往往由于岗位职责的不明确或重复,职责内容过于复杂,不利于操作,造成现场的应急效率低下,场面混乱。同样,对于码头的应急反应制度也或多或少地存在上述问题,并且,由于人事和部门的变动,在事故应急时还出现岗位人员的缺失等问题,导致应急行动不能有效开展。

对于一个事故应急行动而言,政府部门的协调是重中之重,由于行动中需要调动各个职能部门和应急力量,调动大量的人力和物力,没有地方政府居中协调和指挥是不可能实现的。但从目前情况看,国内许多散化码头所在地的县级以上人民政府都没有制定相应的应急预案,这就导致在进行事故应急处置时,无法进行科学合理的统筹安排,无法整合各种应急反应力量和社会资源,使得应急处置的效率和效果都受到很大影响。

2.4 污染损害赔偿机制的不健全使得清污行动得不到保障

目前,我国尚未建立完善的散装化学品船舶发生事故后有毒有害物质的污染损害赔偿机制,因此在发生污染事故后进行应急处置时,参与污染控制和清污行动更多是出于道义和行政命令。对于清污行动无法提供经济上的补偿,这非常不利于社会上专业的清污力量参与到污染事故的应急处置行动中来,由于缺乏积极性,对污染物的围控和清除行动的效率和效果将大打折扣。而如果仅仅政府机构和公共力量去进行处置,显然又达不到要求。

3 对策和建议

通过以上对在散装化学品船舶事故的应急处置中影响或制约处置效果和效率的因素的分析,笔者认为,应在安全、合理、效率、统一的原则下,以做好事故前的预防和准备工作为基础,采取积极有效的对策去解决当前面临的问题:

3.1 加强人员管理,提高人员素质

对船员及码头作业人员应按照相关公约、法规和行业标准的要求,严格实行准入制度,即必须持证上岗和满足特殊培训的要求。另外,还要定期进行培训和演练,检验船员和码头作业人员的实操能力,使他们熟悉应急设备的使用和操作。此外,主管机关、码头业主和船公司应积极进行宣传教育,提高他们的安全意识。

其次,要加强对船公司管理人员的培训,定期进行知识更新,提高其对散装化学品船舶运输安全的管理意识和素质。另外,要按照 ISM 规则和 NSM 规则的要求,建立健全公司内部的安全管理体系,明确各部门人员在应急体系中的职责和分工,使其能在事故应急处置中给予船舶足够的支持。

另外,在应急预案中,应明确各级人员和部门的职责以及替代关系,统一指挥,使决策和命令的下达畅通无阻。同时,应急操作人员应有定期进行演练的制度,并能贯彻实施,使其能够有效执行各种应急处置行动。

3.2 加强和完善软硬件的建设

散化码头除了按照相关公约、法规和行业标准的要求配备必要的消防和防污设备、器材外,还应根据码头和货种的特点,配备足够的应急设备和器材。所配备的应急设备应与码头主要货种的化学性质相符,在事故的应急处置中能起到清除和围控作用,同时又不会产生二次事故或污染。另外,散化码头还应配备相应的散装化学品的接收和储存设施,以便在应急动力中对残余化学物质的回收。同时,码头业主应加强对应急设施、设备和器材的保养,使之随时处于可用状态。

除此之外,应积极推动国内科研机构和相关院校对泄漏化学品处置技术的研究。开发更加高效的吸附和围控材料、消除制剂等,对污染物进行控制、清除和回收。

3.3 加强管理制度和应急预案建设

海事主管机关应督促国内船公司按 ISM 规则和 NSM 规则的要求,建立健全安全管理体系,并严格按照体系文件要求实施事故应急的各项程序和要求。同时,码头、公司和船舶的应急计划中均应明确相关岗位的职责和替代关系,各岗位要实行责任制,如紧急情况时不到岗或未能履行职责,则要追究相关人员的责任。同时,要简化岗位职责的内容,使之便于操作。

鉴于目前国内许多散化码头所在地的县级以上人民政府都没有制定相应的应急预案,而建立和实施应急预案又是《防治船舶污染海洋环境管理条例》等国家法律、法规赋予地方政府的职责,同时也是处置散装化学品船舶事故所必需的具有指导作用的操作手则,因此各级海事主管机关有责任和义务协助当地政府完成应急预案的制定工作。可以采取政府主导,海事局提供协助和必要的技术支持,各相关部门共同参与的模式,同时还可以引入相关科研机构和院校的技术力量,共同完成应急预案的编写。有了应急预案的指导,在应急处置行动中将更有利于统筹安排,科学合理地整合各部门的资源和力量,提高应急反应的效率和成功率。

3.4 建立健全污染损害赔偿机制

目前国内的船舶污染损害赔偿主要针对油类污染,通过对《国际油污损害民事责任公约》和《2001 年国际燃油污染损害民事责任公约》的实施,我国已初步建立起对油类污染的损害赔偿机制。而《1996 年国际海上运输有害有毒物质的损害责任和赔偿公约》在国内尚未正式实施,对于散装化学品泄漏所造成的污染及污染清除行动如何进行赔偿仍属空白。为对散化船舶事故造成的污染损害进行有效赔偿以及对事故后的清污行动提供资金保障和支持,有必要按照油污损害赔偿的模式建立起有毒有害物质损害赔偿机制。主要是通过立法的方式要求载运有毒有害物质的散化船舶进行强制的污染损害保险,并限定赔偿范围和额度。另外,还可以向货主征收摊款建立专项的污染损害赔偿基金。通过以上两项措施,应能对散化船舶的事故应急处置起到积极的作用。

4 结束语

化学工业是我国经济和社会发展的重要组成部分,随着我国沿海、沿江散装液体化学品船舶运输量的快速增长,有毒有害液体物质的船舶运输风险与日俱增,对水域环境、水资源以及人民的生命财产安全构成潜在威胁。国家应依托《OPRC-HNS》议定书的框架,结合中国国情,在立法层面上采取行动,从人员管理、软硬件建设和技术开发、管理制度和应急预案建设,以及污染损害赔偿机制的建立等方面着手,加快建立和完善散装化学品船舶事故的应急反应机制,把可能发生的事故造成的安全和污染损害减小到最小程度。

参考文献

[1] 杨隽宁.加强散化船安全与防污染管理.中国水运杂志,2009年10月

[2] 赵兴林.有毒有害液体化学品运输安全与防污染影响因素分析与对策.船舶防污染高新技术与区域合作研讨会论文集,2003年9月

[3] 冯引桃.我国防止水运散装有毒液体物质污染管理的现状和对策.船舶防污染经济研讨会论文集,2002年5月

[4] 李又明.中国港口防止散装有毒液体物质污染形势与任务分析,交通环保1999年第二期

Abstract: In recent years, with the rapid development of economy and foreign trade in China, new chemical products emerge in large numbers and the bulk chemical transport increases continuously. Generally speaking, hazardous and noxious liquid substances are transported by special bulk tankers. As the bulk chemical transport increases, the probability of this kind of ship to happen accident and pollution gradually increases. Then, once these ships happen accident and cause hazardous and noxious substances spilling, it would seriously thread the water environment and people's lives and property. This paper will study countermeasure for emergency response to accident of bulk chemical tanker by the point of view of effectively reducing the safety and pollution damage.

Key words: Bulk chemical; Accident; Emergency response; Countermeasure

溢油敏感资源保护方案综合研究①

刘春玲　乔 冰　李岱青

（交通运输部水运科学研究所，北京，100088）

摘　要：本文在溢油环境敏感资源分区分类分级标准的基础上提出了溢油敏感资源优先保护次序的判别方案。针对不同敏感资源分区分类和优先保护次序，提出了溢油事故应急的不同阶段（事故前、事故中和事故后）针对溢油敏感资源的预防、减缓、恢复和补偿等应急保护技术方法体系。

关键词：溢油敏感资源优先保护次序　溢油环境敏感资源应急保护方法体系

1　研究背景

溢油敏感资源保护是溢油应急行动的最重要目的，因此制定科学有效的溢油敏感资源保护方案是在溢油应急决策中准确、及时采取有效的保护敏感资源保护程序的保障。因此，在国家科技支撑计划项目“水上溢油预测预警技术开发”中，将溢油敏感资源保护方案作为研究任务之一，并将其研究成果作为制定溢油应急决策综合方案的技术支撑之一。本文将结合该课题的研究成果对溢油敏感资源保护方案进行综合论述。

2　敏感资源优先保护次序

针对海洋等水生生态服务功能在溢油情况下的反应程度和类型，可将溢油敏感资源分为生物多样性保护敏感区，资源敏感区和社会经济敏感区三类敏感区。综合考虑溢油敏感资源的生态服务功能重要程度、受到溢油污染后的受损程度、受到溢油污染后的恢复的难易程度三个因素，研究将溢油敏感资源的优先保护次序划分为五个等级（I-V），最高等级为I，表示该资源极其重要，易受到溢油的污染，且一旦受损很难恢复，最优先保护，而第V级则影响较小，保护次序最低。溢油环境敏感资源分类分级体系见表1。

3　主要溢油处置方法

3.1　溢油围控

当油溢至海面时，必须采取措施使溢油对海洋资源和环境的污染损害减至最小。最常用的方法是使用围油栏防止溢油扩散并将溢油集中后进行回收或将溢油转向以保护环境敏感资源。

围油栏在敏感资源保护中的用途包括：

（1）包围水面溢油，防止溢油扩散，为溢油回收争取时间。

（2）拦截水面溢油，防止溢油进入敏感水域，减少污染面积，降低污染损失。

---

①　基金项目：国家科技支撑计划项目（课题编号2006BAC11B02）。

(3)改变溢油漂移方向,使其向相对不敏感水域方向漂移。

(4)转移水面溢油,使溢油集中到相对不敏感水域进行回收作业。

(5)保护工业用水和饮用水取水口、水上渔场、养殖场及海滨浴场等,避免石油污染。

溢油环境敏感资源分类分级体系一览表 表1

一 级 区	二 级 区	敏 感 资 源	优先保护次序
1. 生物多样性保护敏感区	1.1 海洋自然保护区	1.1.1 海洋和海岸自然生态系统	I
		1.1.2 海洋生物物种	I
		1.1.3 海洋自然遗迹和非生物资源	II
	1.2 典型海洋生境	1.2.1 海草床生态系	II
		1.2.2 珊瑚礁生态系统	II
		1.2.3 红树林生态系统	II
		1.2.4 河口湾生态系统	II
		1.2.5 盐沼湿地生态系统	II
		1.2.6 上升流生态系统	II
	1.3 重要野生动植物栖息地	1.3.1 敏感海洋哺乳动物生活区	II
		1.3.2 鸟类生活区、迁徙地	III
		1.3.3 鱼类洄游、产卵、索饵、育幼区	II
		1.3.4 敏感岸线区	III
2. 资源利用敏感区	2.1 渔业区	2.1.1 渔港及渔业设施建设区	III
		2.1.2 养殖区	III
		2.1.3 捕捞区	III
	2.2 盐田区	2.2.1 盐田	IV
	2.3 水源区	2.3.1 特殊工业用水地	IV
		2.3.2 一般工业用水地	IV
		2.3.3 岸上水源涵养地	IV
		2.3.4 矿产开发区	V
3. 社会经济敏感区	3.1 文化活动区	3.1.1 风景旅游区	IV
		3.1.2 度假旅游区	IV
	3.2 社会经济区	3.2.1 港口工业区	V
		3.2.2 滨海工业区	V

3.2 机械回收

机械回收是指在不改变溢油形态的情况下利用围油栏将溢油进行水面围控并利用收油机将油从水面分离出来,以清除水面的溢油。

使用机械回收的优点:

(1)将溢油影响区域化以减少污染

(2)可使溢油逐渐集中,增加油层的厚度以简化溢油回收

(3)将溢油从海面上回收以便进一步的处理、提炼或倾倒

机械回收的主要设备为收油机,一般需要围油栏进行配合。

3.3　使用吸油材料

吸油材料是一种通过吸收油(油渗入吸油材料)或吸附油(油粘附在吸油材料表面)来回收溢油的材料。使用吸油材料是回收溢油普遍使用的手段。吸油材料还用在清除机械回收装置不能进入或限制进入的地区。采用吸油材料制成的吸油栅栏还用来保护岸边溢油环境敏感资源。

吸油材料的应用需考虑其回收和储存。

3.4　喷洒消油剂

"消油剂"学名"溢油分散剂"是由多种表面活性剂和强渗透性的溶剂组成,主要用于处理海上溢油及清洗油污。消油剂的作用机理是将水面浮油乳化,形成细小粒子分散于水中,主要适用于开阔海域的溢油处理。

3.5　现场焚烧

现场焚烧是一种考虑用于开阔海域的反应对策,所产生的巨大的油烟会影响到人员、设施、船舶和飞机的安全。

现场焚烧技术的受制条件很多,既要有一定的油膜厚度、油膜面积,还要有与燃烧速率相适应的集油速度以及适宜的现场气候、海况和溢油的乳化程度等,同时还应有相应的设备。

3.6　物理消散

浮油表面有自然分解和损耗的趋势。在某种情况下,这种趋势可能会加速。这种分解的可能性和速率取决于以下几点:

(1)油的类型(轻油、低蜡油分解得更快)

(2)海况(运动剧烈的海况会帮助分解)

(3)风(大风有助于分解)

如果发生的溢油对重要海区、浅海或近岸海环境不发生威胁,这种选择是可行的。

3.7　岸线溢油清除

溢油事故应急处置后,对于被溢油污染的岸线,需进行溢油的清除以恢复岸线的使用功能。根据岸线类型的不同,可采取的岸线清除技术包括使用吸油材料、喷洒消油剂、使用岸线清除设备、人工清除等。

3.8　生化补救

生化补救包括向溢油增加肥料助长和激活嗜油细菌和真菌。这种对策还指使用人工合成,培养或移植的微生物,把他们放置在浮油和浸油的海岸线上。

虽然有一些在浸油海岸线上施用成功的报道,但在海上浮油上使用的例子还未被证实。使用移植或利用基因工程培养的微生物,还应引起个人与政府的关注。

4　溢油敏感资源应急保护方法分类

按照溢油应急反应阶段(事故前、事故中和事故后)的不同,溢油敏感资源应急保护技术分为预防、减缓、恢复和补偿四类措施。四类措施包含的主要保护技术见表2。

溢油敏感资源应急保护方法分类 表2

序号	措施方法	主要方法
1	预防	围油栏围控 溢油环境敏感资源围控 溢油环境敏感资源暂时关闭 提前喷洒消油剂,阻止溢油进入敏感区 机械回收、吸油材料、海面焚烧等方式回收
2	减缓	围油栏改变溢油漂移方向 机械回收、吸油材料、海面焚烧等方式回收
3	恢复	机械回收、吸油材料回收 喷洒消油剂 人工岸线清除 自然恢复 生物恢复(增加营养素、投放嗜油微生物)
4	补偿	渔业资源增殖放流 建设人工鱼礁

4.1 溢油敏感资源污染预防和减缓方法

为保护岸线应在溢油事故发生后立即进行海上清除作业以防止溢油扩散污染岸线,并根据溢油运移扩散预测对可能会受到溢油威胁的岸线和敏感区采取保护措施。在溢油敏感资源的污染预防中,由于分布在离岸较远的敏感区域较难采取溢油保护措施,因此,溢油应急污染预防和减缓的重点一般放在岸线及近岸区域的溢油敏感资源上。在溢油事故中,我们实施的每一步行动意在减少溢油对岸线的影响,在某些特殊情况下,还可以把漂向敏感岸线的油膜导向较不敏感的岸线。

(1)围油栏(包括吸油拖栏)的使用

围油栏常用来预防和减缓溢油对溢油敏感资源的污染,具体应用方法包括导向围控、拦截围控、吸附围控、隔绝围控、滩肩围控等形式。

(2)溢油的海上清除

溢油的海上清除技术主要是机械回收、使用吸油材料、喷洒消油剂、海面焚烧等,如能及时在海面完成溢油的清除,则可避免溢油大面积的扩散或上岸,对更多的敏感资源造成损害。

(3)其他措施

可采取临时关闭取水口的方法避免对取水口的污染。位于海域的取水口一般为工业取水口,多位于水面下,漂浮油膜会污染水体,破坏设备,溶解的油品会直接影响取水品质。由于取水口范围小,对于漂浮油膜,一般可通过围油栏围控阻隔油膜或直接保护给水口。对于溶解油品,要实时监测水质,及时采取关闭措施保护取水水质。

可采取提前关闭涵闸的方法彻底避免围塘养殖区的损失。围塘养殖的特点是水产品在封闭的养殖区生长,围塘通过沟渠与外部相连,围塘与换水沟渠之间有闸门相同,可人为控制养殖区域与外界水体的连通。油品泄漏对养殖的虾蟹危害极大,可直接导致水产品的死亡或使之丧失经济价值。

4.2 溢油敏感资源污染恢复技术

溢油污染恢复技术主要包括溢油事故应急处置后对近岸区域采取的溢油清理、敏感区恢复处理及溢油污染的生物修复技术。

(1)岸线恢复

对于不同类型的岸线需要采用相应的清除方法,使用不适合的清除技术和不适宜的组方式会加重油污染的损害。主要岸线清理方法及其适用岸线、适用条件见表3。

岸线清除方法一览表　　表3

序号	清除方法	适用岸线类型	何时采用
1	无需行动	所有类型的岸线	清除行动较之油自然消除更有害
2	人工清除	所有类型的岸线	中、轻度污染
3	吸附清除	所有类型的岸线特别是防冲乱石	在大量油污清除后:流动的易被吸附的油,其粘度和厚度应能被吸附材料吸收
4	清除沾油垃圾和漂浮物	能安全进入的任何类型的岸线	不断释放油污的沾油垃圾和漂浮物(潜在污染源)
5	挖沟	细沙滩;中、粗粒沙滩;砾石滩	表面冲洗无法清除时;液态油
6	清除沉积物	有表面沉积物的岸线	清除有限的油污染岸线
7	用附近水冲刷	缓坡岩质岸线	油污仍能流动
8a	用附近水/低压冲洗	砾石滩、防冲乱石和海墙、沼泽和红树区	新鲜油污呈液态
8b	用附近水/高压冲洗	防冲乱石和海墙	当低压水冲洗无效时
9	热水/中、高冲洗	严重污染的砾石滩、防冲乱石和海墙	油被风化、附近水低压冲洗无效时
10	热水/高压冲洗	严重污染的砾石滩、防冲乱石和海墙	油被风化、附近水高压冲洗无效时
11	砂浆冲刷	防冲乱石和海墙	重质残油、热水冲洗无效时
12	真空回收	能进入的任何类型的岸线	流动的液态油
13	沉淀物重新改造利用	暴露于海浪频繁凶猛的滩涂	滩涂表层下有大量的油污
14	沉淀物清除、净化和复位	沙质滩、砾石滩	滩涂表层下有大量的油污
15	剪除植被	长有草本植物的沼泽地、海草地、不包括红树林	油污植被污染野生植物的风险大于剪除植被的价值
16	化学处理	用弹性胶固化油 化学制品保护海滩 化学制品清洗海滩	
17	现场焚烧		
18	增加营养素		
19	使用微生物		

(2)敏感区恢复

主要敏感区溢油清除技术见表4。

主要敏感区溢油清除技术 表4

溢油敏感区	清除技术			
	优先采用的	可采用的	不建议采用的	避免采用的
海草床	• 自然恢复	• 低压冲洗 • 生物挽救 • 分散剂	• 人工清除 • 吸油材料	• 沉降剂 • 清除底质 • 高压冲洗 • 真空/泵吸 • 人工割除
珊瑚礁	• 自然恢复	• 分散剂 • 低压冲洗 • 真空/泵吸	• 吸油材料	• 焚烧 • 沉降剂
红树林	• 围油栏、撇油器 • 低压冲洗 • 加强排水	• 吸油材料 • 自然恢复 • 人工清除 • 真空/泵吸 • 分散剂	高压冲洗	• 焚烧 • 沉降剂 • 清除底质
盐碱沼泽地	• 围油栏、撇油器 • 低压冲洗 • 加强排水 • 自然恢复	• 分散剂 • 吸油材料 • 生物挽救	• 人工割除	• 焚烧 • 高压冲洗 • 人工清除 • 沉降剂 • 清除底质
岩石潮间带	• 自然恢复	• 围油栏、撇油器 • 低压冲洗 • 吸油材料 • 人工割除 • 分散剂	• 高压冲洗 • 真空/泵吸	• 焚烧 • 沉降剂
软底潮间带	• 自然恢复	• 人工清除	• 清除底质 • 真空/泵吸	• 沉降剂

表4中优先采用的、可采用的、不可行和避免采用的说明如下：

- 优先采用的——可以采用，但能引起某些生态影响
- 可采用的——可以采用，但能引起某些生态影响
- 不建议采用的——可能会引起严重有害的生态影响
- 避免采用的——生态上不能接受的，通常会引起严重有害的生态影响。

(3)溢油污染的生物修复技术

生物修复是指生物催化降解环境污染物，减少或最终消除环境污染的受控或自发过程。自20世纪90年代以来，由于生物修复技术的发展和研究成果所展示的生物技术的生命力，使生物修复技术在石油污染治理方面逐渐成为核心技术，成为当今石油污染去除的主要途径。

4.3 溢油环境污染生物补偿方法

海洋污染损害的生物补偿方法主要包括渔业资源增殖放流和建设人工鱼礁。

(1)海洋生物资源增殖放流

增殖放流是养护渔业资源和修复渔业环境的一项重要手段，主要通过人工繁育苗种，将苗种直接放入近海，补充野生种群数量。放流苗种通过利用天然生物饵料，迅速生长，在较短时间内达到可捕规格，实现经济效益；同时，部分放流苗种可加入繁殖群体，达到补充自然种群的生态效果。

(2)人工鱼礁建设

人工鱼礁是一种人为设置在水域中的构造物，其目的是改善海域生态环境，营造海洋生物栖息的良好环境，为鱼类等提供繁殖、生长、索饵和庇护的场所，达到保护、增殖和提高渔获量的目的。目前国内外已经广泛的开展人工鱼礁建设，进行近海海洋生物栖息地和渔场的修复，而且取得了较好的效果。

5　溢油敏感资源应急保护方法总结

针对按照不同优先保护次序的溢油敏感资源的特点和应急保护方法分类，总结各类、各级溢油敏感资源应急保护方法见表5。

溢油敏感资源应急保护方法一览表　　表5

序号	优先保护次序	敏感资源	预防和减缓方法	恢复方法	补偿方法
1	一级	海洋自然保护区	围油栏围控、拦截 溢油环境敏感资源围控 提前喷洒消油剂，阻止溢油进入敏感区 机械回收 吸油材料回收	机械回收 吸油材料回收 喷洒消油剂 自然恢复 生物恢复	渔业资源增殖放流 建设人工鱼礁
2	二级	海草床 珊瑚礁 红树林 盐沼湿地	围油栏围控、拦截 溢油环境敏感资源围控 提前喷洒消油剂，阻止溢油进入敏感区 机械回收 吸油材料回收	吸油材料回收 喷洒消油剂 人工岸线清除 自然恢复 生物恢复	
		河口湾 上升流 敏感海洋哺乳动物生活区 鱼类洄游、产卵、索饵、育幼区 鸟类生活区、迁徙地	围油栏围控、拦截 溢油环境敏感资源围控 提前喷洒消油剂，阻止溢油进入敏感区 机械回收 吸油材料回收	机械回收 吸油材料回收 喷洒消油剂 自然恢复 生物恢复	渔业资源增殖放流 建设人工鱼礁
3	三级	养殖区 捕捞区 渔港及渔业设施建设区	围油栏围控、拦截 溢油环境敏感资源围控 提前喷洒消油剂，阻止溢油进入敏感区 机械回收、吸油材料回收 取水口关闭 围塘养殖区水口关闭	机械回收 吸油材料回收 喷洒消油剂	渔业资源增殖放流 建设人工鱼礁

续上表

序号	优先保护次序	敏感资源	预防和减缓方法	恢复方法	补偿方法
4	四级	盐田 工业用水地 水源涵养地	围油栏围控、拦截 溢油环境敏感资源围控 提前喷洒消油剂，阻止溢油进入敏感区 机械回收、吸油材料回收 取水口关闭	机械回收 吸油材料回收 人工岸线清除 自然恢复	
		风景旅游区 度假旅游区	围油栏围控、拦截 溢油环境敏感资源围控 提前喷洒消油剂，阻止溢油进入敏感区 机械回收、吸油材料回收	机械回收 吸油材料回收 人工岸线清除 自然恢复	
5	五级	矿产开发区 港口工业区 滨海工业区	围油栏围控、拦截 溢油环境敏感资源围控 提前喷洒消油剂，阻止溢油进入敏感区 机械回收、吸油材料回收 取水口关闭 围塘养殖区水口关闭	机械回收 吸油材料回收 喷洒消油剂 人工岸线清除 自然恢复	

Abstract: Superior conservation order of oil spill sensitive resources is proposed on the base of compartmentalization criterion of oil spill sensitive on area, sort and level. Emergency measure system of protecting oil spill sensitive resources, including preventing, decreasing、resuming and compensating measurement to protect oil spill sensitive resources before, during and after the accident is proposed on the base of compartmentalization criterion of oil spill sensitive on area, sort and level and superior conservation order of oil spill sensitive resources.

Key words: Superior conservation order of oil spill sensitive resources; Emergency measure system of protecting oil spill sensitive resources

浅谈海口新港供油船的防污染的现状及对策

吴清江
(海口海事局)

海口新港位于海口湾东部海甸溪出入海口左岸，港区水域为从海口美丽沙1号标到白沙门游泳场之间水域，航道全长3800m，航道底宽50m，航道水深-3.5m，共有12座航标，是商、渔综合港口，港区水域内营运码头主要有：新港客船、客滚船码头、一区、二区货运码头；海甸港码头；市水产码头；市盐务局码头等小型货船舶作业点。公务码头有海关码头、海警码头、武警码头，是船舶进出海南岛的主要港口之一和小型船舶防、抗台风的避风良港，近几年随着世界经济的不断发展，航运业务不断壮大，大量船舶不断应运而生，船舶数量和种类不断增加，吨位越来越大。加上2008年以来，由于受国际金融危机的冲击，国内航运业务变得越来越不景气，导致部分船舶临时停产、停业，在新港锚泊待航船舶最多达80余艘，比以往多出50余艘，船舶停泊、锚泊、作业密度较大，在港避风、补给、作业的沿海货船、渔船不断增多，因此船舶供、受油作业频繁。据统计，海口新港现参加供油作业油船17艘，其中11艘为渔业辅助船舶，约占总数的60%，装油量在5~100t不等。其中手续齐全仅2艘，约占总数的12%，其他15艘没有持有船员证书，船舶无证书，或证书过期的占总数的88%，这些船舶主要在新港内锚地、水产码头至人民桥至之间水域、龙昆南沟出海口处三个地方停泊。在港区水域内给渔船、沿海货船进行供、受油作业，没有按规定配备防污染设备，供受双方也没有制定相应的防范措施，并从来没有按规定向主管机关报备，存在着较多的安全隐患。

1　目前供油船普遍存在以下问题

1.1　船体技术状况差

目前在海口新港进行供受油作业的供油船一般为铁壳渔船改装船舱、管路、甲板，加装油泵、油表等等设备，有的是木质小渔船改造，只在船舱内装上油柜，便成为从事海上供受油作业船舶，不符合规范要求，船体及其设备有不同程度的锈蚀缺少必要的维修保养，这些供油船绝大多数是沙滩造船，船舶技术状况差，很难通过船舶检验部门的合法检验，取得船舶证书，航管部门也无法为其办理营运许可证。

1.2　船员素质低，防污意识淡薄

从事港内供受油作业的船员多为“家庭”形式出现，以海南临高新盈、调楼的船员为主，一艘船机驾人员仅2至3个人，文化程度较低，有的甚至是文盲或半文盲，没有经过任何的专业培训，也未持有船员适任证书和油轮船员特殊培训(安全知识)(安全操作)合格证，在供受油作业时未按操作规程进行，防污意识淡薄，在作业时也没有采取任何的防止漏、溢油的措施。

1.3　没有按规定配备防污染设备

由于绝大部分供油船未经船舶检验部门的检验合格，有的适航证书过期，船上没有配备收油桶(盆)等防污染设备，在作业中没有采取任何防污染措施，在供受油接、拆油管时，污染港

池水域的现象时有发生。

2 管理现状

目前在海口新港的供油船大部分为渔业辅助船，这些供油船在给渔船供受燃油的同时也给沿海货船供油，渔业辅助船业没有办理合法手续，随便承揽沿海货船的供受油作业，属跨行业经营。在供受油作业时没有向海事主管机关申请报备，不主动接受海事部门的安全监督管理，故意避开海事执法人员的工作时间，偷偷摸摸进行违法作业，致使海事执法人员不能及时检查和纠正存在的缺陷和问题。我国《海上交通安全法》、《船舶签证规则》(关于水上安全管理分工)等虽然规定了渔业船舶从事营业运输需办理有关手续，并规定要接受海事部门的监督管理，但是对监督管理的程序、内容、方法、处罚未作具体规定，对渔业辅助船的功能作用、适用法律和监督主体缺乏科学界定，造成海事部门执法依据不足，监管难度大的被动局面。针对海口新港供油船存在的上述问题，新港海事处利用每天巡航、外勤现场监督，对违法进行供受油作业船舶进行制止和纠正，每年海口新港海事处都集中进行清理整顿1~2次，2006年以来我处共对22艘违法供油船舶供油的设备拆除，禁止进行供受作业，扣留证书6艘，但由于管理这些船舶涉及到地方政府及多个部门，海事部门拆除、清理过后，这些船舶又购买设备，重新投入营运。今年来我处都会同海口市航务管理处及新港水上边防派出所在新港开展了二次对新港供、受油船联合大整顿行动，二次行动共出动船艇11艘，共出动执法人员39人，共查获非法营运供油船17艘，对这些非法供油船全部责令开往指定水域，统一看管，由执法人员进行详细的登记，并由航管处按有关规定进行处罚。有效地遏制了港内违法进行供受油作业的行为。但由于按现行的《海上海事行政处罚规定》等处罚规定，对违法船舶进行处罚在执行时难以执行，在执法过程中涉及渔监、渔政、港口、交通等主管部门，执法度不够，因此供油船违法进行供受油作业问题很难得到根本的解决。

3 管理对策和建议

船舶供受油工作的管理是海事监管防止油污染方面的重要内容，为了规范船用油品供应作业的行为，保障港口和船舶安全，防止水域污染，使"航运更安全，海洋更清洁"海事管理机构对船舶供受油单位、船舶的资格认可基本上已经纳入了正常的轨道，对船舶供受油作业的安全，防止污染水域发挥了良好的导向作用。但要解决当前海口新供油船存在的问题，笔者认为应从如下几个方面去努力。

3.1 地方政府及其职能部门正确引导，规范供油船的全法经营

海口新港作为船舶进出海南岛的主要港口之一和小型船舶防、抗台风的避风良港，各类船舶经常在港进行补给，供油船的存在是必不可少的，建议由地方政府牵头、协调港口、海事、船检、渔监渔政、公安消防、航管等职能部门划定安全水域，制定有关管理法规和规范性文件，按各部门的法规、规范引导供油船合法经营。

3.2 提高准入的门槛，保持供油船舶良好的技术状态

对从事供油作业的船，检验部门要严格按规范对其进行检验，严禁木质船加入供油船行业，严格审查改装船舶的图纸和建造工艺，避免低质量船成为供油船舶，决不让沙滩改装的供油船投入供受油作业。各主管机关应完善管理制度，在运力审批和经营许可准入时按交通行业标准《船舶供受燃油管理规程》(JT/T 339—1997)等有关规范进行审核，提高标准，控制运

力，确保供油船舶的适航和船员的适任，建议引导组建一家或几家诚信的公司进行规范化管理，确保港内供受油作业的安全和水域的清洁。

3.3　加强对船舶供受油作业的现场监督检查

对辖区水域的巡查是海事主管机关的日常工作，在每天的巡航过程中要提高对供受油作业的巡查频率，加强对船舶供受油作业瞒报行为的打击力度，深化检查的专业程度，在检查时不要流于形式，而应从专业的角度来检查供受油作业时不完善的地方，从船员的值班制度、作业程序、输液软管、防污措施和防污器材、船舶信号方面进行检查，督促供受油双方落实各项防范措施，及时纠正缺陷和存在的问题，对非法进行供受油作业和不符合安全、防污染规定进行作业的停止作业，确保供受油作业的安全。

3.4　加大法制的宣传力度，增强船民的法制观念

针对新港供受油作业从业人员，文化素质低，对法律、法规认识、理解不够，安全意识淡薄的具体情况，各职能部门应采取形式多样、通俗易懂的方式进行法律、法规、安全知识的宣传教育，使从业人员懂法、用法，不断增强船民的法制观念和安全意识，自觉遵守各项安全法规。

3.5　联合执法，加大对非法供油船舶的打击力度

港内供油船的管理涉及港口、海事、船检、渔监渔政、公安消防、航管等职能部门，各部门应针对新港非法进行供受油作业的情况，根据实际情况制定具体的操作性较强的处罚指导意见或规范性文件，使非法供油船得到应有的处罚，依靠地方政府，各方通力合作，开展对非法供油船舶整治活动，坚决取缔非法供油船舶进行供受油作业。建议由政府牵头，组织联合执法，并形成长效的机制，决不让牌证不齐，船舶技术状态差，未经许可的非法供油船死灰复燃。只要各职能部门加强沟通与协调，通力合作，严格执法，海口新港的船舶供受油作业的规范管理一定会取得很大的成效。

船载集装箱危险货物海事监管浅析

周　炼①

（惠州海事局，广东惠州，516081）

摘　要：集装箱封闭运输的特点，给不法分子在海运中隐瞒装运危险货物提供了可乘之机，给海事安全和水域环境带来极大危险。本文通过对集装箱载运危险货物瞒报、谎报形成的原因和主要表现形式进行分析，提出主管机关对集装箱载运危险货物进行有效监管的建议。

关键词：集装箱　危险货物　瞒报谎报　监管

1　集装箱运输危险品现状

现代海运，集装箱的使用呈迅猛发展之势，其中载运危险货物的集装箱数量亦大幅攀升，在整个海运中占有一定比例。由于集装箱封闭运输的特点和危险货物的特殊性，集装箱载运危险货物对环境、船舶、同航次的货物、船员等都存在着相当的危险，世界各国对危险货物的运输都有相应的监管部门和监管方法。近年来我国海事部门查获多起集装箱载运危险货物的瞒报、漏报和谎报事件，也多次接到国外通报我国船舶载运集装箱危险货物不按《国际海运危险货物规则》进行申报的来函。对集装箱非法载运危险货物的问题进行有效监管，有力打击危险货物集装箱瞒报、谎报行为，是主管机关当前面临的一个重要课题。

2　集装箱载运危险货物瞒报谎报行为原因

2.1　经济利益驱动是主要原因

危险货物运输对货物包装、运输条件等都有严格限制。按照有关规定，运输和装卸危险货物集装箱要向公安、港航、海事等部门进行申报并获得批准，且运输车辆、港口和船舶要有具备相关资质，获签《装箱证明书》，标识危险货物，并在各个环节中接受检查，其手续繁琐，因此产生的费用很高。综合计算，危险货物集装箱通常要比普通货物集装箱运费高出50% ~100%，而一个危险货物冷藏集装箱运输成本要比一个普通货物集装箱运输成本高出近150% ~200%。因此，如果将危险货物瞒报谎报成普通货物来运输就可以节省大笔费用，集装箱载运危险货物瞒报会给托运人带来很可观的经济效益，由此衍生出的谎报瞒报现象层出不穷。

2.2　货主或托运人对危险货物性质认识不足，承运人把关不严

许多货主或者托运人对被托运危险货物的危险性质认识不足，了解不够，不清楚危险货物在海上运输对船舶、人员及海洋环境所带来的潜在威胁。有的托运人甚至连自己托运的货物是不是危险品都不清楚。而承运人在接受托运人订舱时审核不严，只要托运人提供“非危保函”，就按普通货物接受订舱，不再进行审核。一旦发生事故，一切损失由托运人承担。这也

---

① 周炼，湖北鄂州人，1984年10月，武汉理工大学轮机工程/工商管理专业毕业，助理工程师，现为惠州海事局执法支队科员。

是造成危险货物瞒报谎报的原因之一。

2.3　相关管理部门之间缺乏有效的信息沟通

根据《中华人民共和国海关法》，进口货物的收货人、出口货物的发货人应向海关如实申报，交验进出口许可证件和有关单证，海关可查验进出口货物。但在实际工作中，海关对于进出口的货物是否为危险货物，危险货物是否如实向港口管理局申报等问题并不关注，只要交验进出口许可证和其他有关单证，收发货人缴清税款或者提供担保后，海关即可签印放行。而港口管理部门、海事部门、公安部门只掌握收发货人申报的危险货物集装箱的信息，没有其他渠道获取未申报货物的信息，各部门信息缺乏有效沟通在一定程度上影响集装箱危险货物监管的有效性。

2.4　集装箱开箱检查的相关实体法缺失

《港口法》生效后，在某些层面上引起了港口行政管理部门和海事部门监管职责的重叠、交叉和重新理解。有关法律法规规定由海事部门负责对船舶载运危险货物进行管理，但托运人提交的集装箱货物在装船前如何监管，集装箱内的货物由谁监管，以及该采取什么样的监管模式并没有明文规定。特别是对申报为普通货物的集装箱能不能检查以及如何检查都未作规定，造成主管机关对集装箱货物开箱抽查缺乏主动性。

2.5　对于危险货物瞒报、漏报和谎报行为的处罚力度不足

根据《危险化学品安全管理条例》和《道路危险货物运输管理规定》，对于发现有集装箱危险货物的瞒报、漏报和谎报等行为的生产经营单位，由交通管理部门处 2 万元以上 10 万元以下的罚款；触犯刑法的，依照刑法关于危险物品肇事罪或者其他罪的规定，依法追究刑事责任。根据《中华人民共和国港口法》，未依法向港口行政管理部门报告并经其同意，在港口内进行危险货物的装卸、过驳作业的，由港口行政管理部门责令停止作业，处 5000 元以上 5 万元以下罚款。而谎报瞒报而获得的违章所得却比上述违章成本大得多，有 100% 的利润就会有人铤而走险。

3　危险货物瞒报谎报行为的主要表现形式

从危险货物瞒报谎报行为的主体看，有托运人瞒报谎报、托运代理瞒报谎报、托运人与其代理共同瞒报谎报三种主要形式。

从危险货物瞒报谎报行为的性质看，有托运人明知该行为违反国家有关法律法规的要求而故意瞒报谎报，以及托运人由于缺乏危险货物的相关知识或工作上的失误和疏忽而导致的瞒报谎报两种表现形式。

从危险货物瞒报谎报行为的手段看，有以大类品名代替具体品名委托运输，以俗称代替规范运输品名委托运输，以货物型号或产品编号代替规范运输品名委托运输，以普通货物名称代替危险货物品名委托运输和通过拼箱货货物名称不报全的方式来隐瞒。

4　对集装箱非法载运危险货物进行监管的对策研究

4.1　建立各职能部门之间的协作机制和船载危货信息库

防止瞒报、漏报和谎报行为，各职能部门之间的协作联动和信息沟通必不可少。海事部门、港口管理部门、公安部门要掌握有关危险货物装箱点或生产企业的信息，需要其他监管部门如海关、检验检疫机关提供相关货物信息。这不仅涉及同一地区不同监管部门之间的合作，

有时还涉及不同地区监管部门之间的合作。防止中转集装箱危险货物瞒报、漏报和谎报等情况的发生,必须与发货地的相关监管部门合作。发货地相关监管部门也必须注意防止此类情况的发生,否则其掌握的信息也可能与货物实际情况不符。应制定一个联动机制,并由更高层次的管理部门负责实施协作机制,协调各职能部门,加强各单位的合作联动。

危险货物种类繁多,名称有化学名称、俗称等,而且随着新的化学品的不断开发,有关国际规则也不断更新,且危险货物集装箱运输涉及的环节众多,因此,有必要建立危险货物信息库。通过信息库,职能部门发现有将危险货物以普通货物运输的违章行为及时予以纠正,并在信息库和相关单证上作记录,以提醒办理下一手续的职能部门;实现发货地和收货地、同地区不同职能部门、不同地区职能部门之间的信息共享,多头查堵。

4.2 提高开箱检查抽查率,加大处罚力度,提高执法威慑力

对存在危险货物瞒报谎报嫌疑的拟装船集装箱实施开箱检查是查处危险货物瞒报谎报行为的有效手段,海事部门应逐步建立查控体系,完善查控程序,将拟交付船舶运输集装箱实施开箱检查列入日常工作之中,加强现场监督,加大开箱抽查力度和行政处罚力度。

目前我国对危险货物瞒报、漏报和谎报企业的处罚力度不大,违章所得高过违章成本,因此一些企业愿意冒着被查处的风险实施瞒报、漏报和谎报行为。在目前法律规定的处罚限额内,应适当加大处罚力度,提高处罚金额,极力发挥法律法规的威慑作用。目前,危险货物瞒报谎报案件查处率与实际发生率仍存在差距,为防止危险货物集装箱的瞒报、漏报和谎报情况的发生,提高执法效率,可适当采取一些鼓励群众举报的措施,如设立奖励基金来奖励举报。

4.3 切实落实托运人和承运人的责任

在实际危险货物运输过程中,通常托运人提供了“非危保函”,承运人就按普通货物承运,一旦发生因托运人未告知承运人危险货物而导致的海事时,承运人基本上不用承担民事责任,法院已判决的多起涉及危险货物的海事纠纷案的事故责任认定上也是如此,这从客观上为承运人放弃或不认真履行货物检查权提供了条件。尽管由于托运人的过错而不追究承运人的民事责任,但是对于承运人在不知情的情况下,实际承运危险货物进出港口未向海事部门申报的违法行为,应追究其行政责任,以督促承运人认真履行承运义务,减少危险货物瞒报谎报行为的发生。

4.4 提高船载危险货物法规立法层次,优化监督机制

健全的法规是危险货物运输安全的基本保证。应加快国内危险货物运输管理的立法工作,提高立法层次,协调各职能部门,尽可能促成管理工作统一。从加拿大和欧洲国家的管理模式来看,危险货物运输法规和规章大都由国家立法及交通运输管理部门制定,而对危险货物运输实施监督管理的部门由另外的机构或部门来负责(大多由警务部门来承担)。我国可以借鉴国外水上危险货物运输立法的先进经验和先进的管理办法,采用通行的危险货物运输和海洋环境保护制度与措施,有利于我国危险货物运输的国际化发展,加快与国际接轨进程。

5 小结

船舶载运危险货物运输安全直接关系到海事安全和水域环境。近年来,集装箱危险货物谎报、瞒报现象有抬头趋势,海事部门打击危险货物集装箱瞒报、谎报行为任重而道远。面对日趋完善的法律法规和管理权限的重新界定,我们必须及时更新执法理念,创新监管模式,建立船舶载运危险货物集装箱的长效管理机制。

参考文献

[1] 国际海上危险货物规则

[2] 中华人民共和国海商法

[3] 邓卫华,邓卫宁.危险化学品瞒天过海,水上运输安全令人胆寒

[4] 洪辉.浅谈集装箱装运危险货物瞒报谎报行为的查处方法

Abstract: The characteristic of closed transport for container, providing an opportunity to lawless elements in misrepresentation of dangerous goods on shipping ,which lead marine safety and sea environment into great danger. the papers analysis the reasons and the main manifestations of cheat, or misrepresent for container carriage of dangerous goods, and put forward effective monitoring recommendations about the container carriage of dangerous goods for the authority .

Key word: Container;Dangerous goods;Misrepresentation supervise

论集装箱危险货物匿报瞒报案件处罚对象的确定

张婷婷
（宁波北仑海事处）

摘　要: 危险货物集装箱匿报瞒报直接影响船舶、货品、港口的安全以及船员的生命财产安全。本文介绍了目前危险货物集装箱匿报瞒报违法案件处罚现状，并对目前案件处罚过程中突出存在的问题及相关环节进行了分析，再结合以往工作经验，以打击该类违法行为的根本目的为出发点，从提高监管效率的角度，对解决这类违法案件处罚中突出存在的问题提出建议及对策，以期理顺、规范危险货物集装箱匿报瞒报违法行为调处流程，有效地打击该类违法行为，确保水上交通安全形势持续稳定。

关键词: 集装箱　危险货物　匿报瞒报　处罚对象

1　引言

近年来，集装箱运输得到了快速发展。到2007年，我国港口集装箱吞吐量已连续五年位居全球首位。同时，由于集装箱运输具有高效、便捷、环保的特点，进出宁波港箱量不断增加，且船载危险品集装箱运输品种多、吞吐量大、进出频繁，致使危险货物运输过程中的安全事故也逐年增加。由于危险货物理化性质各异，多数具有特殊的易燃、易爆、毒害性，危险货物引发的事故往往造成惨重的人员伤亡和巨大的经济损失。近几年的船载集装箱危险货物运输事故，由于匿报瞒报而导致水上交通事故的更是占了60%以上。

2　匿报瞒报违法行为处罚现状

危险货物集装箱的违规操作严重扰乱市场正常运输秩序，也给水上交通运输、港口安全及船员的生命财产等带来极大的安全隐患，不法人员抱着侥幸心理，或为逃避运费，或为一己私利，置船舶和船员的安全于不顾、置相关单位的巨大经济损失于不顾。为解决船载危险货物集装箱管理中存在的突出问题，全国海事系统相继开展了2005年船舶载运危险货物安全专项整治[1]、2006年水上危险品运输“百日会战”安全专项整治等活动[2]，逐步建立了集装箱现场查验和诚信管理机制，取得了一定效果。2008年，宁波海事局又大力开展了为期三个月的集装箱危险货物匿报谎报专项整治活动，并于2009年积极部署落实了非法夹带危险化学品运输专项整治工作，成效显著。

目前，宁波北仑海事处不断创新手段，积极拓宽调处渠道、延伸监管触角，建立起了事前舱单核查、充分利用船载危险货物信息查询系统、沟通多种举报渠道等多管齐下的监管体系，进一步加大了对谎报、瞒报违章行为的震慑力度，并已经形成比较成熟有序的处理流程。仅2009年度，宁波北仑海事处已查处匿报瞒报违法行为50余起，拟处罚金额近200万元。

3 在处罚对象确认上存在的问题与不足

在出口集装箱和进口集装箱当中都存在危险货物匿报瞒报违法行为发生的可能性，但具体情况又有些不同：进口集装箱由于已经接受了出口货源地相关部门的监督检查，在到货港出现匿报瞒报的现象比较少。但是也会有匿报瞒报违法行为发生。宁波北仑海事处就曾有查处进口集装箱匿报瞒报的案例；出口集装箱一般有出口货源地把关，海事、海关、出入境检验检疫等各家口岸单位对各自辖区的出口货物集装箱会进行重点检查。集装箱出运之前，接受的监督检查也比较多，匿报瞒报打击也比较有效。目前海事部门的监管重点也放在出口危险货物集装箱上。

出口危险货物集装箱匿报瞒报违法行为中违法事实的表述是“托运人未按规定办理危险化学品出口手续”。

按照《船舶载运危险货物安全监督管理规定》[3]，办理集装箱危险货物出口手续，货物所有人或其代理人（托运人）应向海事机关办理危险货物适运申报手续，提供拟出口危险货物的正确名称、编号、类别、数量、特性、包装、危险货物集装箱箱号、相应的危险货物安全技术说明书、安全作业注意事项、人员防护、应急急救和泄漏处置措施等内容。如果货物所有人或其代理人（托运人）未办理上述申报手续，按普通货物订舱报关出口，即认为“托运人未按规定办理危险化学品出口申报手续”。

这类违法行为，其违反的实体法是《危险化学品安全管理条例》第四十一条第一款和第二款[4]：托运人托运危险化学品，应当向承运人说明运输的危险化学品的品名、数量、危害、应急措施等情况；运输危险化学品需要添加抑制剂或者稳定剂的，托运人交付托运时应当添加抑制剂或者稳定剂，并告知承运人。

处罚这类违法行为的程序法是《危险化学品安全管理条例》第六十六条第（四）项[4]：托运人托运危险化学品，不向承运人说明运输的危险化学品的品名、数量、危害、应急措施等情况，或者需要添加抑制剂或者稳定剂，交付托运时未添加的，由交通部门处2万元以上10万元以下的罚款；触犯刑律的，依照刑法关于危险物品肇事罪或者其他罪的规定，依法追究刑事责任。

匿报瞒报案件的处罚处理，关键就在于托运人这一概念的理解。如何确定托运人，也成为匿报瞒报处罚能否获得打击违法行为，规范出运秩序目的的重要因素。

目前，在该类违法行为行政处罚过程中，处罚对象一般为小公司与个体户。由于处罚对象分散，加上在托运过程中操作不规范，海事部门虽已对违法对象做出了行政处罚，但是很难达到预期的效果。而瞒报谎报案件中涉及的各家代理，在该类违法行为中只有配合海事部门调查的义务，并没有作为违法行为的责任人，没有法律规范的强制力约束，所以在日常的出运业务中，代理公司不会尽力对货主委托的货物进行核实确认（实际上也往往不进行确认），出现对其客户（托运人）匿报瞒报违法行为视若不见。某些代理公司甚至与其客户（托运人）私下达成默契，主观上纵容其匿报瞒报，事不关己，高高挂起，一旦被海事部门查处，由货主自行承担相应后果。这也一定程度上说明当前匿报瞒报案件的处罚依据所列明的处罚对象存在漏洞，托运人如何确定、其范畴是否应该扩大，或者处罚对象是否应该涉及更多环节中，就成为当前我们首要讨论的问题。

另外，海事部门受制于人力物力等客观因素，使得该类违法行为被查处的几率较小，也是匿报瞒报违法动机长期存在的主要原因之一。

4 建议与对策

根据前面的分析,我们可以发现,托运人的确定成了匿报瞒报案件处理过程中,较为令人困惑的问题,也是关键性所在。那么,如何有效明确托运人呢?首先,需要理清两个关键概念:托运人与承运人。

《海商法》对托运人的定义包含两个概念[5]:(1)本人或者委托他人以本人名义或者委托他人为本人与承运人订立海上货物运输合同的人;(2)本人或者委托他人以本人名义或者委托他人为本人将货物交给与海上货物运输合同有关的承运人的人。

而承运人在运输合同中承担运输义务的一方。从传统意义上来说,只有本身能直接控制运输工具的人才能成为承运人,如运输工具的所有人或租赁人,而本身不能直接控制运输工具的人不能承运人,也无权与托运人订立运输合同,并收取运输费用。因而,在海运中的《海牙规则》和《海牙-维斯比规则》,以及空运中的《华沙公约》和《海牙议定书》中均将承运人限制于那些能直接控制运输工具的人。然而,随着租船、包机以及多式联运业务的发展,出现了很多本身并不直接控制运输工具但却与托运人订立运输合同的人。因而,实务中出现了两种承运人:一种是与托运人订立运输合同的承运人,即合同承运人;另一种是受合同承运人的委托从事全部或部分运输的承运人,即实际承运人。在海运中,对合同承运人一般称为承运人。

在匿报瞒报案调查处理过程中,确认托运人至关重要。目前一般的做法是通过二级货代直接找到货主作为托运人,在这种方式下,海事所查扣的集装箱内货物市值对整个案件的调处就会起到很大的影响,若货值低于处罚额度,就有货主弃箱弃货,拒不接受后续调查的风险,从而导致违法行为无法得到应有的处罚。另一方面,按此方式确定的托运人,较大程度上受限于二级货代的主观因素,没有确凿的客观证据资料能有力证明该托运人确实是真实的托运人。

所以,我们可以尝试回归到托运人的定义中来找寻托运人,根据前面所述的托运人定义,与托运人相对应的是承运人,所以承运人便成为确定托运人的切入点。

查询得到拟装运匿报瞒报箱的船舶船名及航次,再通过船方提供的订舱信息,找到向船方订舱的公司,如果该公司能提供海上运输合同,证明其为承运人(合同承运人),那该公司也就是实务中的一级货代,通过一级货代提供的运输合同可以找到委托一级货代进行订舱的公司。对照《海商法》中对托运人的定义,委托一级货代进行订舱的公司就是托运人,除非该公司也能提供能证明其实际上为承运人(合同承运人)的海上运输合同。

按此方法,处罚对象就非常明确,法律依据也足够充分。具体追踪托运人的流程可如图1所示。

照这一流程确定托运人,相对比较合情合理。一方面,由于事关自身利益,代理公司必然要防范因违法而受到处罚的风险,于是自然会对客户及其所托运的货物严格把关,从源头上减少了匿报瞒报发生的可能性;另一方面,即便出现了匿报瞒报违法行为,得益于代理对其客户的源自业务往来和经济利益的互相制约能力,就可以促成实际托运人承认货运委托关系,并主动接受处罚。

若实际托运人仍拒不承认真实有效的货运委托关系,并配合执法机关调查,代理则自然就应作为托运人接受处罚。于是,代理在业务操作中会更谨慎地对待客户,对相关货物也会严格把关,以防因出现匿报瞒报情况,而导致重大损失。当所有的代理都自觉加强对货物的核实检查、并对客户的信誉也提高门槛之时,共同遏制危险货物集装箱匿报瞒报现象的强大屏障也就

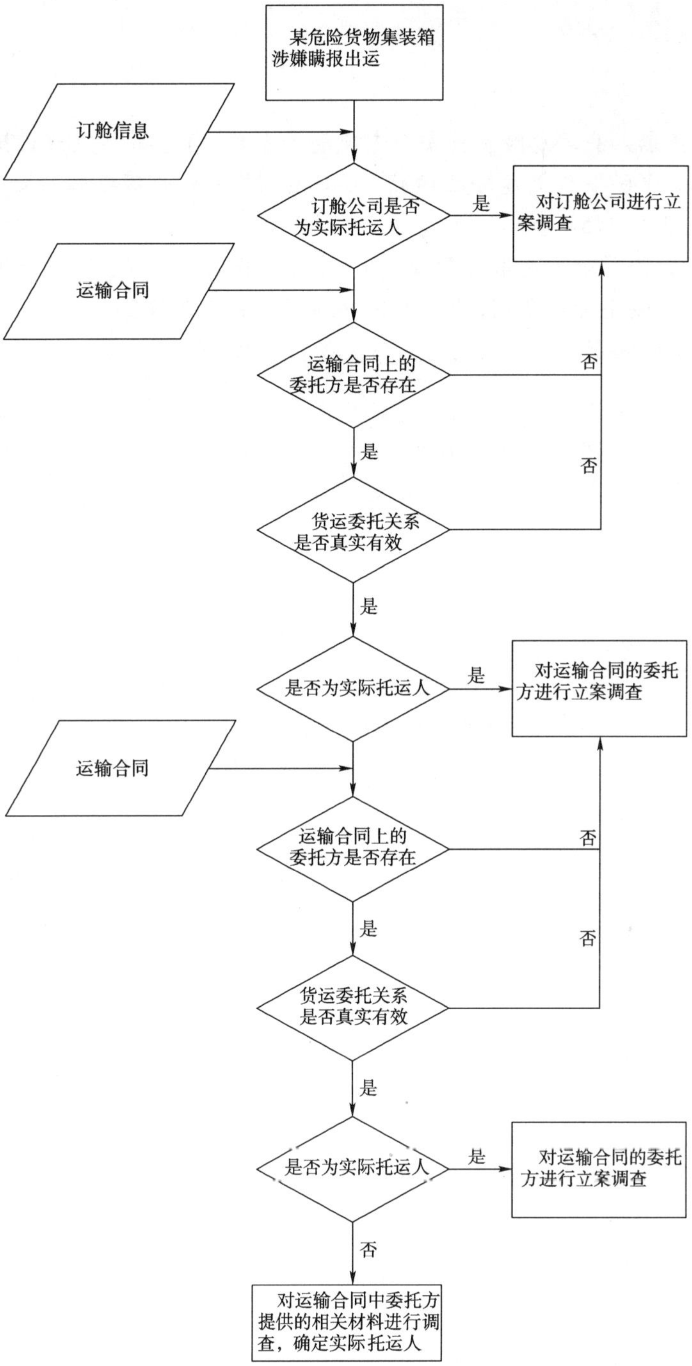

某危险货物集装箱涉嫌瞒报出运

订舱信息

订舱公司是否为实际托运人

是

对订舱公司进行立案调查

运输合同

运输合同上的委托方是否存在

否

是

否

货运委托关系是否真实有效

是

是否为实际托运人

是

对运输合同的委托方进行立案调查

运输合同

运输合同上的委托方是否存在

否

是

否

货运委托关系是否真实有效

是

是否为实际托运人

是

对运输合同的委托方进行立案调查

否

对运输合同中委托方提供的相关材料进行调查，确定实际托运人

图　1

顺利形成。

本文所述的瞒报谎报案件处理流程，对匿报瞒报行为能起到有效的震慑，并在一定程度上降低未来匿报瞒报行为发生的几率，海事部门则可以此更快更好地完成打击匿报瞒报，维护水上交通安全形势持续稳定。

参考文献

[1] 关于印发《船舶载运危险货物安全专项整治方案》的通知(海船舶[2004]526号)
[2] 关于印发2006年水上危险品运输“百日会战”安全专项整治行动实施方案的通知(交海发[2006]154号)
[3] 船舶载运危险货物安全监督管理规定(中华人民共和国交通部令2003年第10号)
[4] 危险化学品安全管理条例(中华人民共和国国务院令第344号)
[5] 司玉琢. 新编海商法. 大连:大连海事大学出版社,1999

关于船载货物集装箱管理问题的几点看法

林文涛　董先远
（湖北荆州海事局）

摘　要：普通货物中夹带危险货物，危险货物匿报或者谎报为普通货物是船载危险货物管理中的一个"老大难"问题，主要的表现是船载货物集装箱谎报瞒报和难报问题，给航运过程构成了潜在的安全隐患，海事管理机构尝试过许多方法，与隐瞒危险货物的行为作过长期艰苦的斗争，为航运安全保驾护航，但总是达不到令行禁止的效果。笔者作为危防工作老兵，对辖区的船载危险货物谎报瞒报和难报现象进行过一些调查分析，下面就长期困扰海事危防管理工作的几个问题谈点肤浅的看法，供同行们参考。

关键词：船载　集装箱　管理　看法

1　引言

2008 年末笔者曾在辖区危险化学品货物统计分析中发现近几年辖区纳入管理的危险货物，相对于实际的情况存在漏洞的问题，主要漏洞来自于谎报瞒报和难报现象。

所谓"谎报瞒报现象"是指：船载包装货物的货主或托运人在集装箱托运过程中，将危险货物匿报或谎报为普通货物托运的隐瞒行为；这种隐瞒行为违反了国家的有关规定，逃避对危险货物的安全监管，给航运过程构成了重大安全隐患，曾有海运集装箱危险化学品运输因谎报瞒报导致的燃烧或泄漏事故发生。

我们通过码头业主、物流企业、代理单位、船舶承运人的了解得知："谎报瞒报现象"主要是由于危险货物运费和装卸费高于普通货物，而且危险货物管理相对难度也比普通货物麻烦，所以，有些包装危险品的货主或托运人受利益驱使和"图方便"，在集装箱托运过程中，将危险货物匿报或谎报为普通货物托运；这一部分船载危险货物集装箱"变成"普货集装箱的行为很容易蒙混过关装船启运。这种隐瞒危险货物，逃避危险货物安全监管的行为之所以能够得逞，除管理漏洞之外，很大程度来源于相关人员对危险货物管理知识的欠缺和监管手段的落后；特别是"难报问题"不能不引起权威机构或国家相关职能部门的重视。

当今航运市场船载危险化学品货物门类复杂、品种繁多，《水路危规》或《国际危规》相对滞后，很多危险化学品未列入《危险货物品名表》；按照《危险化学品安全管理条例》的有关要求，未列入《危险货物品名表》的其他危险化学品，由国务院经济贸易综合管理部门会同国务院公安、环境保护、卫生、质检、交通部门确定并公布。因此派生出未列入《危险货物品名表》的其他危险化学品管理与鉴定问题；目前的主要做法是由国家主管部门授权的检测鉴定机构（下称检测机构）根据需求企业的委托，对未列入《危险货物品名表》的其他化学品进行检测评估，出示一个《货物运输条件鉴定书》或安全技术说明书（MSDS）式样的鉴定文书，再由海事管理机构确认其是不是危险货物。由于委托方的不同，检测机构的不同，行业标准也不尽相同等原因，同一种未列入《危险货物品名表》的其他化学品被鉴定出来的结论也不相同，这给海事管理机构出了一个难题；面对可以作危货也可以作普货运输的选择问题上，托运人通常要求作普通货物运输；这样不单可以降低成本，而且还可以简化运输管理，与海事管理机构宁可信其有，不可信其无，两者衡权取其重的做法形成鲜明反向；这就是所谓的“难报问题”。

发达国家为转嫁化学品生产污染源，有意识地将许多对环境有较大污染的化学品生产输出到我国，给新的危险化学品评估、界定造成一定的困难，也是“难报问题”的原因之一；在现实的船载货物集装箱中“难报问题”还很多，只是表现的形式不同而已。

长期以来海事管理机构查处普通货物中夹带危险货物和危险货物匿报或者谎报为普通货物的行为进行着艰苦卓绝的斗争，也取得过不错的成绩；某海事局创立的船载危险货物管理现场开箱检查的“三步查验法”，就是一个很好的典范。但是，船载货物集装箱谎报瞒报和难报问题中的疑点难点始终没有得到根本性的解决，下面就船载危险货物集装箱监管主要作法和主要的问题作几点浅析。

2 目前的主要做法

根据中华人民共和国《内河交通安全管理条例》、中华人民共和国《危险化学品安全管理条例》、中华人民共和国《船舶载运危险货物安全监督管理规定》等法规和规定的要求，海事管理机构对辖区船载危险货物集装箱上船前的监管工作主要表现在以下几个方面：

(1)实行船载危险货物申报与集装箱装箱诚信、备案管理。

(2)实行船载危险货物集装箱申报管理。

(3)实行船载危险货物集装箱装箱单位、装箱现场检查员责任制管理。

(4)对船载危险货物集装箱实行开箱检查和船载危险货物集装箱装卸实行现场检查。

船舶载运危险货物开箱检查以打击瞒报谎报危险货物的违法行为和对装运危险货物集装箱的装箱质量实施监督为目的。

对发现或存在以下情况的危险货物集装箱，重点实施开箱检查或抽查：

(1)有破损、污染、撒漏或渗漏现象的；

(2)被举报存在装箱质量问题的；

(3)被举报有瞒报、谎报危险货物行为的；

(4)拼装的或中转的；

(5)诚信度差的装箱检查员监装的。

有关承运单位、船舶和港口作业部门应对装有危险货物的集装箱进行查验，凡发现箱体或其部件有破损、污染、撒漏或渗漏现象的，不得承运或装船。海事管理机构认为必要时，将要求托运人呈验其他有关单证。

当发现集装箱或箱内装载不符合安全要求时，海事管理机构根据当事方所负的责任，责成装箱单位或托、承运人采取必要的安全处置措施，确保航运安全。

3 存在主要问题

3.1 “危货”开箱困难不小

目前，对辖区船载危险货物申报、船载危险集装箱装箱开箱检查和对危险货物装卸现场检查的过程中，很多人认为按正常程序申报的危货集装箱其开箱检查的必要性并不是特别重要。

由于代理单位或货主已经按照有关规定进行着申报和管理，对危险货物安全问题的防范

也作了提前介入，尤其是外贸危货的装箱管理更是精益求精，负责任的装箱单位和代理单位通过努力力求做到万无一失；这些例行管理已经在辖区危险货物申报与集装箱装箱诚信管理过程中得到强化，并且在经营实践活动中也得到了验证。所以，代理单位或货主在危险货物集装箱处理妥当之后，特别是外贸危险货物的集装箱经海关检查封箱之后，按照正常程序向海事管理机构申报，通常都不愿意再接受现场开箱检查。原因是：在集装箱货场，即使海关与外代的铅封手续有所简化，除了有关单位和人员重新验货、验箱、验单、铅封等一系列麻烦事情之外，外贸危货的集装箱还要回避走私之嫌；由此可见，开箱检查对代理单位或货主压力是很大的；压力越大，对开箱检查行为的抵触情绪也大。

3.2　“普货”开箱有一种窘境

船载货物集装箱开箱检查的方法不一定相同，但是，对查出来的化学品货物，都将面临着一个相同的问题：即存在化学品货物的识别和鉴别问题。识别和鉴别的形态通常有三种。

一是直接识别，二是综合判断，三是检测机构鉴定。从检测手段上看，经验不是万能的，现场开箱检查看到的化学危险品不一定都认识。更何况当代水路运输船载危险货物物门类复杂、品种繁多，信息资料相对滞后，甚至出现盲区，如果没有先进的检测仪器，在开箱检查现场即使看到了危险品，海事执法人员也不一定能够及时、果断的给予确认或甄别。

由于海事危防现场执法人员对未列入《危险货物品名表》的其他危险化学品缺乏了解等原因，因为“不认识”或鉴定困难导致现场执法人员不敢果断、明确地对其处理，是产生管理漏洞的原因之一。

3.3　未列入《危险货物品名表》的化学品检测成果不能做到信息资源的共享

由于委托方的不同，检测机构的不同，行业标准也不尽相同等等原因，同一种未列入《危险货物品名表》的其他化学品被鉴定出来的结论也不相同。给海事机构对船载危险货物管理带来了困难，而且，未列入《危险货物品名表》的其他危险化学品，检测成果信息，也没有做到全社会的及时、共享，造成了船载危险货物集装箱的信息资源的浪费。

综上所述，船载货物集装箱的谎报瞒报和难报问题给航运过程构成了潜在的安全隐患，我们在日常的管理工作尝试过许多方法，为航运安全保驾护航，其中有几项基础工作对谎报瞒报和难报问题较有成效，下面介绍给同行们，仅供参考。

4　几点尝试

4.1　打好基础，追求信息共享

我们将辖区所有的船载危险化学品货物资料（包括：危化品种类、理化性质、运量与运输走向、安全作业注意事项、人员防护、应急急救和泄漏处置措施等），《水路危规编号》、《国际危规编号》等资料编写成电子稿文书，一并上传到局内网《危防基础资料》栏目，供全局工作人员选用或查询，尝试着：努力创造辖区范围的常用危防信息资源共享，并对辖区新增加的船载危化品实施年度备案；不断更新其信息平台的数据；尽可能避免辖区危防工作人员的常用危防信息盲点，摆脱开箱检查产生“不认识”的窘境，提升大家的知识透明度。

4.2　管理前移，寻找一个支点。

为了夯实装箱单位在危险货物集装箱装箱过程原始记录的备查的有效性，我们尝试着：装箱单位在办理申报审批前，对所有船载危货集装箱装箱检查反映装箱情况的电子照片（应按照装箱标准留存或附送3张反映装箱情况的电子照片），并要求装箱检查员现场检查原始记录的规范化。这些管理前移的做法将纳入船载危险货物申报与集装箱装箱诚信管理工作中，让一年一度的信誉类别诚信管理备案年审更趋合理；也为打击隐瞒危险货物的行为找出一个支点。

4.3 提高认识，提升开箱检查效力。

我们认为对船载货物集装箱实行开箱检查和对船载货物集装箱装卸实施现场检查仍然是打击船载货物集装箱谎报瞒报危险货物行为一个重要的切入点，往后，不单要查危险货物集装箱，更多的应该查普通货物集装箱。其开箱检查率和危险货物装卸现场检查率为多少个百分点并不重要，重要的是要提升船载货物集装箱开箱检查和现场检查效力。所谓船载货物集装箱开箱检查和现场检查效力是指：船载货物集装箱开箱检查的查实率和缺陷查实整改效力。希望海事管理机构和现场执法人员对船载货物集装箱的问题，应该是查得出，改得了，注重实效。往后可从以下几点入手：

(1)加强责任心培养，提高海事一线执法人员对船载危险货物集装箱实行开箱检查和对危险货物装卸现场实施检查重要性的认识，努力提升开箱检查效力。

(2)加强社会信息资源的收集，包括对外开放口岸联检单位如：边检、海关、商检、疫检的横向信息交流和物流市场信息的交流，重点跟踪船载危险货物集装箱动向，为船载货物集装箱开箱检查危险货物有的放矢广开信息渠道。

(3)深化辖区船载危险货物申报代理单位和危险货物集装箱装箱单位诚信管理，变“要我查”为“我要查”，努力让辖区船载危险货物申报代理单位和危险货物集装箱装箱单位成为打击船载货物集装箱隐瞒危险货物行为的生力军。

5 两点奢望

(1)在开箱检查现场运用先进的检测仪器，准确、快速、直接确认待查货物，是开箱现场每一个海事执法人员的愿望。希望上级尽快为海事危防执法人员配备先进的电子检测识别设备，从检测手段上改变目前的落后面貌。

(2)希望按照《危险化学品安全管理条例》的有关要求，对未列入《危险货物品名表》的其他危险化学品，由国务院经济贸易综合管理部门会同国务院公安、环境保护、卫生、质检、交通部门共同推定一个权威的《危险货物运输安全鉴定委员会》，主要职能有：

①对未列入《危险货物品名表》的其他危险化学品，由《危险货物运输安全鉴定委员会》确定并及时公布，实施危险货物运输安全监督的统一性。

②创建一个全国统一的信息沟通平台和全球信息共享平台，实施危险货物运输安全监督技术保障体系信息资源的共享性。

③制定全国统一的《危险货物运输安全监督技术检测机构资质评审标准》、《危险货物运输安全专项检测技术标准》等行业标准，对危险货物运输条件鉴定和安全技术说明书规范化提供技术支持，对危险货物运输安全性能鉴定的检测机构实施统一认可。实施全国《危险货物运输安全鉴定委员会》权威性。

特别是希望在发生由于委托方的不同，检测机构的不同，行业标准也不尽相同等等原因，同一种未列入《危险货物品名表》的其他化学品被鉴定出来的结论也不相同的现象。

6　结语

船载货物集装箱谎报瞒报、难报危险货物的问题只是船载危险货物管理中的一个问题，由于笔者没能拜读先驱者们在船载危险货物管理方面的论文，也不知道同行业在此类问题上的先进观念。只是从工作实际出发谈了点肤浅的看法，不一定正确，甚至是幼稚的或者是错误认识，不足之处请多加谅解。

参考文献

[1] 中华人民共和国.内河交通安全管理条例
[2] 中华人民共和国.危险化学品安全管理条例
[3] 中华人民共和国.船舶载运危险货物安全监督管理规定
[4] 交通运输部.船舶载运危险货物申报与集装箱装箱诚信管理办法
[5] 中华人民共和国港务监督局.集装箱装运包装危险物监督管理规定
[6] 中华人民共和国海事局.船舶载运危险货物集装箱开箱检查程序的指导意见

危险货物集装箱水上运输风险与管理对策

黄晓颖
(南通海事局，江苏省南通市,226004

摘　要:随着海上运输方式的不断发展，集装箱运输以其安全、高效、便利、快捷的优点，赢得市场青睐,近年来,海运危险货物不断呈现出集装化和散装化趋势。集装箱运输的危险货物量越来越多,事故发生率在逐年增加。本文以现有的法律、法规和规范为依据,结合实际工作经验,阐述了危险货物集装箱水上运输的安全监管对策。

关键词:危险货物　集装箱　安全　管理

1　引言

随着社会的发展,人们逐渐认识到货物集装箱运输所带来的便利,推动海运危险货物不断呈现出集装化和散装化趋势。集装箱运输在给我们带来便利的同时,也带来了新的隐患。近年来,危险货物集装箱事故时有发生,如2009年8月10日23时20分许,装有176个集装箱的重庆丰都籍“航龙518”集装箱船下行至三峡大坝下游、湖北省宜昌市石牌水域时,有62个集装箱掉入长江,其中12个装有危险化学品(6个装有高锰酸钾,1个装有高锰酸钠,5个装有氢氧化钾);2009年7月1日,因“辽AC7087”货车司机周德志、刘利在普通货物中非法夹带13t危险品——偶氮二异丁腈易燃固体,造成滚装船“鑫河1河”在狮子脑水域发生火灾;2006年8月12日,“中海墨尔本”轮在宁波北仑三期码头装卸作业时,因措施不当,造成集装箱内的二氯过氧化苯甲酰发生分解与爆炸,引发危化品泄漏事件。危险货物集装箱水上运输和装卸作业过程中发生安全与污染事故,给人民群众的生命和财产,以及公共利益带来极大的灾害和损失。

据有关资料统计显示,随着危险货物集装箱运输量和运输品种不断增加,事故发生率也呈逐年递增趋势,加强对载运危险货物集装箱安全与防污染监督管理刻不容缓。

2　危险货物集装箱水上运输风险分析

由于集装箱的封闭形式,使人们不再能够直接看清箱内装的是何种货物,货物处于何种状况？这就给危险货物集装箱瞒报谎报行为的发生制造了条件。一些货主无知地认为,包装的危险货物比散装的危险小得多,或者根本就没有危险。受经济利益的驱动,他们在运输、装卸过程中,故意隐瞒或过失不报,把危险货物集装箱当成普通货物集装箱运输,不遵守相关国际、国内法规和技术规范,将船舶与船员置于危险之中,使水上运输风险进一步增大,同时也使国家海事主管机构的监管责任增强。

笔者认为造成危险货物集装箱瞒报现象发生的原因有以下五个方面:

一是危险品专业知识的匮乏。托运人关于危险货物运输的知识非常贫乏,不知道所托运的是危险货物,更不知道关于危险货物海上运输的特殊规定,从而导致瞒报谎报问题的产生。

二是过失不申报。生产厂商在交付运输时未交待；集装箱大多是多式联运，在交付水路运输前，已经过公路、铁路或其他形式的运输，上一级托运人未交待清楚；承运人未查阅相关资料进行核对等原因，因过失造成承运人不知集装箱内货物为危险品，而过失不申报。

三是受利益的驱动。危险货物的运费一般要比普通货物的高15%左右，作为危险货物的托运人（货主），尤其是常年走货的，这部分费用不是一个小数字。正常情况下，一个20英尺普通货物集装箱从江苏运到欧洲的运费一般为1500美金，如果是危险品集装箱则需上调15%的运费，一个箱子约加220美金，那么几个、几十个甚至更多的220美金，足以诱使某些危险货物托运人违法违规。

四是走私货物。目前，有些国家把一些危险货物列入禁止或限量进（出）口的范围，还有一些船公司，也把一些货物列入禁止或限量接运的范围。在这种情况下，需要该类货物的买主或富产该类货物的卖主就只能私下签订买卖合同。运输时，托运人只能够通过更改货物名称，提供虚假的资料或不提供危险货物运输单证来逃避主管部门的监管。这实际上是一种走私行为。

五是责任心不强。装箱站点或集装箱码头缺少有经验的危险货物管理人员；装箱检查人员不认真履行职责；以及集装箱船舶上的船员责任心不强等等，造成集装箱装运危险货物包装、标志、积载和隔离不能满足规定要求，甚至发生集装箱船舶超载运输等违法现象。

3　我国对包装危险货物申报管理的现状

我国对包装危险货物申报的管理，主要依据的国际公约有：《1974年国际海上人命安全公约》（SALOS公约）第七章A部分；《经1978年议定书修正的1973年国际防止船舶造成污染公约》（MARPOL 73/78公约）附则Ⅲ、《国际海运危险货物规则》（IMDG）、《国际集装箱公约》等。我国国内的法规有：《中华人民共和国内河交通安全管理条例》、《化学危险品安全管理条例》、《水路危险货物运输规则》、《船舶载运危险货物安全监督管理规定》及其他诸如《集装箱载运包装危险货物监督管理规定》、《船舶载运外贸危险货物申报规定》等规范性文件，以及2007年3月1日，交通部颁布实施的交通行业强制性标准《海运危险货物集装箱装箱安全技术要求》（JT 672—2006）。

SALOS公约要求：危险货物的托运人应（向承运人）提供运输单证，包括或附有署名的证明书或申报单，说明交付运输的货物业已妥善包装并加上了标记、标志或标牌，处于适运状态；负责将危险货物装入集装箱的人应提交一份署名的集装箱证明，证明组件内所装的货物已正确地装载和系固，并已满足所有适用的运输要求；载运危险货物的船舶应具备一份特别的清单或舱单，标明船上所载危险货物的名称、数量、类别和积载位置等。MAPPOL 73/78公约附则Ⅲ的要求基本上与SALOS公约一致，适用于海洋污染物。而《国际海运危险货物规则》（IMDG）则是一部专门针对包装危险货物海上运输管理的规则，已于2004年1月1日强制实施。

《船舶载运危险货物安全监督管理规定》（10号令）是我国针对船舶载运危险货物制定的专门法规。该规定对船舶载运危险货物时应如何向国家海事主管机关申报做了具体规定。第二十三条规定：船舶载运危险货物进、出港口，或者在港口过境停留，应当在进、出港口之前提前24小时，直接或通过代理人向海事管理机构办理申报手续，经海事管理机构批准后，方可进、出港口；第二十三条规定：载运危险货物的船舶办理进、出港申报手续，申报内容至少包括：

船名、预计进出港口的时间以及所载危险货物的正确名称、编号、类别、数量、特性、包装、装载位置等,并提供船舶持有安全适航、适装、适运、防污染证书或者文书的情况。对于装有危险货物的集装箱,船舶需提供集装箱装箱检查员签名确认的《集装箱装箱证明书》。2007 年 3 月 1 日,交通部新颁布的交通行业强制性标准《海运危险货物集装箱装箱安全技术要求》(JT 672—2006)正式实施。该标准进一步规范了集装箱装运危险货物的装箱安全基本要求、装箱前准备工作、危险货物装载操作规则、封箱操作、装箱以及记录与单证等安全技术要求,是海运危险货物集装箱运输、仓储、生产、经营,以及监督管理部门对装箱安全质量进行控制和检查的依据。

4 危险货物集装箱水上运输安全管理对策

4.1 重视源头管理,综合治理与分级管理并举

危险货物的生产、储存、包装、运输、装卸等作业过程,涉及到安监、公安、环保、消防、工商、港口、海关、商检、海事等多家主管部门。海事管理部门,是危险货物集装箱水路运输的最后一个监督管理部门。仅靠海事部门最后的扎口管理来查堵危险货物的瞒报谎报行为,只能是“亡羊补牢”,既不能从根本上遏制这种违法行为,也不利于对危险品生产、运输行业的管理与引导。只有各个安全主管部门各司其职、齐抓共管,对危险货物生产、储存、包装、运输的所有环节和流程进行全过程监控,才能最大限度地减少托运人、承运人和代理方在利益驱动下,钻法律的空子,发生瞒报、谎报危险货物等一系列违法违章行为。

笔者认为,做好危险货物集装箱水上运输安全管理监督工作,有效杜绝违法行为,首先应从源头上加强管理,积极推进、全面实施“政府领导、部门监管、企业负责、社会监督”的安全管理模式,综合治理、分级管理并举:一是从事危险化学品生产、运输、仓储、代理等企业单位,必须守法经营,诚信管理,不断提高作业人员及申报人员素质,不断规范内部管理,从源头上杜绝谎报、瞒报、漏报危险化学品等违法现象的发生;二是各相关安全与防污染主管部门如安监、公安、环保、消防、工商、港务、海关、商检、海事等单位,应积极整合资源,联合把关,建立各负其责、分工协作的监督管理机制,不断增强监管合力,形成监管闭环。

4.2 推进公司化管理,提高公司管理水平

随着科学技术的发展,船舶的各项性能、助航设备和科技含量也不断提高,但是,海上事故仍然呈上升趋势。显然,要杜绝海上事故的发生,单靠提高船舶标准是不够的,重点还应提高船舶营运公司的管理标准和要求。《ISM 规则》和《NSM 规则》应用了质量保证体系的基本原理,内容涉及船舶安全的目标、组织机构、责权划分、资源和人员配置、操作程序、文件控制、活动记录等各个环节,包括了人事管理、海务管理、机务管理各个方面。同时还规定了主管机关或其认可组织对安全管理体系进行审核认证和监督检查方面的责任。据统计,我国航运公司自实施《ISM 规则》或《NSM 规则》后,平均单船事故率、平均单船死亡人数分别是实施前的四分之一和六分之一。

笔者认为,海事管理机构作为水上安全主管部门,应积极履行行政扶助职能,加大海事管理法律、法规的宣传力度,转变船舶公司安全管理理念,变“要我安全”为“我要安全”和“我会安全”,为安全生产营造良好的环境;其次,应认真履行海事监督管理职能,加大对船舶公司国内安全管理体系的审核力度,引进船公司违纪积分制度,将船舶滞留、海事调查处理、船舶违章等内容与审核安全管理体系有机结合起来,增加体系运行的有关责任、处理、原因分析、应对措

施等具体内容。这样,一方面可以直接引导船舶从运行安全管理体系的角度寻找问题或缺陷的根本原因和解决方法;另一方面还可能通过加强对船公司特别是最高管理层的审核,来提高公司对船舶安全管理重要性的认识,以增强船公司安全管理的自我约束意识和安全意识,为进一步完善水上安全管理的长效机制提供有力保障。

4.3　拓展管理理念,提高执法水平

笔者认为,规范的执法加上优质的服务,才能达到最佳的监管效果。海事管理部门首先应在"有效监管"上多钻研,根据《中华人民共和国船舶载运危险货物安全监督管理规定》和交通部海事局《关于船舶载运危险货物集装箱开箱检查程序的指导意见》的要求,进一步制定相关集装箱监督检查工作实施细则,规范现场检查和开箱检查程序、检查记录和工作台账,对查实的危险货物集装箱瞒报、谎报等行为,根据有关法律法规实施严厉的海事行政处罚,形成规范的集装箱申报、开箱、检查、许可长效管理机制。其次,应在"优质服务"上下功夫,拓展管理理念,前移检查关口,在符合国家有关法律法规的前提下,尽可能为船舶提供最优质、快捷和高效的服务。目前,江苏海事局建立水上诚信服务与监督体系,对诚信集装箱船舶实施"绿色通道"的做法就拓展和创新了海事管理理念。该举措对符合条件的集装箱船舶大开绿灯,给予免除船舶航次签证,实行船舶定期签证;免除船舶载运过境危险货物航次申报,实行船舶载运过境危险货物定期申报;船舶载运危货集装箱进(出)港远程网上申报审批等共 15 项优惠措施,赢得了船方和港航企业的一致好评。

规范、有效的执法,离不开高素质的执法队伍。海事管理部门还应重视执法队伍素质和能力的培养,对执法人员开展经常性的危防专项培训和实操训练,帮助执法人员理解、掌握国际公约和国内法律法规具体要求,了解相关的船舶知识、航行知识,以及集装箱包装、标志,积载、隔离、系固等方面的安全管理知识,拓宽知识面,提高队伍整体业务素质和执法水平。如南通海事局组建集装箱开箱检查员队伍的做法,十分值得借鉴。该局通过组建一支较为固定的危险货物集装箱开箱检查队伍,规范对开箱检查官员的分级、培训、考试、晋级、资格、考核、评估等管理,为提高集装箱开箱检查实效,打击危险货物瞒报谎报等违法行为,提供了制度上保障。

4.4　加强协作,增强海事执法威慑力

笔者认为,为有效地提高海事监管效能和执法威慑力,海事管理部门应积极争取外援,加强与海关、检验检疫局等口岸查验单位,以及集装箱码头、堆场等生产单位的沟通和合作:一加强与当地安全生产监督管理部门合作,不仅可以取得当地政府的支持和协助,同时还可以全面了解辖区主要危险货物生产、经营、仓储单位具体情况,掌握危险货物原料或产品的种类、名称、数量、运输等情况,做到心中有底;二加强与海关的协作,可以及时、全面地掌握外贸货物集装箱中所载货物的详细资料,将外贸危险货物集装箱报关货物清单与海事申报台账进行对比,就能方便、快速地确定是否有危险货物不申报行为。如能争取与海关联网,还可以实现货物信息资源共享,随时查阅货物清单。另外,还可以争取利用海关 H986 等检测系统对检验货物进行快速检测,从而简化手续,提高效率;三加强与货物检验鉴定部门沟通,对性质不明危险货物实施有效监管,通过快速通道委托相关人资质的单位快速检测性质不明危险货物其成分、含量、理化特性等,从而快速研究、确定货物水上运输的监管要求;四加强对集装箱码头、堆场等生厂单位的源头管理,及时调阅码头、堆场危险货物集装箱作业台账,通过与危险货物申报台账对比,也可迅速查出是否有瞒报谎报危险货物的行为,为实施海事行政处罚提供强有力证据;五适时开展集装箱专项整治活动,打击危险货物集装箱瞒报谎报、危险货物非法夹带等违法违规行为,查明集装箱运输安全管理中存在的薄弱环节和安全隐患,加强治理和整改。活动中还应加强与兄弟海事单位的联系与沟通,通过协查,实现异地破案,有力打击违法分子的嚣张气焰。

4.5　实施代理单位和集装箱船舶诚信管理制度

最有效的管理是对人的管理。海事管理部门应以人为本,在监督管理机制中引入代理单位和集装箱船舶诚信管理制度。一方面加强对危险货物申报员和集装箱装箱现场检查员管理,建立诚信代理管理机制。通过倡导诚信理念,增强代理人员的法律意识、责任意识和自律意识;通过等级评价和奖惩办法,规范人申报人员的培训、考试、升级、淘汰制度;通过提高代理人员业务素质,不断提升海事行政许可效率。2009 年以来,江苏海事局成功运行了船载危险货物申报与集装箱装箱诚信管理制度,该制度制定了等级评定标准和分级监管措施,对危险货物申报单位、装箱单位及其人员实施诚信管理。在提高企业运营效益,提高海事监管效能、规范危险货物申报和集装箱装箱作业行为的同时,使海事监管更加便民利民亲民,受到社会各界好评。

另一方面,建立集装箱船舶信誉管理制度,制定信誉单位的标准,明确信誉单位的优惠管理政策,简化操作程序,加快通关速度。对每一条来港的集装箱船,都安排海事检查人员上船进行详细而具体的检查,这显然是低效的、而且是无法做到的。那么,根据集装箱船大都是班轮或是有固定航线的特点,对这些经常到港的船舶实行信誉管理制度,将能大大提高工作效率。实施船舶信誉管理,首先应制定信誉船舶的标准,根据公司管理情况、船舶概况、设备情况、人员素质、现场检查等情况建立评估档案,进行汇总评分,评估每艘集装箱船安全管理信誉度。对信誉好的船舶,实行优惠管理政策,开通“绿色通道”,简化或免除集装箱开箱检查;而对那些信誉差的船舶,或曾发生肇事逃逸、伪造证书、瞒报谎报危险品、抗拒监管、严重超载和逃漏国家规费的严重违法行为,则建立“黑名单”制度,实行重点跟踪、重点检查、百分之百开箱检查制度。同时,还可将检查处理结果通报相关口岸单位,形成“合围”之势,将能迫使其主动纠正违法行为、改善船舶状况。

4.6　建立社会监督、群众举报制度

安全工作需要全社会的关心和支持。目前,我国安全管理工作实行的是“政府领导、部门监管、企业负责、社会监督”的模式,海事管理部门应充分发挥水上交通安全社会监督的作用,设置群众举报信箱,对社会公开举报电话,利用社会监督机制共同维护危险货物集装箱运输的安全。为使该措施取得实效,可考虑建立一个覆盖危险货物生产、包装、储存、运输、管理等各环节的安全监督员网络,制定举报人员奖励办法,积极利用社会力量维护安全管理秩序。2008 年,南通海事局出台了《危险货物集装箱瞒报谎报行为举报管理办法》,此《办法》成为海事管理部门建立安全监督管理长效机制的有效补充,有力地推动了各项工作的深入开展。

5　结束语

安全工作只有起点,没有终点。

在集装箱运输条件下,有效防止危险货物瞒报谎报等违法现象的发生,不是件容易的事情,需要危险货物生产、运输、管理的各个环节、各个部门以及所有的从业人员共同的努力和互相的配合,同时还需投入巨大的人力、物力和财力。但是,只要我们有坚定的信念,并且这张安全网上的所有环节都能够认真地做好各自职责范围内的事情,完全可以避免此类问题的发生。

参考文献

[1] INTERNATIONAL MARITIME DANGEROUS GOODS CODE(国际危规)

[2] 1974年国际海上人命安全公约(SALOS公约)

[3] 经1978年议定书修正的1973年国际防止船舶造成污染公约(MARPOL 73/78公约)

[4] 水路包装危险货物运输规则. 北京:人民交通出版社

[5] 张钦良. 海上危险品安全运输管理. 大连:大连海运学院出版社,1993

Abstract: With the continuous growth of marine transport mode, containerization wins the marketplace by its advantage of safety, high efficiency, convenience and speediness. In recent years, carriage of dangerous cargo at sea displays the trend of containerization and bulking. More and more dangerous cargo is shipped in containers, and the occurrence rate of related accidents is increased year by year. According to the laws, regulations and criterion available and combined with practical working experience, the article set forth the safety Administration Countermeasures for the carriage of dangerous cargo containers at sea.

Key words: Dangerous cargo; Container; Safety; Administration

内河船舶溢油风险的灰色模糊综合评判

马　量

（武汉海事局）

摘　要：针对影响船舶溢油的因素即存在模糊性又存在灰色性的特点，本文在构造内河船舶溢油风险评价体系的基础上，结合模糊数学和灰度系统理论的相关知识，建立了溢油风险评价模型并做了实例计算，为下一步的溢油风险评估系统打下基础。

关键词：溢油　风险　灰色　模糊　评判

1　引言

我国内河流域范围广，随着社会经济的不断进步，内河航运业也获得了长足发展。与此同时，各种水质污染事故也时有发生。其中船舶溢油事故是一种最为严重的水域污染事故，一旦发生，事故溢油将漂浮在河（江）面，使水域生态系统遭到灾难性的破坏，同时也将影响两岸居民用水和环境面貌，将造成极大的生态、环境污染，给经济和社会带来严重的影响。以长江为例，据统计，1988～2007 年 20 年间，长江海事局辖区共发生重大油类污染事故 18 件，溢油 1473.7t[1]。

因此，对船舶溢油风险及预防对策进行研究具有十分重要的意义。目前，国内外的相关学者在这方面做了大量有效的研究，也取得了较好的成效，但他们主要研究的是海洋溢油运动模型以及风险研究，对内河水域的研究较少涉及。本文首先分析了内河船舶与海船的差异，针对影响船舶溢油的因素即存在模糊性又存在灰色性的特点[2]，以模糊数学和灰度系统理论为基础，对内河船舶事故性溢油风险作出评判，为海事部门的管理决策提供技术支持。

2　内河船舶溢油风险源分析

船舶溢油风险源分析即分析导致船舶发生事故性溢油的全部因素，并明确各种因素的重要性。这方面已有很多学者进行了研究，但他们的研究主要在于海船，而内河船舶航行与海船主要存在以下差异：

（1）内河船舶航行受航道的影响更为明显，尤其是在枯水季节，碰撞、搁浅等容易造成溢油事故。

（2）内河船员整体素质较海船船员素质低。由于海船上工作收入较高，内河船员中素质较高的部分船员流向沿海，导致目前内河船员整体素质较低。

（3）部分内河船舶较海船管理不够规范。目前的内河航运中存在大量的家庭船舶，兄弟船舶，在管理上存在一定的漏洞。

（4）内河航道管理技术相对落后。以长江为例，长江航道长达数千公里，就现在的技术手段和财力而言，很难对全航道实施全程监控和管理，导致航道中因船舶违章追越、任意抛锚、不按规定划江等现象造成的交通混乱情况还时有发生，特别是在夜间更容易对航行安全造成巨

大的威胁。

因此，在参照有关文献的基础上，结合内河的实际情况，内河船舶溢油风险源主要包括以下几方面[3,4,5]：

(1)船舶自身状况

船舶自身状况包括船舶类型，船舶吨位及等级，船舶即时技术状态，船龄，船舶所有权。船舶所有权分为企业所有和私人所有。总体来说，在内河航运中，企业所属船舶要比私营船舶管理更规范，可靠性更高。

(2)水域通航环境

水域通航环境包括气象条件，能见度，船舶交通密度，航道条件，导航通讯设备。

(3) 船员因素

船员因素包括对水域熟悉程度，技术水平，职业经验，船上管理水平，心理素质。

各指标权值计算及一致性检验结果　　表1

<table>
<tr><th>因　素</th><th>权　值</th><th>基础指标</th><th>权　值</th><th>一致性检验</th></tr>
<tr><td rowspan="5">船舶自身状况</td><td rowspan="5">0.127</td><td>船舶类型</td><td>0.469</td><td rowspan="15">$CI_{自身}=0.00508$
$RI_{自身}=1.12$
$CR_{自身}=0.0045$
$CI_{水域}=0.0009$
$RI_{水域}=1.12$
$CR_{水域}=0.0008$
$CI_{船员}=0.0007$
$RI_{船员}=1.12$
$CR_{船员}=0.000625$
$CI_{二级}=0.0023$
$RI_{二级}=0.58$
$CR_{二级}=0.004$
$CR_{综合}=0.00116$
均满足一致性检验</td></tr>
<tr><td>船舶吨位及等级</td><td>0.090</td></tr>
<tr><td>船舶即时技术状态</td><td>0.206</td></tr>
<tr><td>船龄</td><td>0.166</td></tr>
<tr><td>船舶所有权</td><td>0.069</td></tr>
<tr><td rowspan="5">水域通航环境</td><td rowspan="5">0.218</td><td>气象条件</td><td>0.128</td></tr>
<tr><td>能见度</td><td>0.097</td></tr>
<tr><td>船舶交通密度</td><td>0.384</td></tr>
<tr><td>航道条件</td><td>0.222</td></tr>
<tr><td>导航通讯设备</td><td>0.169</td></tr>
<tr><td rowspan="5">船员因素</td><td rowspan="5">0.655</td><td>对水域熟悉程度</td><td>0.201</td></tr>
<tr><td>技术水平</td><td>0.265</td></tr>
<tr><td>职业经验</td><td>0.265</td></tr>
<tr><td>船上管理水平</td><td>0.1529</td></tr>
<tr><td>心理素质</td><td>0.1161</td></tr>
</table>

3　船舶溢油风险评判体系的建立及各评价指标权重的确定

本文采用经典的三层评价体系，目标层为水域船舶溢油风险，准则层为船舶自身状况，水域通航环境，船员因素，方案层则由准则层的各因素组成。

各指标的权重采用层次分析法来确定，为避免1～9标度引起相对权重计算失真，本文采用指数标度构建评价判断矩阵[4]。计算结果如表1所示。各指标均满足一致性检验。

4　评价指标等级及评分标准的确定

对评价对象的各个指标进行等级评分，采用“很好，好，一般，差，很差”的评价用语，与之相对应的评价分值为5,4,3,2,1，当指标等级介于各相邻等级之间时，也赋予各整数等级之间的数值。船舶类型、船舶吨位及等级与船龄分值的确定参照参考文献6进行。针对内河航运实际情况,企业所有船舶取值为3.5,私人船舶取值为2.5。

5 船舶溢油风险的灰色模糊综合评判及实例

在溢油相关数据缺乏大样本的情况下,灰度理论是有效工具[7]。根据实际情况和评价需要,将评价灰类确定为5个,分别代表很安全,安全,一般,危险,很危险,越后面代表溢油的风险越大。与这5个评价灰类相对应的灰数及白化权函数可以做如下的定义:

灰类“很安全”($e=5$),相对应的灰数$\otimes 5 \in [5, \infty]$,白化权函数为$f_1$;

灰类“安全”($e=4$),相对应的灰数$\otimes 4 \in [0,4,8]$,白化权函数为f_2;

灰类“一般”($e=3$),相对应的灰数$\otimes 3 \in [0,3,6]$,白化权函数为f_3;

灰类“危险”($e=2$),相对应的灰数$\otimes 2 \in [0,2,4]$,白化权函数为f_4;

灰类“很危险”($e=1$),相对应的灰数$\otimes 1 \in [0,1,2]$,白化权函数为f_5;;

白化权函数$f_1 \sim f_5$的函数曲线如图1~图5所示。

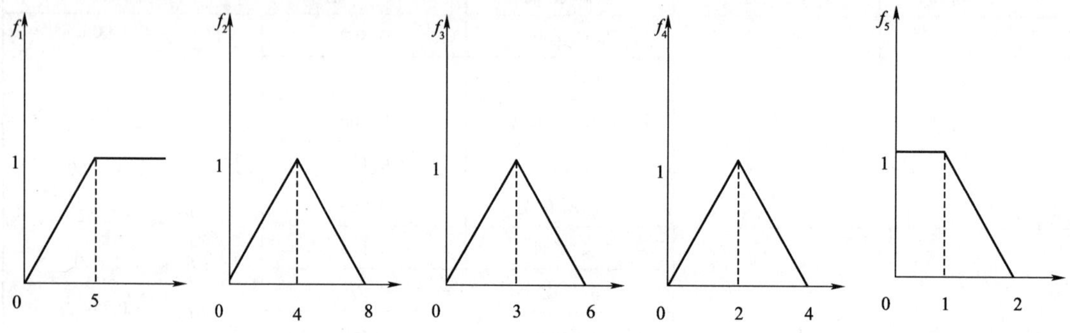

图1 灰类“很安全”的白化权函数

图2 灰类“安全”的白化权函数

图3 灰类“一般”的白化权函数

图4 灰类“危险”的白化权函数

图5 灰类“很危险”的白化权函数

现在假定有一条10年船龄的600t的私人油船,于枯水季节行驶在武汉汉江水域,参与评价的专家有6人,根据专家评分,得到的样本矩阵为M,为书写方便将其转置。

$$M^T = \begin{bmatrix} 1 & 2 & 3 & 2 & 2.5 & 2 & 2.5 & 2 & 3 & 4 & 2 & 2 & 2.5 & 1.5 & 3 \\ 1 & 2.5 & 2 & 2 & 2.5 & 2.5 & 3 & 2 & 3.5 & 3.5 & 1.5 & 2 & 3 & 1 & 3 \\ 1 & 3 & 2.5 & 3 & 2.5 & 2 & 2.5 & 2.5 & 3.5 & 4 & 1.5 & 1.5 & 2.5 & 1 & 3 \\ 1 & 2 & 2 & 2.5 & 2.5 & 2 & 2 & 3 & 3 & 3.5 & 1.5 & 1.5 & 2.5 & 1.5 & 2.5 \\ 1 & 2.5 & 3 & 2.5 & 2.5 & 2.5 & 2.5 & 2 & 3 & 3 & 1 & 2 & 3 & 1 & 2.5 \\ 1 & 3 & 3 & 3 & 2.5 & 3 & 3 & 2.5 & 3 & 4 & 2 & 2 & 2 & 1 & 2 \end{bmatrix}$$

下面以评价指标“船舶类型”为例求出其分别属于评价灰类很安全,安全,一般,危险,很危险的灰色评价系数x_{11e}[7]。

对于“船舶类型”有:

$$e=5, x_{115} = \sum_{k=1}^{6} f_1(d_{11k}) = 1.2$$

其中:d_{11k}为第一个二级评价指标“船舶自身状况”的第一个基础指标“船舶类型”的评分值。

同理可求

$$e=4, x_{114}=1.5; e=3, x_{113}=2$$

$$e=2, x_{112}=3; e=1, x_{111}=6$$

对评价指标“船舶类型”，评价对象属于各个评价灰类的总灰色评价数为：

$$x_{11}=1.2+1.5+2+3+6=13.7$$

由此可得出对于该评价对象，把评价指标“船舶类型”主张为第 e 个灰类的灰色评价权 r_{11e}[7]：

$$e=5, r_{115}=x_{115}/x_{11}=1.2/13.7=0.0876$$

$$e=4, r_{114}=x_{114}/x_{11}=1.5/13.7=0.1095$$

$$e=3, r_{113}=x_{113}/x_{11}=2.0/13.7=0.1460$$

$$e=2, r_{112}=x_{112}/x_{11}=3.0/13.7=0.2189$$

$$e=1, r_{111}=x_{111}/x_{11}=6.0/13.7=0.4380$$

所以评价指标“船舶类型”对于各个灰类的灰色评价权向量

$r_{11}=(r_{115}, r_{114}, r_{113}, r_{112}, r_{111})=(0.0876, 0.1095, 0.1460, 0.2189, 0.4380)$

类似的方法可以得到其他各评价指标的灰色评价权向量，根据二级评价指标分类可以构成灰色评价矩阵[7]。

对二级评价指标“船舶自身状况”，有矩阵

$$R_1=\begin{bmatrix} r_{11} \\ r_{12} \\ r_{13} \\ r_{14} \\ r_{15} \end{bmatrix}=\begin{bmatrix} 0.0876 & 0.1095 & 0.1460 & 0.2189 & 0.4380 \\ 0.1846 & 0.2308 & 0.3077 & 0.2769 & 0 \\ 0.1891 & 0.2364 & 0.3152 & 0.2593 & 0 \\ 0.1846 & 0.2308 & 0.3077 & 0.2769 & 0 \\ 0.1846 & 0.2308 & 0.3077 & 0.2769 & 0 \end{bmatrix}$$

对二级评级指标“水域通航环境”，有矩阵

$$R_2=\begin{bmatrix} r_{21} \\ r_{22} \\ r_{23} \\ r_{24} \\ r_{25} \end{bmatrix}=\begin{bmatrix} 0.1754 & 0.2192 & 0.2923 & 0.3131 & 0 \\ 0.1846 & 0.2308 & 0.3077 & 0.2769 & 0 \\ 0.1754 & 0.2192 & 0.2923 & 0.3131 & 0 \\ 0.2186 & 0.2733 & 0.3643 & 0.1438 & 0 \\ 0.2827 & 0.3533 & 0.2998 & 0.0642 & 0 \end{bmatrix}$$

对二级评价指标“船员因素”，有矩阵

$$R_3=\begin{bmatrix} r_{31} \\ r_{32} \\ r_{33} \\ r_{34} \\ r_{35} \end{bmatrix}=\begin{bmatrix} 0.1293 & 0.1617 & 0.2155 & 0.3233 & 0.1702 \\ 0.1455 & 0.1819 & 0.2426 & 0.3638 & 0.0662 \\ 0.1891 & 0.2364 & 0.3152 & 0.2593 & 0 \\ 0.1001 & 0.1251 & 0.1669 & 0.2503 & 0.3576 \\ 0.1936 & 0.2419 & 0.3226 & 0.2419 & 0 \end{bmatrix}$$

在此基础上对各三级指标进行评判[7]，其结果分别用 B_1, B_2, B_3 表示。

$$B_1 = W_1 \times R_1 = [0.469 \quad 0.090 \quad 0.206 \quad 0.166 \quad 0.069] \times \begin{bmatrix} 0.0876 & 0.1095 & 0.1460 & 0.2198 & 0.4380 \\ 0.1846 & 0.2308 & 0.3077 & 0.2769 & 0 \\ 0.1891 & 0.2364 & 0.3152 & 0.2593 & 0 \\ 0.1846 & 0.2308 & 0.3077 & 0.2769 & 0 \\ 0.1846 & 0.2308 & 0.3077 & 0.2769 & 0 \end{bmatrix}$$

$$= [0.1400 \quad 0.1751 \quad 0.2334 \quad 0.2461 \quad 0.2054]$$

其中：W_1 由第一个二级评价指标“船舶自身状况”中个各基础指标的权重所组成的矩阵，W_2、W_3 的定义类似。

同理有：

$$B_2 = W_2 \times R_2 = [0.2040 \quad 0.2550 \quad 0.3110 \quad 0.2300 \quad 0]$$

$$B_3 = W_3 \times R_3 = [0.1524 \quad 0.1905 \quad 0.2541 \quad 0.2965 \quad 0.1065]$$

故得到总灰色评价权矩阵 $R_{总}$：

$$R_{总} = \begin{bmatrix} B_1 \\ B_2 \\ B_3 \end{bmatrix} = \begin{bmatrix} 0.1400 & 0.1751 & 0.2334 & 0.2461 & 0.2054 \\ 0.2040 & 0.2550 & 0.3110 & 0.2300 & 0 \\ 0.1524 & 0.1905 & 0.2541 & 0.2965 & 0.1065 \end{bmatrix}$$

结合二级指标的权重，可以得综合评价结果

$$B = W \times R_{总} = [0.127 \quad 0.218 \quad 0.655] \times \begin{bmatrix} 0.1400 & 0.1751 & 0.2334 & 0.2461 & 0.2054 \\ 0.2040 & 0.2550 & 0.3110 & 0.2300 & 0 \\ 0.1524 & 0.1905 & 0.2541 & 0.2965 & 0.1065 \end{bmatrix}$$

$$= [0.1621 \quad 0.2026 \quad 0.2639 \quad 0.2756 \quad 0.0958]$$

由结果可以看出，此评价对象的灰类等级为“危险”，海事部门应提前做好应对措施并对该船舶提出改进意见。

如果有多个评价对象需要进行排序和优选，则可以对 B 进行单值化处理，得到一个综合评价值 J。常用的单值化处理方法是定义一个向量 C，该向量可由各个灰类等级按灰水平赋值而得到，具体到本例中：

$$C = [5 \quad 4 \quad 3 \quad 2 \quad 1];$$

综合评价值 $J = B \times C^T = 3.0596$，根据综合评价值的大小可以进行不同评价对象之间的排序和优选。

6 小结及下一步的工作

溢油防治是海事部门的重点工作之一，针对影响船舶溢油的因素即存在模糊性又存在灰色性的特点，本文利用模糊数学和灰色系统的相关方法对内河船舶溢油风险作出了评判，本方法能较好地综合不同专家的评判意见，为海事部门的决策提供技术支持。下一步的主要工作是在实践中进一步完善评价指标体系并制定相应的应急预案，编制计算软件并与海事局现有

船舶数据库相联系,密切监控危险船舶并督促其改进,维护水域的清洁。

参考文献

[1] 彭宏恺. 内河船舶污染管理现状及对策 [J]. 中国水运,2008,6:39-40

[2] 杨军,王当利. 灰色模糊理论综合评判港口船舶溢油风险方法初探 [J]. 交通科技,2003(4)116-118

[3] 孙维维. 港区油船溢油风险评估 [J]. 交通运输工程与信息学报,2003,4(1):90-95

[4] 金海明 宁波港油船溢油风险评估应用研究. 上海海事大学硕士学位论文,2006

[5] 麻亚东. 宁波—舟山港油船溢油环境风险评价研究. 大连海事大学硕士学位论文,2007

[6] 肖井坤, 殷佩海. 船舶溢油潜势的多层次灰色评价分析 [J]. 大连海事大学学报,2001,27(1):44-50

[7] 肖井坤. 船舶溢油风险评价模式与应用研究. 大连海事大学博士学位论文. 2001

Abstract: There are both grey and fuzzy in the factor which will affect ship's oil spillage, according to this characteristic, an oil spillage risk assessment model has been established by using the fuzzy and grey theory based on constructing a ship's oil spillage risk assessment index system, and an example calculation is given. This has made a foundation for the next oil spillage risk assessment system.

Key words: Oil spillage; Risk; Grey; Fuzzy; Assessment

江苏海洋渔业船舶防污染现状分析与探讨

袁士春　徐本国　许应国

（江苏渔业船舶检验局，南通青年西路160号，226006）

摘　要：我国渔业船舶数量多、分布广、污染重，所造成的水域污染不容忽视。介绍了渔业船舶防污染的法规，阐述了江苏省海洋渔业船舶防污染现状，分析了渔业船舶产生污染的原因，提出了渔业船舶防污染管理的措施，为制定渔业船舶防污染政策提供参考。

关键词：渔业船舶　污染　分析

江苏海岸线954km，海域面积约3.75万平方公里，拥有丰富的海洋渔业资源。据2009年度统计，目前江苏省登记的海洋渔业船舶1.1万多艘，海洋渔业从业人员达10万人。全国沿海各省市共有国内海洋渔业船舶近30万艘，海洋渔业从业人员估计有约300万人。如此众多的渔业船舶和渔业人员每天要产生大量的废油、废气、生活垃圾等污染物，海洋已不堪重负。

海洋渔业船舶的污染已影响到海洋生物的生存，最直接的结果就是导致捕捞产量的下降及渔获物质量的降低。为了改变这一现状，国家渔业主管部门对渔船污染状况调研立项。在调研的基础上，研究渔业船舶可行的防污染方法和措施，为进一步制定渔业船舶防污染的政策提供参考。

1　渔业船舶防污染的法规、规则简介

渔业船舶防污染的法律法规有：《中华人民共和国海洋环境保护法》、《中华人民共和国防治船舶污染海洋环境管理条例》、《中华人民共和国水污染防治法》以及《中华人民共和国渔业船舶检验条例》。

《渔业船舶法定检验规则》作为农业部的部门规章，对渔业船舶防污染给出了具体规定。其中，对防止油类污染和防止垃圾污染作出强制规定，但对防止空气污染和防止生活污水污染的检验申报，由船东自主确定。

2　渔业船舶污染途径及现状

2.1　渔业船舶污染分类

根据船舶污染分类[1]，渔业船舶污染同样可分为排放性船舶污染与事故性船舶污染两个方面。

（1）排放性船舶污染，是指船舶有意识地将船舶污染物（包括船舶含油污水、船舶生活污水、船舶废气、船舶垃圾、船舶防污底漆等）排放到海上。排放性船舶污染又可细分为正当排放和不正当排放两种。正当排放是指船舶排放的污染物未超过防污标准，或排放行为不被禁止或限制的轻微行为。而不正当排放是指船舶排放的污染物超过防污标准，或在禁区内排放污染物而造成污染。

(2)事故性船舶污染,是指船舶因过失、疏忽、不可抗力、意外情况等原因导致油类、有毒物质等泄漏到海洋造成污染。主要包括因各类海损事故(搁浅、碰撞、火灾爆炸、倾覆等)引起的船舶燃油泄漏事故,以及机损事故引起的燃油泄露、制冷剂泄漏事故等。事故性船舶污染由于其所发生的频次比较低,在船舶污染中只占很小的比例,无法精确预测,只能在事故发生后由有关部门处理,本文不作讨论。

2.2　江苏海洋渔业船舶排放性污染现状

(1)污油水的污染

污油水包括机舱舱底水和废油等。由于机械设备的泄漏,机舱舱底水中不可避免地含有柴油、滑油等油类;设备维护时更换的废滑油以及清洗零件的废柴油。这些污油水因占据一定体积,对船舶航行作业不利,需将污油水排出。按规定这些污油水不能直接排放,应经处理后排放或排放到专门的接受设施中,但长期以来,由于渔民主观上对污油水排放缺乏正确的认识,加上相关部门对渔业船舶污油水的不正当排放监管不到位,大部分渔业船舶直接将油污水排入海中。

(2)废塑料网具的污染

渔船捕捞作业常常会发生渔具损坏现象,当网具出现严重损坏时,因网具较重,带回到岸边成本较高且无回收价值,并影响渔获物的装载,所以渔民习惯上将网具遗弃入海。被渔船遗落在大海上的渔网,绰号"幽灵网",会使数以千计的海洋生物被缠绕束缚或窒息而死[2]。

(3)干电池的污染

江苏海洋捕捞方式以张网和刺网为主。张网作业虽然是一种比较节能的捕捞方式,但对资源的破坏比较严重。另外,由于张网和部分刺网作业时需要使用浮标灯示位,其电源主要以1#干电池为主,且每隔两天到三天,干电池就要更换一次。每艘船上一般携带6~7张网具,每年至少使用2000节干电池[3]。干电池使用完后又被渔民随意丢入大海,1节电池就可以污染600t海水,导致海水中重金属含量大幅增加,严重影响海洋生物的生长。近几年吕泗渔场每年约有1500万节干电池被扔进大海[3],造成的污染十分严重。

(4)船底防污漆的污染

为防止水生物附着在船体上,船舶表面需要涂一层防污底漆。渔民为节约成本一般选用含有机锡的防污底漆,这种油漆虽然可以防止生物附着而减小船舶阻力,但会对贝类等水生生物的生殖系统造成破坏,导致生物无法繁殖。由于船舶数量多,防污漆污染不可小视。

(5)生活垃圾与生活污水的污染

渔业船舶生活垃圾以有机污染物为主。一般由一次性餐具、塑料袋、塑料瓶等塑料制品和废纸、罐头盒、食物残渣等废弃物组成。这些垃圾中,塑料制品对水环境和鱼类生存影响特别大。在光照、风吹和洋流作用下,很多塑料垃圾老化被分解为更小块,这时,海洋生物会把这些小块塑料误当作食物吞食。从大块头的鲸到不起眼的浮游生物,因为误吞塑料,积聚在消化道中窒息丧命的比比皆是[2]。由文献[4]可知,塑料污染尚不为人们所重视,但实际情况已到了耸人听闻的地步。

渔业船舶生活污水主要包括洗衣水、洗碗水、大小便等等。渔业船舶的空间狭小,不可能有足够大的容器存放这些生活污水,渔业船舶一般不配备生活污水处理设备,这些污水直接倾倒入海形成一定污染。特别是少数养殖船,因人员数量较多、生活污水排放量更高,对环境影响较大,应引起重视。

(6)渔业船舶修理废弃物的污染

渔业船舶基本上每年都要上排除锈或捻缝、涂漆、机械修理等,修理时产生的各种废弃物被随意丢弃在水中,特别是渔业船舶保温舱为发泡塑料,过几年因保温层进水等导致鱼舱的保温效果比较差,需要清仓重新发泡。这时候就会有大量带着臭味的发泡塑料被清理出来,这些泡沫塑料无任何可回收利用价值,常被倾倒在水中最终变成漂浮物,导致渔港和海洋严重污染。

3 渔业船舶污染原因分析

结合多年的渔业船舶检验和管理工作的实践,作者对导致渔业船舶排放性污染的主要原因做如下分析:

3.1 地方政府对渔业船舶渔港排放性污染重视不够

《中华人民共和国海洋环境保护法》规定[5]:国家渔业行政主管部门负责渔港水域内非军事船舶和渔港水域外渔业船舶污染海洋环境的监督管理,负责保护渔业水域生态环境工作,并调查处理前款规定的污染事故以外的渔业污染事故;沿海县级以上地方人民政府行使海洋环境监督管理权的部门的职责,由省、自治区、直辖市人民政府根据本法及国务院有关规定确定。

由此可见,各地海洋环境的监督管理由各级地方人民政府负责。而目前地方政府比较注重的是渔业船舶的安全问题,例如一旦渔业船舶在海上发生重大事故,将引起地方政府的高度重视,而由渔业船舶排放性污染引起的环境污染,却没有形成有效的监管机制。虽然渔业船舶排放性污染不会在短时间内酿成重大污染事故,但长期积累的后果必然会积重难返,到时再治理必然会付出巨大代价。

3.2 渔业船舶防污染监管难度大

我省渔业船舶数量众多,条件好的渔港数量却很少,大部分渔业船舶停靠在自然的河汊或水湾内,很难按照国家相关的法律、法规对其污染情况进行监管。

《渔业船舶法定检验规则》规定了渔业船舶的防污染结构和防污染设备的配备。2000 年至 2003 年,江苏省政府的相关规定,要求 24m 以上海洋渔业船舶必须安装处理能力至少为 $0.05m^3/h$的滤油设备。当时,大部分船舶均按规定配备了滤油设备,但在渔业船舶营运期间,按《渔业船舶法定检验规则》规定的排放标准进行监管难度较大,且滤油设备需要手动泵压油污水,操作麻烦,船员为图省事干脆绕开设备,导致含油污水直接排放入水[6]。滤油设备最终成了摆设,日久因腐蚀而报废。

3.3 渔港无污油水和垃圾接受设施

虽然我省有洋口港、大洋港、黄沙港等几个国家级中心渔港,但港内都没有建设相应的渔业船舶排放性污染物接收设施。虽然有些渔业船舶将污油水带回到渔港,也是为了将废油卖给从事污油水接收的个体船舶。个体船舶接收污油水的目的不是为防污染,而纯粹是为了倒卖废油营利,在采用重力法回收废油后,将大量含油污水排到港中。回收机制的不完善,是造成水域污染又一重要原因。

3.4 船东和渔民防污意识淡薄

渔业船舶船东和渔民对自己造成的环境污染很麻木,他们认为只要能捕到鱼,自己的非法排放污水和乱扔垃圾的行为对大海而言算不了什么,认识不到自己行为的严重性。正因为成千上万的渔民都如此想法,而且在他们的行动中也表现出来(为图方便,直接将含油污水排放

入海，将损坏的塑料网具等禁止入海的垃圾扔到海中，他们认为是在营运途中，没有人能发现并受到处理），所以渔业船舶对海洋的污染越来越严重。如在渔港水域到处可见漂浮的塑料瓶是最好的见证。

3.5　渔业船舶老龄化加大了污染物的排放量

我省10年以上的渔业船舶占渔业船舶总数的85%以上，这些船舶的主机油耗高、漏泄严重，更加剧了水域油类污染。2007年起，国家不再执行老旧渔业船舶报废制度，加剧了渔业船舶老龄化，老龄渔业船舶的机械设备漏泄严重，管路锈蚀、跑冒漏滴情况严重，从而加重了油污染[7]。

4　渔业船舶防止污染对策

4.1　对渔业船舶污染情况进行调研

目前，我省海洋渔业船舶的具体污染物数量、各港口的条件等还没有详细的数据。为减少渔业船舶污染，加强海洋环境保护，只有对渔船和养殖船的污染状况调研，摸清渔业船舶污染排放的情况，才能制定科学的政策。作者认为调研内容应包括：渔业船舶的耗油量、污油水排放量；废塑料渔具丢弃量；干电池弃海量；渔民生活污水、生活垃圾排放量；渔业船舶修理废物排放量等。根据不同的污染类型和排放数量，推算出全省的总污染量，据此，提出各种污染物的处理建议，使渔业船舶防污染工作落到实处。

4.2　突出政府在渔业船舶防污染中的管理职能

地方政府应充分认识到渔业船舶污染的危害性，积极履行环保职责，通过引导、教育、处罚等措施，从源头上进行长效管理[8]，海洋环境将能得到改善。例如：加强环境保护的执法力度，加大对渔业船舶防污染的监管，控制陆源污染对海洋的影响，增加渔业船舶和渔港的防污染设施的投入和扶持力度。尽量减少陆源污染对保护水域免受污染非常重要[2]。

各职能部门加大对营运渔业船舶防污染的检查力度，严格执行渔业船舶防污染设施的检验规定，建立渔业船舶污染物的回收、处理的制度，改善渔业船舶防污染技术状况，采取疏堵结合的方法，杜绝违法排放油污水和随意抛弃禁止入水的垃圾等行为。

4.3　加大宣传力度，提高渔民环保意识

只有渔民环保意识的提高，才能真正减少渔业船舶对海洋环境的污染。因此，有关部门应加强宣传，强化渔民的环保意识[9]，提高渔民参与防污染工作的积极性[8]，促使渔民努力做到垃圾分类存放、按规定进行排放和回收处理，清洁的海洋环境是可以实现的。

4.4　加大船舶防污设备和节能设备的投入

如果渔业船舶能采用污染少的节能设备和高效的防污染设备，将大大减少渔业船舶对海洋的污染。如网标灯能用太阳能电池或镍氢电池替代干电池，每艘船每年可少用近2000节1号干电池；如张网船能使用风力发电机，减少柴油发电机运转时间，每年也能节约近0.5t的柴油；如滤油设备能易于操作与维护，将有利于油污水的排放。加大船舶防污设备和节能设备研究和配备的投入，将改善渔业船舶污染的现状。

4.5　加大对渔业船舶更新改造的扶持力度

淘汰老旧渔业船舶，更新老旧柴油机，减少能源的消耗是节能减排的有效方法。2008年的渔业船舶节能项目中，江苏省对部分淘汰高能耗柴油机的渔业船舶给予补贴。根据作者的理论计算和实船调研，1艘张网渔船的1台6E150C-1（184kW）柴油机更换为R6160-4

(184kW)柴油机,每年可节约燃油12t,同时,也减少了污油水的排放量和空气污染。加大对渔业船舶更新改造的扶持力度,将减少渔业船舶对环境的污染。

5 结束语

渔业船舶防污染工作是一项长期而艰巨的工作,必须从现在做起,力争通过对渔业船舶污染的研究,提出合理的防污染方法和政策导向,使江河与海洋逐渐变得清洁,促进渔业可持续发展,提高我们的生活质量。

参考文献

[1] 苏永康,张建浩. 关于船舶防污染问题的探讨. 2008船舶防污染管理论文集,2008
[2] 各种塑料垃圾成为海洋生物"沉默杀手". (中国塑料行业网). http://www.su-liao.com/news/zixun/94538.html
[3] 太阳能网标灯每年可避免上千万节电池污染海洋. [启东市嘉能太阳能有限公司]. http://www.qd-jn.com.cn/jntyn/NewsInfo.asp? id=93
[4] 樊江. 船舶塑料垃圾在海事监管中存在的问题及对策[C]. 中国航海学会船舶防污染专业委员会,海上污染防治及应急技术研讨会论文集, 2009,66-72
[5]《中华人民共和国海洋环境保护法》[M]. 北京:法律出版社
[6] 张华. 内河船舶污染问题的研究与探讨[C]. 中国航海学会船舶防污染专业委员会,海上污染防治及应急技术研讨会论文集, 2009,77-81
[7] 许涛. 探析船舶非应急情况排污行为整治[C]. 中国航海学会船舶防污染专业委员会,海上污染防治及应急技术研讨会论文集, 2009,82-87
[8] 张健,施永云. 目前我国内河水域船舶防污染现状及对策[J]. 消费导刊,2009,8,117
[9] 梁宪先. 内河船舶防污染的现状及思考[J]. 中国水运(理论版),2009,8,16-18
[10] 陈翀. 开展船舶防污染专项现场检查的必要性及对策[J]. 中国水运(理论版),2007,6,18-19

Abstract: There are excessive quantities and extensive distribution of sea fishing vessels of China, so the sea pollution by fishing vessels is fearful and cannot be ignored. In this thesis, the laws and regulations of antipollution of sea fishing vessels of Jiangsu province were introduced. Based on the current situation of pollution of fishing vessels, the reasons for the existence of the pollution of fishing vessels were analyzed, and the suggestions for antipollution of fishing vessel were put forward. We wish these suggestions would be useful for constituting antipollution policies of fishing vessels.

Key words: Fishing vessel; Antipollution; Analysis

广东海事船舶溢油监视监测建设方案初步构想

彭一峰
（广东海事局）

摘　要：结合广东海事部门溢油应急及巡航监管现状，分析了建设船舶溢油监视监测网络的意义和必要性，并在对各项监视监测溢油技术进行分析的基础上，提出了基本的建设方案。

关键词：溢油监视监测　建设方案

我国目前是当今世界第二、亚洲第一大石油进口国，进口石油的90%通过海上船舶运输完成，防止船舶溢油污染，保护海洋生态环境和资源的任务非常艰巨。随着我国经济的快速发展，石油进口量的迅速增加，使港口和沿海油轮密度增加，油轮趋向大型化，油轮特别是超大型油轮在我国水域频繁出现，使得原已十分繁忙的通航环境更加复杂，导致船舶溢油污染，特别是重特大船舶溢油污染的风险增大。强大的运输压力，对海洋污染防范提出了更高的要求。广东省是航运大省，2009年石油进出口达1.31亿吨（不含深圳），同时石化产业发展迅猛，并将成为亚洲主要的石化基地，可以预见，近几年，广东省的油类运输总量还将有一定幅度的提高，污染风险也将随之增加。而近年来，美国墨西哥湾漏油事故、韩国“12.7”事故等重大溢油污染事故也提醒我们，溢油污染对于水域环境的影响将是毁灭性的。

我国《海洋环境保护法》以及新颁布的《防治船舶污染海洋环境管理条例》要求：海事管理机构应当根据防治船舶及其有关作业活动污染海洋环境的需要，会同海洋主管部门建立健全船舶及其有关作业活动污染海洋环境的监测、监视机制，加强对船舶及其有关作业活动污染海洋环境的监测、监视。广东海事部门作为广东水上安全监督和污染防治的主管机关，提高船舶污染事故监视、监测能力，拓展监视、监测功能，是实现“航行更安全，海洋更清洁”，履行海事神圣职责的必要技术手段，也是提高应急反应能力的关键因素。提升船舶污染监视监测能力，一方面可以对船舶污染事故的应急处置起到积极作用，另一方面也可以加强海事执法能力，对海上违法排污行为形成震慑。

1　船舶溢油监视监测现状

目前我国对于船舶缺乏有效的监视监测手段，难以有效跟踪应对船舶污染事故（主要是溢油事故），溢油事故的发现主要依靠船舶报告，事故跟踪主要依靠巡逻艇目测监视。由于缺乏有效的监视手段，导致船舶违法排污行为增多，海上无主油情况时有发生，对海洋环境保护工作造成了很大难度。在发生溢油事故时，由于缺乏相应的监视手段，导致船舶去现场清污时要花费数小时去寻找漂移的油污。在大风浪天和夜间，无法对油污进行相应的监视，对应急决策的制定会产生极大的困难。同时，我国目前的应急设备科技含量较低、清污质量、清污效率等方面与国际先进水平相比存在较大的差距。这也是近年来污染源不明的污染事故多次出现，难以发现其来源的原因之一。从目前污染事故的应急处置来看，人海战术代替了科学技术,应急反应资源的调配也停留在电话指挥、文本搜集的阶段。

广东海事部门近年来,通过航空遥感等手段,探索建立广东省溢油监视监测体系,取得了初步成效。广东海事局与大连海事大学合作的海空立体遥感项目通过评审。同时承担了发改委"便携式航空遥感监测海上溢油系统"和"海上微型浮标溢油跟踪定位技术"两项目的研究工作,通过依托高栏海巡基地、海巡31及海事轻型直升机工程,与大连海事大学和交通运输部水运科学研究所合作开展研究,便携式航空遥感监测海上溢油系统已在珠江口进行了多次飞行试验,海上微型浮标溢油跟踪定位技术也已研制出微型溢油跟踪浮标和处理系统并进行现场测试,这两项目研究的目的,是能够实现大范围地跟踪监测海上重大溢油及漂移路径,估算溢油污染面积,分级识别油膜的厚度,评估溢油清除效果,识别溢油种类,使辖区海上溢油的监测和跟踪能力上一台阶,为船舶污染应急提供有效的技术支持。

2009年1月3日在珠江口定线制第三隔离带,"丰盛油8"轮与"富平山"轮碰撞漏油事故,事故造成"丰盛油8"轮货舱破损,所载部分航空煤油泄露入海。广东海事部门立即派出直升机进行现场监控,监控航空煤油漂移、挥发情况,直升机现场采集的信息资料,为上级指挥机关决策提供了支持。

2009年9月15日,巴拿马籍集装箱船"圣狄"轮在珠海高栏港长嘴搁浅和漏油,造成大片水域海滩污染。由于现场调查人员无法登轮,广东海事部门先后派出5架次直升机,利用遥测遥感设备和摄像设备对油污监控,监控周边海域油污情况,跟踪溢油飘移方向,为掌握和评估污染损害提供了现场信息,为应急指挥中心决策提供支持。

以上事例可以看出,使用航空遥感等溢油监视监测手段,能够有效帮助海事部门及时发现海上油污,监视溢油的漂移动态,为现场清污及应急决策提供强有力的信息支撑与技术保障,并可以为溢油损害及事后的索赔提供证据支持。

2 各种常见船舶溢油监视监测手段比较

将目前较为常见的船舶污染监视监测手段做一比较,见表1。

常见船舶污染监视手段比较　　表1

特点＼监测手段	航空遥感	船舶	卫星
监视方式	视觉为主 可配备侧视雷达、红外扫描仪(IR)、紫外扫描仪(UV)、微波辐射计等	视觉为主 可装专用监视雷达、红外相机等,能够现场取证和进行调查	SAR卫星为主,光谱卫星为辅
灵活性	机动灵活	反应较慢	受轨道影响,特定时间内在特定地点
监视范围	具有一定的高度,可监视的范围中等	高度低,可监视的范围少	范围大
限制条件	受天气(能见度、大风); 部分飞机夜航能力差	受天气(风、流、能见度) 可夜航,但需红外相机等专用设备	SAR卫星受天气影响较少(如:平静海面、海藻) 光谱卫星受天气影响(云、能见度)

从表 1 可以看出，每种溢油监视监测手段都有其局限性，实践证明，仅仅依靠其中一种手段不能满足船舶污染监视监测需求，应结合各种监视监测手段的特征，根据监视区域、对象和目的选择手段。建立以卫星遥感、航空遥感和巡航船舶，以及 VTS、AIS、CCTV 等为手段的综合监视网络，可以帮助海事部门及时发现海上油污，监视溢油的漂移动态，为现场清污及应急决策提供强有力的信息支撑与技术保障，并可以为溢油损害及事后的索赔提供证据支持。

3　广东船舶溢油监视监测建设方案构想

根据目前广东航运发展情况，建立广东海事船舶溢油监视监测网络势在必行。对于该网络，初步构想是建成结合卫星遥感监视手段，以区域性航空遥感监视（根据飞机配置）和海事巡逻船舶为重要支持，VTS（船舶交通服务）、CCTV（实时影像传输）和 AIS（等手段为辅的覆盖广东重要敏感水域的立体监视网络；在内河水域，则以船舶、沿岸设施如 CCTV 监视为主。

3.1　卫星遥感监视

卫星遥感监视的区域范围大，一个卫星数据处理机构即可完成即时地对全国所有水域的卫星数据的处理，而不受数据处理机构所在地理位置的限制。并且，卫星遥感发现的异常情况借助于互联网络等通讯技术，可实现快速便捷的信息传输。与此同时，卫星遥感需要专业技术处理系统和专业技术人员，才能快速有效地分析判断卫星图片中的异常情况。初步构想全国建立统一的卫星遥感监视监测船舶溢油的机构，广东海事机构可以借助全国统一的卫星遥感监视监测船舶溢油的机构的力量对辖区实施全面的船舶溢油监控，一旦收到卫星遥感数据处理中心通报的海上溢油情况，及时调派飞机或船舶进行确认并处理。

同时，还可建立与目前相关的具备卫星遥感监视溢油的部门的合作机制，共同完成船舶溢油的监视监测。如目前国家海洋部门就有专门的卫星遥感监视机构，像香港中文大学等也具有自身的卫星遥感监测的部门。

3.2　航空遥感

航空监测具有足够的灵活性和应急反应快速性，视野广，固定翼飞机更具备高海况和远距离巡航作业的能力，而无人飞机能在极端气象条件下完成对重点水域的适时监控。广东海事辖区区点多、线长、面广，辖区海域海岸线长度 4176km；辖区水域面积 468200km^2，其中海区面积 413204.3km^2，约占我国管辖海域的七分之一，内河通航里程 13607km，约占我国内河通航里程的十分之一；珠江口水域、粤东汕头附近水域、粤西琼州海峡水域有多条航路汇集，还有多处石油平台。鉴于广东实际情况，结合溢油风险，按照重点优先、区域兼顾的原则，借助救助系统以及民航系统的飞行资源，建立自身的航空力量，从而构建辖区航空溢油监视网络，是目前最具发展潜力的溢油监视监测模式。

内河、港口水域和船载直升机（适应现有海事大型船舶船载）以轻型直升机为主，此类直升机轻巧灵便，适合飞行环境复杂的内河、港区进行监测，同时也不会影响此水域内小型船舶的安全，但其受最大起飞重量和有效商载的限制，巡航半径小，适于离具备航空燃料供给站点较近的内河、近岸水域，亦可随大型海巡船舶（具备航空燃料供给能力）执行海洋环境监测任务。

固定翼飞机具有载荷大、航程长、监管范围大的优点，可装备更多、更适用的专业监测设备，但其机动性能差、起降要求高等局限性还是只能将其作为海事船舶污染监测的重要补充。

无人飞机的优势在于受极端气象的影响较小、运营费用较低、受限条件少，但其在国内的运用较少、空中管制部门/军方的许可难度大、飞行距离较小是目前无人飞机用于船舶溢油监视监测的难点。

初步构想在广东设立区域性航空遥感监视信息处理中心。配备专业的航空监视直升机和固定翼飞机，飞机上配置专业的航空监视设备，包括航空相机、红外/紫外扫描仪、机载侧视雷达等，并在沿海多个重点水域如珠江口水域、琼州海峡水域等布置无人溢油监视监测飞机。同时可发展与救助、民航合作的模式，借助其飞行资源，配置一定数量的专业溢油监视设备，形成辖区日常监视监测机制和污染应急监视监测机制。

3.3 船舶监视

在船舶监视方面可完善现有的海事巡逻船开展巡航监视的模式。在大型、中型巡逻船和专用污染清除船舶上配置船用溢油监视雷达等污染监视监测设备，扩大对海上污染的监视范围与能力，并可以实现夜间对污染的监视。

这也是目前采用情况最普遍的溢油监视监测手段，目前技术方面发展已较成熟，如广东海事部门的“海巡 31”等海事巡逻船上已配置了此类设备，在珠海“9 · 15”等事故中得到了应用。

3.4 CCTV、VTS、AIS 等技术手段

除上述卫星、飞机、船舶外，还可利用 CCTV、VTS、AIS 等海上溢油监视辅助手段，构建立体监视网络。在通航密集的港口和水域，可考虑安装岸基溢油监视雷达、图像实时传输设备等，加强监视。此外，应充分利用好 VTS、AIS 等船舶跟踪系统的辅助功能，在发现海上溢油时，可利用其查找可能的肇事排污船舶，推断溢油源，解决海上无主油的问题。同时，也可利用船舶通信功能，协助追踪溢油去向。

同时，还可尝试溢油浮标等新技术，协助构建整个广东水域的立体溢油监视网络。

Abstract: This paper, taking into account the present status concerning oil spill response and surveillance patrol by the Guangdong maritime authorities, analyzes the necessity and prospect of monitoring oil spills, and, on the basis of extensive research of relevant monitoring technologies, proposes a development scheme for the establishment of maritime monitoring network.

Key words: Monitoring of oil spill; Development scheme

防治船舶污染推进海南国际旅游岛建设

戴阳文　蔡家德

（海口海事局，海南海口，570311）

摘　要：海南省是中国最大的海洋省，浩瀚的海洋为海南国际旅游岛建设提供了源源不断的财富与资源，但是随着海上船舶的航行与作业不断增加，潜在船舶污染风险对国际旅游岛建设的生命线——海洋环境，构成了挑战。本文就海南潜在的船舶污染风险进行了分析，对如何防治船舶污染推进国际旅游岛建设进行了探讨。

关键词：船舶　污染　国际旅游岛

海南省是中国最大的海洋省，所辖海域面积达200万平方公里，南北纵跨1800多公里，东西横跨1000km，占全国海域总面积的2/3，相当于中国渤海、黄海和东海面积之和的两倍，是琼岛陆地面积的60余倍，浩瀚的海洋就是海南蓝色的“聚宝盆”。2009年12月31日，国务院批准《关于推进海南国际旅游岛建设发展的若干意见》（下简称《意见》），将海南建设国际旅游岛上升为国家战略。在《意见》中指出要丰富热带滨海海洋旅游产品，积极发展邮轮产业，将海南岛打造成世界一流的海岛休闲度假旅游目的地，加大海洋石油资源勘探开发力度，大力发展深海养殖业和远洋捕捞业，加快发展海洋经济，把海南建设成为南海资源开发和服务基地，面向东南亚、背靠华南腹地的航运枢纽。这个璀璨的“聚宝盆”正在为国际旅游岛建设提供源源不断地资源与财富，随着国际旅游岛建设的不断深入，海上船舶的航运和作业将会更加频繁，潜在船舶污染风险对国际旅游岛建设的生命线——海洋环境，构成了挑战。

1　历史上重大的海洋环境污染事故

1989年3月，美国埃克森公司“瓦尔德斯”号油轮在阿拉斯加州威廉王子湾搁浅，泄漏5万吨原油，沿海1300公里区域受到污染。

1992年12月，希腊油轮“爱琴海”号在西班牙西北部拉科鲁尼亚港附近触礁搁浅，后遇狂风解体沉没，泄漏至少6万多吨原油，加利西亚沿岸200km区域受到污染。

1996年2月，利比里亚油轮“海上女王”号在英国西部威尔士圣安角附近触礁，泄漏14.7万吨原油，超过2.5万只水鸟死亡。

1999年12月马耳他油轮“埃里卡”号在法国西北部海域遭遇风暴，断裂沉没，泄漏1万多吨重油，沿海400公里区域受到污染。

2002年11月，利比里亚油轮“威望”号在西班牙西北部海域解体沉没，泄漏6.3万吨重油，法国、西班牙和葡萄牙共计数千公里海岸受污染。

2007年11月，俄罗斯油轮“伏尔加石油139”号在刻赤海峡遭遇狂风，解体沉没，泄漏3000多吨重油，附近海域遭严重污染。

在今年，更是发生史上最严重的海上漏油灾难——墨西哥湾原油泄漏事件。2010年4月

20日，英国石油公司在美国墨西哥湾租用的“深水地平线”钻井平台发生爆炸，大约36小时后沉入墨西哥湾，11名工作人员死亡。钻井平台底部油井自4月24日起漏油不止，每天漏油高达1.2到1.9万桶。美国宣布把此次漏油危机列为国家级灾害，墨西哥湾沿岸附近4个州进入紧急状态，包括美国军队在内2万人救灾的队伍聚集在墨西哥湾海域和沿岸，努力清除油污。英国石油公司先后采用“大礼帽”、“灭顶法”等多种方法试图堵住原油的泄漏均告失败，直到6月份初采用“盖帽法”，才初见成效，但此时漏油已持续了1个多月。据估计，英国石油公司为墨西哥海湾原油泄漏事件支付的有关费用可能高达370亿美元，包括150亿美元至230亿美元清理费用，以及140亿美元为索赔费用。墨西哥湾海域附近生存的数百种鱼类、鸟类和其他生物面临严重的生存威胁，当地渔民赖以生存的捕捞业有可能遭到毁灭性的打击。海洋学家预测海底油污将随墨西哥湾强洋流抵达福罗里达群岛、迈阿密及古巴，而此次事件对当地海洋环境的后继影响将更是无法估量。

我国境内虽未发生如此重大的船舶污染海洋环境事故，但也发生过一些海洋污染事件，如：

2004年12月7日，巴拿马籍“现代促进”号轮船与德国“MSC伊伦娜”号轮船在珠江口附近海域发生碰撞，“伊伦娜”号轮船因燃油舱破损导致450t重油泄漏漂向大海，严重污染了包括琼州海峡在内的附近海域，渔业资源严重受损。相关责任方共计支付赔偿金850万美元，海南获得了其中的85万美元赔偿。

海南辖区也发生过船舶污染海洋环境事故或险情，如：

2003年4月在三亚辖区因“沙河口”轮的搁沉而发生的溢油量大约为36t的油污水污染事故。由于溢油数量少、采取应急行动比较及时和有效，指挥协调得力，污染基本清除。

2009年7月27日装载4200t柴油的“舟昌2”轮在海南临高角附近海域搁浅造成溢油险情，最后通过过驳柴油和拖轮的协助下，成功脱浅，没有造成人员伤亡和海域污染事故。

2 目前海南辖区潜在的船舶污染海洋环境风险

2.1 辖区船舶流量日趋增大，船舶发生碰撞、搁浅等事故造成海洋污染的概率加大

近些年海南辖区水域船舶流量日趋增大，以北部的琼州海峡为例，此地是海南岛与大陆，北部湾与东北亚、美洲之间海上运输的黄金通道，属交通部重点监管的“四区一线”之一，日均交通量约500艘次，月均交通量约15200艘次，年交通量达17万艘次以上。密集的交通流量带来了不可避免的交通事故，据统计2001年至2009年间，海南辖区共计发生船舶交通事故136起，其中船舶碰撞68起，搁浅34起，其他事故34起。所幸至今海南辖区海上交通事故引发的重大的污染事故尚未发生，但是随着海南国际旅游岛建设的不断深入，海南经济的不断发展，海上船舶运输必将更加繁忙，发生交通事故引发的海洋污染的风险也在加大。

2.2 辖区危险货物吞吐量加大

2009年海南辖区危险货物吞吐量已达1000万吨。洋浦地区第二个30万吨级原油码头等一系列危险品码头即将开工建设，危险货物在港口作业将更加繁忙。危险货物装卸作业往往耗时长，涉及环节多，对码头设施、气象等条件要求高，如果作业人员麻痹大意或操作不当，很容易发生泄漏、火灾、爆炸等危险，给海洋环境带来巨大的污染风险。

2.3 海上钻井平台带来的溢油风险

国务院批准《关于推进海南国际旅游岛建设发展的若干意见》中指出“加大海洋石油资源

勘探开发力度，提高海洋油气资源开发利用水平，把海南建成南海油气资源勘探开发服务和加工基地”。2010年4月26日，中海油南海西部油田海南码头项目转让签约仪式在海口举行。海南港航控股有限公司投资建设的马村港原有3.5万吨码头和新建扩建一期5个2万吨级泊位正式转让给中海石油（中国）有限公司，并由其建立中海油南海西部油田海南码头。中海油进驻海南必将带动南海油气资源进一步开发，届时更多的钻进平台会在海南辖区海域进行作业。美国墨西哥湾原油事件的警钟尤鸣在耳，堪称世界一流水准的美、英石油公司也难以预防此类事故，而中国油企在技术、管理水平等方面相对落后，更易引发事故。

2.4　不断发展的游艇产业带来海洋污染风险

游艇经济是海南国际旅游岛建设的一大亮点。海口市“十一五”规划中计划建造600个游艇泊位。三亚目前登记在册的拥有游艇的企业共有47家，游艇总数达到340多艘，在三亚市的“十一五”规划中也明确提出：积极鼓励发展私人游艇和企业会所，建设中国一流的游艇基地。得天独厚的气候条件、海洋环境为海南发展游艇经济提供了良好的基础，然而游艇经济在海南刚刚起步不久，如何对游艇实施监督管理，如何有效防止游艇产生的油污水、生活垃圾等污染物污染海洋环境都还有待进一步摸索。

2.5　液货船的海上过驳作业

目前海南辖区海上过驳作业较少，但随着海南经济的不断发展，海上过驳作业会越来越频繁。近期已有公司申请在海南辖区进行大型船舶水上过驳作业，每年计划过驳沥青100万吨。虽然海上过驳作业能有效节约泊位资源，节约时间，降低成本，提高经济效益，但是海上过驳对海上水文、气象、通航密度、防污染应急设备配备等条件要求也较高，稍有不慎也都将造成海洋污染。

3　目前海南辖区防止船舶污染工作存在的问题

3.1　海南省的防治船舶及其有关作业活动污染海洋环境应急能力建设规划、应急预案、反应机制尚不健全

国务院颁布的《防治船舶污染海洋环境管理条例》规定“沿海设区的市级以上地方人民政府应当“组织编制相应的防治船舶及其有关作业活动污染海洋环境应急能力建设规划”、“建立健全防治船舶及其有关作业活动污染海洋环境应急反应机制，并制定防治船舶及其有关作业活动污染海洋环境应急预案”。虽然近年海南省水上交通安全形势稳定，辖区并未发生加大的船舶污染海洋事故，但海南省作为全国最大的海洋大省，至今未编制相应的防治船舶及其有关作业活动污染海洋环境应急能力建设规划，海洋污染应急预案、反应机制尚不健全，这对海南辖区防污染工作长期建设是相当不利的。

3.2　缺乏对船舶及其有关作业活动污染海洋环境的监测、监视机制

海洋面积广阔，海上环境不易监测、监视。目前的监测、监视手段主要靠海事、海洋、海警等涉海单位的海上巡航或者过往船只的报告。监测、监视手段单一、效率低下，而且各单位之间缺乏沟通联系，各自为政，未能相互协调形成一个定期、定线的巡航制度，无法对海洋环境做到有效监测、监视。

3.3　尚未建立专业应急队伍和应急设备库

海洋污染事故的处理是一件专业性和急迫性都很强的任务，一旦发生重大海洋污染事故，就必须要专业的应急队伍和充足的应急设备，但目前为止海南省尚未成立专门的应急队伍和

应急设备库。

3.4 港口、码头、装卸站以及从事船舶修造的单位防治污染设备和器材不足

《防治船舶污染海洋环境管理条例》第十三条规定“港口、码头、装卸站以及从事船舶修造、打捞、拆解等作业活动的单位应当制定有关安全营运和防治污染的管理制度,按照国家有关防治船舶及其有关作业活动污染海洋环境的规范和标准,配备相应的防治污染设备和器材,并通过海事管理机构的专项验收”。交通运输部于2009年1月24日正式发布了《港口码头溢油应急设备配备要求》(交通行业标准JT/T 451—2009),对不同类型不同吨级的码头最低应该配备的防污染设备及数量做出了要求,但是至今海南辖区仍还有不少码头未达到配备要求。

3.5 缺少管理水平高,正规、先进的防污公司

目前船舶的垃圾回收、污油水的接受、围油栏的布控等等日常防污工作都已经推向市场。载运散装液体污染危害性货物的船舶和10000总吨以上的其他船舶,其经营人也应当在作业前或者进出港口前与取得污染清除作业资质的单位签订污染清除作业协议,明确双方在发生船舶污染事故后污染清除的权利和义务。有些码头也想将辖区的防务交由专业的防污公司来承担,但却苦于在海南找不到足以满足辖区防污要求的正规、先进的防污公司。

3.6 船舶污染损害赔偿机制不够完善

从过去历次的船舶污染损害所支付的赔偿来看都是巨额的,为此我国规定1000总吨以上的船舶都必须投保船舶油污损害民事责任保险或者取得相应的财务担保,但对1000总吨以下的船舶未作明确规定。而每年进出海南辖区1000总吨以下的船舶已达99万艘次(含游艇),占进出海南辖区船舶总艘次的90%以上。如果一旦这些船舶涉及污染海洋事故,事故损害的巨额赔偿金来源将是个大问题。

4 对防止船舶污染推进国际旅游岛建设的建议

4.1 加强对船舶污染海洋环境认识,提高防污意识

海南省人民政府及下属各级地方政府应加深对船舶污染海洋环境危害性认识,提高防污意识,应加快编制本地区的防治船舶及其有关作业活动污染海洋环境应急能力建设规划,制定完善的应急预案,建立健全应急反应机制的。

4.2 充分发挥AIS、VTS等先进系统功能,减少海上交通事故的发生

AIS、VTS等先进系统已经广泛应用于琼州海峡水域的交通指挥,也已经证明这些系统能够有效防治海上交通事故的发生。但海南VTS等系统但起步晚,基础相对薄弱,设备设施逐渐老化,而且发现仍有少部分船舶没有按照规定进行船舶报告,造成海南海事局交管中心还不能全面、有效、准确地监控整个海南辖区船舶动态。因此还需进一步引进设备提高,加强专业人员培训,提高AIS、VTS等先进系统的应用,进一步减少海上交通事故的发生,防治船舶污染环境。

4.3 引进先进技术增强对船舶及其有关作业活动污染海洋环境的监测、监视能力

一方面要加强涉海各单位之间的协调,制订合理海上巡航计划,另一方面要充分应用现代技术加强对海洋环境的监测、监视。比如交通运输部海事局于2009年启动了利用先进卫星遥感监视系统对黄海、渤海海域的海洋环境的监测、监视工作,并取得了良好的效果,这非常值得海南借鉴学习。

4.4　尽快培养专业应急队伍和筹建应急设备库

专业应急队伍和应急设备库是防污建设的基础。在应急设备库建设方面，目前交通运输部拟在洋浦和琼州海峡建设两个中型溢油应急设备库，在应急队伍建设上建议每年派出一些有一定专业基础的人员前往高校、防污建设发达地区进修、学习，逐步提高海南专业应急人才队伍的建设。同时，在污染高风险地区如尽快筹建应急设备库，用于防范处置较大污染事故。

4.5　完善小型船舶污染损害赔偿机制

对进出海南港口的1000总吨以下的货船以及航行于海南辖区游艇征收一定的基金，建立小型船舶污染海洋环境损害赔偿基金，用于一旦这些没有油污保险船舶发生油污事件后的赔偿。

4.6　以墨西哥湾原油泄漏事件为鉴，加强海上钻井平台监管

此次墨西哥湾原油泄露事件，暴露出美国政府在海上钻井平台上监管的不足，我们也应从中汲取教训，建议国家相关部门以此次墨西哥湾石油事故为案例，进行大课题立项，对事故发生原因、应急处置、事故赔偿等整个过程展开深入研究，以此为鉴、总结教训、汲取经验、引进技术，以进一步提高我国海洋石油勘探开发的危机管理水平，加强对海上钻井平台的监管。

4.7　加快制定规范的《海南省游艇管理办法》游艇

游艇产业在我国属新生事物，目前国内法律法规对游艇的管理规定尚不完善，海事、检验检疫等相关管理单位对游艇的管理也还处在摸索阶段，这在一定程度上制约了游艇经济的发展。目前海南海事局已经起草了《海南省游艇管理办法》初稿，希望在相关部门的协调配合下能尽快出台《海南省游艇管理办法》，为海南省游艇产业健康有序发展，防治游艇污染海洋环境提供良好的法律基础。

4.8　引进或扶持建立正规、先进的防污公司

作为以“海洋”为立省之本的海南省至今未有一家现代化的防污公司，是难以与海洋大省之名相匹配的，也无法满足现今码头、船舶对防污染资源的需求，急需引进或扶持建立现代化的防污公司。

Abstract: Hainan is the largest marine province in China, the vast ocean provide steady wealth and resources for construction of international tourism Island. but with the increasing navigation and operations of ships , the potential risk of pollution from ships challenge the Marine environment—the key for construction of international tourism Island. In this paper, the writer analyses the potential of pollution from ships in Hainan, and discusses how to prevent pollution from ships to promote construction of international tourism island.

Key words: Ship; Pollution; International tourism island

浅议发展国际旅游岛背景下海南溢油应急体系建设

符干聪
（海南洋浦海事局）

1 背景介绍

2010年4月20日，一座位于美国墨西哥湾的海上钻井平台发生爆炸，导致大量石油泄漏，据不完全统计，至少有2000万加仑的原油倾泻入墨西哥湾，路易斯安娜州长达110km的海岸线受到污染，渔业和湿地生态受到严重影响，且随着台风季节的邻近，那些仍未来得及得到清理处置的溢油将有可能随着台风和洋流流入大西洋，进而影响欧洲地区，引发更大面积的污染。目前当地的渔业、旅游业和生态环境都受到了严重打击。据估计事故带来的影响可能还将持续几十年。中国古人说，以铜为鉴，可正衣冠，以古为鉴，可知兴替，以人为鉴，可明得失。伴随着国务院发布《关于推进海南国际旅游岛建设发展的若干意见》，将海南岛旅游建设上升为国家战略，将海南岛沿海海洋环境的保护和开发利用提升到另一个高度。海南国际旅游岛建设的根本是其得天独厚的热带海洋资源，旅游业更是海南建设国际旅游岛规划当中一个重要内容，因此墨西哥湾的漏油事件给我们提了一个醒，如何有效防范和处置海上污染事故，如何建立适应地区发展需求的防污染应急体系应引起我们重视。

2 海南岛地理位置概况

海南岛位于中国最南端，北以琼州海峡与广东划界，西临北部湾与越南民主共和国相对，东濒南海与台湾省相望，东南和南边在南海中与菲律宾、文莱和马来西亚为邻。海南岛的长轴呈东北—西南向，长约300余公里，西北—东南向为短轴，长约180km，总面积3.39万平方公里，是我国仅次于台湾的第二大岛。海南省是全国最大的海洋省，所辖海域面积200万平方公里，南北纵跨1800多公里，东西横跨1000km，占全国海域总面积的2/3。海南岛海岸线总长1528km，占全国大陆海岸线18000km的8.5%。

3 海南港口建设情况

由于四面环海，特殊的地理条件决定了海运是海南对外经贸交流主要联系方式，约98%的进出岛货物通过该途径完成，因而港口对海南省经济和旅游业等发展尤其重要。目前海南初步构建了北有海口港、南有三亚港、东有清澜港、西有洋浦港和八所港的“四方五港”格局。全省现有泊位126个，万吨级深水泊位31个，其中危险品泊位20个，全省一年油类吞吐量超过1300万吨，船舶进出港艘次达962260。

4 海南海域面临巨大风险

船舶作为海上贸易运输的主体，本身就是一个潜在的移动安全隐患。据中国海事局统计，

1973年至2003年，我国沿海共发生2353起船舶溢油污染事故，平均3.5年发生一起，其中一次50t以上的重大溢油事故62起，总溢油量达34189t。随着海南经济的发展，特别是在建设国际旅游岛大背景下，海南与大陆地区或周边其他国家的海上贸易往来日益增多。可以预见的是一旦出现海上溢油事故，若处置不及时，船舶燃料油和所运输的货油将会对周围海域造成灾难性影响，给海南经济带来沉重打击。同时由于南海石油、天然气资源丰富，近年来，该区域的海洋石油工业发展迅速，目前，海南管辖海域共有4个海上作业平台，其中仅文昌海域石油平台年生产石油约400万吨，随着石油开发的不断进行，海洋石油工业带来的海上溢油风险也不断增大。种种因素表明，当前海南经济的高速发展已经对海南辖区的防污染应急处置工作提出了新要求。

5 海南省溢油应急处置体系现状

5.1 相关立法工作

5.1.1 国际立法方面

目前，国际海事组织已制定的有关船舶防止水域污染国际公约13个，我国已加入其中的6个公约，其中影响最大的是《73/78防污公约》该公约已于1998年7月1日起在我国开始实施，为目前最新、最详尽、最具权威的国际法规。

5.1.2 国内立法方面

2000年4月实施的《中华人民共和国海洋环境保护法》标志着我国船舶防污管理工作走上了法制化轨道。其后我国又先后颁布了《中华人民共和国防止船舶污染海域管理条例》、《船舶污染物排放标准》及《海船防污染结构与设备规范》和《中华人民共和国水污染防治法》以及2010年3月刚刚实施的《中华人民共和国防治船舶污染海洋环境管理条例》等，自此我国已初步形成了相对完整的水域污染监督管理法规体系。

5.1.3 区域立法方面

2006年9月，海南省公布实施了《海南省海上突发事件应急处置预案》，预案中明确了突发事件应急处置组织机构及相关职责，确定了险情分级、应急启动等内容，为突发事件迅速处置提供了制度保障；同时《海南省海洋环境保护规定》于2008年10月1日起实施，从而使得相关部门在处理涉及海洋污染事件时有了更加具体明确的法律依据。同时各个港口辖区也加快了区域性应急预案的建立，目前洋浦、八所地区政府已根据本区域的实际情况颁布辖区的溢油应急预案，其他港口区域应急预案也在加紧制定中。

5.2 辖区溢油应急防备资源

目前辖区配备的溢油应急设备主要有由危险品业主码头按照有关的标准配备了少量的溢油应急设备，据统计：围油栏7915m、吸油拖栏500m、消油剂9680kg、分散剂喷洒装置10套、储油罐7套、吸油材料10900kg、收油机13台。另外，交通部立项投资购买的溢油应急设备有：充气式围油栏1000m，防火围油栏800m，吸油拖栏1000m，吸油毡5t，收油机1台（堰式）。

6 海南辖区溢油应急体系存在不足

虽然我省历史上尚未发生过重特大溢油事故，但是发生的风险仍然很大，特别是随着我省经济建设提速，临海工业投产和海域资源开发等，都对辖区溢油处置提出了更高的要求，然而我省应急体系、应急机制尚未完善，溢油应急防备及处置能力较低等突出问题仍然存在，主要问题有：

6.1 地方政府部门对溢油应急重要性认识不足

多年来辖区水上安全形势的持续稳定，使得地方政府存在一定的麻痹思想，且对溢油事故对海洋环境危害性认识不足；对于根据法律法规要求，政府部门应在本地区溢油应急能力的建设和应急行动的有效开展起的主导和决策作用的定位认识不清；对本区域的溢油应急建设重要性认识不足。

6.2 现有设备无法满足处置重大污染事故需要

目前，在海南辖区溢油应急设备主要业主码头或者部分清污公司出资购置，交通运输部也给予了一定支持，然而仍无法满足应急处置需要，主要表现为：(1)设备种类不齐全，无法适应各种类型溢油处置需要；(2)设备数量不足，无法处置较大规模溢油；(3)设备使用和维护不到位，设备状况不良无法达到目标功效；(4)设备管理制度不完善，难以实现组织协调，快速处置。

6.3 溢油应急未实现市场化

众所周知，应急设备的购置及管理需要大量资金投入，且其经济效益和社会效益只能在特定的条件下才能得到体现，如发生重特大溢油事故时。因此在我省经济基础仍比较薄弱的情况下，要求地方政府在财政支出有限的情况下每年对溢油体系建设提供支持显然不现实，只有走市场化道路，让更多的社会资金进来，让溢油应急走上可持续发展道路，然而我省溢油应急市场化需要做的工作还很多。

6.4 溢油应急处置队伍专业性不强

人是应急处置的根本。不论是负责决策的高级管理人员或是组织应急行动的中级管理人员，甚至是负责现场清污的人员都是应急处置中的重要力量。我省缺乏足够专业溢油处置队伍，主要表现为从事现场溢油应急工作人员主要由危险品码头和清污公司的职员组成。这些人员大都未经过专业培训，很难具备专业应急人员的所具备的知识和操作技能；由于缺乏足够培训和相关经验，在溢油应急处置中处于决策层面的人员无法应对处置现场瞬息万变的情况。

6.5 溢油应急社会关注度和影响力不高

溢油应急建设需要社会大众和政府的支持和参与，前提是公众在对溢油应急处置重要性有一定认识的基础之上，然而社会上很多人对于溢油处置的内容、目的、重要性、溢油的危害等等都不了解，更勿论参与和支持我省溢油应急建设。

7 对策与建议

7.1 逐步推进全省溢油应急体系建设

溢油应急处置成功的关键是一个完善的应急体系，它包括符合本地区要求的应急预案、明确的组织管理机构和各自职能等内容，我省在建设溢油应急体系方面应该着眼实际，由政府进行统筹安排，有计划有步骤地加快建设我省的溢油应急体系，在建设中我们要首先明确我省的辖区需求、码头环境、码头靠泊能力及港口吞吐量等，结合国际社会、我国以及我省的现状，逐步实现适合我省的溢油应急体系的建设。

7.2 充分发挥社会公众力量在溢油处置中的作用

在国外，清污志愿者一直是污染清除作业中重要力量，这前提是建立在政府舆论的正确引导和有效组织形式下。建议我省在建设溢油应急体系时，应将社会力量纳入体系建设内容，加

强舆论导向，引导更多的清污志愿者加入污染清除作业中，同时建议由政府出资，对志愿者进行一定补贴和定期的培训，既保证了我省应急处置队伍能力得到有效补充和提高，又保护了志愿者参与的积极性。

7.3　逐步推行溢油应急市场化政策

依靠社会力量，走溢油应急市场化运作道路是提高溢油应急反应能力的有效途径。充分利用《中华人民共和国防治船舶污染海洋环境管理条例》关于载运散装液体污染危害性货物的船舶和1万总吨以上的其他船舶，其经营人应当在作业前或者进出港口前与取得污染清除作业资质的单位签订污染清除作业协议，明确双方在发生船舶污染事故后污染清除的权利和义务等的一些有利规定，积极引导社会资金进入污染清除行业。使其通过合理途径向潜在污染者（往来辖区船舶）和污染者（事故方）收取费用获得一定收益，如：将船舶残油清除作业作为企业的主要业务；开展围油栏布放经营业务，既增加了企业的收入，又增强了队伍的应急反应能力；在有可能造成重大污染的海上事故和险情中，及时调动应急队伍，使应急队伍在应急反应中获得报酬等。同时加强对污染清除单位污染清除能力、作业人员素质等的考核，以提高污染清除行业准入标准，确保辖区溢油处置能力提升。

7.4　建立应急处置设备库

溢油应急设备是应急处置的物质基础。建议由政府统筹安排，结合交通运输部门和社会力量已完成的溢油应急设备建设情况，在加大引入社会资金的同时，做好政府财政的规划和落实，投入应急设备库的建设，逐渐填补我辖区政府投入的空白，逐步提高我省对溢油事故的防控能力。同时建立一套完善的管理制度，统一对应急设备进行管理，实现应急处置时协调有力、处置迅速、效果到位的应急设备使用目标。

7.5　对可能参加应急处置人员的培训

人是应急处置根本，因此实施分级培训对建立一支专业化溢油应急处置队伍是十分有必要的。它包括高级管理，为负责高层决策的高级政府官员和高级工业组织管理人员、中级管理，负责组织应急行动的中级管理人员，操作级，被指定为现场管理人员的监督员和负责现场清污工作和其他支持性工作的人员。

7.6　加大高科技在溢油处置中应用

我省目前的应急手段也仅有撇油器、围油栏、吸油拖栏、收油机等一般设备和物资，在处理小规模溢油可以胜任，但大中型规模溢油恐怕难以但当。建议我省在建设溢油应急体系时，跟踪国际国内先进溢油应急设备和技术发展情况，根据辖区情况适当引进设备如专用海巡飞机，用以海面溢油的监视监测；专用溢油应急船，提高溢油效率；引进先进技术如深圳海事局的“防御海上石油和化学品事故强化型专家系统（XPS）”，该系统可用于评估溢油的环境污染风险，优化围油栏的布放时间和空间布放位置，反映应急资源的存放地点和资源类型；广东海事局的“珠江口区域海上溢漏污染物动态预测系统”，可作为船舶污染事故应急决策支持系统和培训演习技术平台等，提高我省溢油处置水平，防范大规模溢油事故。

8　结束语

我省是一个海洋大省，同时又是一个海洋经济大省，海洋环境的保护已成为我省社会经济和环境可持续发展的重要基础，因此我们应增强危机意识，加快我省溢油处置能力建设速度，践行科学发展观，确保我省建设国际旅游岛目标实现。

浅议海事对港口船舶污染物接收处理能力的监管

韩明国
（广东清澜海事局）

摘　要:随着船舶吨位的逐渐扩大,也提高了港口对船舶污染物接收处置能力的要求,从而对海事部门对污染物接收的检查提出了新的要求,本文从海事对港口船舶污染物接收处理能力的监管的必要性、法律依据、标准依据进行探讨,分析了现有港口船舶污染物接收单位和海事在接收方面存在的主要问题,提出了加强海事对港口船舶污染物接收处理能力监管的措施。

主题词:海事　防污染　监督管理　研究

1　海事对港口船舶污染物接收处理能力监管的必要性

1.1　港口事业发展的促进地方政府经济发展的需要

近几年,随着国家经济的发展全国各地港口事业飞速发展,新建、改建、扩建的港口码头明显增多,随着港口规模的扩大和吞吐量的上升,船舶进出港口艘次数也明显增多,港口要接收的船舶污染物数量也明显增多,原有的接收处理能力很难满足新的发展要求。以洋浦港为例,自2007年洋浦港万吨级泊位增加5个;2007年港口吞吐量2467万吨、船舶进出港9626艘次,2008年港口吞吐量2350万吨、船舶进出港11676艘次,2009年港口吞吐量2600万吨、船舶进出港9052艘次, 2010年上半年港口吞吐量1233万吨,油类货物装卸作业量将近400万吨。随着洋浦港逐渐扩大,原有的油污接收处理能力虽然有所提高,但在设备设施配备、应急反应能力等方面远远不能满足新的发展要求。

1.2　减小船舶溢油事故和操作性排放污染的需要

据统计自2004年以来,全国沿海和内河水域共发生船舶污染事故253起,其中有1起污染事故发生在三亚市。这些污染事故都能及时有效的得到控制,这主要是得益于自2005年以来,全国海事系统各单位在应急预案制定、应急能力建设和整合、事故应急处置等方面均取得了重大进展。按照国家级、海区级、省级、地市级、港口码头级5级应急体系的框架,国家海区应急预案已于2000年颁布实施。目前,海南省可动用的应急能力包括围油栏约9980m,收油机15台,吸油毡约9.62t,海南省各港口目前所拥有的防油污设备仍未满足2009年交通部发布的《港口码头应急设备配备要求》。

1.3　沿海海域船舶排污设备铅封的需要

目前,港口内的船舶数量呈现逐渐上升的趋势,为了确保港口内船舶污染物能够按照国家规定排放,根据《沿海海域船舶排污设备铅封管理规定》(交海发[2007]165号)的实施,要求各有关港口应按《海洋环境保护法》三的规定配备船舶油污水接收设施,确保有足够的船舶油污水接收能力,保证船舶在防污染过程中起到第一步的防止的作用,例如,清澜港内的“琼沙3号”、“椰渡1号”、“椰渡2号”以及在港内的施工船舶每年按照相关规定对其进行铅封,通过

对港内适合铅封船舶的铅封可以进一步有效控制港内的污染事故，同时也使监管人员了解船舶的油路管道等船舶状况，为船舶防污染事故增添相关知识。

2 海事对港口船舶污染物接收处理能力监管的法律依据

2.1 《中华人民共和国海洋环境保护法》

第五条第三款规定：国家海事行政主管部门负责所辖港区水域内非军事船舶和港区水域外非渔业、非军事船舶污染海洋环境的监督管理，并负责污染事故的调查处理；对在中华人民共和国管辖海域航行、停泊和作业的外国籍船舶造成的污染事故登轮检查处理。船舶污染事故给渔业造成损害的，应当吸收渔业行政主管部门参与调查处理。

第四十三条规定：海岸工程建设项目的单位，必须在建设项目可行性研究阶段，对海洋环境进行科学调查，根据自然条件和社会条件，合理选址，编报环境影响报告书。环境影响报告书经海洋行政主管部门提出审核意见后，报环境保护行政主管部门审查批准。环境保护行政主管部门在批准环境影响报告书之前，必须征求海事、渔业行政主管部门和军队环境保护部门的意见。

第四十四条规定：海岸工程建设项目的环境保护设施，必须与主体工程同时设计、同时施工、同时投产使用。环境保护设施未经环境保护行政主管部门检查批准，建设项目不得试运行；环境保护设施未经环境保护行政主管部门验收，或者经验收不合格的，建设项目不得投入生产或者使用。

第四十七条规定：海洋工程建设项目必须符合海洋功能区划、海洋环境保护规划和国家有关环境保护标准，在可行性研究阶段，编报海洋环境影响报告书，由海洋行政主管部门核准，并报环境保护行政主管部门备案，接受环境保护行政主管部门监督。海洋行政主管部门在核准海洋环境影响报告书之前，必须征求海事、渔业行政主管部门和军队环境保护部门的意见。

第六十二条规定：在中华人民共和国管辖海域，任何船舶及相关作业不得违反本法规定向海洋排放污染物、废弃物和压载水、船舶垃圾及其他有害物质。从事船舶污染物、废弃物、船舶垃圾接收、船舶清舱、洗舱作业活动的，必须具备相应的接收处理能力。

第六十九条规定：港口、码头、装卸站和船舶修造厂必须按照有关规定备有足够的用于处理船舶污染物、废弃物的接收设施，并使该设施处于良好状态。装卸油类的港口、码头、装卸站和船舶必须编制溢油污染应急计划，并配备相应的溢油污染应急设备和器材。

2.2 《中华人民共和国水污染防治法》

第四十条规定：船舶排放含油污水、生活污水、必须符合船舶污染物排放标准。从事海洋航运的船舶，进入内河和港口的，应当遵守内河船舶污染物排放标准。船舶的残油、废油必须回收，禁止排放水体。禁止向水体倾倒船舶垃圾。船舶装载运输油类或者有毒货物，必须采取防止溢流和渗漏的措施，防止货物落水造成水污染。

2.3 《中华人民共和国防治海岸工程建设项目污染损害海洋环境管理条例》

第十五条规定：建设港口、码头，应当设置与其吞吐能力和货物种类相适应的防污设施。港口、油码头、化学危险品码头，应当配备海上重大污染损害事故应急设备和器材。现有港口、码头未达到前两款规定要求的，由环境保护行政主管部门会同港口、码头主管部门责令其限期设置或者配备。

2.4 《防治船舶污染海洋管理条例》

第十五条规定:船舶在中华人民共和国管辖海域向海洋排放的船舶垃圾、生活污水、含油污水、含有毒有害物质污水、废气等污染物以及压载水,应当符合法律、行政法规、中华人民共和国缔结或者参加的国际条约以及相关标准的要求。

船舶应当将不符合前款规定的排放要求的污染物排入港口接收设施或者由船舶污染物接收单位接收。

第十七条规定:船舶污染物接收单位从事船舶垃圾、残油、含油污水、含有毒有害物质污水接收作业,应当依法经海事管理机构批准。

第十八条规定:船舶污染物接收单位接收船舶污染物,应当向船舶出具污染物接收单证,并由船长签字确认。

船舶凭污染物接收单证向海事管理机构办理污染物接收证明,并将污染物接收证明保存在相应的记录簿中。

第十九条规定船舶污染物接收单位应当按照国家有关污染物处理的规定处理接收的船舶污染物,并每月将船舶污染物的接收和处理情况报海事管理机构备案。

2.5 MARPOL 73/78

由于对含油污水的排放限制而导致了对港口接收设施的需求。按 MARPOL 73/78 附则 I Reg. 12 规定,各缔约国政府应保证在装油站、修理港以及船舶需要排放残油的其他港口,设置接收油轮和其他船舶留存的残油和油性混合物的足够设备,以满足到港船舶的需求,而不致给船舶造成不当的延迟。

应设置接收设施的港口包括:原油装货码头、月均装油量超过 1000t 的成品油码头、所有有修船厂或洗舱设施的港口、挂靠设有处理燃油和润滑油产生的油渣贮存舱的船舶之所有港口和码头、所有与含油舱底水以及其他残余物有关的港口。

根据以上规定,海事行政主管部门应在有关部门征求意见时,根据有关法律法规、国际公约、国家标准和行业标准的要求,对有关工程建设项目提出意见反馈其主管机关,并对其有效性进行跟踪监管,确保该项目具备相应的接收处理能力。当其接收处理能力不能满足要求时,及时将监管情况反馈其主管机关。

3 海事对港口船舶污染物接收处理能力监管的标准依据

3.1 保证港口废物接收设施充足性的指南(MEPC. 83(44)号决议)

该指南是 IMO 海上环境保护委员会忆及国际海事组织公约关于本委员会职能的第 38(a)条,还忆及《经 1978 年议定书修订的 1973 年国际防止船舶造成污染公约》(《73/78 防污公约》)全面消除国际海洋环境污染的目标,进一步忆及关于提供和使用港口接收设施的大会第 A. 896(21)号决议,希望在这方面进一步减少操作性污染,注意到要求各当事国政府保证提供接收设施的《73/78 防污公约》附则 I 第 12(5)条,附则 II 第 7(4)条和附则 V 第 7(2)条,认识到为确保《73/78 防污公约》附则 I 第 12 条的统一实施,迫切需要制订有关指南,还认识到一些政府在履行《73/78 防污公约》附则 I 第 12 条所规定的义务时能遇到具体困难,进一步认识到有效规划和准确评估港口使用者对提供充足的港口接收设施的需求的重要性,在第 44 届会议上审议通过的指南建议。该指南对我国保证港口废物接收设施充足性具有重要的现实意义。

3.2 《船舶污染物排放标准》

该标准为国家标准。表1 和表2 节录了船舶排放含油污水(油轮压舱、洗舱水及船舶舱底污水)、垃圾排放应符合的标准。

含油污水排放标准 表1

排放区域		排放浓度
内河		不大于15mg/L
沿海	距最近陆地12n mile以内	不大于15mg/L
	距最近陆地12n mile以外	不大于100mg/L

船舶垃圾排放规定 表2

排放物	内河	沿海
塑料制品	禁止投入水域	禁止投入水域
漂浮物	禁止投入水域	距最近陆地25n mile以内,禁止投入水域
食品废弃物及其他垃圾	禁止投入水域	未经粉碎的禁止在距最近陆地12n mile以内投弃入海,经过粉碎颗粒直径小于25mm时,可允许在距最近陆地3n mile之外投弃入海

3.3 港口码头应急设备配备要求

交通运输部于2009 年1 月24 日发布的港口矛头应急设备的配备要求主要是从不同等级的港口应配备相应的设备原则、设备配备的数量、设备的基本要求以及管理等方面进行相关的要求,以满足主管机关的要求。

4 现有港口船舶污染物接收单位存在的主要问题

(1)港口存在的问题。通过对有关港口船舶污染物接收单位的调查摸底,这些单位大都存在设备设施配备不足、安全与防污染管理不到位、未编制溢油应急计划或虽编制溢油应急计划但演习不到位、污染物处理去向无记录、污染物处理量明显偏少等问题。

存在这些问题根本原因是这些单位的管理人员海洋环境保护的意识不强,主管思想上重视不够,没有严格执行有关法律法规和标准规范要求。各主管机关监管不到位、执法力度不够,造成了这些单位的主要负责人存在侥幸心理,应付了事,蒙混过关。

(2)船舶存在一些造假的现象以及海事管理部门对船舶油污记录簿和垃圾记录簿检查强度不够。目前,部分船舶,特别是在国内运输的小型船舶的残油没有经过油污接收单位处理,而是直接卖给一些私人收油单位,从而存在造假现象。同时,海事执法人员在检查船舶垃圾记录簿和油污记录簿时,对油污接收清单检查力度不够,存在疏漏现象。

5 加强海事对港口船舶污染物接收处理能力监管的措施

5.1 加强协作

海事行政主管部门要加强与当地政府和环保、海洋、港口等行政主管部门的联系,加强协作,各负其责,认真履行法律法规赋予的职责,对港口船舶污染物接收处理能力进行动态监管,及时将重大不符合项通报有关主管机关。各主管机关加强监管和执法力度,查处违法违章行为,以儆效尤。

5.2 提高标准

《船舶污染物接收和船舶清舱作业单位接收处理能力要求》、《港口溢油应急设备配备要求》都是行业标准,需进一步升级为国家标准,成为各主管机关执行的统一标准。并根据船舶航线、类型等情况,对符合条件的船舶实施到港强制接收船舶污染物政策。

5.3 完善港口船舶污染物接收处理单位资质评估机制

《行政许可法》生效后,海事行政主管部门对船舶污染物接收处理单位资质的审批权未得到确认。但仍需要结合辖区实际情况,对辖区对船舶污染物接收处理单位是否具备规定的接收处理能力进行评估,规范对船舶污染物接收处理单位的管理,及时淘汰达不到接收能力要求的对船舶污染物接收处理单位。

5.4 督促设备设施配备到位

督促港口船舶污染物接收处理单位加大投入,按照标准要求将有关设备设施配备到位、放置到位,确保及时有效。

5.5 督促建立健全安全与防污染管理体系

督促港口船舶污染物接收处理单位认真履行企业是安全管理第一责任人的职责,及时建立健全安全与防污染管理体系,完善各项工作制度和程序,明确相关人员的权利和职责,明确接收的船舶污染物处理去向,防止造成二次污染,确保体系运转正常。

5.6 完善应急预案,及时组织演习

督促尚未编制溢油应急计划或虽编制溢油应急计划但演习不到位的港口船舶污染物接收处理单位及时编制或完善溢油应急计划,并按计划定期进行实战演习,提高应急处置能力。

船舶机器处所油水分离装置检查

王　力

(浙江舟山海事局)

船舶机舱产生的污油水有两种处理方式,一是通过标准排放接头排至岸上接受设备,一是通过油水分离器排放入海。机舱产生的污油水起先积聚在机舱的污水井里,然后通过污水泵驳运到污水柜里,污水柜里的污水或污水井里的污水再通过油水分离器分离后,将含油量低于15ppm 的污油水排放入海,高于 15ppm 的污油水则返回机舱污水柜。还有就是非法排放,400GT 及以上的非油船和 150GT 及以上的油船机舱污水(不包括货油泵舱舱底污水)均应通过滤油装置或油水分离装置排放入海。

1　公约和决议要求

(1)1954 年 4 月 26 日至 5 月 12 日在伦敦举行了防止船舶污染海洋的国际会议,会议起草并通过了"1954 年国际防止海洋污染公约",此公约成为国际第一部海上防污染公约。此公约对 150GT 及以上油船和 500GT 及以上所有船舶的机舱舱底污水明确规定船舶只有在航行途中才允许排放油类或含油混合物。所以油水分离器只能在航行途中使用,主管机关的检查只是对油水分离器的工况测试。同时规定了排放率不能超过 60L/n mile。

(2)IMO 在 1973 年 10 月 8 日至 11 月 12 日举行国际海上防污染大会,大会通过了《1973 年国际防止船舶造成污染公约》。在 1978 年 2 月 6 日至 2 月 17 日举行国际油船安全及防污染大会,大会通过了《经 1978 年议定书修订的 1973 年国际防止船舶造成污染公约》,也就是现在的 MARPOL 73/78。MARPOL 73/78 附则 I 即防止油类污染规则于 1983 年 10 月 2 日生效,并替代《1954 年国际防止海洋污染公约》及其 1962 年和 1969 年修正案。附则 I 主要内容:对 150GT 及以上油船和 400GT 及以上非油船机舱污水(不包括油船货泵舱舱底污水)排放要求:

①船舶不在特殊区域;

②距离最近陆地 12n mile(最近陆地系指距按照国际法划定领土所属领海的基线)

③船舶在航行途中;

④排放污水含油量不超过 100ppm;

对于 10000GT 及以上所有船舶,应装有当机舱排放污水含油量超过 100ppm 时能发出报警并自动停止排放污水的装置。

(3)MARPOL 附则 I 1992 年修正案

本次修正案主要对机舱污水排放含油标准由 100ppm 改正为 15ppm。即 1993 年 7 月 6 日对 10000GT 及以上所有新船全面实施 15ppm 设备(早先是 100ppm 设备)。现有船舶 5 年后即 1998 年 07 月 06 日实施。所以现在 10000GT 及以上所有船舶要求配备 15ppm 设备。

(4)国际海事组织第七届大会和第十届大会的决议要求船舶应采取一定的措施以确保油水分离器在实际运行中不超过其额定流量,其中第十届大会严格要求油水分离器污水供给泵的排量不能超过分离器额定量的1.5倍。

(5)MEPC 33界大会决议要求自1994年3月30日及以后安装的(无论是新装设还是替换的)油水分离器装置都应获得MEPC.60(33)决议要求所做出的认可。MEPC.60(33)决议所通过的用于替代A.393(X)中的规则的新要求包括:

①其所认可的油水分离器须能处理流体a(含船用重燃油)与流体b(含船用轻燃油)

②对于使用高密度残留燃油的船舶,其性能试验用15℃时相对密度不小于0.98的燃油进行。

③在初次和定期检验时应提供循环设施使滤油设备在舷外排放关闭的状态下进行实验。这次决议明确告诉我们自1994年3月30日及以后安装的(无论是新装设还是替换的)油水分离器在我们检查时是可以试验污油水运行的,不应像船员所讲的只能试验清水且试验污油水会排放入海而污染海洋。

(6)MEPC.107(49)决议对2005年1月1日或以后所设的舱底水分离器要求:

①oil filtering equipment(滤油设备)改为15ppm Bilge separator(15ppm舱底水分离器);oil content meter for bilge alarm(舱底水油分检测器警报)改为15ppm bilge alarm(15ppm舱底水警)。

②对自动停止装置定义:该自动关闭装置应为一种阀门装置,装于15ppm舱底水分离器的排出物出口处,当排出物含油量超过15ppm时自动将排向舷外物引回船舶舱底或污水舱。

③可以试验油水乳化液。

④对15ppm舱底水报警装置增加了记录装置的要求,以记录日期、时间、报警状态和15ppm舱底水分离器的运行状态。该记录装置应能显示或打印记录结果以便接受官方检查,15ppm舱底水报警装置应能保存至少18个月的记录,且在IOPP证书换新时由厂家测试起精度,并有效验证书。

⑤给输送到15ppm舱底水分离器的泵的排量不应超过15ppm舱底水分离器额定工作能力的110%,(在这之前要求:给输送到15ppm舱底水分离器的泵的排量不应超过15ppm舱底水分离器额定工作能力的150%)泵和电机的规格应记在型式认可证书上。

⑥15ppm舱底水报警装置的响应时间要求由以前的不超过20s减少到不超过5s,总的响应时间(包括15ppm舱底水报警装置的响应时间)即从15ppm舱底水分离器排出物含油量超过15ppm起至阻止舷外排放的自动关停装置动作所需时间,在任何情况下不多于20s。

⑦15ppm舱底水报警装置的结构应是每当为其做清洁工作或恢复零位而使用清水时,均启动警报。

2 设备检查

2.1 污水泵检查

目前船舶多以往复泵和单螺杆泵为油水分离器的供给泵。往复泵常常应用在压入式分离装置中,主要检查其压力、真空是否在说明书规定的范围内,泵的型式、排量与认可证书是否一致,尤其注意泵的排量是否与分离器匹配(对2005年1月1日或以后所设的舱底水分离器污水泵的排量不应超过分离器额定工作能力的1.1倍,对2005年1月1日以前所设的舱底水分离器污水泵的排量不应超过分离器额定工作能力的1.5倍)。泵的轴封及缸套和胶木活塞令之间是否漏水,漏水是否严重。螺杆泵主要是应用在真空抽吸式分离装置中,所以检查螺杆泵

的抽吸真空能力是否能达到说明书要求较关键。螺杆泵自身一般有一来自海水压力柜的海水管路，运转时海水管路上的电磁阀打开，让海水来润滑泵的轴套，否则泵会干磨而损坏，检查时应注意电磁阀工况是否正常，同时注意来自海水压力柜的海水管路上是否设有截止阀，如有，截止阀是否打开。同样要检查螺杆泵的排量是否与分离器匹配。往复泵和螺杆泵都需检查泵和马达工况是否正常，是否振动、发热异常。马达如果有分配电箱，电流指示是否正常。泵和电机的规格应记在型式认可证书上。

2.2　油水分离器本体检查

通常我们所见到的分离装置有两种类型，一种是一组分离筒，内部分隔为两级或多级分离，一种是由两组或多组分离筒组成。

(1)启动分离装置前的检查

①分离装置铭牌标注的型式、分离能力以及其他数据与IOPP证书附件所签注的内容一致，是否与型式认可证书所描述的数据一致。

②打开分离装置上部的取样考克，看是否有海水流出。一般如果分离装置在经常使用，检验考克应有海水流出，因为污油的比重比水小，如果分离装置内部不充满水，污油会在下降的过程中粘附在分离筒外表而影响下次启动分离装置时的分离效果，况且船员惯例是每次分离油水完成后要用海水冲洗整个分离筒内部滤网，然后让分离筒内部灌满清水，以避免氧化和腐蚀。

③如果分离装置设有温度加热装置，应检查加热装置是否正常，加热管系是否有泄露。

④对2005年1月1日或以后所设的舱底水分离器且吨位是10000GT及以上的船舶检查15ppm舱底水报警装置的记录装置，检查记录单上记录的日期、时间、报警状态和15ppm舱底水分离器的运行状态，并且可以对18个月以内的记录进行全面检查。

⑤对油水记录簿(F)项的检查

油水记录簿(F)项要求记录滤油设备的工况，其中包括(F)19.系统故障的时间，(F)20.系统恢复运转的时间，(F)21.故障的原因。一般在1~2个月甚至更短的时间内分离筒内部滤网需要清洗，否则分离装置不能正常运行，油水分离器在正常运转中经常遇到滤网脏堵而需要清洗，所以在油水记录薄里(F)项应有所记录。

(2)分离装置运行中的检查

①排油电磁阀和油位探头检查

排油电磁阀和油位探头通常是结合在一起检查的。首先如果分离筒内灌满水，此时排油电磁阀应处于关闭状态，探头指示灯(一般为红色)是亮着的，如设有传感转换器，传感转换器的指示灯是红灯灭，绿灯亮。通过排油电磁阀的测试开关或油位探头电极检测器接线盒里的试验旋钮来检查排油电磁阀是否动作，一般排油电磁阀正常打开是能听到声响的，手接触有振动感。当排油电磁阀打开时，探头指示灯就会灭掉，如设有传感转换器，此时传感转换器的指示灯是红灯亮，绿灯灭。当排油电磁阀打开时，分离筒内部压力得以释放，此时压力表的读数应该明显下降。当排油电磁阀打开，污油流回污油柜，往往在污油流回污油柜的管系上还有一截止阀，此阀一般常开。有的船舶没有使用油水分离设备而使此阀关闭，且船员平时由于没有操作油水分离设备而不知道此阀，导致排油电磁阀打开而分离筒内部压力没有变化。

②两级分离间的压差和真空度检查

油水分离装置在正常工作时分离筒的表压力和两级分离压差以及真空度是否在说明书规

定的范围内。压入式油水分离装置两级分离间的压差一般应在0.3～0.6kg之间,压差太大说明分离筒内部滤网脏堵,需清洗或换新,压差太小说明分离筒内部滤网洞穿破损,需要换新。压差不正常分离装置是不能有效工作的。对于真空吸入式分离装置,其真空度应在-0.1～0.6kg之间,真空太小一般是螺杆泵故障或管系漏气,分离装置不能正常工作,真空度太大,会影响分离效果,分离装置也不能正常运行。

③检查取样考克

油水分离装置在运行中可以开启取样考克,检查取样考克放出的水是否为清水,如果放出水明显有油花,则一般可以认定排放舷外的污水含油量超过15ppm。

④检查舷外排出三通阀

当排放舷外的污水含油量超过15ppm时,系统会发出报警。此时如装设有舷外排出三通阀,应检查三通阀动作是否正常,现在船舶一般三通阀有开、关指示。三通阀如果关闭不严,超过15ppm的污油水会流往海里,这是坚决不允许的,我们可以拆除三通阀后面的管系来检查三通阀开关工况。当15ppm报警时,污油水应返回船上污水舱,而排出海外的管系不应有水流出。还有一种系统是15ppm报警污水泵立即停止的油水分离装置。

其次,对于有加温装置的油水分离设备,应根据说明书检查其加热温度是否正常。

2.3 15ppm报警装置检查

(1)检查15ppm舱底水报警装置的响应时间和总的响应时间。

(2)检查取样管的管径,管径一般为直径6mm。管径太大,当污油水超过15ppm时,管路中的储存水会稀释油分而降低浓度,延长报警时间;管径太小,水样流动时间长,同样会延长报警时间。

(3)冲洗管路和冲洗阀及取样阀是否正常。如果冲洗管路没有安装,油分检测器积垢后就不能正常工作。冲洗阀关闭不严,检测器检测到稀释的水样,会延长报警时间。取样阀如果卡死或取样管路不通,检测器将不能检测。要注意检查检测器的水样进出是否正常。

(4)检查声光报警是否正常,报警同时检查舷外三通阀工况是否正常,或注意污水泵是否停止。

基于博弈论的船舶排污监管分析

张开益①
（宁波海事局，宁波，315731）

摘 要：船舶排污是海洋环境的重要污染源之一，而海事机构作为船舶防污染的主管机关，正面临着越来越多的挑战和困难。本文运用博弈理论，通过搭建博弈收益矩阵，分析了海事机构监管和船舶排污的博弈行为，通过对所得结论的分析，给出了符合博弈双方收益要求的减少船舶排污的途径。

关键词：博弈论 排污 海事监管 纳什均衡

1 引言

随着航运业的繁盛，海上运输量日益增加，海洋防污染形势日益严峻。据统计海洋污染中35%为船舶污染，其中最主要污染物质是油类。同时，船舶在营运过程中的违章排放现象普遍存在，这种操作性污染排放是一项重大污染源，给海洋环境造成了大量的污染。船舶防污染检查是海事机构的一项重要工作，也是法律赋予海事机构的一项重要职责。近年来，海事机构加大了对船舶排污的监管，也取得了一定的成效。

博弈论（Game Theory），又称对策论。研究决策主体行为存在相互作用时，行为主体如何利用所掌握的信息进行决策，以及这种决策的均衡问题，反映了博弈局中人的行动及相互作用间冲突、竞争、协调与合作关系。博弈论将研究对象分为博弈双方，建立利益冲突的数学模型，并提出博弈双方在冲突情况中采取何种最适宜的行为。

本文对船舶排污现象进行博弈分析，以期找出海事机构和船舶博弈均衡的最优监管概率和最优排污概率，并通过模型分析，找出产生排污现象的相关因素，提出遏制或减少船舶排污行为的积极方案。

2 博弈模型

博弈者有两个，一是海事监管机构，二是船舶。假定博弈双方都知道对方的策略空间和相应的效用，并且双方均为理性决策主体，在此基础上讨论其行为发生相互作用时的决策及其决策均衡问题。

对于船舶，有“排污”和“治污”两种选择，如果船舶排污被发现，不但要受到相当额度的经济处罚，还要承担由此引起的船期损失和信用损失等其他负面效应；如果船舶选择治污，则需付出一定的治污成本，如设备成本、维护成本等。对于海事监管机构，有“监管”和“不监管”两种选择，如果海事监管机构选择“监管”则是岗位职责所必须，是严格遵守各项法律法规，保护

① 张开益（1983- ），男，宁波人。管理科学与工程硕士研究生，从事海事管理工作。联系方式：手机：13819895128，电子邮箱：zky000@163.com。

海洋环境的具体表现,需要付出一定的监管成本,但查处船舶排污可收获一定的经济效益和社会效益:经济效益是指查处排污的罚金,社会效益是指通过查处排污船舶对其他船舶的产生威慑力;海事监管机构选择"不监管"是一种失职的表现,会给以后的监管工作带来难以弥补的负面影响。该博弈的策略组合见图1。

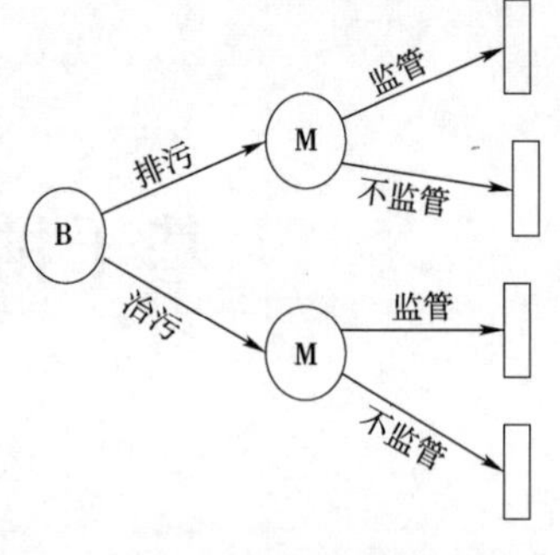

图1 海事监管机构和船舶排污关系图
B-船舶;M-海事机构

根据以上假设及分析,将博弈模型中的相关变量设置如下:

c_m:海事机构监管成本;

u_n:海事机构监管收益;

u_{n1}:海事机构监管的经济收益,对船舶罚款的收益;

u_{n2}:海事机构监管的社会效益,通过查处非法排污对其他排污船舶产生的威慑力;

c_{b1}:船舶治污的成本;

c_{b2}:船舶排污被查处后除经济处罚以外的其他负面效应,包括船期损失、信用损失等;

p_m:海事机构的监管概率;

p_b:船舶排污的概率。

该博弈模型的收益矩阵见表1。

海事监管与船舶排污的博弈收益矩阵　　表1

	排　污	治　污
监管	$(u_{m1}+u_{m2}-c_m, c_{b1}-u_{m1}-c_{b2})$	$(-c_m, -c_{b1})$
不监管	$(0, c_{b1})$	$(0, -c_{b1})$

3 纳什均衡分析

3.1 纯策略纳什均衡解

在短线均衡中,可按照完全信息静态博弈处理,可以用划线法求该博弈的纳什均衡解。

根据目前的法律法规对于排污的处罚力度,显然处罚的经济收益显然是高于船舶排污的收益。故 $u_{m1}+u_{m2}-c_m>0$,而 $-c_m<0$,所以海事监管机构没有纯策略的解。

相对于船舶,c_{b2}是一个比较大的量,即查处排污船舶对船舶产生的负面效应较大(包括船期、信用等),即 $c_{b1}-u_{m1}-c_{b2}<-c_{b1}$,所以船舶也没有纯策略的解。

3.2 混合策略纳什均衡解

在海事机构和船舶均无纯策略纳什均衡的稳定解,博弈双方只能考虑混合策略。设海事机构监管的概率为 p_m,不监管的概率为 $1-p_m$;船舶排污的概率是 p_b,不排污的概率是 $1-p_b$,其中 $0\leqslant p_m\leqslant 1, 0\leqslant p_b\leqslant 1$。并且 R_m 为混合策略下海事机构的期望效用函数,R_b 为混合策略下船舶的期望效用函数。则:

$$R_m(p_m,p_b)=p_m[p_b(u_{m1}+u_{m2}-c_m)+(1-p_b)(-c_m)]+(1-p_m)[p_b\cdot 0+(1-p_b)\cdot 0]$$

$$R_b(p_m,p_b)=p_b[p_m(c_{b1}-u_{m1}-c_{b2})+(1-p_m)c_{b1}]+(1-p_b)[p_m(-c_{b1})+(1-p_m)(-c_{b1})]+(1-p_b)(-c_{b1})$$

这样,寻求混合战略纳什均衡(p_m^*, p_b^*),可转化为求解最优化问题:

$$\begin{cases}\max\limits_{p_m} u_m(p_m, p_b^*) \\ \max\limits_{p_b} u_b(p_m^*, p_b)\end{cases}$$

最优化的一阶微分方程为：

$$\begin{cases}\dfrac{\partial u_m(p_m, p_b^*)}{\partial p_m} = p_b^*(u_{m1} + u_{m2}) - c_m = 0 \\ \dfrac{\partial u_b(p_m^*, p_b)}{\partial p_m} = -p_m^*(u_{m1} + c_{b2}) + 2c_{b1} = 0\end{cases}$$

解得：

$$\begin{cases}p_m^* = \dfrac{2c_{b1}}{u_{m1} + c_{b2}} & (1) \\ p_b^* = \dfrac{c_m}{u_{m1} + u_{m2}} & (2)\end{cases}$$

以下证明 p_m^* 为海事机构的最优监管概率：

假定海事机构的混合策略为$(p_m, 1-p_m)$，则：

当船舶采用纯策略“排污”（即 $p'_b = (1,0)$），其期望效用函数为：

$$R'_b(p_m, p'_b) = -p_m u_{m1} - p_m c_{b2} + c_{b1}$$

当船舶采用纯策略“治污”（即 $p''_b = (0,1)$），其期望效用函数为：

$$R''_b(p_m, p''_b) = -c_{b1}$$

假定某一混合策略$(p_m, 1-p_m)$是海事机构的最优监管选择，此时，船舶选择“排污”和“不治污”的收益是一致的，即 $R'_b(p_m, p'_b) = R''_b(p_m, p''_b)$

可得

$$p_m = \frac{2c_{b1}}{u_{m1} + c_{b2}}$$

此时的 p_m 正好等于 p_m^*。所以 p_m^* 为海事机构最优的混合策略。

船舶的最优排污策略也可同理证明。

4　模型分析

对于海事监管机构，为了使船舶达到排污和治污的收益无差异，则必须达到最优的执法概率 p_m^*。由式(1)可以得出，与 p_m^* 有关的三个变量为：c_{b1}、u_{m1} 和 c_{b2}。其中，c_{b1} 是 p_m^* 的增函数，u_{m1} 和 c_{b2} 是 p_m^* 的减函数。即：(1)船舶治污的成本越低，海事机构最优执法概率也就越小；(2)海事机构对查处排污船舶的经济处罚力度越大，海事机构的最优执法概率也就越小；(3)船舶因为排污被查处所受的其他处罚损失越大，海事机构的最优执法概率也就越小。也就是说，排污和治污的收益差异越大，海事机构的最优执法概率就会降低。

对于船舶，为了使自己排污被抓的可能性降到最低，必定选择最优排污概率 p_b^*，在此情况下，海事机构无论执法是否严格，海事机构的监管收益都是一样。由式(2)可以得出，与 p_b^* 有关的三个变量为：c_m、u_{m1} 和 u_{m2}。其中，c_m 是 p_b^* 的增函数，u_{m1} 和 u_{m2} 为 p_b^* 的减函数。即：(1)海事机构为查处船舶所付出的监管成本越大，船舶排污的最优概率也就越大。(2)海事机构监管所产生的经济效益和社会效益越明显，则船舶排污的最优概率也就越小。因此，海事机构的监管成本和监管收益对船舶的排污呈现出显著的相关性。

5 建议

针对以上博弈模型的分析，海事机构采取以下措施来降低船舶排污的现象：

(1)降低海事监管成本。

①建立船舶防污染信用制度。根据船舶防污染信用制度，合理分配监管资源，有针对性地选择受检船舶，提高防污染监管效率。

②防污染举报制度。通过建立一套完整而有效的举报制度，充分调动码头、船舶、船员社会其他资源加入到防污染监督的队伍中来。

(2)降低船舶治污成本，加大排污检查力度。

①适当发展残油接受产业链，方便船舶的残油接收。

②实施排污缺陷跟踪制度。对于检查中发现排污设施缺陷，实施相应的跟踪措施，直到缺陷彻底纠正。

(3)严格执行对船舶排污行为的行政处罚以及由此引起的其他负面效应。

①严格执行对排污船舶的经济行政处罚。通过提高经济处罚力度，扩大船舶排污与治污的差异。

②加大船舶排污在评定船舶信用等级中的权重。在对船舶和公司的信用等级评定中，提高船舶排污所受行政处罚的权重。

③提高船舶由于排污处罚的滞留率。通过提高滞留率，加大船舶因为排污所受处罚对于船舶以及公司的负面影响。

(4)加大宣传力度，提高海事机构监管的社会效应。

①防污染法律法规和国际公约宣传。海事机构应在日常的防污染检查中，加强对防污染领域的法律法规和国际公约的宣传教育力度，提供相关学习资料或途径，提高船员的环保意识和遵纪守法意识。

②典型排污案例的宣传。海事机构可把某些典型排污案例印成宣传资料，在日常检查的船舶中发放，对船员形成一定的心理威慑力，同时，还可在新闻媒体上加大对排污案例的宣传，形成船舶排污，人人喊打的舆论氛围。

参考文献

[1] 谢识予. 博弈论在经济学中的应用[M]. 上海：复旦大学出版社，1997

[2] 王秀丽，李春发. 生态工业链构建中的博弈分析[J]. 系统工程，2006，(1)：9～12

[3] Friedman, J. W. Game Theory with Application to Economics[M]. New York：Oxford University Press, 1990

[4] 徐键. 关于船舶操作性排放油污管理的探讨[J]. 中国水运，2007，(3)：42～44

[5] 翁石光. 船舶油污的现状与对策的探讨[J]. 研究与设计，2007，(12)：27～29

Abstract: Ship drain contamination is one of the important pollution sources in sea environment. Maritime safety administration, being charge of the ship drain contamination, is facing more

and more challenges and difficulties. This paper adopts game theory, analyzes the game actions of maritime supervision and ship drain contamination by building game earning matrix. From those analysis, it provides the method to reduce ship drain contamination in keeping with the benefits of both parties.

Key words: Game theory; Drain contamination; Maritime supervision; Nash equilibrium

船舶排污设备铅封管理探讨

徐文伟

(江阴海事局,江苏省江阴市,214431)

摘　要:为规范沿海船舶排污行为,限制船舶油类污染物的排放,保护水域环境,依据《中华人民共和国海洋环境保护法》、《中华人民共和国防止船舶污染海域管理条例》等有关法律法规,交通部于2007年5月1日颁布实施了《沿海海域船舶排污设备铅封管理规定》。本文结合工作实际,分析了对船舶排污设备实行铅封管理的必要性、意义及存在的问题,并提出建议。

关键词:船舶　排污设备　铅封

为规范沿海船舶排污行为,限制船舶油类污染物的排放,保护水域环境, 2007 年 5 月,继《渤海海域船舶排污设备铅封程序规定》实施后,交通部颁布实施了《沿海海域船舶排污设备铅封管理规定》(以下简称《规定》),并决定从 2007 年 5 月 1 日起,国家对规定中限定的船舶的排污设备实施铅封管理。《规定》实施一年多来,全国各地海事机构采取有力措施对适用船舶除机舱通岸接头(接收出口)管系外,船舶的油污水系统的排放阀以及能够替代该系统工作的其他系统与油污水管路直接相连的阀门予以铅封,限制了船舶油类污染物的排放,保护水域环境,取得了较好的社会效应。现结合工作实际情况谈谈对船舶铅封管理存在的问题与建议。

1　《规定》制订的必要性

《中华人民共和国海洋环境保护法》、MARPOL 73/78 及有关法律、法规和公约对船舶排放油污水进行了明确规定,但船舶作为一个流动的物体,加上目前许多船员环保意识淡薄,尽管海事部门在不断加强对辖区船舶防污工作的监督管理,但效果不甚理想。以江阴港辖区港口船舶为例,该港共有渡船 26 艘、港作拖轮 30 余艘,另外还有若干工程船舶,一艘汽车渡船机舱每月产生的油污水约在 1.5t,一艘港作拖轮机舱每月产生的油污水在 3t 左右。在江阴海事局船舶排污情况调查中发现,2007 年 8 月未实施船舶排污设备铅封管理之前, 2006 年 8 月 ~ 2007 年 7 月上述船舶共进行残油、油污水回收 73 艘次,数量只有 304t,回收的仅仅只占少部分,许多船舶私自通过舱底水管系直接将油污水违法排入长江或通过非法渠道排放。而《沿海海域船舶排污设备铅封管理规定》的颁布实施为海事部门的防污染管理工作进一步提供了管理依据,交通部海事局以海船舶[2007]145 号文发布了《关于印发 2007 年限制船舶污染物排放专项行动实施方案的通知》,江苏海事局据此制定了具体实施方案。通过对船舶机舱排污管系的相关阀门进行铅封,并将船舶运营过程中产生的油类污染物实行岸上回收处理这一手段,改进管理办法,完善管理模式,提高船舶公司、船员的防污染意识,确保防污染措施得到实质性的贯彻落实,使一些长期在港口水域范围内航行、停泊、作业的船舶的违章排放油类污染物状况能得到有效控制。

2　对船舶排污设备实行铅封管理的意义

（1）对船舶排污设备实行铅封管理，既保护了水域环境，防止船舶残油、含油污水（统称“残余油类物质”）违章排放，又弥补了海事主管部门在防污染管理制度上的一个空白，有力推进了“资源节约型、环境友好型”的交通建设。

（2）有利于促进船舶安全管理体系的有效运行。

《中华人民共和国船舶安全营运和防止污染管理规则》中要求船舶公司建立安全和环境保护方针，目标是为了保障水上交通安全，防止人员伤亡，避免对环境，特别是水域环境造成危害以及造成财产损失。对船舶排污设备实行铅封管理，就船舶公司而言，船舶公司就必须加强对船员的安全防污染教育，加大对船舶防污染设施的投入、设备的维修、保养及船舶油污水回收资金的投入；对船员而言，船员就必须熟悉有关防污染法律、法规、国际公约及《规定》，熟悉船舶防污设备的性能、机舱管系布置、阀门的功能状况，加强安全责任心，贯彻 NSM 中的防污染方针，不断提高防污染意识。因此从在水域环境保护方面来看，《规定》的实施有力地促进了船舶公司安全管理体系中防污染体系的建立和完善及体系的有效运行。

（3）既减少了海事管理人员现场工作量，又将使船舶防污染现状得到明显改善。

船舶作为一个流动的管理对象，船员流动性强，加上目前许多船员的环保意识淡薄，尽管海事主管部门不断加强对辖区船舶防污工作的监督管理，每年在船舶防污染管理方面投入大量的人力、物力、财力，但船舶违法排污现象时有发生，管理效果甚微，海事管理人员往往感到心有余而力不足。《规定》的颁布实施将大大减少了海事监督管理人员的现场工作量，有利于海事部门在其他业务工作方面的投入，以确保海事部门各项工作的均衡与全面发展，船舶防污染现状也将得到明显改善。

（4）对有关船舶排污设备实行“铅封”管理，既是要求船舶合理利用水域环境资源，贯彻国家环保政策，也是进一步提高全社会海洋环保意识的重大举措。

对有关船舶排污设备实行“铅封”管理，可以从根本上杜绝船员试图将油类污染物直接排放的可能，促进了辖区船舶防污状况的改善。也是对船员、海事管理人员进行一次现实的船舶防污染工作的教育和宣传。通过媒体报道宣传，使全社会、海事管理人员、船舶公司、船员共同关注海洋环境保护工作，防污染意识得到共同提高。

3　存在的问题

《规定》的颁布实施，对有关船舶排污设备实行铅封管理，具有现实的积极意义，但在实际铅封工作中也存在一些问题：

3.1　适用船舶、水域的范围存在不足

《规定》指出，适用船舶为：

（1）适用于交通部《渤海海域船舶排污设备铅封程序规定》范围的船舶；

（2）船舶检验证书中注明为遮蔽航区的船舶；

（3）仅在港口水域范围内航行、作业的船舶；

（4）辽东半岛至山东半岛间、雷州半岛至海南岛间定线航线的船舶；

（5）主管机关根据辖区情况确定的特殊航线或水域内航行、作业的船舶。

上述范围没有完全涵盖应铅封的船舶，如：150 总吨以下的油船和 400 总吨以下的非油

船,这些船舶没有配备油污水处理设施,如果不铅封排污管系,回收船舶油污水,机舱产生的油污水就会直接排放,产生水域污染。又如一些小型船舶(150 总吨以上的油船和 400 总吨以上的非油船,载货量在2000t 以下),长期在沿海航区固定航线上航行,而且距岸不超过12n mile,这些船舶虽然航行但又存在铅封上述船舶配备油污水处理设施,但无法满足排放机舱油污水的要求,如果不铅封排污管系,回收船舶油污水,机舱产生的油污水也会直接排放,产生水域污染。

3.2 铅封位置问题

船舶舱底水、油污水一般可以通过舱底泵、油水分离器及机舱油污水手摇泵的相关管系、阀门排放,也可以通过船舶通(总)用泵、消防泵及主机应急排放。对船舶排污设备、管系铅封就应该铅封有关排放机舱舱底水、油污水的相关管系阀门,如:舱底油污水吸入阀、出口阀、污水总阀等,这时就会遇到铅封位置的问题。如果船舶排污设备的管系、阀门时独立的,那么铅封舱底油污水吸入阀、出口阀、污水总阀都可以,但铅封总阀就比较简单;如果船舶排污设备的管系不是独立的,对可以用通(总)用泵、消防泵排放油污水的船舶来说,那么铅封总阀及出口阀就会影响到泵的其他功能(如调整压载、消防等)。但无论哪种情况,阀门铅封太久,不经常开、关,不经常活络容易造成阀门无法开启(安全体系管理规定,这些设备是关键性设备,一般3 个月保养一次),船舶在紧急情况下,船方虽能自行启封被铅封的阀门,但该阀门乃至管系、泵无法使用,将会危及到船舶安全。

3.3 海事管理人员、船员防污染知识水平有待进一步提高

在实际铅封工作中发现,部分海事管理人员缺乏对船舶轮机知识及船舶机舱防污染设备、管系、阀门等缺乏必要的了解,缺乏必要的业务培训,防污染业务知识、水平不平衡,整体素质有待进一步提高。部分轮机员也存在业务知识不熟练,对机舱的排污管系、阀门的构造布置、功能不清楚的情况。

对防污设备进行铅封只是一种手段,而不是根本目的,目的是提高船员防污意识和水平,保护海洋环境,避免船舶造成海洋环境污染。如果一味注重通过对船舶排污设备进行铅封,来达到防止船舶污染海洋环境的目的,不仅船员在船舶防污染设备的使用、实际操作能力、安全知识水平等方面得不到提高,而且船舶防污染问题也得不到根本解决,我们的船舶防污染监督管理工作将走入误区。

3.4 铅封工作缺乏与船舶安全检查工作的联系

目前,船舶安全检查工作一般每 6 个月进行一次,船舶的泵、阀门等关键性设备一般是 3 个月保养一次,而在实际铅封工作中,海事部门铅封工作与船舶安全检查工作独立进行,相互之间缺乏必要的联系,铅封、安全检查、铅封状况的检查、阀门保养等工作有些脱节。

3.5 船舶油污水回收的管理问题

对有关船舶实施排污设备进行铅封后,对港口接收船舶机舱油污水、污油的能力、对机舱油污水、污油的处理等提出了要求,铅封后,油污水、污油如何回收,回收的能力、工作是否及时,以及如何处理油污水,避免造成二次污染等,这些都是需要解决好的问题。

4 铅封工作的建议

(1)严格对油污水回收公司的审核和管理,保证回收污染物的正确处理,避免产生二次污染。

铅封船舶的有关排污阀门是为了防止船方的人为性违法排放，把船舶机器处所产生的油类污染物由油污水回收公司进行岸上回收处理。因此，对回收公司的资质、管理制度以及对回收物的处理方式的严格审核和管理，也是海事局做好防污工作的关键。油污水回收时，建议用车、船等外来的潜水泵来抽取船舶舱底水，进行回收，这样既彻底又快捷。同时海事部门应加强对油污水回收公司的回收工作的监督和审核，督促回收公司严格按照国家有关环保规定，做好回收和处置工作，保证辖区的防污染管理得到长效性地稳定与发展。

(2)完善铅封后的监督管理工作，提高海事管理人员防污染管理的业务素质，提高防污染水平面。

针对在铅封工作中海事管理人员存在的缺乏对船舶轮机知识及船舶机舱防污染设备、管系、阀门等的了解等问题，及时组织必要的业务培训，更新知识，提高防污染业务知识。同时在完善铅封管理工作程序的基础上，定期对船舶防污设备的铅封状况进行监督检查，铅封人员应加强与船舶检验、海事安检人员及船员的沟通联系，加强合作，提高现场监督检查水平和整体素质，共同做好船舶防污染工作。

(3)加强对船舶公司的管理，提高船员整体素质。

船舶公司、船员培训机构应加强对船员的防污染知识培训，进行必要的知识更新，提高使船员防污染意识得到普遍提高。同时海事管理机构加强对公司《中华人民共和国船舶安全营运和防止污染管理规则》的审核，督促船舶公司、船员，加强安全责任心，贯彻落实安全和环境保护方针，不断提高防污染意识，保障水上交通安全，避免对环境，特别是水域环境造成危害以及造成财产损失。进一步促进船舶公司安全管理体系中防污染体系的建立和完善及体系的有效运行。

(4)建议修改《规定》的适用船舶范围，对没有配备油污水处理设施的船舶和长期在固定航线上航行，而且沿海航区距岸不超过12n mile的船舶强制进行排污管系铅封，回收船舶油污水，防止船舶违章排放。

(5)政府应加大对防污染的投入，新闻媒体应加强对船舶防污染工作和海洋环境保护的宣传力度，提高全社会保护海洋环境意识，共同做好海洋环境保护工作。

参考文献

[1] 中华人民共和国海洋环境保护法. 1999年12月25日，国家主席令第26号

[2] 中华人民共和国防止船舶污染海域管理条例. 1983年12月29日，国务院

[3] 沿海海域船舶排污设备铅封管理规定. 交通部，2007年5月1日

我国海上污染事故应急管理分析

冯引桃
(珠海海事局,珠海市,519015

摘　要:本文试用LFA方法分析我国海上船舶污染事故应急能力建设所存在的问题,通过分析其影响及后果并找出其引起的原因,得到问题树。然后将问题树进行转换,得到目标树。最后,进一步建立并分析之间的逻辑关系。

关键词:LFA方法　问题树　目标树　对策

1　前言

逻辑框架法(LFA)是由美国国际开发署(USAID)在1970年开发并使用的一种设计、计划和评价的方法。

本文试用LFA方法分析我国船舶污染事故应急能力建设所存在的问题,通过分析其影响及后果并找出其引起的原因,得到问题树。然后将问题树进行转换,得到目标树。最后,进一步建立并分析之间的逻辑关系。

2　我国海上污染应急能力现状

2.1　我国海上污染应急现状

近年来,我国水上交通,石油开采等活动日益繁忙,沿海及内河水域通航环境复杂,船舶事故引发的重特大溢油风险不断加大。据统计,我国近年来发生多起大型船舶污染事故,如珠江口12.7、3.24、珠海9.15“圣狄”轮等船舶污染事件(表1)。

近年我国主要船舶溢油案例　　表1

序号	事　故	事故种类	污染情况
1	“塔斯曼海”轮污染事故	船舶碰撞	泄漏原油约200t
2	“长阳”轮污染事故	船舶碰撞	泄漏燃油约85t
3	“阿提哥”轮污染事故	船舶搁浅	未发生污染
4	“地中海伊伦纳”轮碰撞污染事故	船舶碰撞	泄漏燃油1200t
5	圣狄轮搁浅污染事故	船舶搁浅	约数百吨

目前,我国已建立国家、海区、港口、码头、船舶等多层次的污染应急反应机制,并完善专业溢油应急反应队伍体系,在重点水域建立“船舶污染应急联动协作机制”,制定了《珠江口区域海上溢油应急计划》等区域协作行动计划。我国与周边国家和地区编制了《西北太平洋行动计划区域溢油应急计划》,广东、深圳、香港、澳门等地海事机构签署了《珠江口区域海上船舶

溢油应急合作安排》[①]。

据交通运输部统计，截止至2008年6月，我国沿海可动用的应急能力包括：围油栏28万米，收油机253台，各类溢油回收和围油栏布放船300艘，吸油毡502t，消油剂589t。沿海主要港口基本具备了在港区和近岸水域内控制和清除中、小型规模船舶溢油事故的应急能力[②]。根据近年出台的《国家船舶溢油应急设备库设备配置管理规定》，我国还将在沿海设置16个国家船舶溢油应急设备库，其中建设3个可对抗1000t船舶溢油的大型应急设备库，6个可对抗500t船舶溢油的中型设备库，7个可对抗200t船舶溢油的小型设备库。

2.2　*存在问题*

近年来，我国在大型船舶污染事故应急过程经受了严峻的考验，主要体现在我国水上污染应急预案层次较低，很多地方的预案未纳入地方政府应急体系，海上溢油跟踪及监控手段比较落后，船舶溢油应急能力明显不足，对化学品水上事故应急能力更加非常有限，例如，目前主要港口的船舶污染应急处理能力远远不能真正反映现代航运的风险。珠江口"12.7"船舶污染事故中，燃油泄漏量仅在1200t，但已需启动国家级应急，并调用了周边所有的应急力量，考虑到当时风流的影响，实际处理效果难以准确评价。据统计，近年来周边地区的海上污染事故规模远远大于我们目前所具备的300t乃至于1000t的规模，韩国的河北精神号船舶污染事故中一次泄漏的油类就达到10000吨。此外，虽然近年建设的船舶污染应急设备库发挥了一定的作用，但是，客观事实表明，设备配置不够科学，软硬件配置不配套，有了先进设备却缺乏训练有素的人员，设备库尚未能真正按照设想发挥应有的作用。

西北太平洋地区1990年以来发生的溢油和有毒有害物质泄漏事故统计[③]　　表2

事故类型	溢油事故次数	有毒有害物质溢漏事故次数
重大溢油（大于1000t）	15	6
中等溢油（50～1000t）	145	23
小型溢油（小于50t）	几千起	8（大于10t）
未知	—	9

当前体制下，船舶污染应急职责不清，环保等其他政府部门在海上污染应急中未能发挥应有的作用，海上船舶污染事故的处置过分依赖海事，而海事部门未能充分认识到全盘操办海上清污所存在一旦清污单位因补偿不足而转向海事追偿的风险；即使海事部门在海上污染应急中承担大量工作，但海事部门对清污单位缺乏有效制约手段，对其效率、积极性等难以管制，不利于污染应急工作的顺利开展。

---

① 杨省世. 我国水上船舶溢油应急能力现状及建设规划研究. 中国海事，2009(3)：37-41

② 我国溢油应急反应工作发展历史和现状如何，2008年中国(山东)海上搜救及NOWPAP中韩海上溢油应急联合演习新闻发布会。http://www.moc.gov.cn/zhuzhan/wangshangzhibo/yiyouyanxi_XWFBH/zhibozhaiyao/200809/t20080901_518565.html。

③ Seong-Gil Kang，Jeong-Hwan Oh，Hyeon-Jeong Noh，西北太平洋行动计划(NOWPAP)框架下的西北太平洋区域溢油和有毒有害物质溢漏防备和反应合作活动。

此外,我国现有污染损害赔偿机制尚不完善①。我国已加入《燃油公约》,但是,大陆地区未加入FUND92国际公约及OPRC-HNS议定书,新的《防治船舶污染海洋环境管理条例》提出建立船舶污染事故损坏赔偿制度,实行包括强制保险与基金相结合的制度,但是,法律配套仍然不完善,需要继续努力。此外,现有机制下,海上清污征用补偿机制不完善,船舶污染事故诉讼旷日持久,清污者难以及时得到相应的赔偿,其积极性大受影响。

从近年来发生的大型船舶污染事故的调查处理及索赔来看,在1999年"3·24"珠江口重大船舶溢油污染事故中,共有12家社会型专业清污公司参加了清污应急行动,清污费用索赔金额高达1060万元人民币,最后实际仅获赔偿金额200万元人民币,尚有860万元人民币无法根据我国现有体制提供额外的补偿,更无海事部门的征用补偿,严重打击了社会专业清污公司的工作积极性,也给负责船舶溢油应急行动组织指挥的海事部门带来了极大的负担。

3 海上污染应急建设问题的影响及根源

3.1 影响

前面提到,我国海上船舶污染应急能力较低,但是现代船舶通常载运的自用燃油就多达数千吨,大型油轮的一个舱室可能更多达数万吨,因此,以我国300吨或者即使1000吨的规模仍然远远不能满足需要。如果发生更大规模的船舶载运油类或化学品泄漏事故,将难以及时、有效地清除海上污染,造成严重的海洋污染,对政府的良好形象造成负面影响。

3.2 根源

海上污染事故应急问题首先在于资金、资源不足,政府相关部门投入有限,其次是合作有待完善。对此,波罗的海地区各国无疑可为我们提供了有益参考。波罗的海国家的成功经验是清污服务商业化,在该地区发生海上溢油应急时,负责清污的官员即可根据预案,迅速调动各方应急力量,无论动用本国军队、环保力量,还是专业清污公司服务,甚至包括来自邻国的支持,甚至不需要上层拍板,除了良好的区域合作理念外,其关键就在于建立先行偿付制度,即事先确定清污车船、设备、劳务等费用标准,由需求方及时向清污服务供应方偿付清污费用,之后再由其向污染者索赔。如此则可解除对方的后顾之忧,保障区域合作的效率与效果。反观我国情况,在相关方面均需进一步改善,包括设备配备,区域合作等。

我国存在上述问题的更深一步原因,是由于体制不顺、船舶污染赔偿制度不完善所造成的,根源在于我国防治赔法律体系不完善。由于制度缺失,各级政府以及相关的部门在应急反应的职责不明确,海上污染应急工作过多依赖海事部门,在有限职权下,如果海事部门过多地介入海上污染应急,不仅指挥渠道不畅通,面临索赔时海事部门也将承受很多不应有的压力。

4 海上污染应急能力管理的LFA分析

参照LFA的要素,海上溢油应急的目标包括宏观目标、具体目标、产出、投入及活动。保护海洋环境是我国海上溢油应急的方针。而具体目标则是有效控制和清除发生的海上污染。建设溢油应急库、培养海上溢油应急队伍、完善相关法律规章等构成了产出。投入及活动则主要包括相关资源、时间等投入等(表3)。

① 劳辉,《燃油公约》已对我国生效,中国海事,2009(4):26-27。

LFA 逻辑关系图①　　表3

概　　述	目的证实指标	指标验证方法	重要假定条件
宏观目标—保护海洋环境	有效控制和清除海上溢油	海上溢油应急处理能力	法规完善,各尽其责
具体目标—有效控制和清除海上油污	建成防治赔体系	对清污行动的总结与模拟研究	成立基金、区域合作
产出—建设溢油应急库、培养海上溢油应急队伍、完善相关法律规章	应急能力规模	对应急力量评估验收	科学调研与评估
投入和活动—相关资源、时间等投入	港口码头防污设备标准	应急能力评价	政府投资、社会力量

表3表明海上污染应急能力建设的逻辑关系。首先,从垂向来看,自下而上构成了三个相互连接的逻辑关系,各目标需要依赖前一个目标的实现:海洋环境的保护这一宏观目标有赖于是否达到有效清除海上油污等多个项目的具体目标,而能否达到清除海上污染这一具体目标则取决于我们投入了多少产出、投入与活动。这种关系体系的其实就是油污应急计划的不同等级。同样,如果船舶、码头配备了足够的溢油应急能力,则港口的水上污染应急得到了保障;相应地符合水域的水上污染应急要求;同样,如果我国各海域均达到了相应的能力,则我国将能对管辖海域发生的任何水上污染事故作出及时、有效的反应,将能较好地保障我国海洋环境和国家利益。同样道理,如果法规不完善,即使我国加入基金公约或成立自己的基金,也难以顺利解决我国海上污染应急问题。

其次,本图还存在一种水平逻辑关系。通过主要验证指标和验证方法可以衡量一个项目的资源和成果。以产出一栏为例,表中自右至左,由验证指标、验证方法和重要的假定条件所构成,形成了 LFA 的 4×4 的逻辑框架。如果我国建成10多个船舶溢油应急设备库,同时社会力量得到了发展,则目标树中的产出一栏将得到保障。依此类推,其他层次的目标也是如此。

5　我国海上溢油应急能力管理尝试的 LFA 分析

首先,不应满足于300t或者1000t的应急能力,应该大力打造满足现代航运需要的海上船舶污染事故应急能力。目前瑞典已建立全国性的海上溢油设备库系统,其负责海上污染应急的职权由海岸警备队负责,国家投资的海上溢油应急处理能力已经达到5000吨级,并正在升级为10000吨级。但是,在我国有限资源下,没必要在投资上进行简单、无序的重复,应当重点发展必须的设备,开发溢油跟踪技术、机械回收装置、监控设备等,并加以标准化,例如集装箱化,着重提高机械化水平;同样,对过于专业的设备与技术,例如水下机器人、专业的泵设备,海事部门也不必过于强求,而应考虑社会力量,可通过合同形式从救捞局等专业单位获取;而对化学品应急,则需要吸纳专业化学品应急队伍,例如大型石化企业,或者专业消防队伍等。

其次,通过市场化等手段,吸引社会力量投入,共建共赢。在此基础上,完善相关程序与制度,提高区域联防能力,有效、及时地控制和清除油污,达到1+1>2的效果。日本的海上污染

① http://wiki.mbalib.com/wiki/%e9%80%bb%e8%be%91%e6%a1%86%e6%9e%b6%e7%9f%a9%e9%98%b5。

应急力量中,除了海上保安厅自身应急力量外,其民间机构——海上防灾中心也发挥重大作用,拥有海上防灾用的船只、器材,不仅在全国海域建立了10个应急中心和33个设备库,还在主要航线上建立了11个溢油应急储备基地。此外日本石油协会也有相应的应急中心和设备库。希腊等国家兴起的HEMEPA模式同样值得我们借鉴,近年来,很多国家建立了由航运企业、石化企业、研究机构等组成的俱乐部形式的船舶污染应急非官方机构,海事部门在其中仅起到协调作用。事实证明,这种非官方机构参加清污的效率及作用也是值得肯定的。此外,考虑合同制,对易于从市场获取的资源,例如围油栏、运送设备的车、船等,则可以通过采购服务的方式获得。反观我国目前建成的若干船舶污染设备应急库,配置了价格昂贵的集装箱拖车,搬运设备所需的叉车,但是,缺乏会操作的人员,也缺乏维护保养,以至于在应急时反而无计可施。其实,设备库的旁边就是集装箱码头,如果与该码头签订服务协议,在一旦需要时,同样也能迅速得到所需支持。

可喜的是,近年来我国已经开展有益的尝试。按照"政府主导、海事监管、企业实施、社会参与"的原则,各地正在大力建设国家设备库、地方政府库、社会企业设备库。例如,交通部支持在珠海建设国家设备库的应急能力将达到1000t。广东省东莞、中山等地方政府也投入巨资,支持建设地区水上应急中心。"十二五"期间,河北海区也将按照该模式建成3000吨的应急处置能力。实际上就是上表中的垂向逻辑关系的体现,涵盖了上述逻辑关系图目标树的各个层次,关键是政府、社会、企业各尽其责,前提是重视经济手段,制定一定的费用标准,以保护可能的合法利益。

6 加强我国船舶溢油应急能力管理的建议

6.1 完善防治船舶污染应急反应机制

首先,改变片面把海上污染应急归责于海事部门的局面,建立以政府为主导,全国性的船舶溢油事故防治组织管理架构①。应在海事部门基础上,吸收其他政府部门参与海上污染应急。同时,将各级处置船舶污染事故应急预案纳入到各级地方政府的突发公共事件总体预案当中,明确各职能部门责任,建立各级水上溢油应急指挥中心,建成与风险相适应的溢油应急设备库,落实应急反应资金,保障应急救援顺利进行②。历年来发生在珠江口的船舶污染事故应急处置中,基本上均由海事部门独当一面,其他政府部门的参与有限,在近期颁布的《珠海市船舶污染事故应急预案》中将海上污染事故应急中的岸线清污职责归环保部门,首次将其他部门真正纳入应急体系。

6.2 海上船舶污染清除偿付机制有待创新

我国应尽快完善船舶油污损害赔偿机制以及强制保险机制,提高船舶发生污染事故的赔付能力。研究海上污染损害赔偿与征用补偿的法律关系,同时,参照国外经验,建立先行赔付制度,也就是通过对海上污染应急进行调研并定期检讨,确定合理的清污费用标准,由发出指令的部门先行偿付,之后由调派部门取得代位求偿权后再向污染者索偿,以减少不必要的麻烦,影响清污效率与积极性。同时,海事部门应重视清污过程中对清污行动的监管管理,例如包括取证、协调等,对清污队伍施加一定压力,以提高应急效率,挤压索赔过程中的水分。

① 刘红.油污赔偿应考虑国情[J].中国船检,2005(7):38-42。

② 关于广东省水上溢油应急处置工作的调研报告,调查与考察,第6期,7-10。

6.3　提升海上污染应急能力

首先,通过科学的评估方法,调查国内外船舶污染事故的规模,调整我国海上污染应急能力的目标,开展散装有毒有害液体化学品事故应急处置及海上溢油监控等课题研究,提高海上溢油监视能力。

其次,在加大政府投资的同时,通过各种手段把更多利害关系人吸收进来,建设政府、企业等社会型清污力量。最近我国的《防治船舶污染海洋环境管理条例》提出了很多前瞻性要求,通过作业船舶与具备污染清除作业资质的单位签订污染清除作业协议的形式,明确双方在发生船舶污染事故后污染清除的权利和义务。这就对现有的船舶污染应急体制带来了机遇,海事部门应抓住机会,培育市场,对船舶污染应急队伍,包括自身投资建设的船舶污染应急设备库等引入市场运作模式,提高真正应急能力,防止出现有设备不能用的尴尬状况;对非清污机构,包括船公司、打捞公司、渔船等,则可以考虑通过 HEMEPA 模式,通过制度化、市场化管理,保护其参与海上污染应急的积极性,共同提高我们的船舶污染应急能力。

Abstract:The author try to use LFA to analysis the problem existing in Chinese ship – born marine pollution response, find the reasons and problem tree through analyzing the effect and result, then convert the problem tree to the target tree, finally establish and analysis the logic relation between them.

Key words:LFA; Problem tree; Target tree; Solution

内河溢油应急反应队伍建设研究

尹子卉

（重庆海事局）

摘　要：内河溢油应急体系经过多年的建设，已基本形成雏形，但是目前应急体系中的关键环节应急队伍的建设滞后，使得应急体系在实际运行中问题较多，作者以此为切入点，围绕“政府主导、社会参与、市场化运作”的建设模式，提出了建设内河专业化应急队伍的构思。

关键词：内河　溢油　应急队伍　研究

内河运输是一种古老的运输方式，是利用自然资源形成的一种低成本、环保型的运输形式，随着我国国民经济的快速发展，内河运输业尤其是内河油品运输和散装化学品运输得到了迅猛的发展。据统计，沿长江流域已建成了安庆、九江、武汉、荆门、长岭、岳阳、长寿等石化企业，油品年运输量超过2000万吨，同时随着西部大开发的逐步推进，重庆也将打造石油冶炼业，中缅输油管道将落户重庆，近千万吨原油将通过重庆港输出。内河油品以及散装化学品运输业的飞速发展，在推进内陆城市经济腾飞的同时，也给内河水体环境造成了一定的压力，船舶载运化学品一旦发生泄露，危害巨大。鉴于此，各级政府加快了溢漏应急措施的制定，逐步建立了区域性溢油应急计划、港口性溢油应急计划、油码头溢油应急计划的应急计划体系，但由于内河溢漏应急工作整体起步较晚，应急体系中的关键环节应急队伍的建设滞后，使得应急体系在实际运行中问题较多，因此目前积极探索应急反应队伍的建设就显得十分必要和紧迫，且具有十分重要的意义。

1　内河应急队伍现状

目前，内河溢油应急体系基本由溢油应急法规系统、组织指挥决策系统、监视系统、应急力量系统、日常管理与评估系统构成。而应急力量则主要由海事管理机构选拔的应急专家队伍以及辖区的专业清污队伍和油码头经初步培训的从业人员组成。经过多年的不断推进，以长江干线芜湖至重庆段为例，已组织各油类装卸码头配备围油栏19850m，收油机35台，吸油毡37.7t，消油剂1.5t，专业围油栏布设船2艘，组建了重庆毅洁清污公司以及中山舰打捞清污公司等两家专业队伍，选拔了9名经验丰富的应急专家。同时交通部拨款建设的长江海事局三峡库区船舶污染防治一期工程设备库也已基本到位。但与潜在的船舶污染风险相比，内河整体污染应急能力仍然严重不足，专业清污队伍目前缺乏必要的清污设施设备，无培训、演练经费来源，未真正投入过任何一次溢油应急行动。

2　内河专业清污队伍建设中存在的实际困难

2007年，重庆辖区注册了一家专业的清污公司，注册资本100万，从业人员10人。公司制定了相关的管理制度，明确了每位员工在应急清污行动中的职责。但公司运行一年来，由于

缺乏必备的清污设施设备且缺乏必要的资金渠道,从未开展过一次正规的培训和演习,基本不具备实操经验,公司由于一年来未承接任何业务,运营起来十分困难。从该公司的经营来看,目前内河专业清污队伍的组建都存在如下困难:

2.1　投入高、收益低

作为一家溢油应急清污公司,应配备最基本的应急清污设施设备,如应急清污船、围控设备、清除设备、人员防污设备等。根据长江海事局目前设计的专业溢油回收船的投资成本2000万元来进行计算,清污公司的初步投资最起码超过500万元,再加上船舶、设施每年的养护费用等,整体投入较高。而溢油清除工作,作为有一定公益性质的工作,清污赔偿费用也只能是设备的磨损费加人工费,利润较低。同时由于事故发生的偶发性(以重庆海事局为例,辖区已66个月未发生船舶溢漏事故)清污公司可能一年甚至几年无相关业务可做,但其还要支付人工费、培训演练等费用等。因此专门的清污企业运转相当困难。

2.2　政策支持的力度小,清污费用很难追偿

溢油清除公司作为内河新型的企业,目前在政策面上对其支持力度较小,由于国家未建立国内油污损害赔偿机制、国内油轮也未办理油污保险,再加上内河常发现的无主油污染事故(包括岸源对水域的污染),这都使得清除费用追偿的可能性较小,加大了溢油清除公司运转的难度。

2.3　从业人员培训、演练经费高

作为应急清污公司,从业人员应充分熟悉油类产品的性质、熟练使用应急设施设备以及熟悉风向、流向等,需要较高的专业水平和经常操作和演练。而演练由于涉及到一次性应急设备的使用以及其他设施设备的磨损,所需经费较高,一般企业都尽量降低演练次数,这就导致了从业人员对实际操作不熟悉,不能在真正的溢油应急行动中发挥相应的作用,贻误了溢油清除的最佳时机。

3　深入研究,建设内河社会化清污队伍

溢油应急是一项社会性工作,沿海多个港口都建设了较为成熟的专业化应急队伍,深圳港经过多年建设以龙善、航鹏、海隆三家社会化清污公司为骨干的清污力量以初具规模,并在组织对抗污染事故中发挥了巨大的作用。上海港也拥有了"上海东安海上溢油应急中心"等8支溢油应急清污队伍,先后参与溢油应急抢险清污以及大小演习共百余起,为上海的水域环境保护发挥了积极的作用。借鉴沿海港口的成功经验,内河各港口也应该创造较为宽松的环境,鼓励更多的社会力量参与油污应急行动,采取"政府主导、社会参与、市场化运作"的模式鼓励社会清污队伍建设,现就内河溢油应急队伍建设提出如下对策:

3.1　国家应加大对清污产业的政策扶持力度

环保产业是21世纪的重要朝阳产业,但同时也是一项高投入低产出的产业。环保产业的发展具有很鲜明的制度依赖性,特别是对于油污清除这样公益性事业,尤需加大政策扶持力度。以深圳港为例,经深圳海事局的大力呼吁,2000年,深圳市颁布了《深圳经济特区海域污染防治条例》草案,为推行按市场规律建立防污力量提供了法律支持。2001年,深圳海上搜救和防污染清除经费纳入了深圳市财政地方性一般预算,从根本上解决了海上防污应急力量投入不足的局面。借鉴深圳港的经验,作为内河港口的海事部门,也要积极利用各种途径和渠道,向当地政府汇报相关情况,争取政策和资金上的支持,坚持社会化、专业化、市场化的原则,

加大税收、土地和信贷等政策优惠力度，并支持清污企业实施多样化经营，从而真正实现"以环保养环保，以环保促环保"的可持续发展道路，推动民间资本积极进入油污清除行业。

3.2 解决经费来源问题是应急队伍可持续发展的关键

在当前的社会环境中，社会力量参与油污应急反应除了履行社会责任外，更关注的是清污费用能否得到合理获取。从过去的经验看，由于无主油污染、重大污染事故肇事方赔付能力不足等原因，导致污染损害特别是清污救助费用得不到应有赔偿，有时甚至得不到赔偿。这一定程度影响了社会力量参与油污应急反应的积极性。因此，内河应尽快实施船舶强制油污损害责任保险以及建立油污损害赔偿基金，并适当考虑社会力量参与油污应急的补偿优先权，保障清污作业的正常进行。

(1)建立《内河船舶油污损害民事责任保险管理办法》，强制船舶参加油污损害民事责任保险，增强赔偿能力。

2003年8月5日，发生在黄浦江口的"长阳"轮燃油舱破裂特大污染事故，造成的清污、应急费用超过1700万。"1700万"对于内河运输企业来说肯定是个天文数字，绝大多数船公司基本不具备赔偿能力，在这种情况下，船舶参加油污损害民事责任保险，则可以大大提高理赔能力。2010年3月1日正式颁布实施的《中华人民共和国防治船舶污染海洋管理条例》将设立船舶油污损害民事责任强制保险、船舶油污损害赔偿基金等一系列措施明文列入条例。针对内河更加严峻的环境保护形势，应加快建设"内河船舶参保油污损害民事责任保险"的步伐，结合内河船舶的特点，对于航行于内河的油船和非油船，应该扩大船舶投保的范围，油船以及400总吨以上的载运非油类物质的船舶均应投保船舶油污损害民事责任保险或取得其他财务担保证明。同时由于内河船舶吨位较小，可以适当地降低投保标准，有效保护保险人和被保险人双方的权益。

(2)建立油污损害赔偿基金，保障社会力量参与的合法权益。

内河由于水流速度快、航道航行密度大且缺乏航道实时监控设备，在一定程度上会发生无主油污染事故。在这种情况下，清污救助费用基本得不到赔偿，目前费用绝大多数由海事来负担，清污队伍基本是义务劳动，这严重挫伤清污队伍的积极性。为了解决这一问题，应尽快建立油污损害赔偿基金。基金来源渠道主要包括：政府建立防污预备基金，在财政中安排一定的比例作为专项基金；受益的货主按照年运输量交付相应的专项资金；更广泛的吸引社会公众资助及外资的注入。

3.3 公用设备实施社会化管理，解决清污单位设备不足的问题

目前，内河各港口应急设备的配备主要是由国家建设的大型应急设备库和各码头企业自筹资金购买的小型应急设备组成。以重庆为例，国家投资3000万元在重庆建设重庆主城、万州、巫山三个设备库和涪陵1个设备点，3个设备库1个设备点将共配备围油栏2900m，收油机14台，吸油拖栏1150米，浮油囊4个，吸油材料10t，那么如何管好、用好政府的防污资源就是目前的新课题。结合清污单位设备不足的问题，由清污单位对公共应急设施进行管理应该为可行之路。对政府投资建设的防污设备库通过招标方式委托清污专业公司进行管理，在实际的清污应急反应行动中根据使用和损耗情况，从污染损害赔偿中受偿。这样，既可避免政府单位组建专门的部门和队伍对清污设备实施管理和使用，又能发挥专业清污单位的专长，管好、用好清污设备设施，确保防污设备库良性运转。

3.4　鼓励船舶污染物接收单位参与清污应急行动

目前,内河各港口配备专业性清污队伍的还较少,如何按照市场化管理模式建设应急队伍是研究的重点。借鉴深圳港、上海港的成功经验,应该探索以辖区从事船舶污染物接收(尤其是船舶油污水接收)为应急骨干队伍的思路。在政策上:给予污染物接收单位以支持,使这项业务成为企业的主要产业;支持企业开展围油栏布设经营项目,对一些未配备围油栏的油码头由专业公司实施围油栏布放作业;努力促成应急反应队伍与有些污染源单位的有机结合,督促污染源单位与应急反应队伍签定应急协议。在规范管理上:增加污染物接收单位设施设备的配备标准,提出清污设备的最低要求;督促其建立应急清污的工作程序,组建一支具有一定规模的应急队伍。同时为了控制清污队伍的总量和保持其具备一定的应急水平,在实际操作中还应做到:实行接收船舶污染物单位总量控制;根据市场情况和应急反应需要,每年在资格年审时提高配备清污设备的最低要求,促使企业对应急设备的更新和投入;评估一年来企业的服务质量,对质量差要求限期整改,未有效整改的取消其船舶污染物接收的资质。

3.5　加强应急反应队伍培训,组织防污演习,提高应急反应队伍的整体水平和实战能力

溢油应急行动涉及到救捞、油污围控、清除等多个环节,涉及到指挥与有效行动相配合,同时要求快速反应和清除行动迅速,是个科技含量高、涉及面广、专业性强的工作,对于应急队伍的要求较高,因此应急清污队伍在日常应加强各项培训,充分熟悉和掌握有关搜救和应急反应的法规、技术和各层次的应急计划。作为海事管理部门,应每年定期举行相关培训和讲座,组织清污队员对溢油的基本知识(石油的特性、溢油的危害)、溢油围控、溢油回收、溢油化学处理及生物降解技术、溢油燃烧、岸线保护与溢油清除、回收油和沾油废弃物的储存、运输与处置、安全与防护、应急设备的操作以及环境敏感资源等内容进行学习,同时应邀请溢油应急专家开展讲座,开拓清污人员的视野。

在加大培训的同时,应强化应急演练,组织区域内、港区、清污队伍之间的多层次防污演练,增强海事部门与清污单位之间的组织、指挥、行动的协调、合作能力等。同时应组织应急清污队伍参与政府、海事部门组织的大规模应急实战演习,熟悉应急清污环节,将辖区防污应急队伍培养成为一支召之即来、来之能战、战之能胜的队伍。

如何建设好一支战斗力强的内河溢油应急队伍是一项需要长期研究的课题,但走“政府主导、社会参与、市场化运作”的模式建设社会清污队伍肯定是必由之路,在不断争取政策的支持和强化管理上,不断促进内河溢油应急队伍的建设。

建立船舶污染防治长效机制　推动长江上游航运中心建设

谭　靖
（重庆巴南海事处）

摘　要：随着三峡工程的竣工、运行，库区的通航环境不断改善，通航船舶日益增多，快速发展的航运业已经成为库区经济增长的一个重要支柱，也推动重庆向着长江上游航运中心迈进。同时，也使库区面临着船舶污染的严峻考验。本文结合库区船舶污染防治工作要求，针对三峡库区船舶污染防治长效机制的建设，提出相关建议与思考。

1　引言

随着三峡工程的顺利完工，重庆辖区长江航道通航条件有了质的变化，万吨级船队可直达重庆港，这也为重庆航运业的发展带来了机遇。同时，在国家的大力支持下，重庆市利用三峡工程建设等重大历史机遇，也在加快推进长江上游航运中心建设。2007年，重庆市委市政府作出了《关于充分发挥长江黄金水道作用，进一步加快建设长江上游航运中心的决定》，决定每年从市财政安排2亿元作为水运发展专项基金。2008年，重庆市委市政府作出了建设“畅通重庆”的决定，提出“将长江黄金水道建设成为西部内陆出海主通道”。目前，重庆水运已呈现出快速发展之势，重庆港已从门户港逐步发展为长江上游地区的枢纽港，水运对经济社会发展的服务保障作用也日益显著。2009年，重庆海事局辖区实现客运量1879万人次、货运量8944万吨、集装箱52.3万TEU、车辆75.4万台次，连续78个月未发生一次性死亡10人及以上群死群伤恶性事故和重大船舶污染事故。这一系列数据都无不显示着重庆航运业的蓬勃发展势头。

2　现状

我们应清醒地认识到，航运业的迅速发展对三峡库区的水环境安全也带来了问题。人口众多、船舶来往繁忙的三峡库区已经成为了长江流域的一个重污染地区。为了保障库区居民的饮用水安全、保护我们赖以生存的水资源、确保库区的水质稳定并不断改善，我们要用科学发展观正确处理好航运发展与船舶污染防治之间的关系，坚决做好三峡库区船舶污染防治工作。

目前为止，重庆海事局辖区内备案的船舶垃圾、油污水接收单位有23家，船舶清洗舱污染物接收单位有4家，港口装卸站船舶污染物接收单位6家。另外，由交通部环保中心牵头，重庆、万州、三峡三个基层监测站参与，组成了三峡库区流动污染源监测网络，对船舶进行污染监测。2009年重庆海事局辖区修造（拆）船厂备案率达90.7%，监督接收船舶污染物10444t，无害化处理率及达标排放率分别达到92%、85%。防污染一期设备库基本建成，配置围油设备

3350m、多功能收油装置22套、吸油消油材料12t,油污水回收贮存能力达500t,初步具备溢油监测和应急处理能力。

3　存在的问题

三峡库区流域船舶污染防治虽然取得了一定的成绩,但就实现库区水污染防治整体目标而言,还存在差距。主要有以下方面的问题:

3.1　船舶污染事故应急体系不健全

一是跨界共同行动的协调机制尚未建立。三峡库区西起重庆巴南区,东至湖北宜昌,横贯一省一市。船舶污染事故的防治必然涉及到一省一市和库区上游省市的共同配合和协作,但目前这种协调配合的机制尚未建立。

二是应急资源配备不足。内河船舶污染事故应急所需的设施设备不足;专业应急清污队伍水平整体偏低,不能应付大规模的船舶污染事故应急清污工作,缺乏相关污染事故救助实战经验。

3.2　船舶污染物接收处置工作体系不完善

目前,三峡库区长江沿线已经建立了多个船舶污染物接收设施和船艇,主要负责长江干线大、中型港区内船舶污染物接收,以保证辖区污染物的及时接收;但是,“船上收集”与“转岸处理”流程未能形成有效的链接,造成船舶污染物的接收、转岸、处置过程不顺畅;另外,库区支小河流的船舶污染物接收体系尚不明确,影响库区船舶污染物接收工作的总体进展。

3.3　船舶污染监管水平不高

目前,船舶污染物排放监管主要依靠海事执法人员的日常巡航、安全检查等现场监管的方式,缺乏先进的监视和监测系统,使得船舶污染物排放事后取证难,给船舶污染事故的发现、调查、处理和清除带来了巨大的难度。

3.4　对船舶污染防治的重视程度不够

与沿海航运公司相比,内河船公司对船舶防污染的法律法规宣贯较少,对船员在防污染基础知识培训上投入不足,使得船员对防污染的规定不够了解,船公司的污染应急设备配置不足,影响着库区船舶污染防治工作的有序开展。

3.5　船员环保意识不强

船舶污染防治工作关键在防,因此要求船上从业人员具有一定的环境保护意识。库区的船员大多数是三峡工程移民,普遍受教育程度不高,保护水域环境的观念不强。以致为了降低营运成本、方便省事,违规排放船舶垃圾、油污水的现象时有发生;部分库区船员甚至对内河船舶污染物排放的基本要求都不清楚,将船舶垃圾等污染物随意排入江中。

4　加快库区船舶污染防治工作机制的建设

三峡水域资源丰富,沿岸分布着取水口百余个,养育着库区3000多万人口,有著名的长江三峡风景区,还生活着大量珍惜鱼类。库区船舶污染防治工作,不仅关系到广大群众的饮用水安全问题,更关系到地区经济的发展。防治船舶污染需要长期的规划,可从以下几个方面考虑建立三峡库区船舶污染防治的长效机制:

4.1　建立有效的船舶污染防治监管模式

由于监管范围广,点多线长,海事执法很难面面俱到,因此要将有限的执法力量投入到关键的地区、对象和时段，以提高执法效率。建立以“三个重点”为核心的船舶防污染监管模式。

所谓“三个重点”即重点区域、重点船舶、重点时段。船舶污染防治的重点区域主要包括危险品码头、修造(拆)船厂点、航道狭窄水域、重要的旅游景区码头、人口稠密的港区等船舶污染事故发生几率高或一旦发生污染事故社会影响大的区域。

船舶污染防治的重点船舶主要根据船舶污染物种类的不同有所侧重，防治船舶垃圾和生活污水污染主要的监管对象是客船、客滚船、旅游船舶等产生生活垃圾较多的船舶；防治船舶油污水污染主要指600GT以上的船舶，尤其是船龄较长，船舶保养状况较差的低质量船舶以及单底单壳液货船；防治船舶洗舱水污染主要是针对散装化学品船、油船等危险品船舶。

船舶污染防治的重点时段主要针对因突发性事故造成的事故性污染而言的，主要包括高温季节、雷雨大风天气、枯水期等危险货物装卸作业存在安全隐患、船舶通航条件受限制的时段。在船舶污染防治的执法监管中做到有重点、有目标，以不断提高执法效率。

4.2 完善船舶突发性污染事故应急反应体系

4.2.1 建立跨区域、跨部门的船舶污染防治合作机制

船舶污染防治是一项系统工程，必须发挥各地区、各部门的合力，建立相互协调、监督的机制。建议建立由地方政府组成的跨行政区域的库区船舶污染应急反应协调组织，形成重大污染通报制度以及重大污染事故联动响应制度，以整合三峡库区各政府的应急资源，实施跨界联动，合理控制和清除污染。同时，事故应急是一项复杂的系统工程，除了作为船舶污染防治工作主管机关的海事管理机构外，还要涉及到港口、公安、消防、环保、医疗、船公司、货物生产厂家、专家工作组、社会清污力量等各单位、部门的人员和技术的支持。要明确各部门在应急反应体系中的职责，要建立起各部门之间畅通的信息沟通网络平台，要加强日常工作中的应急演习，提高各部门之间的协调配合能力。

4.2.2 不断推进船舶污染应急设备库建设

配备足够的应急设施设备建立船舶污染事故应急反应体系的关键。要在交通运输部投资建设设备库的基础上，争取地方人民政府的财政支持，建立政府应急设备库，进一步整合社会资源，引导现有污染应急单位实施专业化、规模化经营，提高辖区应急物资储备能力。2009年底，投资4000万建设的三峡库区船舶污染防治一期工程基本到位，建立起重庆、万州、巫山3个应急反应设备库，以及涪陵应急反应设备配置点，其配置的设施设备已经基本上能够基本满足辖区内中、小型溢油应急事故的需求。

4.3 加强船舶污染物接收和处置体系建立

针对船舶污染物接收和处置过程中存在的问题，建议建立起库区船舶污染物收运处理的统一高效的长效机制。实行政府主导、企业参与、集中统一的市场运作模式，将船舶生活污水、垃圾的收运处理纳入库区城市废弃物接收处理体系，由水上环卫机构统一负责船舶废弃物的收集转运和江面漂浮物打捞。港口和码头要按照法律法规的要求，配备足够的接收设施，保证船舶污染物得到及时接收。此外，在充分考虑船主实际承受能力的前提下，研究制定船舶污染物接收收费政策，所收费用上缴中央财政，运行费用由中央财政核准拨付。

4.4 建立库区船舶污染物监测体系

建立立体化的监控系统，充分应用VTS技术、AIS技术、CCTV技术的各自特点及优势，实现港口码头、水域、船舶的动态监控；开发适用于库区的溢油应急监测系统，完善库区电子航道图，应用电子航道图、地理信息系统(GIS)、数据库等关键技术，实现全天候、实时的库区溢油

等其他类油污染物的应急跟踪以及漂移轨迹预测的功能；针对船舶生活污水排放的监控，目前重庆市港航局与重庆工商大学联合开发了“船用生活污水处理装置运行记录仪及记录卡”系统，应用于重庆市跨省航行旅游客船安装船用生活污水处理装置的运行监测。

4.5　建立船舶污染损害赔偿机制

2010年3月1日，历时9年修改的《防治船舶污染海洋环境管理条例》正式颁布施行。新《条例》借鉴了一些行之有效的国际惯例，包括配套设立船舶油污损害民事责任强制保险、船舶油污损害赔偿基金等一系列新制度。而全国首个船舶油污损害赔偿基金也已落户上海，从而可以吸引更多的现代航运服务机构入驻，大大提高上海国际航运中心的辐射和集聚能力。如果重庆能借助三峡库区这一敏感地带，制定颁布相应的库区船舶污染损害赔偿制度，设立污染赔偿基金，该基金由船东和货主共同参与，一旦发生污染事件，船东将承担有限责任，亏欠部分则由货主共同分摊，双方一起完成清理、赔偿等善后事宜。赔偿基金的设立将带动当地的航运市场和整体经济，也将推动重庆向长江航运中心迈进。

4.6　加强水环境保护的宣传教育

结合“6·5世界环境日”等专项活动，加大对船员的宣传教育，不断提高水上从业人员的环境保护意识和责任感。建立船舶污染水域有奖举报制度，使广大的船员成为水域环境保护的监督员，实现群防群治。作为海事执法人员，要提高对船舶防污染执法工作的重视，不断加强业务学习，同时要以身作则，维护好水域环境，给广大船员起到模范作用。

5　结束语

防治船舶污染水域环境是法律赋予海事部门的职责，是海事部门义不容辞的责任，是一项长期的任务。协调各部门职责，逐步建立内河船舶污染防治工作的长效机制，在日常工作中不断推进机制建设，为船舶防污染工作打下坚实的基础，以促进三峡库区水路运输和环境保护协调发展，实现良性循环。

探讨"我国海洋油类污染"的预防和控制

王民政[①]
(交通部烟台打捞局)

摘　要:船舶油类污染是造成海洋污染的重要因素,其危害性巨大。对我国沿海海域的污染状况和产生原因作了分析,并针对性地提出了预防和控制措施。

关键词:油类污染　危害　法规　海洋状况　预控措施

21世纪是海洋事业繁荣发展的时代,我们应该重视海洋,与海洋和谐相处。海洋既为人类提供了丰富的资源,又是人类赖以生存和繁荣发展的基础。它既是一个天然宝库,也是人类最经济的运输环境,海洋运输是世界各国人民经济文化交流的主要手段,随着全球经济一体化进程的不断加快,世界航运事业正得到空前的发展。我国沿海海岸线长达18000km,岛屿海岸线长达14000km,海岸线漫长曲折,沿岸港口众多。随着人口的增长、经济的发展和生活水平的提高,渔业、航运、矿物质油类的勘探、运输和开采等活动与日俱增,海洋正面临着越来越大的压力,对海洋环境的污染破坏也日益严重。

海洋环境主要受来自五个方面污染的威胁:陆源污染(占44%)、大气污染(占33%)、船舶污染(占12%)、海洋倾倒(占10%)、海底活动的污染(占1%)。陆上污染的事实已得到人们广泛的重视,但海洋污染,尤其是船舶导致的油类污染,虽然所占比例较小,但是造成的危害极其严重,我国相关部门和单位已经认识并已经采取了一些积极措施,但显然做得还不够,要想进一步控制并减少船舶导致的油类污染,任重而道远,还需要海事执法部门、航海运输单位和船员等管理和操作人员付出大量的努力。

1　油类污染的类别

船舶造成的油类污染按照形成的原因分为两类:操作性油类污染和事故性油类污染。

(1)操作性油类污染是指船舶在营运过程中工作人员有意或无意将机舱舱底的污油水、油船油舱的压载水和洗舱水等违规排入海洋。船舶在营运过程中,机器处所所使用的燃油、润滑油等油脂会通过各种渠道不可避免地泄漏到机舱舱底,并污染混入舱底水而形成污油水。污油水的排放和接收,在《73/78国际防止船舶造成污染公约》和我国的《防止船舶污染海域管理条例》都有严格的规定。一条船每年排放的舱底水量约为其总吨位的10%,全世界每年排放到海洋的舱底污水含有的石油类污染物近几十万吨。油轮的压载水和洗舱水的排放而造成的油类污染对海洋的危害更为突出,如一条10万吨级的油轮,压载水不经处理而排放,每个航次就有100~150t的污油排入海洋中,若全部油舱清洗一遍,所用的洗舱水不经任何处理排

① 王民政,交通部烟台打捞局救捞航运处,轮机长,电话:13688651725,电子邮箱:wangminzheng 13688 @ 126. com,邮编:264000。

海，将有 200t 的石油一起排入海洋。

(2)事故性油类污染是指船舶在营运过程中，由于搁浅、碰撞、爆炸及火灾等各种事故造成的溢油，以及在燃油加装和驳运作业中监督测量不到位、阀门开关失误等而致的跑油和溢油。在船舶事故中，超级油轮泄漏导致的海洋石油污染造成的危害更深，影响更深远。2002 年 11 月 13 日，在西班牙北部海域沉没并断裂的“威望号”油轮，7.7 万桶燃料油已泄漏到海洋，造成了一个长 36n mile、宽 14n mile 的巨大油污带，两个长 10n mile、宽 5n mile 的油污带，在 135 个海滩上布满了油污。近 40 年来，世界大型油轮漏油事件共有 50 多次。我国沿海情况也不容乐观，随着我国经济的不断发展，需要进口的石油量越来越多，从事石油运输的船舶数量和吨位都在增加，引起的船舶溢油事故也不断增加，据统计，自 1976 ~ 1999 年，我国沿海海域发生溢油事故 2257 起，溢油量在 50 吨以上的重大事故达 51 起以上。我国是世界十大海运国之一，专家认为，随着经济的进一步加深，需用石油量的增加，我国沿海海域可能是未来船舶溢油事故的多发区和重灾区。

2　油类污染的危害

船舶油类污染带来的危害主要表现在对身体健康的损害和对环境的危害两个方面。

(1)燃料油挥发后油气中的有毒有害物质对人的神经系统、泌尿系统、呼吸系统、循环系统、血液系统等都有危害。燃料油泄漏到海洋中，不易分解消除，不仅直接危害海洋中的水生物，还会通过食物链进入人体，其中的有毒物质(例如氰化物、汞和镉等重金属化合物)会进入生物体，使生物体的细胞及多种酶失去正常的生理功能，导致病变并死亡。当人体吸入大量的油气或眼睛、皮肤接触都可能危害人类健康。许多医学研究和临床病例证明，一些石油烃类进入动物和人类身体后，有致癌、致畸、致突变的危害。

(2)油类污染对海洋中各种生物所赖以生存的环境的破坏是灾难性的。如石油进入海洋，由于石油比水轻，会在海洋表面形成一层油膜，制造出大片的海洋“沙漠”。研究表明，在海洋中的 1L 石油，完全分解淡化需要消耗已溶解在海洋里的大约 40 万升的氧。1t 石油能覆盖约 12km^2 的海面，扩散速度为 100 ~ 300m/h，需要 5 ~ 12 个月才能逐渐氧化分解恢复原生态。污染所导致的海洋表面油膜将大气中的氧气和太阳光隔离而不能进入海水中，使海水缺氧，阻碍了海洋中各种生物的光合作用，使鱼类等海洋动物因缺少有机物的获得而死亡，油类污染物在海洋中分解氧化而衍生的化合物在海水中会长期存在，成为海洋生物的潜在致命杀手。有资料报道，半个世纪来，因船舶违规排放或事故造成的石油污染已经灭绝了近 1000 多种海洋生物，使得海洋生物种类减少了近 40%。

油气挥发污染大气环境，表现为油气挥发物与其他有害气体被太阳紫外线折射，发生物理化学反应，生成化学烟雾，产生温室效应和致癌物，破坏大气中的臭氧层。被污染的大气经过流动，进一步污染土壤和地下水，使土壤盐碱化，导致土壤破坏和绝收，而且其有毒物质能通过地下水和农作物进入食物链，最终危害人类。

(3)油类污染所造成的经济损失是非常巨大的。每年全世界油污染的直接损失是大约 600 万吨石油流入海洋，其价值达数千万美元，为消除油污损害的花费更为巨大，同时还对沿海旅游业、渔业等及环境资源可持续利用产生消极的影响。2002 年，西班牙清理因“威望号”沉没断裂而导致的漏油污染，耗资高达 10 多亿美元，同时，当地的旅游业和渔业受到灾难性的影响而将会长时间萧条，生态环境的恢复也将需要长达几十年的时间。2004 年《中国渔业生态环境状况公报》报道:2004年我国渔业生态因受到石油类等各种污染的损害,渔业经济损失高达36.5亿人民币。2010年4月20日,墨西哥湾的"深水地平线号"钻井平台发生爆炸并引发大火,平台底部油井每天漏油达5000桶,并且上浮油面积在2010年4月30日统计的9900平方公里基础上进一步扩大,救灾的费用截止到6月13日已达7亿多美元,此次事件对当地的经济和环境影响十分巨大。

3 控制船舶油类污染海洋的相关国际国内法规:

(1)"73/78防污公约"作为IMO(国际海事组织)制定并由缔约国实施的防止船舶污染海洋环境的一部重要国际公约,其要求已成为几乎遍布全球的PSC组织的必查项目,其附则I(防止油类污染规则)于1983年10月2日生效,强制性的附则I于1987年4月6日生效。自生效实施以来在保护海洋环境方面发挥了重要作用。随着人类对生活质量、可持续发展的认识和经济水平的提高,对人类赖以生存和发展的海洋环境提出了更为严格的保护要求。"73/78防污公约"附则I历经多次修改补充,比如:

1984年修订,1986年1月生效。

IMO海上环境保护委员会第31届会议讨论并通过对附则I的排放标准的修改,于1993年7月6日生效:公海的排放标准由100ppm减为15ppm;油轮排放压载水和洗舱水的油量瞬间排放率由不大于60L/n mile减为30L/n mile。

IMO MEPC(海上环境保护委员会)于2003年对附则I第13条作出修正,将1类油船的淘汰日期由2007年提前到2005年,将2、3类油船的淘汰日期由2015年提前到2010年,并引入加速废除单壳油轮的机制和提出界定低标准油轮的"状态评估计划"。

IMO MEPC于2004年10月对附则I全部重新修订,并增加对泵舱舱底保护和指定阿曼海域为特殊区域。需要说明的是,MARPOL73/78的附则是在不断的修订当中,以适应更高的海洋环境的保护要求。

此外,还有《国际干预公海油污事故公约》、《1990年国际油污防备、反应和合作公约》、《1969民事责任公约》、《1992年民事责任公约》和《2001年燃油公约》等一系列控制船舶污染海洋的国际公约,我国作为一个负责任的海运大国,已先后积极加入以上各种国际公约。当前,我国政府正在抓紧开展加入OPRC-HNS和《防污底系统公约》的准备工作并准备建立《油污基金管理办法》。

(2)中国政府历来非常重视海洋环境保护方面的立法与预控。在积极加入并履行各种国际公约的同时,还相继制定并实施了一系列国内预控船舶污染海洋环境的法规和条例,比如:《海洋环境保护法》、《防治船舶污染海洋环境管理条例》、《防治船舶污染内河环境管理条例》等法律法规,以及《港口溢油应急设备标准》、《围油栏技术条件》、《海船和内河船舶防污结构与设备规范》、《船上油污应急计划》和《海洋石油勘探开发油污应急计划》等技术标准和管理章程。

我国政府为有效保护海洋环境,海事部门会同有关部门正在酝酿制定《船舶强制保险管理规定》和《船舶油污损害赔偿基金征收、使用和管理办法》,从而建立起具有中国特色的船舶油污强制保险和油污损害赔偿机制。我国还积极开展国际间的交流合作,参加国际海事组织的各项活动,参与相关公约和文件的起草,履行成员国的义务。为应对西北太平洋地区海洋污染,我国政府与韩国、日本和俄罗斯于2004年11月共同签署了《西北太平洋地区海洋污染防备和反应区域合作谅解备忘录》,实施了《西北太平洋区域溢油和有毒有害物质污染应急计

划》,并于2008年9月,在青岛成功举行了中、韩溢油应急演习(日、俄观摩),取得了良好的效果,促进了中国与周边国家的合作,为地区性海洋环境保护作出了贡献。

4　我国海洋环境现状的分析

我国海域面积达473万平方公里,海岸线漫长曲折,港口众多。自1989年以来国家海洋局发布的第16个海洋环境质量公报,该报告指出,我国海洋环境状况堪忧,其中频频出现"污染严重"、"严重污染范围增加"、"污染范围扩大"等令人触目惊心的字眼。2004年,我国海域未达到清洁水质标准的面积一年中整整增加了2.7万平方公里;我国严重污染的海域面积比2003年增加了0.7万平方公里;国家海洋局重点监测的45个陆源入海排污口中,有24个超标排海;由长江、珠江、黄河等河流携带入海洋的主要污染物总量为1145万吨;全年发生赤潮的面积为26630km^2,同比2003年增加12080km^2。

国家海洋局发布的《2009年中国海洋环境质量公报》显示我国沿海环境质量状况有进一步恶化趋势,令人堪忧。该报告指出,2009年我国海域未达到清洁水质标准的面积为14.7万平方公里,比2008年增加了10000km^2,严重污染海域依然主要分布在辽东湾、渤海湾、莱州湾、长江口、杭州湾、珠江口和部分大中城市近海岸的局部水域。海水中的主要污染物依然是无机氮、活性磷酸盐和石油类,局部海域沉积物受到石油类、重金属的严重污染。

随着海洋运输业的发展,世界船队规模不断壮大,从船舶上排入海洋及大气中的各种有害物质的数量与日俱增,使海洋面临的环境状况进一步恶化。据国际海事部门的统计,每年由于在航船舶排入海洋的各种油类污染物总量至少310万吨,且有逐年加大的趋势,海洋环境面临严峻的状况。控制船舶向海洋排放油类污染物业已成为国际环保组织和主要航运国家的首要考虑对象。

船舶对海洋造成油类污染的事故主要是燃油、润滑油、含油的压载水和舱底水等排放和溢出。据相关报道,近两年来,我国沿海和内河水域共发生各种船舶油类污染事故250多起,我国沿海海域的海水含油量已严重超过国家规定的海水标准3~8倍,石油污染相当严重。随着世界经济的复苏和进一步繁荣,航行船舶的数量和吨位都会进一步增加,伴着油轮密度的增加和超大型油轮及货船的出现,使我国沿海海域原本繁忙的通航状况变得更加复杂,船舶发生各种事故而导致溢油的风险不断增大。

5　预防船舶油类污染的措施

虽然我国经过几十年的努力,已初步建立了由近海到远海、多部门合作的海洋环境状况检测、预报、警报系统,参与制定并实施了多部国际国内法律法规和管理条例,国家每年投入大量人力物力用于防治油类污染海洋,但是相关数据显示,我国沿海海域被油类污染的状况不容乐观,海洋污染加剧的状况必须引起足够的重视,必须下大力气治理油类物质违规排放的问题。笔者认为,防治船舶经营所致的海洋环境油类污染问题是一个行政管理、执法力度、教育投入、船舶管理、人员操作、监督检查等多方面综合治理的课题,必须多部门密切协作、常抓不懈。

5.1　加强船舶安全航行和安全作业的管理,预防事故性船舶油类污染

随着世界经济的高速发展,促使船舶数量、吨位也随着航运的发展而急速增长,以及船舶的航行速度加快和种类的多样化,导致海上事故发生、出现油污染事故的频率也快速提升。从各种事故的统计、调查和分析后表明,人为因素在船舶的翻沉、碰撞、失火爆炸、触礁搁浅和其

他各种海损事故发生的概率占80%,据英国船东保赔协会的统计分析,1987年至1991年的1444宗索赔案中60%是人为因素造成。澳大利亚运输部1992年对海上事故调查分析中显示75%的原因是人为的。德国不来梅航运研究所对1987年至1991年发生的330件海上事故的分析中发现:船员的工作负荷过重导致的过度疲劳和船员缺乏良好的专业教育和培训是导致事故发生的主要因素。总之,要想减少船舶事故性油类污染的发生,需要重点做好以下几点工作:

(1)航运公司岸上管理者和船员要严格遵循ISM、STCW、SOLAS等相关公约、法规和我国的《海上交通安全管理条例》、《国际海上避碰规则》等各项规定,制定并依照SMS(《安全管理体系》)将安全生产落实到位,实施有效的操作、监督、检查、评估和自我调整的系统管理,充分运用各种资源保证安全管理和环境保护的目的得以实现。

(2)相关部门和机构要加大船员教育和培训的力度,强化船员临界性和特殊性操作的能力,减少失误操作,全面提升船员的综合管理和操作能力。

(3)改善船员的工作生活环境,贯彻《船员值班规则》,杜绝船员疲劳作业。

(4)船员应严格按照相关的法规、制度等规定,遵守各种航行规则,加强在进出港、狭窄水道、大雾天气和大风大浪中等危险环境中的航速控制、人员值守、加强瞭望等的管理。

5.2 船舶操作性油类污染的预控

笔者长期从事船舶一线管理工作,对此类污染的发生和控制有一定的认识。操作性油类污染在海洋污染事故中占据相当高的比例,其违规性、隐蔽性和危害性应引起各级管理工作者的高度重视。结合自己多年的船舶工作经验,浅述预防和控制船舶操作性油类污染的几点措施。

5.2.1 加强有关法规、知识的教育和培训,提高船舶管理人员环保意识

随着全球经济一体化加深,从事航运的船舶数量和吨位也进一步加大,我国的航运市场也迎来一个繁荣发展时期,需要的船员数量迅速增长。受经济利益驱动和短视行为的影响,大量低资质的培训机构产生,许多船员经过短期培训仓促上岗,缺乏熟练的操作技能和环境保护知识,导致污染海洋行为频发。据相关资料统计,由于船员操作失误、责任心不强和海洋环境保护意识的淡薄导致的油类污染事故占总事故的80%多。因此应该在对船员教育、培训中必须强化各种国际公约和国内有关法律法规意识,提高海洋环境保护意识,使广大船员充分认识到海洋污染的巨大危害性,将环保理念意识深植入每个船员的思想中,落实到工作中的每个环节。

在航海院校和船员培训机构的授课和训练中,应加强海洋防污知识的教育和相关技术的指导,结合专业课程渗透相关知识,比如:在"法规"课中要结合国内外发生的实际例子,讲述最新的法律法规和规则的修订;在《船舶结构与设备》中增加"船体防污染技术和应用"的内容;在《船舶安全与管理》中增加海洋环境保护和油污、垃圾等内容;在船舶驾驶的课程《船舶值班与避碰》中增加"污油水处理和排放"的相关法规的最新标准;将国家海洋局每年发布的《中国海洋环境质量公报》增加到航海院校的必修课程中,并作为船员发证考试内容;在培训中增加"油污应急计划"的案例内容和演习次数。这样不断提高航海人员的知识水平和能力,改善知识结构,以适应现代航海的要求,努力减少或避免人为因素造成海洋污染。

5.2.2 加大船舶防油污设备的自检自查力度,提高轮机人员的实际维护和操作技能

船舶造成的油类污染主要是船舶机舱人员在操作设备时,误操作将含油的油轮压载水、洗舱水以及机舱中设备运转泄漏到机舱底而形成的含油舱底水排出舷外造成的。为杜绝或减少此类问题出现,应做到以下几点:

(1)机舱人员在工作中应该对相关设备的使用说明、操作程序、管路布置和阀门的位置及功能都尽可能熟练。船员任职前应接受与其职位相应的陆地和船上现场培训,轮机长应负责监督,在确认该船员完全能胜任其本职工作后才能允许其上岗。轮机长应对轮机部各成员定期进行相关技能的学习和训练,提高专业技能,同时在日常工作中也要对各成员的操作技能实施不定期监控,发现问题及时教育培训。

(2)轮机人员要加大对机舱设备的维护保养力度,保证各设备正常运转,杜绝一切跑、冒、滴、漏现象,减少机舱的污油水量。对船舶防污染设备严格按照维修保养计划定期进行开关、效用实验和保养,确保各设备始终处于良好的使用状态,发现问题及时解决或报告上级主管协助解决。

(3)航运公司建立切实可行的考核机制,对所属的船员应定期进行防污染专业技能考核,实施工资和绩效挂钩,奖惩分明,营造船员学习专业技能、遵纪守法的良好氛围。

5.2.3　改善船舶防污设施和技术

船舶营运单位应严格贯彻落实有关防止船舶污染的法律法规,根据有关的国际公约要求,定期对所属船舶的防油污设备进行检验、检查、修理或更新;根据船舶的航区和作业种类改善船舶防污设备的配置,提供相应的焚烧炉、油水分离器、吸油毡、围油栏、木屑、沙袋、消油发散剂等,并监督、检查、指导船员对上述防污设备进行正确的申请、储存、使用及记录。防患于未然,制定船舶各种突发性事件的应急预案,做好预防工作,把各种出现油类污染海洋现象的可能性将到最低程度。

5.2.4　加强船舶防油污设备的检验标准,杜绝事故源头

从事海洋运输的船舶,工作条件和环境具有和陆地不同的特殊性,长期远离岸基支持,对防油污设备的质量有更高的要求。许多油类污染事故是由于防污设备的质量低劣而导致,比如:油水分离器的自动排油装置和油分浓度检测装置,每次的海事局安全检查以及船级社的检验,都是在靠港或船厂修理期间完成,由于环境特殊,大多数情况下都是利用污油泵抽吸海水进行简单运转试验,使用模拟方法试验油分浓度检测,不能实际取水样化验,一些隐蔽缺陷不易发觉。

现以电磁阀式自动排油装置为例进行说明:当控制自动放气阀开、关的浮球机械传动部分出现锈蚀卡阻或断裂时,自动放气阀失灵,导致油位感受电极的灵敏性降低,在处理舱底水时会误将污油排出舷外。该故障隐蔽性强,甚至操作设备的轮机人员也难发现,只有当舷外的海面出现大片油污带被驾驶台值班人员发现并告知机舱时,污染事故已经发生。因此,各级船级社在对国内沿海船舶防污设备的检验、发证时,应加强检验力度,提高检验标准,尽可能在实际工作条件下进行检查、检验,从源头上杜绝不符标准的设备或防污设备有缺陷的船舶进入航运市场。

5.2.5　强化海事主管机关监督检查的力度

海事主管机关在船舶安全检查中,应对船舶(尤其是老旧船舶)的防油污设备重点检查,对其配置、性能、结构、排放标准、油类记录簿的记录及舱底水舱、污油舱和油渣舱的存储数量进行严格检查,加强船员在防污染设备方面的操作熟练性检查,同时应检查船员对相关国际国内防污染法律法规的熟知程度。主管机关应加大财政投入,配置一些必要的先进仪器和装备,加强检查的技术力量,使任何违规操作痕迹无处遁身。

5.2.6　扩大“港口铅封管理制度”的实行范围

借鉴国外的先进经验,我国在一些重要港口和特殊海域已实行了严格的防污设备铅封管

理制度，如渤海湾、上海港、深圳港等，对港内作业船舶、防污设备有缺陷的船舶、在港停泊超过30天的船舶，由海事局实行铅封管理，船舶在经营期间产生的油污水全部由港口岸上接受处理。经事实证明，此管理办法有效地遏制了船舶违规排放油污水的现象。笔者建议，应扩大实行范围，对一些重点海域和港口（如珠江口、长江口、北部湾、大中城市港口等）可同样实行铅封管理制度，条件成熟时可以进一步扩大范围直至整个中国沿海海域，将会对我国沿海海域的防污染治理必将起到积极作用。

5.2.7 依法治理和保护海洋环境

依法建立科学高效的海洋环保管理体制和机制是做好海洋环保工作的前提。海洋环境污染的治理是一项庞大而又复杂的综合系统工程，需要政府相关部门、造船业、航运和港口及石化企业、海事法院、保险、规划设计部门、科研机构及学术团体、污染治理企业等多部门跨学科、跨领域协作与推进，多部门必须通力合作、齐抓共管，要坚持"陆海统筹、集中协调、科学决策"的原则，组织各部门建立海洋环境综合管理机制，从而实现资源整合，提升多部门履行职责的能力，延伸管理范畴。我们应该学习和借鉴外国的一些先进经验和管理办法，采用各国通行的船舶污染防治和海洋环境保护制度与措施，尽可能加入各种国际公约并将其内容中国化、具体化。有效地实施相关法律法规，制定相关的标准、规范、实施细则、技术经济政策，建设配套的船舶防污染对策措施与技术支撑体系、行政治理与执法监督体系，并随着社会进步和海运发展不断改进和完善。加大人力、物力投入，实施先进的卫星遥感、空中监测、海上巡逻执法，对沿海水域实施全方位监控，加大处罚力度，对违规操作执行人严加处罚，真正做到"执法必严，违法必究"，使海洋防污染治理真正做到法制化、正规化、制度化。

6 结束语

21世纪是海洋大发展的时代，中国必须由海洋大国走向海洋强国，才能富国强民、实现中华民族的复兴。每一个公民都应高度重视海洋环境保护，最大限度的控制油类污染的产生和排放，将船舶对海洋的污染损害减到最低。我们必须善待海洋、关爱海洋、保障海洋环境和资源的可持续利用，促进海洋经济协调、快速、健康发展。

参考文献

[1] 宋家慧. 防止船舶污染海洋环境"防、救、赔"系统工程. 大连：大连海事大学出版社. 2006

[2] 殷佩海. 船舶防污染技术. 大连：大连海事大学出版社. 2000. 10

[3] 伊相达. 海洋防污染教育的探讨. 航海教育研究网. 2005. 3

[4] 吴恒. 轮机管理. 大连：大连海运学院出版社. 1993. 2

[5] 73/78 防污公约 2006 综合文本. 人民交通出版社. 2007. 11

Abstract: The pollution by oil is important factor of polluting the marine environment, the harmfulness is huge. The pollution situation and the causing of producing for the Chinese Marine Environment are analysed, and the measures of prevention and control are raised in the paper.

Key words: Pollution by oil; Harm; Legislation; Marine environment; Prevention and control

从两起事故剖析船舶违法排污中的船员因素

何建国

(宁波大榭海事处,宁波,315812

摘　要:本文通过两个违章排污事故为引,介绍了现阶段存在船舶违法排污现状和船舶污染方面的国际公约及国内法律法规,分析了船员违法排污的几种情况,文章从船公司和海事监管的角度提出了降低船员违法排污的应对措施。

关键词:违法排污　船员因素　海事监管

世界经济一体化进程的不断加快,使得全球性航运贸易得到空前发展,同时也加剧了船舶对海洋环境的污染。船舶运输系统是船舶、船员和环境构成的复杂系统,其中船员是操作和管理行为的主体,船舶是行为的个体,环境是主体和个体行为的承受者。“船员是人类致力于保障水上人命财产安全和防治船舶污染环境行为的最终实施者”,船员工作、生活在船舶防污染的第一线,其责任心、习惯、专业技术业务素质和对公司管理体系的执行力度是影响船舶海洋污染的最重要因素。本文结合两起事故剖析船舶违法排污事故中的船员因素。

第一起事故, 2008 年 9 月,某轮在印度哈迪亚锚地抛锚候泊。某天早上木匠在量水时发现 No. 5 舱右边水舱有油,随即报告大副。船长和大副经分析认为是 No. 5 舱中油柜右舱壁穿孔,导致油漏入右底边舱。船长决定排出 No. 5 舱压载水,用铆钉将油柜穿孔处铆住。该轮偷排含油压载水被处罚。第二起事故,某轮靠泊越南某港口期间,因船舶老旧且靠泊时间过长,机舱舱底水很多,三管轮鉴于越南港口监管不严,在轮机长默许下,在晚上打开油水分离器开始排放舱底水,却误将油渣舱阀当成污油水舱阀,随即 15ppm 排油监控装置报警,三管轮未作检查就随手关闭了该报警,继续排放,最终造成油污染事故,遭到港口当局的处罚。第一起事故,船长明显清楚排放含油压载水会对环境造成污染,但是为赶船期、节省接收油污水费用等原因,还是直接排入到海中了。第二起事故,性质很明显,船员存在故意违法,且操作失误。这两起事故追究根源,不是船上没有防污染制度,也不是船员不了解防污染作法,而是相当多船员环保意识薄弱,存在侥幸心理,沿用“习惯做法”,故意违章排污。

1　船舶海上排污种类及相关法律要求

1.1　船舶海上排污种类

(1)船舶生产造成的油污染

由船舶造成油污染主要是指正常营运操作性排油和各种事故溢油。正常营运操作性排油包括排出机舱舱底污水、油船压载水、洗舱水等所含油类。事故溢油有供受油作业中的跑、滴、冒、漏造成的油污染、船舶搁浅、碰撞等造成漏油污染等。

(2)散装非石油有毒液体物质造成污染

此类污染物质指运输的危险化学品及随之产生的压载水、洗舱水、舱底水和装卸作业中造成的跑、冒、滴、漏等原因造成的污染、沾有这些有害物质的包装材料、垃圾等入海也会造成污染。

(3)船舶生活污水污染

船舶生活污水通常是指生活中所产生的污水,主要是从生活处所排出的排泄物,如厕所排泄物、洗衣间污水、厨房污水等。由于生活污水中含有细菌、病毒及各种营养化物质。

(4)船舶垃圾污染

船舶垃圾主要包括垫舱物料、包装材料、脱落的油漆残渣、铁锈、油棉纱等,船员生活中形成的食品残渣、日常消费品的废弃物等其他废物。

1.2 船舶海上污染排放的相关法律规定及监督要求

我国已经加入的船舶污染防治国际公约主要有:《国际防止船舶污染公约》(MAPPOL 73/78公约)、《1990年国际油污防备、反应和合作公约》(OPRC公约)、《1969国际油污损害民事责任公约》(CLC公约),分别对防止船舶污染、溢油应急处理及国际合作、油船溢油污染的民事赔偿等方面做出了具体规定。我国颁布的相关法律有:《环境保护法》、《海洋环境保护法》、《大气污染防治法》、《固体废物污染环境防治法》、《防治拆船污染环境管理条例》、《船舶污染排放标准》、《防止船舶垃圾和沿岸固体废物污染长江水域管理规定》等。

2 船舶违法排污中的船员因素分析

违法排污指船舶营运过程中,船员人为故意或人为失误而违章排放。例如:故意将含有有害物质的洗舱污水排入海洋,故意将含有污油的机舱污水未经处理排入海洋,随时将生活中产生塑料制品扔入海中,还有的如第二起事故反应的那样,故意违章再加上操作失误,导致燃油入海等。导致违法排污事故的船员因素主要有以下几个方面。

2.1 船员环保意识淡薄

首先,船公司对船员防污染教育不够,其次,船员环保意识不强。不可否认,长期以来,船公司和船员普遍存在重安全、轻环保的思想,主要表现为相当多船员无视国家环保法规、公司管理体系和垃圾管理计划,贪图方便,随意将机舱污水、洗舱水、生活污水直接排放入海。比如第一起事故中的船舶管理人员。船上安装的防污染设备形同虚设,只在到港口做做假账,应付主管机关检查。

2.2 思想懈怠,因循守旧

船上生活条件艰苦,工作环境差,再加上船上每日工作多是重复性的操作,导致相当多船员思想麻木,精神萎靡不振,工作消极,缺乏工作责任心。如第二起事故中的三管轮,当油水分离器15ppm报警响起时,也不查明原因,就随手关掉了报警继续排放。这是多么严重的不负责任。因循守旧表现为相当多年轻船员延续“师傅的习惯做法”,随手扔垃圾,不管区域、船速随意排放舱底水,虽然船员知道排污行为不对,但是容易将过去的不良习惯养成自然,潜意识地仍然按老规矩行事,自觉不自觉地违反防污染管理规定。另有少数船员自认为偶尔违章排污一次不会出问题,“这个港口没事,管理不严”,因而,无视规章,我行我素的违法排污。

2.3 操作失误

船员操作失误主要表现在业务水平不高,对船上配备的防污设备及操作使用不熟练,应急程序不清楚。这种情况在地方公司和私人公司小吨位船舶上表现尤为突出。比如一些小油船的船员,虽然都取得了油船安全和操作证书,但是在对防污染设备实操时仍然不能达到规定要

求。这样的问题也应该引起船员培训机构和发证机关的思考。

2.4 防污染设备疏远养护

小公司、老旧船舶、方便旗船的船舶机械设备损坏导致的污染事故也常见不鲜。这些船舶管理混乱，船员对机械设备缺乏维护保养。机舱防污染设备的维护、保养都有明确的规定，有的设备需要在运行过程中维护保养，有的需要在规定时间内进行检修、维护，如果不及时进行养护，势必造成安全隐患。

3 针对船员故意违章排污的对策

3.1 从船公司管理角度降低船员违法排污的应对措施

安全管理体系对许多船公司来说还是一门新课题，在建立、实施、保持的过程中必然存在着一些缺陷和问题。船公司有必要针对安全管理体系运行过程中存在的问题提出相应的改进措施，并积极降低船员因素引起的船舶违法排污。一是建立具有适应本公司船舶船况和特点的体系文件。二是保持体系主管人员的稳定，以抑制船公司海务和机务主管流动频繁给体系运行带来的不良现象。三是严格执行船员培训程序和防污染应急训练的具体规定，严格执行船员新聘岗位熟悉职责程序。四是加强对船员安全教育和环保意识的培养。通过安全教育提高船员专业知识和技能水平，预防和消除事故；通过环保意识的培养，使船员自觉遵守国家有关防污染法规，杜绝故意违法排污现象。五是把好船员进入关。公司在船员队伍的选择上，有提高门槛高度，选择综合素质好的船员，不能凑数。

3.2 从海事监管角度降低船员违章排污的应对措施

《中华人民共和国海上海事行政处罚规定》针对船舶违法排污仅对船舶进行罚款，而对违法行为的船员没有约束。2002 年出台的《中华人民共和国船员违法记分管理办法》对船员违法行为将进行违法记分，处罚种类包括警告、罚款和扣留证书。该办法对控制船员违法起到了很好的效果。海事监管部门要利用好该手中“利器”，加强对船员违章排污的监管。一是针对机舱舱底水的检查，重点加强对防污文书、检查油水分离器和关系的检查。二是针对船舶垃圾的控制与监督检查，重点检查垃圾记录簿和垃圾管理计划规定的船舶垃圾收集、加工、贮存和排放设施设备。三是针对违法排放生活污水的检查。重点加强对《国际防止生活污水污染证书》和生活污水处理装置的检查，加强责任船员对设备的操作性检查。四是增强港口对船舶污油水的接收能力。合理地增设对船舶污油水接收机构的设立，提高接收能力，加大对污油水结构结构的监督、检查力度，运用市场机制，创造公平竞争的环境，使接收机构增强服务观念、提高服务质量，尽力方便和满足船方的排污要求。

Abstract: From two illegal pollution this paper present the stern reality of ship illegal pollution intentionally at present stage and the relevant international convention and code were described. Description of human element in ship illegal pollution was also established. Finally solutions to reduce the behavior of human illegal pollution was submitted from the ship company and the china MSA point of view.

Key words: Illegal pollution; Human factors; MSA control

论油品鉴定结论的证据效力及存在的问题

方金辉①

(舟山沈家门海事处,浙江舟山市,316100

摘　要:油品鉴定是海事部门在水上污染事故调查中运用的一项重要取证方法,其结论一般具有客观公正、科学合理等证据特点。本文从证据的两大主要属性——关联性及合法性出发,论证了油品鉴定结论的证据属性。同时,本文亦指出了我国油品鉴定实践中的存在的诸多问题,并最终从油类鉴定机构及其鉴定结论的法律地位,油品鉴定的推广与应用及油品鉴定的行业标准等方面提出了相应的建议。

关键词:油品鉴定　结论　证据效力

随着海上油品运输业的发展,海上船舶污染事故呈上升趋势。海事部门为查找肇事船舶,一般采用询问嫌疑船舶当事人、勘查船舶管系和溢油现场、分析风流对溢油流向的影响、排除其他嫌疑溢油源等方法确定肇事船舶。但通过这些方法获取的证据存在着随意性和不确切性,证据证明力度不够等问题,尤其是在港口、码头发生船舶操作性溢油事故,经常有多艘船舶同时在港,调查范围广,现场证据易被人破坏,这对事故调查、取证造成极大的困难。运用油品鉴定这一调查手段,可有效弥补其他调查手段的不足,能迅速确定肇事船舶,从而提高调查效率,最大限度的减少船舶滞港时间。油品鉴定属于技术鉴定,它本身具有客观公正、科学合理等证据特点,这保证了事故认定的准确性和科学性,同时也为事故的进一步处理和索赔,提供了合法有力的证据支持。本文从证据学的角度出发,对油品鉴定结论的证据效力作粗浅的论证,指出目前油品鉴定工作中存在的问题,并对油品鉴定工作提出几点不成熟的建议。

1　油品鉴定结论证据的属性特征

证据的属性特征是证据概念的内涵的具体表现或分解,是判断某物是否为证据的标准,是证据区别于其他非证据事物的标志[1]。“关联性”与“合法性”是证据的两个重要的属性特征,任何被采纳成证据的材料,都必须具备这两个属性特征。

“关联性”,是指证据材料必须与待证事实之间存在内在的必然的联系,要求结论的唯一性和排他性。也就是说根据已知的事实、材料只能推断出唯一的结论。石油及其衍生物在不同的条件或环境下,具有明显不同的化学特征,再因制造、储存、运输、使用等环节的不同,更增加油品光谱、色谱图的复杂性。其复杂程度如人的指纹一样具有唯一性和排他性,因此又把油品的光谱、色谱图称为“油指纹”。我们可以通过光谱、色谱分析设备,对溢油现场的油样与可疑船上的油样进行对比,可迅速确定肇事船舶。油品鉴定工作在国内外已广泛开展,其鉴定结

① 方金辉,男,职称:工程师;单位:舟山沈家门海事处,研究方向:海事管理;联系地址:浙江省舟山市普陀区鲁家峙交通海运大楼,联系号码:13515800668,邮政编码:316100,电子邮箱:msafjh@ sina. com。

论的证据效力在各国都得到承认。美国海岸警备队成立了油品鉴别中心，日本海上保安厅也设有海洋污染调查室，将溢油事故中的油品鉴定结论应用于海上污染事故调查[2]。我国海事部门十分重视油品鉴定工作，早在20世纪80年代就建立了油品鉴定实验室，开展油品鉴定工作，在污染事故调查取证中发挥了非常重要的作用，取得了较好的效果。近年来，舟山海洋经济迅速发展，进出舟山港的船舶日益增多，海上溢油事故的发生风险也逐渐增大。舟山海事局十分重视海洋环境保护工作，尽管目前舟山尚没开展油品鉴定工作，但舟山海事局对油品鉴定工作及进展情况一直予以关注，在各种场合对油品鉴定工作进行了深入的探讨，对成立油品鉴定中心的可能性进行了仔细的研究，以应对舟山海域日益增大的海洋溢油风险的挑战。

"合法性"，是指证据的收集、调查、保全等必须符合法律规定程序。油品鉴定结论属于我国《行政诉讼法》第31条规定的七种证据种类之一的鉴定结论，是污染事故调查处理和诉讼程序中关键证据之一，其形式必须要符合法律所规定的特定形式的要求。

(1)油品鉴定结论的合法性要体现科学性与法律性的统一。科学性是指油品鉴定是纯粹的科学推理、分析和概括，不允许掺杂其他内容。法律性是指油品鉴定的程序、要求、步骤必须按照法律的规定进行。科学性是法律性的基础，法律性是科学性的保障。油品鉴定的科学性主要表现在:①海事执法人员所掌握的知识已无法确认事实真相，必须要运用特定的科学技术手段来发现事实真相。②鉴定人员要在法律许可的范围内按照科学的要求独立操作，不受其他因素的干扰。③鉴定过程中所使用的手段、方法是科学规范的。④鉴定结论的内容仅仅是对案件事实中的某些专门性问题的科学准确的论断，并不直接涉及对案件事实的法律评价问题。⑤油品鉴定结论只对送检的油样负责，只能用"××样品与××样品的光谱特征一致"等类似的语句表示，而不能自己下判定结论"××船为污染事故肇事船"[3]。油品鉴定的法律性主要表现在:①鉴定工作人员必须具备专业技术知识，并经海事执法机关认可，并才能从事鉴定工作。②鉴定人员从事鉴定工作，应按照法定的程序和规范进行。③鉴定的结果，必须按照有关要求做出书面的结论，并由鉴定人员的签名。④鉴定的结论要作为证据运用于海事行政执法或海事诉讼当中。

(2)油品鉴定结论的合法性要体现中立性与客观性的统一。中立性是指油品鉴定部门是独立的法人机构，不依附任何行政机关和社会团体。客观性是指证据材料必须是真实的、非虚构、伪造的。中立性是客观性的基础，客观性是中立性的保障。油品鉴定的中立性主要表现在:①鉴定机构应有法律明确授权，具备相应法律地位的法人机构。②鉴定机构应有固定的场所、具备鉴定所需的设备、器材和从事鉴定和管理的工作人员。③鉴定机构应有完善的鉴定工作程序和内部运行管理制度。④鉴定机构的人员编制、经费保障具有自主权，任何单位都不得干涉。油品鉴定的客观性主要表现在:①鉴定过程要体现非歧视原则、法制统一原则和透明度原则。②鉴定标准和鉴定方法应符合国家颁布或认可的技术标准。③鉴定结论是在送检样品基础上，通过分析、研究得出的判断和结论。④鉴定过程中，其采样、储存、送检等过程应符合法律规定;结论中涉及的专业术语、技术指标和相关数据都应详细记载，以备存查。

2　油品鉴定工作中存在的问题

(1)油品鉴定体系亟须建立和完善。我国海事系统油品鉴定的现状是机构少，鉴定机制不完善，海事执法人员在执法过程在也缺乏一定的鉴定意识。目前，除个别港口采用油品鉴定用为污染事故调查的手段外，多数污染事故调查没有进行油品鉴定，由于缺乏公平、合法的作为证据的鉴定结论的支持,影响了事故的处理和索赔,使许多案件因证据不充分而成为悬案,这既会增加船舶的滞港时间,也同时影响了海事执法效率和形象。这与国外海事机构在调查污染事故过程中,油品鉴定被列入必要的调查手段之一相比,我国的海事部门仍有较大的差距。因此,亟须建立符合我国海事现状的油品鉴定机构,让油品鉴定成为污染事故调查中必需的调查取证手段之一,以提高海事行政执法的科技含量和执法水平。

(2)油品鉴定工作缺乏相应的技术标准和工作程序。我国目前尚无油品鉴定国家标准和相关的行业标准,油品鉴定工作也缺乏程序保障,其采样、储存、送检、鉴定等过程也无相关的具体的法律规定。油品鉴定作为一种行政执法手段,程序的合法性必须予以满足。因此,建立、健全油品鉴定的行业标准工作程序、规范其工作内容已成为必要,否则其公正性、合法性将受到置疑。

(3)油品鉴定机构的法律地位尚不明确。我国目前尚无法律、法规及部门规章对油品鉴定机构的设立、油品鉴定机构的管理、油品鉴定如何运用到海事行政执法等具体问题没有明确规定,这不利于油品鉴定工作的开展。因此有必要在法律上对油品鉴定机构的法律地位予以明确。

3 油品鉴定工作的几点建议

(1)从法律的高度上,明确规定海事油品鉴定机构的合法地位,对其作出的鉴定结论的证据效力予以承认。法律应对鉴定机构予以授权,承认其油品鉴定工作的合法性,只有赋予鉴定机构的法律地位,其作出的鉴定结论才能被采信。法律应规定鉴定机构应经海事主管部门的认证,只有严格鉴定机构的鉴定资质,其作出的鉴定结论才能被采信。

(2)在全国范围内建立多层次的海上船舶防污染监测体系,推广运用油品鉴定技术,提高海事执法人员的鉴定意识。在海上溢油高风险地区成立油品鉴定中心,加大技术交流,提高油品鉴定的科技含量,增大油品鉴定的可信度。海事执法人员要认真掌握油品鉴定过程中的采样、保存、运送等各个环节的技术要点,保证油品鉴定过程的真实性、可信性,提高鉴定结论的可信度。

(3)建立统一的油品鉴定的行业标准或国家技术标准。可先建立油品鉴定的行业标准,不断在实践中加以总结完善,在此基础上适时建立国家技术标准,提高鉴定结论的可信度。规范水上油污染事故调查过程中,对油样品采样、储存、送检等各环节的程序加以具体的规定,任何违反程序的鉴定将不能作为证据得到法律的承认,保证油品鉴定的程序合法性,提高鉴定结论的可信度。

参考文献

[1] 巫宇.证据学.北京:群众出版社,2000年3月

[2] 曹立新.美国海岸警备队的溢油鉴别系统.交通环保,1999年第二期,39-42页

[3]秦志江.船舶碰撞案件中油漆的采样与鉴定.中国海事,2000年第二期,18-21页

Abstract: Oil Identification acts as one of the most important methods used by Maritime Safety Administration in the investigation of pollution accident at sea, the conclusion of which is usually of

the evidence features, such as objective & unprejudiced, scientific & rational. This paper, based on the two main features of evidence—relevance and legitimacy, made a deep analysis on the evidence effect of the oil identification conclusion. In the meantime, this paper also point out some problems in the Chinese oil identification practices, and finally made out some suggestions in the legal status of oil identification institute and its conclusion, the popularization & implementation of oil identification and the industry standards for oil identification.

Key words: Oil identification; Conclusion; Evidence effect

浅议船舶修造作业监管和应对策略

薛玉倩　廖　鑫　赵　刚

（宁波大榭海事处，宁波，315812）

摘　要：随着世界经济的迅速发展，我国航运业迎来了迅猛发展的契机，由此带来的船舶修造作业方面的监管与防污染问题也日渐突出。本文立足海事部门监管职能，浅谈在新形势下船舶修造作业在防污染方面存在的一系列问题，并追根溯源寻求问题的由来，本着"治标要治本"的严谨态度提出现下可行的应对策略以及措施。撰以此文，以求学界共探之。

关键词：船舶修造作业　监管　对策

1　前言

对船舶修造防污染监督管理是海事管理的一项重要职能，而由于船舶修造涉及到水上及陆上双重身份以及相关法律的缺失导致海事部门对船舶修造管理边缘化。同时，在世界经济快速增长的大背景下，我国船舶修造业迅猛发展，由船舶修造造成的环境污染在船舶污染海洋环境案例中的比例逐年增长。分析船舶修造产生污染的原因、探讨对船舶修造防污染管理的对策对于减少和预防海洋污染事故的发生，保障我国船舶修造业健康、可持续发展有着重要的现实意义。

2　船舶修造污染产生的原因

2.1　企业管理的缺失

2.1.1　企业缺乏防污染安全意识

以大榭为例，辖区船舶修造厂多为规模较小的中小私营企业，企业员工多为文化素质较低的农民工，再加上缺乏应有的防污染培训教育，导致企业整体防污染意识淡薄。另外，修造船厂以及公司以营利为主要目的，对安全措施以及应急方案这些非营利为目的的保障工作并不十分重视，防污染资金投入不够。如进坞船舶本应配备3000马力的拖轮，实际却以一条2000马力的租借拖轮临时应付。此类行为容易导致船舶碰触船坞造成燃油泄漏，存在较大的事故风险。

2.1.2　企业相关防污染制度的制定和落实不到位

船舶修造作业防污染重在预防，因此建立防污染应急制度、编制防污染应急预案，并加以演练至关重要。但目前来看，企业的防污染制度多为表面文章，即使有也难以实施，多为应付海事部门检查所用，而且制度本身漏洞颇多。已经建立起来的防污染制度，执行力度还不够。如码头的防污染应急器材本应该是处于立即可用状态的，但部分企业会以防盗为由锁入仓库，致使发生污染事故时不能立即拿到这些防污器材，导致污染扩散，加重对海洋环境的负面影响。

2.1.3　防污染应急器材的配备

防污染应急器材是防污染的重要装备，是必不可少的。目前，船厂防污染器材存在种类不全、数量不够、管理不到位的问题。如大榭辖区船厂大多只配备了消油剂和吸油毡，部分船厂配备了围油栏，吸油泵、储油柜等其他防污器材都还没有到位。即使已经配备了围油栏，但长度也不够，如宁波东海军港船厂围油栏只有150m，这对一个修造能力有8000t的船厂来说，远没有达到其应有的防污能力。此外，具有散化船污染物接收处置能力的船厂还比较少。

2.1.4　缺少防污染应急培训

在防污染培训方面的缺乏会导致发生应急事故时应急人员惊慌失措，无所适从，不知道该做什么，不知道防污器材如何使用，最后导致污染源不能得到及时控制。据调查，大榭辖区内主要的五家船厂在污染应急培训方面基本没有投入，多数员工只知道防污器材的放置位置，但具体使用方法，使用前注意事项等都不清楚，不了解。可见，虽然防污染应急预案演练已在海事部门的督促下得到了实施，但效果并不理想。

2.2　船舶修造常见污染源

2.2.1　进出坞、上下排作业

船舶进出坞、上下排作业是船舶进坞修造最大的潜在污染源之一。进出坞作业时一旦发生船舶和船坞或者其他附近船舶或码头发生碰触，污染不可避免，尤其是当船舶高位边舱装有大量燃油时。

2.2.2　涉危涉污作业

包括残油接收、供收油、垃圾接收、危险品船洗舱。船舶修造作业时经常会顺带进行上述一项或几项作业，如果在作业中操作不当或通过非正规手段排放，就会造成港区水域的污染，尤其是靠码头修理时，这种风险更大。

2.2.3　修造作业

船舶修造过程中会产生大量的污染物，如切割的废旧钢板、铁锈、残留的油漆，清洗机器产生的污水和污物，喷砂过程中产生的粉尘，尤其是喷砂除锈时产生的大量粉尘基本都是随意排放的，还有船壳喷漆时产生的空气污染。对于修造过程中产生的固体垃圾一般船厂都会集中回收处理，但从目前检查情况来看，少数船厂对这些固体垃圾是自行处理的，虽然和专业垃圾回收企业签订有固体垃圾回收协议，但实际操作中还是自行处理。

3　海事监管的难点

3.1　法规制度不健全

3.1.1　涉及船舶修造企业的法规体系

以大榭为例，现有能够指导船舶修造作业监管工作的法律法规有：《中华人民共和国海洋环境保护法》、《中华人民共和国防治船舶污染海洋环境管理条例》、《中华人民共和国海事行政许可条件规定》和《浙江海事局修船舶水上交通安全和防污染监督管理办法》。

上述法规从多个方面对船舶修造作业进行了规范和约束，包括水上船舶修造作业主管机关，作业许可条件，建立安全防污染制度、编制应急预案，配备防污染设备器材等。

3.1.2　船舶修造作业配套监管措施有待完善

首先是缺乏罚则。由于没有相应的处罚权力和处罚依据，海事部门作为船舶修造作业的主要监管机构，无法对修造作业单位实施有效监管。一是执法权威性得不到体现。在我国法制化建设进程中，行政处罚发挥着不可替代的作用，它使人们在不法行为和不法利益面前，有所不敢为,时刻绷紧着遵纪守法的安全弦。由于法律法规没有明确船舶修造作业的法律责任,在《浙江海事局修船舶水上交通安全和防污染监督管理办法》中,只能以"增加现场安全检查的频次,实施重点监督检查;必要时,实施每项作业必查"的规定,来规范和约束船舶修造企业的修造作业行为。增加现场监管力度是必要的,但在当前安全防污染的严峻形势下,迫切需要依靠加大处罚力度来深入规范作业行为。二是法律的公平性没有体现。维护社会道义和公平竞争是法律的重要作用之一,违章处罚是体现社会公平竞争的重要手段,有利于促进船舶修造业的健康发展,积极引导可持续发展。

其次是部分修造作业监管没有可参考标准。行政许可、行政报备以及现场检查没有足够的强制条款进行约束,无法确保按规定按程序实施。水上船舶修造作业涉及到的技术因素、安全因素众多,专业性强、掌握难度高,而目前船舶修造作业的监管主要按照单一的法律条文和约定俗成的经验性做法来进行,并且随着时间的变化而不断地完善和改动相关要求,不利于修造业的长态化管理,不利于修造业的可持续发展。

3.2 日常监管的难点

3.2.1 船舶修造产业布局不尽合理

修造船厂地理布局比较分散,没有形成集中的造船基地,既不利于防污染器材设备、作业协助船舶等资源的共享,又增加了监管难度。目前,各地仍然存在很多小而散的船厂,生产技术条件落后,又无法向大型规范船舶修造企业靠拢,成为防治污染海洋环境管理的难点。

3.2.2 修造作业包涵内容多,程序复杂,环节冗长,监管难度大

以进出坞作业为例:(1)到港时,靠码头,存在配员、值班等多方面的监管要求;(2)进出坞时,存在拖轮到位、船坞清洁、引航乃至发布动态航行警告等多项监管要求;(3)坞修期间,存在机舱污水接受、舷外烤漆作业、明火作业等监管要求。

3.2.3 缺乏合格的助推、应急拖轮

由于船厂所在港区的可租用拖轮资源不足或者船厂资金投入不足等方面的原因,使船舶进坞或无动力在港修理时,顶推或应急拖轮数量没有达到合理的、足够的水平,一旦发生污染事故或安全事故的紧迫情况,无法及时扭转险情。

3.2.4 作业人员违章操作造成安全威胁

一些修造船作业人员业务水平偏低,不能很好地掌握正确的操作规程和操作方法, 没有足够的作业经验等等,造成严重事故隐患。一些大型船舶在进出船坞、上下船台(排)、靠离舾装码头及与临时待泊点间的移动等操纵作业期间,由厂方安排无证引航人员引领靠泊舾装码头或进出船坞的违规行为非常普遍。船舶修造企业引领人员大部分为企业管理人员,没有经过系统的培训,未持有相应的资格证书,在船舶进出坞、靠离舾装码头过程中,只凭经验开展引领工作和操纵船舶,从而带来严重的安全隐患。

3.3 监管部门众多

由于历史等方面的原因,我国一直未对船舶修造业由一个统一的机构实行全面管理,而是分设于不同部门(单位)。修造业管理主体分散,多个不同管理主体分别履行职责、对船舶修造业进行管理:经贸部门负责船舶建造企业安全生产的行业管理;交通、海事部门负责运输船舶修造质量的监管和开工条件审查、质量检验;公安消防机构负责船舶修造企业的消防安全监督管理;质监部门负责船舶修造企业特种设备及其操作人员的安全监管;安监部门负责船舶修造行业的安全生产综合监督管理。

在全面设立管理职责的基础上,应重新审视各部门职责划分的科学性和合理性,要尽量明确不同部门的不同管理范畴,实现多个不同监管(执法)主体具有较为明确的法定职责,依法对不同领域进行监管,重点在于避免多头监管可能带来的职责交叉问题。

4　船舶修造作业的监管建议

4.1　完善船舶修造行业管理标准

新的配套法规措施应着重体现如下几点:一是要注重政策引导性。法律保护的对象不应仅仅是船舶修造业,同时还要顾及广泛的社会利益,要从安全环保的角度制定措施。二是要切合实际,具有可操作性。新规范应当包括船舶修造作业的安全防污染操作标准、应急体系标准、安全监管实操性指导原则以及修造作业和修造作业安全防污染强制性标准等内容。三是要包括有效的处罚权力和处罚依据。监管部门只有实行说服教育和行政处罚紧密结合、双管齐下的有力措施,严格处罚修造企业违章行为,才能全面加强修造船舶作业监管。

4.2　加强宣传

运用走访、约谈、宣贯会等形式,向船厂及有关业主单位进行宣传教育,突出现行法律、规章的宣贯,以及海事行政许可、报备的程序。

在提高相对人思想认识的同时,还要深入探讨服务举措。在符合程序规范的前提下,不断探索便利服务措施,争取相对人的支持和配合,能够与我海事监管部门进行有效合作,共同防治修造作业中海洋污染的产生。

4.3　强化监管

基于海事监管对船舶的约束力,加强对船方的宣传力度,并强化厂修时期的监管,以防污染检查督促船方重视修船期间的安全防污措施的落实;并以行政处罚作为坚强后盾,杜绝船方违规操作导致污染物排放入海的行为发生。

4.4　加强部门间的协力合作和通力配合

由于船舶修造作业涉及多个安全监管部门,海事部门要与其他部门加强协作、开展联合执法,在巡航监视中发现污染事故或者违法行为时,予以制止或调查取证并由相关主管部门依法处罚,必要时可以采取有效措施,防止污染事态的扩大。

4.5　加大研发力度

加快产业结构调整,坚决淘汰落后的船舶修造企业,引导船舶修造企业开展有益于节能减排的新工艺、新技术、新装备的研发和应用。

4.6　加强水上船舶修造作业的业务培训

船舶修造专业人员要经过专业培训,具备相关安全和防治污染方面的专业知识和技能,对修造作业中人与船舶、机械设备、环境各要素的和谐运转有较好的控制能力,方可取得适任证书和上岗资格。

4.7　加入区域性的船舶防止溢油污染应急联动计划

建立全面的、集中的船舶污染物回收处理场所,扶持社会兴办的环保企业,为某一固定地域范围内的各家船厂提供防污染设备器材、拖船及其他船舶修造配套安全服务。借助国家经济好转的势头,要求生产工艺落后、安全设备不到位的船厂加紧改造,增加配置除可租借设施以外的安全设备。

4.8 辨识船舶修造作业中可能存在的危险源

广泛吸收船舶、防污管理的一线海事人员和船舶修造专家参与到辨识工作中来，对船舶修造作业中可能导致污染事故发生的直接原因、诱导原因进行重点分析，不仅要分析船舶修造期间的危险因素，还要分析船舶进出坞（上下排）期间的危险因素，然后通过采取合理的安全措施，消除或减少它们的危险性，控制事故的发生。

参考文献

[1] 丁立勋.船舶修造的安全管理与控制.2005年第三期，青岛远洋船员学院学报

[2] 刘碧春.舟山市船舶修造业的污染情况分析及其对策研究.2009年6月，浙江海洋学院学报

[3] 史晓平，谈新军.防止和降低修船浮船坞作业污染水域的管理实践与思考.2008年4月，海事研究

Abstract: With rapid development of world economy, China's shipping industry is facing a rapid development opportunity. Yet, it brings about series of problems, including increasingly prominent problems of marine pollution relating to shipbuilding. Based on the maritime sector, this essay is focusing on shipbuilding pollution factors, anti-pollution measures taken by new buildings and safety management by maritime departments during shipbuilding operations. And also, with the attitude of "treatment of the tip is less important than treatment of the root", this essay probes into current situation of shipbuilding management. , advances response strategies and put forwards achievable measures, in order to draw more exploration to the industry pollution prevention and safety management.

Key words: Shipbuilding; Operation; Management; Strategy

第四篇　资源节约、环境友好型水路运输发展

MBR膜生物反应器在船舶污水处理中的应用

樊鸿涛[①]　付文博[②]　韩峰[②]

摘　要：介绍了MBR技术应用于船舶污水处理系统改造的优势和工程实例。实践表明：改造后出水全面达到城市杂用水水质标准，出水直接回用于冲厕，有效地改善了船舶对海洋环境的影响。

关键词：船舶污水　MBR

1　前言

近年来，船舶污水排放造成的海洋污染、富营养化、有害生物迁徙等越来越受到世界各国的重视。为保护海洋环境，降低及消除船舶污水对海洋环境造成的危害，国际海事组织等国际组织及世界各国均制订了严格的船舶污水排放法规和标准，对船舶污水排放要求逐步提高。为满足国际和各个地区对船舶污水排放严格控制的要求，世界各地相关科研机构和企业积极应对，利用新技术逐步研究开发了一些产品，并且有些已经用于实船工作，取得了较好的污水处理效果。

膜生物反应器MBR技术是生物处理与膜分离相合而成的一种高效污水处理新工艺，与传统的生物处理方法相比，具有生化效率高，抗负荷冲击能力强，出水水质稳定，占地面积小，易实现自动控制等优点，是处理船舶污水的较佳技术。本文结合在我国某舰艇上污水处理系统改造的实例，介绍MBR技术在船舶污水处理中的应用。

2　船舶污水来源、种类及危害

船舶污水可分为生活污水和含油污水两大类。生活污水包括黑水和灰水（厨房灰水、洗涤灰水），含油污水包括舱底油污水、油舱压载水、洗舱水，见表1。

船舶污水种类、来源及危害　　表1

污水种类			污水来源	危害
生活污水	黑水		（1）各种厕所排出的粪便污水	消耗水中溶解的氧气、产生赤潮，危及鱼类和大多数水生物的生存，产生难闻气味，造成环境不美观的景象、影响底栖生物。
			（2）医务室、病房排出的废水	
	灰水	厨房灰水	厨房、餐厅、洗碗间、蒸饭间等排出的污水	
		洗涤灰水	盥洗室、淋浴室、住舱洗脸盆，洗衣间等舱室排出的污水	产生赤潮、难闻气味，造成环境不美观的景象、影响底栖生物

① 樊鸿涛，交通运输部水运科学研究院，北京，100088

② 付文博，韩峰，北京万侯环境技术开发有限公司，北京市海淀区上地信息路15号，邮编：100085，电话：010-82890813/14/15/16，电子邮箱：tech@ wellhead. com. cn。

续上表

污水种类		污水来源	危害
含油废水	舱底油污水	由于泄漏、泄放，主辅机舱等舱底积存的含油污水	使水生生物抵抗力下降，产量降低，水体食物链和人类水生食物中混入致癌物质
	油舱压载水	用油舱注水兼做压载舱时的油水混合物	
	洗舱水	油舱清洗	

3 现有船舶生活污水处理技术

3.1 现有船舶污水处理技术对比

目前现有船舶生活污水处理技术主要包括：(1)以 WCB、WCV 型装置为代表的污水生物耗氧氧化——重力沉淀工艺技术，如英国哈姆沃西公司以生化处理技术为原理的 ST 型装置；(2)以 WCH、WCW 型装置为代表的污水贮存、粉碎消毒等物化工艺技术，如著名的丹麦阿特拉斯公司以物化法为原理的 AWW 型装置；(3)电解污水处理技术，如美国以电解法为原理的 OMNIPURE 污水处理装置；(4)以生物处理与膜分离相合而成的膜生物反应器技术等。表 2 对以上几种处理技术方法进行了简要的对比。

船舶生活污水处理技术对比　　表 2

处理方法	工作原理	优点	缺点
膜分离污水处理技术	膜生物反应器是生物处理与膜分离相合而成的一种高效污水处理新工艺	(1)出水水质(SS)可不受船舶摇晃、振动的影响；(2)节省舱容，耐冲击负荷；(3)泥龄长，污泥产量低；(4)能够滤除细菌和病毒，出水可不再消毒；(5)出水水质好并可回用，船舶可不受航行区域的限制；(6)易于实现自动控制，操作管理方便	设备投资及运行费用略高
生化法	在氧气充足的条件下，利用耗氧菌微生物进行生物降解，再通过沉淀进行固液分离	净化效果好	装置体积较大，在舱容有限的情况下，安装、布置较困难；由于船体摇摆和水力冲击负荷的影响，出水水质可能会很不稳定
物化法	将化学药剂加入污水中进行循环、粉碎、沉淀、消毒处理	工艺简单、装置体积小	没有进行生化反应，对有机物去除不彻底，而且需要大量消毒剂其排出水的余氯指标远大于2.5mg/L；污水经粉碎消毒稀释后，即使 BOD_5 指标达到了规范要求，但 COD 指标并不能满足 125mg/L 的要求
电解法	通过电化学过程对污水进行氧化和消毒。是将混有海水的污水送入电解槽进行电解，其中产生的 NaClO 是氧化剂和消毒剂，在 NaClO 作用下，污水中的有机物被氧化，细菌被杀死，从而达到污水净化的目的	装置小，处理流程快	操作维护复杂，运行费用较高，处理水色度较差； COD 和余氯不能达到标准； 在去除污染物的同时将污水变成酸性，使 pH 值也不能达到修改后 6~8.5 的规范要求

目前船舶生活污水处理应用最多的是以 WCB、WCV 型为代表的生化法污水处理装置。该装置消除污染物较为彻底,也不会对环境造成二次污染。但该装置一直存在的两个问题仍不能解决:(1)该装置一般采用重力沉淀,一旦船舶处于摇摆、倾斜状态,就使固液分离效果不高,影响污水排放水质;(2)由于微生物浓度低,使得污水耐有机负荷和水力负荷的冲击力差。上述问题造成现有的生化污水处理装置体积大,易发生污泥膨胀现象和沉淀柜沉淀污泥反硝化现象,操作管理复杂。

3.2 膜分离反应器技术介绍

膜生物反应器是生物处理与膜分离相合而成的一种高效污水处理新工艺。其工作原理是利用反应器的好氧微生物降解污水中的有机污染物,同时利用反应器内硝化细菌转化污水中的氨氮以除去污水中产生的异味,污水中的异味主要由氨氮产生。生物反应器工艺通过膜分离技术大大强化了生物反应器的功能,与传统的生物处理方法相比,具有生化效率高,抗负荷冲击能力强,出水水质稳定,占地面积小,排泥周期长,易实现自动控制等优点,是目前最有前途的污水处理工艺。

常见的膜生物反应器污水处理工艺流程如图 1 所示。船舶污水经过预处理柜进入好氧/厌氧处理柜,经泵增压后进入膜生物反应器,在压力作用下经降解的污水通过膜形成系统处理后出水,大分子、固体物质以及活性污泥被截留,随浓缩液回流到好氧/厌氧处理柜。系统运行一段时间以后,膜组件内的活性污泥浓度增高,定期外排污泥,保持系统稳定运行。

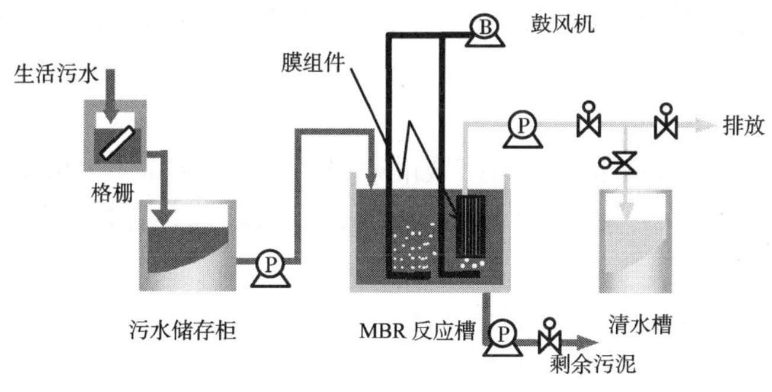

图 1 膜生物反应器工艺流程

从目前国际上的研究方向来看,船舶生活污水处理技术的研究以强化生物处理工艺流程及处理效率为主,比较典型的是结合膜分离技术而形成的膜生物法 MBR 工艺。从国外对 MBR 用于船舶生活污水处理的研究情况看,该技术用于船舶主要具有以下特点:(1)膜分离代替泥水的自然沉降分离,出水水质 SS 可不受船舶摇晃、振动的影响;(2)反应器内污泥浓度高,污染物降解效率高,占地少(节省舱容),耐冲击负荷;(3)泥龄长,可进行硝化反应,污泥产量低;(4)能够滤除细菌和病毒,出水可不再消毒;(5)出水水质好并可回用,船舶可不受航行区域的限制;(6)易于实现自动控制,操作管理方便。船舶生活污水处理装置的开发中,最重要的是因"船"制宜,不能简单地搬用或套用城市生活污水处理工艺。从目前的工艺类型看,MBR 应是船舶生活污水处理的最佳可获得技术。

4 应用实例

2009 年 6 月 ~2010 年 3 月在我国海军某舰上成功应用 MBR 技术对原有处理设备进行了改造。

4.1　原有污水系统简介

4.1.1　处理规模

该舰原配备有两套进口生化污水处理设备，总服务人数为300人。

4.1.2　原工艺流程

原处理工艺流程见图2。

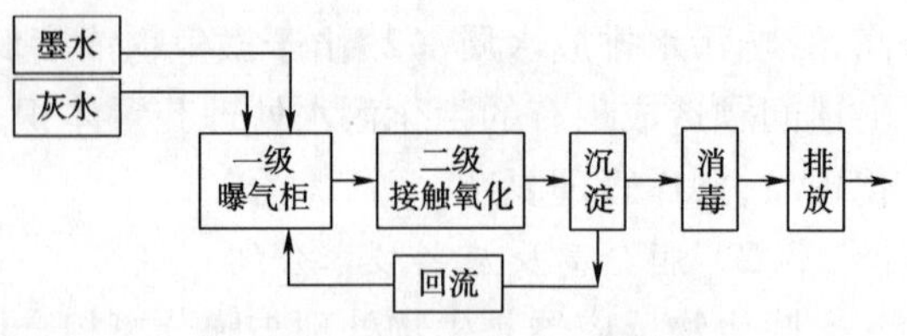

图2　船舶原污水处理工艺流程图

4.1.3　改造原因

(1)原污水处理系统处理能力不足，该舰原配备的两套污水处理设备总服务人数为300人，已远远不能达到目前床位到400张后的使用要求。

(2)原有两套污水处理设备采用接触氧化法为主体的工艺，污水经过生化处理沉淀后，出水再经过消毒后排放，出水不能达到IMO MEPC.159(55)决议“经修订的实施生活污水处理装置排出物标准和性能试验导则”的要求。

(3)处理设备经过10多年的运行，主要设备已经很陈旧，设备箱体也出现了不同程度的锈蚀，急需做全面维护改造。

(4)没有设置污水收集柜，灰水、黑水直接进入处理设备，对污水处理设备的液力负荷冲击较大，而且进水没有经过格栅等设备的预处理，容易造成设备的污堵。

(5)自动化程度较低，部分工艺环节需手动操作。

(6)没有安装在线仪表，不能对排水进行实时监控，不能确保污水连续稳定达标排放。

4.2　改造要求

(1)满足400人的使用要求。

(2)排放标准执行《城市污水再生利用城市杂用水水质》(GB/T 18920—2002)标准，该标准高于IMO MEPC.159(55)决议“经修订的实施生活污水处理装置排出物标准和性能试验导则”的要求。

(3)部分出水回用于船舶冲厕，节约自来水。

(4)全自动化操作。

(5)尽量利用原有场地和设备。

4.3　改造原则

(1)利用成熟的MBR工艺，采用先进技术设备，按照军舰的实际情况和要求，充分利用原有的部分设备进行改造，增加粉碎切割机、在线监测设备。

(2)因地制宜、技术先进可靠、运行稳定、占地少。

(3)管理简单、经济合理、高效节能、操作方便。

4.4　污水处理设备改造措施

4.4.1　改造思路

将原有两套污水处理设备，按照新的工艺的使用要求，重新进行功能分割，分成不同的处理单元。原有左舷污水处理设备改成污水收集柜和回用水柜，原有右舷污水处理设备改成生化处理柜。增加中水供水设备，补充原有海水冲厕系统。左右两舷的设备的连通，通过增加管道来实现。

4.4.2　改造措施

(1)管路改造

需改造和增加的管道见表3。

管路改造情况表　　表3

序号	管道名称	管道走向	管径	管道种类	备注
1	污水收集管	左右舷排水管道合并排向左舷污水收集柜	DN100	重力	改造
2	污水进水管	由左舷污水柜排向右舷污水处理柜	DN50	压力	新增
3	污泥回流管	由右舷污水处理柜排向左舷污水柜	DN50	压力	新增
4	出水管	由右舷污水处理柜排向左舷中水柜	DN32	压力	新增
5	中水回用管	由左舷中水柜排向设备舱海水压力罐	DN50	压力	新增

(2)污水处理系统改造

处理设备已安装10多年,设备箱体出现了不同程度的锈蚀,将设备箱体做除锈和防腐清淤处理。

充分利用原有箱体,通过植入膜组件,在不改变设备占地面积和重量的情况下,大大提高设备处理能力,出水水质能达到回用水的要求。

增强自动化控制管理,控制采用PLC + 触摸屏,操作管理简便,全自动运行,降低劳动强度。

(3)增加回用设备

两套污水处理装置经过改造后,新型污水处理装置出水能达到回用水的要求。中水进入到回用水柜,中水供水系统与原有海水冲厕系统连接(原海水系统保留,可作为应急和备用水源)。将中水回用至马桶冲厕,原有冲厕系统不作改动,特别有利于舰船的远航,减少船舶对淡水的补充量和减少船舶对海洋的排污量。

(4)增设必要的监测仪器仪表

对出水COD、SS、pH等指标进行监控,确保出水实时达标排放。出水不合格的水可以重新回流到系统进行再处理直至达标。

4.5　污水处理设备改造设计

原有污水处理设备经过改造后,总处理水量可达30.8m^3/d,能使用人数达到400人,高峰时能满足450人的使用要求,出水可以回用。

4.5.1　进水水源

船舶生活污水包括黑水和灰水(厨房灰水、洗涤灰水)。

4.5.2　出水水质要求

排放水符合国家规定的《城市污水再生利用城市杂用水水质》(GB/T 18920—2002)标准(具体指标见表4),同时满足IMO MEPC.159(55)决议“经修订的实施生活污水处理装置排出物标准和性能试验导则”的要求。

表4

编　号	项　目	标　准
1	色	色度不超过30度
2	嗅	无不快感觉
3	pH	6.5~9.0
4	悬浮物	不超过10mg/L
5	生化需氧量(5天20℃)	不超过10mg/L

续上表

编　号	项　目	标　准
6	化学耗氧量(重铬酸钾法)	不超过50mg/L
7	细菌总数	1mL水中不超过100个
8	总大肠菌群	1L水中不超过3个
9	阴离子合成洗涤剂	不超过0.5mg/L
10	游离余氯	接触30min后大于1.0 mg/L,管网末端不低于0.2mg/L(ppm)

4.5.3 改造工艺选择

对原有污水处理设备按照MBR工艺进行改造设计,其流程见图3。

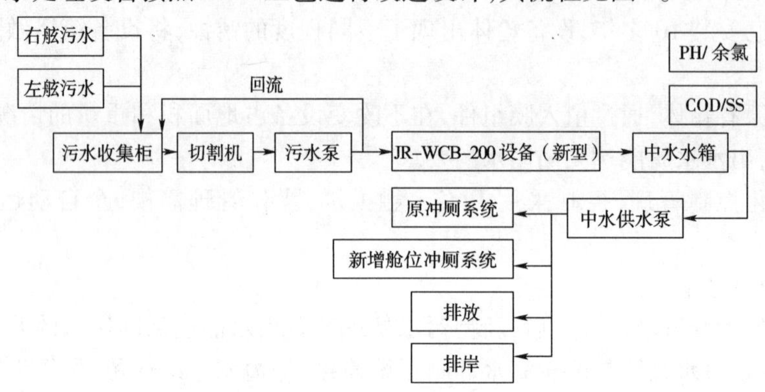

图3　船舶污水处理流程图

4.5.4 电气和仪表自控改造设计

将原有污水处理设备的电控柜进行改造。自动控制系统采用PLC+触摸屏的方式,本系统的工控设备使用S7-200系列PLC。系统分为三种控制方式:自动运行方式、单元联锁方式及软操作方式,这三种方式均通过触摸屏上进行设定。通过设计精美的触摸屏画面,可以直观地了解整个工艺系统的状况及单元设备的运行状态。可以随时轻松完成对系统的控制方式选择及工艺参数进修改与调整。生产过程中出现故障时,及时发出语音和声光报警,同时画面闪烁显示,并可记录,查询,打印。关键的工艺参数如液位、流量均可进行历史趋势和实时趋势的显示和记录,以便进行运行分析及故障分析,便于使用单位和维护企业准确掌握设备运行情况。

4.6 实际运行效果

污水处理系统于2009年12月改造完成,目前系统已经平稳运行5个月,其进出水水质监测结果如表5所示。

系统改造后的污水进出水水质　　表5

序号	项　目	单　位	进　水	出　水
1	生化需氧量(BOD_5)	mg/L	600	13
2	化学需氧量(COD_{cr})	mg/L	1000	34
3	悬浮物(SS)	mg/L	500	24
4	总氮(TN)	mg/L	54	16
5	氨氮(NH_3-N)	mg/L	100	4.3
6	总磷(以P计)	mg/L	6	0.2
7	pH		6~9	7.2

从表5可以看出，污水处理系统改造后的出水指标不仅能达到《城市污水再生利用城市杂用水水质》(GB/T 18920—2002)标准中的城市杂用水水质标准，且远远高于国际海事组织IMO MEPC.159(55)决议“经修订的实施生活污水处理装置排出物标准和性能试验导则”的要求。

4.7　改造后的优点

该污水处理系统改造完成，具有如下优点：

(1)采用MBR处理船舶生活污水，装置的结构形式和性能均满足国家标准《船用生活污水处理系统技术条件》的要求，处理后出水不仅能满足IMO MEPC.159(55)的排放标准要求，而且能达到城市杂用水水质标准，可以回用于冲厕、冲甲板，减少海水对管路和船体的腐蚀。

(2)充分利用原有设备进行改造，在原有的位置，利用原有的箱体，就能满足船上人数增加后的使用要求。

(3)系统整体采用全封闭密封结构设计，不产生臭味。同时，也不会因为船体发生大角度倾斜影响设备的正常工艺运行。

(4)MBR反应槽中投加有优势菌种，菌种培养简单。系统可以通过设置进入“休眠”模式，下次船舶出海前，通过投加优势菌片，迅速“唤醒”“休眠”模式的菌种正常运转。

(5)采用MBR工艺设计，反应槽内能维持很高的污泥浓度，设备产泥量很少。

(6)膜组件选用耐药性强和高强度的中空纤维微滤膜，获得高品质产水，膜的使用寿命长。

(7)该装置属于机电一体化自动运行装置，具有在线自动监测功能，无需专人操作。

(8)膜维护方式灵活，可以在线清洗维护，也可以在船舶集中港口由专业公司集中清洗维护。

(9)所有配套机电设备和电控仪表均通过船级社认证，确保设备的稳定可靠运行。

5　结论

采用MBR膜生物反应器对船舶污水进行处理系统或进行改造，可以充分利用原有设施并实现自动运行，节约投资，出水可以达到国家污水回用标准满足国际海事组织新的船舶排放标准，处理出水能够回用于冲厕和冲洗甲板，有效改善船舶污水对海洋环境的影响。应用实例表明，MBR技术应用于在船舶污水处理是可行的，值得进一步研究推广。

参考文献

[1] 中华人民共和国国家标准.城市污水再生利用　城市杂用水水质(GB/T 18920—2002).北京:中国标准出版社,2003

Abstract: This article introduces the advantages and projects of the application of MBR technology in the reconstruction of ship sewage treatment. It shows that the water fully meet the water quality standard for urban miscellaneous water, it can be used for flushing directly and improve the impact on the marine environment effectively.

Key words: Ship sewage; MBR

浅析加强对船舶生活污水污染的现场监督检查

韩 磊

(宁波大榭海事处,宁波,315800

摘　要:MARPOL 73/78 公约附则 IV《防止船舶生活污水污则》已于 2007 年 2 月 2 日正式对我国生效,并于 2008 年 9 月 27 日对所有国际航行船舶全面生效。本文作者从海事防污染监管的角度,阐述了对船舶生活污水污染的现场监督检查的法律依据和具体检查措施及内容,从多次检查实践总结出了海事部门应如何开展船舶生活污水污染的现场监督检查,并提出了针对性的管理建议,以期加强对船舶防污染的监管力度,提高我国整体的 MARPOL 公约履约能力。

关键词:MARPOL 73/78 附则 IV　生活污水　处理装置　现场检查　建议

船舶直接排放大量没有经过有效处理的生活污水入海,势必构成海洋环境的重大威胁,损害生物资源,危及人类健康。如何控制船舶生活污水的排放,日益受到国际社会的重视。

IMO 海上环境保护委员会(MEPC)于 1973 年通过了 MARPOL 73/78 防污公约附则 IV《防止船舶生活污水污染规则》以加强对船舶生活污水的管理,减少对海洋环境的污染。该附则已于 2003 年 9 月 27 日正式生效,其 2004 年修正案也于 2005 年 8 月 1 日正式生效,我国于 2006 年 11 月 2 日向国际海事组织秘书长交存了加入经修正附则 IV 的文件, 2007 年 2 月 2 日该附则正式对我国生效。至 2008 年 9 月 27 日,该附则已对所有国际航行船舶全面生效。为切实履行国际公约要求,防止船舶生活污水造成水域污染,海事部门在进行着不断的探索和研究中,为此,本文结合对抵港船舶的现场防污染检查,就如何加强对船舶生活污水的现场检查和管理,谈谈自己的看法。

1　防止船舶生活污水污染的法律法规

1.1　国际法规

MARPOL 73/78 附则 IV 共四章 12 条,明确规定各种类型和大小的船舶在任何区域排放船舶生活污水的标准和要求,是船旗国海事主管机关监督检查本国国际航行船舶和外国船舶的依据。

1.2　国内法规

除国际法规外,国内航行的船舶生活污水的监督管理目前还没有单独的规定,提及到防治生活污水的法律法规有:

(1)中华人民共和国海洋环境保护法;

(2)中华人民共和国水污染防治法;

(3)中华人民共和国防止船舶污染海域管理条例;

(4)中华人民共和国防止船舶污染内河水域环境管理规定;

(5)中华人民共和国船舶污染物排放标准。

上述法律法规,是海事主管机关有效监督管理船舶生活污水污染的实体法依据,这里不一一引用。

2　现场重点监督检查对象

2.1　国际航行船舶

根据抵港国际航行船舶的船期,尽快安排海事执法人员上船检查。部分国际航行船舶是在靠泊码头一段时间后才开启使用生活污水处理装置或集污柜,这已违反了 MARPOL 附则 IV 第 11 条的规定,造成了港区海洋环境的污染。

2.2　交接新船

从船厂出来的新造船舶往往是在指定码头进行新船交接,交接完毕后该轮便由国轮变成外国籍国际航行船舶,由于 MARPOL 73/78 公约附则 IV 对于国内船舶不强制执行,船厂在交接新船的时候往往不重视生活污水处理装置的使用问题,如果新交接船员意识不强或者忽略了防止生活污水污染的各项措施,就会导致生活污水直接排放如海。

2.3　新造船舶

对于国内航行船舶来说,因为我国在加入规则过程中做了保留,不适用公约规定,但对于 2009 年 1 月 1 日后建造的船舶,要求持有《防止生活污水污染证书》,配备污水处理装置或集污柜,应当遵守国内规范的要求,在《中华人民共和国船舶污染物排放标准》(GB 3552—83)中有明确规定。

3　防止船舶生活污水污染现场检查的主要内容

3.1　相关证书文书有效性的检查

确定《国际防止生活污水污染证书》(ISPP 证书)是否在有效期内,有否进行初次检验和换证检验(每 5 年需进行换证检验)。该证书中标明了本船配备的生活污水处理设施的类型,以表明是属于哪一种处理方式。如属于生化处理,证书中则标明了生活污水处理装置的型号、制造厂家名称等,并应备有一份型式认可证书和厂家测试报告或检验合格证,以证实该装置是否符合流体的排放标准。

3.2　生活污水系统的监督检查

(1)处理措施的配备情况

附则Ⅳ规定,每艘适用船舶的生活污水系统,至少应配备生活污水处理装置、污水粉碎和消毒系统、储存生活污水的集污舱中的一种,且均应配备标准排放接头。船舶在距最近陆地 3n mile 以外排放生活污水的,至少应配备配备生活污水粉碎和消毒系统;排放至接收设施或在 12n mile 以外排放未经粉碎或消毒的生活污水的,至少应设有集污舱;在其他水域排放生活污水的,必须配备生活污水处理装置。

检查证书所载生活污水处理设施的型号与实际装置的铭牌是否一致;现有处理设施是否满足船舶实际配员的要求;如船舶配备集污舱应通过测量检查该舱的剩余容量能否满足下航次的需要,以及是否能够通过视觉方式观察集污舱内污水的量;生活污水的通岸接头的连接法兰是否符合国际标准。

(2)生活污水处理装置运转状况检查重点

以常见的生化处理装置为例,主要检查该装置是否处于正常的运行状态以及能否达到规定的排放标准:

①检查生活污水转换阀是否已经转换到生活污水处理装置一侧(即关闭生活污水直通舷外的阀门而开启生活污水进入处理装置的阀门,有的船舶用三通阀进行转换)。从上述的生活污水排放标准中我们已经知道,该装置应在距离最近陆地 12n mile 之前就该装换到生活污水处理装置一侧。

②由于活性污泥需要不断的氧气供应才能维持生命,所以应检查曝气风机是否处于运行状态,并保持压力在 $0.1 \sim 0.5 kg/cm^2$ 之间,压力表是否完好。如果风机损坏,允许使用从机舱控制空气接出的经过减压后的空气连接到相应的供气管路上,但轮机长应及时向公司申请了有关备件。

③消毒柜内有否投入消毒药片。处理装置中通常会有两个加药罐,在说明书中有规定:正常的投药量(通常是氯片)为5g/人/天,经过处理的生活污水其氯离子的含量应在1~5ppm之间,如果高于5ppm,则只需要加满一个药罐的1/3即可;如果低于1ppm则应在两个加药灌内加入药片。

④排放泵的吸入侧阀门的开关位置是否正确。在排放泵吸入侧有三个阀门:分别从曝气池、沉淀池和消毒池吸入。正常情况下,只有消毒池的排出阀处于开启状态,而曝气池和沉淀池的两个出口阀应处于关闭状态,这两个阀是在装置停用进行内部冲洗时才打开的。如果在装置运行中,这两个阀门也处于开启状态,就导致了没有进行消毒处理的生活污水也通过排放泵排放到舷外,同时也导致活性污泥的流失,不能达到规定的排放标准。

⑤沉淀池底部和浮渣盘的回流管(通常是透明的胶管)是否有可见的液体回流(检查人员可用手电筒进行照射验证)。如果没有,说明管路存在堵塞,需要船员进行内部清理。有时由于船员的不规范使用卫生设施,将部分果皮、瓜壳、茶叶等倒入抽水马桶内导致回流管的堵塞。

4 对主管船员的操作性检查

对2005年8月1日生效的经修订的MARPOL 73/78公约附则Ⅳ,澳大利亚政府向海环会第53次会议提出,若有明显理由确信某船的船长或船员不熟悉船上防止生活污水污染的主要程序,港口国具有采取控制措施的权力,对有效实施附则Ⅳ至关重要。2007年8月1日生效的该附则修正案MEPC.143(54)新增第13条"港口国监督中的操作性要求",赋予港口国对船员不熟悉防止本船生活污水污染主要程序的船舶实施滞留的权力。对船员的操作性要求可见一斑! 主管船员对装置的熟悉程度、操作能力如何,都直接表明船舶是否按公约要求对本船的生活污水进行处理和排放。通过对船舶生活污水处理设施的技术状况、运转状况的检查,可初步了解船舶的设备保养情况及主管船员对该设备的操作能力,如对此有质疑,可以开展操作性检查。操作性检查主要是通过主管船员演示设备的运行来检查设备的运行状态和主管人员对相关设备的操作熟练程度。主要包括:

(1)主管船员是否熟悉生活污水处理系统的管系布置及流向,是否能熟练操作;诸如:生活污水转换阀转换,曝气池、沉淀池和消毒池通往排除泵阀的转换及反冲洗操作,以及曝气风机和排放泵的自动/手动转换操作等。

(2)主管船员是否了解生活污水排放标准及要求。

(3)主管船员是否熟悉本船所使用生活污水处理装置投药要求及所使用药品的性质。

5　管理建议

船舶生活污水的处理在欧洲许多国家是相当严格的，一些国家的海事部门要求进行取样化验；一些国家强制性要求在港内必须将生活污水贮存在船上，即使是通过了生化处理并达到了排放标准要求也不能向舷外排放；在美国还要求船舶提供生活污水处理装置的维护保养记录等等。针对上述情况，本人建议海事部门或国际航运公司应做好如下几方面的工作：

（1）首先，应该提高公司和船员防止生活污水污染的意识，从检查结果来看，欧美国家的防污染意识明显高于亚非拉国家。

（2）建立船舶生活污水操作记录，船舶应保存好这方面的记录，并在必要时随时提供给港口主管当局检查。

（3）海事部门应配备生活污水检测设备，并在必要时与环保部门协作，对船舶排放的生活污水进行检测，证实船舶的排放是否达标。

（4）海事部门应加强对现场监督人员的防污染检查技能的培训，包括检测设备的使用、保养等。

Abstract: MARPOL 73/78 Annex IV—Regulations for the Prevention of Pollution by Sewage from Ships entered into force in China on February 2, 2007 and has been applicable to all international vessels since September 27, 2008 . The author of this paper elaborates the legal basis and detailed measures of sewage pollution site inspection on vessels from the perspective of anti-pollution control of maritime safety administrations. Through summarizng how to conduct such inspections based on experience, the paper also puts forward suggestions of management, for the purpose of enhancing anti-pollution inspections on vessels and improving China's overall capability of MARPOL performance.

Key words: MARPOL 73/78 Annex IV; Sewage; Treatment plant; Site inspection; Suggestion

对提高船舶油水分离效果的思考

李红安
（湛江海事局，湛江市，524001）

摘　要：分析了船舶油水分离器的组成和工作原理，指出油水分离器在使用、保养、管理等方面存在的问题，提出进一步提高油水分离效果的建议，减少船舶污染，保护海洋环境。

关键词：船舶污染　含油污水　油水分离

1　引言

21世纪，是海洋的世纪。海洋的全面开发和全球经济的一体化催生了世界航运业的蓬勃发展。航运——这种经济、绿色和环保的运输方式，承担了世界90%以上外贸货物的运输，在推动世界经济社会发展繁荣的同时，也给人类赖以生存的海洋环境带来了污染。相关资料统计表明，海洋环境污染中有35 %的污染物来自于船舶[1]，船舶污染已逐渐成为当代危害海洋环境、破坏海洋生态系统、威胁整个人类的第二大海洋环境污染源。其中，船舶机舱油污水的排放量，普通船舶大约相当于其总吨位的30%，全球每年约有数百万吨污油被排入海洋。作为处理船舶机舱油污水和防止船舶污染的关键设备——船舶机舱油水分离器在减轻船舶污染水域的过程中发挥着极为重要的作用。如何保证油水分离器及其相关设备处于良好状态并有效运行，如何提高船舶油水分离效果从而减少对海洋环境的污染，值得从业者思考。本文从技术创新、设备更新、监督检查和维护管理等方面着手对此作一些浅显的探讨。

2　船舶机舱油污水的来源和危害

船舶机舱油污水主要包括船舶含油压载水、含油洗舱水和舱底污水。一般情况下，压载水占载重量的25%左右，含油量约3000ppm，清洁压载水和专用压载水不含污油；洗舱水占载重量的20%左右，含油量15000ppm左右，采用原油洗舱技术洗舱不产生上述大量的油污水；舱底污水年水量占船舶总吨位的10%左右，水质较为复杂，它是多种油类的混合物，含油量5000ppm左右[2]。

船舶油污染会影响大气与水体间的气体交换及水中溶解氧的状态，破坏水体的生态平衡和海洋生物的栖息环境，严重影响海洋本身的调节功能，给海洋生态环境、海洋生物资源、海洋渔业生产等带来严重危害，进而影响到全球生态平衡，严重威胁人类的生存环境。据统计，全世界每年随船舶舱底污水排入海洋中的石油有近几十万吨；压载水和洗舱水肆意排放造成的油污染则更为突出，如一般10万吨级的油轮，压载水不经处理而排放，每个航次就有100~150t的油排入海中，若全部油舱清洗一次，所用的洗舱水不经任何处理排出舷外，将有200t石油一起排入海洋[3]。可见，船舶机舱油污水对海洋环境的危害不可小觑。

3　油水分离器在防止海洋环境污染中的作用

油水分离器的主要功能是将油分从含油污水中分离出来，减少排放的油污水的含油量，并对排出的油水进行监控，使其符合国际公约和国内法律法规低于 15ppm 的排放标准，从而达到减少海洋污染的目的。MARPOL 73/78 公约要求 150 总吨以上的油船和 400 总吨及以上的任何船舶应装设有油水分离装置，10000 总吨及以上的任何船舶还应装有应装设经主管机关批准的滤油设备和当排出物的含油量超过 15ppm 时能发出报警的手自动停止含油混合物排放的装置。由此可见，油水分离器在分离油水中的油分，降低含油量和监控油水的排放，防止船舶污染海洋环境中发挥着重要的作用。

4　常见油水分离器的基本组成及工作原理

船舶机舱油水分离器主要由油水分离装置、自动排油装置、油分浓度监控装置、报警和排放自动停止装置等组成[4]。

4.1　油水分离装置

油水分离装置的主要功能是将油分从含油污水中分离出来，主要分离方法有：重力沉降、旋流分离、浮选、吸附、过滤、混凝处理、膜分离、生化处理和超声波处理等[5]。

为了满足 MARPOL 73/78 公约和国内法律法规关于对船舶油污水排放标准的要求，船上一般采用一种或多种组合的方式，或进行多级分离处理的方法对油污水进行处理。目前船用油水分离设备绝大多数采用重力—聚结组合式、重力—吸附组合式和真空式三种。为了深入了解油水分离器的工作原理，下面以较为广泛应用的重力—聚结组合式分离方法进行说明。以 CYF－B 型滤油设备为例，其工作原理如图 1 所示[6]。

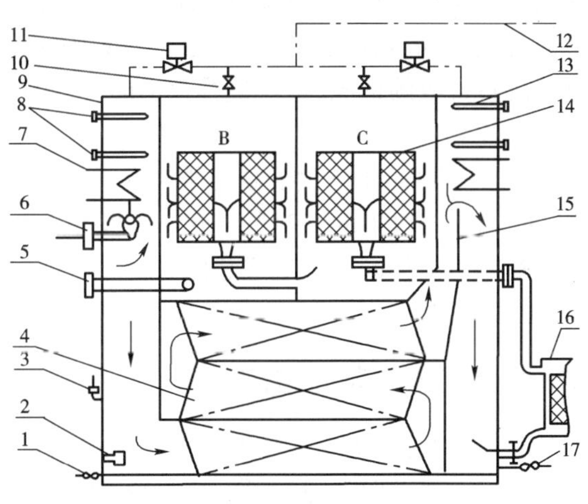

图 1　CYF-B 型油水滤油设备

1-泄放阀；2-蒸汽冲洗喷嘴；3-安全阀；4-板式聚结器；5-清洁水排出口；6-油污水进口；7-加热器；8-油位检测器；9-集油室 A；10-手动排油阀；11-自动排油阀；12-污油排出管；13-集油室 D；14-纤维聚结器；15-隔板；16-细滤器；17-泄放阀

工作原理：油污水经进口 6 进入集油室 A 后，粗大油滴随即上浮进入集油室顶部，含有小颗粒的油污水向下流动经过板式聚结器 4 进行粗分离，形成较大油滴上浮集中到集油室 D，其余污水经过细滤器 16，滤除机械杂质及部分石蜡胶体，剩余的细微油粒经过纤维聚结器的两级分离出来，最终上浮在集油室 B 和 C 顶部，最后符合排放标准的水从排放口 5 排至舷外。当油位检测器 8 检测到集油室 A 和 D 里的污油达到一定位置时，启动排油阀 11 将污油泵至污油柜,集油室 B 和 C 产生的污油较少,采用人工方法将污油排出。

4.2　油分浓度监控装置

油分浓度监控装置的核心部分是油分计,其功能是连续记录油水分离器处理水中的油分浓度,并在处理水超过排放标准(>15ppm)时通过自动报警器报警,自动停止装置动作,并将不符合标准的处理水自动泄放返回舱底。

4.3　自动排油装置

油水分离器的排油装置一般有自动和手动两种,常见的自动排油装置采用电容式或电极式探测油位高度来控制排油电磁阀。

4.4　报警和排放自动停止装置

常见的自动停止装置有两种:一种是采用气控或电控三通阀,自动打开旁通回流管路,切断舷外排放管路,将超标污水导回油污水柜;另一种是当排放水样超过排放标准时,15ppm 报警器报警,同时打开旁通回流管路、关闭舷外排放管路的同时停止污水泵。

5　船舶机舱油水分离器使用中存在的问题

海事部门在实施港口国监督(PSC)和船旗国检查(FSC)对船舶油水分离器进行监督检查时,经常发现以下问题:

(1)设备未按规定配备。包括未配备油水分离设备,或配备的油水分离设备的处理量低于规定要求;或未配备排放报警装置等。

(2)设备不能有效运行或未投入使用。一些油水分离设备因长期缺少维护保养,技术状况差而不能运行。一些船舶虽配有能正常使用的油水分离设备,但为贪图方便,长期闲置不使用,经常在夜间通过应急舱底泵、海水管路、其他旁通管路直接将舱底油污水排出舷外,造成水域污染。为了应付主管机关的检查,船舶常在《油类记录簿》或《轮机日志》中伪造记录,虽定期记录舱底水通过油水分离设备排放的情况,但伪造排放的时间、船位和数量等,制造油水分离设备正常投入使用的假象。

(3)违规排放超标油污水。一方面,由于设备缺乏维护保养,导致经处理的排出水的含油量超过排放标准。部分 10000 总吨及以上的海船虽装有排放报警装置,但由于该装置故障,在处理水的含油量超过排放标准时不动作同样也造成超标排放。另一方面就是人为偷偷地将舱底油污水直接排出舷外。

6　提高船舶机舱油水分离器效果的措施

为了让油水分离器更经济、高效地运转,更好地保护已遭严重污染的海洋环境,应从经济、技术和管理等方面采取更为有力的措施。

6.1　开发应用新的技术,提高油污水处理效率

随着科学技术的不断进步,以及新技术在油水分离处理领域应用的不断探索和改进,一种新的油水分离处理技术——旋流分离处理技术,因其效率高、能耗低,工作性能稳定、维护维修量小,以及体积小、重量轻、安装方便等独特优点,在油水分离领域显示出巨大的潜力。其结构及工作原理如图 2 所示。

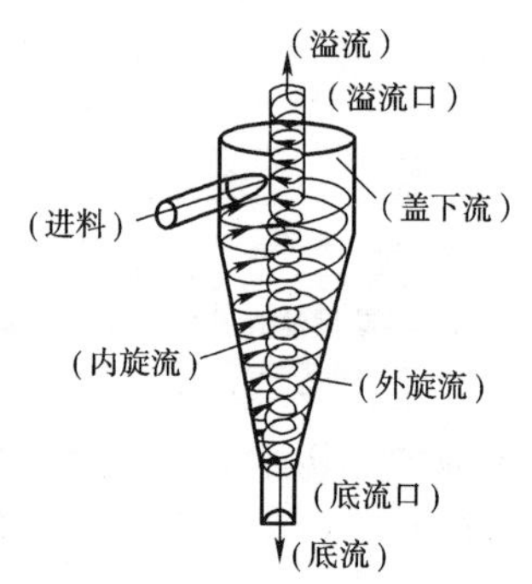

图 2　旋流分离器工作原理示意图

工作原理：它是由上部筒体和下部锥体两大部分组成的非运动型分离设备，其分离原理是离心沉降。当待分离的液体混合物以一定的压力从旋流器周边进入旋流器后被迫作回转运动。由于其受到的离心力、向心浮力、流体曳力等大小不同，液体混合物中的固体粗颗粒克服水力阻力向器壁运动，并在自身重力的共同作用下，沿器壁螺旋向下运动，细而小的颗粒及大部分水则因所受的离心力小，未及靠近器壁即随液体混合物做回转运动。在后续给料的推动下，颗粒粒径由中心向器壁越来越大，形成分层排列。随着液体混合物从旋流器的柱体部分流向锥体部分，流动断面越来越小，在外层液体混合物收缩压迫之下，含有大量细小颗粒的内层液体混合物不得不改变方向而向上运动，形成内旋流，自溢流管排出，成为溢流，而粗大颗粒则继续沿器壁螺旋向下运动，形成外旋流，最终由底流口排出，成为沉砂，从而达到分离分级的目的。江南大学分离工程研究所采用旋流分离器进行含油污水处理实验，以油水混合物作为试验物料，在合适的条件下，分离效率可达 99% ，即可将油污水的含油量从 1000ppm 左右降到 10ppm[7]。

新技术在油水分离处理技术领域的应用，将带来巨大的经济效益、环保效益和社会效益。

6.2　改进监控装置，提高监控水平

由于传统的油水分离器的监控装置不能有效监控油量瞬时排放率和总排放油量，容易造成油污水超标排放。此外，船方也可能为了一时的方便和利益，而将不经过分离处理的舱底水偷排到海里造成海洋污染。因此，有必要对现行的油水排放监控装置进行改进，提高监控能力，实现对油水分离器使用情况连续、自动、全工况的跟踪和监视，防止违章排放行为的发生。建议分别在油水分离设备的进水管路、排出管路上设置流量计，以及实时的监控、记录、警报单元，实现对船舶油污水处理设施运行情况的连续、自动、全天候的跟踪、记录和监控[8]，以控制油污水排放的浓度和量，防止船舶违章排放和通过伪造排放记录来蒙骗过关。

6.3　加强监督检查和维护管理，保障设备设施的有效运行

在更新和改进技术装备的同时，建立一套完善的监督检查体制和机制是防止船舶油污水污染海洋环境的重要保障。作为船舶安全航行和防止船舶污染的责任主体，船公司、船舶、船长和船员，应按照国际公约、国内法律法规和安全管理体系的要求，加强学习培训，提高防污染意识和技能；强化维护管理，及时纠正存在的缺陷和不足，保障防污设备的有效运转，防止船舶污染海洋环境。作为主管职能部门，船级社和船检部门应把好检验发证关，从源头上保证油水分离装置的有效运转；海事部门应依法严格开展港口国和船旗国监督检查，依法严肃处理各种违法、违规行为，确保油水分离装置及相关设备处于良好状态。

7　结语

不可否认，油水分离器的广泛使用在防止船舶油污水污染，保护海洋环境方面发挥了极其重要的作用。但由于缺乏足够的维护保养、有效的监控手段以及部分从业人员环保意识淡薄等缘故，其实际使用情况及使用效果仍堪忧，经济、技术和管理等层面的更为有力的措施应给予考量，从而进一步提高油水分离的效率和效果，减少船舶污染，保护海洋环境。

参考文献

[1] 姚齐国. 旋流技术在船舶油污水分离中的应用[J]. 佳木斯大学学报(自然科学版),

2008,26(6):770-771

[2] 沈永生.船舶油污水处理技术经济分析[J].交通环保,1997(1):17

[3] 鄂海亮.我国船舶污染防治体系的分析研究.大连海事大学硕士学位论文,2008:7

[4] 李建军,孔繁仲,王彬彬.船用油水分离器防污染检查[J].世界海运,2008,31(3):35-37

[5] 俞建峰,袁惠新.含油污水处理[J].过滤与分离,1999(4):20-22

[6] 王喜城.船舶机舱油水分离器原理和检查[J].中国水运,2008(2):34-35

[7] 李莹,周晓君,叶熙.旋流分离技术在机舱底水处理中的应用[J].船舶工程,2008,3(2):32

[8] 林洪贵,李寒林,蔡振雄.船舶舱底水分离器使用的自动记录与监控系统设计[J].船海工程,2008,37(6):136-139

Abstract: In order to reduce pollution from ships and protect marine environment, this paper analyzes the composition and working principle of oil-water separator, and points out the problems of use, maintenance, and management of oil-water separator, and puts forward further proposals to improve oil-water separation efficiently.

Key words: Pollution from ships; Oily wastewater; Oil-water separation

船舶压载水处理设备的市场现状调查与分析①

兰　儒②　乔　冰　刘春玲

（交通运输部水运科学研究院，100088）

摘　要：《国际船舶压载水和沉积物管理与控制公约》已于2009年生效。出于对《公约》生效后即将出现的巨大市场的商业利益考虑，船舶压载水处理设备的市场需求及经济效益成为压载水处理设备研发企业关注的内容。笔者对国内外压载水处理设备需求市场进行调研分析，最终估算出国内市场压载水设备的需求量保守估计为3633套，经济效益为90825～108990万美元。国际压载水处理设备，保守估计油船船队、散货船队、集装箱船队在航船舶有35亿的市场，油船、散货船的新造船舶有11亿的市场，新造集装箱船有5亿的市场。

关键词：船舶压载水　处理设备　压载水国际公约　市场现状

1　引言

《国际船舶压载水和沉积物管理与控制公约》[1]已于2009年生效。该公约要求，2009年建造的部分新船应满足D2的标准，到2016年所有的船舶都应满足D2标准，即到2016年所有的船舶需安装经检验发证的压载水处理系统，并持有国际压载水管理证书和配备压载水管理手册。

为适应该公约强制性的要求，也为我国远洋运输企业能够适应新的国际海洋环保要求，开发符合国际公约和区域性水排放标准的海船压载水处理设备，并将该设备安装于我国在航船舶和新建成船舶的任务已迫在眉睫。同时，出于对《公约》生效后即将出现的巨大市场的商业利益考虑，船舶压载水处理设备的市场需求及经济效益也成为压载水处理设备研发企业关注的内容[2]。

2　市场需求现状调查

为了了解船舶压载水处理设备的市场需求及经济效益，笔者对国内的大型航运企业及2008年各类在航船舶种类及数量进行调研，调研结果如下。

2.1　国内市场调研

2.1.1　国内大型航运企业压载水处理系统数量估算

国内三大航运企业中国远洋运输集团总公司、中国海运集团总公司、中国外运长航集团有限公司下属的中外运航运有限公司的调查结果，对其截至2008在航船舶的压载水处理系统市场需求量进行统计估算，如表1所示。

① 源于国家科技支撑计划项目：远洋船舶压载水净化和水上溢油应急处理关键技术研究。

② 兰儒（1982- ），助理研究员，主要从事环境影响评价、船舶防污染、港口设施保安等工作。

大型企业在航船舶的压载水处理系统市场需求量 表1

	中国远洋运输集团总公司	中国海运集团总公司	中外运航运有限公司	总计
艘数	835	440	39	1314
总载重吨(万吨)	5321	1798	—	—
压载水设备需求量(套)	≥835	≥440	≥39	≥1314

从表1可以看出,大型企业对压载水处理设备系统有很大的需求量,是国内压载水处理设备的最大市场。

2.1.2 2008年国内不同船型所需压载水处理设备数量估算

按照每船配备1台1000吨/小时的压载水处理设备对2008年国内在航船舶和新造在造船舶对该设备的需求量进行估算。2008年各类在航船舶、新造船舶种类及数量列表及所需要的压载水处理设备数量估算如表2和表3所示。

2008年各类在航船舶种类及数量列表及所需要的压载水处理设备数量估算 表2

在航船舶种类	客船	油船	液化气船	散装化学品船	散货船	集装箱船	滚装船	其他货船	拖轮	驳船及非运输船
艘数	17065	6453	109	3114	10120	2070	70	111796	5889	51162
总载重吨(万吨)	225.8	889.5	15.8	127.0	1872.1	654.8	34.6	3300.4	347.9	1465.6
国内航行船舶	海船:21126艘,54440480总吨 内河船:186869艘,43685723总吨									
国际航行	海船:1306艘,17158939总吨 内河船:262艘,125796总吨									
港澳航行	海船:472艘,410014总吨 内河船:1318艘,1063752总吨									
压载水设备需求量(套)	≥远洋船舶数量≈国际航行船舶数量+港澳航行船舶数量=3358套									

2008年各类在造船舶种类及数量列表及所需要的压载水处理设备数量估算 表3

2008年新造及在造船舶	办理正式国籍挂五星旗的船舶	为国外建造办理临时国籍的船舶	在造船舶	总 计
艘数	4432	1111	47	5590
总载重吨(t)	584万	1290万	171万	1945万
远洋船舶数量	按5%估算为275艘			
压载水设备需求量(套)	约275套			

从表2和表3可以看出,国内市场压载水设备的需求量保守估计为3633套。

2.1.3 经济效益估算

国内研发最终成套产品的销售价格在25~30万美元。据上节分析,国内市场压载水设备的需求量保守估计为3633套,因此销售金额为90825~108990万美元。

而国际上压载水处理设备的销售价格高达45~50万美元。如果我国的压载水处理产品市场被国外企业瓜分,则我国在船舶处理压载水市场,将损失5~9亿美元。

经过详细分析,中海集团和中远集团船舶拥有和船舶经营量处绝对领先地位。两家公司拥有船舶吨位约占国内市场的总吨位的54.5%,实际控制、经营的船舶约占总吨位的56%。因此,这两家公司是国内压载水处理设备的最大市场。

2.2　国际市场调研及经济效益估算

2.2.1　世界船队压载水处理市场分析

据《世界航运发展报告》(2008)统计,世界截至2008年底的油船、散货船的数量和2009～2014年船舶制造订单船型如表4和表5所示。

2008年12月底世界油船(单位:艘)　　表4

项目＼船型		2.5～5万吨	巴拿马型	阿芙拉型	苏伊士型	VLCC	合计
现有规模		1379	523	767	348	503	3520
手持船舶订单	2009年交付	149	152	124	73	68	566
	2010年交付	130	79	94	50	66	419
	2011年交付	81	65	53	39	79	317
	2012年交付	5	15	3	9	13	45
	2013年交付	1	2	0	1	1	5
	2014年后交付	1	0	0	0	0	1
	合计	367	313	274	172	227	1353

数据来源:挪威帆利公司。

2008年12月底世界散货船(单位:艘)　　表5

项目＼船型		灵便型	大灵便型	巴拿马型	好望角型	合计
现有规模		2746	704	1576	820	5846
手持船舶订单	2009年交付	255	291	155	899	899
	2010年交付	192	295	248	1050	1050
	2011年交付	172	188	184	708	708
	2012年交付	72	43	69	242	242
	2013年交付	7	7	18	44	44
	2014年后交付	0	0	1	2	2
	合计	698	824	675	2945	2945

数据来源:挪威帆利公司。

从表4和表5可见,截至2008年12月底,世界油船船队现有规模为3520艘,2009～2014年将新造1353艘;散货船船队现有规模5846艘,2009～2014年将新造2945艘。另据Clarkson Container Intelligence Monthly统计,截至2008年11月1日,世界全集装箱船舶运力达4692艘、1197.52万TEU。从以上数据分析,2008年12月底前的油船船队、散货船队、集装箱船队共14058艘,按每艘配备一套压载水处理设备计算,至少要配备14058套。按一套25万美元计,仅这三种船型的在航船舶就有35亿的市场。

2.2.2　世界造船市场压载水处理市场分析

从表4和表5的统计数据可以计算出,2009~2014年,仅油船、散货船的新造船舶的压载水处理设备需求就有约11亿的市场。

集装箱新造船市场中国和韩国占有相当大的比重。到2008年5月末,全球集装箱新船订单达到了创纪录的1528艘,共计670万TEU。保守估计2009年的集装箱船数量,按2000艘估计,按每艘配备一套压载水处理设备计算,至少要配备2000套。按一套25万美元计,仅集装箱船就有5亿的市场。

3 结论

通过以上的分析,未来一个时期,中国乃至世界远洋航运业正在并将继续经历30年不遇的市场高峰期,航运力和交船量的增长势头强劲,这也为压载水处理设备提供了一个良好的市场需求背景。我国拥有自主知识产权的压载水处理装置的研发工作,机遇和挑战并存。另外,在压载水处理技术上,我们与发达国家站在同一起跑线上,我们要珍惜时代给予我们的机遇。

4 存在的问题探讨

4.1 法律风险

压载水处理系统研发在最终产品设计和技术认证过程中存在一定的风险。因此,应该在充分调研国外和国际相关法规以及知识产权状况方面,制定应对策略和规避方法,最大限度的降低风险。

4.2 市场风险

通过本论文的分析,压载水处理设备市场在国内和国际都是相当可观的。然而,我们要面对的是国外产品的竞争、国内仿制技术产品的竞争等等。与国外产品竞争,需要了解国外产品的知识产权情况,制定相应的规避机制和自主知识产权保护策略。利用IMO产品认证的规则,扩大市场准入的范围和国际市场的竞争力。对于国内的防治技术,我们要利用产权保护法规、质量标准检验认证等方式,对这部分市场进行规范,防止出现低水平无序竞争的局面。

4.3 金融危机的影响

由于目前金融危机对全球经济的冲击仍余波未尽,加之船东撤单、部分船公司倒闭破产及违约等问题,预计未来两年新船交付情况比预期的要低。此外,由于国际干散货市场前景扑朔迷离,船队运力闲置的情况有可能进一步加剧,市场船舶运力过剩问题将会持续一段时期。

金融危机对世界船队数量、新造船、租船市场等的影响,势必会影响到压载水处理技术的应用,这也是值得我们探讨的重要问题之一。

参考文献

[1] IMO. 国际船舶压载水和沉积物管理与控制公约[S]. 2004

[2] 陈汝军,郭苹,梁超雄. 海船压载水处理设备研发的重要性分析,航海工程,2007.6(36),29-30

[3] 王诺. 世界航运发展报告(2008),2009.6,21-50

微孔过滤与紫外结合处理压载水中藻类的研究

李　斌　荆　纬　陈　龙
（大连海事大学轮机工程学院，大连市，116026）

摘　要：为验证微孔过滤与紫外辐射相结合的方法对小型藻类的处理效率，根据“Guidelines for approval of ballast water management system（G8）”的有关要求，选取了三种典型且易于获取的单胞藻进行实验研究。实验证明，相比单纯过滤法，过滤+紫外联合法对小型藻类的去除效果更佳。

关键词：压载水　微孔过滤　紫外辐射　小型藻类

1　引言

研究表明多种细菌、浮游植物和动物会以不同的形式存活于压载水中，这样就造成了有害水生物和病原体的传播，导致海洋水域环境的污染[1]。为防止外来海洋生物入侵，世界各国的科研机构进行了大量的研究，并取得了一定的成果。现今，至少有25种处理压载水的方法，但是没有任何单一的方法可以同时在技术能耗和绿色环保方面取得较好的实验结果，目前大多数成熟的处理技术是将两种或两种以上的方法结合起来，而过滤法与紫外法的结合是其中一种较有前途的应用[2]。根据“Guidelines for approval of ballast water management system（G8）”（关于压载水管理系统认可的导则）中提出的有关要求[3]，我们分别选取了三种典型且易于获取的单胞藻——小球藻、新月藻、扁藻进行大量实验。在 $10m^3/h$ 流量范围内，通过改变各单胞藻的初始浓度和处理水量，重点研究各分支处理与整机处理对典型藻类和微生物的去除效率。

2　实验内容与方法

实验采用微孔过滤和紫外辐射相结合进行对船舶压载水中典型藻类的去除研究。实验中通过选取三种特定的单胞藻来考察装置处理效果的广谱性和有效性。

先将一定浓度的典型藻液与洁净海水进行定量配比来模拟携带海洋浮游生物和微生物的船舶压载水，在处理过程中利用微孔过滤装置对海水中藻类进行过滤、吸附，随后利用紫外辐射装置杀灭残留的藻类。在过滤装置前后和紫外辐射装置前后取水样，实验效果可用藻类的去除率来衡量，藻类的浓度可用显微镜计数法测定。

2.1　实验装置

实验装置如图1所示，整个装置是由陶瓷过滤装置和紫外灭活装置两部分构成，两个装置通过不锈钢管连接起来，贮水槽中的模拟压载水通过一个立式多级离心分离泵被送入装置中，依次经过过滤和紫外处理，最终被送入排水槽。陶瓷过滤的目的是过滤各种藻类等大粒径生物；紫外辐射杀灭细菌等粒径较小的生物。

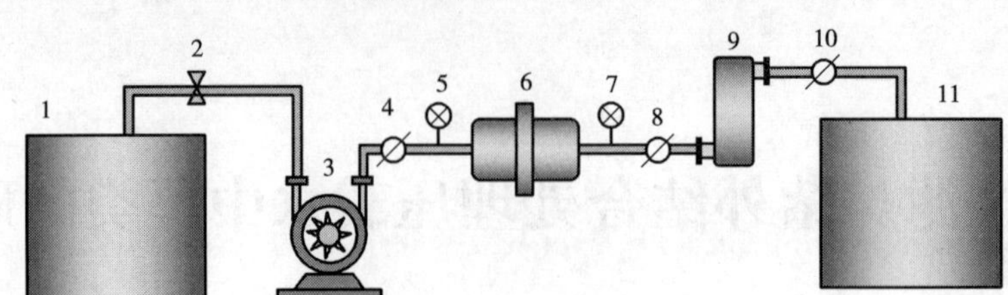

图1 实验装置图

1-进水储罐；2-阀；3-立式离心泵；4、8、10-取样口；5、7-压力表；6-过滤器；9-紫外灯装置；11-出水储罐

2.2 模拟水样的配制

藻类培养首先是扩藻实验，原藻种液浓度为 $n = 4.888 \times 10^4$ 个/ml。

典型藻液的扩培养的具体过程为：将保存的上述典型藻种转移到2000ml的锥形瓶中，并控制溶液体积在2000ml左右。分别按1/2500和1/10000的比例向上述三种藻液中滴加培养基和微量元素。封口、摇匀，并置于适宜的日光温度下照射培养。

在对各典型藻的培养过程中，藻类的生长必须在其各自适宜的温度和光照条件下，且需每隔一天对藻液进行摇动，以免藻的聚集沉淀，影响藻的生长。

2.3 压载水处理过程

如图1示，在过滤器的前端，后端以及紫外处理器的尾端分别设置一个取样口，标号分别为1号，2号，3号。启动水泵，同时开启两个紫外灯，待流量稳定后，在三个取样点同时等量取样三次，并将各水样混合均匀，取样完毕记录始末取样时间以便计算流量。继续改变流量四次，重复上述步骤采样，共计15个水样。

2.4 检测方法

压载水的处理效率用显微镜计数法来观察藻类数目，并比较单纯过滤和过滤与紫外结合这两种情况的除藻效率。

3 三种典型藻去除效果的对比分析

3.1 不同流量下除藻对比

将每一档流量下各初始浓度对应的除藻效率取平均值，来对比处理装置对三种单胞藻的去除效率随流量变化情况。如表1和表2所示。

不同流量下微孔过滤除藻对比 表1

流量	1m³/h	3m³/h	5m³/h	7m³/h	9m³/h
小球藻	83.1%	79.4%	81.8%	81.4%	81.2%
新月藻	91.6%	90.3%	92.1%	89.3%	95.6%
扁藻	83.3%	94.3%	97.1%	100.0%	100.0%

不同流量下过滤+紫外除藻对比 表2

流量	1m³/h	3m³/h	5m³/h	7m³/h	9m³/h
小球藻	88.6%	84.4%	87.2%	91.0%	89.0%
新月藻	92.8%	94.1%	91.5%	92.2%	95.6%
扁藻	98.3%	100.0%	98.6%	100.0%	100.0%

由表1和表2可以得出，不同流量下，单纯过滤的除藻效率为：小球藻的去除率在79.4%

~83.1%,新月藻在89.3%~95.6%,扁藻在83.3%~100%。过滤+紫外联合除藻效率均高于单纯过滤,去除效率为:小球藻的去除率在84.4%~91.0%,新月藻在91.5%~95.6%,扁藻在98.3%~100%。总的来说,流量对小球藻和新月藻的处理效果影响不大,对扁藻而言,其总的去除效率在某个范围内随流量增加略有增高,基本比较稳定。

3.2 不同浓度下除藻对比

将三种单胞藻于各初始浓度下5档流量对应的除藻效率取平均值,来对比处理装置对三种单胞藻的去除效率随浓度变化情况。如表3和表4所示。

不同浓度下单纯微孔过滤除藻效率对比 表3

体积	9L	18L	36L	72L	144L
小球藻	78.7%	87.7%	81.1%	81.9%	77.5%
新月藻	81.7%	85.5%	99.3%	99.1%	93.3%
扁藻	100.0%	100.0%	84.8%	90.0%	100.0%

不同浓度下过滤+紫外除藻效率对比 表4

体积	9L	18L	36L	72L	144L
小球藻	83.3%	94.6%	86.0%	92.6%	83.7%
新月藻	84.1%	88.4%	99.3%	99.6%	94.8%
扁藻	100.0%	100.0%	96.9%	100.0%	100.0%

由表3和表4可见,不同浓度下,单纯过滤对典型藻的去除效率为:单纯过滤可分别使扁藻去除84.8%~100%,新月藻去除81.7%~99.3%,小球藻去除77.5%~87.7%。过滤+紫外联合除藻效率均高于单纯过滤,去除效率为:联合法可分别使扁藻去除96.9%~100%,新月藻去除84.1%~100%,小球藻去除83.3%~94.6%。过滤及过滤+紫外联合处理对小球藻的去除率均稍低于新月藻和扁藻,新月藻在其投加量为36L和72L时,显示了很高的去除率,而扁藻去除率随浓度的增加而呈现先低后高的小幅变化。

通过比较三种藻的尺寸:扁藻11~14μm,新月藻长8~10μm、宽3~5μm,小球藻5~8μm,可知三种藻的尺寸依次为扁藻>新月藻>小球藻。理论上讲,尺寸越大的藻类去除效果应该越明显。实际的实验结果也进一步证明了这种推断。单纯过滤对典型藻的平均去除效率:扁藻为95.0%,新月藻为91.8%,小球藻为81.4%。过滤+紫外联合处理的平均去除效率为:扁藻为99.4%,新月藻为93.3%,小球藻为88.0%。同时可见,联合处理效率还是明显优于单纯过滤的除藻效率。

4 结论

本实验在前期研究的基础上,继续采用"微孔过滤和紫外辐射相结合治理船舶压载水生物入侵装置"进行了多种海洋藻的处理实验,大量的实验数据表明,装置对海洋微藻及微生物的去除效率均可稳定在某一范围内,具体结论如下:

(1)当小球藻初始浓度在2.3×10^4~2.5×10^5个/ml之间变化时:

①单纯过滤对于小球藻的去除效率始终保持在72.4%以上,平均效率为81.4%,最高去除效率可以达到92.3%。

②过滤+紫外结合后对于小球藻的处理效果更佳,去除效率最低为84.4%,平均效率为88.0%,最高可达91.0%。

(2)当新月藻的初始浓度在$1.4\times10^4\sim1.6\times10^5$个/ml之间变化:

①单纯过滤对于新月藻的去除效率始终保持在76.7%以上,平均效率为91.8%,最高去除效率可以达到100%。

②过滤+紫外结合后对新月藻的处理效果更佳,去除效率最低为77.0%,平均效率为93.3%,最高可达100%。

(3)当扁藻的初始浓度在$4\times10^3\sim2.9\times10^4$个/ml之间变化时:

①单纯过滤对于扁藻的去除效率始终保持在50%以上,平均效率为95.0%,最高去除效率可以达到100%。

②过滤+紫外结合对于扁藻的处理效果更佳,去除效率最低为77.0%,平均效率为99.4%,最高可达100%。

总体来看,单纯过滤与过滤+紫外结合处理对典型藻的去除能力为:扁藻>新月藻>小球藻;三种藻的平均去除效率都达到80%以上,显示出很好的去除效果。同时,过滤+紫外结合的处理能力又强于单纯过滤。因为紫外辐射对生物体强效的致死性损伤,可杀灭残余的藻类,对前级过滤处理起到了一个很好的补充,使得该装置对模拟压载水中典型藻类的去除更为稳定和高效,其对受试单胞藻的去除效果,也证实了该装置对藻类去除的广谱性和高效性。

参考文献

[1] 吴春杰,杨玉峰,俞健康.浅析船舶压载水的污染及对策[J].中国水运,2007,7(4):27-28

[2] PARSONS M G. Considerations in the design of the primary treatment for ballast systems [J]. Marine Technology, 2003, 40(1): 49-60

[3] Marine Environment Protection Committee. Guidelines for approval of ballast water management system (G8) [Z]. London: The Marine Environment Protection Committee, 2005

Abstract: In order to verify the processing efficiency of algae by the method of combination with micro-pore filtration and ultraviolet radiation, we select three typical single-cell algae to study, according to the relevant requirements of "Guidelines for approval of ballast water management system (G8)". The experiment proved that the combination method works better than the single micro-pore filtration in algae removal.

Key words: Ballast water; Microfiltration; Ultraviolet radiation; Algae

船舶主柴油机 NO_x 排放实船测试方案

尹自斌 李品芳
(集美大学轮机工程学院,福建厦门,361021)

摘 要:针对 NO_x 排放实船测试的特点和要求,探讨了各主要测量参数的测量方法及测量设备,以及按推进特性运行的船舶主柴油机的试验循环工况标准。文中提出了在船舶试航时进行 NO_x 排放测试,并以试航工况曲线为基础建立相应的试验循环工况标准,以便 NO_x 排放实船测试切实可行,并有利于减小测试工况偏差而引起的 NO_x 排放测试误差。

关键词:船舶主柴油机 NO_x 排放 实船测试 方案

MARPOL 公约附则 VI—防止船舶造成空气污染规则,制定了船用柴油机 NO_x 排放的控制标准,该附则已于 2005 年 5 月 19 日起生效。根据附则 VI 的要求,对获得国际防止空气污染(EIAPP)证书的发动机必须在船上进行确认检验、定期检验和期间检验。随着公约的实施,船舶柴油机 NO_x 排放实船测试势在必行。根据柴油机改装或调整的情况不同,NO_x 排放定期检验和期间检验采用"部件/参数检验法"(Component/Parameter survey)、"NO_x 简化测量法"(Simplified NO_x measurement)和"NO_x 全面测量法"(Complete NO_x measurement)等不同测量方法。

柴油机参数检验法只能定性地判定柴油机是否符合 NO_x 排放极限。而对于定期检验和期间检验,以及经重大改装和/或调整的柴油机,尚需通过"NO_x 简化测量法"和"NO_x 全面测量法"的实船测试方法,对柴油机 NO_x 排放进行定量测量。

附则 VI"技术规则"6.3.11 节规定,采用"NO_x 简化测量法",允许偏差为 10%,如果测量中使用 RM 级重油,总的允许偏差可达 15%[1]。在"NO_x 简化测量法"中,由于允许偏差较大,对这些参数的测量可以采用适当的简化测量方法或替代方法。而"NO_x 全面测量法"要求的允许偏差较小,对各测量参数的测量精度要求高。其中,排气成分浓度、油耗量、有效功率等参数是测量的重点和难点。另外,实船测试不同于台架试验,必须根据船况、海况以及柴油机的技术状态探讨切实可行的试验循环工况标准。

1 主要参数测量方法及测量设备

1.1 排气成分浓度测量

文献[2]中提出的排气流量,即 NO_x 比排放计算方法不需测量排气中 CO_2 成分浓度。在此方法基础上,忽略 CO、HC 成分的近似计算所造成的计算结果误差很小,相对于实船测试的允许误差是可以接受的[2]。这样,如果采用忽略 CO、HC 成分的排气简化测试方案,实船测试中就只需要测量 NO_x 和 O_2 两种排气成分浓度参数,这为便携式气体分析仪选用提供了可能。

附则 VI 规定 NO_x 和 O_2 的测量原理分别为:NO_x 测量采用加热化学发光分析仪(CLD);

O_2 测量采用顺磁性分析仪（PMD）、二氧化锆型分析仪（ZrO_2）或电化学型（ECS）[1]。

二氧化锆型分析仪可以同时测量 O_2 浓度和 NO_x 浓度，尽管其 NO_x 浓度测量不符合附则VI规定的测量原理要求，但 ZrO_2 分析仪的良好性能在船上测量得到了验证。图1所示为利用CLD型分析仪和 ZrO_2 型分析仪在船上对柴油机 NO_x 浓度排放测量的结果对比[3]。图中可以看出，利用两种分析仪测量 NO_x 浓度的结果吻合良好，ZrO_2 型分析仪与CLD型分析仪具有同样良好的重复度，测量精度满足附则VI的技术要求。实船测试表明，氧化锆气体分析仪在船上强烈振动的环境下同样具有良好的可靠性和稳定性，而且不受排气中含硫量的影响，这点对于使用重油的船舶柴油机尤其重要。

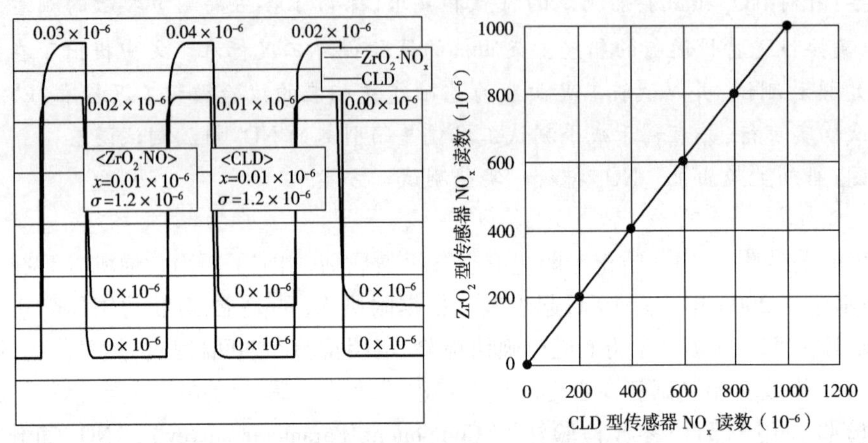

图1 ZrO_2 型分析仪和CLD型分析仪测量性能比较

而且 ZrO_2 型分析仪具有结构简单、操作简单、易于维护，耐600℃高温、不需单独的外接取样系统，耐振动、冲击，不受 CO_2、SO_2、NO_2 等气体干扰。二氧化锆分析仪不仅满足附则VI的技术要求，而且适用于船上排放测试的使用环境和条件。根据排气成分简化测试方案，排气组分浓度测量可以考虑采用带 ZrO_2 传感器的 NO_x-O_2 型气体分析仪。

1.2 油耗测量

"NO_x 简化测量法"中，对油耗量测量精度要求相对较低。对于柴油机燃油系统没有安装合适流量计的船舶，按照附则VI中"技术规则"6.3.1.4节规定，可以参照柴油机 NO_x 排放前期发证检验时台架试验的油耗测量结果[1]。但是，由于试验燃油的品质（如净热值等）、环境条件等不同，应对燃油消耗进行修正，按照ISO 8217的修正方法进行修正。

"NO_x 全面测量法"通常用于船上经过重大改装和/或调整的柴油机，而且油耗测量精度要求较高，就不能参照台架试验的油耗测量结果，只能采用燃油系统中安装流量计（固定安装或临时安装）的方法进行测量。实船测试中，油耗测量适合采用容积式流量计，如新型的UF－Ⅱ流量计和LLT双转子流量计[4]。为了满足 NO_x 排放实船测试中油耗测量要求，建议船舶建造时在燃油系统中安装合适的流量计测量单元。

1.3 有效功率测量

对于主柴油机，如果没有安装扭矩仪，直接测量扭矩有困难。"NO_x 简化测量法"中，按照附则VI"技术规则"6.3.1.3节规定，可以采用经柴油机制造厂推荐并经船级社认可的其他方法来计算柴油机有效功率。如果是新船试航时的确认检验，可以利用台架试验或试车实验时

得到的柴油机有效输出功率的经验公式或试验曲线，比如：主机输出功率计算表、发动机额定燃油消耗率（SFOC）曲线等，计算得到柴油机的有效功率。如果船舶营运一段时间后所进行的定期检验和期间检验，则可以利用示功图的方法，测取柴油机的 $p \sim V$ 或 $p \sim \varphi$ 示功图，计算出发动机的指示功率，然后利用发动机的机械效率曲线，求出发动机的有效功率。

"NO_x 全面测量法"通常用于船上经过"实质性"改装的柴油机，有效功率测量精度要求高，不能适用上述方法。对于主柴油机，通常具有安装扭矩仪的光轴。因此，可以采用扭矩仪法，利用船上固定安装的或是测试单位临时安装的扭矩仪来进行有效功率测量。最新建造的船舶越来越多安装功率仪（扭矩仪），这为 NO_x 排放实船测试中的有效功率测量带来了方便。

2　试验循环工况

柴油机 NO_x 排放水平与其运行工况密切相关，附则 VI"技术规则"3.2 节规定的按推进特性运行的主柴油机的试验循环工况是以最大持续功率（MCR）下相应的负荷率建立的。考虑到各种功率储备以及技术状况恶化，实船测试时柴油机一般无法达到 MCR。同时，船舶航行中因船舶阻力不同，主机运行的螺旋桨曲线不同，通常难以达到和稳定运行在 E3 模式试验循环工况。因此，NO_x 排放实船测试中通常难以按照"技术规则"3.2 节规定的试验循环工况进行。为此，针对实船测试的特点，有必要探讨按推进特性运行的主柴油机 NO_x 排放实船测试的试验循环工况标准。

2.1　试航状态下进行 NO_x 排放测试

柴油机 NO_x 排放水平与其运行工况密切相关。当因海况、船况以及受载状况等变化而引起船舶阻力变化时，柴油机运行的推进特性发生变化，NO_x 排放量也发生变化。

附则 VI 中规定，按推进特性运行的主柴油机以 E3 试验模式进行测试。尽管船舶正常航行中，主机转速容易稳定在要求转速下，然而由于船舶所受阻力不同，难以达到和稳定运行在 E3 试验模式下的螺旋桨曲线。为此，有必要针对 NO_x 排放实船测试规定一个容易达到且相对稳定和一致的船舶测试状况，如试航状况。

试航时船舶应处于满载、船底清洁、深水、规定的盐度、无流、无风、无波浪的试航状态。试航时要求船舶满载、处于设计吃水深度。对于有效载荷所占比重较小的船舶来说，可采用压载的方法使船舶在试航中处于设计吃水的深度，例如：客船、拖船、顶推船、破冰船、各类工作船等；对于有效载荷所占比重较大的船舶来说，采用压载的方法通常不能使船舶在试航中处于设计吃水的深度，例如：集装箱船、杂货船、散货船等。其中油船例外，它可以通过在油舱中加压载水的方法，使船舶处于满载，从而达到设计吃水状态。因此，除油船以及有效载荷所占比重较小的船舶外，试航时要将船舶压载到满载状态是不可能的，而只能在压载吃水位置进行试航。为此，在一些造船合同书或技术任务书中规定了在要求的压载状态下试航时的螺旋桨曲线。

从上面的分析可知，船舶在试航状态下，所处的海况、船体状况良好，船体摩擦阻力和附加阻力最小，同时可以通过压载的方法来调节船舶吃水，船舶受载状况容易控制。这时，主柴油机运行在一个相对稳定和一致的螺旋桨特性曲线上（即可基本稳定运行在试航工况曲线上）。因此，主柴油机 NO_x 排放测试可以考虑在试航时进行。

2.2　试验循环工况标准

2.2.1　船舶主机选型中的功率储备

船舶主机选型时，先根据船型（如油船、集装箱船和散货船等）、设计船速、净吨位和设计吃水等船舶特性，按有关的螺旋桨功率确定方法确定螺旋桨功率。该螺旋桨功率为不带海况储备的、船体清洁的、在平静海面和良好天气条件下的船舶试航功率，即螺旋桨设计功率。试航状态下的螺旋桨设计功率确定后，考虑到海况储备、螺旋桨的轻桨运行储备、发动机储备便可确定主机的约定最大持续功率（CMCR），如图2所示，图中横、纵坐标的转速和功率值均为对数百分数[5]。

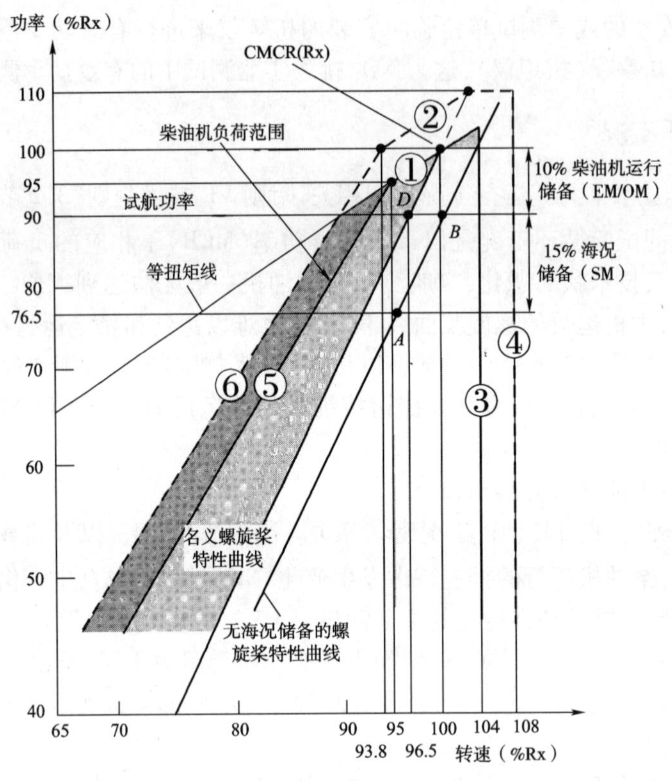

图2　船舶主机选型及运行区域示意图

从船舶主机选型中的功率储备情况可以看出，试航时船舶处于试航状况，船舶主机运行在无海况储备的螺旋桨曲线上（如图2中 *AB* 所示），与标定螺旋桨曲线间存在轻桨运行储备，与标定转速下的 CMCR 间存在发动机运行储备。

2.2.2　实船测试循环工况标准

船舶试航时除油船外大多难以达到满载吃水，主机选型时存在功率储备要求，而且对于坞修后的船舶试航，主机技术状况相对于新机不可避免地存在一定程度的恶化。因此，对于按推进特性运行的船舶主机，试航时一般无法运行在通过 CMCR 点的标定螺旋桨特性曲线上，因此也无法满足附则 VI 中规定的 E3 模式试验循环工况。

船舶主机选型时一般会留有10%～15% CMCR 的发动机运行储备，通过调节船舶压载吃水，试航时船舶主机运行在压载试航工况曲线上（如图2中曲线 *AB* 所示），而且转速容易达到和稳定在要求转速。因此，可以考虑将压载试航工况曲线上63%、80%、91%和100%标定转速下的工况作为主机 NO_x 排放实船测试的循环工况。这样，试航时进行 NO_x 排放测试就容易达到或接近该要求的试验循环工况，测试工况偏差较小，由此产生的 NO_x 排放测试误差也就

较小[6]。

3 结语

船舶柴油机 NO_x 排放实船测试是一项理论性和实践性很强的复杂工作,文中针对实船测试的特点和要求,探讨了各主要测量参数的测量方法及测量设备,以及按推进特性运行的船舶主柴油机的试验循环工况标准。文中提出了在船舶试航时进行 NO_x 排放测试,并以试航工况曲线为基础建立相应的试验循环工况标准。以上测试方案符合 NO_x 排放实船测试特点,有利于减小测试工况偏差而引起的 NO_x 排放测试误差。

参考文献

[1] 中华人民共和国船舶检验局译. 国际海事组织修订73/78防污公约的1997年议定书73/78防污公约1997年缔约国大会决议[Z]. 北京:人民交通出版社,1999

[2] 尹自斌,吴桂涛,孙培廷. 船舶柴油机 NO_x 比排放计算方法[J]. 交通运输工程学报,2005, 5(4):67-71

[3] K. Takasaki, K. Tayama, etc. NO_x Emission from Bunker Fuel Combustion[C]. The proceedings of CIMAC Congress 2004, Paper NO. 87, Tyoto, 2004

[4] 刘涛. 柴油机排放实船测试中油耗测量方法的研究[D]. 大连海事大学,硕士学位论文,2004

[5] 孙培廷,李斌等编译. 船用主机选型及系统设计手册[M]. 大连:大连海事大学出版社,2000

[6] 尹自斌,孙培廷,魏海军. 船用中速柴油机 NO_x 排放特性试验分析及实船测试探讨. 内燃机工程

Abstract: The measurement methods and instruments on the key parameters and the standard test cycle for the propeller law operated main engine were discussed according to the requirements and characteristics of NO_x-emission measurement on board. This paper suggests that NO_x-emission measurement on board for the propeller law operated main engine should be carried out during the trial voyage, and that the test cycle based on the trial voyage propeller curve should be defined as standard test cycle. Thus, the on-board measurement of NO_x-emission becomes more practical and feasible and accurate.

Key words: Marine main diesel engine; NO_x-emission; On-board test; Solution

船舶燃油锅炉造成大气污染及其控制

陈　龙　李　斌

(大连海事大学轮机工程学院,大连市,116030

摘　要:本文介绍了 MARPOL 公约附则Ⅵ中有关 NO_x 和 SO_x 的排放要求,分析了船舶燃油锅炉污染物的生成机制。在介绍现有大气污染物控制方法的基础上,提出了一种新型综合废气滤清系统并进行了简单分析,本文的研究对于发展新型船用燃油锅炉大气污染物控制技术具有一定的借鉴意义。

关键词:船舶燃油锅炉　大气污染　废气滤清　中空纤维膜

1　引言

随着世界经济的不断发展,航运业也越来越繁忙,船舶柴油机、锅炉等设备排放废气中的氮氧化物(NO_X)、硫氧化物(SO_X)等污染物对大气的影响也越来越引起人们的关注。据国际海事组织(IMO)的统计数据[1],全球以柴油为动力的船舶每年向大气排放的 NO_X 约为1000万吨,SO_X 约为850万吨。作为船舶主要辅助装置的船舶燃油锅炉造成的大气污染也是不容忽视的。同时,IMO 在船舶锅炉造成大气污染这一块的立法尚处于空白阶段,而最近的几次 MEPC 会议中,也有一些国家提出了针对锅炉造成大气污染的议题。由此可见,随着针对船舶柴油机造成大气污染立法的逐步完善,IMO 下一步的重点将是船用锅炉等其他燃烧设备大气污染的立法控制。本文在此背景下对船舶燃油锅炉的大气污染进行分析并提出相关建议。

1.1　MARPOL 73/78 附则修正案

MARPOL 公约附则Ⅵ是关于包括船舶燃油锅炉在内的船舶造成大气污染的公约,其自2005年5月19日生效以后,由于减排技术措施的进步以及此规则中某些标准的不现实性,附则Ⅵ一直处于修订之中。而在2008年10月6日 –10日在英国伦敦 IMO 召开的海洋环境保护委员会(MEPC)第58次会议上,将减少船舶废气排放提上最高议程,并对附则Ⅵ进行了修订[2]。

在第58次会议上 MEPC 一致通过了 MARPOL 公约附则 VI 的修正案,对船舶大气污染物的排放提出了进一步的要求。在 SO_X 排放控制方面,修正案要求从2012年1月1日开始,全球重质燃油的硫含量从现在的4.50%降低至3.50%;并在2018年之前作出可行性评估,如果通过评估,则到2020年1月1日,将要求全球船用重质燃油的硫含量降低到0.5%。对于硫氧化物排放控制区,从2010年7月1日开始,该区域船舶所使用的燃油硫含量不得超过1.00%;从2015年1月1日开始不得超过0.10%。

在 NO_X 排放控制方面,修正案根据船舶的建造年份制定了三层控制标准:

第一层标准为:2000年1月1日及以后、2011年1月1日之前建造的船舶上安装的柴油机 NO_X 排放量(按 NO_2 的排放总重量计算)在下列限值内(n 为柴油机转速):

(1)17.0g/kW·h,当 n 小于130r/min;

(2)$45 \times n^{-0.2}$g/kW·h,当 n 等于或大于 130r/min,但小于 2000r/min;

(3)9.8g/kW·h,当 n 等于或大于 2000r/min。

第二层标准为:2011 年 1 月 1 日及以后建造的船舶上安装的柴油机 NO_X 排放量(按 NO_2 的排放总重量计算)在下列限值内:

(1)14.4g/kW·h,当 n 小于 130r/min;

(2)$44 \times n^{-0.2}$g/kW·h,当 n 等于或大于 130r/min,但小于 2000r/min;

(3)7.7g/kW·h,当 n 等于或大于 2000r/min。

而第三层标准最为严格,要求 2016 年 1 月 1 日及以后建造的船舶上安装的柴油机 NO_X 排放量(按 NO_2 的排放总重量计算)在下列限值内:

(1)3.4g/kW·h,当 n 小于 130r/min;

(2)$9 \times n^{-0.2}$g/kW·h,当 n 等于或大于 130r/min,但小于 2000r/min;

(3)2.0g/kW·h,当 n 等于或大于 2000r/min。

修正案还允许缔约方或者多个缔约方联合向 IMO 申请指定 SO_X、PM 和 NO_X 或这三种污染物的共同排放控制区。该修正案以及相关的 NO_X 规则将于 2010 年 7 月 1 日默认生效。

在 2009 年 7 月召开的 MEPC 第 59 次会议上,会议决定专门成立一个技术组审议 MARPOL 附则 VI 相关文件,以区别于温室气体(GHG)工作组,并要求技术组根据大会讨论结果和意见完成 MARPOL 附则 VI 实施导则修订以及 MEPC 通函草案,并审议 ECA 区域指定问题以及对残余燃油硫含量监测及燃油技术标准等。

而于 2010 年 3 月召开的 MEPC 第 60 次会议上,大会审议了相关的提案并将一部分交由第 61 次会议审议。

1.2　其他相关规定及提案

2005 年召开的 MEPC53 次会议上,英国提出的"Guidelines For Onboard Exhaust Gas SO_X Cleaning Systems"中提出船舶燃油锅炉和船舶柴油机采取同样的 EGCS-SO_X 措施和标准,并对锅炉的 EGCS 设备进行了规范。此提案的修改意见还将于 61 次会议上审议。

在 IMO 对于防止船舶柴油机造成大气污染的立法的完善之后,有很多国家或组织在近年来的 MEPC 会议和散装气体与液体分委会(BLG)会议上都有提出对船舶锅炉的大气污染进行规范。在 2007 年召开的 BLG 第 11 次会议上,瑞典提出的议案就明确表示了船舶锅炉和燃气轮机的 NO_X 排放虽然不及船舶柴油机排放量多,但也是不容忽视的,而 BLG 工作组也表示在柴油机的排放得到控制之后,也会针对其制定相关的标准;2007 年召开的 BLG12 次会议上,大会对锅炉的燃油进行了规范,认为其硫含量不应超过 1.50% m/m。

2　船舶燃油锅炉造成的大气污染

2.1　污染物生成机制

2.1.1　NO_X 生成机理[3]

(1)热力型 NO_X

热力型 NO_X 是由于空气中的氮在燃烧过程中与氧反应而生成的,它的机理可由以下方程式表示:

$$O_2 \longleftrightarrow 2O$$

$$O + N_2 \longleftrightarrow NO_X + N$$

$$N + O_2 \longleftrightarrow NO_X + O$$

(2)快速型 NO_X

快速型 NO_X 主要是指燃料中的碳氢化合物在燃料浓度较高区域燃烧时和燃烧空气中的 N_2 分子发生反应,形成 CN、HCN,继而氧化生成 NO_X。

(3)燃料型 NO_X

由燃料中的氮形成的 NO_X 称为燃料型。煤和含氮较多的重油燃烧过程中,燃料型 NO_X 占绝大比例,如煤粉燃烧中生成的燃料型 NO_X 可以说占了全部的80% ~90%。燃料中的氮通常是有机氮和低分子氮,在一般的燃烧条件下,燃料中的杂环氮化物受热分解,并在脱挥发分过程中大量的气相燃料氮随挥发分释放出来,而被氧化成 NO。

2.1.2　SO_X 生成机理[4]

船舶锅炉 SO_X 生成主要源于燃烧过程。燃烧产生的 SO_X 起源于燃料中的硫,特别是其中的可燃硫,可燃硫在燃烧过程中向 SO_X 转化率几乎是100%。SO_X 主要以 SO_2 为主,SO_3 生成是少量的。在完全燃烧条件下,生成 SO_2 的同时,约有0.5% ~2.0%的 SO_2 将进一步氧化成 SO_3,其转化率随燃料含硫量的增加而下降,其生成机理有两种说法[2]:

(1)氧原子的作用

有机硫包括硫茂、硫醇(R－SH)、二硫化物(R－SS－R)和硫醚(R－S－R)等形式。燃料在加热释放挥发分时,硫醇、硫化物等在低温(<450℃)时开始分解,而硫茂在930℃时才开始分解。在氧化气氛下,生成 SO_X。

(2)对流受热面上积灰和氧化膜催化作用

灰中的 V_2O_5 和金属氧化膜中的 Fe_2O_3 都是 SO_2 生成 SO_3 的催化剂,此外,氧化硅、氧化铝、氧化钠等也对 SO_2 的氧化有一定的催化作用。

2.2　过量空气系数对污染物的影响

过量空气系数(α)是燃烧设备在燃烧时实际空气量与理论空气量的比值,是燃烧的主要参数之一。如果过量空气系数太低,烟气中 CO 增加,热效率降低;过量空气系数太高,不参与燃烧的冷空气大量进入炉膛,降低热效率,并伴随着烟气外排。因此,燃料燃烧后排放的污染物受过量空气系数的影响较大。

2.2.1　过量空气系数对 NO_X 的影响

图1是过量空气系数对 NO_X 的影响[5]。当生成的 NO_X 属于热力型时,NO_X 生成量随 α 变化的趋势基本相同,即随着过量空气系数的增大,NO_X 的量先增大后减小。NO_X 的生成量随温度的升高而增加。过量空气系数小时,火焰温度低,NO_X 的生成量自然也就少,随着 α 的增加火焰温度上升,NO_X 的生成量也随之增加,当 $\alpha > 1.2$ 后,火焰温度降低,NO_X 的生成量也急剧减少。当 NO_X 属于燃料型时,由于过量空气系数的增加,空气中 N_2 与多余的 O_2 就会增多,所以此时 NO_X 的生产量与 α 成正比。

因此,随着过量空气系数的增加,火焰最高温度先升高后减小,NO 的生产量同样是先增加后减少。所以当 α 在1.0 ~1.1之间时,可以找到一个最佳的过量空气系数,使火焰温度高,NO_X 的生产量减少。

2.2.2　过量空气系数对 SO_2 的影响

在燃料稳定的前提下,若增大实际空气量(增大过量空气系数),则实际烟气量也随之增大,烟气中 SO_2 的质量百分数随之减小,SO_2 气体在单位体积中的浓度就随之减小。也即:在

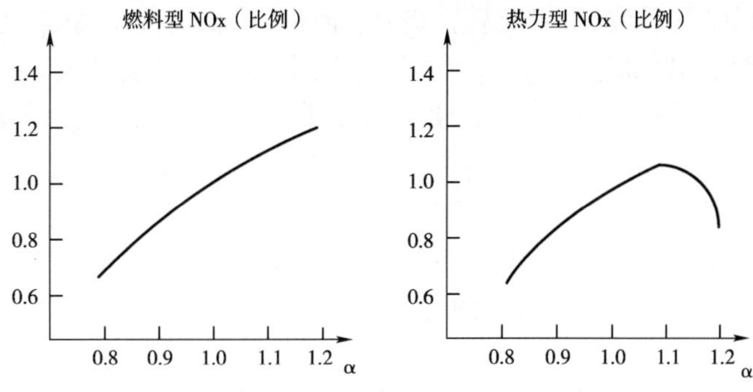

图1　过量空气系数对 NO_X 的影响

燃料稳定的前提下，随着过量空气系数的增大，烟气中 SO_2 气体的浓度就随之减小，过量空气系数越大，烟气中 SO_2 气体的浓度就越小，即增大实际空气进入量对烟气中的 SO_2 气体有稀释作用。

3　船舶燃油锅炉污染物的控制

3.1　减少 NO_X 的措施

由于船舶燃油锅炉内燃油与氧气进行反应，而燃烧环境中的氧气浓度和温度越高、温度场越不均匀，NO_X 生成量越大。因此，对于控制船舶燃油锅炉 NO_X 排放的基本原则是：

(1)减少燃烧空间中的氧浓度，即降低过量空气系数。

(2)在有过剩空气的条件下，降低局部高温和平均温度水平。

(3)缩短燃烧产物在高温燃烧区内的停留时间。在氧浓度较低的条件下，则应维持足够的停留时间，使燃料中的 N 不易生成 NO_X，并使已有的 NO_X 经过均相和多重均相反应被分解还原。

(4)在尾气中加入还原剂，使之生成 CO、NH_3 和 HCN，可将 NO_X 分解还原。

当前主要从两方面对 NO_X 排放进行控制：一是通过各种技术手段降低燃烧过程中 NO_X 的生成量，即低 NO_X 燃烧技术；二是将已生成的 NO_X 通过技术手段从烟气中脱除，即烟气脱硝技术。

3.1.1　低 NO_X 燃烧技术[7]

(1)降低火焰温度法

增大燃烧器区域的炉膛截面积、降低空气预热温度、把大火焰分成多股小火焰、乳化燃烧或烟气再循环等方式可以降低火焰温度。这些方法可以有效地降低热力型 NO_X 的生成。

(2)浓淡燃烧法

使燃料在燃烧器不同的喷口中以不同的比例和空气混合，一部分燃料在 α 远大于 1 的条件下燃烧，另一部分燃料则在 α 远小于 1 的条件下燃烧，燃烧器的总过量空气系数仍在燃烧要求的 α =1.03 ~1.15 的合理范围内。

(3)分段燃烧法

分段燃烧法是指下部燃烧器送入过量燃气，使燃烧处于还原性气氛之中，上部燃烧器不送或少送燃气，以送空气为主使燃气燃尽。分段燃烧法减少 NO_X 生成的原理与浓淡燃烧法相同。

(4)低氧燃烧

采用较低的过量空气系数,采用低氧燃烧时,能同时降低高温型 NO_X 及燃料型 NO_X 的生成量。但随着 α 下降,如燃烧组织不妥,烟尘及不完全燃烧损失会增大。因此低氧燃烧的关键是组织好燃烧,必须选用良好的油雾化器、调风器及调风系统,选用高质量的仪表和自动调节设备。

3.1.2 烟气脱硝技术

除了在燃烧过程中 NO_X 的生成进行控制之外,也可以在 NO_X 生成之后对锅炉产生的烟气进行处理,以减少 NO_X 的生成,即烟气脱硝技术。

(1)炉膛喷射法

向炉膛喷射喷氨、尿素等氨基物质,由于 NH_3 具有选择性,只与烟气中的 NO_X 发生反应,而不与氧等其他物质反应,在一定温度(950~1050℃)下可以还原已经生成的 NO_X。这是一种投资少、运行费用低的方法,所能达到的 NO_X 降低率为30%~70%。

(2)选择性催化剂法(SCR)

该方法是在锅炉尾部烟道中加装一个由催化剂材料制成的反应器,在烟气入口段将 NH_3 和空气混合物喷入,与烟气混合并一道流经反应器内蜂巢状催化剂通道,然后烟气中的 NO_X 被催化还原。SCR 反应器采用钛、铁氧化物类或采用活性炭等高活性催化剂。通常,NH_3/NO_X 的摩尔比应控制在1.0左右,可以达到80%~90%的 NO_X 降低率。

3.2 减少生成 SO_X 的措施[8]

减少 SO_X 生成的方法主要有三种类型,即燃烧前对燃料进行处理、燃烧过程中采取相应的技术措施以及燃烧后烟气脱硫(FGD)。

燃烧前的脱硫技术可以使用氢化法或是将重油用蒸汽、氧气部分燃烧气化,使硫转化成为硫化氢和少量二氧化硫,再进行处理。燃烧过程中的脱硫可以在燃烧过程中向锅炉内喷入脱硫剂。根据所用的脱硫剂 FGD 可以分为干式脱硫、半干式脱硫和湿式脱硫。

由于船舶特殊性和经济性的考虑,很多有效的 SO_X 措施并不能实施到船上。现在船舶锅炉减少 SO_X 的措施一般有两种:一是采用低硫燃油;另一种是采用 EGCS - SO_X 设备,如海水洗涤器等。

3.2.1 使用低硫燃油

船舶生成的 SO_X 主要是来源于燃油中的 S 元素。因此,若想要减少 SO_X 的生产量,最简单有效的方法就是使用低硫燃油。IMO 也对船舶使用的燃油含硫量制定了严格的标准。随着技术的进步和防污染形势的严峻,此标准会越来越严格。

3.2.2 废气滤清系统—海水洗涤器

海水洗涤器能有效地减少 SO_X 的排放,在船实用性较好。除广泛应用于船舶柴油机外,在船舶燃油锅炉等设备上也取得了良好的减排效果。

海水洗涤器利用海水的天然碱性吸收烟气中的 SO_2。由于雨水将陆地上岩层的碱性物质(碳酸盐)带到海中,天然海水通常呈碱性,pH 值一般大于7。其主要成分是氯化物、硫酸盐和一部分可溶性碳酸盐,以重碳酸盐(HCO_3^-)计,自然碱度约为1.2~2.5mmol/L。这使得海水具有天然的酸碱缓冲能力及吸收 SO_2 的能力。

烟气中 SO_2 与海水接触发生以下主要反应:

$$SO_2(g) + H_2O \rightarrow H_2SO_3 \rightarrow H^+ + HSO_3^-$$

$$HSO_3^- \rightarrow H^+ + SO_3^{2-}$$

$$SO_3^{2-} + \frac{1}{2}O_2 \rightarrow SO_4^{2-}$$

上述反应为吸收和氧化过程。海水吸收烟气中气态的 SO_2 生成 H_2SO_3，H_2SO_3 不稳定将分解成 H^+ 与 HSO_3^-，HSO_3^- 不稳定将继续分解成 H^+ 与 SO_3^{2-}。SO_3^{2-} 与水中的溶解氧结合可氧化成 SO_4^{2-}。但是水中的溶解氧非常少，一般在 7 ~ 8mg/L 左右，远远不能将由于吸收 SO_2 产生的 SO_3^{2-} 氧化成 SO_4^{2-}。

吸收 SO_2 后的海水中 H^+ 浓度增加，使得海水酸性增强，PH 值一般在 3 左右，呈强酸性，需要新鲜的碱性海水与之中和提高 PH 值，脱硫后海水中的 H^+ 与新鲜海水中的碳酸盐发生以下反应：

$$HCO_3^- + H^+ \rightarrow H_2CO_3 \rightarrow CO_2\uparrow + H_2O$$

在进行上述中和反应的同时，要在海水中鼓入大量空气进行曝气，其作用主要有：(1)将 SO_3^{2-} 氧化成为 SO_4^{2-}；(2)利用其机械力将中和反应中产生的大量 CO_2 赶出水面；(3)提高脱硫海水的溶解氧，达标排放。

从上述反应中可以看出，海水脱硫除海水和空气外不添加任何化学脱硫剂，海水经恢复后主要增加了 SO_4^{2-}，但海水盐分的主要成分是氯化钠和硫酸盐，天然海水中硫酸盐含量一般为 2700mg/L，脱硫增加的硫酸盐约 70 ~ 80mg/L，属于天然海水的正常波动范围。硫酸盐不仅是海水的天然成分，还是海洋生物不可缺少的成分，因此海水脱硫不破坏海水的天然组分，也没有副产品需要处理。不过，酸性气体大多易溶于水，造成海水显酸性。为了满足对海水排放的要求需要对海水中和处理，使其达到 IMO 规定的排放要求。处理效果主要取决于洗涤器的设计。

3.3　一种综合废气滤清系统

经过多年的发展，防止 NO_X 和 SO_X 的生成以及相关废气处理技术已经相对比较成熟。但是，由于船舶比较特殊，很多方法都不适用。如以往的海水洗涤器能很好地去除废气中的 SO_X，但对于 NO_X 却并不理想，以及一些方法诸如使用低硫燃油等会增加船舶经济负担等。基于船舶经济性、管理方便性等考虑因素，笔者初步设计了一种废气滤清系统，其流程图如图 2 所示。

船舶锅炉排出的尾气排出后经过活性炭过滤器 1，利用 CVA(活性炭吸附)方法，使锅炉尾气通过活性炭床得到过滤，吸收尾气中的 NO_X、SO_X 以及其他污染物。然后，将活性炭再生使其恢复吸附能力，继而进行下一轮的吸附。在再生过程中，通过真空泵 7 使碳床降压，当下降到一定程度时，活性炭表面所吸附的污染物将会被释放出来并流入吸收器 8。经过活性炭过滤器 1 过滤后的废气之后进入到洗涤器 2 中。此洗涤器采用中空纤维膜分离技术，烟气从纤维膜外侧流过，海水在膜内侧流过，烟气与海水在中空纤维微孔膜元件间逆向流动[9]。在微孔膜元件中的海水与烟气中的 SO_2、氮氧化物以及碳氧化物等进行化学反应，从而使烟气得到净化处理。

此系统具有如下特点：

(1)能有效用于船舶柴油机和燃油锅炉的尾气处理，具有占地面积小、处理效率高、管理方便、经济性高等优点。

(2)综合了能有效处理 NO_X 的 CVA 方法以及 SO_X 的海水洗涤法，能够高效地处理柴油机或燃油锅炉尾气中的空气污染物。能够吸收尾气中 90% 以上的 NO_X 及 SO_X，此外，对挥发性

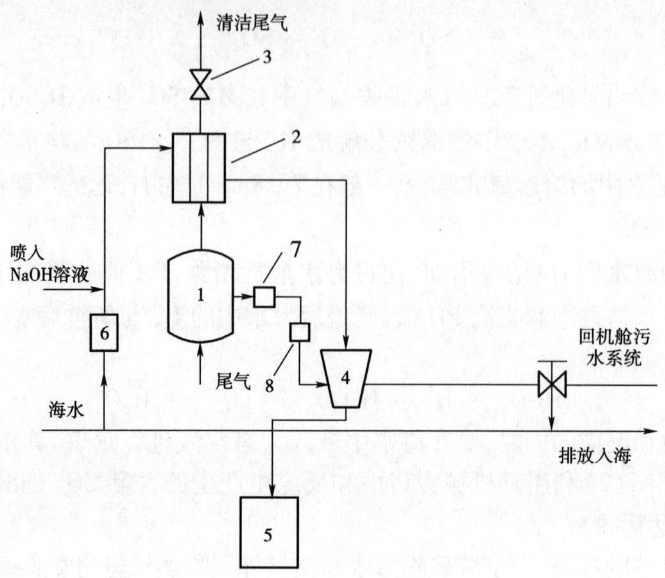

图2　一种综合废气滤清系统

1-活性炭过滤器;2-中空纤维膜洗涤器;3-释放阀;4-分离器;5-沉淀柜;

6-流量计;7-真空泵;8-吸收器

有机化合物(VOC)、颗粒物质(PM)等大气污染物也有很好的吸收效果。

(3)采用了中空纤维膜分离技术。以往的海水洗涤器大多采用的是喷水洗涤法,此方法存在处理效率低、需水量大、装置尺寸过大等缺点。而中空纤维膜洗涤器是一种结合了化学吸收和膜技术的一种新型分离技术,并且在传质性能、操作、能耗、投资等方面具有喷水洗涤法无可比拟的一系列优点。

4　相关建议

现在船舶柴油机排放的氮氧化物及硫氧化物量已大大减少,而燃油锅炉作为船上的重要燃烧设备之一,其大气污染物的排放尚未得到应有的重视。下一步IMO也将针对这方面进行排放控制要求。在此提出一些建议:

(1)根据现今锅炉的减排技术的成熟程度,对锅炉的大气污染物排放进行相应的标准,此标准不同于柴油机标准,但随着技术的进步,应当逐渐严格此标准,到最后采取和柴油机同样的排放标准。

(2)根据锅炉的燃烧特性,对锅炉的减排设备,如EGCS-SO_X等,进行相应的规范,船舶也应增加相应的锅炉防污的资金投入,以获得最佳的防污效果。

(3)加强对船舶的监管。为海事部门配备可以检测船舶燃油油样和释放大气污染物的设备,根据附则Ⅵ要求制定相应的操作程序,引进专业人员对船舶大气污染物监管工作进行指导,实现对船舶的监管。

参考文献

[1] 殷佩海.船舶防污染技术.大连:大连海事大学出版社,2000

[2] 刘正江，张硕慧，张爽，费珊珊. IMO 防止船舶污染公约的制定和修改进程. 中国海事，2009

[3] 刘勇. NO_X 的生成机理. 油气田地面工程第 26 卷第 4 期，2007

[4] 赵钦新，惠世恩. 燃油燃气锅炉. 西安：西安交通大学出版社，2000

[5] 宋洪鹏. 过量空气系数对燃烧中的 NO_X 生成的影响，2004

[6] 徐俊池. 防止船舶大气污染. 中国海事 2005 年第 2 期，2005

[7] 洪清珍，詹志刚. 控制船舶污染大气的法律及技术. 中国水运

[8] 刘伟军，马其良. SO_X 污染控制技术的现状及发展. 能源研究及信息，第 19 卷第 1 期，2003

[9] 金美芳等. 膜吸收法脱除二氧化硫. 膜科学与技术，第 19 卷第 3 期

Abstract: The emission requirement of the NO_x and SO_x from ships in MARPOL annex Ⅵ is introduced. Then the generative mechanism of air pollutants from marine oil-fired boiler is analyzed. The existing air pollution control measures are introduced as well as one exhaust gas cleaning system is designed and simply analyzed. The research of this paper has proper meaning to develop new-style air pollutants control technology of marine oil-fired boiler.

Key words: Oil-fired boiler onboard; Air pollution; Exhaust gas cleaning; Hollow fiber

油轮挥发性有机化合物的排放控制

郑瑞丰　党修伟　党　坤
(大连海事大学轮机工程学院,大连市,116026)

摘　要:本文介绍了油轮挥发性有机化合物(VOC)排放控制的相关规定和要求,综述了目前油轮上使用的VOC控制方法,并针对油轮VOC排放对我国的影响提出了积极的应对措施。

关键词:油轮　VOC　排放控制

1　引言

油轮产生的挥发性有机化合物(VOC)主要来自于货油装卸和船舶航行过程中。具体包括装卸中货舱内压力变化引起的“大呼吸”和航行中温度压力变化引起的“小呼吸”。其中装载时产生的VOC所占比重最大[1]。

货舱内装满货油时,油位通常在甲板下方30 cm内。卸载前,空挡充满了VOC饱和蒸汽。卸载时,油位下降,舱内气相区由空气和惰性气体来补充。当再次装载时,油位上升,挤压舱内混合气体导致产生排放。由于密度分层、对流和扩散的综合作用,卸载完毕时气相区上部VOC浓度低而均匀,气相区底部VOC浓度最大。所以装载开始阶段排放的混合气体中碳氢化合物排放量较低,最后阶段才突然升高(图1)[2]。

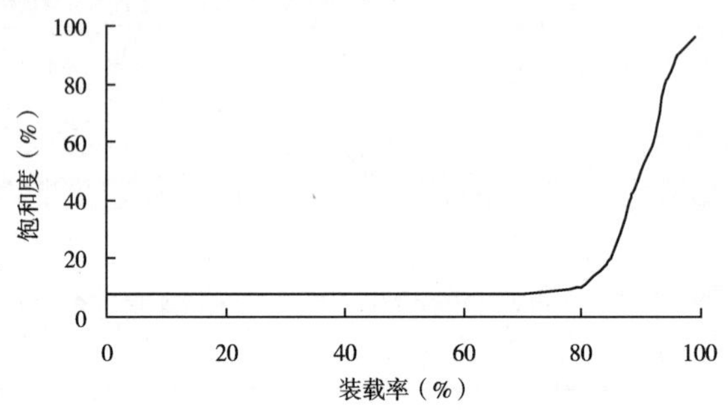

图1　装载过程排放气体中碳氢化合物浓度

VOC的排放不仅造成环境污染、影响安全生产和人员健康,而且浪费能源、降低货油质量。随着大气污染控制标准的日趋严格,航运界也对油轮运载中造成的VOC排放日益关注。

1990年起,美国海岸警备队(USCG)要求在美国国内装卸站加装油类和有毒液体货物的船舶配备蒸气排放控制系统。随后,IMO在1992年MSC 60届会议上通过了“蒸气排放控制系统标准”(MSC/Circ. 585)[3]。MARPOL 73/78附则VI中第15条规定了VOC排放控制要求,尽管只对缔约国指定的港口和装卸站做强制要求,但这标志着VOC排放控制已列入国际法规范畴(附则VI已于2005年5月19日生效,2006年8月23日对我国生效)。此后,MEPC和BLG工作组几经商榷制定VOC管理计划来加强VOC排放控制。2008年MEPC 58届会议上

对 MARPOL 附则 VI 文本进行了全面修订,补充了原油油轮要备有 VOC 管理计划的规定。2009 年 MEPC 59 届会议上通过了 VOC 管理计划制定导则,并强调了对 VOC 管理计划的检查。

2　油轮 VOC 排放控制

油轮控制 VOC 排放的主要手段包括降低 VOC 排放、限制 VOC 产生和回收利用已生成的 VOC 三种手段。

2.1　控制释放装置

图 2 是油轮货物甲板,图中标注即为主要的 VOC 控制释放装置,主要有 P/V 阀、P/V Breaker 和透气桅。

(1) P/V 阀:控制和限制蒸气压力,压力过大时将舱内气体放入大气,压力过低时向舱内补入空气。每个液货舱都要单独配备以完全保护每个舱与共用蒸气系统隔离开来。

图 2　油轮货物甲板

(2) P/V Breaker:控制和限制蒸气压力,缓解共用蒸气系统出现的压力波动。相当于 P/V 阀的辅助机构,只在 P/V 阀失效或调节不当时起作用。

(3) 透气桅:控制蒸气压力,保障 VOC 排放速率大约等同装载速率。最低高度 6m,出口装有经 IMO 认可的阻焰器。

2.2　蒸气排放控制系统

蒸气排放控制系统(VECS)由回收管系和监测系统构成。

蒸气回收管路布置在货油总管附近,左右两舷各有一个蒸气回收排岸接管。一端与船上的惰性气体总管相接,另一端与岸上回收管路连接。

监测系统是 VECS 核心部分,包括:①油气取样单元;②检测单元;③清洁取样管线用清洁空气单元;④校正气体单元[4]。

这里所指的符合 USCG 要求的 VECS,以及 MARPOL 73/78 附则 VI 要求的蒸气收集系统,归根结底还是要将 VOC 移送到岸上的接受设备。

2.3　蒸气压力释放控制程序

满载航行特别是开航时,惰性气体压力表通常会指示压力突增。为安全起见,当压力增加到 P/V 阀预设开启压力时,需通过 P/V 阀或透气桅放气。但如果不清楚何时该停止释放 VOC,就极易造成空气污染和能源浪费。通过对惰气(未饱和)与碳氢化合物蒸气(饱和)的不同物理特性进行统计和验证,国际独立油轮船东协会(INTERTANKO)提出了蒸气压力释放控制(VOCON)程序操作:气体释放过程中监测并记录压降,如果在第一个较大压降之后,压降率减缓并保持稳定,这时应停止释放[5](图 3)。通过 VOCON 程序的简单操作不仅能将油轮运输中排

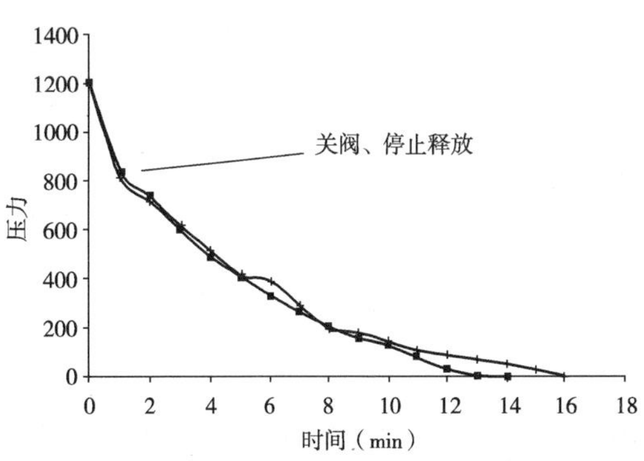

图 3　经透气桅释放过程中的压降

放的 VOC 降低 80%，而且能提高待回收气体中碳氢化合物的比例。

液压遥控的 VOCON 阀构造如图 4 所示，可在货控室实现远程调控。此阀主要用来控制关阀压力，其程序与上面的 VOCON 程序类似。另外还能在装载阶段维持较高压力，抑制货油挥发[3]。

在未装遥控 VOCON 阀的船上，可通过手控操作通透气桅的隔离蝶阀控制舱压。

2.4 KVOC 技术

现有船舶管道布置通常导致货油在输送中压力逐渐降低，最终挥发出大量 VOC。基于“防患于未然”的理念，Knutsen OAS Shipping AS 公司研发了防止货油挥发 VOC 的 KVOC 技术。这项技术主要是对现有油船下降管重新设计，将普通下降管改进成渐扩管，防止货油在下降管中产生闪发，而其他部分基本可保持原状，如图 5 和 6 所示。

图 4 VOCON 阀

图 5 KVOC 货物甲板以上部分

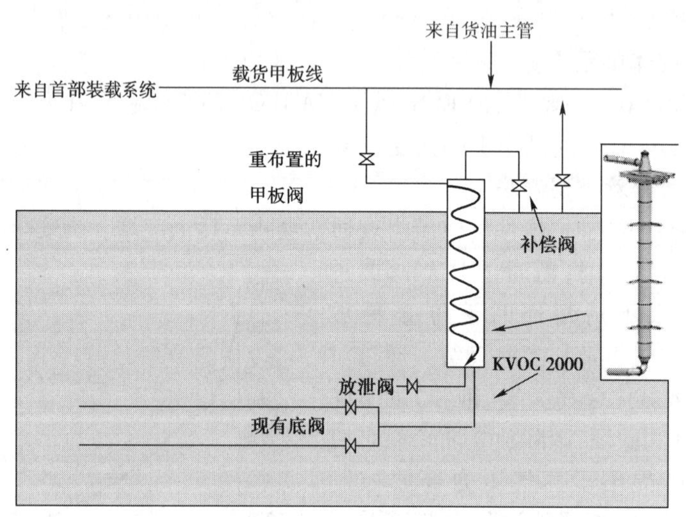

图 6 KVOC 管路流程图

经 Knutsen OAS Shipping AS 公司试验，使用 KVOC 技术后，装载中的排放减少了 70% ~ 90%（取决于货油挥发性）；航行中几乎不再产生排放；卸载后存留的 VOC 也减少了 50%

之多[6]。

2.5　VOC 回收技术

根据欧洲一些国家对北海内离岸载油设施的 VOC 排放控制要求，挪威和瑞典一些公司研发了油轮适用的在船蒸气回收系统，并在一些穿梭油轮上进行了安装。这些回收系统不同于前面提到的 VECS，它们能不依赖装卸站接受设施就可以处理载运中产生的 VOC。

目前，吸收式、吸附式和冷凝式回收系统较多用于油轮 VOC 回收。

2.5.1　吸收式回收系统

吸收式回收的主要原理是利用原油吸收 VOC。装载中，一部分原油从支路流入吸收塔上部充当吸收剂，蒸气被送入吸收塔底部，两者在吸收塔中发生对流。接着，吸收了 VOC 的原油从吸收塔底部流回装载管路，同主管路货油混合流入货舱。未被吸收的惰性气体从塔顶流出，通过透气桅排放进大气中。

较为先进的吸收技术是 GBA Marine 公司设计的 CVOC 系统，如图 7 所示。虽然也是利用原油来回收 VOC，不过该系统不仅可用于装载，在驳运和航行中也能发挥作用。

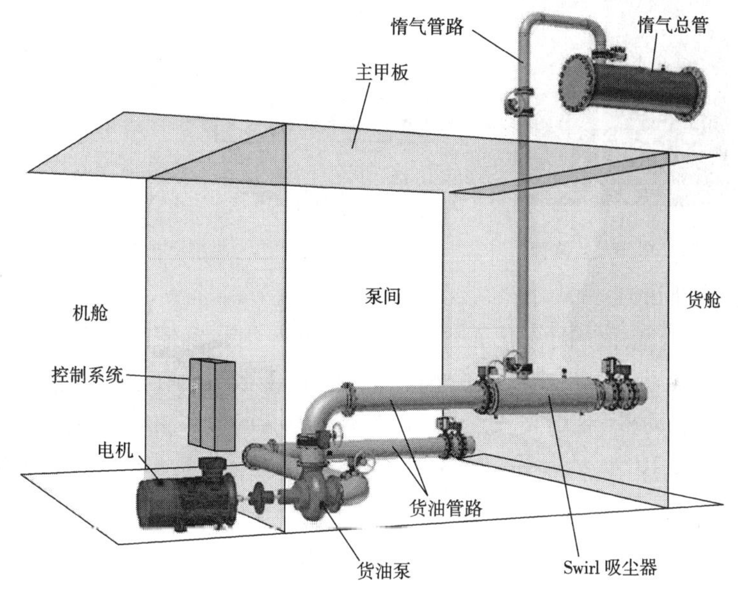

图 7　GBA Marine 公司的 CVOC 系统

系统的 Swirl 吸收器是核心部件，由喷射泵和混合装置组合而成。利用货油吸收器就能在自身内部产生低压区，引导蒸汽从惰气总管流入吸收器内同货油混合。然后将 VOC、惰气和货油的混合物送进货舱，货舱内压力较高促使 VOC 被原油吸收。整个过程不与大气相通，避免了 VOC 排放。除手动操作外，利用货控室和驾驶台的液晶触摸屏亦可完成系统的操作和监控[7]。

另外还有 Venturie AS 公司的 Venturie VOC 系统。VOC 和惰性气体混合物经惰气总管被吸入文氏 VOC 再吸收装置，经作用后在舱底形成适于快速吸收的泡沫。泡沫中的碳氢化合物在舱底较高压力下被货油吸收，惰气最终升至舱顶[1]（图 8）。

2.5.2　吸附式回收系统

吸附式回收中最常见的是 CVA（活性炭吸附）方法，这类装置的回收方法如图 9 所示。

混合蒸气通过活性炭床得到过滤，活性炭会将其中的VOC吸附在其极其薄的表面层里，得到净化的空气从过滤器顶端排除。然后，将活性炭再生使其恢复吸附能力，继而进行下一轮吸附。在再生过程中，通过真空泵使炭床降压，当下降到一定程度时，活性炭表面所吸附的浓缩VOC会被释放出来并流入吸收器。在吸收器内，蒸气被反向流经的货油吸收，并随其返回货舱。

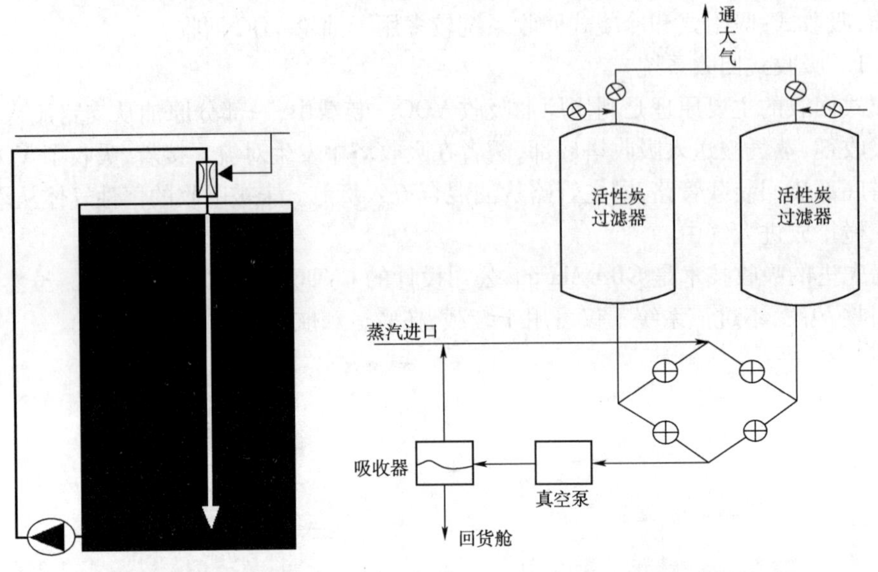

图8 文氏VOC再吸收装置　　图9 CVA吸附装置流程图[3]

2.5.3 冷凝式回收系统

油轮上的VOC冷凝系统同液化石油气船上的再液化装置原理相似，都是对货舱产生的VOC进行冷凝。加压前通过一个气液分离罐，产生的液化气储存进甲板舱，可以被回收到岸上也可用做锅炉或发动机（受严格安全要求）的燃料。当然，在主管机关许可的情况下，也可以用做惰性气体。图10为Aker Kvaerner公司设计的VOC冷凝系统，与普通冷凝系统不同的是使用海水对VOC进行冷却，降低了冷剂的投入成本[8]。

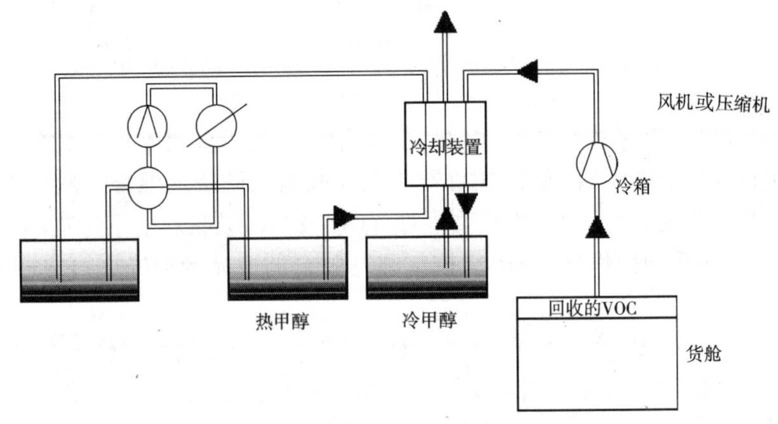

图10 Aker Kvaerner公司设计的VOC冷凝系统

在Norwegian VOC Industry Cooperation的推动下，上述KVOC和VOC回收装置已安装于Teekay公司部分穿梭油轮上，如表1所示。

VOC 回收和 KVOC 装置安装情况　　表 1

船　　名	开始使用时间	采 用 技 术
Anna Knutsen	1998&2007	吸收
Karen Knutsen(ex Borga)	2005	
Gerd Knutsen	2003	
Navion Anglia	2003	
Navion OceaniaNavion Oceania	2003	
Juanita	2003	
Navion Europa	2004	炭吸附
Randgrid	2005	
Navion Norvegia	2006	
Stena Alexita	2003	冷凝
Navion Hispania	2005	
Navion Scandia	2005	
Stena Natalita	2007	
GrenaGrena	2005	
Navion Britannia	2005	
Stena Sirita	2005	
Sallie Knutsen	2005	KVOC
Tordis Knutsen	2006	
Vigdis Knutsen	2006	
Elisabeth Knutsen	2007	

注:数据截止到 2007 年 9 月。

3　结束语

随着大气污染和能源危机情况日益严重,航运界逐渐认识到了控制船舶 VOC 排放的重要性。虽然目前对 VOC 排放控制仅限于在指定港口和装卸站进行装卸的油轮,但航运界不断增强的环保和节能意识将会使油轮 VOC 排放控制更加严格。

由于没有对港口 VOC 接受设施的硬性规定,加之蒸气回收装置费用不菲,因此国内很多港口和装卸站都没有安装油轮 VOC 回收装置[9]。对于油轮和穿梭油轮来说,装载中造成的 VOC 排放比较严重。我国油轮在国外进行原油装载时,作为世界第二大原油进口国,我国对这些地区造成的 VOC 排放亦不容忽视。

并且,油轮 VOC 排放控制牵扯到我国石油海运相关的许多行业,在安全、环保和经济上都会产生影响。

对于航运公司,需要按公约要求尽快为油轮配备经主管机关审核的 VOC 管理计划并对相关人员实施培训。此外还应未雨绸缪,积极与国内国外科研机构合作,选择个别油轮尝试安装 VOC 处理装置,以进行效益费用评估和技术改进。

对于海洋石油公司,应研发或引进先进 VOC 处理技术,在其装卸站和穿梭油轮上安装

VOC 回收装置,做到资源的最大利用。

对于国家港口管理部门,应尽快制定适于国内港口的油轮 VOC 排放控制规定,加大监督和检查力度,力保港口环境不受污染。

参考文献

[1] 卢金树,江欣. 油船 VOC 控制技术研究. 中国航海学会船舶机电与通信导航专业委员会2002 年学术年会论文集(船舶机电分册), 2002 年

[2] Howard J Rudd & Nikolas A Hill. Measures to Reduce Emissions of VOCs during Loading and Unloading of Ships in the EU. A report produced for the European Commission, Directorate General —Environment, AEAT/ENV/R/0469 Issue 2, August 2001

[3] IMO. TECHNICAL INFORMATION ON SYSTEMS AND OPERATION TO ASSIST DEVELOPMENT OF VOC MANAGEMENT PLANS. MEPC. 1/Circ. 680, 27 July 2009

[4] 里俊宝. 美国港口对油轮的要求与油气回收系统. 交通环保, 1998(02): 29-31

[5] Gunner T. J. Guidelines for the Control of a Multiphase Crude Oil Cargo for Cargo Operations and Handling. INTERTANKO, March 2001

[6] Knutsen OAS Shipping AS. Implementation of KVOC technology onboard Crude Oil Carriers. Knutsen OAS Shipping, February 2010

[7] IMO. Technical information on a vapour pressure control system in order to facilitate the development and the update of VOC management plans. MEPC 60/4/38, 15 January 2010

[8] DNV Research. TECHNOLOGIES FOR REDUCTION OF POLLUTION FROM SHIPS. TECHNICAL REPORT NO. 99 - 2033, 28 May 2001

[9] 潘海涛. 油气回收技术在港口油品码头中的应用. 中国土木工程学会港口工程分会技术交流文集, 2009 年

Abstract: The requirements and methods of Volatile Organic Compounds (VOC) emission control on oil tanker are introduced by consulting foreign technical data. Then the impact of this emission to our country is briefly reviewed. At last, the specific measures are put forwarded.

Key words: Oil tanker; VOC; Emission control

沿海中小型船舶防油污工作存在的问题及应对措施

刘传法

（台州温岭海事处，浙江台州温岭市，317500

摘　要：本文结合工作过程中的具体情况和相关数据，针对中小型船舶的特点，介绍了其造成油污染的现状，从船舶设计、船舶结构、法规、船员素质、作业等方面分析了中小型船舶造成油污染的主要原因，并提出了改进中小型船舶防油污工作的建议。

关键词：中小型船舶　油污染　排放　船员　治理

1　引言

随着海上交通运输经济的快速发展，沿海中小型船舶（以下简称中小型船舶）的数量迅猛增长，扮演了海上运输生力军的角色。但是中小型船舶为海上交通运输业的繁荣作出了重要贡献的同时，也成为海洋环境污染的一大污染源，而船舶造成的海洋污染主要是油类污染。所以正确认识中小型船舶防治油污染工作的现状，分析中小型船舶造成海洋油污染的主要原因，寻找合适的解决措施有着现实而积极的意义。

2　中小型船舶防油污染工作刻不容缓

中国是当今石油消费大国，自 1993 年从石油出口国转为石油净进口国以来，石油进口数量不断上升，沿海的石油运输量大幅增加，2009 年我国沿海石油运输量达到 4.31 亿吨，其中运输原油 1.87 亿吨，我国进口的石油 90% 是通过海上船舶运输来完成的，2007 年航行于中国沿海水域的船舶已达到 464 万艘次，平均每天 12700 艘次，其中各类油轮达到 162949 艘次，平均每天 446 艘次。中小型船舶因为其方便灵活，在沿海海上运输扮演了生力军的角色。以温州台州沿海为例，其中 3000 总吨以下船舶占 66.7%；2007 年进出港 3000 总吨以下船舶比上年增长了 27%，占当年进出港船舶总数的 69%。但是中小型船舶一般来说设计方面都存在着或多或少的问题，而且其公司管理水平也不太高，船员素质偏低高，导致中小型船舶油污染的风险增大。中小型船舶油污染包括操作性排放油污染和事故性排放油污染。操作性排放油污染是指船舶在航行及锚泊中将油污水排人海中，是船舶的最大污染源。事故性排放油污染是指由于海损事故及船舶在港口作业期间溢油事故发生的污染。前者发生次数高，但溢油量小；后者发生几率低，但会造成局部海域的严重污染。中小型船舶发生油污染的风险相当大，加强中小型船舶防油污染工作已经刻不容缓。

3　中小型船舶缘何成为“重灾区”

3.1　防油污法规体系尚不完善

海事管理是一项技术性很强的专业管理工作，制定相关管理法律法规存在着难度，完善防油污法规体系亦然。《中华人民共和国海洋环境保护法》早已生效，而且《防治船舶污染海洋环境条例》也于2010年3月生效,但其他有关防污的法律法规还未完善。另外,在油污赔偿方面,我国立法也不够,特别是对沿海中小型船舶油污事故,沿海非涉外船舶油污损害赔偿不是《国际油污损害民事责任公约》调整的范围,不能享有船东油污赔偿责任限额,其油污赔偿责任只能按照我国《民法通则》的法律规定解决,实际操作上,基本上以罚款为主,赔偿很少。虽然我国现行法对油污损害责任人的行政处罚方面的规定相当完善,但由于中小型船舶公司资金有限,而且是溢油事故易发者,在发生油污损害后,主管机关作出的行政处罚也难执行到位。

3.2　船舶老龄化严重

随着我国航运经济快速发展,大量的中小型船舶投入航运市场,这些船舶不少已进入老龄期,有的甚至应淘汰,但仍在营运。船舶老龄化,特别是中小油船的老龄化给海洋环境带来很大的威胁。船舶陈旧、设备锈蚀、防油污设备落后、油水分离器损坏,同时,漏油、跑油严重,另外,由于输油管路的老化与损坏,又造成装卸油时更易发生溢油事故。

3.3　船舶结构设计先天不足

3.3.1　大部分中小型油船没有专用压载舱和清洁压载舱

油船空载时,需装载一定的压载水,遇恶劣天气时,压舱水往往可达40% ~60%以上。如此多的压载水仅靠不装货油的舱室来装显然不够,而且大部分中小型油船没有专用压载舱和清洁压载舱,因此经常用货油舱来装压载水,这就造成货舱残油与压载水混合而形成的大量含油污水,而船舶进港前要将压载水排出,且大多数是直接排放,直接造成了海洋污染。

3.3.2　污油(sludge)舱和污水(bilge water)舱设计存在缺陷

(1)污油舱没有加热管路(或者有,但实际并不可用)。对于燃用重质燃料油的船舶,污油舱主要存放从分油机分离出的油渣和船舶在运行中产生的废油。这些油渣在常温(25℃)以下属于半流质,黏度非常大,很难泵运或根本无法泵送。目前国内船舶都将这些油渣收集到一定数量后退岸处理,这些污油在转驳时都必须加温至50℃以上以降低黏度、顺利驳运。没有加热管系意味着这些污油一旦进入舱柜就无法驳出,变成死油。有些船舶没有办法转驳污油,只能将污油直接排到舱底,混合大量污水非法排出,给海洋造成严重污染。

(2)污油舱舱容表不准确。这是个非常普遍的问题。很多船厂为节约成本,在船舶建成后并没有对各个舱柜按照实际舱容进行重新测量绘制,只向船舶所有人提供设计时所计算的舱容表(油舱舱容表在后文探讨),与实际舱容相差甚远,使船员无法准确地计算污油存量,给船舶准确记录《油水记录簿》带来很大的困扰,亦给船舶防污染带来严重的隐患。

(3)船舶没有独立的污水舱。其危害主要在于船舶的污水无法收集在独立的污水舱进行沉淀和初步的分离,以便于油水分离器顺利运行。如果直接从舱底抽取含油较多的污水至油水分离器进行工作,不仅增加油水分离器的负荷,还会降低该设备的使用效率。另一方面,如果船舶靠港时间较长(如船舶修理期间),大量的污水集中在舱底,一旦影响作业和航行,易造成船员冒险非法排污。此外,船舶舱底的污水没有相对准确的量的记录(由于舱底面积大,对舱底聚集的污水量较难估算),这增加了海事机构的监管难度。

3.3.3　污油水管路设计不尽合理

(1)分油机排渣管路设计不合理,弯头较多或管路较小、较长,且没有伴热管,使排渣不通畅,影响分油机正常运行。曾在检查时发现一艘船的分油机排渣没有接到相关污油水柜,而是直接排在分油机的油槽内,由于分油机的排渣是有一定压力的,每一次冲洗排渣都会使排出的

油泥到处飞溅，该船机舱的脏污程度可想而知。

(2)主机燃油自动冲洗滤器到污油柜的油管也存在类似问题，使船舶的燃油系统无法正常运行。有的船舶将排污管拆除，将污油直接排在集油槽内，由于冲洗时的压力，这些污油到处飞溅。

(3)集油槽到污油柜的油管不畅通。对于这种情况，船上最简单的处理方法是将集油槽内的污油直接排放到舱底。原本设计集油槽是为了将油泵、污油泵、油滤器所泄漏的污油收集在相对封闭的空间，再在集油槽的底部安装排放管，让泄漏的污油排放到污油柜，避免流到舱底而造成机舱舱底的污染。现在将这些污油管拆除，使污油直接排放到舱底，那集油槽的设计意义何在？而这些污油直接流到舱底带来的污染危害可想而知。

3.3.4 油泵和污油泵的安装防护措施不全

这方面的问题主要集中在一些油泵和污油泵没有附带集油槽，或者说油泵和污油泵安装后并没有在其周围形成相对独立的封闭结构，导致发生正常运行的滴漏或故障泄漏时，无法将泄漏的污油集中在油槽内，再通过油槽的泄放管排到污油柜，后果是泄漏污油直接流到舱底，加重舱底的污染。

3.3.5 油舱结构存在缺陷

(1)油舱舱容表不准确。原因已在前文叙述。由于舱容不准确，船舶在加油时无法有效地把握油舱的加油量，在油料加装和驳运过程中存在很大的跑油风险。加油船员使用了错误的舱容表，产生判断错误，可能导致他在油舱实际满舱后继续加油而使燃油溢出油舱。在被调查的十几艘船舶中，只有一艘船舶在完工后作了重新丈量计算，其余船舶都反映舱容表不准。其实，目前使用激光和计算机技术测量船舶舱容非常便利，只需在船舶造好后请专业的计量单位重新测量即可，很少的投入就可以消除以后可能产生的污染风险和燃料纠纷。而船舶一旦投入使用，必须停航、清洗油舱后才能测量，成本较大，船舶所有人通常不愿再安排测量，只能继续承担由此带来的风险。

(2)油舱内蒸汽管路破损。正常情况下，蒸汽在独立的封闭管系内进入油柜，完成加温后循环回蒸汽的水柜(热水井)。但是如果船舶日用重油柜的蒸汽管泄漏，进入油柜的蒸汽压力在0～3MPa左右，而油舱内的蒸汽管路由于安装或质量问题破损，蒸汽进入油舱后直接喷到燃油里，部分压力蒸汽携带燃油从油舱的透气管路喷出，会引起甲板加油处有很多油污。

3.3.6 油水分离器存在问题

目前船舶对机舱污水处理所采用的最重要设备是油水分离器。船舶的油水分离器主要用来将在机器处所产生含少量油的污水处理后，使排海的污水达到要求的油分浓度以下，并将处理的污油排到污油柜，但实际上中小型船舶上的油水分离器处理含油污水的能力是非常有限的。目前，一些中小型船舶舱底的油污程度相当严重，已经超出油水分离器的处理能力，甚至油水分离器根本无法有效使用，潜在的危害很大。

3.4 含油污水的违规排放

前文已经提到，中小型船舶在营运中，燃油系统和滑油系统常会产生油渗漏，在修理、更换滑油、清洗过滤器时也会漏油和跑油，油舱的各种管路、阀门、泵等在工作过程中不可避免地漏油，这些残油积聚舱底，与水系统漏水和冷凝水混合形成舱底污水，中小型船舶舱底污水通常利用舱底污水泵直接排放入海。按照有关法律规定，船舶含油污水不得任意排放，在航行途中要满足规定条件才能排放，到港含油污水应由港口油污水处理设施接收。但是中小型船舶“三水”的违章排放现象比较严重。另外油船营运一定时间后，为充分使用油舱的有效载重，提高经济效益，或者为了接收新品种货油，需对油舱进行清洗；为安全起见和进行修理，油船和其他船舶在修理和进坞前，要对全部油舱和燃料容器做彻底清洗。其大量洗舱水的排放，又是一大污染源。

3.5 废油交易存在隐患

中小型船舶油污染的现实“元凶”其实是船舶废油的乱排滥倒。其中一些船舶还见利忘义，趁机做起相互倒卖废油交易，它不但造成二次污染，还将酿成更为可怕的船舶安全事故隐患。船舶间的废油交易因废油排放应运而生，近几年异常活跃。在沿海大大小小的港口时常游弋着三五成群的小型船舶，私自从事船舶废油回收作业，这些小船吨位约在30t左右，属典型无证无照的“三无船”。由于沿海线长点多，致使海事部门防不胜防，废油非法交易时常发生，难以禁绝。这些人将非法回收的废油卖给收购者，能获得每吨800～1000元的可观收入。收购者将这些废油经过滤后二次利用，有的直接流入船上使用。由于这些残油质地低劣，在机器中极易堵塞和增加机器的磨损，给船舶的正常航行安全造成严重威胁。此外这些小船本身船况不好，设备非常简陋，很容易造成泄油事故。

3.6 船员整体素质较低

中小型船舶经营者为了降低经营成本，常会雇用薪水要求较低的船员，造成船员的素质普遍不高，而且流动性大。这些船员普遍操作技能差，对防污法规了解不够，环保意识不强，缺乏防止海洋环境污染社会责任感。在中小型船舶上常常发现如下一些问题：人证不符，航区超出证书核定范围，甚至持假证上岗。低素质的船员，给中小型船舶的防油污工作带来了巨大的困难。

3.7 装卸作业不规范

在装卸油时，由于操作人员责任心不强，操作不熟练，很多预防油污的准备工作都没做好，导致溢油事故时有发生。表现在：装油前，作业双方联系不妥；装油中，操作失误，错开阀门，擅改流量；装油结束时，停泵不及时，值班人员擅离职守等。

3.8 对油污事故处理不当

溢油事故发生后，由于报告不及时、经费不落实等原因，造成时间的延误，导致溢油扩散，加大了防污投入，而且清污处理效果往往不理想。

4 中小型船舶防油污工作的应对措施

4.1 尽快完善防污法规，实施船舶油污染损害赔偿机制

针对中小型船舶，现存防污染法规应完善的方面主要有：(1)针对船舶油类作业，包括船舶装卸货油、供受油作业等方面，制定一个统一的管理规定，统一油类作业的程序，对作业时人员值班等具体工作提出统一要求和一些较硬性的规定。(2)油污赔偿方面，应解决油污赔偿理论和油污赔偿基金的问题。目前我国油污赔偿理论仅限于民事法则的侵权理论，这对中小型船舶非常不利，可学习国际上“保护环境共同责任理论”，即货主与船东共同承担油污赔偿责任。(3)赔偿基金。应及早完善国内油污赔偿机制，并完善国内船舶油污赔偿基金制度，确保油污损赔资金的来源，解决由于船东破产或逃逸造成的污染和快速应急清污的经费问题。中国沿海船舶溢油量50t以下的中小事故，清污率只有7%，50t以上的重大事故清污率也只有

39%。原因是中国油污损害赔偿机制严重滞后。使得油污治理公司亏损运作，亏损导致技术和设备更新缓慢，从而影响对船舶溢油的处理。上海黄浦江水域"8.5"溢油事故发生后，肇事者被最终抓获，由于肇事船只是个体户，发生事故后破产，船只总价值不到100万元，而有关部门清污耗资高达1 700万，这还没有算沿岸单位生态环境的赔偿。珠江口水域"3.24""闽燃供2"号油轮溢油事故造成严重污染，肇事船应赔偿经济损失4 000多万元，但船东责任限制仅为60万元。国际航行油轮事故赔偿是100%，其赔偿费也较高，因为中国已加入1969年和1992年《油污赔偿民事责任公约》，公约要求国际航行油船必须强制进行油污保险。而国内沿海航行的油轮没有强制要求油污保险，又未建立油污赔偿基金，至使多年来，在我国发生的船舶污染事故赔偿问题没有得到很好的解决，损害赔偿机制的建立和有效运行是防止船舶污染海洋环境的。

4.2　强化海事现场监管

实践证明，现场监管是打击水上运输违法违章行为的有效管理方式。目前，受中小型船舶船员素质、设备状况、经营状况和整个运输市场环境的影响，寄希望于中小型船舶自律，严格遵守环保法律法规显然不现实，而且由于中小型船舶活动灵活，不到现场很难对中小型船舶实现有效监管。因此要加大现场监管力度，同时采取海空立体巡航方式，对中小型船舶进行立体监控。在重点的水域、码头设置电视监控系统，进行实时监控。加强对老旧船舶的管理严格执行有关法律规定，对老旧运输船舶进行重点管理，加强安全检查，并将技术性能落后、安全隐患严重的船舶列入"黑名单"，由主管部门进行跟踪管理与检查；有关检查部门对老旧船舶（特别是油船）进行严格的技术鉴定和经济技术论证，对已达报废条件的坚决报废。加大对防污设备的检查力度。改变重证书轻设备检查的状况，着重检查船舶的油水分离设备、排油监控系统、标准管系、标准排放接头等设备。检查设备是否与证书所列一致，设备是否工作正常，对不适航的船舶坚决滞留。促进中小型船舶更新、修复防污设备，提高船舶的防油污能力。

4.3　提高船员的防污意识

通过培训方式，在船员取得适任证书前的培训时，除了对基本的专业要求进行培训外，还应把防污染作为一个重点来进行培训，主要是培训船员对防污设备的操作能力和提高船员的防污染意识。另外，在考试时也应把其当作一项重点内容。

4.4　提高油污染监视和应急反应能力

建立海上油污染监控与报警网络，应用先进的遥感技术以及船舶、飞机立体监测，及时发现海上油污染事故或行为。完善油污处理防治，健全油污应急体系，一旦发生船舶油污染，能迅速启动应急体系，组织、协调、调动一切可能的防油污力量，及早有效消除或减少污染损害的措施，尽量减少油污染造成的损失。

4.5　建立船舶油污染事故应急处理体系

（1）建立国家应急反应计划

交通部与国家环保总局于2000年联合制定发布了《中国海上船舶溢油应急计划》和北方海区、东海海区、南海海区及台湾海峡溢油应急计划。经过多年的建设，基本形成了船舶、港口、海域和国家四级溢油应急反应体系。交通部加强了国家溢油应急反应力量的建设，不断提高应急反应能力。在建立国家应急反应计划前提下制定完善各级应急反应体制，如港口、船舶溢油应急反应计划，属《中国海上船舶溢油应急计划》的子计划。建立国家应急反应计划的目的在于遇到溢油事故发生时，按照既定程序，迅速作出反应，在人力、物力资源上统一调配，控制和消除溢油污染。这些不同层次的溢油应急计划要定期组织演练,并不断修订与完善。

(2)建立船舶油污染事故应急专家决策机制

充分利用环保、航运、海事、救捞、科研院校和石化企业等机构在人才资源上的优势,组建船舶油污染事故应急专家组,跟踪国际海上溢油控制技术的最新发展,参与重大溢油事故风险评估;船舶溢油应急技术咨询,不断提高国家、地方各级政府和海事机关的溢油应急反应决策能力,避免发生溢油事故应急处置行动的决策失误。同时积极推进卫星遥感监测技术的实际运用,为溢油应急指挥提供决策依据。

4.6 制定符合国家利益的油轮安全技术标准

法国自"埃里卡"号油船事故后,强令单壳油船退役;欧盟单方面提前做出禁止装载重油的单壳油船驶入欧盟各国水域港口;美国早就明令禁止进口单壳油船。航运和石油公司,为了利益,仍使用廉价老旧油轮运油,目前全球各地航行的老旧单壳油轮仍有近千艘,已成为威胁全球海洋生态的"流动炸弹"。我国应站在国家环保和安全高度,重新调整承运中国进口石油船舶的船型和船龄的限制,严格按照 IMO 有关时间表,在采纳于 2005 年 4 月 5 日生效的 MARPOL73/78 公约 2003 年修正案(环保会决议 MEPC. 111(50))和 CAS2003 年修正案(环保会决议 MEPC. 112 (50))的基础上,结合我国的国情修改交通部 2 号令有关油轮船龄的规定,淘汰国内航线相应年限的单壳油船。

4.7 清污公司市场化运作

从我国目前情况看,船舶在发生溢油污染事故后,自救能力极差,无法清除已造成的水域污染,只能依靠海事机构组织港口和专业应急力量来完成清污工作。长期以来受国内船舶油污保险和油污损害赔偿基金未建立的影响,加上事故船舶与清污应急队伍之间的关系模糊,权利和义务不明确。因此,在实践中遇到很多难以解决的问题,清污队伍在清污工作完成后难以得到应得的报酬,这些问题的存在,给溢油应急反应及清污工作带来了极大的负面影响。因此,鼓励港口企业或应急队伍建立专业清污公司,实行与船舶、公司、企业和码头业主签订溢油清除合同的形式,明确事故发生时双方的权利和义务,从而引导清污公司的市场化运作。认真研究对外开放我国海上环保市场的可行性,在政策上扶持吸引国外或民间资本投入到我国海上溢油应急反应行业,推动我国海上溢油应急反应向专业化、规模化方向发展。这种运营机制对已经加入 WTO 的我国,在船舶溢油污染防治工作方面,将会起到积极的促进和保障作用。

4.8 强化油轮管理力度

充分发挥海事机构对船舶检验质量的监督职能,确保油轮的检验质量,加大 PSC 和 FSC 检查力度,提高对方便旗超龄单壳油轮和国内沿海油轮的安检比例,对严重缺陷或低标准的国外油轮应将其列入黑名单,提高对航行油轮安全的监控能力。船员要按计划认真进行防污染演习或训练,提高应变能力。《船上油污染应急计划》是由船长管理和记录的,船长要将每一次防溢油演习情况真实记入。船员特别是驾驶人员应自觉遵守航行法规和安全规程,海事机构则应把船员管理重点逐步过渡到船员实际操作能力的监控和评估,以确保航海安全。

4.9 加强对中小型船舶公司的管理

现在,中小型船舶多是一些个体船舶甚至是单船公司。此类公司经营人素质参差不齐,安全与环境保护观念淡薄,因此,已成为海上环境安全的一大隐患,而且这类公司为逃避行业行

政监管，普遍采取挂靠经营的方式，导致法律责任不清，造成市场不规范竞争，因此更应该加强对这类公司的管理。对个体经营船舶公司的管理不同于较规范公司的管理，对较规范公司的管理方针是尽量避免油类污染海洋，而对个体公司则是要尽量减少；对较规范公司主要是规范其内部管理；而对个体公司则是应加强公司本身的管理。先要求公司规范化，才能寻求对防污染管理的规范化。具体措施为：

（1）个体船舶公司必须实施企业化经营。其方式为：

①个体船舶公司按照《公司法》和国家有关规定，通过合资、合作、股份制等方式，组建符合经营资质条件的船舶运输企业或者公司。

②具有经营自主权的船舶运输经营人，按正常渠道与方式吸收个体经营户的运输船舶。

③个体船舶所有人将其船舶光租给具有经营资格的船舶运输经营人，由其负责营运管理，并承担安全与防污责任。

④随着专业化船舶管理公司的建立，个体船舶所有人可将船舶委托给专业化船舶管理公司经营。

（2）各级交通主管部门、海事管理机构要切实履行其各自职责，加强监督。

①各级交通管理部门要加强对个体运输船舶的引导、组织与协调，提高办事效率，对实行企业化经营管理符合条件的要尽快办理审批手续。

②交通主管部门不应再为个体船舶发放船舶经营证照，原有个体船舶营运证有效期也不得超过规定时间。

③有关主管部门对实行企业化管理的个体船舶运输企业发放营运许可证时，审核审批应严格，杜绝假合同、假协议现象。

④海事机构应加强对个体船舶的现场监督检查，对逾期仍未实行企业化管理的公司船舶不予签证。

（3）在要求个体船舶公司进行企业化管理的同时，还应提高其经营人的防污意识，待其步入正轨后可按照 ISM 规则的要求对其进行强制性的安全防污管理。

综上所述，要改变防治中小型船舶油污染日趋严重的状况，必须改变以往的习惯做法，在加强对船舶设备和船员管理的同时，重视和加强对船公司的安全管理。当然防治中小型船舶油污染不能仅靠航运企业、船员、海事管理部门的努力，只有全社会重视和努力，才能更好实现“海洋更清洁，航行更安全”的目标。

参考文献

[1] 江彦桥. 海洋船舶防污染技术[M]. 上海：上海交通大学出版社. 2000：34-42

[2] 徐国平. 船舶油污损害赔偿法律制度研究[M]. 北京：北京大学出版社，2006：161-162

[3] 刘泽慧. 船舶污染的现状及防治对策[C]. 中国法学会环境资源法学研究会年会论文集. 重庆：中国法学会环境资源法学研究会年会，2004：19-20

[4] 葛卫兴著. 长江小油船的污染及其防治，世界海运，大连：大连海事大学出版社. 2-102

[5] 江彦桥. 海洋船舶防止污染技术[M]. 上海：上海交通大学出版社，2000

[6] 黄忠秀. 船舶与港口水域防污染[M]. 北京：人民交通出版社。1999：45-49

Abstract: In this paper, the specific circumstances of the course work and related data for the characteristics of small and medium sized vessels, introduced its current situation caused by oil pollution from ship design, ship structures, regulations, crew quality, and operational aspects of the small oil ships major cause of pollution, and made anti-ship oil to improve the work of small and medium recommendations.

Key words: Small vessels; Oil pollution; Emission; Crewman; Control

采用严格的I/M(排放检测/环保维护)制度来解决机动船污染控制的研究和商榷

邓知礼
(上海市机动车船污染控制协会)

1　整个中国大气环境压力很大

环境保护是我国政府一项基本国策。20世纪中期以来,各城市在党和政府领导下,开展了卓有成效的污染综合防治和生态保护工作,促进了经济与环境的协调发展。特别近10多年创造了前所未有的物质和精神财富,各城市发生了深刻变革。北京奥运会举办成功,上海世博盛会拉开了序幕,为上海建造世界级国际大都市,实现新的发展创造了难得的历史机遇,也拉动力各城市的经济发展。但北京、上海和各城市大气环境还面临着许多严峻的挑战。

近15年各城市规模迅速扩大,城市化和工业化及现代服务业进程同步,交通基础设施大力发展,但对发展的交通相对跟进滞后。污染排放总量增幅较大。各城市的工业废气通过关、并、转、迁等措施,使大气总量得到遏制和改善。

随着人民生活的富裕,小轿车进入家庭,引发汽车工业高速增长,1998年我国在用车保有量在2000万辆左右,到2009年已突破8000万辆,新生产车辆达1500万辆。2010年计划达1750万辆,中国已成了生产和用户的第一大国。其中有5000多万辆在沿海东部,这已经给沿东部地区大气环境和生态保护带来了压力。而沿海各城市水资源丰富,为水上运输和水上旅游创造了条件。无疑地增加大气污染。

2　上海黄浦江和苏州河等内河水上运输现状

每年进出黄浦江港口的外洋轮船约7万多艘次。在7万多艘进出上海吴淞港口次,其中有4万多艘是外洋轮,(国外货运公司)2万多艘是中国沿海各省市的万吨级船舶。一般来讲,国外货运公司的船舶设施相对注重低碳和绿色环保,减排节能做得比较好。国内各省市的船舶对绿色环保理念较差,其设备的管理也有差距。在过去上海总工会曾派人跟中国上海外洋轮到欧洲和非洲等国跟踪监测。噪声与振动测定都对海员休息和精神健康带来较大危害。而且长途行驶中都是以重油为燃料,都是有害地球的大气污染,油品对船舶污染大气环境是一普遍性存在的重要问题。

从吴淞口进入黄浦江的万吨级以下的船只,都是来自中国沿海和长江一带船只及上海的崇明岛、长兴岛、横沙岛船只数量非常多,这个数字在交通部海事局那里,这个数字无法知道,但这个数字很重要,因为万吨级以下船舶对水环境、大气环境、生活环境的污染贡献率最大。这些船频繁进出吴淞口关口往返地承担运输业务。

内河的船只从5个江浙两省连接上海的河道关口进入,平均每天有2000艘左右。每年进出上海签证数字是54.8万多条船,最好的运输年份,没有超过60万艘船。而且始终就是这些近万艘船在往返跑运输。

外洋轮和万吨级以上的船，在它靠近吴淞港口前，船上原有两台柴油发动机或三台发动机，这时候开始只用一台机作动力驶入吴淞港口进入黄浦江。用一台柴油发动机开，有领航船只指挥，行驶速度很缓慢。对大气环境影响大幅度的削减。而且动力噪声也大幅度减少。对黄浦江两岸的受噪声的影响不大。但对其船舱内工作室和休息室，噪声与振动仍会超标，影响船员休息和安静，会给精神健康带来不利因素。

3 机动船的污染控制迫在眉睫

中国的机动船舶报废期比外国船舶报废期平均要延长到30年(实际到了30年还在航运)才逐渐进行报废，外国船舶报废期在20年。

中国交通部规定船舶二年为小修，3年为大修，实际大多数都超期进行维修保养。

中国船只在保养维修方面标准不一样，保养费用低，小修和大修时限都延长许多，为此，中国的船舶的污染比外国船舶排放污染厉害得多。

外国轮船万匹柴油机组是用德国博世技术较多，中国万匹柴油机有上海沪东造船厂、上海柴油机厂、广西玉柴和山东潍坊柴油机比较多，对于万吨级以下数千吨、数百吨柴油机基本上国产化的柴油机占绝大多数。中国柴油机技术大部分和关键部分都控制在外国内燃机公司手里。中国船舶除了技术落后外国，维修保养经费也少，维修时限延长对排放带来不利因素。另一方面，许多船舶都超负荷运输，对动力不仅耗油大，而且排放更重、噪声也比外国船舶高几个分贝。在内河航运线上的船只噪声更大，排放污染似乎没有任何部门在管理，许多超负荷运载几乎到了只要水不进舱可以行驶，就会继续增加货运量。类似这种船只在上海黄浦江上为最多的2000～3000t的驳船，少量在5000～8000t左右。

黄浦江上危险品装卸大小有50多个码头。现在货运码头只有一个在靠近吴泾化工厂的龙吴码头。苏州河沿线也有散装货运码头，这些码头扬尘会随时迎风而来。

上海黄浦江上海洋轮在2万吨级以上比较多，10万吨级也有，但很少。为黄浦江船舶和船只供应物质企业300多家，其中有相当一半在做油品生意买卖。有的通过水路用船直接供应，有的通过码头供应，这些油品数量，很可能是各行政部门无法掌握的，用什么标准号油也无法知道。

船的种类比较多，有代表性的船有客船、旅游船、大型油轮、摆渡船(摆渡船过去在冬季用轻油，夏季用重油，现都改轻油，有大小运输的驳船、拖船、救捞和消防船、冷冻船、勘测船、科技船、渔船，这些机动船的排放污染都不一样。

4 推动在用船实施I/M(排放检测/环保维护)制度

2009年，我受市环保局委托调研黄浦江船舶用油的情况，在调研中我到一些船舶修理单位，燃油供应单位，例如：了解他们的维修是怎么承担这些业务，是用什么方式进行排放污染物的控制，是否能采用在用机动船污染控制的I/M制度手段来解决水上的大小船的污染控制问题？这一问题也曾同一些专家教授探讨过。

在用机动船与在用机动车的检测方法上是不可能相同的，例如：机动车是有轮子的可以把车开到测功机上做驱动力、驱动扭矩/输出功率测量。即使检测能模拟车辆实际行驶时的负荷。

除了水陆两用船外，都是没有轮子的，那么对采用工况法检测就成问题，但科技进步，可以采用遥感测试技术和船载OBDⅡ自检系统。有了检测方法的前提，为机动船推动实施I/ M制度解决排放污染创造了条件。

（1）I/ M（排放检测/环保维护）制度的理念：这是一种对在用机动船综合性污染控制技术系统的联动和长效的环保维护管理机制。

（2）I/M制度的执行：它必须在国家法律法规，排放标准，技术标准的框架下，结合我国已有的定位守则即定期检测，强制维护，视情修理中进行。I/M制度是削减在用机动船污染排放最重要的手段。通过对机动船进行定期和不定期的排放检测，促进机动船的正常维护，防止人为的排放控制系统的损坏，保持船舶处于良好的运行状态，从而减少污染物的排放。

I/M制度是对新船实行强制性排放标准的有效补充。

I/M制度施行有两个目的，一是发现因调整不当或机械故障导致的高排放船舶；第二是发现排放控制系统技术设备的非正常工作和人为破坏，确定机动船的故障根源，便于对船舶进行维修，并督促船主加强维护，使得整个机动船使用生命周期中排放控制系统始终有效。

（3）I/ M制度中的I是代表排放检测，简称I站。可以采用设置定点或流动（船载遥感检测技术）点的遥感检测和船载的OBDⅡ自检系统。

（4）M是代表环保维护，简称M站。M站是承担整个污染控制系统技术的环保维护。M站是解决在用机动船污染的根本，是一项综合性污染控制系统技术工程项目。

柴油机的机动船主要排放污染物一氧化碳（CO）、碳氢化合物（HC）氮氧化物（NO_X）和颗粒污染物等，控制重点是氮氧化物（NO_X）和颗粒污染物。我国的柴油机排放控制目标2010年之后，争取与国际排放控制水平接轨。

5　I/M制度技术分类

分排放检测技术和排放污染控制技术：

（1）I站检测技术（检测方法）；

①遥感检测技术；

②船载OBDⅡ自检系统技术。

（2）M站所承担的技术系统：

①先进电子控制燃油喷射技术和新型燃油喷射装置，实现船用柴油机燃油系统各环节的精确控制。

②柴油机船舶排气后处理技术，如广域空燃比的气体排放物催化转换技术（氧化催化型）和连续再生能力良好的颗粒捕集技术。

③M站的技术路线是：为达到柴油船舶的排放最好的标准，可采用新型燃油泵、高压燃油喷射、废气再循环（EGR）、涡轮增压、中冷技术、多气门技术、可变进气涡流等技术，选择性催化还原技术（SCR）以及氮氧化物储存型后处理技术（NSR）的综合治理技术路线。

M站的综合性系统技术科技含量十分高，要求十分严密，所以M站承担环保维护的技术操作人员必须通过培训、考核、持证上岗。承担M站业务的企业必须通过行业有关部门资质认证，M站的技术操作人员必须掌握每一阶段排放标准和技术标准相结合，并与我国已有的守则即定期检测（可以采用实时监测）、强制维护（可以采用按需维护）、视情维修相结合进行有机地灵活应用于环保维护全过程。

M站应配备必要的排放检测和诊断仪器，正确使用各种检测诊断手段作出准确诊断，为维护与维修提供治理技术依据。提高维护与修理技术水平，保证通过维护与维修的船舶排放性能达到国家排放标准的要求，才能交付使用的责任的一致性。

柴油机船舶污染控制，应以完善和加强I/M维护制度为主。通过加强检测能力和检测网络的建设，强化对船舶排放性能检测诊断、强制不达标的船舶进行维护和维修，以保证船用柴油机处于正常技术状态。

柴油机船舶排放控制技术是一项系统工程，各城市和地区确需对船舶污染控制，应充分论证其经济性和改造的必要性，并进行系统的匹配和一定规模的改造示范，在此基础上方可进行一定规模的推广，保证改造后柴油船舶的排放性能达标。

1992年，苏州市环保局曾同地方港务局，联手对苏州河流的船只进行噪声控制取得了较好效果，使许多河道两边居民对噪声所造成影响有很大的改善。

2007年，对进入上海黄浦江苏州河及内河流通水道的所有单缸机船只实施禁航后，在上海所有江河两边岸上居民长期忧民的噪声大减，而且对大气污染也大大削减。

6 I/M制度的结构

(1)分集中式和分散式。在上海船舶流通实际情况，它仅限黄浦江这一条水源稳定性的大江。根据我们分析研究，对黄浦江船舶和苏州河及其他内河河流的船只运输行驶情况，以及黄浦江与内河河流上的船和小船运载行驶途中，所产生的排放污染情况，上海宜采用集中式的检测即主管行政部门可以通过透明、公开招投标选择一家企业来承担黄浦江不同地点定位的遥感检测方法，进行船舶检测。所谓的集中式，就是通过公开招投标，中标者只选一个企业来承担这个城市的大小船只的排放检测，也称作“仅检测”的制度，不承担M站的环保维护的污染控制技术维护与维修业务。

(2)分散式是把排放检测与环保维护一体化。这分散式“制度”中，要对检测与维护进行监督和审计，阻止舞弊现象发生和控制检测质量都非常困难，对削减排放有较大影响。

所以决策者必须避免采用分散式的I/M制度。

(3)在制度推行实施前和制度实施的整个过程中，对每个利益相关部门，如公安交警、交通管理、法律制定者、设备供应商、承担I和M业务企业，机动船生产商、公众、NGO环保组织、媒体之间应该保持互相之间和谐、沟通和协调。

(4)政府负责制定I/M制度的法规，政府主导，企业主体，NOG环保组织为政府和企业做好上与下的服务，而实施I/M制度是企业为主体，决策者对承担I站和M站业务企业撰写招标文件应以公开、透明的方式进行招标。所有参与投标企业都有公开竞争的机会得到最终的项目合同。选择承包商应该基于他们提供服务的技术业绩和努力。确保承包商的数量，应根据每年的往返在江河水面上行驶的数量来确定，不宜过多。

7 制度与管理体系

分两个体系：

(1)协调各部门组织的结构体系；

(2)实施制度中的具体管理体系。

7.1 各部门组织的结构体系

推行 I/M 制度必须在吸收国内外的经验基础上，提出一个高起点、高标准、高要求、有创新能符合各城市生态环境建设实际需要的方案。推行 I/M 制度的任务是：以最低成本建立科学、有效的检测与维护系统，找出污染排放严重的在用船经可靠的维修后，达到保持机动船清洁运行的目的。检测是手段，排除污染是目的，而实行联动长效的管理是核心。经验表明，只有在完善的管理系统里，一个采用集中式检测、严格的检测与维修分开的 I/M 体系，才是一个最有效、最经济的 I/M 制度的执行体系。

I/M 制度是一项公益性的由政府特许经营的业务，政府管理部门不宜直接或间接参与，授权和委托经营该业务的公司企业应该是中立、公正的，只允许进行保本、微利运营，只能在物价规定价格获取盈利。

按照 I/M 制度建立的目的各自发挥现有 4 个政府管理部门的特色进行分工。例如：环保部门承担排放规范建立、效果评估工作；港监和海事部门负责机动船信息收集与监督按时送检工作；交通港口部门做好维修站点的维修规范、质量监督工作；建交委部门致力于运营信息收集、城市水路交通发展规划等工作。所以，上述部门可以通过一个相应的机构，协调地区 I/M 制度推行过程中存在的问题和指导该项工作的健康发展。并通过一个管理监督的执行机构，在相关行政主管部门的指导下，协助做好运行商、供应商、检测站和维修站的市场规范与质量监督工作。

设想的运行管理模式如图 1 所示。

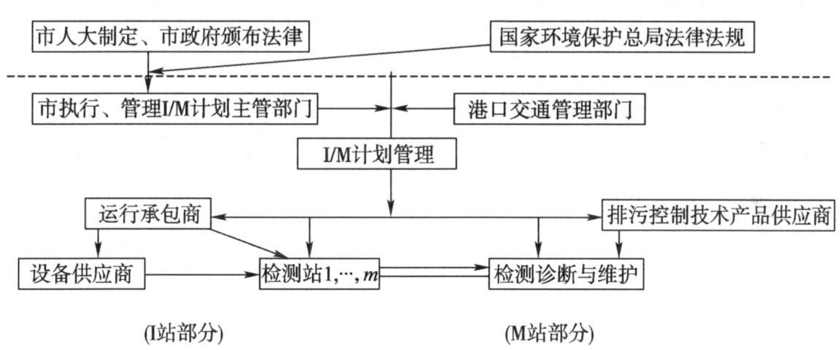

图 1 建立车辆数据信息网络(VID)系统：I/M 计划的管理运行模式

中国还没有成功推行 I/M 制度的经验。I/M 计划需要较大的投入，目前都是通过在政府的支持下市场化运作来操作 I/M 计划，如果没有同步地建立一个完善的管理网络，仅仅依靠改变检测方法匆忙投入设备，结果往往事与愿违难以或很少取得预期效果。建立机动船数据信息网络(VID)系统具有极其重要的战略性意义，VID 系统作为集中式 I/M 计划推行的基础，它作为一种载体将各个检测网络站点紧密相联，并通过 VID 系统对各个检测网络站点进行指导和监督，是 I/M 计划得以正常运行的基础。作为 I/M 计划市场化运作方式，仅建成检测网络系统难以使 I/M 计划获得成效。完善的 VID 系统是 I/M 计划成败的关键，它为政府主管部门全面策划和系统管理提供了可能，使 I/M 计划在市场化操作过程中形成一个统一、有效的运行管理系统。

VID 系统把全市各个监测站点以及相关机动船管理部门连接起来，通过终端的信息数据采集把机动船的检测与维修相关信息进行集中、存储与管理，形成 I 和 M 站点的工作闭路循环(图 2)。这种集中式的数据信息管理模式，将有效地保证了各个监测站点数据的客观性、公正性以及维修站点的修理质量。同时,也为环保局、船舶管理部门、机动船生产厂商、船主以及社会公众提供有用的信息资源。

而且,只有管理网络系统,才能有效堵塞机动船逃检,欺诈作弊和弄虚作假现象。

并建议成立地方上的机动船排放管理中心,统一全地区的在用机动船的监测与维护工作。为此,成立了机动船排放管理中心,统一机动船排放的监督工作。

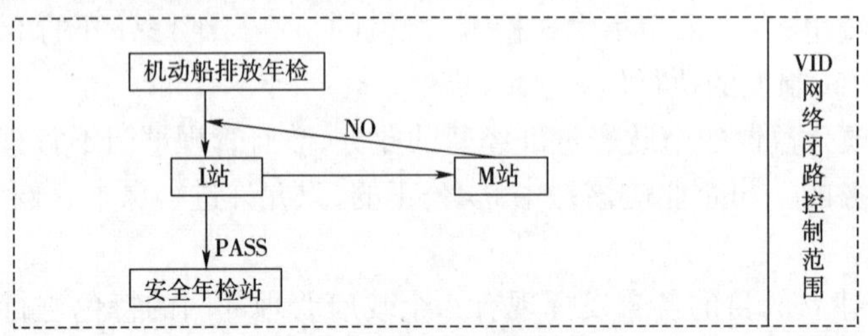

图2　VID管理控制闭路系统

现有的机动船安检站数据信息系统,建议通过协调与资源组合,使之能成为从船舶生产、销售、登记上牌、排放监测、维修保养、安全保险、旧船处置均可利用的一个成本最省、功能完整强大的统一的VID系统。

完善的检测和维修站点网络是I/M制度实施的不可缺少的组成部分,必须在建立检测站点网络同时建立维修站点网络,使排放超标的在用船得到合理的诊断和维修。

检测网络布点,建议选在既不影响交通又便于船主检测的,并能靠近现有的社会安全检测站最宜,通过公平的招投标,由符合条件的承包商承担并实行管理,是单一的只承担在用船排放检测的检测站。由政府与(检测站)非政府NGO环保组织进行资质审核认可、指导、考核和评价,具有条件的社会排放检测站。为达到统一检测设备、减少检测系统误差以及便于管理对行业的质量监督和市场的规范,有利于节约设备维护的人力和备件资源,降低检测成本,建议只委托1~2家公司承包检测站点网络的建设。从降低成本、提高设备的利用率和适应私家船发展的需要考虑,建议一周至少采用5个半工作日,一天12小时工作的两班制较为合适。

7.2　制度中的具体管理体系

I/M计划中的M(环保维护)站建立是一项复杂的综合性技术系统工程,它与一般在用船维修站的区别在于它的主要服务内容为解决机动船排放污染控制,它的行为从开始到结束都围绕"环保"运作,为"环保"行为负责,一些产品已形成环保产品认证的机制。作为I/M计划的机动船环保维护设置,可以在现存的符合条件的维修企业中选择,在原有的业务范围内增加和加强环保维修项目的专项业务。因此,这类站点的设置不仅应符合一般维修企业的开业条件,而且应相应增加控制机动船排放原理、专业技术与操作培训,维修人员经技能考核后持证上岗,企业经资质认证后凭证开业。

7.3　制度中的DQJ管理系统

I/M制度中的DQJ管理系统框架:

机动船DQJ管理体系由技术保障系统、行政管理保障系统和监控评价系统组成。

(1)机动船排放控制的技术保障系统

该系统通过定期维护,实现保持船况、减少排放、降低消耗等目标。承担在用船M站环保维修企业用先进的检测诊断技术和污染控制技术与船舶排放标准与技术定性标准相结合,并

与我国已有三大守则相结合，即实行定期检测，强制维护，视情修理，及时发现故障并予以排除。

(2)机动船排放控制的行政管理保障系统

船舶排放控制的行政管理有两方面的工作，一是保证所有在用船按规定进行维护，使其排放污染稳定达标。这项工作必须立法完成，并采取相应措施，如实行合同维护，建立船舶排放控制档案等，二是保证船舶承担M站维修企业按照技术规范进行船舶维护。此项工作完全可以依靠市海事局船舶维修行业管理体系，会同NGO环保组织共同来完成企业质量保证体系和培训体系，以及正在逐步完善的排放治理检查和反馈体系来完成。

(3)机动船排放控制的监控评价系统

监控的目的有三个：第一监控识别排放不合格船舶，监督其及时治理；第二跟踪追查排放不合格机动船产生的原因和责任者，依法给予处罚；第三根据抽查合格率指标，对机动船DQ技术保障系统、机动船DQ行政管理系统的运作情况进行客观评价。此系统以海事局和地方环保部门为主组织实施。

这里要强调指出的是：建立并实施机动船DQJ管理系统不增加船主额外负担，不增加政府开支，是效益明显、费用较低的排放控制措施。

即以船舶维修行业和检测业为依托，建立定期检查(D)、强制维护(Q)、监控评价的管理系统(J)，采取监测+(加)强制维护的技术路线，对在用船舶污染物排放实施控制。

DQJ具体方案如下：

(1)成立在用机动船检查/维护(I/M)机构，进行研究和摸索适合地方城市的检查和维护制度。

(2)在用机动船排放治理必须立法。

要加强在用机动船排放治理，必须立法。立法是实施在用机动船排放控制的动力和根本保障。

(3)加强管理和监督检查力度，确保在用机动船排放污染的治理质量，圆满完成污染系统的治理任务。

(4)制定合理的维护规范是保障排放达标的前提条件。安装排放控制装置明确规定周期和制定维护规范是降低排放的前提条件。

(5)执行I/M制度应设三级网站。即检测网站、维修网站和试验网站。检测站和维修站主要针对在用机动船，试验站主要是针对新的船舶和船只(按规定技术定性年限标准)和排放控制装置。

(6)其他相关措施：

①全面培训。培训是实施在用机动船排放控制的基础，培训对象是船主，维修企业技术人员和检测企业技术人员。

②科研与市场。对控制技术难题立项研究，拿出成果。加强控制技术产品市场监督管理。引导市场建立控制技术装置、清洁剂、油品统一配送系统。

③宣传。通过各种媒体宣传，围绕法规和机动船环保进行宣传，提高全民环保意识。

④提高油品质量。

随着机动船的制造业发展，科技进步、技术不断优化、在用机动船不断递增、DQJ管理体系也必然随之应变发展，要促进柴油含硫量降到最低ppm极限作出努力。

8 污染控制技术配送管理系统

我们在2001年检索交通部和北京交通局有关I/M制度的一些文件资料,都提出了I/M制度实施中的污染控制技术配套市场问题,都主张要成立一个配送中心体系,其目的是确保技术质量和技术安全问题,在我们20多年实践经验中,对污染控制技术生产过程中的技术问题,会因没有按技术标准和程序制作出的产品会造成爆炸、自燃等不安全问题。除了控制质量问题还有与质量一定关连性就是控制价格,价格除了影响市场混乱,还会影响技术产品质量。例如:奥运会前国家环保局对机动车催化转换器进行了抽查,结果查出偷工减料不算甚至查出净化器内没有催化剂涂覆层。为此,对建立污染控制技术配套服务体系尤为重要。

我们认为应引导市场建立污染控制技术装置、清洁剂等统一配送系统。建立这样的配送系统在于(1)安全;(2)严控因价格问题引发恶性竞争,影响技术产品的质量。

污染控制系统技术产品,要结合排放标准和技术标准的要求来进行调换更新和报废。也要把这两个标准与三个守则即定期检测、强制维护、视情维修相结合进行检测诊断和维护与维修。污染控制系统技术产品因质量问题会造成自燃和引发爆炸而造人身与财产安全。为此控制质量是非常重要的一项工作。引导市场建立配送系统,要制定可行的程序和严格的制度执行措施。如图3所示。

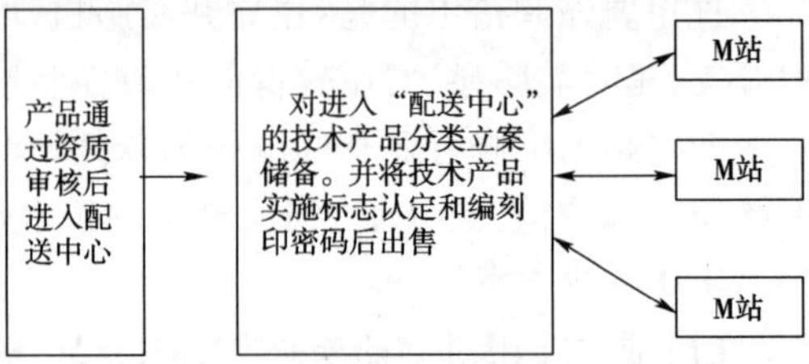

图 3

M站与配送中心是对口采购供应。M站采购时备有统一的采购证和采购记录簿,详细记录品名、价格、数量、日期、生产单位。配送中心对供应的所有规定记录将全部存入计算机内,以备事故和其他因质量问题查证。

配送中心供应的技术产品要做到:

(1)技术产品是国家认证的或机动船制造厂型式认证产品。

(2)价格要比一般供货零售价低廉,不得高出。

(3)组织专人负责审核和检查质量。

(4)对承担M站(环保维护)企业业务单位,把整船上的污染控制技术列为技术定性标准,对M站实施对口供应的认证条件。

(5)对催化转换器和其他污染控制系统的技术产品及相关减排节能技术产品,严格实施报废回收制度,防止二次污染。

9 开展I/M制度的培训

培训是I/M制度完整体系的一个重要部分,是实施在用船污染控制的基础。特别在I/M中的M站(环保维护),是一项在用机动船综合性污染控制系统技术工程。要全面懂得这些污染控制系统技术专业人才奇缺。在污染控制技术圈内人士中,懂一个系统技术大有人在,懂二个系统技术研究人几乎难找到几个,懂得三个系统技术人更找不到一个。为此,我们从2004年开始把集聚单项专业技术人才工作放在首位,通过2004年春至2006年春持续三年调研与论证,又在2007年经过多次专家组会议,最终统一了思想,将各单项专业技术汇集成综合性污染控制技术的培训教材编写工作启动,经二年多努力终于在2009年年底,通过多次专家组审

稿修改完成了 I/M 制度的培训教材编写任务。机动车和机动船的污染控制技术和 I/M 制度已在五月份被上海市劳动局职业培训中心和交通港口局技术培训和考试中心列为定向培训。

培训对象：机动船驾驶员、维修技术人员、船长和船主以及承担 M 站（环保维护）企业的法定代表人和业务接待员，都应列为培训对象。这不仅关系到一项技术操作问题，而关系到 M 站产业结构调整和升级，关系到以环保维护发展方式增加新的经济增长。关系到采用严格的 I/M 制度不仅改善检测业和维修业向低碳、减排节能绿色环保转型和变革。

10　I/M 制度中的公众参与

公众对于政府执行的 I/M 制度的有效性和公正性的看法在很大程度上会影响他们对 I/M 制度的合作参与意愿。为了保证 I/M 制度给公众留下正面的印象，应该让人们意识到公众健康对 I/M 的需求重要性，而且相信这个制度公平而且有效。

为了确保公众能够接受，并且参加 I/M 制度，应该大力加强针对公众意识的宣传力度，要宣传着重国内外成功的 I/M 制度能带给人们健康效益。

要发挥 NGO 环保组织作用，涉及到机动车船污染控制的非政府组织，多数在专业技术方面能力很强。就拿我们上海市机动车船污染控制协会来讲，我们集聚了 30 多位优秀的专家教授，整个秘书处的正、副秘书长对 I/M 制度的研究都有 8 ~ 10 年的研究工作经验。他们都是这个国际大都市名牌的大学的专业老师。这些专家对政府建言献策对促进 I/M 制度推动实施是起一大作用。

基于以上几个方面原因，作为地方上决策者应该组建一个有力公众意识专项班子去负责向大众宣传 I/M 制度的必要性和重要性，以及宣传在 I/M 制度施行中的成效和总体实施情况。

I/M 制度是以环保维护对传统检测业和维修业变革，是以减排节能推动行业历史性的转变的成功关键，是以环境保护方式促进经济发展。实施技术规范的 I/M 制度，不仅对传统检测业和维修业的一场变革，而且引逼生产机动船零部件企业向环保节能型转移，并引逼机动船制造业科技进步快速提升和发展自主品牌，促进技术质量提高。

浅谈船舶废气排放的控制

杜秉洲

(宁波海事局,宁波市,315020)

摘　要:随着国际社会对船舶污染空气环境的关注,船舶废气排放标准越来越严格,如何控制船舶废气排放已经成为世界各国研究的热点。本文主要介绍了国内外控制船舶废气排放的措施和我国目前存在的问题,并提出相关的对策和建议。

关键词:船舶　废气　岸电　绿旗计划　履约

1　前言

国际航运贸易是全球经济的重要组成部分,船舶是当今国际贸易中最主要的货物运输工具,全球接近90%的贸易是通过海洋运输。在过去的几十年里,人类对陆地交通运输工具污染空气更为重视,各国政府都出台了政策和研发了新技术,有效地降低了各种陆地交通运输工具对空气的污染。船舶对空气的污染却没有得到严格控制,船舶排放的废气已经成为主要的空气污染源。美国国家海洋和大气管理局的一项研究表明,全球每年排放的氮氧化物气体中30%来自于海上船舶。另外一项研究表明,远洋船舶排放的硫氧化物占世界排放总量的5%,在一些沿海港口,船舶排放的硫氧化物占到了30%。

人们传统的观念认为,船舶是在海上排放废气,对人类健康和陆地环境的负面影响很小。但是研究表明,70%以上的海上船舶是在离海岸线约400km范围内行驶,船舶排放的废气能漂移到陆地的上空,从而对人类健康和陆地环境产生危害。特别是在港口、海峡和一些航线密集、船舶流量大的海区,船舶排放的废气甚至成为该地区的主要污染源。面对日益增加的航运贸易,如果不进行严格的控制,在不远的将来,船舶废气排放会成为更大的环境问题。

2　防止船舶造成大气污染规则的发展历程

船舶对大气环境造成的污染已引起国际社会广泛的关注,国际海事组织于1997年通过了MARPOL 73/78公约附则VI—防止船舶造成大气污染规则,该规则已于2005年5月19日正式生效。迄今为止,随着美国的加入,批准加入MARPOL 73/78公约附则VI的国家已达到53个,商船总吨位占全世界商船总吨位的81.88%。

MARPOL 73/78公约附则VI对船舶废气中的硫氧化物和氮氧化物的排放含量做了限制,船舶使用的任何燃油的含硫量质量百分比不得超过4.5% m/m,在硫氧化物排放特别控制区内(波罗的海和北海),燃油中硫的含量的质量百分比不得超过1.5% m/m。船舶也可以采用废气滤清系统或其他技术方法,将船舶柴油机硫氧化物排放总量减少到6.0g/kWh及以下。MARPOL 73/78公约附则VI对2000年1月1日或以后建造或经过重大改装的、输出功率超过130kW的柴油机氮氧化物排放也进行了控制,并在附录II中对采用海事组织制定的NO_x技术规则来核实船用柴油机的NO_x排放量时应使用的试验循环和加权因数做出了规定。

2008 年 10 月，国际海事组织海上环境保护委员会第 58 次会议一致通过了 MARPOL73/78 公约附则 VI 的修正案，对船舶大气污染物的排放提出了更严格的要求。修正案要求从 2010 年 1 月 1 日开始，全球重质燃油的硫含量从现在的 4.50% m/m 降低至 3.50% m/m；并在 2018 年之前做出可行性评估，如果通过评估，则到 2020 年 1 月 1 日，将要求全球船用重质燃油的硫含量降低到 0.5% m/m。对于硫氧化物排放控制区，从 2010 年 7 月 1 日开始，该区域船舶所使用的燃油硫含量不得超过 1.00% m/m；从 2015 年 1 月 1 日开始不得超过 0.10% m/m。在 NO_x 排放控制方面，修正案根据船舶的建造年份制定了三层控制标准，例如，凡在 2016 年起新建船上安装的主机，都必须按照第三级标准，将排放的 NO_x 控制在每千瓦小时 3.4g 以内。

3　国内外研究的现状

欧盟理事会要求各成员国应争取统一船舶燃料油规格标准，减少海洋与内陆水运的硫氧化物和氮氧化物排放量，以保证船舶运输能够更加清洁，成为可持续发展的、具有竞争力的交通运输模式。2007 年 2 月 19 日，瑞典海事管理局制定了关于防止来自船舶污染措施的法规。本法规规定禁止在瑞典领海和内河的船舶上使用含硫量超过 1.5 % m/m 的船用柴油。

美国联邦环保局为限制船舶氮氧化物排放，制订了减少船舶污染大气的税收政策，规定：(1)从 2001 年起征收 NO_x 排放税；(2)每吨 10000 美元，以降低 NO_x 排放的效果减收，所收税金贴补采取降低污染措施而增加的费用。

鉴于船舶低速航行有利于减少废气排放，从 2006 年 1 月 1 日起，美国规模最大的集装箱港口长滩港实施一项鼓励船公司参加的自愿降低船舶航行速度的“绿旗计划”(Green Flag)，长滩港界定以 Point Fermin 灯塔为中心、半径 20 n mile 的半圆海域为参加绿旗计划船舶自愿将船舶航行速度降低到 12kn 以下的范围，由美国南加州海事交换中心负责检测并记录在此范围内航行的船舶速度，并以 12 个月为时间单位，统计船舶执行绿旗计划的情况。如果挂靠长滩港的船舶在 12 个月内 100% 地执行绿旗计划要求，将获得绿旗作为环保成就奖；如果在 12 个月内船公司执行绿旗计划的船舶比例达到了 90%，则未来一年内该船公司船舶的港口费将减收 15%，中国远洋运输总公司已连续三次获得环保奖旗的荣誉。由于实施了绿旗计划，2007 年挂靠长滩港船舶减少了 620T 废气的排放。

船舶在港口停泊，很多设备还要工作，柴油发电机仍在运转为这些设备提供电能。很多船舶的柴油发电机通常以含硫量较高的低质燃油为燃料，严重地污染了当地的空气。美国洛杉矶港首先开始要求新建码头建设相应供电设施，实施靠泊船舶使用岸电替代船舶辅机动力的 AMP 计划。新建码头的实施结果表明船舶靠泊时污染物氮氧化物、硫氧化物和可吸入颗粒物的排放量平均减少了 95%，每次船舶挂靠平均减少排放氮氧化物、硫氧化物和可吸入颗粒的量分别达到 0.92t，0.78t 和 0.05t。为此，洛杉矶港计划改造现有码头设施，以便其也适应 AMP 计划要求。有鉴于洛杉矶港 AMP 计划的成效，美国其他港口也开始效仿这一做法。欧盟委员会也在 2006 年 5 月 8 日通过的法案 2006/339/EC 中提出了在欧盟港口促进靠泊船舶使用岸电替代船舶辅机动力的要求。

我国深圳港蛇口集装箱码头有限公司也于 2008 年 6 月份正式启动的“船舶岸电供电”项目，通过船舶岸上供电，将为每艘中型船舶每天节约 7t 燃料，减少二氧化硫 0.19t，氮氧化物 0.11t，对港口企业和船东带来经济和社会的双重效益。

4 我国履约存在的问题

根据MARPOL73/78公约附则VI,交通部海事局于2006年8月23日正式下发了《关于实施〈73/78防污公约〉1997年议定书的通知》(海船舶[2006]523号),完成了该议定书对国际航行船舶的国内立法程序,授权中国船级社对我国国际航行船舶进行检验并签发符合附则VI的《国际防止大气污染证书》,我国主管机关也有权力按照MARPOL 73/78公约附则VI的要求对抵达我国港口的外籍船舶进行检查。

但是,目前国内海事部门几乎没有任何可以检测燃油油样和船舶释放大气污染物的设备和操作程序,也没有对船舶大气污染物监管工作加以指引,在防治大气污染方面仅局限于对证书和文书的检查,难以实现对船舶的有效监管,出现很多国际航行船舶因不遵守MARPOL 73/78公约附则Ⅵ在国外被滞留的现象。

在船舶燃料油方面,随着欧洲对船舶燃料油含硫量要求的提高,而我国对船舶燃料油含硫量没有严格的控制,很多含硫量较高的燃料油进入我国市场。我国原油炼制技术也比较落后,而且没有明确船用燃油的标准,缺乏对供油单位的监管,船用燃油的质量得不到控制。

在船舶柴油机方面,MARPOL 73/78公约附则VI规定的限制标准的具体数值,特别是对氮氧化物排放的严格控制,基本上反映了船用柴油机生产的最高水平,近些年来,我国经过自身的努力和技术引进,逐步掌握了船用柴油机的开发和制造技术,但还不能适应MARPOL 73/78公约附则VI要求的新标准,严重影响了我国船用柴油机的市场。

5 对策及建议

5.1 实施严格的排放标准

从美、日、欧等西方发达国家控制船舶废气排放的经验表明,制定并实施严格的排放标准是控制船舶废气排放量的根本手段。加强我国船舶污染防治立法,建立和完善我国的海洋环境法体系。在加强国内船舶污染防治立法的同时,学习和借鉴外国船舶污染防治立法的先进经验和行之有效的管理办法,采用各国通行的船舶污染防治和海洋环境保护制度与措施,并根据实际需要,尽可能地参加有关公约的修订,尽力与国际接轨,将国际公约具体化、国内化。

制定船用燃油标准,设立检测机构或指定检测中心,以规范国内石化产业,同时对石化产业给以政策扶持,促进其加强工艺技术研究开发,以适应国际公约及其相关规定标准,提高产品的国际竞争力。

5.2 制定相应程序和指南,强化对船舶排放源的监督管理

海事主管机关作为海上防治船舶污染的主管机关,无论从环境保护的角度出发还是从履行国际公约的角度出发,都有责任和义务对船舶废气排放实施源头管理,加强对船舶污染情况的监督检查。通过港口国监督检查等行政手段,严格控制到港的外国籍船舶,必要时对带来严重污染的船舶,采取行政处罚措施,努力将海域污染降到最低限度。

为把实施附则VI的工作落到实处,建议海事部门组织人员加强对附则VI相关内容的研究,尤其是对船舶造成大气污染事件的调查取证的研究,制定对相关内容的监督检查程序和指南,用于指导海事执法人员实施防污染检查;加强对海事执法人员关于附则VI及其相关指南、标准的培训,提高执法能力,加大对执行有关规定的监督力度;为基层海事机构配备大气污染监测设备、仪器,提升对大气污染的监控能力,为及时发现违反附则VI的行为提供保障。

5.3 在码头建设岸电设施,通过经济手段和行政强制措施限制船舶废气排放

建议港口管理部门加强岸电技术研究,进行可行性论证,在港区码头配置为靠泊船舶提供岸电的设施,特别是在空气质量超过限制值、临近居民区的港口,岸电设施要符合国际标准。制定经济优惠措施,例如减免船舶港务费,鼓励船舶经营人使用港口的岸电,避免船舶在停泊期间辅机运转对港口及周边空气环境带来的污染。

通过行政强制手段限制挂靠船舶和靠泊船舶废气排放,挂靠港口船舶在靠近港口区域必须使用含硫量低于 1.5% *m/m* 的燃料,船舶在近岸航行时速度降低到 12kn 以下。

5.4 落实对燃油供应单位和供油作业的管理

根据 MARPOL 73/78 公约附则 VI 要求,缔约国政府有义务保证由其指定的适当机构应保持一份对当地燃油供应商的登记。海事主管机关应加强对燃油供应单位的管理,建立相应的管理和登记制度,实行定期备案及提供相应材料,实施对燃油供应单位的燃油质量进行不定期的抽查,保证船舶加装完全符合规定的燃油,以维护我国的国际形象。海事主管机关应加强对船舶供油作业的现场监督检查,核实封存样品与所装燃油的一致性,根据需要对样品进行抽查检验,以确保燃油质量符合本附则的要求。

6 结束语

切实履行 MARPOL 73/78 公约附则 VI 是我们的责任,保护环境是造福子孙后代的大事。面对日趋严格的排放标准,海事部门作为主管机关,必须深入研究,早做准备,采取积极的应对措施,控制船舶废气的排放,维护我国航运公司利益和航运大国形象。

参考文献

[1] MARPOL 73/78 公约附则 VI—防止船舶造成大气污染规则
[2] 张爽,张硕慧,韩佳霖. MEPC 58 次会议情况简介. 海事公约研究中心
[3] 况小勇. 履行 MARPOL 73/78 附则 VI 建议. 水运管理
[4] 孙良玉,浅谈 MARPOL 附则 VI 在我国的实施及相关建议. 中国海事
[5] 李庆祥,彭传圣. 国外港口减少废气排放的措施. 港口科技
[6] 陈曦,潘虹. 控制船舶 NO_x 排放措施

Abstract: As the international society has been highly concerned at air pollution from ships, the standard of ship emission become more and more stringent. Many countries in the world focus on researching how to control ship emission. This paper mainly introduces the measures of controlling ship emission in foreign countries and the problems existing in China. This paper also proposes corresponding solutions and suggestions.

从节能上减少船舶废气排放的几点建议

陈小虎
（海南三亚海事局）

摘　要：本文介绍了船舶废气造成空气污染的现状，分析了船舶废气排放的特点，并从船舶节能上减少船舶废气排放提出了建议和方法，对未来船舶废气排放形势做出了预测。

关键词：节能　减排　船舶废气

1　全球船舶造成的大气污染的现状

按照国际标准化组织（ISO）的定义：空气污染通常是指由于人类活动和自然过程引起某些物质进入大气中，呈现出足够的浓度达到足够的时间，并且因此而危害人体的健康舒适感和环境。船舶在营运过程中会产生一些特殊的大气污染问题，例如运输散装煤灰、水泥的船舶在港口装卸、储运过程中产生的粉尘以及运输散装石油、化学品的船舶发生的油气和化学品蒸汽泄漏。船舶发动机以及锅炉等设备燃烧燃料后排放的废气，因其排放量大，持续时间长，随着船舶的航行自然而然地形成了一个对环境造成很大危害的流动污染源。船舶制冷系统中的制冷剂的泄漏对大气产生的危害等等。据统计，世界各地超过100总吨的已登记的52000多艘民用船舶，每年耗用燃油约5亿吨，燃油燃烧每年释放出约16亿吨 CO_2 和3000多万吨 SO_2。

2　防止空气污染的背景

防止船舶废气对空气的污染最先在1973年MARPOL公约中被正式提出，但是当时没被采纳。同时，船舶对空气的污染在各个领域被大家广泛讨论，1972～1977年多项研究证实 SO_X、NO_X 是造成酸雨的主要原因，并且他们可以在很远的范围里传播，影响广泛。20世纪80年代人们对 CO_2 对全球气温升高的关注持续增加。由于各缔约国意识到保护人类生存的大气环境特别重要，1997年9月MARPOL公约附则VI通过，并于2005年5月19日生效，其后的修正案将北海作为新的 SO_X 排放控制区已于2006年11月22日生效。2009年12月7日联合国在哥本哈根召开气候变化大会，从此以后，各国都加快了发展低碳经济，从而提高自己的竞争力。航运业的温室气体排放已经成为国际社会关注的焦点。

3　船舶废气排放监控的难点

3.1　排放地地点的不确定性

国际海运排放的废气主要来自燃料的燃烧，船舶是一个流动的国土，船舶在整个航行过程中，无论是处在船旗国、港口国或是沿岸国的管辖范围内还是航行在不受任何主管机关控制的区域，都排放着船舶废气，所以很难判断某条船舶在何地排放了多少温室气体，其排放的 SO_X、NO_X 是否超标。

3.2　船舶燃油来源的多样性

船舶不仅可以从大型石油公司购买燃油,而且通常还可以从其他供应商处购买,甚至还可以在远离港口的近海完成交易,这就使海运燃油的品质得不到保证,燃油品质多种多样,也增加了在燃油销售环节征收燃油税的难度。

3.3　各地区对船舶废气的要求不一致性

联合国气候变化框架公约及其京都议定书为全球温室气体减排问题确立了共同但有区别的责任的原则,并且仅为附则Ⅰ中所列国家设定了减排义务,但是IMO在更多的问题上都采用不优惠待遇原则,MARPOL公约的缔约国的对相关船舶废气排放作出了一定的限制,可是非缔约国船舶之间航行却不受限制,船舶废气的排放没有得到有效控制。越来越多的国家和国际组织要求所有国家的船舶应该在同一机制下营运。

4　节能减排的措施

4.1　技术措施

船舶设计的改进创新包括船体优化推进器的选择发动机效率的提高等方面。给船舶安装螺旋桨导流罩或进行螺旋桨削边,以增加螺旋桨的推进效率,减少船舶航行中的阻力。对发动机进行技术创新,淘汰那些效率低的传统机型,采用最先进的公轨电喷RT－FLEX主机,主机采用LCB－3型气缸油注油器。新造船舶在选定船型时,要充分考虑船舶的线性和吃水深度,采用新型有机硅材料,使船舶涂层表面达到高度光滑,表面耗能降低,海生物难以附着,以尽量减少船舶航行时的兴波阻力,从而提高发动机的有效功率,达到节油的目的。在选用适合特定船型的合理营运航速后,尽量选择储备功率较低的主机,同时选择合适结构的废气锅炉以充分利用废气热能。

4.2　加大科技创新,研究新型船舶

(1)DNV研究发现59种船型中的17种安装燃气型发动机是符合成本效益的,利用液化天然气作为燃料具备显著的环境效益,它几乎可以100%减排SO_X,减少85%～90%NO_X和15%～20%的CO_2的排放。目前技术条件已经具备,在新造船舶时,可以考虑采用燃气型发动机。当前主要是加大对天然气储存基础设施的建设,建立足够的液化天然气加气站,完善站点。

(2)充分利用太阳能和风能,2008年,日本ENEOS与日本邮船株形式会社和三菱公司仅用四个月的时间就为御夫座领袖号研制出了太阳能动力系统,从而减少了船舶废气的排放,也节约了燃油。中国中远集团最近与澳洲环保航海科技公司SOLAR SAILOR合作,在旗下船队各选出一艘散货船和油船安装太阳能风帆。该风帆能够自动侦测风向和太阳光而调整最佳的角度,船舶可最大限度利用风力和太阳能,预计可以节省20%～40%左右的燃油,同时可为船上设备提供5%的总电力。

(3)大力发展无压载水船舶:船舶压载水示为了保证船舶空载时的稳性要求,一般大型油船要设置专用压载水舱,浪费了船舶的有效装运空间,所携带的压载水也需要耗去多余的燃料。研究设计一种无需压载,船舶稳性照样符合船舶安全的要求的船舶必将能够节约大量的能源。

4.3　船舶管理措施

要做到节能,首先要从耗能大户下手。加强主机辅机锅炉的管理和维护。对船舶来说,航速对节能起着举足轻重的作用,根据每个航次实际情况,采取最低耗油率航速,节约燃油,少排废气。船舶节能的另外一个重要环节事要保证机器的良好工况,就主机辅机而言,主要从燃油系统和排气系统两方面进行科学管理,燃油方面,要根据其性质合理添加燃油添加剂和助燃剂,对燃油进行循环分滤,在进机前适度加热,保持适度的粘度,此外还要加强对高压油泵、喷油器的监测和保养,使之处于最佳状况,从而确保最佳燃烧工况,减少能源损耗,少排放船舶废气。在进排气方面,则要加强对涡轮增压器的冲洗和清洁工作,航行中关闭一些不必要的通风口,使正对增压器的通风口压力增加,从而加大进气压力,使燃烧更充分,燃烧利用率提高,油耗下降,废气排量下降。另一方面,良好的燃烧也使得废气中的有害物质 SO、CO 等含量大大降低,减少了有害物质的排放。在辅机的管理上,锅炉燃烧时,控制好风油比,确保充分燃烧,关闭不必要的蒸汽管路,节约能源。在码头工作时,尽量采用岸电,少用船上的发电机,因为岸电是由电网统一陪送,每度电需要的能耗比船上本身发电小得多(前提是关闭陆地上的小火电发电厂,采用统一的水力风力发电,核能发电,或大型火力发电等节能发电方式)。

4.4 公司管理措施

各航运公司应该高度重视,通过建立油耗日报、周报、月报及航次报告制度,强化责任意识,加大航线调度人员对所辖船舶的油耗状况的有效监控,重新调整较长航线班期表,压缩国内各港挂靠时间,加强船岸协调沟通,在船舶服务航线上,要根据航线气象状况合理选择航线,加强与代理港口公司航运调度的联系和沟通,保证优化的配载,合理的压载水和燃油补充计划。

4.5 各国政府措施

(1)公约缔约国应该加强合作交流,加大对船舶排气的监测,检查力度,对不符合 MARPOL 公约的船舶,一律按照不给予最惠国待遇来处理,要求其满足公约相应要求。节能减排应该也必须通过全球性的措施和合作才能够得到真正的解决,所有关于船舶废气减排的单边行动只能够限制其管辖范围内的排放量,对管辖外地区的排放却无能为力。

(2)加大对索马里海域的军事巡航,打击海盗,对苏伊士运河和巴拿马运河进行疏浚和扩宽,确保苏伊士运河、巴拿马运河航线能够最大限度地被利用,使更多更大吨位的船舶能够和愿意利用运河来缩短船舶航线,节约燃油,从而减少船舶废气的排放。

(3)对船舶燃油实行统一管理销售,给船舶燃油销售单位实行准入制度,对燃油质量符合相关国际公约和节能要求的单位发放资格证书。并要求船舶每次加油时保管好供油单位的供应证明,海事主管机关要加强对该项检查的力度。由于发展中国家经济体系不完善,发展不成熟,资金不充裕,对国内外船舶开征燃油税,建立 GHG 基金,所得基金用于支持发展中国家在节能减排方面的科研投入。并且建立植树造林替代缴纳燃油税的多样征税措施。对每条船舶根据其吨位大小,能耗情况,计算其废气排放情况,决定其应该植多少棵树来弥补其对空气造成的危害,对不植树的一律按照标准收取燃油税。

(4)加大资金,研究新型节能技术,扩大节能产品的应用范围,使得企业节能,船舶减排符合成本效益。

5 总结和前景展望

在制定相关节能减排公约、法规和政策的同时,应该强制性、平等性的适用各缔约国,要基于环境的可持续性发展,不对全球贸易和发展造成不良影响,采用基于目标的方法,要符合成

本效益，多考虑能源效率领域的先进技术和有助于提升和促进全航运企业的技术创新和研发。虽然通过一系列的节能减排措施，在一定程度上能够有效减少全球温室气体和相关船舶废气排放的总量，但是由于全球水运贸易的不断加大，航运业的船队也会越来越大，此刻我们采取的措施而减少的废气排放量也许还不足以抵消新增船舶所排放的废气量。因此在未来的防止船舶废气污染的道路上，我们的任务依然任重道远，只有改变传统的船舶能源，改为太阳能、风能、核能等清洁能源才能够从根本上解决废气排放的问题。

参考文献

[1] 张爽，张硕慧，李义良. 国际海运温室气体减排措施概述

[2] 李积轩. 绿色船舶世界航运业发展的主旋律

Abstract: this paper analyzes the characteristics and the situation of air pollution by ship emission. In addition, from the perspective of energy saving, the writer also puts forward some suggestions on decreasing ship emission, and forecasts the situation of ship emission in the future.

Key word: Energy saving; Emission reduction; Ship exhaust gas

浅析中国海运温室气体(GHG)减排

解玉真　韩俊松
(辽宁海事局,辽宁大连,116001)

摘　要:以《联合国气候变化框架公约》(UNFCCC)、《京都议定书》及《哥本哈根协议》为依据,在分析IMO对海运温室气体排放的相关研究及提出的减排措施的基础上,结合中国的国情,对我国海运温室气体排放所面临的机遇和挑战科学、客观的进行分析,并简要提出参考建议。

关键词:低碳　中国　海运　温室气体　减排

1　引言

哥本哈根会议的喧嚣已归于平静,谈判场上的尘埃亦渐渐落定,气候变化已完成了从科学问题向政治经济问题的转变。因为受经济和政治的双重影响,再加上技术、资源、环境等因素的限制,温室气体减排已成为人类现在不得不面对和解决的热点和难点问题之一。实现温室气体减排的根本途径就是走低碳经济的可持续发展之路,低碳经济是人类社会继农业化、工业化和信息化之后的第四次浪潮[1]19。

美国2001年单方面退出《京都议定书》,2007年参议院提出《低碳经济法案》,2009年5月又通过《清洁能源安全法案》;欧盟提出的“碳关税”草案;日本制定了《低碳社会行动计划》;雄心勃勃的COP15最终只签署了不具有法律效力的《哥本哈根协议》等等,足以说明各发达经济体都在大力推行低碳经济,全球的“碳”博弈远比想象中的复杂,没有硝烟的“碳”战争还没有开始。

2　国际海运温室气体减排分析

海运作为一种安全的运输方式,与航空、铁路、公路运输相比具有最高的燃油效率,同时也产生最小的CO_2排放率,其承担了约80%的世界贸易运输[2],是全球经济的基础,也是全球经济可持续发展的保障。

近年,海运(不包括军用船舶,下同)温室气体排放备受关注,虽然《京都议定书》并未将其纳入减排计划,但国际社会将海运业CO_2排放纳入全球气候变化新协议架构的呼声一直很高。IMO在将SO_X和NO_X的排放问题纳入MARPOL公约附则VI之后,逐渐将环保方面的工作重心转移到CO_2问题上。2009年,IMO将“climate change: a challenge for IMO too!”定为世界海事日的主题,并向哥本哈根会议提交了目前有关海运温室气体排放最为全面的综合性研究报告:“Second IMO GHG Study 2009”。报告中提出,2007年世界海运CO_2排放总量估计达10.46亿吨,约占全球排放的3.3%,其中国际部分估计为8.7亿吨,约占全球排放的2.7%,如果不加以控制,由于世界海运量的增加,到2050年国际海运CO_2排放量将是2007年的2~3

倍。为了减少海运 CO_2 排放，IMO 提出三项主要措施即技术性措施、营运性措施及市场导向措施。报告中对三项措施做了详细阐述，进行了成本效益及环境效益分析，并评估通过技术性和营运性措施可减少 CO_2 排放率 25% ~75%（表 1）。

已知技术和做法的海运 CO_2 减排潜能评估　　表 1

<table>
<tr><th>设计（新船）</th><th>减排 CO₂（t·km）</th><th>综　合</th><th>综　合</th></tr>
<tr><td>船型、船速和排水量</td><td>2% ~50% *</td><td rowspan="6">10% ~50% *</td><td rowspan="10">25% ~75% *</td></tr>
<tr><td>船体和上层建筑</td><td>2% ~20%</td></tr>
<tr><td>动力和推进系统</td><td>5% ~15%</td></tr>
<tr><td>低碳燃油</td><td>5% ~15% * *</td></tr>
<tr><td>可再生能源</td><td>1% ~10%</td></tr>
<tr><td>废气 CO₂ 处理</td><td>0%</td></tr>
<tr><td>营运（所有船舶）</td><td colspan="2"></td></tr>
<tr><td>船队管理、物流及奖励</td><td>5% ~50% *</td><td rowspan="3">10% ~50% *</td></tr>
<tr><td>航线优化</td><td>10% ~50% *</td></tr>
<tr><td>燃油管理</td><td>1% ~10%</td></tr>
</table>

注：* 需要降低船速；

* * 使用 LNG 的 CO_2 当量。

上述措施的可行性与发展前景张爽[3]等已做了分析，本文不再累述，但值得一提的是：

（1）海运 CO_2 减排与 IMO 目标型船舶标准（GBS）理念和 IACS 的共同规范（CRS）是相悖的，因为 GBS 和 CRS 约束对船舶 CO_2 减排产生的是负面影响[4]。安全是前提，海运 CO_2 减排应对 GBS 和 CRS 加以考虑。

（2）IMO 在制定国际海运温室气体减排措施的立场试图跳出《京都议定书》框架，突破“共同但有区别的责任”原则，主张“regardless of flag”，因为海运的国际性及“方便旗”等因素，这有其合理之由，但 EEDI（能效设计指数）的技术掌握在某些国家或某个经济体手里，技术标准作为贸易壁垒的手段不是不可能的。在今后的争论中，如何调和“共同但有区别的责任”与“regardless of flag”将是焦点之一。

（3）全球问题需要全球解决方案，但某些国家或某个经济体提出，若 IMO 不尽快推出全球性的减排措施，将实施单边行动，减排是积极的，但引申的目的不得不值得考究。

EEDI 及 EEOI（能效营运指数）的计算公式和基准线（baselines）还未确定，在海运 CO_2 减排方面，任何一个 IMO 措施的签署，都将是卓绝的努力、艰苦的谈判和复杂的博弈的结果。

3　中国海运温室气体减排简析

气候变化既是环境问题，也是发展问题，但归根到底是发展问题。作为一个负责任的发展中国家，自 1992 年联合国环境与发展大会以后，中国就从国情出发采取了一系列政策措施，为减缓全球气候变化做出了积极的贡献[5]。我国正处于工业化、城镇化快速发展的关键阶段，能源结构以煤为主，降低排放存在特殊困难，但在哥本哈根会议上，中国为《哥本哈根协议》的签署发挥了积极的作用，并郑重承诺，到 2020 年单位 GDP 的 CO_2 排放强度比 2005 年减少 40% ~45%，非化石能源占一次能源消费的比重达到 15% 左右，在 10 年左右时间内这样大规模降低二氧化碳排放,需要付出艰苦卓绝的努力。

中国90%以上的外贸运输通过海运完成,2007年中国外贸海运需求18.5亿吨(外贸吞吐量),沿海运量9.2亿吨(沿海运量),海运需求规模居世界第一位[6]。近年来,国内越来越多的专家或学者关注海运温室气体减排。王彦斌,李卫国[7]对IMO船舶温室气体减排机制原则进行了法律分析,主张以人均平等排放为基础,以机会平等为路径,强调“共同但有区别的责任”原则是关于气候保护方面国际环境正义理念中的核心内容;张爽,张硕慧[8]提出作为一种经济手段,建立国际海运温室气体排放交易机制并不能实现绝对意义上的减排,但是,作为实质性减排手段的补充很有可能成为未来实现国际海运温室气体减排的主要措施之一;贾石岩[9]对我国港口实施到港船舶实施岸电替代船舶柴油机发电技术(AMP)实现温室气体减排的可行性、技术方案及标准进行了分析和研究;陈映秋[4]30认为中国造船界应该在船型设计(主要在快速性、耐波性、螺旋桨效率等)方面加快努力,IRR(内部收益率)应作为判断船型优劣的指标。

3.1 中国造船业和航运业规模现状

船舶设计和建造是决定海运 CO_2 排放量的主要因素,要实现海运温室气体减排,必须先从造船着手。国家工信部公布的数据[10]表明,2009年中国造船载重吨总量略低于韩国位列世界第二,但新接订单量和年末手持定单量均超过韩国,位列第一;尽管受金融危机影响,中国造船的世界市场份额还是有所提高(表2)。虽然如此,中国现在只能被称为造船大国,因为中国造船业的核心竞争力不强,自主设计的主流船型缺乏国际竞争力,某些高新、核心技术仍然要依赖国外,配套产业滞后,造船业能源资源消耗也处于较高水平。

2009年中国造船总量及世界造船市场份额 表2

2009年	总载重吨(万吨)	占世界市场份额(%)	份额增长百分点
造船完工(海船)	4243(4002)	34.8(31.3)	5.3
新接订单(海船)	2600(2383)	61.6(61.9)	23.9
年末手持订单(海船)	18817(18674)	38.5(35.2)	3

注:载重吨数据包括100总吨及以上钢质机动海船和3000载重吨及以上钢质机动内河船。

UNCTAD(联合国贸易和开发会议)的研究表明,2008年中国控制船队规模位列世界第四,船舶大型化还有一定空间(目前,世界船舶大型化趋缓)[2]。随着海运战略的实施,中国控制船队总吨位将有一定增长,同时占世界船队规模的比例也会有所提高,虽然受大型化和技术等因素影响,CO_2 排放总量不能确定,但可以肯定的是,占国际海运的排放份额将会增加。

3.2 中国海运温室气体减排面临的挑战和机遇

无论是造船还是航运,中国的战略发展目标都是由大到强,是实现可持续发展的客观要求,而温室气体减排,是实现造船大国向造船强国转变、海运大国向海运强国迈进的客观要求。面对海运温室气体减排,我们不应只看到挑战,同时更应该看到由此带来的机遇,海事领域特别是造船领域,很可能会先期走上低碳发展之路[1]。

3.2.1 面临的挑战

(1)技术方面

船舶能效设计指数(EEDI)及排放要求基线(Baseline)是对航运业和造船业最大的挑战,尤其是对造船业。因为EEDI对船舶设计、生产工艺、配套设备、新能源技术应用等提出了更

高要求，而某些发达国家在这些方面具有优势，所以在技术标准和规则制定等方面如果跟着别人走，势必导致成本增加而竞争力下降。

(2)管理方面

“三可”(可测量、可报告、可核查)原则是对中国海运能效管理的一大挑战，因为要真正意义上实现“三可”要有技术、资金、评估方法等多方面的支持，其将增加船舶设计、建造及营运成本，对于造船大国和航运大国来说，也是一项繁重的工作，而且关乎国家的形象，尽管其短期内可能不对中国强制要求。若设定了 EEOI 的 baseline，即使不强制要求，也将降低老旧船舶及某些小型船舶在国际市场的竞争力。

(3)市场机制

无论是海上排放交易机制(METS)，还是国际补偿基金(ICF，通过征收燃油税获得资金)，或者是某些国家采取的单边措施，都将影响我国控制船队的成本效益，进而影响船队的规模和结构。

(4)排放权力

减排是共识，而排放权力是应对气候变化世界争论的焦点，是各国政治、经济博弈的筹码，海运温室气体减排也不可能跳出这个规则。从气候变化谈判的难度及 IMO、某些国家或某个经济体在海运温室气体排放方面的态度来看，中国要想获得海运温室气体排放的合理权力，必须付出艰苦的努力。

3.2.2　产生的机遇

(1)有利于提高船舶工业自主研发和自主创新意识，加速产业升级、淘汰落后产能和老旧船舶，优化产业结构和船队结构，加快造船强国和海运强国战略发展步伐，提高国家形象。

(2)有利于提高我国控制船队的能效管理及营运管理水平，提高中国船队品牌的国际竞争力。

(3)有利于国内航运节能减排及防止船舶污染，促进相关法律、法规建设，规范沿海、沿岸及内河船舶的能效管理。

(4)有利于我国的碳交易机制和碳市场的建立和发展，促进金融、保险、船舶检验等配套产业发展及海事管理水平的提高。

3.3　对中国海运温室气体减排的参考性建议

分析了中国海运温室气体排放面临的机遇和挑战，以国际海运温室气体减排形势为背景，结合中国国情，提出以下几点参考性建议：

(1)坚持“共同但有区别的责任”原则，通过后哥本哈根时代有效的国际谈判来争取自己的合理权益(技术、资金、排放权等)并积极开展国际交流、对话与合作，对海运温室气体减排被纳入国际气候变化框架应有所准备。

(2)实施“通过技术创新转嫁成本”策略，加大对海运温室气体减排有关核心技术(船型、动力装置、推进装置、燃油燃烧指标等)的研究及对 EEDI 的相关研究。虽然 IMO 正在加紧研究、制定相关措施并取得了一些进展，但要出台强制性减排措施还有许多工作要做[11]，所以在这方面我们不需要操之过急，应充分利用现有条件(人力、市场、资金、技术等)，积极参与但不能大步前进，争取在不伤到自己的情况下赢得主动。

(3)尽早建立船舶燃油消耗报告制度，建立和完善船舶信息数据库和分析评估体系，科学、客观的实现“三可”，及时掌握和研究 IMO 相关的措施和标准，进行成本效益及环境效益分析,明确能效水平和减排边际成本。虽然“三可”在国际应对气候变化方面还未对发展中国家强制实施,但为了实现海运强国战略,在海运方面我们还应努力做到。

(4)目前,世界对海运安全事故几乎到了“零容忍”的程度,CO_2 减排又将被要求,而商业性也不能被忽视,所以应探讨综合安全评估(FSA)在海运 CO_2 减排方面的应用或者设计新的能够全面评估减排措施的评价体系,其将是一个热门课题。

(5)海事管理和船检部门要负起责任,加强宣传,积极进行政策措施及技术研究,做好法律、法规和技术、标准的服务支持。

气候变化是全球性的,“碳”博弈是世界性的,海运是国际性的。作为造船大国、航运大国,作为一个负责任的发展中大国,在海运温室气体排放上,我们应做好准备,应该保护好自己的权利,同时也要尽到自己的义务,我们需要努力,需要实现发展和减排的双赢。

参考文献

[1] 李科浚. 低碳博弈的时代[J]. 中国船检, 2009, (9): 18-21

[2] IMO. Second IMO GHG Study 2009[R]. Copenhagen, 2009

[3] 张爽, 张硕慧, 李义良. 海运业温室气体减排措施及发展趋势[J]. 水运管理, 2008, 30(6): 14-17

[4] 陈映秋. 减排风暴: 造船业如何突围[J]. 中国船检, 2008, (7): 28-30

[5] 国家发展和改革委员会. 中国应对气候变化国家方案[R]. 北京, 2007

[6] 徐祖远. 走向世界的中国海运[J]. 中国水运, 2009, (6): 4-7

[7] 王彦斌, 李卫国. IMO 船舶温室气体减排机制原则法律分析[J]. 中国水运, 2009, (2): 94-95

[8] 张爽, 张硕慧. 国际海运温室气体排放交易机制框架[J]. 中国海事, 2008, (9): 60-63

[9] 贾石岩. 船舶使用岸电对温室气体排放的控制研究[D]. 大连: 大连海事大学, 2009

[10] 中国造船市场份额进一步扩大[N/OL]. 中国船舶报, 2010-02-02[2010-03-21]. http://www.chinaship.cn/news/gnnews/201002/t20100202_49466.htm

[11] More work needed despite GHG progress, IMO Committee concludes [N/OL]. 2010-03-26[2010-04-09]. http://www.imo.org/

Abstract: Taken the research carried out and instruments put forward by IMO on shipping GHG emission reduction as the background, considered the national conditions, the scientific and objective analysis were presented on opportunities and challenges confronted by China's shipping GHG emission reduction, then the brief suggestions were given for reference.

Key words: Low-carbon; China; Shipping; GHG; Emission Reduction

秦皇岛港建立低碳运营模式的可能性及策略

姚玉红
（秦皇岛港卫生环保中心，秦皇岛市，066002）

摘　要：本文通过对秦皇岛港经营现状的低碳分析，阐述了秦皇岛港建立低碳运营模式的可行性、内容和建立低碳运营模式可以采取的策略。

关键词：低碳　运营模式　策略

在世界经济发展的影子里永远也不缺乏对化石燃料消耗的渴望，而全球已探明的煤炭、石油、天然气储量有资料表明将分别在今后100、40和60年左右耗尽；据国内专家测算我国现有的煤炭、石油、天然气资源只够开采60、13和40年；而且地球大气中温室气体的含量已经由工业革命之前的280ppm上升到目前的435ppm；化石燃料的缺乏和消耗过程中对环境产生的影响已经成为全球性问题。低碳经济是以低消耗、低排放、低污染为特点的经济模式，英国是最早以政府文件的形式在其2003年能源白皮书《我们能源的未来：创建低碳经济》中提出了创建低碳经济；我国胡锦涛主席在2007亚太经合组织第十五次领导人会议上明确主张"发展低碳经济"；另外，我国在"十一五"规划纲要里明确提出："十一五"期间单位国内生产总值能耗降低20%左右、主要污染物排放总量减少10%；2009年国务院宣布：到2020年中国单位国内生产总值的二氧化碳排放将比2005年减少40%－45%。发展低碳经济已经成为世界各国发展经济的共识，更是我国现阶段贯彻落实科学发展观、构建社会主义和谐社会；建设资源节约型、环境友好型社会；推进经济结构调整，转变增长方式和维护中华民族长远利益的战略选择。可以预见在不远的将来，国内企业必将面临更加严格的环保标准和污染物排放要求。面对如此的企业发展形势，国内各大行业企业领导纷纷作出研究和发展低碳经济的安排和部署，因为他们深知，在这场发展低碳经济的大趋势中，谁准备的充分，谁就能抢占企业发展经济的先机，谁准备的不充分，谁就可能面临被淘汰出局的尴尬境地。

2008年，交通部明确了"十一五"期交通运输行业节能减排目标：港口生产单位吞吐量综合能耗分别下降5%和10%。秦皇岛港以煤炭输出为主，兼做石油、矿石等散杂货和集装箱，拥有生产泊位49个，年设计通过能力2.56亿吨，其中煤炭专用泊位21个，年设计通过能力1.93亿吨。作为年输出煤炭占全国沿海港口下水总量的近50%的国家能源输出大港，又是国家节能减排的重点行业企业之一，地处旅游定位的秦皇岛城市区，能否积极利用目前的缓冲期，建立自己的低碳运营模式，实现低碳运营，已经成为秦皇岛港生存发展及做大、做强的关键。

1　秦皇岛港具有建立低碳运营模式的物质基础

1.1　秦皇岛港低碳运营之碳排放数据

建立低碳运营模式，离不开企业碳排放数据与经济发展关系的研究。

1973年北京第一次全国环保会议揭开了新中国环保工作的序幕，秦皇岛港同年成立了专业环保管理部门,也写就了秦皇岛港环保工作的开篇,开始了一场长达37年的港区环境大气、水体、噪声及污染源等全面用数据说话的环境监控管理。在37年的时间内,积累了大量的秦皇岛港在不同政策发展时期港区大气、水体、噪声等环境和污染源污染物排放的数据,其中包含大量的碳排放数据;配套建立了相对完整的环境管理奖罚制度体系。由历史的不可简单重复所决定,这些珍贵的港口碳排放数据和管理经验,用于分析不同港口发展时期、不同国家经济政策模式下港口经济与港口碳排放间的关系,建立科学的、符合秦皇岛港特点的低碳运营模式,将发挥非常重要的、历史性的和不可替代的巨大作用。

1.2　秦皇岛港低碳运营之低消耗

2009年秦皇岛港实际完成港口货物吞吐量3.01亿吨,其中煤炭达到2.02亿吨,占港口吞吐总量的67%以上,当年港口生产能源综合单耗为6.476吨标煤/万吨,比年度生产综合单耗目标降低了0.4个百分点,与2008年同期相比,降低了7.2个百分点,节约标煤12254t,是2009年年度节能目标的102.1%。完成了交通部给港口企业下达的节能任务。

秦皇岛港年度节能任务的完成由以下节能工程项目组成:

(1)设备、工艺的节能改进。

减电机运行和淘汰旧型号变压器项目,分别投资110万元和1250万元,目前减电机项目已完工,更新的71台变压器也已经投入使用。

九分公司针对带式输送机启动工艺中空运转时间长的问题,提出多流程皮带输送系统逆向启动新设想。该设想不增加硬件投资,在确保系统正常运行的情况下,采用皮带机逆启动模式使带式输送机系统空载启动运行时间缩短了77%,带式输送机系统能耗降低4%。该技术成果在2009年4月通过了河北省科技成果转化服务中心组织的科技成果鉴定,达到国际领先水平,并于2009年11月获得港口协会科技进步二等奖,12月通过交通部节能减排专家组认证,认定该项目为交通部第三批节能减排示范项目,目前正广泛在各散杂货皮带输送系统推广。

在其他工艺环节上,秦皇岛港积极利用科技创新为节能工作作贡献,通过合理组织装卸生产,实行重载交接、空载降速、移舱提前取料、顺停流程监控、空载超时监控等多种技术性手段降低空载率,提高机械效率,节约生产能源消耗。

(2)充分利用峰、谷电能费用的差别节约用电费用,提高能源供应质量降低能源消耗。

尖峰时段电价是低谷时段的3.66倍,在保证安全生产的前提下,合理安排组织装卸生产,在用电尖峰时段和高峰时段安排船舶靠泊和设备维修保养,在平段时段和低谷时段安排组织装船,节约电能费用;利用高压节电技术,抑制浪涌、谐波,提高功率因数,改善供应电能的质量,从而达到节约能源的目的。

(3)建立规章制度,保证各项节能成果的长久性。

为保证各节能措施的常态化,秦皇岛港制定了一系列节能规定,对皮带机空载率、变、配电功率因数、单车百公里耗油等都提出了具体要求。各分公司装船线皮带机空载率分别是:二分公司16%,六、七、九分公司32%;堆线皮带机空载率分别是:二分公司20%,六、七、九分公司12%;各变、配电所高压端的功率因数必须达到0.9以上,低压端的功率因数必须达到0.85以上等等。

(4)加大新能源应用实验和节能型产品的引进力度。

秦皇岛港积极推进新能源的港区应用实验,太阳能、空气源热泵等新型能源技术相继在二

分公司、铁运分公司、备件中心完成实验，取得良好效果，节能率在30%以上。在推广绿色照明产品方面，投资12万余元，购买各种节能灯13000余个，解决港区照明节能问题。

(5)规范办公行为，降低能源消耗。

秦皇岛港规定，所有空调控制温度的区域夏季不能低于26℃，冬季不能高于18℃，开空调时要关闭门窗，人走机停；不许使用电热器、电炉子等耗电设施；下班或长时间外出时关掉所有可以关闭的电源；关闭计算机、打印机同时关闭UPS及电源；关闭复印机、饮水机同时关闭电源；出差到外省的要尽量乘坐火车或长途大巴；配有公车的单位，专人负责调度，不许公车私用；针对不同的车型规定单车百公里耗油量不应超过理论值的1.7倍。

另外，秦皇岛港规定，新建、改建、扩建工程必须符合国家有关"节能篇"(章)的要求，从源头上把住新建工程节能关。

1.3　秦皇岛港低碳运营之低排放

(1)秦皇岛港之水污染物的低排放。

秦皇岛港以大海为生存和发展命脉，对水环境的保护一直是企业的重中之重。秦皇岛港的第一个"三同时"建设工程是74年建设的管道输油码头，配套建设的油污水处理厂也同期建成并投入使用，在建成当年实现了油轮压舱水接收率，处理率、排放达标率100%；随后实现原油装卸作业100%围油栏防护；近年又投资超千万元改建油污水处理厂、新建成品油污水处理厂和化工废水处理厂；另外，秦皇岛港先后投巨资建设了中水处理设施、浴池水处理设施、机车洗车水处理设施、油罐脱出水、含油雨水收集处理系统等等，确保港区生产废水全部接收、处理和达标排放。

仅除尘用水开发研究与污水处理相结合一项，秦皇岛港近3年为城市区减少化学需氧量排放超过100t。

(2)秦皇岛港大气污染物之低排放。

秦皇岛港以煤炭装卸为主，所以主要大气污染物是煤尘和烟尘。

①大气污染物之煤尘低排放，已投入使用的煤三期防风网工程投资8000多万元，总长1750m，高23m，每年减少煤尘排放200t左右；三公司除尘系统改造工程投资212万元，每年减少煤尘排放12t。

2010年计划投资264万元，在煤一期取料机上增加4套取料机洒水系统，同时改造煤一期堆场洒水除尘管道，预计年底将减少煤尘排放3.2t；计划投资719万元改造煤三期堆场150支喷枪站及配套设施，预计年底将减少煤尘排放45t；计划投资220万元，对煤四期装船机、取料机、堆料机洒水除尘系统进行改造，预计年底将减少煤尘排放8t。工程全部完工后，2010年将合计减少煤尘排放56.2t。

2009年港区粉尘实际排放系数已经控制在0.091kg/t以内，2010年将进一步得到降低。

②大气污染物之二氧化硫低排放，已投入使用的秦皇岛港东港供热整合工程投资1亿多元，引入秦皇岛发电有限责任公司的蒸汽和高温水，拆除和停用24台锅炉，合计85.2蒸吨，每年减少二氧化硫排放量71.6t；供热联网工程投资8600万元，停用13台锅炉，合计196蒸吨，每年减少二氧化硫排放140多吨。2009年港区全年二氧化硫实际排放量合计为159t，提前完成了秦皇岛港"十一五"期间二氧化硫减排承诺指标。

1.4　秦皇岛港低碳运营之低污染及领导的重视

秦皇岛港在积极开展节能减排的同时，逐步开展了以分公司为单位的清洁生产审核，目前秦皇岛港东港区5家分公司已经全部完成了清洁生产审核,2010年,西港区的三、杂货、八分公司也将开展清洁生产审核,并根据环保主管部门的安排完成秦皇岛港的"对标"工作。

谈起节能减排工作所取得的巨大成就,集团董事长黄建华深有感触地说过,节能减排工作是企业转变发展方式、提高发展质量、推动结构调整的内在需要。搞好节能减排工作,不仅可以极大地促进企业生产技术升级、企业效益提升、资源能源利用效率提高,还可以从根本上增强企业核心竞争力,真正实现企业又好又快发展。因此,抓好节能减排不是权宜之计,而是推动企业科学发展的根本途径、长远发展大计。

2 秦皇岛港具有建立低碳运营模式的精神基础

不断提升的企业经营管理水平是秦皇岛港做大、做强的保证,不断完善的具有秦皇岛港特色的企业文化是企业管理的重要组成部分,秦皇岛港的环保理念是:构筑绿色枢纽,共享碧海蓝天。秦皇岛港始终认为由于港口所处地理位置的特殊性,保护环境,清洁生产,是秦皇岛港义不容辞的责任,是企业持续发展的内在需要。

自觉履行企业义务,践行环保理念,有效实施环境管理;采用先进技术,强化污染治理,努力改善区域环境;绿化美化港区,努力改善区域环境;绿化美化港区,构筑绿色枢纽,实现经济发展与生态环境共赢,使港口成为城市一道靓丽的风景线,是秦皇岛港的永恒追求。

珍惜宝贵的环境资源,保护沿海自然生态,建设清馨美丽的宜居家园,造就清洁恬静的休闲胜地,与港城人民和国内外游客碧海蓝天金沙,是秦港的美好愿望。

秦皇岛港历经百年,吞吐量实现从1亿吨到2亿吨的突破,仅仅用了5年时间,港区环境在生产突飞猛进的条件下始终保持优良状态,是这些污染防治设施的良好运行、完善的管理撑起了秦皇岛港发展的环境空间。这与秦皇岛港具有良好的企业文化和正确的环保理念是分不开的。

3 秦皇岛港建立全面的低碳运营模式要涵盖如下子模式

低碳经济的本质是转变经济发展方式,低碳经济涵盖了低碳能源、低碳产业、低碳技术、低碳生活等多种经济形态,秦皇岛港要全面建立港口低碳运营模式,可以在生产和非生产系统中,从低碳经济和低碳经济的延伸两方面建立如下子模式,只有这样,才能真正实现全面的低碳运营。

3.1 低碳运营模式之港口生产系统低碳模式的建立

港口生产系统包括港口码头布局、货物种类分布、装卸工艺选择等。港口码头布局要优化;各货类在海岸线上的分配要合理;装卸工艺要科学。包含了选择具有环保功能的低碳节能设备;优化卸、堆、取、装路径,优化固定机械和流动机械作业路径、作业次数和作业距离,实现设备节能和卸、堆、取、装次数最低,机械作业路径最近,减少能耗;研究货物调进、堆存和装船时间结合等的关系,减少货物在港停留时间,降低污染和消耗;优化港口物资供应模式,实现科学库存,降低库存费用等。

3.2 低碳运营模式之港口低碳能源模式的建立

港口低碳能源模式涵盖港区、辅助区能源供应、管理模式及低碳照明产品的选择。建设科学的低碳能源供应及管理系统,打破属地限制,按研究结果分配场地照明数量、照明方式及应用能源的种类;建立照明产品、能源供应不同场景下多类型低碳组合方式,生产单位因地制宜选择能源供应及照明的相关菜单即可,配合具体能源管理规定,实现港口大能源供给和消耗的

管理战略。

3.3　低碳运营之港口大环境保护低碳模式的建立

积极推进港口大环境保护管理战略,在现有环保工作的基础上,对各类污染分门别类进行集中治理和管理,努力实现污染物防治的规模化经营管理,组建环保公司,实现专业化运营及与港口的有效对接,提升港口环保工作实力和水平。

3.4　低碳运营之港口辅助系统低碳模式的建立

对各类原有的办公建筑按照《绿色建筑评价标准》进行评价,能够进行改造的,一律按照建筑节能标准进行改造,不能改造的,按照使用期限,列出拆改计划,新建筑采用节能建筑标准。大力开展原有办公建筑的节能改造;探讨标准化的港口办公节能模式,建立“低碳办公室”。在办公行为上:下班时随手关掉办公电脑,为打印机设置双面打印程序,充分利用视频会议设备以减少出差次数,上班时不打私人电话和节约公话时间,平时注意节约用水、用电等;在办公用品设备上:用纸时尽量多使用环保纸,存储文件时尽量多用电子文件和推行无纸化办公;在办公交通上:研究港口大交通及交通车辆的节能环保选型。在职工各项福利上进行有效的低碳探索。

特别是在港口计算机系统上,秦皇岛港现在的生产和办公系统,是由庞大的PC群支持的,可以从PC产品采购开始,将产品质量、价格、运行维护和产品效能等统一考虑,选择设备本身能效达标,且一旦PC出现大问题,有厂商进行运行维护的产品,将会减少港口大量的费用支出。

3.5　低碳运营之港口人力资源“低碳”模式的建立

全面的港口低碳运营模式必须有“低碳”的人力资源模式做支撑。

港口的低碳运营模式是由人来操控的,低碳运营的困难是怎样把低碳运营的信息传达给港口的每一名职工,如果职工不理解低碳运营的必要性,那么低碳运营就只能是纸上的摆设。

人力资源管理不力,港口的运营就只能采取迂回战术,势必占用更多的人力、物力甚至财力投入,结果是效益、效率低下,职工怨声载道。内部沟通成本的提高、内耗的加大,使职工的精力不是花在有效的工作上,而是用在了内耗上。

(1)选人要“低碳”,选择那些具有“低碳”理念的职工,符合港口低碳运营的需要,在工作中也就能更加投入,提高工作效率,减少人才流失,同时,在选人过程各环节上也要节省被选者和选人者的时间,做到选人过程的低消耗。

(2)用人要“低碳”,做到人适其岗,人尽其才,并给予合理的薪酬,赋予相应的权限,制定富有竞争力的人力资源绩效和激励制度,最大限度的发挥职工的主观能动性,降低员工的抱怨和管理沟通的成本,减少职工流失。

(3)减少人才流失。港口要用事业、情感、待遇等手段留人,最有效的留人是“文化留人”,将具有“低碳”核心价值观的文化注入到事业、情感、待遇当中,留人才真正具有长效。

有高效的人力资源系统,才有低碳的企业运营体系,否则各部门、人员之间相互扯皮、推诿,都会将低碳运营扼杀在起步阶段,从而失去建立和发展低碳运营模式的最佳时机。

4　秦皇岛港建立低碳运营模式的策略

4.1　借助外部力量

低碳经济技术创新和制度创新是核心,有效的“低碳经济”还必须有强大“科技力量”做支撑。低碳运营模式是建立在科学有效的分析和研究基础之上的，光靠企业自身的力量，难以达到国内、国际先进水平，所以必须与实力雄厚的科研院所合作，利用科研院所的研发实力结合秦皇岛港的经济实力及已经取得的碳排放数据、环保管理制度体系、防污体系、企业经营管理制度体系，研究港口不同经济发展时期、不同发展速度与碳排放间的关系，为秦皇岛港建立一套科学的、完整的、全面的低碳运营模式，实现真正的低碳运营。

4.2 企业自身的努力

秦皇岛港可以利用国家节能减排与发展低碳经济之间的政策契合点，有计划的逐步向低碳运营方向侵染，从而在合作研究中更加主动。如研究码头布局，优化码头功能、优化装卸工艺、不断的改进工艺流程；不断尝试引进清洁能源；逐步建立健全秦皇岛港低碳运营模式管理政策、奖励政策、人力资源政策等。利用企业文化的优势，寻找建立秦皇岛港低碳运营模式的突破口。

4.3 产业链的低碳运营模式探索

低碳运营模式是对整个价值链的再造，是对前期运营模式的改变，是对港口各环节全方位的调整和改进。秦皇岛港可以利用自身在低碳运营方面的基础实力，提前布局产业链，进行产业链的低碳经济渗透。和产业链一起进行低碳经济发展模式的探索，使整个产业链形成强大的"低碳"竞争力。引导产业链共同进步，从而取得一个行业的整体进步。最终实现全产业链"低碳运营模式"升级。

4.4 探索港口低碳运营模式离不开国家长期战略的配套措施和政策来引导和支持

就低碳经济之低碳能源一项来说，有资料表明，现在的太阳能发电成本是煤电和水电的5~10倍；风能发电价格在一些地区高于煤电和水电；氢能离商业化目标还很远；生物燃料开发本身受到消耗品——粮食和油料作物产量及价格的限制。港口引入清洁能源，势必要增加新设备，淘汰旧设备，必将大大提高企业现阶段的运营成本，所以必须有国家政策扶持，只有这样，才能使港口的低碳能源探索不断推进下去，顺利度过低碳运营模式的成长期，清洁能源的应用发展才能落到实处。

另外发展低碳经济，不是一朝一夕的事业，处于现有的经济、技术条件下，向发展低碳经济转型，国家必须有长期的战略配套措施和政策来引导和支持。有符合中国国情的低碳经济市场体系和政策体系做保障，中国的低碳经济才可以得到长远发展，港口的低碳运营才能真正见到效益，从而走向成熟。

秦皇岛港研究和建立低碳运营模式，是港口顺应世界经济发展模式变化得重要抓手；是突破港口发展思维僵化，摆脱环境对港口发展制约瓶颈的理智选择。需要跨越的不仅仅是理念，同时也是生存方式、管理行为与盈利模式的创新与改变。秦皇岛港如果成功地将港口现有运营模式转变为低碳运营模式，必将为秦皇岛港开辟一个充满活力的和全新的经济发展空间。

Abstract: According to the low-carbon analysis on Qinhuangdao Port management, this paper expounded the feasibility and contents of establishing low-carbon operation mode in Qinhuangdao Port and strategies of establishing low-carbon operation mode.

Key words: Low-carbon; Operation mode; Strategy

国外绿色港口建设经验与启示

蔡丽娜
（中华人民共和国洋浦海事局，洋浦，578101）

摘　要：港口的快速发展带来了严重的环境问题，绿色港口是顺应中国生态文明建设形势的新一代港口的主要模式。本文通过分析国外绿色港口建设的先进经验，结合中国绿色港口建设现状及存在的主要问题，探讨国外绿色港口建设经验对中国绿色港口发展的借鉴作用。

关键词：绿色港口　环境保护　港口建设　措施建议

在能源危机和环境污染的新形势下，绿色港口是港口适应社会发展的必由之路，是解决港口在其发展过程中所遇到问题的关键，建设绿色港口已成为国际港口界共同追求的发展目标。较之国外，中国绿色港口建设起步晚、进展慢、成效小。因此，积极稳健地推行我国绿色港口建设非常必要，而学习借鉴国外先进经验是我国进行绿色港口建设的重要途径之一。

1　绿色港口的定义

港口是人类活动的产物，它本身具有非自然性。绿色港口是一个发展中的概念，是在环境影响和经济利益之间获得良好平衡的健康可持续发展的港口。这个可以接受的平衡一定是基于对环境影响和经济利益的正确判断，同时还要满足没有无法挽回的环境改变发生。也就是说绿色港口的发展受港区生态承载力的限制，港口对环境的利用必须在港区生态承载力范围之内。可见，绿色港口将是未来港口发展的趋势，它的核心目标是建设良好的生态环境和高效的港口经济，建设高度生态文明的港口。

绿色港口以绿色观念为指导，建设环境健康、生态保护、资源合理利用、低能耗、低污染的新型港口。将港口资源科学布局、合理利用，把港口发展和资源利用、环境保护有机结合起来，走能源消耗少、环境污染小、增长方式优、规模效应强的可持续发展之路，最终做到港口发展与环境保护和谐统一、协调发展。

2　国外绿色港口建设现状

国外在绿色港口建设方面已取得很大进展，他们把绿色理念很好地运用在港口的建设中。下面列举国外几个绿色港口建设现状。

（1）美国长滩港绿色港口

长滩港是“绿色港口”的倡导者之一，2005 年 1 月，在长滩港务局委员会的批准下，长滩港首次推出“绿色港口政策”，制订了包括维护水质、清洁空气、保护土壤海洋野生动植物及栖息地、减轻交通压力、可持续发展、社区参与等 7 个方面近 40 个项目的环保方案，并针对各类环境问题，采取了积极的环境保护措施，设计了相应的环境保护规划及方案。

为了落实长滩港绿色港口政策，解决港口经济增长及规模扩大过程中产生的环境影响，使南海岸空气盆地的空气质量符合美国环境空气质量标准、保障公众健康，长滩港通过了一项具有法律效力的环境管理计划——洁净空气行动计划（主要包括：确定环境目标和最佳管理及监控措施；遵守相关的法律和法规；选择满足于现行有关规定的环境保护方案：对员工、企业和社区进行宣传和沟通，成立了由长滩港务局、南加州空气品质管理局、南加州空气资源局和美国环境保护署（EPA）等部分有关人员组成的工作组，负责环境管理计划的实施和监控，并通过相应的管理和激励措施确保相应环境方案与计划的有效实施。

长滩港将可持续发展的理念贯彻到码头设计、发展和运营各个阶段：鼓励可持续发展原则应用到港口码头和设施管理过程中；修复和现场重新使用建设废物；研究和测试新的"绿色"技术；改变建筑合同中的标准规格以加强和实施可持续做法；采用本地现有"绿色"材料和用品；通过减少废物、能源和水资源保护计划来减少总体资源消耗和鼓励可持续采购和可持续消费，鼓励使用"绿色"能源如太阳能、风、沼气能源或其替代资源。

（2）澳大利亚悉尼港绿色港口

悉尼港位于澳大利亚NSW（新南威尔士州，New South Wales）东部，主要由悉尼港区和波特尼港区组成。悉尼港是州立地主型港口，所有权与经营权分离，政府享有所有权，经营者享有经营权并服从港方管理。悉尼港将绿色理念融入其发展过程中，从水体质量、空气质量、噪声控制、生物多样性、垃圾管理、危险货物管理、环保教育及培训7个方面实施"绿色港口指南"（Green Port Guidelines）。加强立法、严格执法是悉尼港建设绿色港口的一个重要方面。澳大利亚关于环境保护的法律法规已相当完备，悉尼港严格执行这些法律法规，在2002~2007年的5年时间内，悉尼港依法共开出了数百张关于环境污染的罚单，起诉并胜诉了10多起关于港口污染的诉讼。提高员工的环保意识是悉尼港建设绿色港口的另一个重要方面，在2002~2007年的5年时间内，悉尼港有近500人次参加环保专业培训，总学时超过3000学时，并且覆盖面很广，基本上每名员工都参加了培训。悉尼港充分认识到建设绿色港口不单单是港口的个体行动，需要包括政府和社区在内的多方共同参与。为此，悉尼港积极与政府合作，例如，配合NSW实施相关运输法规、检验检疫法规、危险货物管理法规等。此外，悉尼港还积极与社区合作，例如，资助社区教育、资助悉尼航海博物馆建设等。经过多年的努力，悉尼港在建设绿色港口方面取得了巨大的成就，走在了世界前列。

（3）日本东京绿色港口

东京港从环境上着手，通过绿化和改造建筑物外装饰等措施来改善景观。东京港务局现已制定港区公园绿色规划等环境规划，不同的公园绿地形成点、线、面的布局结构，又相互连接构成绿地网络系统，体现了土地利用的细致与合理。在环境建设中，将海岸景观、水域景观的保护开发作为重点，注重亲水观海和岸滩恢复，并加强了港区公园绿地的建设，有的公园甚至穿插于作业码头中间。在规划布局时充分考虑对环境的影响，并注重改善人们的生活环境，要求港口建设项目规划同时进行相应的环境规划。在围海造陆进行港口建设的同时强化海域环境的建设，将海上公园、沿岸景观、野鸟栖息地、公众通道、绿地等亲水空间纳入港口发展规划。这一做法符合港口绿色化的发展要求，走出了一条可持续发展的绿色之路。

国外港口都把绿色理念运用到日常运作和对未来码头的设计及建设中，加强港口的基础设施建设和应急防范能力建设，并且建立完善的绿色港口政策和管理条例，在港口环境保护工作方面开发使用清洁能源、实现中水回用，对港口实行绿色管理。在港口的运作过程中，倡导优先使用先进的环保技术与生态技术，通过集约化经营减少资源消耗和环境污染。这些经验

值得我们学习，这些举措都适应了现代港口的发展，也体现了绿色港口的内涵。

3 我国绿色港口建设现状及存在的主要问题

3.1 我国绿色港口建设现状分析

目前，上海港、天津港、秦皇岛港、深圳港、营口港、青岛港等港口相继提出建设绿色港口的口号。在《上海港扬尘污染防治管理实施计划》颁布实施的基础上，上海港于2005年初在我国率先开展绿色港口建设规划方面的研究，并积极探索“上海港环境保护管理办法”。天津港于2006年底提出建设绿色港口的目标，2007年着手天津绿色港口建设规划的研究工作。为了改善港区环境质量，天津港采取了消除与限制并举的治理措施，优化港口布局，将港口分成北疆港区和南疆港区，形成“南北疆并举，黑白分家、南散北集、两翼腾飞的战略格局”，通过推进货场喷淋设施建设、大规模的港区绿化建设以及“北煤南移”战略的实施。秦皇岛港制定了《秦皇岛港环境保护管理规定》、《秦皇岛港环境保护考核办法》等，并通过制定煤尘、粉尘、污水、噪声等考核指标，将企业的经济利益与环境管理好坏直接联系起来，起到了良好的监督作用。深圳港在老码头进行节能技术改造、新码头的高起点建设的基础上，积极与国际先进港口开展环保合作(2007年6月12日，深圳盐田国际集装箱码头与美国加州长滩港签订《关于环境保护倡议协议的备忘录》)，争创“环境友好型生态港”)。营口港通过绿化工作上规模、上档次，积极有效的环境保护宣传工作，广泛的公众参与，合理的监督管理机制，树立建设生态型绿色港口的理念。青岛港积极推进港口“由主要依靠物质能源消耗向主要依靠科技进步、劳动者素质提高、管理创新转变”，大力建设资源节约型、环境友好型、质量效益型港口。实现了港口生产快速增长，综合能源单耗逐年下降。同时，高效率的服务缩短了船舶在港停时，促进了船舶燃油节约，减少了二氧化碳、二氧化硫等废气排放。港口生态环境不断改善，空中不见黑烟尘，地上不见沙尘土，水中不见漂浮物。所有这些，都有效地促进了我国港口的环境保护工作，推动了我国绿色港口的建设。

3.2 我国绿色港口建设面临的主要问题

2004年1月1日实施的《中华人民共和国港口法》因提供了良好的投资环境掀起了我国港口建设的一个新高潮，解决港口建设发展过程中的环境问题迫在眉睫。当前，我国港口整体上处于第二代港口向第三代港口转型的过程中，落后国际先进港口20多年。长期以来，由于港口在规划建设时缺少对环境保护问题的考虑，港口经营者的管理理念中缺少环境保护意识，港口的生产装卸过程缺乏污染处理设施等诸多因素，导致我国港口环境遗留问题比较严重。当前港口的生态环境建设大都停留在港区绿化、污染源的治理等低端层次上，对港口经济发展模式的选择、节能减排措施的实施以及港口环境管理体系的创新等诸多环节还存在很多误区，港口的环境保护政策缺少相应的实施、管理条例，绿色港口规划与设计方面的研究工作非常欠缺，没有形成系统的绿色港口评价指标体系与建设规范。同时，部分港口的快速发展超过了区域资源环境的支撑能力，导致过度占用岸线、土地资源。因此，我国绿色港口建设面临严峻的挑战。

4 国外绿色港口建设对我国绿色港口的启示

国外绿色港口建设对我国港口建设具有重要启示，参照其先进经验，结合我国实际情况，本文就我国今后推进绿色港口建设工作，提出以下措施建议。

(1)用科学发展观指导绿色港口的发展。

以科学发展观为指导,把环保理念纳入到日常运作和对未来码头的设计和建设、创新港口发展模式,在坚持港口生产发展的同时,建设资源节约型、环境友好型港口,构建生产发展与资源环境相协调,减排与节能相结合的绿色节约型港口。港口的政府主管部门要完善有关港口和港口企业加强环境保护和节能减排的标准、法规等,使绿色节约型港口建设标准统一,法规齐全,执法监督管理更具规范有效。采取综合治理措施,建立建设绿色节约型港口长效机制。

(2)开展绿色港口规划研究,建立示范港区。

规划是港口建设与发展的行动指南,开展绿色港口规划的研究工作是建设我国绿色港口的最有力支持。在港区生态环境调查与评价、港区海洋环境容量研究、港口建设发展环境影响分析、海洋生态系统服务功能价评估以及国外绿色港口建设模式与经验分析等基础研究上,严格遵循港口不同功能类型和地域环境来制定相应的工作要求和重点,对已建和规划建设的港口,按照建设期和运营期的不同,制定相应的生态建设要求和策略与改善港口生态功能的规划和要素配置原则。主要包括港口环境保护基础设施完善计划、港口污染防治规划、港口环境风险防范管理计划、港区海洋生物资源保护规划、港口产业与功能结构调整规划、岸线调整和景观文化旅游规划、港区海洋生态修复及建设规划等7个部分。结合我国部分港口的区域分布及各港口的基础条件,可选择某一个或某几个港口进行试点建设,率先建成我国生态示范港区。在示范港区的建设过程中,不断总结建设经验,摸索我国绿色港口建设模式。

(3)建立我国绿色港口评价指标体系。

建立绿色港口评价体系,首先可以帮助识别港口的"非绿色"因素,找出薄弱环节所在,进而为绿色港口建设提供理论支持和实践指导;其次有助于提高港口能源、资源的利用效率、降低港口污染物排放、改善港口环境、增强港口可持续发展能力、提高港口竞争力、更好的服务区域经济发展。另外绿色港口评价指标体系的建立还有助于港口管理部门加大对港口环境监管的力度,使港口监管部门有章可循,有据可依,实现科学管理,最终做到在港口发展中保护环境,在环境保护中发展港口。绿色港口评价指标体系是绿色港口综合评价的基础,是用来指导和评估绿色港口建设的成效,指标选取的好坏直接影响到整套评价体系的质量,因此,在指标体系建立的过程中除了要遵循指标体系建立的一般原则(代表性、独立性、可行性),还要结合港口自身的特点遵循可持续发展原则、开放性原则和与时俱进的原则。

(4)建立港口绿色信息系统。

根据以往统计数据,结合目前港口形式,综合码头操作、船舶营运、港口周边环境等因素对港口生态环境的影响作出相关预测分析,并将分析数据和结论抄送相关部门和企业。同时要加快信息化建设,在港口的技术结构上,坚持管理技术信息化、控制技术智能化、位移技术高效化和环保技术绿色化的发展模式,以现代的数码、定位信息和网络技术为支撑,推进数字化港口建设进程。

(5)加大对港口的投资力度,建立积极有效的环保激励机制。

国家和地方政府管理部门应加大港口环保公共设施的资金投入,除码头运营部门必须要保证有足够的资金用于环境污染处理和港区生态建设外,还应鼓励社会资金和国外资金参与到绿色生态港口的建设之中。同时引进国外的先进技术,加强港口的软硬件实力,这样使投资更加具体化、重点化、高效化。此外,还应探讨建立符合我国实际的环保激励机制。汽车和船舶废气同样是我国港口的主要大气污染物,可借鉴美国长滩港的相关做法,向所有进出码头的

拖运货车征收绿色附加费,制定适合我国港口特色的船舶绿旗计划,激励挂靠港口的船舶在港口附近水域降低航行速度,减少废气排放。

(6)坚持港口规模化、集约化发展,建立区域港口合作机制。

从港口内部的整合逐步拓展到与港口相关联的外部整合,实现港口间协同竞争、错位发展;通过集约化经营减少资源消耗和环境污染,减少中转运输环节从而提高港口整体效率和经济效益。根据《全国沿海港口布局规划》,我国沿海港口划分为环渤海、长江三角洲、东南沿海、珠江三角洲和西南沿海5个港口群体,通过群体内综合性、大型港口的主体作用,建立行政管理、产权纽带、联盟经营等多种渠道下的"组合港",推动港口间的合作。

5 结束语

国外绿色港口在环境保护方面取得如此成就,主要归功于政府制定适宜的环保法律、法规、相关标准并严格执行。同时,相关部门根据各地的具体情况制定的详尽可行的环保计划,以及公众自发的环保意识及行动,也是不可或缺的。倡导生态文明建设,已经成为我国社会经济发展的趋势,建设绿色港口是顺应时代发展的需要,是我国港口可持续发展的根本途径。通过树立环保理念、实施绿色发展战略,坚持环境友好资源节约型的发展模式,整合现有的港口资源,进行科学布局、合理利用,把港口发展和资源利用、环境保护有机地结合起来,做到人与港口、环境和谐统一、协调发展,把我国港口真正建成与国际接轨的绿色港口。

参考文献

[1] 陈晓峰,徐金环. 21世纪的港口——绿色之港[J]. 港工技术,2002(6):6~7

[2] 姚荣,陈晓峰,张娜. 绿色生态港口简析. 人民长江,2003,34,(5):28-29

[3] 吕航. 美国的绿色港口之路. 中国船检,2005,(8):42-4

[4] 孙千良. 国外几个港口的环境保护论述. 交通环保,1998,(4):47

[5] 刘立民. 东京港的环境建设. 交通环保,2004,(3)

[6] 范利彬. 国外绿色港口的发展与借鉴. 珠江水运,2009,(9)

[7] 邵超峰,鞠美庭,楚春礼,胡翠娟. 我国生态港口的建设思路与发展对策. 生态学报,2008,(11)

[8] 吴鹏华. 绿色生态港口建设初探. 海洋环境科学,2009,(3)

[9] 卢勇. 绿色港口评价体系研究. 2009

Abstract: The rapid development of ports brings several environmental problems in China. Green port is the new model which completely comply the situation of constructing ecological civilization in China. Based on the policy and implementation of overseas green ports, combined with the current status of green ports construction, the experiences of Green Ports construction in foreign countries are discussed for the development of green ports in china.

Key words: Green port; Environmental protection; Port construction; Policy suggestion

嘉兴港基于煤炭海河联运的低碳经济发展

刘厚庆　王成义　胡鑫博
（嘉兴海事局，浙江嘉兴市，3140001）

摘　要：随着社会的发展和人口的增长，工业化进程不断加快，温室气体排放量也逐渐增加，导致全球气温上升，温室效应已经成为世人关注的焦点。降低能耗，减少温室气体排放，发展低碳经济，成为当今世界各国热议的话题。

近几年嘉兴港货物吞吐量逐年攀升，随着长三角地区经济的迅猛发展、用电量的增加以及嘉兴地理位置优势的凸显，嘉兴港煤炭中转基地的功能将进一步增强。本文通过分析嘉兴港货物吞吐情况，煤炭中转现状，对比陆路运输与内河水运的二氧化碳排放量，论证节能降耗，深化海河联运方式，发展低碳经济的可行性。最后根据可行性研究给出深化海河联运的部分建议。

关键词：煤炭　海河联运　二氧化碳　低碳经济

1　研究背景及目标

随着全球人口和经济规模的不断增长，能源消耗不断加大，由于燃烧煤、油、天然气、树木等产生的大量二氧化碳和甲烷进入大气层，使地球升温。大气中二氧化碳排放量的增加是造成气候变暖的根源，约占温室气体①排放总量的77%。自工业革命以来，大气中二氧化碳含量增加了25%，而且目前尚无减缓的迹象。国际能源机构的一项调查表明，美国、中国、俄罗斯和日本的二氧化碳排放量几乎占全球总量的一半。中国年人均二氧化碳排放量为2.51t，约占全球总量的13.6%。在此背景下，低碳经济应运而生。

低碳经济是以低能耗、低污染、低排放为基础的经济模式，是应对人类消耗大量化学能量、大量排放二氧化碳和二氧化硫引起全球变暖的有效对策。2009年11月26日，我国公布了截止到2020年的减排目标：单位GDP碳排放量比2005年减少40%～50%。2010年3月，全国政协“一号提案”就是谈低碳环保。温家宝在政府工作报告中指出，要大力发展新能源、新材料、节能环保、生物医药、信息网络和高端制造业。

本论文研究的目的是在对嘉兴港煤炭进出港情况了解的基础上，探讨陆运与内河水运的能源消耗情况，进而估算对气候环境造成影响差异。根据资料分析嘉兴港口煤炭吞吐量、内河出港的煤炭数量以及陆运出港的数量，选择具有代表性的船舶与陆运工具进行二氧化碳排放量的对比分析，寻找低碳而经济的运输方式，进而探讨在本港实施的可行性。为嘉兴港低碳经济发展提供有效的理论依据。

---

① 《京都议定书》列出了6种需要缔约国控制的温室气体：二氧化碳、甲烷、氧化亚氮、氟氢碳化物、全氟碳化物及六氟化硫。

2 研究现状

2.1 嘉兴港基本情况

嘉兴港是浙江沿海重要港口之一,浙北地区重要的出海口,国家一类开放海港,由乍浦港区、独山港区、海盐港区组成。截止至2010年5月31日,沿海港口生产泊位岸线74.1km,大小泊位30个,设计通过能力累计2038万吨,集装箱通过能力40万TEU,万吨级及以上泊位21个,千吨级及以上泊位9个,在建码头4座。

2.2 嘉兴港煤炭吞吐情况

目前嘉兴港区投入煤炭生产的海船泊位有万吨级泊位8座,千吨级1座,内河船泊位4座。从危险货物种类来分析,2008年嘉兴港危险货物仍以煤炭为主,煤炭到达量为1355.7万吨,煤炭吞吐量达到了全港货物总量的70%;2009年嘉兴港煤炭到达量为1654.7万吨,煤炭吞吐量达到了全港货物总量的70.6%。

2008年嘉兴港进口外贸煤炭15.8万吨,占全年煤炭到港量的1.16%。2009年进口外贸煤炭50.3万吨,占全年煤炭到港量的3.04%。2009年嘉兴港煤炭到达量为1654.7万吨,比2008年增长了22.1%;2010年1至5月份,嘉兴港煤炭到达量为877.9万吨,比2009年同期增长36.6%。

由图1可以看出,从2009年11月份开始嘉兴港煤炭到达量迅猛增长,2010年1~5月份与2009年同比大幅增长,而且仍在保持增长势头。

2.3 嘉兴港煤炭中转运输情况

嘉兴港2009年中转煤炭1061.4万吨,其中通过内河船舶运输出港的煤炭为154.1万吨,占全年中转量的14.5%;2010年1~5月份中转煤炭660.6万吨,其中通过内河船舶运输出港的煤炭为102.4万吨,占中转量的15.5%。

由图2可以看出2009年通过内河船舶中转的煤炭量与2008年月度同比增长十分显著,2010年1~5月份与2009年同比增长幅度比较大,而且保持正在增长的势头。

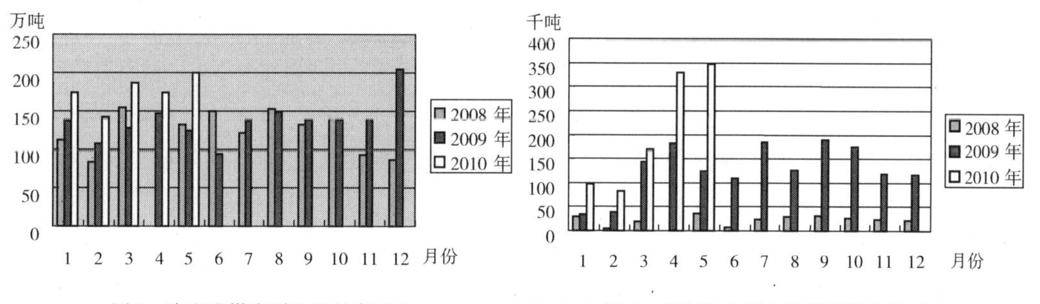

图1 嘉兴港煤炭到达量月度对比

图2 嘉兴港内河中转煤炭量月度对比

嘉兴港以优越的地理位置优势,成为杭、嘉、湖地区能源进入的主要通道,同时也是长三角重要的煤炭中转港口,辐射上海、苏州、无锡、常州、绍兴、诸暨等地。

2009年嘉兴港中转煤炭目的地以嘉兴、杭州和上海为主,其中嘉兴地区占煤炭中转总量的40%,杭州地区占29%,上海占15%。2010年1~5月份,煤炭中转目的地分布大致与2009相同,但受上海世博会安保检查等影响,运往上海的煤炭量同比有所下降,仅占9%;相比之下,嘉兴地区和杭州地区有所上升,分别为48%和32%。

3 内河船舶运输与陆路运输对比分析

3.1 嘉兴港内河船舶现状

嘉兴港现有内河件杂货泊位5座，危险品泊位3座，出港货物以煤炭、化工原料成品油为主。2009年嘉兴港内河码头货物发送量为165.4万吨，其中煤炭154.1万吨，占全年发货量的93.2%。2010年1~5月份，内河码头货物发送量为116.4万吨，其中煤炭102.4万吨，占发货量的88%，煤炭发送量比2009年同期增长了96.5%。2009年内河船舶进出港12954艘次，其中三等船舶1954艘次，四等船舶10986艘次。2010年1~5月份内河船舶进出港7910艘次，比2009年同期增长了86.3%。

由图3可以看出，进出嘉兴港的内河船舶以四等船舶为主，但自2010年3月份以来三等船舶增长迅速，2010年五月份三等船舶占到了内河进出港船舶的41.8%。

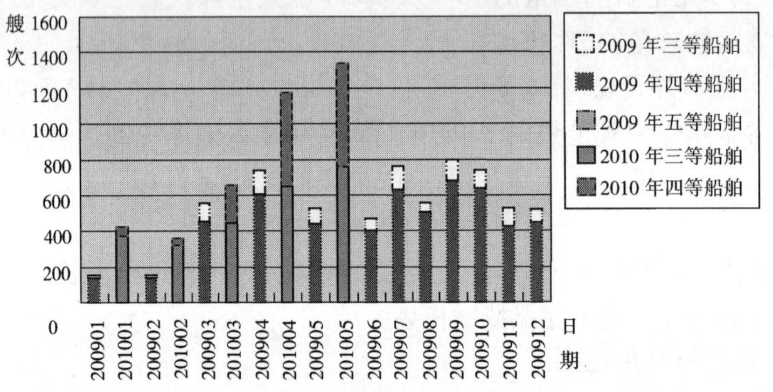

图3 嘉兴港中转煤炭内河船舶数量月度对比

3.2 嘉兴港陆路运输现状

嘉兴港至今未建设铁路，所以煤炭陆路中转全部依靠汽车运输。目前港区煤炭出港运输主要由四海、一通、通达和安荣四家运输公司承担。其中四海共有各类煤炭运输车86辆，一通共有40辆，通达97辆，安荣60辆，加上其他运输公司以及个体经营户的车辆，嘉兴港各类煤炭运输车辆约有350辆。港区煤炭运输车以10轮(前四后八)柴油自卸汽车为主，载重30~50t，此类车型约占四家主要运输公司车辆总数的70%。

3.3 柴油机二氧化碳排放量计算

柴油(Diesel)又称油渣，是石油提炼后的一种油质的产物。它由不同的碳氢化合物混合组成。它的主要成分是含9到18个碳原子的链烷、环烷或芳烃。它的沸点在170~390℃间，密度为0.82~0.845kg/L。

柴油机是用柴油作燃料的内燃机，属于压缩点火式发动机。工作时，吸入柴油机气缸内的空气，因活塞的运动而受到较高程度的压缩，达到500~700℃的高温，然后将燃油以雾状喷入高温空气中，与高温空气混合形成可燃混合气，自动着火燃烧。柴油机废气中含有氧、氮、碳的氧化物，水蒸气、氮氧化物、硫氧化合物、不燃的碳氢化合物、碳粒子和金属粒子。其中CO_2是温室气体，SO_x、NO_x、CO被认为是有害气体。

基于对全球各国各行业的温室气体排查，《政府间气候变化专业委员会(IPCC)温室气体基线和良好做法指导》提出了Tier1和Tier2两种温室气体排查测试方案。两种排查方案实质上都是基于相同的解析方法，即根据所消耗的能源来确定系数，进而推出温室气体排放量。

Tier1 是简化的计算方法、以燃料的供给与消费资讯为基础：

总排放量＝能源消耗量×排放系数

Tier2 是较为详细的计算方法、以各排放源燃料的供给与消费、技术形态资讯为基础：

总排放量二动态活动水平×排放系数

综合权衡各方面利弊以及数据采集情况，本文采用 Tier1 方法对车用 0 号柴油进行计算：

CO_2 排放量＝柴油静热值×CO_2 排放因子

CO_2 排放因子＝柴油含碳量×氧化率×碳到二氧化碳的转化系数

IPCC 导则中指出：计算 CO_2 排放量时要考虑一小部分碳未被氧化，氧化率以 99% 作参考。

柴油含碳量：20.2 kg/GJ；碳到二氧化碳的转化系数：44/12

因此：柴油的 CO_2 排放因子为：20.2×99%×44/12×1000 = 73359 kg/TJ

柴油的净热值是 43 TJ/Gg，故单位质量柴油完全燃烧排放的 CO_2 质量是：

73.359×43/1000 = 3.154437 即 1kg 柴油排放 CO_2：3.154437kg

每升柴油（0 号）排放 CO_2：3.154437kg×0.84＝2.649727kg

针对海事运输方面，IPCC 委员会建议对于 Cq 排放的排查研究应该应用 Tier1 方法。国际海事组织（IMO）第 53 届环保会通过的第 471 号文件对船舶 CO_2 排放指数作了如下定义：

$$index_{CO_2}=\frac{\sum_i FC_i\cdot C_{carbon}}{\sum_i m_{cmga,i}\cdot D_i}$$

该排放指数表示在某一航程或某一时间段船舶运输单位货物量每海里所二氧化碳的量。

船舶燃油消耗量（*FC*）燃油消耗量指船舶在港及航行作业过程中，船、副机、锅炉以及焚烧炉所消耗的所有燃料油量。

船舶航行的里程（*D*）船舶航行里程是指船舶在运输作业中所实际航行的距离，单位海里。

船型及载运货物分类（*M*）是载运货物的船型。

CO_2 的排放量取决于燃油消耗量，由于燃油不同其成分不同，对于一般船用燃料油，给出如表 1 所示计算结果。

船用燃料产生温室气体对应表①　　表 1

燃 油 类型	ISO 特 性	含碳量（m/m）	二氧化碳（kg/T）
柴油	ISO8217，DMX 级	0.875	3206
轻质燃油	ISO8217，RMA 级	0.86	3151
重质燃油	ISO8217，RME 级	0.85	3114.4

油在经过在柴油机内的燃烧以后，是不可能完全燃烧的，所以碳原子也不是 100% 的转换为 CO_2 随烟排出。但燃料在燃烧室燃烧以及排放的动态过程比较复杂，影响因素很多，所以采用统计资料推出碳原子反应生成 CO_2 的转化率也是比较常用的方法。

日本根据船舶运输以及燃料种类通过统计得出的小型货船使用轻油生成 CO_2 的实际量为 3186kg/T①。

3.4　柴油机代表机型的选择及对比分析

3.4.1　汽车运输煤炭 CO_2 排放量

① 本数据来源于王宇航的《船舶温室气体排放总量基线研究》一文。

嘉兴港区煤炭运输车以 10 轮(前四后八)柴油自卸汽车为主,此类车型约占四家主要运输公司车辆总数的 70%。据调查,嘉兴港区目前营运的此类车型主要以解放牌 8×4 平头柴油自卸汽车为主。此种自卸车适合总重为 40~60t,额定载重 18t,经济时速为 48~74km/h,主流配置 330 马力锡柴 CA6DL 发动机,官方发布最高档等速油耗(L/100km)60km/h 为 34.3,实际调查使用中综合油耗(L/100km)为 38L①,载重一般为 20t。故车辆运输 1t 煤行使 1km 的 CO_2 排放量为:

$$\frac{2.649727 \times 38}{100 \times 20} \times 1000 = 50.4\text{g}$$

3.4.2　船舶运输煤炭 CO_2 排放量

2009 年内河船舶进出港 12954 艘次,其中四等船舶 10986 艘次,占全年进出港船舶总数的 84.8%。2010 年 1~5 月份内河船舶进出港 7910 艘次,其中四等船舶 5106 艘次,占全年进出港船舶总数的 64.6%。由此数据统计可以得出,四等船舶可以作为进出嘉兴港的代表型内河船舶。

《中华人民共和国内河船舶船员适任考试发证规则》第八条规定:四等船舶为 50 总吨以上至 200 总吨以下或者 147kW 以下的船舶。2009 年嘉兴港四等船舶进出港 10986 艘次,合计总吨为 1836192t,合计功率为 1243132.7kW,平均每艘船舶的总吨为 167.1t,功率为 113.2kW;2010 年 1~5 月四等船舶进出港 5106 艘次,合计功率为 572600.5kW,平均每艘船舶的总吨为 169.2t,功率为 112.1kW。本文选取总吨为 170t 主机功率为 120kW 的四等船舶作为代表机型进行分析。

以一艘四等内河船舶载 280 吨煤炭到杭州为例进行计算,满载航次耗油量约为 500L②,航程约为 150km③,因此可以得出船舶运输 1t 煤炭行使 1km 的 CO_2 约排放量为:

$$\frac{3.186 \times 0.84 \times 500}{280 \times 150} \times 1000 = 31.9\text{g}$$

经过初步计算可以得出,汽车运输运输 1t 煤行使 1km 的 CO_2 排放量为 50.4kg,内河船舶运输 1t 煤炭行使 1km 的 CO_2 约排放量为 31.9kg,只有汽车的 63.3%。嘉兴港 2009 年陆路转运煤炭 907.3 万吨,如果全部通过内河水运,以到杭州(汽车行程约为 120km,内河船舶航程约为 150km)为例,可以减少 CO_2 排放量为:

$$(50.4 \times 120 - 31.9 \times 150) \times 907.3 \times 10^{4} \times 10^{-6} = 11459.2\ \text{万吨}$$

燃油消耗量减少:

$$\frac{907.3}{20} \times \frac{120}{100} \times 38 - \frac{907.3}{280} \times 500 = 448.5\ \text{万升}$$

4　结论及建议

随着社会的发展和人口的增长,工业化进程不断加快,温室气体排放量也逐渐增加,导致全球气温上升。虽然对气温升高的原因一直在争论不休,但是温室效应无疑已经成为世人关注的焦点,引起气温升高最主要的原因——二氧化碳总量不断升高也成为无可争辩的事实。

---

①　此数据为调查港区四家主要运输公司得出。

②　此数据为走访统计航行于乍浦到杭州之间的内河四等船舶得出。

③　此数据由杭州市地方港航管理局提供。

发展低碳经济，降低能耗，减少排放，成为当今世界各国制定发展规划的原则。

嘉兴港 2009 年中转煤炭 1061.4 万吨，2010 年 1～5 月份中转煤炭 660.6 万吨，随着长三角经济的迅猛发展、用电量的增加以及嘉兴地理位置优势的凸显，嘉兴港煤炭中转量将会继续增加。但 2009 年仅有 14.5% 的煤炭中转通过内河运输，2010 年 1～5 月份这个数量略微有所上升，达到了 15.5%。通过汽车和船舶运输的对比分析可以看出，船舶运输 1t 煤行驶 1km 比汽车少排放 CO_2 比 18.5g。以 2009 年嘉兴港陆路中转煤炭 907.3 万吨，以到杭州为例计算，如全部改用船舶运输可减少 CO_2 排放 11459.2 万吨，节约燃油 448.5 万升。对于低碳经济发展以及改善局部空气质量无疑是巨大的贡献。

参考文献

[1] 苏杨. 京都议定书的前世与今生. 生态经济,2005-4

[2] 秦大河. 气候变化对我国经济社会和可持续发展的挑战. 外交评论,2007

[3] 王宇航. 船舶温室气体排放总量基线研究(硕士论文). 大连海事大学, 2008

[4] 吴明华. 海运能为“减排”做些什么. 中国交通报,2007

[5] 中国国家气候中心. 自然和人类环境正在遭受气候变化的影响——IPCC 第二工作组第四次评估报告初步解读. 环境保护,2007

[6] 董杰,贾学锋. 全球气候变化对中国自然灾害的可能影响. 聊城大学学报(自然科学版),2004

[7]施雅风. 全球变暖影响下中国自然灾害的发展趋势. 自然灾害学报,1996-5(2)

[8] 李春瑛,张宝成. 影响全球气候的温室气体及我国温室气体标准物质的研究现状. 计量与测试技术,北京. 2005

[9] 钱伯章. 温室气体减排和利用发展. 节能环保,2006,No.7

[10] 中国国家发展与改革委员会. 中国应对气候变化国家方案,2007

[11] 姜伟. 控制温室气体排放与国际贸易发展(硕士论文). 对外经济贸易大学,2005

[12] 庄贵限. 气候变化与可持续发展. 世界经济与政治,2004-4

[13] 中国国家气候中心.《联合国气候变化框架公约》及其《京都议定书》发展沿革. 中国环境报,2007

[14] 孙培廷,黄连中. 船舶柴油机动力装置与环境的研究. 大连海事大学学报,2000-2

[15] ICCT. Air Pollution And Greenhouse Gas Emission From Ocean-Going Ships. 2007

[16] 中国国家发展与改革委员会. 中国应对气候变化国家方案,2007

[17] 郭艳,张蔚蔚. 中国航运企业发展现状及对策研究. 中国水运,2007

[18] 葛春风. 顺应世界海运业发展趋势提升我国海运国际竞争力. 交通企业管理,2007

[19] 蔡薇. 绿色船舶机理、指标体系、绿色度及船舶大气污染算法(博士学位论文). 武汉. 武汉理工大学,2004

[20] 旧本船舶机械学会. 实船排放测试报告. 日本船用机械学会学报,1998,v0L. 33,N0.5

[21] 叶令况. 船用柴油机排气污染问题. 船舶,1996-3

[22] UNFCCC. Convention On Climate Change. UUEP/IUC. Geneva ExeCUtive Center,

SwitZerland. 1992

[23] Draft Guidelines for CO_2 Emission Indexing-trials based on operational data. MEPC53/4/9. 2005

Abstract: With the social development and population growth, accelerating the process of industrialization, greenhouse gas emissions is also increasing, which leads to global warming. The greenhouse effect has become a focus of the world. Reducing energy consumption, reducing greenhouse gas emissions, developing low-carbon economy have become the hot topics in the world.

The cargo throughput of Jiaxing Port rises greatly in recent years. With the rapid economic development in Yangtze River Delta, the increase of electricity consumption, and highlighted location advantages, Jiaxing Port would enhance the function of coal transfer base. This paper analyses the feasibility of reducing energy consumption, improving sea-river through transport, and developing a low carbon economy, basing on analysing the situation of Jiaxing port cargo throughput, transfer status of coal, comparing to land transport and inland water transport of carbon dioxide emissions. Finally some recommendations of improving sea-river through transport would be given.

Key word: Coal; Sea-river through transport; Carbon dioxide; Low-carbon economy

我国港口建设项目环境保护中存在的问题与对策

赵海珍①

(环境保护部环境工程评估中心,北京,100012)

摘 要:随着港口经济的快速发展,产生了近岸海域水质污染严重、海洋生态系统处于不健康和亚健康状态等问题。本文从生态补偿和船舶压载水处理两个方面讨论我国港口建设项目环境保护存在的问题,并提出了相应的对策与建议。

关键词:港口 环境保护 问题 对策

改革开放以来,我国经济的快速增长,带动了海洋运输市场和港口经济的迅速发展,港口在我国对外贸易和经济发展中起着越来越重要的作用。2007 年,水路货运量和周转量分别占综合交通运输体系的 12% 和 63%,承担了 90% 以上的外贸货运量[1]。

但是随着港口的迅速发展,也产生了近海海域水质污染严重,海湾、河口、滨海湿地等海洋生态系统多处于不健康和亚健康状态等问题。2008 年,我国污染海域面积约 7.2 万平方公里,主要污染物为无机氮、活性磷酸盐和石油类,上述污染物超第二类海水水质标准的站位数比例分别为 52%、29% 和 19%。我国海湾、河口及滨海湿地等海洋生态系统的无机氮含量持续增加,氮磷比失衡呈不断加重趋势;生境丧失或改变、生物群落结构异常状况没有得到根本改变。

为更好地开展港口建设项目的环境保护工作,本文在简述我国港口建设现状的基础上,重点讨论了我国港口建设项目生态补偿和船舶压载水处理两个方面存在的问题,并提出了相应的对策与建议。

1 我国港口建设的现状

港口,是指具有船舶进出、停泊、靠泊,旅客上下,货物装卸、驳运、储存等功能,具有相应的码头设施,由一定范围的水域和陆域组成的区域。我国拥有港口 1400 多个,其中沿海港口 150 余个,内河港口 1300 多个,已建成了布局合理、层次分明、功能齐全、河海兼顾、优势互补、配套设施完善的现代化港口体系。

我国沿海港口已形成了 5 个港口群体(即以大连港、天津港、秦皇岛港、青岛港、日照港等为代表的环渤海港口群,以上海港、宁波—舟山港等为代表的长江三角洲港口群,以厦门港、福州港、泉州港、莆田港、漳州港等为代表的东南沿海港口群,以广州港、深圳港、珠海港等为代表的珠江三角洲港口群和以湛江港、防城港、海口港等为代表的西南沿海港口群),构建了煤炭、石油、铁矿石、集装箱、粮食、商品汽车、陆岛滚装和旅客运输等 8 个运输系统,2007 年全国沿

---

① 赵海珍(1976-),女,河北冀州人,高工,博士,研究方向为生态系统服务功能评估与生态补偿。电话:010-84934438;13521160328;电子邮箱:haizhenzhao@126.com。

海港口吞吐量为42.27亿吨，拥有上海、宁波、广州和天津等11个亿吨大港。

我国内河港口已形成了以长江、珠江、京杭运河、淮河、黑龙江和松辽水系为主体的内河水运布局。我国内河港口拥有生产用码头泊位3万余个，其中万吨级及以上泊位260个。2007年全国内河港口吞吐量18.83亿吨。

2 我国港口建设项目环境保护中存在的主要问题

2.1 港口建设项目的生态补偿

生态补偿主要是指通过改善被破坏地区的生态系统状况或建立新的具有相当的生态系统功能或质量的栖息地，来补偿由于经济开发或经济建设而导致的现有的生态系统功能或质量下降或破坏，保持生态系统的稳定性。

目前，港口建设项目导致的生态系统的损失，多从生物量的角度进行评估（可参考《建设项目对海洋生物资源影响评价技术规程》），其生态补偿方式主要有设置人工鱼礁和增殖放流两种。

港口建设项目的生态补偿中，将设置人工鱼礁作为生态补偿方式的项目并不多见，仅广东省的一些海岸工程建设项目采取了此种生态补偿方式。一般仅提出设置人工鱼礁的要求和相应的投资额度，具体实施方案需与海洋渔业部门协商。较为具体的生态补偿方式则进一步明确了人工鱼礁的种类、设置区域等。目前，增殖放流是海岸工程建设项目的生态补偿的主要方式。对于人工增殖放流，多要求明确增殖放流的种类、数量、规格、时间、地点、次数等，并要求对放流效果进行跟踪监测，根据监测结果适时调整放流种类和规模。

港口建设项目生态补偿主要存在以下三个方面的问题：第一，对生态系统的损失，多从生物量的角度评估，而未考虑其它生态系统服务功能的价值。而且，生物量的计算中多考虑底栖生物和鱼卵仔鱼，而对浮游植物、浮游动物等考虑较少。因此，计算所得到的港口建设项目导致的生态系统的损失是不完全的、偏低的。第二，对生态系统的补偿，往往集中于渔获量、珍稀物种在某些地区再次发现及经济效益等；对于人工鱼礁的设置效果，多集中于其巨大的聚鱼效应。而关于增殖放流和设置人工鱼礁对于海洋生态系统结构、功能的影响与效果则很少涉及，从而导致生态补偿措施的生态效果不明确。第三，人工增殖放流工作多要求由建设单位负责落实，并赋予建设单位根据跟踪监测结果适时调整放流种类和规模的权利。此要求是科学的、合理的，但是，如何保证建设单位科学的实施增殖放流，并对放流种类和规模进行科学、合理的调整，缺乏强有力的监督管理措施。而人工鱼礁的设置则无明确的监督管理要求。

2.2 船舶压载水的处理

船舶压载水是指为控制船舶横倾、纵倾、吃水、稳性或应力而在船上加装的水及其悬浮物。压载水多来自船舶的始发港或途经的沿岸水域，其水量随船型、载货量、航线、港口条件和海况的不同而有所差异，一般为其载重量的30%～40%，空载时可达其载重量的40%～57%。

压载水在保证船舶安全航行的同时，也对生态系统造成了极大的威胁。据估计，每年约有120亿吨压载水通过约9万艘远洋船舶在世界范围内转移，每天存在于压载水中的生物多达7000种，通过船舶压载水转移外来物种已成为危害海洋的四大威胁之一[2]。大连港船舶压载水入侵生物现状调查发现，有4种甲藻等有害藻类是通过船舶压载水传入我国的，并已造成大面积的赤潮。

为防止、尽量减少和最终消除外来有害水生生物和病原体随船舶压载水的转移，2004年2

月，国际海事组织（IMO）通过了《船舶压载水及沉积物控制和管理国际公约》，该公约包括22条条款、1个规则和2个附录。该公约对于压载水的管理标准有2种，即压载水置换标准（对于置换区域、置换量的标准）和压载水性能标准（包括生物标准、微生物标准），根据船舶建造年限的不同，其执行时间限期有所不同。目前，船舶压载水一般采取压载水置换进行压载水管理，但2017年后所有船舶均需执行压载水性能标准。

国际海事组织（IMO）对于船舶压载水的管理的基本要求包括在船上处理，有效处理潜在有害生物，不会对近岸水域环境形成新的污染，技术可行、易于操作，成本低廉等。目前，已有美国的Venturi脱氧方式压载水处理系统、德国的SEDNA压载水处理系统和瑞典的Pure Ballast压载水处理系统等3个船上压载水处理系统获得了国际海事组织（IMO）的最终批准[3]。

《船舶压载水及沉积物控制和管理国际公约》的生效条件是，占世界商船总吨位不少于35%的至少30个国家批准1年后生效。截至2008年10月，已有包括我国在内的占世界商船总吨位14.24%的16个国家批准了该公约。鉴于该公约尚未生效，大多数国家压载水的管理方式是深海置换，澳大利亚、智利、阿根廷等采取了船上投放次氯酸钠等处理。目前，我国港口建设项目环评文件中压载水处理多要求港区设置压载水接收池，并配备压载水处理（如羟基自由基、紫外线、臭氧、加氯等）设施。

船舶压载水管理存在的主要问题：第一，压载水管理缺乏相应的法律法规依据。我国与压载水处理相关的法律包括《中华人民共和国海洋环境保护法》、《中华人民共和国国境卫生检疫法》等，但这几部法律均是从海洋污染防治或疫区压载水消毒等方面进行规定的，针对船舶压载水引入外来生物入侵的问题还没有相应的立法。第二，压载水处理技术尚不成熟，压载水深海置换、和岸上处理均存在一定地问题。在航更换压载水除了存在船舶稳性、船体应力、局部强度的危险外，某些航线（如中日和中韩之间）还存在距离和水深不能满足要求且航程短没有足够时间更换压载水等问题。而且，从目前一些国家的检查结果看，很多情况下船舶更换压载水效果不好或没有效果。美国密西根大学研究表明，在典型的压载舱中更换压载水，效果远远低于G6所要求的95%标准，大约为60%～80%。而压载水岸上处理则岸基设备的开发限制少，比较容易达到公约规定的D-2标准。但压载水岸上处理设施存在缺乏相应的技术规范、部分港口土地资源紧张、管线布置困难和影响船期等问题。

3　我国港口建设项目环境保护的对策与建议

3.1　港口建设项目的生态补偿

3.1.1　加强相关的科研工作

增殖的放流水域多呈开放式，这给多品种、开放性海域的放流效果评价带来一定的难度。在今后的工作中，应加强人工增殖放流的动态跟踪监测，其生态效果评估应更加关注评估方法、评估指标选择（应更偏重生态系统的结构、功能等生态指标）与获得等方面的研究。

对于人工鱼礁的环境功能及其集鱼效果的研究和应用已取得一些成果，但是作为改善和优化生态系统的人工设施，应进一步研究其生态效应，特别是需明确不同海域和不同海洋生物，采用何种形状、结构、材质的鱼礁及群体配置方式效果最佳。此外，还应关注人工鱼礁设置后对生态系统可能产生的负面影响。

3.1.2　合理选择生态补偿的方式

目前，增殖放流是港口建设项目的主要生态补偿方式，但是增殖放流的效果多体现于资源量的增加及经济效益的提高,是一种资源补偿方式。从生态系统的角度而言,人工鱼礁是一种生态基质,可改善海底环境,使生产力较低的泥沙底变成生产力高的岩礁环境;而且,鱼礁可附着许多生物,引诱鱼虾等生物栖息和繁衍,是一种生境补偿方式。

因此,港口建设项目的生态补偿适度考虑设置人工鱼礁,除单独设置人工鱼礁外,还可结合打桩、防波堤等作业体现人工鱼礁的效果。

3.1.3 加强生态补偿的监督管理

港口建设项目的生态补偿不仅仅是提出增殖放流和人工鱼礁的设置方案,更重要的是如何落实。就落实而言,应加强相应的监督管理工作,尤其是可以调整放流规模和种类的增殖放流工作,从而保证生态补偿方案从时间、地点、种类、规格、数量、方式等方面严格落实。建议由地方环保部门负责增殖放流与人工鱼礁设置的监督管理工作,增殖放流工作中放流种类和规模的调整,应由专家论证,并报地方环保部门备案。

3.1.4 开展示范工程

选择我国典型海域(河流)中代表性的港口建设项目,实施增殖放流、设置人工鱼礁等措施,并对其生态效果进行长期的跟踪监测,开展示范工程,通过总结示范工程的经验,提高我国港口建设项目生态补偿措施的科学性和有效性。

3.2 船舶压载水的管理

3.2.1 制定船舶压载水管理的相关法律法规

我国对于船舶压载水引入外来生物入侵的问题还没有相应的立法,可参照美国等国管理压载水的经验,尽快制定船舶压载水管理及外来物种控制的相关法律法规,为我国船舶压载水管理提供法律依据。

3.2.2 加强船上压载水处理系统研究,鼓励船舶设置船上压载水处理系统

压载水船上处理是《船舶压载水及沉积物控制和管理国际公约》的基本要求之一。目前,仅有美国的 Venturi 脱氧方式压载水处理系统、德国的 SEDNA 压载水处理系统和瑞典的 Pure Ballast 压载水处理系统等 3 个船上压载水处理系统获得了国际海事组织(IMO)的最终批准。鉴于此,我国应加强船上设置压载水处理系统研究,积极研发相关设备,鼓励船舶设置船上压载水处理系统。

参考文献

[1] 王秋蓉.中国港口群雄逐鹿创辉煌. 中国海洋报,2008,6 ,27

[2] 朱建庚,张露藜.海洋外来物种入侵与我国压载水管理.生态经济[J],2006(2):307-310

[3] 饶建荣.船舶压载水排放处理技术初探.广东造船[J],2009(1):80-82

船舶生态补偿机制初探

杜秋萍
（浙江海事局杭州海事处，杭州，310008）

摘　要：生态补偿机制是解决流域区域水污染争端的一个重要手段，船舶作为流域水污染主体，也将纳入生态补偿机制。文章对国内外生态补偿机制进行了分析，并对船舶水污染及船舶监管特点进行了研究，在此基础上对船舶生态补偿机制建立进行了初步探讨。

关键词：生态补偿机制　船舶污染　生态补偿税

1　引言

随着我国经济贸易的发展，我国水运行业得到了长足发展，与此同时，也带来了船舶、港口对流域的污染。船舶污染水污染主要包括：舱底水和压载水中的油污及有毒液体、生活污水、固体废弃物、化学剂等。近年来，由于我国流域污染加剧，流域生态补偿成为协调上下游间利益冲突的重要途径，在此过程中，船舶、港口生态补偿也必将列上议程。笔者希望通过理论上的探讨，为船舶生态补偿的理论构建和实务操作提供帮助。

生态补偿是以保护和可持续利用生态系统服务为目的，以经济手段为主调节相关者利益关系的制度安排。更详细地说，生态补偿机制是以保护生态环境，促进人与自然和谐发展为目的，根据生态系统服务价值、生态保护成本、发展机会成本，运用政府和市场手段，调节生态保护利益相关者之间利益关系的公共制度。

2　生态补偿进展情况

2.1　国际上的做法

目前，国际上关于生态补偿主要有四个类型：

（1）政府直接补偿：由政府直接向提供生态系统服务的流域生态保持者及其他提供者进行补偿，这也是最普通的生态补偿方式。目前我国的天然林保护工程、退耕还林还草工程和生态公益林保护等均为政府直接补偿。

（2）排污权交易：政府或管理机构首先为生态系统退化设定一个限值，处于这些规定管理之下的机构或个人可以直接选择通过遵守这些规定来履行自己的义务，也可以将排污权剩余值用于市场交换。欧盟的排放权交易计划可以通过对这种抵消措施的“信用额度”进行交易，获得市场价格，达到补偿目的。

（3）私人自愿补偿：除了非盈利性组织和盈利性组织取代政府作为生态系统服务的购买者之外，私人自愿补偿与上面所说的直接公共补偿十分相似。这些补偿通常被称为“自愿补偿”或“自愿市场”，因为购买者是在没有任何管理动机的情况下进行交易的。各商业团体和/或个人消费者可以出于慈善、风险管理和/或准备参加管理市场的目的，而参加这类补偿工作。

（4）生态产品认证计划：通过这个计划，消费者可以通过选择，为经独立的第三方根据标准认证的生态友好性产品提供补偿。

2.2 国内目前进展情况

近年来,我国主要对如下三种模式进行了探索和研究:

(1)建立产权市场,开展流域资源市场交易。这一模式以科斯定理为依据,认为流域生态治理中的外部性问题实质是治理双方产权界定不清所致,要解决外部性问题,应当在明晰产权基础上进行市场自主交易。以水资源为例,2008 年 1 月,《江苏省太湖流域环境资源区域补偿试点方案》正式实施,方案规定:建立跨行政区交接断面和入湖断面水质控制目标,上游设区的市出境水质超过跨行政区交接断面控制目标的,由上游设区的市政府对下游设区的市予以资金补偿;上游设区的市入湖河流水质超过入湖断面控制目标的,按规定向省级财政缴纳补偿资金。该方案设计的补偿参数为三类水污染补偿因子,考察参数为:断面水质目标值、断面水质指标值、月断面水量和单因子补偿标准,对污染因子生态补偿进行了详细的量化。

(2)开征流域生态建设税,以中央财政强制转移支付。这一模式以庇古税理论为依据,是发达国家的普通做法和成功经验。生态建设税税种的计税依据都是污染物的排放数量和浓度,筹集的资金专门用于环境治理与保护。开征生态建设税,有利于维护宏观生态系统,由于宏观生态环境保护具有正外部性,每个人都是受益人,所以其征收对象较为广泛,税率较低。中央政府可以在全国范围内尤其是东部经济发达地区征收生态建设税,并通过中央财政转移支付,对大江、大河的中上游地区以及西北荒漠地区进行生态建设,实现区际生态补偿。目前正在开展起草的《生态补偿条例》,就是遵循这类做法。

(3)流域区域间协商,横向财政转移支付,实现生态补偿的准市场模式。该模式认为:流域区是一个整体,上下游区域间的环境保护利益相互联系,不可分割。只有保障了流域整体生态环境,才能实现流域区域共同利益,因此采用协商的方式,以环境保护共同利益最大化为目标,转移下游充裕财政资金,对较落后的上游地区进行经济上的补充,以共同改善流域环境,实现流域生态环境的共同治理。如浙江省,通实施过 2005 年出台的《关于进一步完善生态补偿机制的若干意见》、2006 年出台的《钱塘江源头地区生态环境保护省级财政专项补助暂行办法》以及 2008 年出台的《浙江省生态环保财力转移支付试行办法》,成为全国第一个实施省内全流域生态补偿的省份。《浙江省生态环保财力转移支付试行办法》设计的考察参数为:生态保护功能类和环境质量改善类,并在支付办法中对经济较弱的地区进行了措施倾斜。

3 船舶生态补偿探讨

3.1 船舶污染特点及监管难度分析

3.1.1 流动性导致监管成本高昂

海水的流动性,船舶的移动性决定了由船舶进入海洋的污染物不可能局限在或固定在某一点而静止不动。一次污染可能会波及多个国家和地区,给污染的治理造成诸多不便。同时,管理者所需的监管信息只有污染者知道,如果管理者要想知道,必须付出高昂的代价。

3.1.2 隐蔽性对监管技术要求极高

因船舶运营地点不用,船舶污染具有时间上的不均匀性和空间上的异质性,其排放污染物的隐蔽性和分散性导致其地理边界和空间位置不易识别。为有效监管船舶污染,需大量运用遥感(RS)、地理信息系统(GIS)等各类先进监管技术,以便对此类污染进行初步模型化描述和模拟。

3.1.3　难测算性阻碍监管精确化

在特点地点，如港口、锚地、修造船厂，船舶的密度远高于一般意义的点污染源，其排放去向相同，导致污染结果多方叠加，加之不同地理、气象、水文条件对污染物扩散、迁移、转化有不同效果，使研究人员难以测算单个船舶对水体污染的贡献值，给监管的系统化、精确化发展带来阻碍。

3.2　船舶生态补偿方式探讨

3.2.1　征收方式

船舶生态补偿方式必须既满足将船舶污染的经济外部性转化为内部化，又必须克服船舶污染排放特点带来的监管难题。依据科斯定理对船舶个体进行产权明晰，船舶污染的流动性和隐蔽性将难以克服；依据庇古税理论，该方法设计范围广泛，税率较低，适合船舶管理，但其计税依据如仍采用都是污染物的排放数量和浓度，将仍陷入科斯定理的难题。因此可采用船舶种类、使用年限、载运物质种类等分级确定计税标准，对所有船舶实施统一征税。

3.2.2　使用方式

生态补偿税的使用主要有三个去向：一是流域生态维护，包括港口水域环境质量保持；二是流域生态治理，包括港口水域环境污染治理；二是对流域生态监测，包括对船舶污染排放监测和港口流域水环境监测。

以上去向应包括港口生态税，其中港口生态税的征收不属本文探讨范围，故略去。

4　船舶生态补偿的几点建议

由于船舶的流动性，其监管单位有可能涉及各个地区和国家，如何协调各方力量，确保生态补偿的顺利实施。

4.1　明确部门职责，做好目标协调

船舶涉及的监管地和监管部门存在多样性，各部门因自身监管目标的差异，形成监管空白带和交叉带，要达成生态补偿实施的统一目标，需由上而下，明确各部门职责，确保工作顺利开展。

4.2　信息共享，联合研究，提高监测水平

船舶监管本身就是一个信息共享的过程，在生态补充中也是如此。目前最为重要是开展上下游的联合监测、研究与保护工作。充分发挥原有信息共享平台，对船舶防污染动态，船舶污染水域状况等生态补偿所需基础资料进行共享。

参考文献

[1] 陈瑞莲，胡熠. 我国流域区际生态补偿：依据、模式与机制. 学术研究，2005(9)

[2] 宋蕾. 生态补偿的逻辑基础与法律价值目标研究. 上海环境科学，2009(6)

[3] 任敏. 我国流域公共治理的碎片化现象及成因分析. 武汉大学学报，2008(4)

[4] 陈丽晖，曾尊固，何大明. 国际河流流域开发中的利益冲突及其关系协调——以澜沧江—湄公河为例. 世界地理研究，2003(3)

[5] 袁群. 内河船舶污染特点分析及调控税收机制研究. 上海环境科学，2009(2)

[6] 浙江省生态环保财力转移支付试行办法

[7] 江苏省太湖流域环境资源区域补偿试点方案

Abstract: Eco-compensation mechanism is an important way to resolve disputes between Basin regions of water pollution. As a main cause of water pollution, the ship will be brought into the eco-compensation mechanism. Article analyzed eco-compensation mechanism on domestic and international, and studied the regulatory features of ship pollution and marine pollution monitoring. Eco-compensation mechanism on ship has hereof been worked out.

Key words: Eco-compensation mechanism; Shipping pollution; Eco-compensation tax

海上光污染的致因及其分布规律的研究①

朱金善② 章文俊[1] 孙立成[2]

(1. 大连海事大学航海学院,辽宁大连,116026;2. 中国船级社,北京,100007)

摘　要:从海上光污染的概念出发,分析了导致海上光污染的两个主要因素:海上灯光捕鱼的渔船灯光和海滨城市的夜间照明灯光;并根据问卷调查结果,应用统计分析软件(SPSS)分析了全球海上光污染的分布规律,将此统计分析结果与美国国家海洋和大气局拍摄的地球夜景照片相比对,二者之间的高度吻合验证了基于问卷调查的海上光污染分布规律分析结果的正确性。

关键词:海上光污染　灯光捕鱼　夜间照明　分布规律

1　引言

在对海上光污染的前期研究中,笔者曾对海上光污染的概念做了这样的探讨:海上光污染是指现代城市夜间照明和海上灯光捕鱼照明所产生的溢散光、反射光和眩光等对人、海洋生物造成干扰或负面影响的现象[1]。与普通光污染一样,海上光污染也属于物理性污染,它有两个特点:(1)海上光污染是局部的,其影响会随距离的增加而迅速减弱;(2)在环境中不存在残余物,光源消失,污染即消失[2]。与普通光污染所不同的是:(1)海上光污染指明了光污染发生的处所是在海上或与之相连接且可供海船航行的水域;(2)海上光污染的污染源主要来自于渔船捕鱼的灯光和海滨城市的夜景照明;(3)海上光污染影响的对象主要是航海安全、海员生活和海洋生物等。

本文是在对海上光污染前期研究的基础上,进一步分析导致海上光污染的因素,并根据问卷调查结果,应用统计分析软件(SPSS)分析了全球海上光污染的分布规律。

2　海上光污染的致因分析

2.1　灯光捕鱼的渔船灯光

灯光捕鱼的渔船灯光是海上光污染污染源的主要来源之一。灯光捕鱼作业是利用鱼类的趋光习性,用人造光源将鱼群诱集后再敷设渔网捕捞的一种作业方式。由于灯光捕鱼作业具有产量高、成本低、作业安全的优点,因而不仅深受广大渔民的欢迎,而且得到地方政府的推从。

那么,一艘灯光捕鱼船的诱鱼灯通常有多少盏,每盏灯的功率又有多大呢?这里以上海亚鸿照明电器有限公司生产的捕鱼金卤灯(集鱼灯)为例,列举该厂生产的诱鱼灯规格如表1所

① 基金项目:中央高校基本科研业务费专项资金资助(大连海事大学项目编号2009QN011)。

② 朱金善(1971-),男,江西九江人,船长、副教授,主要从事航海技术的教学、实践与研究。通信地址:(116026)辽宁省大连海事大学航海学院船艺教研室,电子邮箱:zjinshan888@126.com,电话:13940802969。

示[3];每艘捕鱼船上安装的诱鱼灯的数量约为150盏。在这些诱鱼灯的照耀下,渔船周边的夜空变成了人工白昼,而一艘艘灯光捕鱼的渔船便成了一个个人造"小太阳"。如图1[4]所示,这张照片是笔者在"STARTEC"轮任职大副时,于2004年12月28日19:58LT,当船舶航行于台湾高雄附近某渔场时拍摄的渔区夜景。该图非常直观地告诉我们渔船上的诱鱼灯光是海上光污染污染源的主要来源之一。

上海亚鸿照明电器有限公司生产的捕鱼金卤灯/集鱼灯规格表 表1

型号	功率	灯电流	光通量	色温	直径	全长	灯头	平均寿命	玻壳
JLZ1000-BT	1000W	4.10A	110000lm	4000K	180mm	385mm	E40	8000h	BT
JLZ1000-TT	1000W	4.10A	110000lm	4000K	84mm	385mm	E40	8000h	TT
JLZ1500-BT	1500W	6.20A	155000lm	4000K	180mm	385mm	E40	3000h	BT
JLZ1500-TT	1500W	6.20A	155000lm	4000K	84mm	385mm	E40	3000h	TT
JLZ2000-BT	2000W	9.20A	190000lm	4000K	200mm	480mm	E40	3000h	BT
DCJ2000-TT	2000W	9.20A	190000lm	4000K	90mm	455mm	E40	3000h	TT
JLZ2000-TT	2000W	9.20A	190000lm	4000K	80mm	350mm	E40	3000h	TT

2.2 岸边的夜间照明灯光

海滨城市的夜景照明、港口码头的夜间作业照明是海上光污染的另一个主要来源。船舶在远离岸边的开阔洋面上夜航时,岸边的照明灯光不会对船舶夜航安全产生影响。但是当船舶夜间进出港时,尤其是集装箱班轮、客船、客滚船等靠离码头比较频繁的船舶,岸边的照明灯光对船舶避碰产生的影响就显得十分突出了。在这些岸边的照明灯光当中,主要有以下这几种类型的灯光:岸边建筑物的景观照明灯,港口、码头上的作业照明灯,以及道路、桥梁上的照明灯、信号灯等。

2.2.1 岸边建筑物的景观照明灯

夜景照明的辉煌成就体现了人们对城市夜间景观的巨大需求,但在许多国家夜间景观总体质量并不高。夜景建设在总体上呈现出无序状态,城市间乃至城市内部的"亮度攀比"现象严重,加上商业竞争的日趋激烈,夜间户外广告越来越多,许多商家为了在夜间使其广告灯箱更加绚烂夺目,不惜一再加大亮度,有些广告牌的表面照度甚至达到500Lx,致使大量多余的反射光进入大气层,加重了光污染。图2是香港维多利亚湾的夜景照明图[5]。

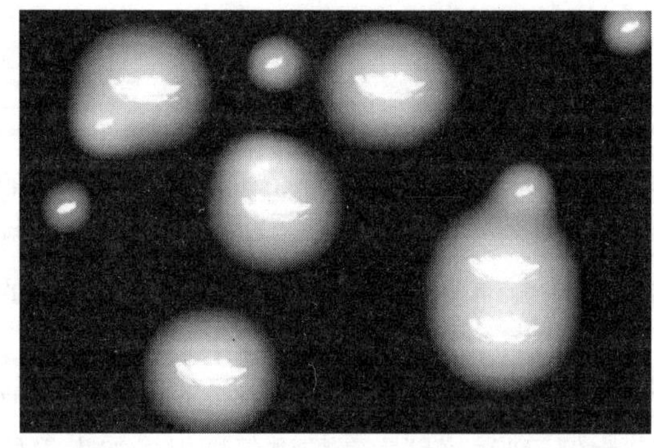

图1 台湾高雄附近某渔场灯光捕鱼的渔区夜景

图2 香港维多利亚湾的夜景照明

2.2.2 港口、码头上的作业照明灯

如果说岸边建筑物的景观照明是为了满足人们对城市夜间景观的审美需求和商业需求的话,那么港口、码头上的夜间作业照明,则是满足人们安全生产和夜间作业的需要。这些场所

由于其作业范围大,对工作场所亮度要求较高,因而广泛采用大功率灯泡进行泛光照明。这就在客观上给夜间进出港船舶的避碰与操纵带来了严重的影响。图3是我国上海洋山港集装箱码头的夜间作业照明[6]。这些港口、码头上的夜间作业照明毫无疑问在客观上也成为海上光污染的又一污染源。

图3　我国上海洋山港集装箱码头的夜间作业照明

2.2.3　道路、桥梁上的照明灯、信号灯

位于海边的道路桥梁照明主要是为了保障陆路交通安全的需求,其次是为了满足人们对夜景照明的审美需要。图4是我国杭州湾跨海大桥的夜间照明图[5]。这些道路桥梁的夜间照明无疑也在客观上变成海上光污染的又一重要来源。

图4　我国杭州湾跨海大桥的夜间照明

需要指出的是,由于世界上许多大的港口大多位于江河的入海口或海湾内,如我国的三大港口,上海、广州和天津港分别位于长江、珠江和海河的入海口;美国第一大港口——纽约港位于哈得孙河入海口,美国第二大港口——新奥尔良港位于密西西比河的入海咽喉;德国最大的海港——汉堡港位于易北河下游,阿尔斯特河和比勒河汇合处;日本的东京、横滨港位于东京湾内。船舶在这些港口靠泊之前和离泊之后往往要经历很长一段沿岸航行或狭水道航行的时间,因而上述产生海上光污染的三种岸边夜间照明灯光往往不是孤立存在,而是综合作用于沿岸水域,图5是日本东京湾夜景图[5],从这张照片不难看出:造成东京湾光污染的不仅有来自

图5　日本东京湾夜景图

岸边建筑物的夜景照明,还有来自东京港码头上的夜间作业照明以及彩虹大桥的夜间照明灯光等等。在许多国家和地区岸边夜间照明灯光形成的光污染甚至比灯光捕鱼的渔区作用时间更长、造成的危害更严重。

3 海上光污染的分布规律

3.1 基于问卷调查的海上光污染分布规律描述性分析

为了全面了解海上光污染对夜航船舶航行安全影响的范围和程度,我们以国内外船舶驾驶员和引航员为调查对象,设计了"海上光污染对夜航船舶避碰影响的调查问卷",就海上光污染对夜航船舶的影响进行了广泛深入的调查。为了掌握海上光污染水域的分布规律,我们在调查表中设计了包含调查"海上光污染的分布"三个题项的里克特分量表(表2),这三个题项的统计结果便能反映出广大船舶驾驶人员对"海上光污染在港外锚地、港口、江河湖泊或内陆水道,渔区以及沿岸水域"出现频率的态度。

海上光污染的分布规律分量表　　表2

序号	观　点	同意	比较同意	拿不准	不太同意	不同意
1	船舶夜间在发达国家(地区)的港外锚地、港口、江河、湖泊或内陆水道航行时经常遇到					
2	船舶夜间在渔区航行时经常遇到					
3	船舶夜间在发达国家(地区)沿岸水域航行时经常遇到					

通过对191份有效回收问卷应用权威的统计分析软件SPSS进行分析,得到该分量表的描述性分析结果如表3所示。在对分量表进行统计分析时,对表中的"同意、比较同意、拿不准、不太同意、不同意"分别赋值为"1、2、3、4、5"。从表中可以看出,三个题项的均值分别为1.5969、1.4450、1.8586,都位于同意和比较同意之间,说明被调查者倾向于认同在港外锚地、港口、江河湖泊或内陆水道,渔区以及沿岸水域等区域存在海上光污染的现象。

海上光污染分布规律分量表的描述性分析　　表3

	最小值	最大值	均值	标准差
Q1	1.00	5.00	1.5969	0.97861
Q2	1.00	5.00	1.4450	0.72972
Q3	1.00	5.00	1.8586	1.10307

3.1 调查问卷中开放性问题的统计分析

为了更加全面地掌握海上光污染水域分布规律,在问卷最后设计了一个开放性问题:"您在船工作期间,曾经遇到海上光污染比较严重的水域或港口有哪些?"让被调查者根据自己的航海经验填答,本文对被调查者的答案进行了整理和分类,将海上光污染比较严重的区域用点勾画在世界地图上,如图6所示。

从图6中可以看出,海上光污染现象主要分布于美国、日本、韩国、中国沿海、西欧各国等发达国家和地区的主要港口和沿岸的水域;另外,在许多国家沿海的各渔区、中国渤海湾和墨西哥湾钻井平台密集区域、马六甲海峡等水域也存在较为严重的海上光污染现象。图6还表明,本次问卷调查的统计结果所反映出来的世界海上光污染的分布规律,与美国国家海洋和大气局的地球夜景照片(图7[7])所反映出来的地球夜间亮度分布规律基本相同。这也从一个侧

面证明了本次问卷调查具有较高的信度和效度。

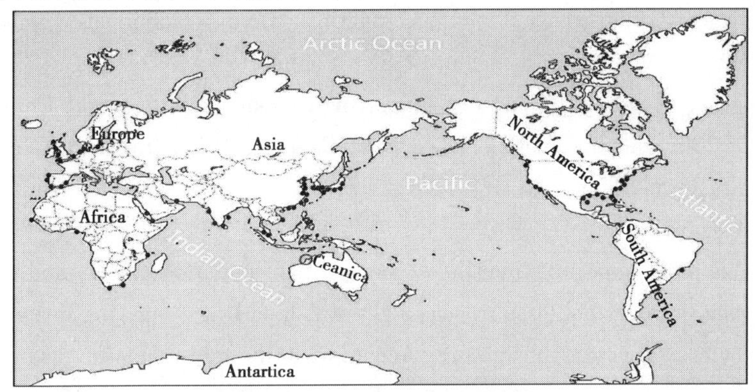

图6　全球海上光污染水域分布图

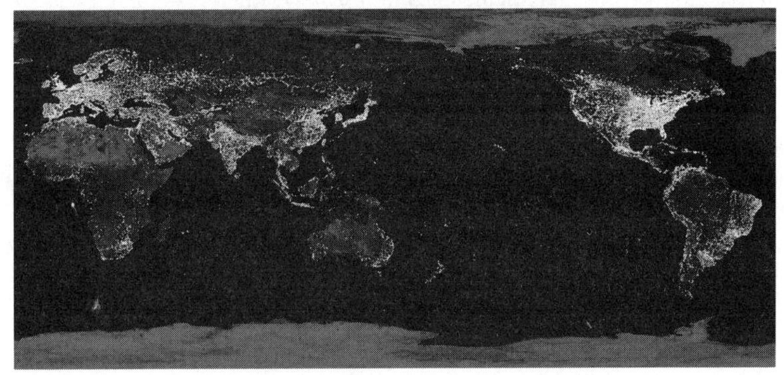

图7　从太空看地球夜间的亮度分布

4　结束语

通过本文的分析与研究可知：海上灯光捕鱼的渔船灯光和岸边夜间照明灯光是导致海上光污染的两个主要因素；全球海上光污染主要分布在北美、西欧以及东亚等发达国家和地区的主要港口和沿岸水域，这一分布规律，与美国国家海洋和大气局拍摄的地球夜景照片非常吻合。

随着社会经济的发展和照明技术的广泛应用，海上光污染在全球的分布范围将会越来越广泛；与此同时，海上光污染对船舶夜航安全、海洋生物繁殖、海上天文观测等方面的影响也必将越来越严重。明确海上光污染的致因及其分布规律，将会为评价海上夜间光环境、规避海上光污染的各种负面影响等工作奠定基础。

参考文献

[1] 朱金善，夏航，戴冉等. 海上光污染及其立法规制初探[J]. 航海技术，2006，No.1，76-78

[2] Wu Jing. Discussion on light problem in the city environment，Environmental Sanitation Engineering[J]，2003，12(2)：104-105

[3] http：//cn. made-in-china. com/showroom/maokaishi/companyinfo

[4] 朱金善. 船舶号灯可识别性的局限及其改进方案的研究[D]，大连海事大学硕士学位

论文,2005

[5] http://image. baidu. com/i? ct = 503316480&z = 0&tn = baiduimagedetail&word

[6] http://bbs. proxycn. com/read-htm-tid-26188. html

[7] Ming Liu, Yue Fan, Hui Yu, etc. Surveying on Light Pollution from China Urban Lighting[C], 2009 International Conference on Energy and Environment Technology, 2009, iceet, vol. 3, 594-596

Abstract: This paper proceeds from the concept of light pollution at sea, and analyzes the two major factors causing the light pollution at sea: light of fishing boats engaging in light fishing at sea and light caused by coastal city night lighting; According to the questionnaire's survey results, this paper analyzes the regularity of distribution of global light pollution at sea with statistical analysis software SPSS, and Compares the statistical analysis results with the night view of the earth shot by National Oceanic and Atmospheric Administration, a good agreement between them demonstrates that the analysis of the regularity of distribution of light pollution at sea is correct based on the questionnaire.

Key words: Light pollution at sea; Light fishing; Night lighting; Distribution regularity

引导船舶向认可机构退岸污染废弃物浅探

胡仕杰　樊　冰

（宁波海事局，宁波市，315800）

摘　要：《防治船舶污染海洋环境管理条例》自3月1日实施，为今后进一步加强船舶防污工作指引了方向，笔者对照欧盟国家对船舶污染物先进的管理理念，通过对防污染现状的分析，结合我国海事、海运在船舶防污工作中的实践，提出了引导船舶向认可机构主动退岸污染废弃物的设想，以求将船舶污染海洋环境减少到最低程度。

关键词：污染　船舶　引导　退岸

《防治船舶污染海洋环境管理条例》的实施，彰显了我国保护海洋生态环境的决心，也为进一步加强船舶防污工作带来了新契机。随着航运事业和世界经济的不断变化发展，海洋及内河水域污染问题也越来越严重，成为保护环境的重点之一。船舶在营运的过程中，不可避免的直接或间接使一些物质和能量进入水域环境中，从而产生了损害水域环境，危害人类健康的海洋污染。有资料显示，船舶所排出的污染物质约占所有海洋污染物质的一半左右。特别严重的是，船舶在港区和江河水道造成的污染，会对港口设施产生腐蚀破坏作用，缩短其使用寿命，甚至有可能进入城市的饮用水源中，直接影响人类的生命健康。

1　目前我国水域污染现状

1.1　河流污染现状

资料显示，目前全国70%以上的河流湖泊遭受不同程度污染，全国有3.6亿多人饮水不安全。水污染不仅加剧了水资源的短缺，水质的恶化严重威胁着人民群众的身心健康。对我国11.4万公里的河段进行监测的结果表明，中国七大江河水系的741个监测断面中，仅29.1%的断面符合Ⅵ类以上水质标准，30%的断面属于人体不能直接接触、仅可用于工农业的Ⅳ、Ⅴ类水质，40.9%的断面属于完全丧失水环境功能的劣Ⅴ类水质。其中，松辽河、黄河、海河以及淮河这几个流域的水污染最为严重。有个民谣很好地描述了中国“河流污染”的历程：50年代淘米洗菜，60年代洗衣灌溉，70年代水质变坏，80年代鱼虾绝代，90年代身心受害。拯救“母亲河”已到了刻不容缓的地步，否则我们将会面临无水可饮的险境。

1.2　海域污染现状

《2007中国近岸海域环境质量公报》显示，四大海区中，南海、黄海近岸海域水质良好，渤海为轻度污染，东海为中度污染。九个重要海湾中，黄河口和北部湾海域水质良好，辽东湾、渤海湾、长江口、杭州湾和珠江口水质为重度污染，上海、浙江近岸海域水质为重度污染，盘锦和嘉兴近岸海域污染严重，全部为劣四类水质。

《2009年宁波市海洋环境公报》显示，宁波海域严重污染面积呈逐年下降趋势，严重污染海域在向轻度污染海域过度，但是形势依然严峻，宁波海域中，严重、中度、轻度污染的海域面积为5241.8km²,占了总面积的53.71%。

2 船舶造成水域污染情况概述

船舶污染水域途径主要有船舶在营运过程中所产生的油污水、舱底水、洗舱水、压载水、生活污水、生活垃圾、货物残留物等直接或间接排放到水域而造成的污染;因海损事故、污染事故所造成事故性的污染。由于事故性污染具有不可预测和无法控制的特性,因此对船舶污染主要是防治船舶营运性过程中的排放污染。新的《防治船舶污染海洋环境管理条例》重点也在这上面。

船舶污染物直接或间接排放到水域造成污染的主要原因,经专家、学者分析,主要包括(1)航运公司和船上工作人员防污染意识不强。(2)船舶防污染设备状况较差、保养困难。(3)部分港口对船舶污染物接收的设施不完善,满足不了船舶接收要求。(4)部分港口存在仅收费,不接收的现象。(5)船舶污染物退岸处理时存在接收手续过于烦琐,收费标准过于高昂、接收时间过长等等影响船舶的正常经营的问题。

综观以上原因分析发现,在主管部门继续加强监管,引导船公司及船员自觉将船舶污染物进行合理排放及退岸处理的同时,通过一种合理的方式,促使船公司和船员自觉自愿将船舶污染物进行退岸处理,船舶违法排放污染物的问题就可以迎刃而解,最终达到保护海洋和内河水域环境的目的。

3 现行船舶污染废弃物处理中存在的一些弊端

日前,我国船舶污染废弃物退岸处理按照船舶主动申请、按规定收费的方式开展。在该方式实施以来,经笔者多年现场监管工作及同船公司、船员了解中发现主要有下列弊端:

(1)部分船舶为了节省时间和费用,不愿意将污染废弃物主动申请到认可单位进行退岸处理,而是将污染物向非法营运单位出售或直接排放入海入江河的方式进行处理。

(2)部分船舶由于污染物处理数量大,船上防污设备设施老化,处理工作强度大,致使船上不具备处理的相应条件或船员不愿意做相应处理,导致其直接排放。如老龄船舶机舱污水多、化工船舶洗舱水量等等,均有将污染物直接排放入海的案例。

(3)部分船舶的防污设施设备,由于配件和修理费用较贵,为节省成本和开支,将防污设备设施用来应付主管机关检查,形同虚式,对于营运中所产生的污染物直接排放入海。在检查中经常发现船上防污设备设施良好,但为减少费用和节省成本开支,直排海污染物的案例。

(4)一部分船舶对污染物集中存放后进行退岸处理感到太麻烦,一旦放错位置还要受到主管部门的处罚,不如将垃圾直接扔掉省事。

(5)极个别港口污染物回收单位人员综合素质不高,存在愿意刁难船员、拖延船期的情况,致使船公司或船员不愿意同他们打交道,而将污染物直接排放。

以垃圾管理为例,船上垃圾要用三种颜色的容器存放,要有盖。红色的容器存放塑料垃圾,绿色的容器存放食品垃圾,蓝色的容器存放其他垃圾。像烟蒂、香烟壳等一不小心丢到食品垃圾桶就会招致防污染检查官员的处罚。垃圾处理也有严格规定,混放垃圾要按其中最为严格的要求处理。这些为了保护海洋环境而制定的繁杂规定,在一定程度上成了船员直觉上的负担,所以不少船舶就会在靠港前要求船员把所有垃圾在夜间扔进大海,而仅仅在相应的垃圾容器中留一些固定的垃圾应付检查,只要垃圾桶里有垃圾且分类正确,检查官一般无法深纠。同时国内很多垃圾接收理单位,只要给钱就给证明,根本不要垃圾,面对这种情况,不仅船

员，就是海事现场监督员也很无奈。

鉴于此，有必要在完善港口接收设施、规范接收单位的前提下，引导船舶主动将污染废弃物退岸处理，才能从源头上消除违规排放的可能，切实保护水域环境。

4　引导船舶主动向认可机构退岸污染废弃物

4.1　欧盟对污染废弃物处理相关政策简介

笔者在远洋货轮担任船员期间，曾在比利时安特卫普港接受过严格的防污染检查，对欧盟相关方面的做法有一定的了解，他们在具体操作中有比较成功的经验可供我国借鉴。

根据2000/59EC有关《在欧盟所有港口提供足够的废物回收设施降低海洋污染》的规定，从2006年1月1日起，所有到达欧盟成员国港口的船舶被强制要求向认可机构退岸船舶污染废弃物。这项法令在安特卫普执行方式如下：

——抵港各船舶根据吨位不同，均要交纳从2000～12000欧元的直接费用；

——如船舶污染废弃物不退岸处理，根据吨位不同则另需交纳4500～27000欧元的间接费用；

——如船舶自愿退岸处理符合MARPOL 73/78附则Ⅰ规定的污染废弃物，则免收污染废弃污物收集和处理费用。（注：污染废弃物收集和处理，港口是不收费的）

——船舶不自愿将污染废弃物进行退岸处理，但PSC（港口国监督）检查被指出应该退岸处理的，将承担全部污物收集和处理等费用。

这种方式，无论船舶大小、只要进出港口，均需交纳一定数额的防污费用，船方将污染废弃物主动退岸处理不再另行收费，而针对不主动退岸处理的船舶将面临高额的惩罚性费用，一方面从客观上确保船公司的营运成本得到控制，另一方面从主观上杜绝了船员违法排污的可能，对防止船舶有意识排放污染物起到药到病除的作用。

4.2　制定相关法律法规，确保污染废弃物退岸处理

我国现在还没有相关船舶污染废弃物处理的法律法规予以明确，迫切需要相应立法，确保船舶在到港时须交纳一定数量的防污统筹费用，船舶一靠港就有认可机构主动到船舶免费接收污染废弃物，以达到船舶主动将污染废弃物退岸处理。就目前来看，可以通过以下三种途径来实现。

（1）修订相关法律法规，将相关船舶污染废弃物处理纳入法律法规。法律法规的制定和修改，程序相对比较复杂，时间跨度长，但是执行效果最好。

（2）根据相关法律法规要求，交通部制定相应的实施规则，以部门规章的形式对外公布。这种方式程序相对比较简单，实施也较容易，但要沿海、沿江各地发展不平衡，在全国范围内统一实施可能会受到较大的阻力，特别是前期费用投入会很大。因此在制定部门规章时要通过各种方式最大程度地取得地方政府支持。

（3）通过地方立法，先行试点实施。根据各港口发展情况，对一些发达或较发达的港口，如上海、宁波、深圳等有立法权限的港口，积极争取当地政府支持，对抵港船舶污染废弃物退岸处理进行地方立法，先行实施，毕竟，保护环境最大的受益者还是当地广大民众。

对于船舶交纳的费用，确保专款专用，主要是维持回收企业的正常运转。若有节余，可充实到当地的防污染基金中，用来添置港口防污染设备、器材等，提高当地防污能力；若是不足以维持回收企业的运转时，就需要国家和地方政府进行财政补贴，同时亦可要求港口企业等受益

单位和部门交纳一部分。

在实施中还要注意以下几方面的问题：

第一：船舶所缴纳的费用不能太高也不能太低，高了影响船舶正常营运，增加船舶营运成本，低了会导致回收企业不能维持正常运转，影响企业的积极性或使财政开支大大增加。

第二：在统一收取船舶低港时交纳的费用后，再向回收企业购买船舶污染废弃物处理的方式，进行相关费用转移，确保回收企业积极主动地回收船舶污染废弃物。

第三：港口内应建设同港口吞吐能力相适应的、能够容纳足够污染废弃物的接收设施和处理设备。

第四：遵循循序渐进的原则。对抵港船舶的收费可以从国际航线延伸到国内航线、从大吨位船舶扩大到小吨位船舶、从沿海到内河进行逐步深化，逐步推进。对于污染废弃物免费退岸处理也可以先从油类污染物和船舶垃圾开始，逐渐过渡到对化学品及其他污染废弃物。

第五：加大现场监管力度，确保污染废弃物按规定处置。监管工作是确保该项工作最后屏障。一方面要监管船舶将污染废弃物主动退岸处理，否则一经发现进行惩罚性的收费；另一方面加强对回收企业的审查和监督，防止回收企业弄虚作假，骗取回收和处理费用。

5 结束语

引导船舶向认可机构退岸污染废弃物具有必要性和一定的可行性，并且西欧国家有可供借鉴的经验，《防治船舶污染海洋环境管理条例》的出台为具体的施行创造了很好的舆论氛围，社会各方对海洋环境保护的重视也为海事机构有更大作为提供了平台。比如，在2010年宁波市的“两会”上，来自宁波港的人大代表提出了完善船舶垃圾管理接收的议案，宁波海事局就这一问题专门到宁波港走访。这些都为引导船舶向认可机构退岸污染废弃物提供了很好的外部条件，在我国已经有了逐步实现的可能。

参考文献

[1] 王宪坤，刘威. 船舶污染现状和防治措施，中国水运，2008.01

[2] 郭树义. 从船舶防污专项检查谈船舶防污染管理的现状，中国水运，2007.08

[3] 宋溱，黄天兵. 欧盟海事立法研究，中国海事，2008.06

[4] 郭树义. 从防污染专项检查谈船舶防污染管理的现状，中国水运，2007.08

[5] 伦庆辉. 船舶污染水域现状及对策，珠江水运，2009.03

[6] 欧盟法律入口网，http://eur-lex.europa.eu

Abstract: Regulations on Administration of Prevention and Control of Pollution to the Marine Environment by Vessels has be implemented from March 1, which gives us guidelines to improve our service in anti-pollution of ships in the future. Comparing with European Union's advanced management concept to ship's pollutants, analyzing current situation in anti-pollution and linking our practice in anti-pollution of ships in maritime and shipping of our country, author propose a conceive that guides the ship initiatively handing the pollution to the shore authorized agency , which will make the contamination to the ocean to be minimized.

Key words: Pollution; Ship; Guide; Back to shore

内河船舶污染物岸上接收模式分析

于文良
（长江海事局枞阳处）

摘　要：内河水污染的形成过程中，由内河船舶引起的操作性污染占很大的比重。内河船舶操作性污染具有故意性，可通过制度安排和有效监管得到控制。目前，我国对内河船舶污染物主要采取岸上接收的方式进行处理，在取得一定效果的同时，也出现了船舶非法排污现象屡禁不止，船舶污染物接收处理单证上数据与船舶污染物接收公司实际接收污染物的数量存在差异，实际接收效果不佳等诸多问题。本文从内河船舶产生的污染物种类及处理方式入手，整体分析内河船舶污染物岸上接收模式产生问题的原因，提出改进措施，旨在提高内河船舶污染物岸上接收模式的效能，保护内河水环境功能，实现航运的安全、绿色、可持续发展。

关键词：内河船舶污染物　岸上接收模式　改进措施

1　引言

近年来，我国国民经济的快速发展，国内水路运输呈现空前繁荣景象，运力需求大幅增长使得内河船舶数量不断增加，据不完全统计，目前常年在长江上运营的船舶有20多万艘，数十余万人常年生活在长江船舶之上。船舶作为运输工具在消耗大量石油资源的同时，产生数量巨大的船舶污染物，根据已有数据显示，目前长江上的运输船舶每年产生大约6×10^4t污油，1.8×10^5t船舶垃圾，年生活污水排放量几乎与一个中等城市的生活污水排放量持平[1]，内河船舶对长江水域造成的环境污染问题不容忽视。

船舶造成的环境污染一般分为事故性污染和操作性污染两类。其中，船舶事故性污染具有不可预测性和突发性的特点，不易得到控制，而船舶操作性污染具有故意性，可通过制度安排和有效监管得到控制[2]。我国对内河船舶的操作性污染防止工作十分重视，先后出台了包括《中华人民共和国水污染防治法》、《中华人民共和国固体废物污染环境防治法》、《中华人民共和国防治船舶污染内河水域环境管理规定》以及《防止船舶垃圾和沿岸固体废物污染长江水域管理规定》等多项法律、法规及规章制度，建立了比较完善的内河船舶污染物岸上接收模式，用于防止内河船舶污染物非法排放、进入内河水域，污染内河水环境。此举取得了一定的效果，但受到技术、经济、管理手段的限制，内河船舶非法排放污染物现象并没有得到根除，每年仍有大量船舶污染物偷排进入内河水域，造成水质恶化，水环境功能遭到破坏。本文基于此问题，从船舶产生的污染物种类及处理方式入手，整体分析内河船舶污染物岸上接收模式产生问题的原因，为进一步消除内河船舶造成的环境污染问题提出个人见解。

2　内河船舶产生的污染物种类及处理方式

以柴油为主要能源，内河船舶在其日常营运过程中不可避免会产生一定数量的船舶油污水，主要为机舱舱底油污水；以运输石油及其产品为主的油船在其货油舱、燃油机舱等场所将产生载压舱水和油舱洗舱水；内河船舶，特别是液货船和油轮，由于装载的油种或化学品变更等原因，为了达到货物运输条件规定的清洁程度，或由于货舱维修保养，需要用水和洗涤剂对化学品舱和油舱内壁进行清洗，会产生船舶洗舱废水；船上船员及乘客的生活场所，将产生一定数量的生活污水和生活垃圾。内河船舶产生的污染物种类、来源及船舶本身的主要处理措施如表1所示。

内河船舶产生的污染物种类、来源及相应处理设备　　表1

序号	污染物种类		来　源	处理措施
1	船舶油污水	舱底油污水	机舱、泵舱	油污水储存容器收集，油水分离设备处理
		油泥	机舱	
		载压舱水	货油舱、燃油机舱等	
2	生活污水	生活污水	生活区	生活污水储存容器收集，生活污水处理装置处理
3	洗舱废水	货舱洗涤水	货油舱、化学品舱、燃油舱等	货舱洗涤水储存容器收集
		机舱洗涤水	机舱	污水储存设备收集
4	生活垃圾	生活垃圾	生活区	生活垃圾储存容器收集

由表1可见，内河船舶在日常营运过程中产生的污染物主要包括船舶油污水、生活污水、洗舱废水、生活垃圾等四类[3]，主要产生于船舶机舱、货仓及生活区三个部位。其中，船舶油污水产生数量巨大，一条船每年产生的机舱舱底油污水达到其总吨位的10%左右。船舶油污水和洗舱废水含有多种有毒、有害物质，对内河水环境造成的污染危害非常严重。生活区产生的生活污水和生活垃圾中含有难降解的白色污染物，特别是游船、一等内河船舶，船上人员众多，单位航次内产生的生活污水和生活垃圾数量十分可观，排入内河水域对水环境的长期影响不容忽视。按照法律法规的要求，我国船舶油污水排放浓度不大于15ppm，船舶生活污水悬浮物不大于150 ppm，生化需氧量不大于50ppm，大肠杆菌不大于250个/100mL。船舶除需配备《油类记录簿》、《垃圾记录簿》、《防止油污证明》、《船上油污应急计划》等相关防污文书外，主柴油机总功率等于或大于22kW的船舶都必须装设油水分离设备。内河船舶必须配置生活垃圾储存设备和与生活污水产生量相适应的处理装置或者储存容器。受到技术及经济条件限制，我国内河船舶对污染物的船上处理能力有限，主要采取船上临时收集储存，由港口或码头船舶污染物接收单位进行接收的内河船舶污染物岸上接收处理方式进行处理，从而实现船舶污染物空间位置的转移，达到防止内河船舶污染物污染内河水域的目标。

3　内河船舶污染物岸上接收处理模式分析

为了防止船舶污染物污染内河水域，保护内河水环境，我国政府及有关部门出台了多项法律、法规及规章制度，并以此为依据，建立内河船舶污染物岸上接收处理模式。此模式的主要运作方式是在港口、码头或装卸站等地点配备足够数量的船舶污染物、废弃物的接收设施，签订具有接收资质和接收能力的船舶污染物接收公司，船舶到港后，其产生的污染物由船舶污染物接收公司进行统一的接收处理，从而防止船舶污染物进入内河水环境、污染内河水域。污染物接受处理过程涉及到船舶、港方、船舶垃圾接受公司、城市环卫单位等多方合作，并受到海事、环保以及各级人民政府等相关职能部门的联合监督检查管理。简化内河船舶污染物岸上

接收处理模式,如图1所示。

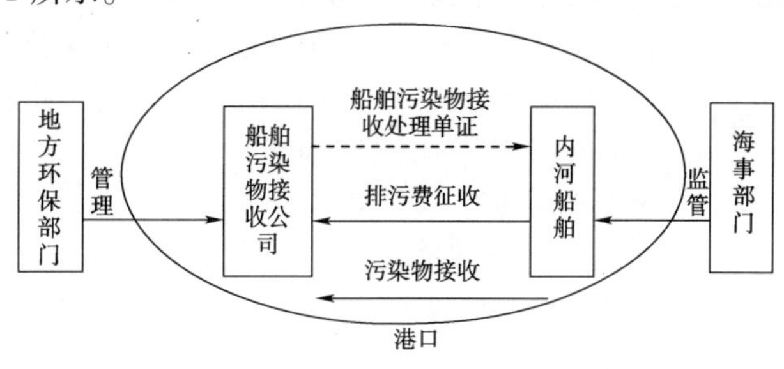

图1 我国内河船舶污染物岸上接收处理模式

由图1可知,内河船舶单个航次到达某一作业港口、码头或装卸站点后,指定的船舶污染物接收公司负责对船舶污染物进行港口接收,并收取船方一定数目的排污费用,向船方开具船舶污染物接收处理单证,船方凭此接收单证接受海事部门的审查,地方环保部门负责对船舶污染物接收公司进行管理,最终实现内河船舶污染物的接收处理。此接收模式可实现船舶污染物由水域内向岸上的转移,起到防止内河船舶污染水域的作用,通过统一的接收处理,节约人力和财力的重复投入,减轻了对船舶污染物的处理成本。同时可以看到,此接收处理模式过多依赖船方对船舶污染物的主动收集行为和船舶污染物接收公司的接收能力与及时接收行为,模式运行效果受到下列因素的制约。

(1)海事部门缺乏有效监管船舶非法排污行为的手段

船舶污染属于流动点源污染,船舶非法排污具有分散性、隐蔽性、随机性、不易监测性的特点[4],非法排污情况发生时,海事部门很难及时发现,或者即使发现也很难界定非法排污的船舶,船舶污染物一经排放,事后更难发现。海事部门缺乏有效监管船舶非法排污行为的手段,加之内河船员的环保意识不强,非法排污现象时有发生。

(2)地方环保部门对船舶污染物接收公司管理不足

船舶污染物接收公司要求具有相应的接收资质和接收能力,但作为营利性企业,船舶污染物接收公司受到追求利润最大化的意识影响,往往出现过于热衷收取排污费,而淡化对船舶污染物的实际接收工作。地方环保部门的审核和检查工作侧重点在于审核船舶污染物接收公司出具的污染物接收处理票据,很难监督船舶污染物的现场实际接收行为。加之船方维权意识不强,造成船舶污染物接收处理单证上数据与船舶污染物接收公司实际接收污染物的数量存在差异。内河船舶产生的污染物仍有部分被排入内河水域。

(3)港口及船舶污染物接收公司有限条件的制约影响

港口大小不同,船舶污染物接收数量存在较大差异,部分大港口,到港船舶及产生的污染物数量大,能够满足船舶污染物接收公司经营的需要。但部分小港,船舶污染物产生数量有限,出现接收公司"吃不饱"或者"没饭吃"的现象,船舶污染物接收公司单靠污染物接收业务难以生存。船舶污染物接收公司的业务主要由污染物接收船舶完成,这些接收船舶基本归民营企业所有,因维护保养不当、运营成本高、体制不顺、政策跟不上等原因,造成船舶污染物接收公司实际配套政策性亏损,污染物接收船舶成为各船舶污染物接收公司的包袱[5]。

4 内河船舶污染物岸上接收模式改进措施

(1)监管过程中引入船舶污染物管理指标

船舶污染物管理指标包括船舶油污水接收处理率和船舶垃圾接收处理率两个指标[6]，其中船舶油污水接收处理率可用公式(1)表示。船舶垃圾接收处理率用公式(2)表示。

$$\text{船舶油污水接收处理率}=\frac{\text{船舶油污水接收量}+\text{船用油水分离器处理后达标排放量}}{\text{辖区船舶油污水产生总量}} \quad (1)$$

$$\text{船舶垃圾产生率}=\text{船舶垃圾接收处理量}/\text{辖区船舶垃圾产生总量} \quad (2)$$

式(1)与(2)中的船舶污染物接收处理量可通过船舶污染物接收公司上报数据汇总得出，辖区船舶污染物产生数量可通过经验公式估算得出，具有可操作性。监管过程中引入船舶污染物管理指标，可量化船舶污染物接收数量及产生总量，量化船舶污染物接收公司的实际接收效果，有效消除船舶非法排污及船舶污染物接收处理单证数据与船舶污染物接收公司实际接收污染物的数量不符现象的发生。

(2)建立联合审查机制

海事部门具有监管船舶非法排污行为、港口污染物接收设施齐备情况、船舶污染物接收公司水上接收行为及船舶污染处去向的职责；地方环保部门具有管理船舶污染物接收公司岸上运输船舶污染物及船舶污染物的岸上处理与处置行为。两者目的一致，都是实现船舶污染物的处理与处置，保护内河水环境的环境功能。建立地方环保部门与海事部门联合审查机制，可将对船舶防污染监管和船舶污染物接收公司的管理有效的结合起来，部门间通力合作，通过定期评估船舶污染物产生数量，定期评估船舶污染物接收单位的接收能力与接收数量，通过核对船舶污染物接收处理单证数据与实际污染物处理处置数值的符合程度，量化船舶污染物实际接收效果。建立联合审查机制整合了管理资源，加强海事、交通、环保、水利以及各级人民政府等职能部门的联系，充分发挥各自的优势，明确其职责，联合各自资源，做到信息通畅、技术资源共享、齐抓共管，能更好地实现对内河船舶污染物去向的有效监管。

(3)加大对专业船舶污染物接收公司的扶持力度

船舶污染物接收公司具有尴尬的性质，首先它属于自负盈亏的企业单位，以盈利为目的，在接收船舶污染物过程中取得经济效益，实现公司的生存和发展。同时，作为环保单位，船舶污染物接收公司又具有公益性，其存在还承担着保护内河水源、获取一定的环境效益的特点。单靠船舶污染物接收市场，船舶污染物接收公司的发展能力明显不足，特别是一些比较偏远的港区，市场化造成发展不平衡，自身发展受到制约，这种情况不利于目前内河港口的发展需用，也不利于内河水域环境保护和可持续发展。我国政府应加大对船舶污染物接收企业的技术、政策和资金方面的扶持力度，采取有效措施，规范、引导、培育、扶持船舶污染物接收企业，使其不断发展壮大，对接收效果好的船舶污染物接收公司实施奖励，提高工作积极性，实现内河航运环境保护和经济发展的双赢局面。

(4)改善排污收费征收方式，将排污费向排污税转变

对内河船舶征收排污费的依据在于船舶污染具有外部性[4]，所谓外部性既是"当生产或消费对其他人产生附带的成本或效益时，外部性或外部效应就发生了。就是说成本或效益被施加于他人身上，然而施加这种影响的人却没有为此付出代价或为此获得报酬，从而使经济运行的结果不可能满足帕累托最优"。内河船舶通过运输获取一定数量的经济效益，享用内河航道这一公共资源，如果将产生的污染物肆意排入内河水域，就会将环境污染代价移交给全社会，从而形成船舶污染物的外部性。船舶污染流动性较大，具有一定的随机性和隐蔽性，对单个营运者的排污量很难进行及时准确的量度，加之船舶污染物接收公司不具有行政管理权力，

这就为船舶污染物接收公司及时、有效的收取排污费工作带来了困难，容易出现不良船舶非法排污，逃避缴费的“搭便车”现象。缺乏有效管理手段，船舶污染物接收公司只收费，不完全接受船舶污染物的现象同样存在。改善排污收费征收方式，由单艘船舶的单航次排污缴费方式向定期、统一缴纳的缴费方式转变，由排污费向排污税转变，可有效提高船舶污染物接收公司的工作热情，改善内河船舶被动缴费的现状，实现船舶污染物带来的外部性内化，降低船舶污染物无序排放量，实现整个社会福利的最大化。

5　结语

防止内河船舶污染，保护内河水环境是一项长期的系统工程。除了不断完善内河船舶污染物岸上接收模式，加强对船舶本身及船舶污染物接收公司的监督管理外，还应该进一步完善相关法律、法规及规章制度，提高市场准入门槛，从源头上提高内河船舶防污染管理水平，船舶防污染设施齐备并适应；进一步加强对船舶、船员宣传教育，提高环保意识和维权意识；政府加大在保护内河水环境方面的投入力度，为相关环保单位提供必要政策和资金扶持；建立完善的船舶污染物接收处理考核机制和奖惩机制，提高内河船舶和船舶污染物接收公司对船舶污染物接收处理的工作热情。长期宣传、有限监管、定期考核、奖惩分明，才能实现内河航运的安全、绿色、可持续发展。

参考文献

[1] 吴飚.三峡库区船舶污染及综合防治对策研究.长江流域起源与环境,2000,(11):487~490

[2] 张志峰.船舶污染物治理对策.水运管理,2005,(8):24~25

[3] 朱粮,朱鸣跃.内河船舶造成的水污染及防治.中国航海,2008,9(3):289~292

[4] 袁群.内河船舶污染特点分析及调控税收机制研究.上海环境科学,2009,(2):62~65

[5] 陈少勋.福建港船舶污染物管理情况.中国水运,2008,(10):10~11

[6] 胡承兵.海事危防工作机制探究.内河海事,2010,(1):46~49

Abstract: During the formation of river water pollution, caused by inland water shipping's operational pollution account for a large proportion. Inland water shipping's operational pollution is intentional, and can be effective regulatory controlled by institutional arrangements. At present, the main pollutants of inland water shipping use the shore way to receive treatment, and obtains some results in the same time. But there is an illegal discharge phenomenon on the despite repeated prohibitions of ship, inland water ship pollutants to receive documents on the company's data and the actual receiver have some differences between the number of actual reception date, and many other issues. In this paper, first analysis the types of pollutants generated by inland water shipping, and then overall analysis the reason of inland water ship pollutants' receiving model caused, finally propose some improvement measures, to improve the performance of inland water pollutants shore reception model, protect the environment within the river functions, and to achieve the of shipping safety, green, and sustainable development.

Key words: Inland Water Shipping Pollutants; The Ashore Receiving Model; Improvement